Martin Baumert
„Das Beste nach oben!“

Veröffentlichungen aus dem
Deutschen Bergbau-Museum
Bochum

—

Band 258

Martin Baumert

„Das Beste nach oben!“

Forschung und Praxis der Wiedernutzbarmachung von Braunkohlenfolgelandschaften in der DDR

DE GRUYTER
OLDENBOURG

Veröffentlichungen aus dem Deutschen Bergbau-Museum Bochum, Nr. 258
= Schriften des Montanhistorischen Dokumentationszentrums, Nr. 48

GEFÖRDERT VOM

Bundesministerium
für Bildung
und Forschung

Redaktion: Torsten Meyer, Stefan Przigoda

ISBN 978-3-11-113661-5
e-ISBN (PDF) 978-3-11-113831-2
e-ISBN (EPUB) 978-3-11-113926-5
ISSN 1616-9212

Library of Congress Control Number: 2023942336

Bibliografische Information der Deutschen Nationalbibliothek
Die Deutsche Nationalbibliothek verzeichnet diese Publikation in der Deutschen Nationalbibliografie; detaillierte bibliografische Daten sind im Internet über http://dnb.dnb.de abrufbar.

Einbandabbildung: Quelle: Naturschutzbund Deutschland, Regionalverband Senftenberg e. V./ Erholungsgebiet Senftenberger See (ESS) (Hrsg.): Eine Chronik vom Senftenberger See … in der Niederlausitz. o. O. [Senftenberg] o. J. [2003], S. 33
Satz: bsix information exchange GmbH, Braunschweig
Druck und Bindung: CPI books GmbH, Leck

www.degruyter.com

Inhaltsverzeichnis

Danksagung — IX

Einleitung — 1
Fragestellung und Aufbau der Arbeit — **1**
Forschungsstand und Quellen — **3**

„... die Kippe eine in der Sonne weiß blendende, gerippte, leblose Wüste“ — 10
Braunkohle und Umweltprobleme — **10**
Begriffsdefinitionen — **11**
Bodenmechanik — **16**
Bodengüte — **20**
Wasserwirtschaft — **22**
Luftreinhaltung — **30**
Chemische Veredelung/Karbochemie — **33**
Mensch und Tagebau — **36**
Braunkohlenbergbau auf dem Gebiet der DDR und im Lausitzer Revier bis 1945 — **40**
Eine räumliche und institutionelle Verortung — **40**
Der Aufstieg eines Rohstoffes — **45**
„Es gibt keine nicht rekultivierungsfähigen Kippen“ – Wiedernutzbarmachung bis 1945 — **58**
Eine verhängnisvolle Abhängigkeit – Die Braunkohlenindustrie in der DDR — **71**

Die Wiedernutzbarmachung in der DDR bis Mitte der 1960er-Jahre – Diagnose, Forschungen und Praktiken — 80
Prelude to Tagebausanierung – die Landschaftsdiagnose der DDR — **80**
Wiedernutzbarmachung in der Sowjetischen Besatzungszone (SBZ) — **80**
Die „Landschaftsdiagnose der DDR“ — **88**
Landschaftsdiagnose und Wiedernutzbarmachungsforschung — **98**
Fokus Mondlandschaften – ein Forschungsverbund entsteht — **105**
Das Institut für Gartenkunst und Landschaftsgestaltung an der Landwirtschaftlich-Gärtnerischen Fakultät der Humboldt-Universität zu Berlin — **105**
Die Institute für Landschaftsgestaltung und Meliorationswesen an der Karl-Marx-Universität Leipzig — **128**

Von Bernburg bis Tharandt: Weitere akademische Forschungseinrichtungen — **145**
Wege der Wissensdistribution — **159**
Der Einfluss auf die Gesetzgebung und das Wirken in die Öffentlichkeit — **159**
Aus der DDR in die Welt — **171**
Aus der Forschung in die Praxis — **187**

Auf dem Weg zum Senftenberger See — 206
Hochkonjunktur der staatlichen Umweltpolitik — **206**
Das Ministerium für Umweltschutz und Wasserwirtschaft (MUW) und die Wiedernutzbarmachungsforschung in der DDR — **207**
Leistungsfähigkeit der Wiedernutzbarmachung — **211**
Die Ausdifferenzierung der Wiedernutzbarmachungsforschung bis 1975 — **227**
Die Forschungen an der Humboldt-Universität zu Berlin — **227**
Forschungsperspektiven aus Mitteldeutschland — **234**
Das Institut für Landesforschung und Naturschutz (ILN) und seine Außenstellen — **245**
Synthese aus Technik und Landschaftsgestaltung — **259**
Bergbaufolgelandschaft und Erholungsnutzung — **267**
Der Knappensee – ein zufälliges Musterprojekt — **275**
Der Senftenberger See – vom Tagebaurand zum Sandstrand — **283**
Erfolgreiches Modellprojekt oder learning by doing? — **300**

Resümee — 309

Anhang

Anlagen — 317
Anlage 1: Wiedernutzbarmachungsverfahren — **317**
Anlage 2: Gesetze und Verordnungen zur Wiedernutzbarmachung in der SBZ/DDR — **318**
Anlage 3: Ausgekohlte Tagebaue in der Lausitz 1945–1990 — **319**

Abkürzungsverzeichnis — 321

Archivalische Quellen — 323

Literaturverzeichnis — 327

Internetressourcen — 344

Verzeichnis der Tabellen — 349

Bildnachweis — 350

Personenregister — 353

Institutionenregister — 355

Ortsregister — 357

Danksagung

Dieses Buch wäre ohne die fachliche Hilfe vieler Kolleg:innen niemals entstanden, besonders unter den erschwerten Bedingungen seit Ausbruch der SARS-Cov-19-Pandemie. Deshalb bedanke ich mich an dieser Stelle recht herzlich für die Unterstützung. An erster Stelle sei hier das Team des Montanhistorischen Dokumentationszentrums (montan.dok) am Deutschen Bergbau-Museum Bochum, Leibniz Forschungsmuseum für Georessourcen mit dem Leiter Dr. Michael Farrenkopf genannt. Ohne die ständige kritische Diskussion des Manuskriptes, besonders durch Dr. Torsten Meyer, würde dieses Buch nicht existieren! Auch den studentischen Mitarbeiter:innen Jonas Bein, Estella Green, Marco Keriakos, Rodion Lischnewski, Moritz Morsch und Lena Zirkel gilt mein Dank für den kritischen Blick auf meine Texte. Ebenso möchte ich mich bei den Teilnehmer:innen der Tagungen, Kolloquien und Workshops in Bautzen, Bochum, Cottbus, Dresden, Halle (Saale), Schaffhausen, Siegen und Wien bedanken, die meine Thesen kritisch öffentlich diskutierten. Des Weiteren gilt mein Dank den engagierten Mitarbeiter:innen der Archive in Berlin (Archiv Grünes Gedächtnis, Bundesarchiv Berlin-Lichterfelde und Universitätsarchiv der Humboldt-Universität zu Berlin), Dresden (Staatsarchiv und Universitätsarchiv), Freiberg (Bergarchiv und Universitätsarchiv), Leipzig (Staatsarchiv, Stasi-Unterlagen-Archiv und Universitätsarchiv), Neubrandenburg (Studienarchiv Umweltgeschichte) und Potsdam (Brandenburgisches Landeshauptarchiv), die mich bei meinen aufwendigen Recherchen unterstützten und ohne deren Hilfe die eine oder andere Akte von mir übersehen worden wäre.

Bedanken möchte ich mich auch bei Michael Stärke und Dr. Uwe Steinhuber (Lausitzer und Mitteldeutsche Bergbauverwaltungsgesellschaft mbH), Elke Löwe, Dr. Karl Preußner, Hans-Jürgen Schmager und Anke Schwarzenberg, die als Expert:innen geduldig meine zahlreichen Fragen beantworteten. Ebenso gilt dies für den Kreis des vom Bundesministerium für Bildung und Forschung (BMBF) geförderten Verbundprojektes „Umweltpolitik, Bergbau und Rekultivierung im deutsch-deutschen Vergleich. Das Lausitzer Braunkohlenrevier, das Ruhrgebiet und die Wismut (1949–1989/2000)“, namentlich Prof. Dr. Helmuth Albrecht und Dr. Sabine Loewe-Hannatzsch (TU Bergakademie Freiberg), Ron-David Heinen und Prof. Dr. Helmut Maier (Bergische Universität Wuppertal) sowie den Bochumern Dr. Michael Farrenkopf, Dr. Michael Ganzelewski, Dr. Regina Göschl, Dr. Torsten Meyer und Dr. Stefan Przigoda, mit denen ich stets kollegial meine Absichten besprechen konnte und die mich häufig mit Zufallsfunden unterstützten.

Nicht zuletzt gilt mein persönlicher Dank Freya Leinemann und Dr. Isabell Schmock-Wieczorek, die auch in ihrer Freizeit die Zeit und Mühe auf sich nahmen, mit mir über das Manuskript zu diskutieren. Der größte Dank gebührt meinen lie-

https://doi.org/10.1515/9783111138312-200

ben Mitmenschen, die meine Launen tagein tagaus ertragen mussten. In diesem Sinne Danke Diletta, Kieran, Rei und Tilli – ihr wisst wieso!

Einleitung

Fragestellung und Aufbau der Arbeit

Braunkohle – kein anderer Rohstoff prägt den umweltpolitischen Diskurs in Deutschland der letzten zehn Jahre kontroverser. Die Konflikte um die Räumungen des Hambacher Forstes 2018 sowie von Lützenrath 2023 stehen symbolisch für den Diskurs über die Klimakrise in Deutschland. Dabei erregt aus ökologischer Perspektive sowohl die Verwendung der Kohle als auch ihre Extraktion die Gemüter. Die flächigen Tagebaue – der größte in Deutschland, der Tagebau Hambach im Rheinischen Revier, hat eine Betriebsfläche von 85 km^2 und fördert Kohle aus bis zu 400 m Tiefe – stellen die größten geschlossene Bodenabtragungen in Deutschland dar. Die Devastierung dieser Flächen provoziert die Frage nach der Generationengerechtigkeit bei der Bodennutzung, oder mit Jean-Jacques Rousseau gesprochen: „Die Erde gehört niemanden und ihre Früchte allen."[1] Gerade die gravierenden Auswirkungen des Braunkohlenbergbaus haben im 20. Jahrhundert zur Forderung nach einer Wiederherstellung der Bergbaufolgelandschaft geführt, deren Anfänge in der Zeit vor 1945 liegen. Ohne einen Verwissenschaftlichungsprozess, der vornehmlich die Fächer Geologie, Agrar- und Forstwissenschaften, aber auch Garten- und Landschaftsgestaltung oder Wasserwirtschaft sowie andere Ingenieurswissenschaften umfasste, würden manche ausgekohlten Flächen des Bergbaus weiterhin unbegrünt und steril in der Landschaft liegen. Gleichzeitig benötigte es staatliche Strukturen, um umweltrechtliche Verpflichtungen durchzusetzen, die die Industrie in die Verantwortung für die Wiederherstellung einer neuen, nutzbaren Kulturlandschaft nahmen. Freiwillige Selbstverpflichtungen scheinen ökologische Probleme nicht zu lösen, da sie selbst im real existierenden Sozialismus dem Profit antagonistisch gegenüberstehen. Eine Erkenntnis, die in jeder Generation neu gelernt und wieder vergessen wird, wie die aktuellen Diskussionen um die sich abzeichnende Klimakrise zeigen.

Kaum ein anderes Land der Welt war ähnlich abhängig von einem Rohstoff wie die DDR von der heimischen Braunkohle. Die autarke Wirtschaftspolitik machte das kleine Land zum bedeutendsten Förderer – 1987 hatte sie mit 310,89 Mio. t Rohbraunkohlen einen Anteil von 29 % an der weltweiten Förderung.[2] Eine Ge-

1 Zinser, Christine: Flächenverbrauch – Warum nicht? Vom Wollen und Sollen hinsichtlich der zunehmenden Bebauung freier Landschaft, in: Eser, Uta/Müller, Albrecht (Hrsg.): Umweltkonflikte verstehen und bewerten. Ethische Urteilsbildung im Natur- und Umweltschutz, München 2006, S. 57–80, hier S. 67 f.

2 Bundesanstalt für Geowissenschaften und Ressourcen (Hrsg.): Energierohstoffe 2009. Reserven, Ressourcen, Verfügbarkeit, Hannover 2009, S. 151; Sperling, Dieter/Schossig, Wolfgang: Wirt-

https://doi.org/10.1515/9783111138312-001

schichtsschreibung, die sich mit den Themenkomplexen Ökologie und Ökonomie in der DDR beschäftigt, kommt somit um die Braunkohle nicht herum. Zahlreiche Probleme, die 1989 in der DDR bestanden, waren mit dem Rohstoff verbunden: Während die Kraftwerke die Luft für Mensch und Natur belasteten, Abfallprodukte der Braunkohlenveredelung die Flüsse verdreckten sowie die Tagebaue den Boden abtrugen, blockierte die Kohle ein Drittel der gesamten Transportkapazität, wodurch sich die fast schon legendären Verteilungsprobleme der DDR verschärften.[3] Hinzu kamen die stetig steigenden Kosten für Förderung und Verarbeitung der Kohle, die ab den 1960er-Jahren de facto im internationalen Vergleich zunehmend die Konkurrenzfähigkeit der DDR-Wirtschaft beeinträchtigten. Wer allerdings die Geschichte der DDR-Umweltpolitik von ihrem Ende her erzählt, begeht den Fehler, eine Prädisposition des sozialistischen Ökozides erkennen zu wollen, der das Geschichtsbild der 1990er- und frühen 2000er-Jahre prägte. Dies läßt jedoch die Bestrebungen der SED, vor allem in der Ära Ulbricht, außer Blick, sich dieser Probleme zu stellen. Die Wiedernutzbarmachungsforschung zu ausgekohlten Flächen des Braunkohlenbergbaus zeigt dies explizit: Vom umweltpolitischen Aufbruch der „Landschaftsdiagnose der DDR" 1949/50 über die Eröffnung des Senftenberger Sees als größte geschlossene rekultivierte Fläche der DDR 1973 bis hin zu den Bestrebungen der 1980er-Jahre, auf früheren Bergbauflächen Fischaufzuchtteiche anzulegen, um eine Nachnutzung für die Montanregionen zu schaffen, bestanden zu allen Zeiten Bestrebungen, Umweltschäden abzumildern, wenn nicht sogar zu beseitigen.

Dieses Buch zeichnet den Weg der Forschung und Praxis der Wiedernutzbarmachung von Bergbaufolgelandschaften der DDR bis zu ihrem Höhepunkt Mitte der 1970er-Jahre vornehmlich am Beispiel des Lausitzer Reviers nach. Dabei wird der Frage nachgegangen, ob und wie der sozialistische Staat diese Probleme anging und nach Lösungen suchte, um Ökologie und Ökonomie für diese flächenintensive Bergbauform zu versöhnen. Hierzu werden im ersten Kapitel zunächst die grundlegenden Umweltprobleme des Braunkohlenbergbaus skizziert. Hieran schließen sich Definitionen sowie ein kurzer Abriss der Geschichte des Braunkohlenbergbaus in Ostdeutschland bis 1990 und der Rekultivierung bergbaulicher Flächen bis 1945 an. Das zweite Kapitel zeichnet die frühe Wiedernutzbarmachungsforschung von der „Landschaftsdiagnose" bis zu den einzelnen Forschungsinstituten bis Mitte der 1960er-Jahre nach. Besonders die Pionierarbeiten an der

schaftsorganisation der Braunkohlenindustrie in der SBZ/DDR 1945 bis 1990, Cottbus 2015 (= Beiträge zur Geschichte des Braunkohlenbergbaus in der SBZ/DDR, Bd. 1), S. 321.

3 Meyerhoff, Jürgen/Petschow, Ulrich/Thomasberger, Claus: Umweltreport DDR. Bilanz der Zerstörung, Kosten der Sanierung, Strategien für den ökologischen Umbau, Frankfurt (Main) 1990, S. 53.

Humboldt-Universität zu Berlin, maßgeblich ausgeführt von Wilhelm Knabe (1923–2021), stehen im Vordergrund, andere Forschungsinstitute werden auch beleuchtet. Abschließend wird die Implementierung der Forschungsergebnisse in die Praxis untersucht. Das dritte Kapitel widmet sich dem Zeitraum des Höhepunktes der DDR-Umweltpolitik, der meistens mit dem Erlass des Landeskulturgesetzes 1970 und der Gründung des Ministeriums für Umweltschutz und Wasserwirtschaft (MUW) 1972 identifiziert wurde. In diese Zeit fiel auch die Entstehung des Senftenberger Sees. An seinem Beispiel kann die Umsetzung umweltpolitischer Maßnahmen in der DDR für den Braunkohlenbergbau überprüft werden. Dabei wird auch auf die Verschiebung der Landschaftsbilder, besonders durch den Landschaftsarchitekten Otto Rindt (1906–1994), eingegangen. Abschließend erfolgt ein kritisches Resümee, das die Ergebnisse der Arbeit thesenhaft in aktuelle geschichtswissenschaftliche Diskussionen einordnet.

Forschungsstand und Quellen

Die Umweltgeschichte der DDR war direkt nach der deutschen Wiedervereinigung als auch in den letzten Jahren Gegenstand der Forschung, allerdings mit unterschiedlichen Akzentuierungen. Ging es in der direkten Nachwendezeit um eine Bestandsaufnahme der ökologischen Situation, einigen Autor:innen auch um eine Skandalisierung des Sozialismus vor der immer noch imaginierten Systemkonkurrenz, ist die jüngere Forschung durch eine deutlich differenziertere Darstellung geprägt, die auch auf die vergleichbare ökologische Situation in der Bundesrepublik Anfang der 1980er-Jahre verweist.[4]

Übergeordnet lassen sich drei Gruppen von Forschungsliteratur unterscheiden: Erstens die Literatur der Nachwendezeit, die häufig von einem westdeutschen Blick geprägt ist. Diese bietet eine Bestandsaufnahme der katastrophalen Umweltsituation zur Zeit des Beitritts der Neuen Länder zum Geltungsbereich des Grundgesetzes. Allerdings ist die deterministische Deutung einer Prädisposition zum Ökozid in einigen dieser Veröffentlichungen wenig hilfreich für heutige Diskurse. Zweitens Autor:innen, die sich in der DDR in Institutionen oder in der Opposition mit der Umwelt beschäftigten. Diese Gruppe berichtet häufig aus eigener Perspektive, was interessante Einsichten bringt, aber auch einer kritischen Einordnung bedarf. Drittens jüngere Forschungen seit 2010, die auf breiter Quellenbasis ein differenzierteres Bild der DDR-Umweltpolitik zeichnen. Sie schloßen in den zurückliegenden Jahren Forschungslücken.

---

4 Vgl. Huff, Tobias: Natur und Industrie im Sozialismus. Eine Umweltgeschichte der DDR, Göttingen 2015 (= Umwelt und Gesellschaft, Bd. 13), S. 19.

Besonders in der Frühphase nach der „Friedlichen Revolution" gab es ein großes Interesse von Seiten der Bevölkerung und staatlichen Stellen zur Dokumentation der Umweltschäden in der DDR. Maßgebliches Zeugnis ist der „Umweltreport DDR" von Ulrich Petschow, Jürgen Meyerhoff und Claus Thomasberger, der 1990 noch vor der Wiedervereinigung publiziert wurde.[5] Auch wenn diese Daten teilweise heute als überholt gelten, bieten sie doch einen Überblick über die ökologische Situation am Ende der DDR. Ähnlich lässt sich über die beiden von Eberhard Kuhrt herausgegebenen Sammelbände „Die wirtschaftliche und ökologische Situation der DDR in den 80er Jahren"[6], erschienen 1996, und „Die Endzeit der DDR-Wirtschaft"[7], veröffentlicht 2000, urteilen. Hier kamen sowohl bundesdeutsche Expert:innen als auch Zeitzeug:innen aus den Schaltstellen der DDR-Wirtschaft zu Wort. Gleichwohl chronologisch abweichend kann die von dem ostdeutschen Historiker Jörg Roesler 2006 vorlegte Studie „Umweltprobleme und Umweltpolitik in der DDR"[8] dieser Gruppe zugeordnet werden, da sie als erste eine dezidiert ostdeutsche Sicht repräsentierte.

Aus der zweiten Gruppe ist der dreibändige Sammelband „Umweltschutz in der DDR", herausgegeben vom Institut für Umweltgeschichte und Regionalentwicklung e. V. im Jahr 2007, zu nennen, der durch seine thematische Breite die bisher umfangreichste Veröffentlichung zur Umweltgeschichte der DDR darstellt. In den drei Bänden kommen Expert:innen und Zeitzeug:innen zu Wort.[9] Für die hier vorliegende Arbeit sind vor allem die Beiträge der Wiedernutzbarmachungsforscher Wilhelm Knabe und Albrecht Krummsdorf relevant.[10] Das Institut für

---

5 Vgl. Meyerhoff/Petschow/Thomasberger, Umweltreport DDR.

6 Vgl. Kuhrt, Eberhard (Hrsg.): Die wirtschaftliche und ökologische Situation der DDR in den 80er Jahren, Opladen 1996 (= Am Ende des realen Sozialismus. Beiträge zu einer Bestandsaufnahme der DDR-Wirklichkeit in den 80er Jahren, Bd. 2).

7 Vgl. Kuhrt, Eberhard (Hrsg.): Die Endzeit der DDR-Wirtschaft. Analysen zur Wirtschafts-, Sozial- und Umweltpolitik, Opladen 2000 (= Am Ende des realen Sozialismus. Beiträge zu einer Bestandsaufnahme der DDR-Wirklichkeit in den 80er Jahren, Bd. 4).

8 Vgl. Roesler, Jörg: Umweltprobleme und Umweltpolitik in der DDR, Erfurt 2006.

9 Vgl. Behrens, Hermann/Hoffmann, Jens (Hrsg.): Umweltschutz in der DDR. Analysen und Zeitzeugenberichte, Bd. 1: Rahmenbedingungen, München 2007; dies. (Hrsg.): Umweltschutz in der DDR. Analysen und Zeitzeugenberichte, Bd. 2: Mediale und sektorale Aspekte, München 2007; dies. (Hrsg.): Umweltschutz in der DDR. Analysen und Zeitzeugenberichte, Bd. 3, Beruflicher, ehrenamtlicher und freiwilliger Umweltschutz, München 2007.

10 Vgl. Knabe, Wilhelm: Tharandt 1949. Erste studentische Umweltinitiative in Sachsen, in: Behrens/Hoffmann (Hrsg.), Umweltschutz, Bd. 3, S. 329–352; Krummsdorf, Albrecht: Landschafts- und Rekultivierungsforschung am Institut für Landschaftsgestaltung der Karl-Marx-Universität Leipzig 1952 bis 1965, in: Behrens/Hoffmann (Hrsg.), Umweltschutz, Bd. 3, S. 259–282; ders.: Wiederurbarmachung und Rekultivierung im Braunkohlenbergbau, in: Behrens/Hoffmann (Hrsg.), Umweltschutz, Bd. 2, S. 395–413; ders.: Zur Terminologie für Landeskultur und Umweltschutz, in: Behrens/Hoffmann (Hrsg.), Umweltschutz, Bd. 1, S. 49–59.

Umweltgeschichte und Regionalentwicklung e. V. in Neubrandenburg ist für Zeitzeug:innen ein zentraler Ort. Neben dem umfangreichen Archiv wird auch die Zeitschrift „Studienarchiv Umweltgeschichte" herausgegeben,[11] die einzige periodische Fachpublikation zur DDR-Umweltgeschichte. Die Autorenschaft der Zeitschrift transformiert sich aktuell von den in der DDR sozialisierten Personen hin zu jüngeren Menschen, die mit größerer Distanz auf die DDR-Umweltgeschichte schauen.

Joachim Katzur und Lutz Böcker haben 2011 mit der „Chronik der Rekultivierungsforschung und Landschaftsgestaltung im Lausitzer Braunkohlenrevier bis 1990" die Wiedernutzbarmachungsforschung und ihre Resultate skizziert.[12] Beide Autoren waren an diesen Forschungen beteiligt und bieten vor allem aus naturwissenschaftlicher Sicht ein beeindruckendes Werk, dem es allerdings hier und da an quellenkritischen Reflexionen mangelt. Die Publikation „Institut für Landesforschung und Naturschutz Halle" von Lutz Reichhoff und Uwe Wegner,[13] 2016 bereits in zweiter Auflage erschienen, widmet sich ausführlich der wichtigsten Forschungseinrichtung der DDR mit Umweltbezug. Das Institut unterhielt ein Netz von spezialisierten Außenstellen, wovon zwei für die Wiedernutzbarmachungsforschung verantwortlich waren. Des Weiteren ist der Aufsatzsammelband „Die Landschaftsdiagnose der DDR", 2002 herausgegeben von Olaf Hiller, an dieser Stelle zu nennen.[14] Es handelt sich um die Dokumentation einer Tagung, die 1996 an der Technischen Universität (TU) Berlin stattfand, an der neben vielen Wissenschaftler:innen auch Zeitzeug:innen teilnahmen, die an dem ersten nationalen Umweltmonitoring weltweit beteiligt waren. Der Sammelband „Ökonologie in der Landschaftsgestaltung, Tagebau-Rekultivierung und Landeskultur/Umweltschutz",[15] 2007 herausgegeben von Albrecht Krummsdorf anlässlich seines 80. Geburtstags, bietet ebenfalls einen autobiografisch-subjektiven Blick auf die Wiedernutzbarmachungsforschung aus Sicht der DDR-Forscher. Zwar konzentrierten sich ihre Forschungen auf das Mitteldeutsche Revier, sie waren aber auch für das Lausitzer Revier von Bedeutung. Die Autobiografie „Erinnerungen" von Wilhelm Kna-

11 Vgl. Studienarchiv Umweltgeschichte 1, 1995 – 27, 2022.

12 Vgl. Böcker, Lutz/Katzur, Joachim: Chronik der Rekultivierungsforschung und Landschaftsgestaltung bis 1990, Berlin 2010.

13 Vgl. Reichhoff, Lutz/Wegner, Uwe (Hrsg.): Institut für Landesforschung und Naturschutz Halle. Forschungsgeschichte des ersten deutschen Naturschutzinstituts, Berlin 2016 [zuerst: Friedland 2011].

14 Hiller, Olaf (Hrsg.): Die Landschaftsdiagnose der DDR. Zeitgeschichte und Wirkung eines Forschungsprojektes aus der Gründungsphase der DDR, Berlin 2002 (= Materialien zur Geschichte der Gartenkunst, Bd. 6).

15 Krummsdorf, Albrecht (Hrsg.): Ökonologie in der Landschaftsgestaltung, Tagebau-Rekultivierung und Landeskultur/Umweltschutz, Beucha 2007.

be, 2019 veröffentlicht, ist aufgrund der Bedeutung des Autors für die Wiedernutzbarmachungsforschung hier aufgeführt, sie half Lücken im Beziehungsgeflecht der beteiligten Institutionen und Personen zu schließen.[16] Das „Jahrbuch BergbauFolgeLandschaft",[17] das 1999 speziell zum Lausitzer Revier erschien, bietet ebenfalls eine Perspektive früherer und aktueller Akteure. Eine Besonderheit bildet das Buch „Der Senftenberger See. Eine Chronik" von Rudolf Kupfer, Dieter Sawall und Ulrich Wiese.[18] Hierin wird anhand des Senftenberger Sees die Geschichte der Transformation einer vorbergbaulichen Landschaft hin zu ihrer heutigen Ausformung erzählt.

Die dritte Gruppe zeigt die Differenzierungen, die in der jüngeren Forschung erfolgten, auch wenn nicht jeder aktuelle Beitrag zur Umweltgeschichte der DDR mit neuen Erkenntnissen aufwartete, wie „Saving Nature under Socialism" von Julie E. Ault, der sich an ein Publikum richtet, das mit der Thematik wenig vertraut ist.[19] Julia Obertreis hat 2012 in ihrem richtungsweisenden Aufsatz „Von der Naturbeherrschung zum Ökozid?" auf die Ambivalenz der sozialistischen Umweltpolitik hingewiesen, die sich nicht auf die katastrophale Situation am Ende der sozialistischen Staaten beschränkt.[20] Vielmehr zeigte sie, dass eben auch eine im Sozialismus begründete „Umweltbewegung von oben" zu berücksichtigen sei. Eine Beobachtung, die sich zweifelsohne auf die Ministerien oder die Forschungseinrichtungen der DDR übertragen lässt. Gerade für die hier vorliegende Studie ist diese Erkenntnis förderlich.

2015 folgte mit „Natur und Industrie im Sozialismus" von Tobias Huff die bisher umfassendste Forschungsarbeit zur Umweltpolitik der DDR.[21] Er konzentriert sich auf das Medium Luft, die damit verbundene Diskussion über Luftverschmutzung und den ökologischen Kulminationspunkt der „Waldsterbensdebatte" in den 1980er-Jahren. Das Buch ist ein Grundlagenwerk, es befasst sich mit den wichtigsten umweltpolitischen Entwicklungen der DDR, zeigt Alternativen aus der Forschung und das schlussendliche Scheitern der Umweltpolitik auf. Allerdings wird die Frage nach den innenpolitischen Konsequenzen der Umweltzerstörungen zu wenig reflektiert: Zwar zeigt Huff die Dimensionen der ökologischen Krise und die

16 Knabe, Wilhelm: Erinnerungen. Ein deutsch-deutsches Leben, Mülheim 2019.

17 Vgl. Jahrbuch BergbauFolgeLandschaft 1998.

18 Vgl. Kupfer, Rudolf/Sawall, Dieter/Wiese, Ulrich: Der Senftenberger See. Eine Chronik, Senftenberg 2003.

19 Vgl. Ault, Julie E.: Saving Nature under Socialism. Transnational Environmentalism in East Germany, 1968–1990, Cambridge u. a. 2021.

20 Vgl. Obertreis, Julia: Von der Naturbeherrschung zum Ökozid? Aktuelle Fragen einer Umweltzeitgeschichte Ost- und Ostmitteleuropas, in: Zeithistorische Forschungen/Studies in Contemporary History 9, 2012, S. 115–122.

21 Huff, Natur.

Formierung der Umweltbewegung auf, allerdings ohne diese in den Kontext der Entstehung der „Friedlichen Revolution“ zu setzen.[22] „Umwelt und Herrschaft in der DDR“, 2020 veröffentlicht von Christian Möller, stellte die Deutungen des MUW als ‚Papiertiger‘ in Frage und zeigte Handlungsspielräume der staatlichen Umweltschutzinstitutionen auf.[23] Zusätzlich, ähnlich wie Huff, nimmt er die Umweltprotestbewegungen in den Fokus. Hierfür nutzt er das Eingabewesen der DDR. Ein interessanter und vielversprechender Ansatz, der aber nicht systematisch erfolgte, so dass die Schlussfolgerungen nicht repräsentativ sind. Dennoch gelang es ihm dadurch, die bisherige Reduktion der DDR-Umweltbewegung auf die kirchlichen und wenigen unabhängigen Systemgegner auf der einen sowie die staatlich unterstützten Akteure der „Gesellschaft für Natur und Umwelt“ auf der anderen Seite zu durchbrechen. Martin Stief wiederum legte in seiner 2019 erschienen Arbeit „Stellt die Bürger ruhig“ den Fokus auf das Ministerium für Staatssicherheit und dessen Wahrnehmung von ökologischen Problemen und Konflikten in der Ära Honecker.[24] Für das Bundesland Sachsen liegt seit 2013 eine „Umweltgeschichte Sachsens“ von Norman Pohl und Mathias Deutsch vor,[25] die sich sowohl mit den Elementen Boden, Luft und Wasser als auch mit Wald, Bergbau und Energie beschäftigt.

Der letzten Gruppe zuzuordnen, mit Fokus auf die Nachnutzung von Braunkohlentagebauen im Bereich der Erholung, ist die 2014 veröffentlichte Dissertation Markus Schwarzers „Von Mondlandschaften zur Vision eines neuen Seenlandes.“[26] Zwar fokussiert Schwarzer die „Nachwendezeit“, bietet dennoch interessante Reflexionen zur Erholungsplanung in der DDR. Allerdings lässt sich über die Einordnung der DDR in Konzepte von liberaler, konservativer, romantischer und demokratischer Landschaftsvorstellung streiten, zumal er manche Akteure falsch veror-

---

22 Gerade die von ihm aufgezeigte Bedeutung der Luftverschmutzung durch den VEB Braunkohlenveredelung Espenhain und die räumliche Nähe zu Leipzig provoziert regelrecht die Frage nach dem Einfluss des „Sozialistischen Ökozides“ auf die Entstehung der „Friedlichen Revolution.“ Vgl. ebd., S. 405.

23 Vgl. Möller, Christian: Umwelt und Herrschaft in der DDR. Politik, Protest und die Grenzen der Partizipation in der Diktatur, Göttingen 2020 (= Kritische Studien zur Geschichtswissenschaft, Bd. 234).

24 Vgl. Stief, Martin: „Stellt die Bürger ruhig“. Staatssicherheit im Chemierevier Halle-Bitterfeld, Göttingen 2019 (= Analyse und Dokumente. Wissenschaftliche Reihe des Bundesbeauftragten für die Unterlagen des Staatssicherheitsdienstes der ehemaligen Deutschen Demokratischen Republik (BStU), Bd. 55).

25 Vgl. Deutsch, Mathias/Pohl, Norman: Umweltgeschichte Sachsens. Ausgewählte Text- und Bilddokumente, Dresden/Leipzig 2013.

26 Schwarzer, Markus: Von Mondlandschaften zur Vision eines neuen Seenlandes. Der Diskurs über die Gestaltung von Tagebaubrachen in Ostdeutschland, Wiesbaden 2014 (= RaumFragen: Stadt – Region – Landschaft).

tet. Daneben haben Christoph Bernhardt, Torsten Meyer und Axel Zutz mehrfach zur Erholungsnutzung in der DDR, speziell am Beispiel der Entstehung des Senftenberger Sees aus einem ausgekohlten Tagebau veröffentlicht. Neben der umfangreichen Aktenkenntnis der Autoren, bieten sie eine Einordnung in Ideen der Landschaftsgestaltung des 20. Jahrhunderts von der Weimarer Republik bis zum Ende der DDR. Meyers Aufsätze zu Rudolf Heuso(h)n und zum Senftenberger See waren für unterschiedliche Fragestellungen relevant.[27] Zutz hat sich besonders um die Erforschung des Landschaftsgestalters Otto Rindt verdient gemacht, der als ‚geistiger Vater' des Lausitzer Seenlandes gilt und auch für diese Arbeit bedeutsam ist.[28]

Wie für viele DDR-Themen besteht ein umfassendes, auf verschiedene Standorte verteiltes Konvolut an Archivmaterial. Im Bundesarchiv Berlin-Lichterfelde (BArch) befinden sich die Überlieferungen der staatlichen Verwaltung, wie der Obersten Bergbehörde der DDR, die als Aufsichtsinstitution im Bereich der Wiedernutzbarmachung agierte, und Forschungsinstitutionen, wie der Akademie der Landwirtschaftswissenschaften (AdL), 1951 bis 1972 Deutsche Akademie der Landwirtschaftswissenschaften (DAL). Daneben waren die Überlieferungen der Wirtschaftsverwaltung und der Staatlichen Plankommission für die Bearbeitung des Themas von Bedeutung. Ebenso befindet sich hier die Stiftung Archiv der Parteien und Massenorganisationen der DDR im Bundesarchiv (SAPMO). Seit 2021 hat das Bundesarchiv auch die Aktenbestände des Ministeriums für Staatssicherheit (MfS) übernommen, das sich vor allem aus ökonomischen Gründen für die Wiedernutzbarmachung interessierte.

Die Überlieferung des Bezirkes Cottbus und der meisten seiner Organe befindet sich im Brandenburgischen Landeshauptarchiv in Potsdam-Golm. Neben dem Bestand des Rats des Bezirkes Cottbus waren hier die Überlieferungen der Bezirksplankommission sowie des Büros für Territorialplanung (BfT) relevant. Durch die

---

27 Meyer, Torsten: 1922. Ein „turning point" in der Geschichte der Rekultivierung von Bergbaufolgelandschaften?, in: Der Anschnitt. Zeitschrift für Montangeschichte 71, 2019, S. 206–222; ders.: Der Senftenberger See oder das Ende der „Mondlandschaft"?, in: Jahrbuch für Regionalgeschichte 23, 2005, S. 113–142.

28 Zutz, Axel: „Königsgärten des Sozialismus." Moderner Heimatschutz und Landschaftliche Daseinsvorsorge im Erholungsgebiet Senftenberger See (ESS), in: Hoenig, Bianca/Wadle, Hannach (Hrsg.): Eden für jeden? Touristische Sehnsuchtsorte in Mittel- und Osteuropa von 1945 bis zur Gegenwart, Göttingen 2019 (= Kultur- und Sozialgeschichte Osteuropas, Bd. 12), S. 125–169; ders.: Otto Rindt. Kontinuitäten und Neuorientierung im Leben eines Landschaftsplaners nach 1945, in: Barth, Holger (Hrsg.): Projekt Sozialistische Stadt. Beiträge zur Bau- und Planungsgeschichte der DDR, Berlin 1998, S. 243–250; ders.: Wege grüner Moderne. Praxis und Erfahrung der Landschaftsanwälte des NS-Staates zwischen 1930 und 1960, in: Mäding, Heinrich/Strubelt, Wendelin (Hrsg.): Vom Dritten Reich zur Bundesrepublik. Beiträge einer Tagung zur Geschichte der Raumforschung und Raumplanung, Hannover 2009, S. 107–148.

Teilung des Bezirkes nach 1990 auf die Länder Brandenburg und Sachsen befindet sich ein Teil der Überlieferungen, besonders der Bergbehörde Senftenberg, des Staatsforstbetriebes (StFB) Hoyerswerda und der Wasserwirtschaftsdirektion (WWD) Obere Elbe – Neiße, in den Sächsischen Staatsarchiven in Dresden (SächsStA-D) und Freiberg (SächsStA-F). Für unterschiedliche Vergleichsaspekte wurde die Überlieferung des Bezirkes Leipzig im Sächsischen Staatsarchiv Leipzig (SächsStA-L) eingesehen.

Die Arbeit der unterschiedlichen Forschungsgruppen, Lehrstühle und Institute wurde anhand ihrer Überlieferungen erschlossen, besonders wichtig zeigten sich die Vor- und Nachlässe beteiligter Forschender. Für die Humboldt-Universität (HU) zu Berlin erwies sich neben ihrem eigenen Universitätsarchiv der Nachlass von Wilhelm Knabe im Archiv Grünes Gedächtnis (AGG) in Berlin als zentral. Für die Forschungsgruppe in Leipzig befinden sich die wesentlichen Überlieferungen im Universitätsarchiv Leipzig (UAL) sowie in den betrieblichen Akten der Braunkohlenwerke Böhlen, Espenhain und Regis im SächsStA-L. Für die Technische Hochschule (seit 1961 Technische Universität) Dresden wurde der Nachlass von Werner Bauch im Universitätsarchiv der Technischen Universität Dresden (UATUD) ausgewertet. Im Studienarchiv Umweltgeschichte (StUG) in Neubrandenburg befinden sich die Überlieferungen der Außenstellen für Wiedernutzbarmachung des Institutes für Landesforschung und Naturschutz (ILN) Halle.

Um Lücken in der archivischen Überlieferung zu schließen, wurden insgesamt drei Expert:innengespräche in Cottbus, Hörlitz und Senftenberg geführt. Diese sind mit Privatarchiv (PA) Baumert gekennzeichnet und können sowohl im montan.dok/Bergbau-Archiv Bochum des Deutschen Bergbau-Museums Bochum als auch in der Neuseenland-Sammlung im Soziokulturellen Zentrum KuHstall e. V. Großpösna eingesehen werden.

„... die Kippe eine in der Sonne weiß blendende, gerippte, leblose Wüste“

Abb. 1: „Tot und geisterhaft wie Mondlandschaften wirken diese Gebiete.“[29]
Kippen des Braunkohlenbergbaus in der Lausitz, 1957

Braunkohle und Umweltprobleme

Aus ökologischer Perspektive ist Braunkohle ein problematischer Rohstoff. Die Gewinnungstechnik im Tagebau stellt einen massiven Eingriff in die Landschaft dar, wodurch dauerhaft ihr Aussehen und ihre Nutzungsmöglichkeiten verändert werden. Hügel, Felder und Wälder, sogar Dörfer sowie andere Merkmale von Landschaft weichen dem Bergbau. Aber auch die anschließende Verarbeitung und Nutzung, die bekannteste ist die Verbrennung, der Braunkohle haben Auswirkungen auf die Umwelt. Auf den folgenden Seiten wird ein Überblick über die Konsequenzen des Braunkohlenbergbaus gegeben, beginnend mit einer Definition der wichtigsten Begriffe.

---

29 Beide Zitate aus Lingner, Reinhold: Landschaftsgestaltung, Berlin 1952 (= Wissenschaft und Technik verständlich dargestellt, Bd. 3), S. 33 und 34.

https://doi.org/10.1515/9783111138312-002

Begriffsdefinitionen

Bergbau und besonders Bergbauregionen sind häufig von fachspezifischen Termini geprägt, die den Außenstehenden oftmals schwer verständlich, wenn nicht gar unbegreiflich sind. Der berühmteste dieser Ausdrücke ist sicherlich der Gruß „Glückauf!", den Besucher:innen in allen deutschsprachigen Bergbauregionen registrieren. Darüber hinaus gibt es Begriffe, die wiederum nur in manchen Revieren oder bei bestimmten Förderarten vorkommen. So spricht man bei der Gewinnung von Festgestein von einem „Bruch", während die gleiche Gewinnungsform bei Lockergesteinen als „Grube" bezeichnet wird. Selbst ein und derselbe Stoff kann unterschiedliche Bezeichnungen tragen: Das „taube Gestein" – Material das beiseitegeschafft wird, um an die Lagerstätten der begehrten Rohstoffe zu gelangen – wird beispielsweise im untertägigen Bergbau als „Berge" bezeichnet, im Tagebau hingegen als „Abraum".

Abraum bedeutet im Braunkohlentagebau das gesamte Deckgebirge über und zwischen den Kohleflözen. Bis heute wurden in den drei großen deutschen Braunkohlenrevieren ca. 100 km^3 Abraum bewegt, was in etwa der verlagerten Masse einer pleistozänen Eiszeit entspricht.[30] Die geologische Zusammensetzung ist von Tagebau zu Tagebau sehr unterschiedlich und prägt die daraus entstehende Bergbaufolgelandschaft.

Kippen und *Halden* stellen die Orte dar, an die der Abraum bei der Massenverlagerung durch die Tagebaugroßgeräte bewegt wird. Die beiden unterscheiden sich durch ihren Standort und ihr Höhenniveau. Halden werden außerhalb des Tagebaus auf Feldern oder Wiesen aufgeschüttet und bestehen normalerweise aus den Erdmassen, die beim Aufschluss der Grube anfallen. Sie überragen das umliegende Landschaftsniveau. Innenkippen – im weiteren Verlauf nur als Kippen bezeichnet – wiederum bezeichnen ausgekohlte Orte im Tagebau, die mit Abraum wieder verfüllt werden. Man unterscheidet dabei zwischen Über- und Unterflurkippen (erstere auch Hochkippen genannt), die nach ihrem Höhenniveau im Verhältnis zum umliegenden Gelände bezeichnet werden.

Restlöcher ist die Bezeichnung für die durch die entnommene Kohle zurückbleibenden Hohlformen in der Landschaft.[31] Diese entstehen durch einen Mangel an Verfüllungsmaterial, der in der Fachsprache als Massendefizit bezeichnet wird. Restlöcher, die unterhalb des Grundwasserspiegels liegen, füllen sich auf natürli-

30 Landeck, Ingmar u. a.: Arten und Lebensräume der Bergbaufolgelandschaften. Chancen der Braunkohlensanierung für den Naturschutz im Osten Deutschlands, Aachen 2017, S. 27.

31 Knabe, Wilhelm: Wiederurbarmachung des Kippengeländes, in: Kirst, Ernst (Hrsg.): Braunkohlentagebau – Anleitung für Planung und Betrieb. VI: Verkippung der Abraummassen, Berlin 1952 (= Schriftenreihe des Verlages Technik, Bd. 26), S. 60–114, hier S. 68; Schwarzer, Mondlandschaften, S. 19.

che Weise mit Wasser, sodass für sie die Bezeichnung Restlochseen oder Restseen genutzt wird. Diese bilden die Grundlage für die Bergbaufolgeseen, die alle Braunkohlenbergbaureviere in Deutschland prägen.

Der Nachbergbau, dies bezeichnet den Zeitpunkt nach Ende der Ressourcenextraktion, unterscheidet sich in seinen Begrifflichkeiten nochmals vom aktiven Bergbau. Der wahrscheinlich populärste Begriff in diesem Zusammenhang ist der der *Mondlandschaften*, er beschreibt die Hinterlassenschaften der Abraumförderbrücken. Die Etymologie des Wortes bezieht sich auf die realen Landschaften des Erdtrabanten, die ohne jegliche Vegetation von Steinen, Geröll, Sand und Staub bedeckt sind. Auf unserem Planeten bezeichnet es besonders wüste Flächen, die tot und lebensfeindlich wirken. Im Braunkohlenbergbau tauchte die Bezeichnung mit dem Aufkommen der Abraumförderbrücken ab den 1920er-Jahren auf. Dabei bestand und besteht eine verblüffende Ähnlichkeit zwischen dem Vermächtnis dieser Maschinen und dem Idealtypus der ‚natürlichen‘ Mondlandschaft, wie sie beispielsweise im Swakoptal in Namibia auftritt (Abb. 2 und 3). Der Aspekt der technischen Landschaftsveränderung, der dem Begriff innewohnt, taucht auch im Zusammenhang der Kriegsverwüstungen der Materialschlachten des Ersten Weltkrieges auf. Eine Übertragung auf den Braunkohlenbergbau ist in beiden Fällen denkbar, da das Swakoptal bis 1915 zum sogenannten Schutzgebiet Deutsch-Südwestafrika gehörte und die Erinnerung an den Krieg für viele Bergarbeiter zeitlich nahe lag. In diesem Sinne wird die Bezeichnung für die typischen (und vorwiegend im Lausitzer Revier zu findenden) unplanierten Rippenschüttungen der Abraumförderbrücken verwendet. Zusätzlich hat der Begriff Mondlandschaft eine politisch-ökonomische Komponente. In der DDR wurde er meistens im Zusammenhang mit dem konstatierten kapitalistischen Raubbau vor 1945 genutzt.[32] In den 1990er-Jahren dominierte das Narrativ der Mondlandschaften zur Brandmarkung der sozialistischen Planwirtschaft,[33] in Teilen der gegenwärtigen Umweltbewegung wieder zur Brandmarkung der kapitalistischen Wirtschaftsweise.[34]

---

32 Bernhardt, Christoph: Von der „Mondlandschaft“ zur sozialistischen „Erholungslandschaft“? Die Niederlausitz als Exerzierfeld der Regionalplanung in der DDR, in: Bayerl, Günter/Maier, Dirk (Hrsg.): Die Niederlausitz vom 18. Jahrhundert bis heute. Eine gestörte Kulturlandschaft?, Münster u. a. 2002 (= Cottbuser Studien zur Geschichte von Technik, Arbeit und Umwelt, Bd. 19), S. 301–323, hier S. 309; Meyer, Senftenberger See S. 142.

33 Buck, Hannsjörg F.: Umweltpolitik und Umweltbelastung. Das Ausmaß der Umweltbelastung und Umweltzerstörung beim Untergang der DDR 1989/90, in: Kuhrt (Hrsg.), Situation der DDR, S. 223–266, hier S. 236 f.; Beleites, Michael: Dicke Luft: Zwischen Ruß und Revolte. Die unabhängige Umweltbewegung in der DDR, Leipzig 2016, S. 133.

34 Ende Gelände: We shut shit down, Hamburg 2022, S. 145.

Abb. 2 und 3: Kippe des Braunkohlenbergbaus in Rippenschüttung, 1984 (oben) und Swakoptal in Namibia, 2012 (unten)

Unmittelbar verbunden mit dem Begriff der Mondlandschaften sind jene des *Öd-* und *Unlands*, die eine längere, vorbergbauliche Tradition aufweisen. Ursprünglich bezeichneten sie Flächen, die nicht kultiviert werden konnten, das heißt landwirtschaftlich nicht nutzbar waren. Dabei konnte es sich um besonders artenreiche Biotope mit hoher Biodiversität handeln, wie beispielsweise Moore, die aus landwirtschaftlicher Perspektive als nicht nutzbar galten.[35] Hierin bestehen Parallelen zu den Mondlandschaften, da heutige unsanierte oder unzureichend sanierte Brachflächen des Braunkohlenbergbaus wichtige Nischenbiotope bilden und somit Habitate für seltene Arten bieten.[36] Im Braunkohlenbergbau wurde die Bezeichnung Öd- und Unland für die unsanierten nachbergbaulichen Flächen gebraucht, die nicht durch die Land- oder Forstwirtschaft direkt wiederverwertbar waren.[37] Dabei bezeichnet Ödland Flächen, die nicht wirtschaftlich nutzbar waren, wohingegen Unland die sterilen unbegrünbaren Kippenflächen meinte.[38] Das Verständnis von Öd- und Unland in der Braunkohleindustrie orientiert sich an der menschlichen Wirtschaftsweise, nicht an ökologischen Werten.

Für den Sanierungsprozess der bergbaubedingten Schäden von Natur und Landschaft existieren ebenfalls wesentliche Spezialbegriffe. Die drei wichtigsten sind *Wiedernutzbarmachung*, *Wiederurbarmachung* und *Rekultivierung*. In dieser Arbeit werden sie im Sinne der Gesetzgebung der DDR verwendet: Wiedernutzbarmachung ist dabei der Überbegriff für die Wiederherstellung eines nutzbaren Bodens im Nachbergbau und vereint Wiederurbarmachung und Rekultivierung zu einem Prozess. Wiederurbarmachung bezeichnet die geologische, bodenchemische und bodenbiologische Wiederinwertsetzung des Bodens, sodass eine forst- oder landwirtschaftliche Nutzung der ehemaligen Tagebauflächen möglich wird.[39] Rekultivierung hingegen meint die Verbesserung der Bodengüte bis zum Niveau des gewachsenen Bodens durch Anbau von Pionierpflanzen, bodenanreichernde Fruchtfolge und Nährstoffzufuhr durch Düngung.[40] Beide Begriffe zielten auch auf die unterschiedliche rechtliche Verantwortung für das Sanierungsziel: Während Wiederurbarmachung Aufgabe der Bergbautreibenden war, wurde die Rekultivierung nach einem Rechtsträgerwechsel – hiermit ist die Rückgabe der Flächen an eine Landwirtschaftliche Produktionsgenossenschaft (LPG), einen StFB oder an ein Erholungsgebiet gemeint – von den Folgennutzern durchgeführt. Der Erfolg der Rekultivierung war stets von den vorherigen Sanierungsarbeiten der Bergbauunternehmen abhängig, was zu Konflikten zwischen Bergbau und Nachnutzern füh-

35 Vgl. Uekötter, Frank: Deutschland in Grün. Eine zwiespältige Erfolgsgeschichte, Bonn 2015 (= Bundeszentrale für politische Bildung: Schriftenreihe, Bd. 1638), S. 64.

36 Landeck u. a., Bergbaufolgelandschaften, S. 359–362.

37 Heuso(h)n, der sich als erster dem Thema zuwandte, nutzte bereits die Begriffe Ödland und Ödländereien, wie sie auch im Titel seines Buches auftauchen. Heusohn, Rudolf: Praktische Kulturvorschläge für Kippen, Bruchfelder, Dünen und Ödländereien, Neudamm 1929, S. 7 und 9.

38 Assmann, Willi/Vogler, Etnar/Werner, Konrad: Empfehlungen für die Rekultivierung von Kulturbodenkippen des Braunkohlenbergbaus, Berlin 1963 (= Wissenschaftlich-technische Informationen für das Meliorationswesen, 1. Sonderheft), S. 5.

39 Vgl. Lehmann, Hans: Die Wiederurbarmachung der Tagebaue im Rahmen des Fünfjahrplanes, in: Bergbautechnik 1, 1951, S. 257–263.

40 Krummsdorf, Wiederurbarmachung, S. 408 ff.

ren konnte. Die Begrifflichkeiten Wiederurbarmachung und Rekultivierung sind nicht kongruent zu den Fachtermini in der Bundesrepublik, die beide Arbeitsschritte unter dem Begriff Rekultivierung subsummieren und in der der Bergbaubetrieb auch für die vollständige Wiederherstellung des Bodens verantwortlich ist.[41]

Bei der Wiederherstellung von Landschaft und Vegetation geht es nicht allein um die bodenchemische Aufbereitung, um Pflanzenwachstum wieder zu ermöglichen. Vielmehr besteht auch der Anspruch, das Gelände ökologisch funktional und ästhetisch reizvoll zu formen. Der Fachbegriff hierfür lautet *Landschaftsgestaltung*. Hiermit ist die Umsetzung der aus Landschaftsplanung und -pflege resultierenden Ideen gemeint. Der Ursprung geht auf die Gestaltung englischer Landschaftsparks zurück, deren bekanntester deutscher Vertreter Hermann von Pückler-Muskau (1785–1871) einen unmittelbaren räumlichen Bezug zum Lausitzer Revier hatte.[42] In der ersten Hälfte des 20. Jahrhunderts etablierte sich die Garten- und Landschaftsgestaltung als eigenständige wissenschaftliche Disziplin.[43] Die Devastierung der gewachsenen Kulturlandschaft durch den Braunkohlenbergbau machte gerade bei dieser Bergbauform die Landschaftsgestaltung zu einem notwendigen Teil der Behebung von Landschafts- und Umweltschäden. In der Zeit der DDR entwickelte sich auch die Erholungsnutzung zu einem wichtigen Kriterium der Landschaftsgestaltung.

Zwei weitere Begriffe, die einer Erklärung bedürfen, lauten *Abprodukte* und *Altlasten*. Abprodukte war der gängige DDR-Terminus für Abfall, der bei der Produktion anfiel. Er spielte auf seine potentielle weitere Verwendbarkeit durch Recycling an. Der systemimmanente Mangel an Rohstoffen machte die Gewinnung von sogenannten Sekundärrohstoffen für die Industrie zu einer wichtigen Aufgabe.

---

41 Die DDR-Begrifflichkeit ist prinzipiell genauer in der Aufgabenverteilung als jene der Bundesrepublik, die in diesem Kontext nur Rekultivierung nutzte. Dies begründet sich durch den Privatbesitz; hiernach bleiben Flächen normalerweise bis zum Abschluss der Rekultivierung in Bergbaubesitz. Olschowy, Gerhard: Bergbau und Landschaft. Rekultivierung durch Landschaftspflege und Landschaftsplanung, Berlin/Hamburg 1993, S. 88 ff.

42 Hermann von Pückler-Muskau wurde 1785 in Bad Muskau geboren. Mit seinem Geburtsort und dem heutigen Cottbuser Ortsteil Branitz liegen zwei seiner drei bedeutenden Parkanlagen in der Lausitz. Der Park in Bad Muskau steht darüber hinaus in Zusammenhang mit dem Bergbau, da er ein altes Alaunbergwerk integrierte. In diesem wurde in der Nebengewinnung auch Braunkohle abgebaut. Eisold, Norbert: Der Fürst als Gärtner. Hermann von Pückler-Muskau und seine Parks in Muskau, Babelsberg und Branitz, Rostock 2005, S. 17 f. und 111.

43 Vgl. Meyer, Torsten/Zutz, Axel: Auf dem Weg zum Senftenberger Seengebiet. Protagonisten und Institutionen der Rekultivierung von Braunkohlentagebauen in der Niederlausitz (1920–1960), in: Benke, Carsten/Bernhardt, Christoph/Betker, Frank (Hrsg.): Paradigmenwechsel und Kontinuitätslinien im DDR-Städtebau. Neue Forschungen zur ostdeutschen Architektur- und Planungsgeschichte, Erkner 2010 (= REGIO transfer, Bd. 4), S. 273–328.

Das Sero-System – Sero steht für Sekundärrohstoffe und bezeichnet das Sammeln und Wiederaufbereiten – war in der DDR weit verbreitet.[44]

Altlast ist hingegen ein Begriff, der vor allem in der Nachwendezeit große Bedeutung gewann und industriell kontaminierte Flächen bezeichnet. Das bekannteste Beispiel ist wahrscheinlich das Restloch der Grube Johannes südlich von Bitterfeld-Wolfen, das jahrzehntelang mit Abfällen der chemischen Industrie befüllt wurde, darunter Quecksilber, und im Volksmund den zynischen Namen „Silbersee“ trug.[45] Bereits 1984 machte der Protestzug einer Umweltgruppe um Michael Beleites (geb. 1964) und dem Jugendpfarrer Jürgen Kohtz (geb. 1955) hierauf aufmerksam.[46] Bis heute sind Altlasten ein Problem in der ehemaligen DDR und Altlastensanierung ein gebräuchliches Wort.

Bodenmechanik

Wer das Lausitzer Braunkohlenrevier kennt, für den sind die Schilder „Bergbaugelände – Unbefugtes Betreten verboten!“, gelegentlich noch um den Zusatz „Lebensgefahr!“ ergänzt, kein seltener Anblick. Diese Schilder dienen nicht nur der rechtlichen Absicherung der Bergbauunternehmen, sondern weisen auf die größte Gefahr für die Menschen in der Bergbaufolgelandschaft hin – die Rutschungen (Abb. 4). Rutschungen sind bodenmechanische Ereignisse, die meistens ihre Ursache im Grundwasserwiederanstieg nach der Einstellung des Bergbaus haben. Das aufsteigende Wasser führt zu einer Senkung des Kippengeländes um 2–2,5 %.[47] Grundsätzlich unterscheidet man zwei Arten von unbeabsichtigten bodenmechanischen Erdbewegungen: Erstens die Grundbrüche, die durch zu starke Bodenpressung entstehen und für das Bebauen und Bewirtschaften von Kippenflächen eine Gefahr darstellen. Es handelt sich dabei um eine Verflüssigung des Untergrundes, ausgelöst durch einen oberflächennahen Grundwasserspiegel.[48] So kam es im Oktober

---

44 Buck, Hannsjörg F.: Umweltbelastung durch Müllentsorgung und Industrieabfälle in der DDR, in: Kuhrt (Hrsg.), Endzeit, S. 455–497, hier S. 459.

45 Kloppmann, Secilia: Für immer vergiftet. DDR Chemie verseucht Region Bitterfeld, in: MDR Investigativ – Hinter der Recherche, 10.09.2021. Unter: https://www.mdr.de/nachrichten/podcast/mdr-investigativ/podcast-investigativ-bitterfeld-102.html (Eingesehen: 10.11.2021).

46 Beleites, Dicke Luft, S. 124–128; Stief, „Stellt die Bürger ruhig“, S. 310 ff.

47 Hierbei handelt es sich um eine Verdichtung durch das Wasser, wodurch sich das Gelände senkt. Drebenstedt, Carsten: Planungsgrundlagen der Wiedernutzbarmachung, in: Pflug, Wolfram (Hrsg.): Braunkohlentagebau und Rekultivierung. Landschaftsökologie – Folgenutzung – Naturschutz, Berlin u. a. 1998, S. 487–512, hier S. 499 f.

48 Ebd.

Abb. 4: Auswirkungen einer Rutschung am Skadodamm zwischen dem heutigen Sedlitzer und Partwitzer See. Das damit einhergehende Risiko für Menschen dokumentiert der Bauwagen in der Bildmitte, der von den mit der Rekultivierung Beauftragten genutzt wurde, 1997

2010 auf dem Bergener See (ehemaliger Tagebau Spreetal) zu einem, durch Dauerregen verursachten Grundbruch auf der Innenkippe, bei dem ein Areal von 3,5 ha eines Naturschutzprojektes im Wasser versank.[49] Zweitens das Setzungsfließen, bei dem ebenfalls durch Grund- oder Oberflächenwasser eine Bodenverflüssigung auftritt, die wiederum Millionen von Kubikmetern Erde in Bewegung setzen kann. Fälle ereignen sich in allen deutschen Braunkohlenrevieren und sind das am häufigsten auftretende bodenmechanische Problem in der Bergbaufolgelandschaft.[50] Ursache ist die geringe Korngröße des aufgeschütteten Abraums zwischen 0,09

49 Neben dem Dauerregen war vermutlich die Belastung der sanierten Innenkippe durch LKWs der Auslöser für den Grundbruch. Fünf LKWs und 83 Schafe versanken im See. Einer der LKW-Fahrer musste zusätzlich per Helikopter aus seiner misslichen Lage befreit werden. Dassler, Sandra: Wenn das Ufer rutscht, in: Potsdamer Neuste Nachrichten, 14.08.2018. Unter: https://www.pnn.de/brandenburg/wenn-das-ufer-rutscht/22916584.html (Eingesehen: 15.04.2021); Kolodziej, Mirko: Der Tag, als die Erde wegfloss, in: SÄCHSISCHE.DE, 13.10.2020. Unter: https://www.saechsische.de/hoyerswerda/lokales/der-tag-als-die-erde-wegfloss-bergen-5293867-plus.html (Eingesehen: 15.04.2021).

50 Vulpius, Rainer: Die Braunkohlenlagerstätten Deutschlands. Ein Überblick, Clausthal-Zellerfeld 2015, S. 250 und 274.

und 1,00 mm sowie das direkt unter dem Kippenniveau anstehende Grundwasser.[51] Das bekannteste Beispiel für Setzungsfließen in der Lausitz ist die Insel im Senftenberger See. Allein bis zum Abschluss der Seeflutung 1973 traten 400 Setzungsfließerscheinungen mit jeweils mehr als 500 m^3 Umfang auf der Insel auf.[52] Seit einer Rutschung im September 2018 kommt es immer wieder zu (Teil-)Sperrungen des Sees.[53] Das Setzungsfließen kann auch Flutwellen auslösen: Im März 2021 zerstörte eine 1,5 m hohe Flutwelle im Knappensee bei Hoyerswerda eine am gegenüberliegenden Ufer bei Groß Särchen gelegene Bungalowsiedlung.[54] Rutschungen ziehen Sanierungsarbeiten nach sich, mit denen eine temporäre Sperrung der Seen einhergeht, sie also nicht genutzt werden können und dürfen.[55]

Einen besonderen Fall stellt die Rutschung in Nachterstedt (südwestlich von Magdeburg) am 18. Juli 2009 dar, bei der sich um 4.40 Uhr 4,5 Mio. m^3 Erde in Bewegung setzten. Bei diesem tragischen Unglück auf nichtverzeichnetem Altkippengelände kamen drei Menschen ums Leben und 41 weitere verloren ihr Obdach.[56] Die Ursache für den Erdrutsch war eine Kombination aus Grundwasserdruck, der durch Strömungen die unter der Wasseroberfläche gelegene Stützkippe abtrug, nicht ausreichend standsicherer Böschungen und ein kleines Erdbeben, das durch die weggerutschte Stützkippe ausgelöst wurde.[57]

---

51 Drebenstedt, Planungsgrundlagen, S. 499 f.

52 Kupfer/Sawall/Wiese, Senftenberger See, S. 73 f.

53 Dassler, Sandra: Rutschung am Senftenberger See. Erdrutsch durch Wildschweinrotte?, in: Potsdamer Neuste Nachrichten, 02.10.2018. Unter: https://www.pnn.de/brandenburg/rutschung-im-senftenberger-see-erdrutsch-durch-wildschweinrotte-/23137264.html (Eingesehen: 15.04.2021).

54 MDR Sachsen: Uferbereich am Knappensee abgerutscht, in: MDR Sachsen, 21.03.2021. Unter: https://www.mdr.de/nachrichten/sachsen/bautzen/bautzen-hoyerswerda-kamenz/rutschung-knappensee-100.html (Eingesehen: 15.04.2021).

55 Im Falle des Knappensees, der seit 2014 gesperrt ist, verzögerte das Setzungsfließen am 21. März 2021 den Abschluss der Sanierungsarbeiten, sodass eine Freigabe des Sees nicht wie geplant zum 01. April 2022 erfolgen konnte. Die Sperrung des Knappensees traf in der Bevölkerung auf Widerstand. Eine Gruppe, die unter der Bezeichnung „Knappensee-Rebellen“ bekannt wurde, bezeichnete die Sanierungsarbeiten bis zur Rutschung 2021 als unnötig, den See als sicher und forderte die Aufhebung der Sperrung. Nach der verheerenden Flutwelle verstummten diese kritischen Stimmen allerdings unter dem Eindruck der bestehenden Gefahr. MDR Sachsen: Weitere Rutschungen am Knappensee nicht ausgeschlossen, in: MDR Sachsen, 20.04.2021. Unter: https://www.mdr.de/nachrichten/sachsen/bautzen/bautzen-hoyerswerda-kamenz/knappensee-rutschungen-gehen-weiter-100.html (Eingesehen: 21.04.2021).

56 MDR Sachsen-Anhalt: Nachterstedt wird zu den Akten gelegt, in: MDR Sachsen-Anhalt, 23.02.2016. Unter: http://www.mdr.de/sachsen-anhalt/magdeburg/ermittlungsverfahren-zum-erdrutsch-in-nachterstedt-eingestellt100.html (Eingesehen: 15.04.2021).

57 Mack, Emma: Nachterstedt in Sachsen-Anhalt. Zehn Jahre nach dem Erdrutsch, in: ZDF Nachrichten, 18.07.2019. Unter: https://www.zdf.de/nachrichten/heute/nachterstedt-in-sachsen-anhalt-zehn-jahre-nach-dem-erdrutsch-100.html (Eingesehen: 15.04.2021).

Die Rutschung war der touristische Supergau für den Concordiasee und das gesamte Harzer Seenland.[58] Für die gleichzeitig vom Strukturbruch betroffenen Bergbaureviere bedeuten die Sperrungen von Seen auch die Erschütterung der versprochenen Zukunft als Tourismusregion: Die ausgesprochenen Betretungsverbote bedrohen auch ökonomische Existenzen. Sich anschließende, langjährige Sanierungsarbeiten markieren den radikalen Abbruch der langsamen touristischen Entwicklungen und werden öffentlich als Bruch des Zukunftsversprechens wahrgenommen. Auch in anderen Teilrevieren traten Rutschungen mit nachteiligen Auswirkungen auf die touristischen Nachnutzungskonzepte auf.[59]

Durch die flächenmäßige Ausdehnung des Abbaugebietes in der Lausitz bedrohen Rutschungen die menschliche Lebensweise. So bildeten und bilden Bau und Instandhaltung von Infrastruktur eine bis heute bestehende Herausforderung. Zum einen ist der Untergrund häufig ungeeignet, schwere Lasten zu tragen, zum anderen können die Vibrationen und Schwingungen von Fahrzeugen aller Art wiederum die lockeren Erdschichten in Bewegung setzen. Manchmal reichte aber bereits die Nähe zu einem Tagebaurestloch aus, um wie im Falle des Senftenberger Sees 1972 eine Kohleverbindungsbahn zu bedrohen.[60] Das Problem besteht fort, wie bei einem Abschnitt der Bundesstraße 97 im ehemaligen Tagebau Spreetal zu sehen ist, bei dem im Jahr 2020 Senkungen auftraten, die zu Rissen und zum

---

58 Gathmann, Florian: Drama in Nachterstedt. Erdrutsch stoppt Tourismus, in: Der Spiegel, 20.07.2009. Unter: https://www.spiegel.de/panorama/drama-von-nachterstedt-erdrutsch-stoppt-tourismusprojekte-a-637200.html (Eingesehen: 15.04.2021).

59 Ein breit rezipiertes Beispiel ist die Schleuse zwischen Störmthaler und Markkleeberger See im Leipziger Neuseenland, an der im März 2021 Risse auftraten. Die Sperrung war zwar auf drei Monate beschränkt, dennoch führte sie zu einer Verunsicherung innerhalb der Tourismusbranche, die ein Ausbleiben von Reisenden und ein negatives Image fürchtete. Die Kanuparkschleuse zwischen den beiden Seen überwindet einen Höhenunterschied von vier Metern. Da bei der Gestaltung der Folgelandschaft der Untergrund, im Gegensatz zum angrenzenden Autobahndamm der Bundesautobahn 38, nicht rütteldruckverdichtet wurde, unterspülte das Wasser die Schleusenanlage und drohte sie anzuheben. Die fatale Konsequenz eines Dammbruchs wäre eine Flutwelle, die Teile von Markkleeberg-Ost und des Leipziger Südens überspült hätte. MDR Sachsen: Landkreis Leipzig sperrt Markkleeberger und Störmthaler See, in: MDR Sachsen, 26.03.2021. Unter: https://www.mdr.de/nachrichten/sachsen/leipzig/leipzig-leipzig-land/markkleeberger-und-stoermthaler-see-gesperrt-100.html (Eingesehen: 15.04.2021); MDR Sachsen: Tourismusbranche schlägt nach Seen-Sperrung Alarm, in: MDR Sachsen, 05.04.2021. Unter: https://www.mdr.de/nachrichten/sachsen/leipzig/leipzig-leipzig-land/sperrung-stoermthaler-markkleeberger-see-100.html (Eingesehen: 05.04.2021).

60 Ursache war eine Erosion der nicht ausreichend abgeflachten Ostböschung bei Großkoschen. Herbststürme führten zu Wellenerosion, die die Wasserlinie um bis zu acht Metern verschob. Schlussendlich mussten die Gleisanlagen in eine andere, nicht von Erosion oder „Rutschung“ bedrohte Gegend verlegt werden. Kupfer/Sawall/Wiese, Senftenberger See, S. 71 f.

Absinken der Fahrbahnoberfläche führten.[61] Gleichzeitig erzeugt die Sperrung von Flächen, deren Rutschungsgefährdung nicht ausgeschlossen ist, erheblichen Unmut in der Bevölkerung, vor allem unter den Besitzenden ehemaliger Kippenflächen.[62]

Bodengüte

Ein zentrales Problem nachbergbaulicher Landschaften stellt ihre bodenphysikalische, -chemische und -biologische Wiederinwertsetzung dar. Beim Abtragen des Deckgebirges im Tagebau werden in der Lausitz Erdschichten von bis zu 130 m Mächtigkeit bewegt und auf ausgekohlten Flächen wieder aufgetragen. Dabei kommen chemisch-toxische Bestandteile an die Oberfläche, die dazu führen, dass ein aufgeschlossener Tagebau einer vegetationsfeindlichen Mondlandschaft gleicht. Es handelt sich namentlich um drei Probleme, die der natürlichen Sukzession und der damit verbundenen zunehmenden Bodengüte entgegenstehen: Das erste betrifft die Versauerung des Bodens durch Schwefelkies (Pyrit oder Markasit bzw. Katzengold), der aus den unteren Abraumschichten stammt, an der Oberfläche verwittert und den pH-Wert absinken lässt. Dies macht ein natürliches Pflanzenwachstum unmöglich. Das zweite bezieht sich auf die geringe Absorptionsfähigkeit der Kippenböden. Gewachsene Böden speichern aufgrund ihrer Zusammensetzung Wasser. Ton, Lehm und Schluff begünstigen die Wasseraufnahmefähigkeit, während sie bei reinen Sanden sehr niedrig ist. Da in der Niederlausitz pleistozäne und tertiäre Sande im Untergrund überwiegen, ist die Absorption auf unsanierten Kippenflächen wesentlich geringer als auf gewachsenen Böden. Dies begünstigt die Wassererosion bei Starkregenereignissen, aber auch das Austrocknen in der ohnehin schon niederschlagsarmen Niederlausitz. Das dritte Problem umfasst die Mineralien im Boden, die, ähnlich dem Pyrit, durch den Abbauprozess an die Oberfläche transportiert werden. In der Niederlausitz sind vor allem Eisenoxide problematisch. Bereits in vorindustrieller Zeit wurde Raseneisenerz in der Niederlausitz abgebaut, wovon beispielsweise die Peitzer Teiche (nordöstlich von Cott-

61 Schulz, Uwe: Große Risse und Monster-Sperrung, in: SÄCHSISCHE.DE, 30.12.2020. Unter: https://www.saechsische.de/hoyerswerda/lokales/grosse-risse-und-monster-sperrung-b97-spreetal-5348302-plus.html (Eingesehen: 16.04.2021).

62 Antenne Brandenburg: Cottbuser Gericht erlaubt Klägerin Betreten ihres rutschungsgefährdeten Grundstücks, in: rbb 24 Studio Cottbus, 21.07.2022. Unter: https://www.rbb24.de/studiocottbus/panorama/2022/07/cottbus-verwaltungsgericht-betretungsverbot-klage-rutschungsgefahr-bergbau.html (Eingesehen: 31.08.2022).

bus) zeugen.[63] Durch den Braunkohlenbergbau kommen diese, an sich geringen Eisenvorkommen an die Oberfläche. Durch die Sümpfung des Wassers rund um die Tagebaue wird die Oxidation des Eisens begünstigt. Gleichzeitig wird durch das Ableiten in die lokalen Fließgewässer wie Schwarze Elster, Spree und Schwarze Schöps eine potentielle Gefahr für die lokale Flora und Fauna geschaffen. Diese verunreinigten Wasser machen in den durch die Klimakrise gehäuft auftretenden Trockenperioden den Hauptanteil der Flusswasser aus.[64] Es erfolgt eine schleichende Vergiftung einzigartiger Naturräume wie dem Spreewald. Neben Eisenerz ist auch Sulfat, das über die Sümpfungswasser eingespeist wird, problematisch für die Umwelt.[65] Sulfate beeinträchtigen die Wasserqualität, setzen Pflanzennährstoffe wie Phosphor frei und können beim Menschen zu Durchfall führen.[66]

Die geringe Bodengüte hat jedoch ökologisches Potential. Besonders für die in den letzten Jahren verstärkt diskutierte Biodiversität bieten ehemalige Tagebaue seltene Habitate für Flora und Fauna.[67] Beispielsweise findet die vom Aussterben bedrohte Dünen-Ameisenjungfer gerade in den unbewachsenen Rohbodenstandorten einen Lebensraum, der sonst in Deutschland wenig bis kaum mehr vorhanden ist.[68] Daher scheint zumindest unter naturschutzorientierten Gesichtspunkten

---

63 Die Peitzer Teiche entstanden durch den Abbau des Raseneisenerzes, deren Gruben später durch einen Grundwasseranstieg geflutet wurden. Da diese Formen nun einmal hergestellt waren, bot sich ihre weitere Nutzung als Teil des Kulturlandes an, wovon die noch heute zur Fischzucht genutzten Teiche zeugen. Auch der Zusammenhang zur Eisenerzgewinnung lässt sich bis heute in Peitz erkunden mit der ältesten erhaltenen Hochofenanlage Ostdeutschlands von 1658. Vgl. Drebenstedt, Carsten/Möckel, Reinhard: Gewässer in der Bergbaufolgelandschaft, in: Pflug (Hrsg.), Braunkohlentagebau, S. 610–624, hier S. 611; Müller, Frank: Der Wandel der Kulturlandschaft im Raum Peitz infolge des mehrhundertjährigen Betriebes des dortigen Eisenhüttenwerkes (Mitte 16. bis 19. Jahrhundert), Cottbus 2017 (= Geopedology and Landscape Development Research Series, Vol. 06), S. 328.

64 Augustin, Jan/Richter-Zippack, Torsten: Streit um Bergbau-Folge. Wie giftig ist der Lausitzer Eisenschlamm, in: Lausitzer Rundschau Online, 10.03.2019. Unter: https://www.lr-online.de/lausitz/senftenberg/streit-um-bergbau-folge-wie-giftig-ist-der-lausitzer-eisenschlamm_-38261226.html (Eingesehen: 16.04.2021).

65 Anker, Jens: Gefahr für die Umwelt. Sulfat und Eisenschlamm bedrohen den Spreewald, in: Berliner Morgenpost, 12.10.2018. Unter: https://www.morgenpost.de/brandenburg/article215543853/Sulfat-und-Eisenschlamm-bedrohen-den-Spreewald.html (Eingesehen: 16.04.2021); Dassler, Sandra: Sulfat und Eisen in der Spree. Mühe mit der braunen Brühe, in: Tagesspiegel Online, 27.03.2018. Unter: https://www.tagesspiegel.de/berlin/sulfat-und-eisen-in-der-spree-muehe-mit-der-braunen-bruehe/21111212.html (Eingesehen: 03.05.2021).

66 Leibniz-Institut für Gewässerökologie und Binnenfischerei (Hrsg.): Sulfatbelastung der Spree. Ursachen, Wirkungen und aktuelle Erkenntnisse, Berlin 2016 (= IGB Dossier), S. 7.

67 Landeck u. a., Bergbaufolgelandschaften, S. 27 ff.

68 Durch die natürliche Sukzession sind diese Flächen im permanenten Wandel begriffen. So bedeutet die Ausbreitung des Land-Reitgrases im ehemaligen Tagebau Phoenix-Nord in Thüringen eine akute Bedrohung für die Biotope der Dünen-Ameisenjungfer. Vgl. ebd., S. 359–362.

die vollständige Sanierung und Wiederherstellung der Bodengüte nicht immer sinnvoll, da sie dem Erhalt seltener Biotoptypen entgegensteht.

Wasserwirtschaft

Wasser spielt bei der Betrachtung der Umweltproblematiken des Braunkohlenbergbaus eine bedeutende Rolle. Der Braunkohlenbergbau und die anschließende Verarbeitung der Kohle haben einen tiefgreifenden Einfluss auf den Wasserhaushalt sowie die Wassergüte (Abb. 5). So wundert es nicht, dass Wasserverschmutzung als eine der ersten ökologischen Folgen wahrgenommen wurde.[69]

Zur Gewinnung von Geo-Ressourcen muss in der Regel das anstehende Grundwasser abgeleitet werden. Im Braunkohlentagebau werden hierzu zwei Methoden angewendet: Zum einen kann die Aufschlussentwässerung ab Beginn des Tagebaubetriebs durch Entwässerungsstrecken mit Fallfilterpumpen erfolgen – früher als begehbare Tiefbauschächte, ab den 1960er-Jahren nur noch als Tiefbrunnenbohrung.[70] Durch Pegelbohrungen wird der Wasserstand zusätzlich im Umfeld der Tiefbohrungen permanent kontrolliert, um eine unkontrollierte Flutung des Tagebaus zu verhindern (Abb. 6). Die Liegendentwässerung, zum anderen, erfolgt direkt im Tagebau. Hierbei wird das im Tagebau durch Grundwassereinbrüche, Oberflächenwasser oder Niederschlag auftretende Wasser an der tiefsten Stelle der Grube gesammelt und dann abgeleitet.[71] Das durch beide Verfahren gewonne-

---

69 Vgl. Kretschmer, Kerstin: Braunkohle und Umwelt. Zur Geschichte des nordwestsächsischen Kohlereviers (1900–1945), Frankfurt (Main) 1998 (= Europäische Hochschulschriften, Nr. 3; = Geschichte und ihre Hilfswissenschaften, Bd. 768), S. 182–193; Deutsch/Pohl, Umweltgeschichte, S. 76–85.

70 Die Technik des Abteufens eines Bohrschachtes für die Entwässerung war schon seit den 1920er-Jahren etabliert, dennoch erfolgte bis in die 1960er-Jahre hinein die parallele Schaffung von Entwässerungsschächten, die im Tiefbau errichtet wurden. Beide Technologien bestanden daher gleichzeitig in einem Tagebau. Fox, Herbert William/Klein, Georg: Handbuch für den Deutschen Braunkohlenbergbau. Zweiter Band. Fortsetzung des Technischen Teiles: Tagebau, Förderung, Wasserhaltung, Wetterführung, Tagebaubetrieb, Halle (Saale) [1907] 1935, S. 1189; Heinze, Kurt u. a.: Der Braunkohlenbergbau. Grundausbildung und allgemeine Bergbaukunde, Berlin [1956] 1958, S. 184.

71 Diese Form spielte in den früheren Tagebauen, die sich auf die Gewinnung des jeweils ersten Flözes beschränkten, keine Rolle. So beschreiben Fox und Klein zwar das prinzipielle Verfahren der Liegendentwässerung, weisen aber darauf hin, dass „Pumparbeit […] nur in Ausnahmefällen erforderlich“ sei. Fox/Klein, Handbuch, S. 1191.

ne Wasser wird normalerweise in die naheliegenden Flusssysteme eingebracht oder als Brauchwasser in Kraftwerken und Veredelungsstandorten genutzt. In der Nachwendezeit wurden die gehobenen Grubenwasser auch zur Flutung der Tagebaurestlöcher verwendet.[72]

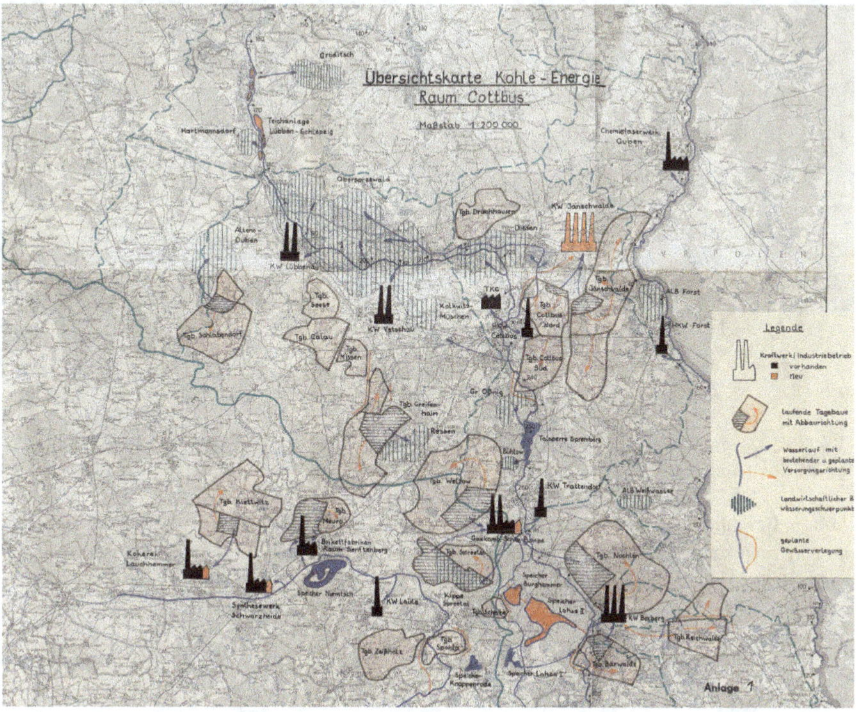

Abb. 5: Gewässersysteme der Niederlausitz (Schwarze Elster und Spree) sowie aktive, geplante und wiedernutzbargemachte Tagebaue und Veredelungsanlagen der Braunkohlenindustrie, 1980er-Jahre

72 Besonders im Mitteldeutschen Revier erfolgte die Flutung in den 1990er-Jahren durch gehobenes Grubenwasser aus den aktiven Tagebauen. Hierzu errichtete die LMBV ein System aus Leitungen, um es an und in die entsprechenden Restlöcher zu bringen. Aber auch für den Cottbuser Ostsee wird dieses Verfahren teilweise angewandt. Lausitzer und Mitteldeutsche Bergbau-verwaltungsgesellschaft mbH (LMBV) (Hrsg.): Sanierungsplanung Tagebau Espenhain, Berlin 2019 (= Wandlungen und Perspektiven, Nr. 24), S. 25.

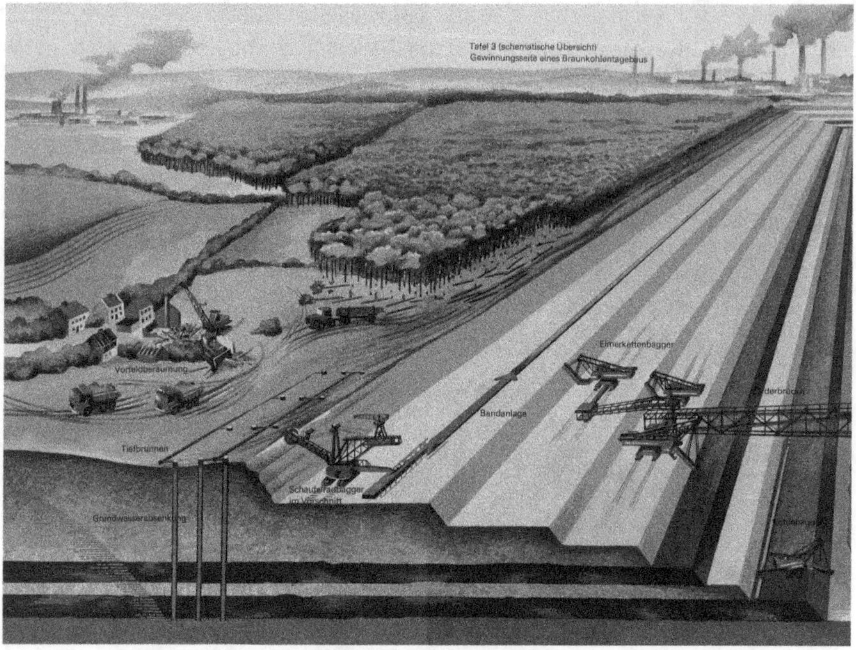

Abb. 6: Gewinnungsseite eines Großtagebaus. Zwischen Vorfeldberäumung und Schaufelradbagger im Vorschnitt kann man die Entwässerung mit Tiefbrunnen erkennen, die den Grundwasserspiegel rund um den Tagebau absenkt, 1981

Durch die Wasserhaltung bildet sich ein Grundwassersenkungstrichter, in dem der Grundwasserspiegel auf die größte Teufe abgesenkt wird. Dauerhaft sinkt der Grundwasserstand je nach Tagebau in der Lausitz um 30 bis 50 m.[73] Je nach Zusammensetzung des Deckgebirges können diese Grundwassersenkungen sich im Umkreis zwischen wenigen hundert Metern wie im Geiseltal bei Merseburg bis zu 18 km wie bei einzelnen Tagebauen der Niederlausitz von der Tagebaukante ausdehnen.[74] Problematisch ist der Wasserentzug vor allem für die Flora, da für diese nur noch das Oberflächenwasser zur Verfügung steht. Land- und Forstwirtschaft sind nur noch eingeschränkt möglich, Brunnen versiegen, Brauch- und Trinkwasser müssen aus entfernten Gegenden herbeigeschafft werden (Abb. 7).

73 Benthaus, Friedrich-Carl/Totsche, Oliver: Auswirkungen des Grundwasserwiederanstieges in den vom Braunkohlenbergbau beeinflussten Gebieten in der Lausitz und Maßnahmen zur Minderung, in: Mining Report 151, 2015, S. 522–530, hier S. 523.

74 Knabe, Wilhelm: Zur Wiederurbarmachung im Braunkohlenbergbau. Allgemeine Darstellung des Problems der Wiederurbarmachung und spezielle Untersuchungen im Lausitzer Braunkohlenbergbau, Berlin 1959, S. 18.

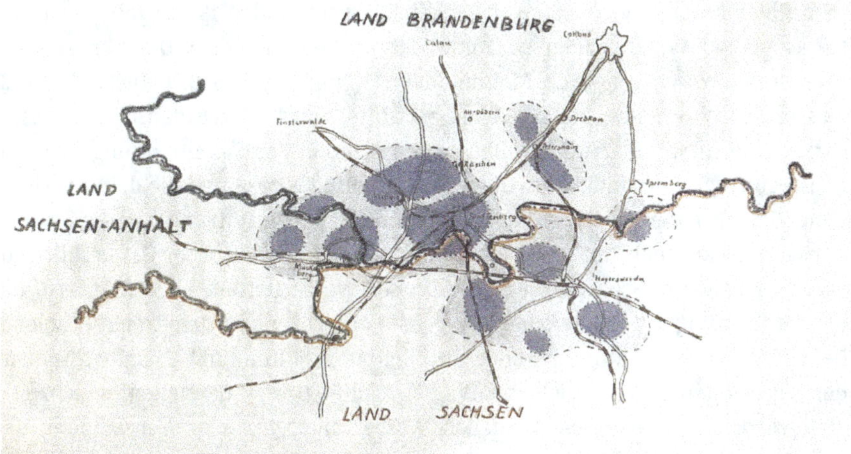

Abb. 7: Grundwassersenkungstrichter im Lausitzer Revier 1950. Deutlich erkennbar ist die Überlagerung von Senkungstrichtern im Raum um Senftenberg, die das Problem massiv verschärften

Auch Seen und Teiche waren und sind von Grundwasserabsenkungen bedroht.[75] Allein im Lausitzer Braunkohlenrevier stieg die vom bergbaubedingten Wasserentzug betroffene Fläche zwischen 1890 und 1965 von 15 auf 650 km^2 an (Tab. 1),[76] heute sind es 2000 km^2,[77] für die 1998 ein Grundwasserdefizit von 13 Milliarden m^3 geschätzt wurde.[78] Da die Niederlausitz eines der trockensten Gebiete Deutschlands ist, ist der Grundwasserentzug hier problematischer als im Mitteldeutschen

---

75 Allé, Nicole: Pinnower See weiterhin bedroht, in: energiezukunft. Das Portal für Erneuerbare Energien und die bürgernahe Energiewende, 04.05.2021. Unter: https://www.energiezukunft.eu/umweltschutz/pinnower-see-weiter-bedroht/ (Eingesehen: 06.05.2021).

76 Die Zahlen basieren auf Schätzungen der Wasserwirtschaftsdirektion Obere Elbe – Spree. Brandenburgisches Landeshauptarchiv (BLHA), Rep. 803 Büro für Territorialplanung des Bezirkes Cottbus (BfT Ctb), Nr. 1290, Wasserdargebot im Bezirk Cottbus und seine Abhängigkeit von der bergbaulichen Entwicklung vom 10.11.1969.

77 Arnold, Ingolf/Koch, Thomas: Bergbau und Wasser. Eine jahrhundertealte Wechselbeziehung im Einflussbereich von Spree und Schwarzer Elster – bald Vergangenheit?, in: Wasser-Cluster Lausitz e. V., 15.03.2021. Unter: https://www.wasser-cluster-lausitz.de/index.php/tagungen.html?file=files/Veranstaltungen/1.%20Wasserkonferenz%20Lausitz/01_Arnold_Koch.pdf (Eingesehen: 03.05.2021), S. 2.

78 Drebenstedt, Carsten/Rascher, Jochen: Zu den geologischen Bedingungen und den bergbautechnologischen Möglichkeiten der Wiedernutzbarmachung im Lausitzer Braunkohlenrevier, in: Jahrbuch BergbauFolgeLandschaft 1998 S. 34–46, hier S. 41.

oder Rheinischen Revier.[79] So war die Lausitz schon in den 1990er-Jahren das am stärksten von Waldbränden bedrohte Gebiet Deutschlands.[80] Der verheerende Waldbrand zwischen dem 22. Mai und dem 10. Juni 1992, der u. a. die Stadt Weißwasser bedrohte und ca. 920 ha Wald zerstörte, wurde durch den Grundwasserentzug und die problematische Baumartenwahl bei der Rekultivierung maßgeblich begünstigt.[81] Besonders die Dürreperiode 2018 bis 2020 und die damit verbundene Wasserknappheit heizte die Debatte um die Wassernutzung und die Zukunft der Lausitz nochmals an. Dabei wurde am Beispiel des Cottbuser Ostsees die touristisch motivierte Schaffung unnötig großer Wasserflächen in Restlöchern, die die Verdunstung des Wassers begünstigen, kritisiert.[82] Außerdem treten Probleme bei der Wahl der Flutungsmethode auf. Bei einer Flutung mit Fremdwasser aus den Flusssystemen lässt sich die Wasserqualität besser herstellen, gleichzeitig aber wird dem Ökosystem zusätzlich Wasser entzogen. Eine Verwendung des Grundwassers dauert länger und es besteht die Gefahr einer niedrigen Wassergüte

79 Ein Niederschlagsdefizit lässt sich seit den 1980er-Jahren in der norddeutschen Tiefebene beobachten, wozu auch die Lausitz als Randgebiet gehört. In der Niederlausitz lag 1991 die Regenmenge mit 417 mm um ein Viertel niedriger als der langjährige Durchschnitt von 550 mm im Zeitraum 1901 bis 1950. Schon seit den 1980er-Jahren wurde auf den Klimawandel verwiesen und das Szenario einer Versteppung skizziert. Als Ursache galt den Forschern der DDR die großflächige Entwaldung. Vgl. Großer, Karl Heinz: Der Naturraum und seine Umgestaltung, in: Pflug (Hrsg.), Braunkohlentagebau, S. 461–474, S. 463; Preußner, Karl: Wälder und Forste auf Kippenstandorten, in: Pflug (Hrsg.), Braunkohlentagebau, S. 600–609, hier S. 600.

80 Damals war das Gebiet mit jährlich acht Bränden und 20 ha Waldverlust je 10 000 ha Wald bereits das am stärksten waldbrandgefährdete Gebiet Deutschlands. Preußner, Karl: Forstwirtschaft, in: Pflug (Hrsg.), Braunkohlentagebau, S. 517–519, hier S. 518.

81 Bei diesem Einsatz kamen in Hochzeiten bis zu 1000 Feuerwehrleute, Soldaten und Rettungskräfte zum Einsatz, darunter Einsatzkräfte aus Baden-Württemberg. Ein Feuerwehrmann starb in Folge eines Unfalls und 18 weitere wurden verletzt. Patzelt, Steffen Thomas: Waldbrandprognose und Waldbrandbekämpfung in Deutschland. Zukunftsorientierte Strategien und Konzepte unter besonderer Berücksichtigung der Brandbekämpfung aus der Luft, Mainz 2008, S. 45, 59 und 71 f.

82 Beim Projekt Cottbuser Ostsee ist u. a. ein neues Viertel im Cottbuser Nordosten geplant. Damit dieses Wohngebiet eine hohen Lebensqualität hat, wurde eine große Flachwasserzone bei der Gestaltung des ehemaligen Tagebaus Cottbus-Nord realisiert. Allerdings stand bereits der Flutungsbeginn am 12. April 2019 unter keinem guten Stern. Nach nur zwei Wochen und 735 000 m^3 Spreewasser (von geplanten 45 Mio. m^3) musste die Flutung wiedereingestellt werden. Allé, Nicole: Flutung von Tagebauen auf dem Prüfstand, in: energiezukunft. Das Portal für Erneuerbare Energien und die bürgernahe Energiewende, 02.01.2021. Unter: https://www.energiezukunft.eu/politik/flutung-von-tagebauen-auf-dem-pruefstand/ (Eingesehen: 06.05.2021); MDR: Naturschutzbund BUND fordert Umdenken bei Tagebaurestseen in der Lausitz, in: MDR Sachsen, 23.10.2020. Unter: https://www.mdr.de/nachrichten/sachsen/bautzen/bund-wasserknappheit-lausitz-elbe-ueberleiter-100.html (Eingesehen: 06.05.2021); SÄCHSISCHE.DE: Flutung von Cottbuser Ostsee gestoppt, in: SÄCHSISCHE.DE, 26.04.2021. Unter: https://www.saechsische.de/flutung-von-cottbuser-ostsee-gestoppt-5064146.html (Eingesehen: 06.05.2021).

durch einen niedrigen pH-Wert, einer hohen Sulfat-Belastung und einem hohen Eisenoxid-Anteil.[83]

Tab. 1: Entwicklung des Grundwassersenkungstrichters im Lausitzer Braunkohlenbergbaurevier bis 1965

Jahr	Fläche des Grundwasserentzuges in km²
1890	15
1900	25
1910	145
1920	265
1930	358
1940	495
1945	550/250[84]
1950	350
1960	545
1965	650

Aktuell besteht die Gefahr, dass mit dem Ende der Braunkohlenförderung die Wasserhaltung der Tagebaue ebenfalls eingestellt wird und dadurch bestehende Flusssysteme zumindest im Sommer trockenfallen.[85] Wie real dies ist zeigt die Spree, deren Austrocknen für die Kommission Wachstum, Strukturwandel und Beschäftigung – besser bekannt als Kohlekommission – eine der größten, auch ökonomischen Gefahren für die Zukunft der Lausitz darstellt.[86] So ist bei einer abrupten Einstellung des Bergbaus damit zu rechnen, dass in Brandenburg ein Trinkwasserversorgungsproblem entsteht und der Fluss dauerhaft deutlich weniger Wasser führen wird, zumindest bis sich der Grundwasserspiegel wieder auf seine

83 Vgl. hierzu, mit expliziten Bezug auf den Cottbuser Ostee: Rundfunk Berlin-Brandenburg: Minister sieht keine Alternative an Ostsee: „Auf Gedeih und Verderb auf Flutung angewiesen", in: rbb24 Studio Cottbus, 15.02.2021. Unter: https://www.rbb24.de/studiocottbus/panorama/2021/02/flutung-cottbuser-ostsee-ohne-alternative.html (Eingesehen: 06.05.2021).

84 Die Zahlen zeigen den massiven Einbruch der Wasserhaltung aufgrund der Kriegsereignisse im April 1945, die zu einem Rückgang der Senkungstrichter beitrugen.

85 Grünewald, Uwe: Die bergbaubeeinflusste Spree droht zu kollabieren, in: wwt Wasserwirtschaft Wassertechnik 69, 2019, S. 18–22, hier S. 19 f.

86 Bundesministerium für Wirtschaft und Energie (BMWi) (Hrsg.): Kommission „Wachstum, Strukturwandel und Beschäftigung". Abschlussbericht, Berlin 2019, S. 72.

natürliche Höhe eingestellt hat.[87] Nach Angaben des Chefgeologen der Lausitz Energie AG (LEAG), dem aktuellen Tagebaubetreiber, stammt 70 % des Spreewassers aus dem Sümpfungswasser der Tagebaue, somit wäre nach dem Auslaufen der Tagebaue für Jahrzehnte mit einem regelmäßigen Austrocknen des Flusses im Sommer zu rechnen.[88]

Neben dem Grundwasserentzug bestehen grundsätzlich Probleme bei der Wiedereinleitung der genutzten Wasser in die Flüsse. Dabei lässt sich zwischen dem im Tagebaubetrieb gehobenen Grubenwasser und den industriellen Abwässern der Veredelungsanlagen unterscheiden. Besonders während der DDR-Zeit spielte die Verschmutzung von Mulde, Saale, Spree sowie Schwarzer und Weißer Elster durch die karbochemischen Komplexe eine große Rolle, sodass diese Gewässer 1990 als ökologisch tot galten.[89] Das ungeklärte Einleiten von Phenolen und Ölrückständen führte zu sicht- und riechbaren Belastungen der Flüsse flussabwärts der Braunkohlenreviere. Diese Verschmutzungen waren – zumindest in Teilen – ein Erbe des Nationalsozialismus, insbesondere seiner Autarkiepolitik. So zog die Verdreckung der Pleiße durch den Industriekomplex Böhlen-Espenhain ab den 1930er-Jahren schlussendlich in den 1950er-Jahren die Kanalisierung von Teilen des Flusses im Leipziger Stadtgebiet nach sich, um die Geruchsbelästigung zu senken.[90] Ähnliche Zustände prägten die Saale bei Merseburg und die Mulde bei Bitterfeld.[91] In der Lausitz betraf dieses Phänomen vor allem die Schwarze Elster, die der Reihe nach die Veredelungsanlagen in Hoyerswerda, Senftenberg, Schwarzheide und Lauchhammer passierte und deren Wasser von ihnen genutzt wurde. Für die DDR war diese Umweltverschmutzung auch aus ihrer eigenen Logik heraus problembehaftet, da sie dem ohnehin schon wasserarmen Staat Brauch- und Trinkwasser für Bevölkerung, Landwirtschaft und Industrie entzog. Gerade für die Niederlausitz war und ist die Wasserfrage essenziell.[92] Die bereits problematisierte Verschmutzung durch das gehobene Grubenwasser rückte erst in den letzten Jahren zunehmend in das öffentliche Bewusstsein. Laut dem damaligen Lausitzer Tagebaubetreiber Vattenfall Europe Mining and Generation wurden 2015 täg-

87 ZEIT ONLINE: Kommt mit dem Kohleausstieg ein Wasserproblem?, in: ZEIT ONLINE, 11.03.2021. Unter: https://www.zeit.de/news/2021-03/11/kommt-mit-dem-kohleausstieg-ein-wasserproblem (Eingesehen: 03.05.2021).

88 Taubert, Christian: Sterben Lausitzer Flüsse ohne Grubenwasser? Spree wird in großen Teilen daraus gespeist, in: Lausitzer Rundschau Online, 28.08.2019. Unter: https://www.lr-online.de/nachrichten/spree-wird-zu-grossen-teilen-daraus-gespeist-sterben-lausitzer-fluesse-ohne-grubenwasser_-38323750.html (Eingesehen: 03.05.2021).

89 Buck, Umweltbelastung, S. 238–245.

90 Deutsch/Pohl, Umweltgeschichte, S. 85.

91 Roesler, Umweltprobleme, S. 41 f.

92 Drebenstedt/Möckel, Gewässer, S. 611.

lich 600 Mio. l Sümpfungswasser in die Spree eingeleitet.[93] Bei einer derartigen Verschmutzung steigt die Belastung mit Eisenoxiden sowie Sulfaten in den Flüssen („Verockerung") und im Grundwasser, lokale Konzentrationen erreichten bis zu 400 mg/l Eisen und 1400 mg/l Sulfat.[94]

Während die Verschmutzung der Fließgewässer durch industrielle Abprodukte mit dem Ende der Karbochemie stoppte, und heute beispielsweise die Pleiße in Leipzig zwar nicht sauber, aber doch zumindest wieder ökologisch aktiv ist,[95] ist bisher weder das Sulfat- noch das Eisenoxidproblem gelöst.[96] Dies betrifft besonders die Spree ab Cottbus. Bestrebungen für den Einsatz effektiver Filteranlagen, wie die des ehemaligen Bergmanns Hans-Jürgen Schmagers (geb. 1940), der die Sanierung des Tagebaus Meuro nach 1990 leitete,[97] sind bisher nur im kleinen Maßstab erfolgreich, wodurch weiterhin die Bedrohung für den sensiblen Lebensraum Spreewald besteht.[98]

Die Wasserproblematik in den Braunkohlenrevieren reicht über die Zeit des aktiven Tagebaus hinaus. Besonders der Grundwasserwiederanstieg verkompliziert die Planungen für die Bergbaufolgelandschaften und frustriet einen Teil der Anwohner:innen. Beim Grundwasserwiederanstieg handelt es sich um einen natürlichen Prozess, der nach Einstellung der Wasserhaltung in allen Bergbauformen vorkommt.[99] In den Gebieten des Braunkohlenbergbaus wirkt sich der Grundwasserwiederanstieg negativ aus: Zum einen kommt es zur Vernässung bzw. zum Entstehen von kleinen Seen, zum anderen bedroht das Grundwasser die Standfestigkeit von Gebäuden und Infrastruktur.[100] Besonders betroffen sind Häuser, die in der Zeit der großflächigen Grundwasserabsenkungen zwischen 1920

---

93 Mattner, Sandra: Tagebauwasser lässt Spree nicht austrocknen, in: Niederlausitz aktuell, 13.08.2015. Unter: https://www.niederlausitz-aktuell.de/brandenburg/53347/tagebauwasser-laesst-spree-nicht-austrocknen.html (Eingesehen: 03.05.2021).

94 Benthaus/Totsche, Grundwasserwiederanstieges, S. 525.

95 Julke, Ralf: Kein einziges Leipziger Fließgewässer kommt über die Note 4 hinaus, in: Leipziger Zeitung, 30.04.2018. Unter: https://www.l-iz.de/politik/brennpunkt/2018/04/Kein-einziges-Leipziger-Fliessgewaesser-kommt-ueber-die-Note-4-hinaus-215519 (Eingesehen: 03.05.2021).

96 Vgl. Leibniz-Institut für Gewässerökologie und Binnenfischerei (Hrsg.), Sulfatbelastung.

97 Schmager, Hans-Jürgen: Zur Sanierung der Abraumförderbrückenkippe im Tagebau Meuro, Senftenberg 2012, S. 7.

98 Richter-Zippack, Torsten: Grüner Kohlefilter wird jetzt getestet, in: Lausitzer Rundschau Online, 10.03.2019. Unter: https://www.lr-online.de/lausitz/senftenberg/umweltschutz-in-der-lausitz-gruener-kohlefilter-wird-jetzt-getestet-38134870.html (Eingesehen: 03.05.2021).

99 So ist beispielsweise ein Teil der Ewigkeitskosten des Steinkohlenbergbaus im Ruhrgebiet unmittelbar mit dem Wasseranstieg verbunden: Durch die Entnahme des Kohleflözes in der Emscherzone sank das Landschaftsniveau im nördlichen Ruhrgebiet unter den Grundwasserspiegel, wodurch ein ständiges Abpumpen notwendig wurde. Uekötter, Grün, S. 26.

100 Benthaus/Totsche, Grundwasserwiederanstieges, S. 524.

und 1990 unterhalb des natürlichen Grundwasserspiegels errichtet wurden.[101] Die angebotenen Lösungen der Lausitzer und Mitteldeutsche Bergbau-Verwaltungsgesellschaft (LMBV) für dieses Dilemma reichen vom dauerhaften Abpumpen des Wassers, über Gebäudehebungen bis zur kompletten Umsiedlung von Betroffenen, wenn Gefahr für Leib und Leben besteht.[102]

Luftreinhaltung

Die in der Öffentlichkeit am meisten wahrgenommene Umweltschädigung ist die Luftverschmutzung durch die Verbrennung der Braunkohle. Unbestritten wird bei der Energiegewinnung aus Braunkohle im Vergleich zu anderen fossilen Energieträgern das höchste Kohlenstoffdioxid-Äquivalent freigesetzt – der Hauptkritikpunkt der heutigen Gegner der Braunkohlenverstromung. Bei der Umwandlung von Braunkohle in eine Kilowattstunde Strom werden 1081 g Kohlenstoffdioxid freigesetzt.[103] Bei Steinkohle und bei Erdgas fallen jeweils nur 873 g bzw. zwischen 433 und 678 g an. Die DDR emittierte somit pro Kopf mehr Kohlenstoffdioxid als die Bundesrepublik, was teilweise an einer fehlenden rationellen Energieanwendung lag.[104]

Auch andere Schadstoffe gelangen durch die Verbrennung von Braunkohle in die Atmosphäre, sie sind in unterschiedlichem Maße gesundheitsgefährdend bzw. umweltschädigend. So gelangt Schwefeldioxid durch die Verbrennung der Kohlen in die Luft und löst die Entstehung des „sauren Regens“ aus, welcher die Bäume in den Wäldern schädigt, was wiederum zum Waldsterben der 1980er- und frühen 1990er-Jahren führte. 1989 unterschieden sich Ost und West bei der geschädigten

101 Wronski, Rupert/Fiedler, Swantje: Gesellschaftliche Kosten der Braunkohle im Jahr 2015, Berlin 2015, S. 7.

102 LMBV: Antworten auf häufig gestellte Fragen zu Sofortmaßnahmen gegen Vernässung, in: LMBV Häufig gestellte Fragen, 2020. Unter: https://www.lmbv.de/index.php/antworten.html (Eingesehen: 04.05.2021); Würz, Catrin: Landrat macht Druck für Altbergbauopfer, in: Lausitzer Rundschau, 18.12.2018. Unter: https://www.lr-online.de/lausitz/senftenberg/umsiedlung-in-lauchhammer-landrat-macht-druck-fuer-altbergbau-opfer-41605263.html (Eingesehen: 05.05.2021).

103 Zum Vergleich mit Flüssigtreibstoffe wie Diesel, Benzin oder Rohöl, Steinkohlen und Gas siehe: Quaschning, Volker: Regenerative Energiesysteme. Technologie – Berechnung – Klimaschutz, München [1999] 2019, S. 23–31 und 51.

104 Lag der Jahresausstoß in der Bundesrepublik laut eines Berichtes des Tagesspiegels bei 11,7 t je Einwohner, waren es in der DDR mit 22,4 t je Einwohner fast doppelt so viel. Erklären lässt sich dies mit der Dominanz der Braunkohle in der DDR, den niedrigen Anreizen zum Energiesparen und der Fokussierung der DDR-Wirtschaft auf den primären und sekundären Sektor, die deutlich mehr Kohlenstoffdioxid in die Luft bliesen. Meyerhoff/Petschow/Thomasberger, Umweltreport, S. 93.

Waldfläche kaum; in beiden Staaten lag der Anteil bei über 50 %.[105] Grundlegende Zusammenhänge waren aufgrund der Forschungen der Forsthochschule Tharandt bereits seit Mitte des 19. Jahrhunderts bekannt und wurden als „Rauchschaden" bezeichnet.[106] Die DDR führte diese Forschungen fort und gehörte hierbei lange international zu den federführenden Nationen.[107] Durch den Einbau entsprechender Filteranlagen in Kraftwerken ist die Schwefeldioxidproblematik – und damit der Auslöser des Waldsterbens – heute nahezu vollständig verschwunden; das heutige Waldsterben lässt sich auf die Klimakrise zurückführen.

Die Belastung durch Staubemissionen ist Teil der Braunkohlenproblematik, bei dieser Form der Luftverschmutzung stand die DDR in Europa an der Spitze.[108] Sowohl die Verbrennung im Kraftwerk und im Ofen als auch die Förderung im

---

105 In der DDR waren 37,9 % der Waldflächen schwach und 16,4 % mittel bis stark geschädigt. In der Bundesrepublik waren 37 % der Bäume leicht und ebenfalls 16,4 % mittel bis stark beeinträchtigt. Die Unterschiede waren also zum Zeitpunkt der Wiedervereinigung marginal. Schaut man auf die räumliche Verteilung der geschädigten Wälder in der DDR, dann fällt die Dominanz des Mitteldeutschen Reviers und von Teilen des Erzgebirges auf (Bezirk Leipzig 75,4 %, Bezirk Magdeburg und Berlin 62,8 %, Bezirk Dresden 62,1 %). Die Niederlausitz (Bezirk Cottbus) tauchte hingegen nicht als besonders betroffenes Gebiet auf, was mit den verhältnismäßig modernen Kraftwerken und Veredelungsanlagen zusammenhing, die in den 1950er- und 1960er-Jahren mit modernen hohen Schornsteinen ausgestattet waren, die das Rauchgas besonders nach Polen leiteten. Ebd., S. 96 f.

106 Die 1811 gegründete Forsthochschule Tharandt, seit 1929 Teil der Technischen Hochschule Dresden, beauftragte 1849 den Argrarchemiker Julius Adolph Stöckhardt (1809–1886) die Auswirkungen von Rauch auf Gehölze zu erforschen. Sachsen war zu diesem Zeitpunkt Vorreiter der Industrialisierung und des Bergbaus, sodass das Problem hier besonders bestand. Schon Stöckhardt vermutete im Schwefeldioxid den Verursacher der Pflanzenschädigungen, allerdings gelang erst Hans Wislicenus (1864–1939) 1914 der Nachweis, dass dieses die Pflanzen vergiftet. Huff, Natur, S. 20 und 67 ff.

107 Maßgebliche Forscher in diesem Bereich waren Erich Zieger (1902–1960) und, nach seinem Tod 1960, Hans-Günther Däßler (geb. 1925). So war Ziegers Projekt zur Großraumdiagnose ein umfassendes Monitoring in Nachfolge und inspiriert durch Lingners „Landschaftsdiagnose der DDR". Däßler wiederum war zwar weniger vernetzt und auch weniger einflussreich, war aber ebenfalls anerkannter Forscher. Das Kalkstein-Additiv-Verfahren (hierbei sollte gemahlener Kalkstein das Schwefeldioxid binden) war 1977 abgeschlossen und wurde ab März 1981 in einer ersten Pilotanlage im Kraftwerk Vockerode bei Dessau eingesetzt. Allerdings gelang es der DDR bis zu ihrem Ende nicht, daraus ein funktionierendes, großindustriell umsetzbares Rauchgasentschwefelungsverfahren zu entwickeln und einzuführen – ein Indiz für die mangelnde Bereitschaft zur Einführung neuer Technologien in der DDR. Allerdings wurde auch in der Bundesrepublik diese Innovation erst in den 1980er-Jahren serienreif und in Kraftwerksanlagen umgesetzt. Vgl. ebd., S. 69–94 und 105 ff.

108 Dabei waren Kohle und Energie für 58 % der Staubemission verantwortlich, hinzu kam die Chemische Industrie mit 12 %, deren Staubeintrag zumindest in Teilen mit der Braunkohle zusammenhing. Unerwähnt bleibt der Bergbau, der ebenfalls wesentlich zur Staubbelastung in der DDR beitrug. Meyerhoff/Petschow/Thomasberger, Umweltreport, S. 90 ff.

Tagebau trugen zur Verbreitung von Staubemissionen bei. Im Tagebau bestand dieses Problem vor allem durch die sterilen Mondlandschaften, die der Winderosion preisgegeben waren. Staubemission durch Winderosion und Verbrennung unterscheiden sich ihrer räumlichen Belastungsdimension: Während durch erstere vor allem die Menschen in den umliegenden Dörfern beeinträchtigt wurden, verteilten die Kraftwerke durch höhere Schornsteine Schwebeteilchen auf größere Flächen (was für alle anderen Schadstoffe ebenfalls galt). Der Ascheanteil des Staubes, der einen basischen pH-Wert hat, neutralisierte in der Umgebung der Kraftwerke teilweise die Versauerung des Bodens durch die Schwefeldioxid-Belastung. Allerdings bestand schon zur Zeit der DDR die Möglichkeit, durch Elektrofilter den Staub abzuscheiden und somit die Belastung zu verringern, was teilweise geschah.[109]

Die Verbrennung von Braunkohle setzt eine ganze Reihe weiterer Schadstoffe frei, von denen Stickoxide, die nach Kohlenstoffdioxid als häufigste Umweltgifte auftreten und ebenfalls für das Waldsterben verantwortlich gemacht werden,[110] besonders bedeutsam sind. 1988 emittierte die DDR 1 Mio. t Stickoxid, was ein Drittel der bundesdeutschen Emission entsprach.[111] Seit der flächenmäßigen Einführung der Rauchgasentschwefelung in den 1980er-Jahren stellen Stickoxide die größte unmittelbare Gesundheitsbelastung durch Braunkohle dar, da sie Herz-Kreislauf-Erkrankungen auslösen können.[112] Andere, durch Braunkohlenkraftwerke ausgestoßene Schadstoffe haben lokale Wirkung. Besonders Arsen, Blei, Kadmium, Quecksilber und Zink können bis heute nicht vollständig aus dem Rauchgas abgeschieden werden. So stammt die Hälfte der heutigen Quecksilber-Emission aus Braunkohlenkraftwerken.[113] Allein die Kraftwerke Jänschwalde und Schwarze Pumpe in der Lausitz setzen jährlich 621 kg Quecksilber frei.[114] Bei Blei, Kadmium und Zink beträgt die durchschnittliche Emission laut Landesamt für Natur, Um-

109 Ebd., S. 82.

110 Huff, Natur, S. 277.

111 Meyerhoff/Petschow/Thomasberger, Umweltreport, S. 131.

112 Die Rauchgasentschwefelung wurde in der Bundesrepublik ab den 1980er-Jahren verpflichtend. Auf dem Gebiet der DDR erfolgte die Ausstattung erst in den 1990er-Jahren. Laut einer im Auftrag des BUND erstellten Studie, die sich wiederum auf Forschungen des Helmholtz-Zentrums München und der IVU Umwelt GmbH Freiburg beruft, verstarben allein 2014 6000 Menschen durch die hohe Stickoxidbelastung in Deutschland. Allerdings tritt dieses Problem bei allen Kohlenkraftwerken auf und ist daher nicht braunkohlenspezifisch. Tebert, Christian: Stickstoffoxid-Emission aus Kohlekraftwerken. Minderungspotenzial auf Basis von Messdaten der Jahre 2016 und 2017, 12.10.2018. Unter: https://www.bund.net/fileadmin/user_upload_bund/publikationen/kohle/kohle_stickoxid_emissionen_gutachten.pdf (Eingesehen: 05.05.2021), S. 11.

113 Kessler, Gregor/Oeck, Anja: Braunkohle. Ein schmutziges Geschäft, Hamburg 2015, S. 3.

114 Löhle, Claudia: Gesundheit. Unter: https://www.kohleausstieg-berlin.de/hintergruende/125-gesundheit (Eingesehen: 05.05.2021).

welt und Verbraucherschutz Nordrhein-Westfalen 155 kg, 6 kg bzw. 300 kg pro Jahr.[115] Eine Besonderheit, die erst in jüngeren Zeit öffentliche Beachtung erfuhr, ist die Freisetzung von radioaktiven Isotopen wie Uran 238, Thorium 228 und Radon 222 durch die Gewinnung und Verbrennung der Braunkohle.[116]

Die Luftverschmutzung hat gesundheitliche Auswirkungen. Herz-Kreislauf-, Lungen-Erkrankungen und neurologische Störungen können durch die Emission der unterschiedlichen Schadstoffe ausgelöst werden.[117] So kann eine Kindheit in Gebieten mit starker Luftverschmutzung noch im Erwachsenenalter die Kapazität der Lungen beeinträchtigen. Im Bezirk Cottbus stiegen die Neuerkrankungen je 100 000 Menschen zwischen 1960/64 und 1970/74 durch Luftverunreinigungen um 121,9 %, bei Lungenerkrankungen sogar um 138,7 %.[118]

Chemische Veredelung/Karbochemie

Ein besonderes Problem bestand in der DDR durch die braunkohlenbasierte Karbochemie. Die stoffliche Verwendung von Braunkohle in Deutschland ist unmittelbar mit der Autarkiepolitik während der Zeit des Ersten und Zweiten Weltkrieges verbunden. Orte wie Bitterfeld, Böhlen, Espenhain, Lauchhammer, Leuna, Schkopau und Schwarzheide stehen symbolhaft für gravierende Umweltschäden durch

---

115 Reimer bezieht sich auf Aussagen des Mitarbeiters des Landesamtes in Nordrhein-Westfalen Volker Hoffmann. Vgl. Reimer, Nick: Die Nebenwirkungen der Braunkohle für unsere Gesundheit, in: piqd Kultur und Wandel, 23.08.2016. Unter: https://www.piqd.de/klimawandel/die-nebenwirkung-der-kohle-fur-unsere-gesundheit (Eingesehen: 05.05.2021).

116 Das Problem besteht in ähnlicher Weise bei der Steinkohle. Besonders gravierend war dieses Problem bei den Steinkohlenvorkommen des Döhlener Beckens bei Freital, da sich hier Uranerz- und Steinkohlenlagerstätten teilweise überschnitten. Vgl. Löhle, Gesundheit.

117 Schneidemesser, Erika von/Mar, Kathleen A./Lawrence, Mark: Klimawandel und Luftverschmutzung, in: Nanz, Patrizia u. a. (Hrsg.): Klimaschutz. Wissen und Handeln, Bonn 2021 (= Bundeszentrale für politische Bildung: Schriftenreihe, Bd. 10672), S. 119–133, hier S. 121.

118 Allein 1975 betrugen die Mehraufwendungen für Arzneimittel für Personen in den Kreisen Hoyerswerda, Senftenberg und Spremberg, die unter der Luftbelastung litten, 172 808 M, was einem Drittel der Gesamtmehraufwendungen in diesem Bereich im Bezirk Cottbus entsprach. Institut für Wasserwirtschaft (Hrsg.): Abschlußbericht zur Aufgabe 4.3.5.1. des Planes Wissenschaft und Technik, Analyse der Umweltbelastung der Territoriums (Bezirk Cottbus) und Festlegung der Prioritäten der durchzuführenden Maßnahmen auf dem Gebiet des Umweltschutzes im Planungszeitraum 1981–1985 und bis 1990 mit Entscheidungsvorschlägen, Berlin 1979, unveröffentlicht (Vertrauliche Dienstsache), S. 30; dass., Abschlußbericht zum Thema 4.3.6.1. des Planes Wissenschaft und Technik 1981. Weiterführung der Analyse der Umweltbelastung und komplexe Einschätzung des Umweltzustandes im Bezirk Cottbus unter besonderer Berücksichtigung des Gebietes Senftenberg/Lauchhammer, Berlin 1981, unveröffentlicht (Vertrauliche Verschlußsache), S. 68 f.

Substitutionsproduktion von Erdölprodukten im Kaiserreich, Nationalsozialismus und in der DDR. Hierbei bestehen Überschneidungen zu den bereits geschilderten Problemen wie beispielsweise der Staubemission oder der Wasserverschmutzung. So war der Reichsanstalt für Wasser- und Luftgüte bereits 1942 für Böhlen bekannt, dass der tägliche Staubniederschlag der Braunkohlen-Benzin AG (Brabag) Böhlen im Vergleich zur schwerindustriell geprägten Großstadt Essen zwischen 8,7 und 54 Mal höher war.[119] Aber auch in Bezug auf die Wasserverunreinigung, wie beispielsweise der Phenoleintrag in die Pleiße durch die karbochemischen Produktionsanlagen im Südraum Leipzig zeigt, ist eine erhebliche Belastung zu konstatieren. Im Lausitzer Revier belastete der Phenoleintrag der karbochemischen Standorte Lauchhammer, Schwarzheide und Schwarze Pumpe die Flüsse.

Aus der Karbochemie resultieren unmittelbar Probleme: Das bekannteste ist die Entsorgung karbochemischer Abprodukte, die gezielt erfolgte. Da in der DDR die Beseitigung des Abfalls nicht seinem Anfall Stand hielt, wurden gesundheitsschädliche und gefährliche Altlasten auf illegalen Müllkippen, oftmals in ausgekohlten Tagebauen gelegen, deponiert.[120] Das ist an sich problematisch, da Restlöcher aufgrund ihrer Lage unterhalb des natürlichen Grundwasserspiegels und ihrer fehlenden Abdichtung gegenüber dem aufsteigenden Grundwasser ungeeignet für die dauerhafte Lagerung jeglichen Mülls sind. In Kombination mit den hochtoxischen, karbochemischen Abfällen waren sie bereits vor der Wiedervereinigung tickende Zeitbomben. Das wohl prominenteste Beispiel einer solchen illegalen Müllkippe ist der bereits erwähnte „Silbersee“ bei Bitterfeld-Wolfen, in dem die Firmen Agfa und Original Wolfen (ORWO) Quecksilber aus der Filmproduktion entsorgten. Die Sanierung dieser Deponie wird voraussichtlich noch bis zum Jahr 2038 andauern.[121] Auch in der Lausitz beispielsweise in den Trebendorfer Feldern nördlich von Weißwasser wurden Tagebaue als Deponien genutzt.[122]

---

119 Lag der durchschnittliche Staubniederschlag in der Stahl- und Koksmetropole Essen bei 1515 g pro 100 m² innerhalb von 24 Stunden, so waren es 250 m vom Benzinwerk Böhlen 82 000 g. In 800 m Entfernung betrug dieser Wert immer noch 13 261 g. Bundesarchiv Berlin-Lichterfelde (BArch), R 154 (Reichsanstalt für Wasser- und Luftgüte)/11907, Staub- und Geruchsbelästigung, Bericht der Werksleitung vom 11.03.1942, S. 3.

120 In der gesamten DDR gab es mindestens 1050 Altlastendeponien auf ausgekohlten Tagebauflächen. Ca. 750 davon befanden sich in Mitteldeutschland, wo auch der Schwerpunkt der Karbochemischen Industrie lag. Im Lausitzer Revier waren es immerhin noch 300. Vgl. Buck, Umweltbelastung, S. 479 ff.

121 Färber, Christine: Grube Johannes: Silbersee ist in 20 Jahren verschwunden, in: Mitteldeutsche Zeitung, 18.01.2018. Unter: https://www.mz.de/lokal/bitterfeld/grube-johannes-silbersee-ist-in-20-jahren-verschwunden-3116897 (Eingesehen: 05.05.2021).

122 Das Restloch 1335 der ehemaligen Grube Hermann in den Trebendorfer Feldern wurde als Industriemüllkippe für den VEB Farbenglas Weißwasser genutzt. Sächsisches Staatsarchiv, Berg-

Besonders die Entsorgung von Teer, der als ein Zwischen- und Nebenprodukt bei der Verschwelung von Braunkohle anfiel, wurde spätestens seit Mitte der 1960er-Jahre zum Problem. Sein Absatz gelang aufgrund der geringen Nachfrage nur noch bedingt und gleichzeitig blockierte er die Lagerungskapazitäten von braunkohlenbasierten Treibstoffen, die ebenfalls nicht mehr konkurrenzfähig waren.[123] Der Teer wurde daher häufig auf den betriebseigenen Kippengeländen vergraben. Zwar wurden nach der deutschen Wiedervereinigung zahlreiche Altlasten saniert, allerdings nicht vollständig beseitigt, da die Abtragungstiefe verseuchter Böden teilweise unzureichend war.[124]

In der Lausitz bestanden drei karbochemische Veredelungsstandorte, deren Altlastensanierung ein wesentlicher Teil der Nachwendetransformation war. Hierbei handelt es sich um die beiden Produktionsstandorte des Braunkohlenhochtemperaturkoks (BHT-Koks) Lauchhammer und Schwarze Pumpe (bei Hoyerswerda) sowie das Synthesewerk Schwarzheide, das bis 1971 nach der Fischer-Tropsch-Synthese Benzin aus Braunkohle gewann.

Die von den karbochemischen Altlasten ausgehenden Gefahren sind nur schwer abzuschätzen. Zwei Beispiele, die einerseits regional und andererseits international die Umweltbedrohung zeigen, belegen die Spätfolgen der Autarkiepolitiken in den unterschiedlichen deutschen Staatlichkeiten: In Böhlen bedroht eine unterirdische Blase aus Treibstoffen und Ölen sowohl das Grundwasser als auch die Wasserqualität im Leipziger Neuseenland, und somit auch das Versprechen einer touristischen Zukunft. Während die lokale und regionale Presse das Problem in regelmäßigen Abständen aufgreift, scheint die Sanierung und damit Gefahrbehebung bisher noch nicht absehbar.[125] Das zweite Beispiel lässt sich nicht auf einen

---

archiv Freiberg (SächsStA-F), 40068 Bergbehörde Senftenberg, Nr. 165, Industriemüllkippe Schultze-Delitsch-Straße vom 02.12.1985 und 08.12.1985.

123 Baumert, Martin: Autarkiepolitik in der Braunkohlenindustrie. Ein diachroner Systemvergleich anhand des Braunkohlenindustriekomplexes Böhlen-Espenhain, 1933 bis 1965, Berlin/Boston 2022 (= Veröffentlichungen aus dem Deutschen Bergbau-Museum Bochum, Nr. 240; = Schriften des Montanhistorischen Dokumentationszentrums, Nr. 40), S. 309 f.

124 Insgesamt wurden bis 2012 – so die offiziellen Zahlen des Bundesministeriums für Umwelt – mindestens 1230 Altlastenverdachtsflächen der Braunkohlenindustrie saniert. Der Bericht enthält keine Angaben zur Problematik der Abtragungstiefe. Vgl. Bundesministerium für Umwelt, Naturschutz und nukleare Sicherheit (Hrsg.): Information zur Sanierung der Altlasten des Braunkohlebergbaus in den neuen Ländern, 31.10.2012. Unter: https://www.bmu.de/fileadmin/bmu-import/files/pdfs/allgemein/application/pdf/braunkohlesanierung_2012_bf.pdf (Eingesehen: 06.05.2021).

125 Die Probleme sind nachweislich seit mindestens 2009 bekannt, bestehen wahrscheinlich aber deutlich länger. Sie stammten aus der NS-Zeit, in der nach den Luftangriffen im Rahmen der sogenannten Treibstoffoffensive 4000 bis 5000 t Treibstoffe im Boden versickerten. Trotz mehrfacher Berichterstattung und mindestens einem Besuch eines Sächsischen Umweltministers sowie lokaler Politikgrößen sind mittlerweile mindestens 366 000 m^3 Grundwasser verseucht. Vgl.

Ort reduzieren und ist deutlich komplexer. Die u. a. in Espenhain aus Braunkohle hergestellten Schiffsdiesel und Schweröle treten heute aus den langsam verrottenden Kriegswracks aus und bedrohen besonders Nord- und Ostsee, aber auch Atlantik und Mittelmeer; es ist die chemische Zusammensetzung, die diese Treibstoffe besonders gefährlich macht. Im Gegensatz zu Treibstoffen auf Erdölbasis vermischen sich braunkohlenbasierte Kraftstoffe mit dem Boden, teilweise mit dem Wasser, zu einer giftigen Emulsion und kontaminieren damit die Unterwasserwelt in der Umgebung der Wracks, sie können zudem nur unter erheblichen Schwierigkeiten geborgen werden.[126]

Mensch und Tagebau

Die bisher aufgezeigten Probleme beeinflussten in erster Linie die menschliche Gesundheit. Nach manchen, teils reißerischen Berichten aus der unmittelbaren Nachwendezeit reduzierte sich die Lebenserwartung von Menschen in der Braunkohlenindustrie um mehrere Jahre.[127] Verantwortlich waren besonders die Luftverschmutzungen, aber auch kontaminiertes Wasser konnte zu gravierenden Gesundheitsschäden führen, wie durch den Verzehr von mit Schwermetallen oder Chemikalien belasteten Fischen.[128]

Debski, Andreas: Schnelle Sanierung der verseuchten Böden in Böhlen möglich, in: Leipziger Volkszeitung (LVZ), 22.07.2015. Unter: https://www.lvz.de/Region/Mitteldeutschland/Schnelle-Sanierung-der-verseuchten-Boeden-in-Boehlen-unmoeglich (Eingesehen: 06.05.2021); Julke, Ralf: Das Generationenprojekt der Schadstoffminimierung am Raffineriestandort Böhlen, in: Leipziger Zeitung, 27.12.2019. Unter: https://www.l-iz.de/politik/region/2019/12/Das-Generationenprojekt-der-Schadstoffminimierung-am-alten-Raffineriestandort-Boehlen-310152 (Eingesehen: 06.05.2021).

126 So ist dieses Öl nicht nur in seiner Konsistenz problematisch, sondern gilt auch als besonders giftig. Heynen, Christian: Vergessene Wracks. Schwarze Tränen der Meere, in: Arte, 01.07.2017. Unter: https://www.ardmediathek.de/video/planet-schule/vergessene-wracks-schwarze-traenen-der-meere/swr/Y3JpZDovL3BsYW5ldC1zY2h1bGUuZGUvQVJEXzEwNzc3X3ZpZGVv, 00:39:28-00:44:00.

127 Nach Stiefs Darstellungen zeigten Untersuchungen der Bezirkshygiene-Inspektion des Bezirks Halle für das Buna-Werk bereits in den 1960er-Jahren die Auswirkungen auf die Gesundheit und auf die Lebenserwartung der Bewohner:innen. Der dramatische Beitrag „Die Kinder von Espenhain“ von Spiegel TV aus dem Winter 1989/90 spricht von einer um zehn Jahre geminderten Lebenserwartung der Menschen in Espenhain im Vergleich zum Rest der DDR, ohne dass er entsprechende Gutachten zitiert. Klusmann, Steffen: Die Kinder von Espenhain, in: Spiegel TV Magazin, 08.02.2010. Unter: https://www.spiegel.de/video/vor-20-jahren-die-kinder-von-espenhain-video-1036864.html (Eingesehen: 27.05.2021), , 00:06:18 bis 00:06:22; Stief, „Stellt die Bürger ruhig“, S. 41 f.

128 Selbst der Verkehr in der DDR war durch den Braunkohlenbergbau bestimmt: 1989 waren ein Drittel der Eisenbahn-Transportkapazität der DDR in der Braunkohlenindustrie gebunden.

Direkte Wirkungen rief die räumliche Ausdehnung des Bergbaus hervor. Ein Braunkohlentagebau trägt das gesamte Deckgebirge über dem Kohleflöz ab, sodass auch das gesamte Relief der Landschaft verschwindet. Hiervon betroffen sind auch Siedlungen und Infrastruktur. Viele der Braunkohlengebiete liegen in alten Kulturlandschaften. So sind sowohl der nördliche Teil des Rheinischen Reviers als auch das Bornaer Revier bei Leipzig bekannt für ihre guten Böden, die seit der Sesshaftwerdung des Menschen besiedelt und geformt wurden. Darauf nahm der Bergbau nur in wenigen Fällen Rücksicht. Der Braunkohlentagebau zerstört auch Kulturgüter, wie die Beispiele von Magdeborn (südlich von Leipzig), das, trotz seiner ersten urkundlichen Erwähnung zeitlich vor der nahen Großstadt, durch den Tagebau Espenhain Ende der 1970er-/ Anfang der 1980er-Jahre devastiert wurde,[129] oder der imposanten, denkmalgeschützten neogotischen Immenrather Dorfkirche im Rheinischen Revier, die dem Tagebau Garzweiler II 2018 weichen musste, zeigen.[130] Für die Lausitz steht beispielhaft der Verlust des Renaissance-Schlosses Seese 1969, das den Widerstandskämpfern des 20. Juli 1944 als Treffpunkt diente.[131] Teilweise unternahmen die Bergbauunternehmen Anstrengungen zum Erhalt kulturell bedeutsamer Gebäude, auch um die öffentliche Meinung zu besänftigen. Die spektakulärste Aktion dieser Art war die Umsetzung der kulturhistorisch bedeutsamen Heuersdorfer Emmauskirche in die nahegelegene Kreisstadt Borna 2007.[132]

Für viele Menschen bedeutet der Verlust von Haus und Hof den Verlust von Heimat – einem in Deutschland emotional aufgeladenen Begriff.[133] Heute reklamieren in der Lausitz sowohl Befürworter als auch Gegner des Braunkohlenbergbaus diese als Heimat bewahren zu wollen und unterstellen der jeweils anderen Seite, die ökologische bzw. ökonomische Zerstörung dieses fragilen Gefüges zu betreiben. Dieses Konfliktpotenzial bestand bereits in der Weimarer Republik. Sym-

---

Allerdings war dies nur indirekte Folgen des Braunkohlenbergbaus für den Menschen. Vgl. Meyerhoff/Petschow/Thomasberger, Umweltreport, S. 53.

129 Baumert, Martin/Berkner, Andreas: Ortsprofil Magdeborn, Tanzberg, Siedlung, in: Berkner, Andreas/Kulturstiftung Hohenmölsen (Hrsg.): Bergbau und Umsiedlungen im Mitteldeutschen Revier, Beucha/Markkleeberg 2022, S. 206–209.

130 Jansen-Winkeln Annette/Roelcke, Eckard: Wie gehen wir mit unserem Kulturgut um? Der Kohle geopfert: Abriss des „Immenrathener Doms", in: Fazit, 07.01.2018. Unter: https://www.deutschlandfunkkultur.de/der-kohle-geopfert-abriss-des-immerather-doms-wie-gehen-wir.1013.de.html?dram:article_id=407753 (Eingesehen: 27.05.2021).

131 Schulz, Friedhelm: Drei Jahrhunderte Lausitzer Braunkohlenbergbau, Bautzen 2000, S. 146.

132 Berkner, Andreas: Ortsprofil Heuersdorf/Großhermsdorf, in: Berkner/Kulturstiftung Hohenmölsen (Hrsg.), Umsiedlungen, S. 330–333, hier S. 332; Diesner, Angelika: Die rollende Kirche. St. Emmaus auf dem Weg von Heuersdorf nach Borna, in: ebd., S. 340–341, hier S. 340.

133 Vgl. Oberkrome, Willi: „Deutsche Heimat". Nationale Konzeption und regionale Praxis von Naturschutz, Landschaftsgestaltung und Kulturpolitik in Westfalen-Lippe und Thüringen 1900 bis 1960, Paderborn 2004.

bolhaft steht hierfür die Diskussion um den Harthwald bei Leipzig, einem, vor allem in bürgerlichen Kreisen beliebten Erholungsgebiet, den der Großtagebau Böhlen bedrohte.[134] In allen Revieren besteht dieses Konfliktpotenzial fort. Das bekannteste Beispiel der letzten Jahre ist der Konflikt um den Hambacher Forst, der im Herbst 2018 eskalierte.[135] Im Mitteldeutschen und im Lausitzer Revier entzündeten sich in der Nachwendezeit die Konfrontationen besonders an den Orten Heuersdorf (südlich von Leipzig) und Lakoma bei Cottbus, da hier Menschen gegen ihren Willen umgesiedelt wurden und aktiv dagegen Widerstand leisteten.[136]

In der DDR bestand aufgrund der starken Abhängigkeit von der Braunkohle keine Alternative zur Umsiedlung, auch war der Widerstand eher gering, da die seit den 1920er-Jahren bestehenden Bergbauschutzgebiete dörfliche Entwicklungen beschränkt hatten. Viele Menschen standen daher der Umsiedlung in die Gebiete des komplexen Wohnungsbaus positiv gegenüber.[137]

Obwohl in allen drei deutschen Revieren Umsiedlungen stattfanden, waren sie nirgends so prägend für die ansässige Bevölkerung wie in der Lausitz. Dies hängt vor allem mit der nationalen Minderheit der Sorben zusammen. Durch die Zerstörung ihrer Dörfer, ihrer angestammten bäuerlichen Lebensgrundlage und ihrer Kultur durch den zunehmenden Zuzug nicht-sorbischer Arbeitskräfte ver-

---

134 Nicht nur, dass mit den Leipziger Neusten Nachrichten die bürgerlich-konservative Presse gegen den Tagebau Böhlen anschrieb, es wurden auch rassistische Argumente gegen den Bergbau ins Feld geführt, wie die Angst vor der Ansiedlung ausländischer Arbeitskräfte. Bereits Probebohrungen 1911, also noch im kaiserlichen Deutschland, riefen Proteste hervor. Aber auch die Kommunistische Partei Deutschlands (KPD) entdeckte in den 1920er-Jahren das Thema für sich und forderte den Schutz dieses Waldgebietes. Die nationalsozialistische Rüstungswirtschaft entschied den Gegensatz zu Gunsten des Bergbaus. Insgesamt ähnelte die „Harthdiskussion“ dem Konflikt um den Hambacher Forst im Rheinischen Revier seit den 2010er-Jahren, bei dem auch eine Koalition von konservativen bis linksradikalen Umweltschützern besteht. Vgl. Kretschmer, Braunkohle und Umwelt, S. 113–125.

135 Parth, Christian: „Das ist die Mitte der Gesellschaft“, in: ZEIT ONLINE, 06.10.2018. Unter: https://www.zeit.de/gesellschaft/2018-10/hambacher-forst-demonstration-rodung-rwe-armin-laschet (Eingesehen: 22.05.2023).

136 In Lakoma, am östlichen Ortsrand von Cottbus gelegen, kam es 2007 zur Besetzung der bereits geräumten Häuser des Dorfes. Allerdings blieb dies ohne Wirkung und der Ort wurde schlussendlich 2008 devastiert. Autonomes Medienkollektiv Berlin-Brandenburg: Widerstand gegen Lausitzer Braunkohletagebau, 26.09.2007. Unter: http://de.indymedia.org/2007/09/195301.shtml (Eingesehen: 02.06.2023); Berkner, Heuersdorf/Großhermsdorf, S. 331 f.; Robin Wood: Zeittafel der Ereignisse in und um das Dorf Lacoma und die angrenzende Teichlandschaft, Februar 2007. Unter: https://web.archive.org/web/20160304092400/http://www.robinwood.de/german/energie/braunkohle/Zeittafel%20Lacoma.pdf (Eingesehen: 02.06.2023).

137 Vgl. Berkner/Kulturstiftung Hohenmölsen (Hrsg.), Umsiedlungen.

schwand Sorbisch in vielen Niederlausitzer Dörfern als Alltagssprache.[138] Somit hatten Industriedörfer, die typisch für Braunkohlenreviere sind,[139] in der Lausitz einen negativen kulturellen Effekt, der über die Transformation des ländlichen Raums in den anderen Revieren hinausging. Nicht umsonst besagt ein sorbisches Sprichwort „Bóh je stworił Łužicu, čert je tam zarył brunicu."[140] Minderheitenschutz sowie Förderung von Kultur und Sprache in der DDR hielten, bei gleichzeitig umfangreichen Devastierungen und Zuzug von Arbeitskräften, den zunehmenden Verlust an sorbischer Identität nicht auf. Allerdings gab es im 19. und 20. Jahrhundert auch noch andere Faktoren, wie Nationalismus und den explizit deutschen anti-slawischen Rassismus, die die Verdrängung der sorbischen Alltagssprache und -kultur begünstigten.

Die Bergbaufolgelandschaft und die zunehmende Biodiversität werden von einigen Menschen in der Lausitz als negativ wahrgenommen. Besonders der Wolf ist zu einem Reizthema geworden, das in vielen Lausitzer Dörfern polarisiert.[141] Die Wiederansiedlung des Wolfes ist unmittelbar mit den Brachen alter Tagebaue und ungenutzter Truppenübungsplätze verbunden. Die Negativbewertung des Wolfes beruht nicht auf rationalen Argumenten, sondern ist von mystischen Zuschreibungen geprägt.[142] Die Chancen, die sich mit dem veränderten Naturraum ergeben, werden daher nicht erkannt. Gleichzeitig ist mit dem Ende des Braunkohlenbergbaus auch ein zweiter Strukturbruch in der Lausitz zu erwarten, der fatale ökonomische Auswirkungen für die Region haben könnte.[143] Der Wegfall der wenigen, gut entlohnten Industriearbeitsplätze in der Kohle ist nur schwerlich kompensierbar, weitere Abwanderungen und zunehmende Verarmung der Region scheinen vorhersehbar, sollte politisch nicht gegengesteuert werden. Ob und wie

---

138 Durch den Verlust des traditionellen sorbischen Dorfgefüges verschwand auch die Sprache, da an den oftmals städtisch geprägten Umsiedlungsorten Sorbisch als Alltagssprache unter mehrheitlich Deutschsprachigen keine Rolle mehr spielte. Vgl. Jacobs, Fabian/Nowak, Měto: Mehrwerte schaffen. Wie der Strukturwandel von der sorbisch-deutschen Mehrsprachigkeit profitieren kann, in: Seibring, Anne (Hrsg.): Abschied von der Kohle. Struktur- und Kulturwandel im Ruhrgebiet und in der Lausitz, Bonn 2021 (= Bundeszentrale für politische Bildung: Schriftenreihe, Bd. 10751), S. 230–241, hier S. 230 f.

139 Hönsch, Industriekomplex, S. 120 f.

140 Das obersorbische Sprichwort bedeutet wörtlich ins Deutsche übertragen „Gott hat die Lausitz geschaffen, der Teufel hat dort die Braunkohle verscharrt." Das Sprichwort geht auf den sorbischen Schriftsteller Jurij Koch (geb. 1936) zurück.

141 Jacobs/Nowak, Mehrwerte, S. 237.

142 Lindner, Nadine: Angst vor dem bösen Wolf, in: Deutschlandfunk, 24.01.2014. Unter: https://www.deutschlandfunk.de/sachsen-angst-vor-dem-boesen-wolf-100.html (Eingesehen: 19.02.2022).

143 Setton, Daniela: Energiewende und Klimaschutz als gesellschaftliche Herausforderung, in: Nanz u. a. (Hrsg.), Klimaschutz, S. 43–59, hier S. 55.

die Milliarden aus den Strukturfördertopf für den Kohleausstieg eine neue nachhaltige wirtschaftliche Entwicklung anstoßen, ist zurzeit noch nicht absehbar.

Nicht alle der hier geschilderten Probleme bestanden bereits zur Zeit der DDR oder wurden damals überhaupt erkannt. Manche wurden wiederum unter den bestehenden gravierenden Umweltschädigungen auch als weniger bedeutend angesehen und deshalb vernachlässigt. So spielten in der DDR der Grundwasserwiederanstieg nur in den ausgekohlten Randrevieren eine Rolle, wurde sonst allerdings wenig beachtet. Auch der Eintrag von Eisenoxiden in die Fließgewässer und ihre Auswirkungen auf Flora und Fauna wurden nicht thematisiert. Selbst das für uns heute gravierendste Problem, das mit dem Braunkohlenbergbau verbunden ist, die CO_2-Emission, nahm in der DDR nur einen geringen Stellenwert ein. Grund war weniger die Ignoranz der SED gegenüber derartigen Problematiken, sondern vielmehr ein fehlendes, allgemeines Problembewusstsein in diesen damals wenig erforschten Bereichen.[144]

Braunkohlenbergbau auf dem Gebiet der DDR und im Lausitzer Revier bis 1945

Eine räumliche und institutionelle Verortung

Die Bedeutung der Braunkohle und ihre räumliche Verbreitung über nahezu die gesamte DDR begründen, warum in diesem Buch nicht die Wiedernutzbarmachung jedes Altbergbaus untersuchen werden kann. Braunkohlenlagerstätten gab es in den meisten Bezirken der DDR.[145] Allein die wirtschaftlich bedeutsamen Reviere und Teilreviere, in denen die Förderung in modernen Großtagebauen erfolgte, waren auf insgesamt sechs Bezirke verteilt. Hinzu kamen Notkohlenberg-

144 Vgl. Buck, Umweltpolitik, S. 232 f.; Meyerhoff/Petschow/Thomasberger, Umweltreport, S. 93.

145 Die Braunkohlengebiete zogen sich vom Bezirk Schwerin bis in den Bezirk Dresden. Nördlichster Punkt war dabei Malliß im heutigen Landkreis Ludwigslust-Parchim, südlichster der Tagebau Olbersdorf in Zittau, direkt an der Grenze zur ČSSR. Der westlichste Punkt war die Grube Frankenheim in der Rhön, direkt an der innerdeutschen Grenze gelegen. Die östlichsten Gruben befanden sich in Berzdorf bei Görlitz, Schönefließ bei Eisenhüttenstadt und Brieskow-Finkenheerd bei Frankfurt/Oder in unmittelbarer Nähe der Grenze zur Volksrepublik Polen. Selbst in Dippoldiswalde im Erzgebirge wurde in der direkten Nachkriegszeit ein Tiefbauschacht geplant, allerdings nicht realisiert. Vgl. Vulpius, Braunkohlenlagerstätten, S. 31 und 405 ff.; Sperling, Dieter: Exposé Notkohlenbergbau. Kommunaler Braunkohlenbergbau in der SBZ/DDR 1945–1960, Cottbus 2014 (= Beiträge zur Geschichte des Braunkohlenbergbaus in der SBZ/DDR, Bd. 2), S. 4 ff., 10 und 82; Sperling/Schossig, Wirtschaftsorganisation, S. 15 und 101 ff.

baue in der schwierigen Nachkriegszeit, die sich über die Fläche der gesamten Republik verteilten.[146]

Der Fokus dieser Studie richtet sich auf das Gebiet, das heute als Lausitzer Revier bezeichnet wird. Dieses wiederum besteht aus zwei Teilgebieten: dem kleineren Oberlausitzer Revier, zwischen Görlitz und Zittau gelegen, sowie dem Niederlausitzer Revier, begrenzt im Norden durch den Spreewald, im Osten durch die Neiße, im Süden durch einige isolierte Randvorkommen nördlich von Bautzen sowie im Westen durch die Linie Elsterwerda–Doberlug-Kirchhain–Luckau (Abb. 8).[147] Wie willkürlich diese Bezeichnungen sind, zeigt sich an mehreren Stellen. Erstens entspricht die Bezeichnung Niederlausitzer und Oberlausitzer Revier nicht dem räumlichen Verständnis der beiden Lausitzen. Die geografische und sprachliche Grenze zwischen Nieder- und Oberlausitz entspricht ungefähr der heutigen Landesgrenzen zwischen Brandenburg und Sachsen von Elsterwerda bis zur Oder.[148] Historisch reichten beide Gebiete über die heutigen Grenzen der Bundesrepublik Deutschland hinaus.[149] Die Grenzziehungen nach Ende des Zweiten Weltkrieges machten auch nicht vor den Braunkohlenrevieren halt. Der Tagebau Hirschfelde bei Zittau – einer der Meilensteine für die Entstehung des heutigen Energieverbundsystems[150] – lag nach 1945 auf polnischem Territorium und wird seitdem unter dem Namen Tagebau Turów weitergeführt, das Kraftwerk, stillgelegt 1992, hingegen auf dem Gebiet der DDR.[151] Administrativ wurde mit der Schaffung des Bezirkes Cottbus, der auch die sächsischen Kreise Hoyerswerda und Weißwasser umfasste, die administrative Einheit des Reviers 1952 begründet. Dieser Bezirk

146 Insgesamt wurden 166 Gruben als Notbergbau geplant, von denen immerhin 145 zwischen 1945 und 1960 in Betrieb gingen. Die Gewinnung erfolgte sowohl Untertage (28), im Tagebau (105) als auch in kombinierten Verfahren (11). Aus wirtschaftlicher Sicht waren diese Gruben, wie der Name schon sagt, aus der Not der Nachkriegszeit geboren und verfügten nur über eine begrenzte Rentabilität. Ihre technische Ausstattung war veraltet und die Kohlen wurden maximal zu Nasspresssteinen veredelt, ein frühindustrielles Verfahren aus der Zeit um 1830. Die Idee zum Aufbau kommunaler Selbstversorgungskapazitäten ging auf den Hauptdirektor der SAG Espenhain, Ernst Markus, zurück, der 1947 in einer Denkschrift an Otto Grotewohl die Errichtung von insgesamt 91 solcher Gruben forderte. Allerdings entstanden die ersten derartigen Gruben aus lokalen Eigeninitiativen heraus bereits 1945. Vgl. Sperling, Notkohlenbergbau, S. 6; Sächsisches Staatsarchiv, Staatsarchiv Leipzig (SächsStA-L), 20680, Nr. 144, Denkschrift über Sofortmaßnahmen gegen Brennstoffnot, verfasst von Ernst Markus (1947).

147 Vulpius, Braunkohlenlagerstätten, S. 240.

148 Auch die Grenze zwischen dem nieder- und obersorbischen Sprachgebiet verläuft nahezu exakt entlang dieser Grenze. Böcker/Katzur, Chronik, S. 21.

149 Kurpiel, Anna: Verwaistes Erbe. Die Lausitz und die sorbische Kultur in Polen, in: Seibring (Hrsg.), Abschied von der Kohle, S. 242–253, hier S. 242.

150 Hönsch, Industriekomplex, S. 27 f.

151 Sperling/Schossig, Wirtschaftsorganisation, S. 94 f.

war das Kohle- und Energiezentrum der DDR,[152] die kohlenführenden Schichten wiesen eine Fläche von 230 000 ha auf, was in etwa 28 % der Bezirksfläche entsprach.[153]

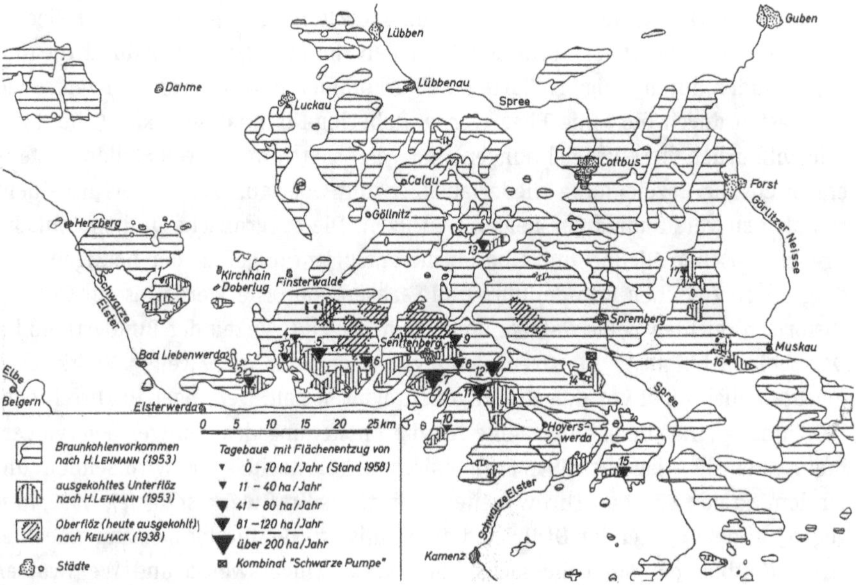

Abb. 8: Kohleflöze und ihr Abbau im Bezirk Cottbus. Die Karte definiert weitestgehend den Untersuchungsraum, 1953/58

Landschaftlich ist das Lausitzer Braunkohlenrevier durch die Eiszeiten geprägt. Hier finden sich alle Formen der glazialen Serie, von dem weltweit einmaligen Stauch-Endmoränengebiet des Muskauer Faltenbogens im Bereich des Tagebaugebietes Trebendorfer Felder über das Urstromtal bei Senftenberg bis zum Sander- oder Schottergebiet im Bereich des Tagebaus Schlabendorf.[154] Trotz dieser Unterschiede charakterisieren die geologische Überformung durch die Elster-Kaltzeit, die verbreitete fehlende Stauchung der Flöze, die ihre ökonomisch günstige Gewinnung mit Abraumförderbrücken erlaubt, und die aus agrarischer Sicht relativ

152 Knoth, Nikola: „Ich war Bergmann, was wird nun?“ Die Niederlausitzer Braunkohlenregion aus umwelthistorischer Sicht, in: WerkstattGeschichte: Umweltgeschichte 3, 1992, S. 27–32, hier S. 27.

153 BLHA, Rep. 803 BfT Ctb, Nr. 635, Egon Brüning: Vortrag zur 6. Sitzung der Sektion Landeskultur und Grünland am 02. und 03.06.1964.

154 Vogt, Sven: Geschichte der Lausitz, Abschnitt Naturraum. Unter: https://www.lausitzer-museenland.de/service/geschichte-der-lausitz/ (Eingesehen: 03.12.2021).

ertragsarmen Sandböden den Untersuchungsraum. Da sich gerade die speziellen Probleme der Wiedernutzbarmachung im Bezirk Cottbus konzentrierten, erfolgt eine Fokussierung auf diesen Raum.

Die Wiedernutzbarmachung der Bruchfelder und der frühen, nur ca. 30 m tiefen Tagebaue war mit geringerem Aufwand verbunden und beschränkte sich auf Planieren und Wiederaufforsten.[155] Weit aufwendiger gestaltete sich dieser Prozess für die modernen Großtagebaue, die ab den 1920er-Jahren entstanden und im Zentrum dieser Untersuchung stehen. Mit der Einführung der Abraumförderbrücken seit Mitte der 1920er-Jahre[156] und der NS-Autarkiepolitik[157] verursachten sie nicht mehr nur lokale Landschaftsveränderungen, sondern durch die Devastierung zehntausender Hektar Natur regionale. Die Abraumförderbrücken mit leistungsfähigen Eimerketten- und Schaufelradbaggern erlaubten ganz neue Tagebaudimensionen in der Lausitz, einzelne Gruben dehnten sich auf über 10 000 ha Fläche aus. Gleichzeitig brachten die Bagger aus der Tiefe pflanzenfeindliche Erdschichten an die Oberfläche, die zusammen mit dem Oberboden vermischt und in die ausgekohlten Gruben verstürzt wurden. Dadurch gingen für die Wiedernutzbarmachung geeignetere Bodenschichten unwiederbringlich verloren. Auch wuchsen die Grundwassersenkungstrichter entsprechend der größeren Teufe bzw. der größeren Fläche der Tagebaue. Dies verkomplizierte die Wiedernutzbarmachung in der Lausitz erheblich.

Neben den Bergbautreibenden werden ebenfalls die regionalen Institutionen der Landschafts- und Wiedernutzbarmachungsplanung wie die Büros für Territorialplanung (BfT), und die lokalen und regionalen politischen Entscheidungsträger, die Räte von Städten, Kreisen, Gemeinden und des Bezirks betrachtet. Ebenso sind die lokalen Berg- und Wasserwirtschaftsbehörden, die teilweise über die Grenzen des Bezirkes hinauswirkten, relevant, namentlich sind dies die Bergbehörde Senftenberg und die Wasserwirtschaftsdirektion (WWD) Obere Elbe-Neiße. Als lokale Forschungsinstitution war die Außenstelle für Wiedernutzbarmachung Finsterwalde des Instituts für Landschaftsforschung und Naturschutz (ILN) Halle relevant. Daneben betrieb das ILN mit dem Wissenschaftlich-Technischen-Zen-

---

155 Bereits vor 1900 gab es Anordnungen an die Bergbautreibenden, die zurückbleibenden Bruchfelder und Halden wieder zu verfüllen bzw. einzuebnen, um sie für eine Nachnutzung zu gewinnen. Da aus wirtschaftlichen Gründen eine landwirtschaftliche Wiederherstellung zu aufwendig war, blieb nur die forstliche Ausgestaltung. Diese erfolgte zumindest anfangs durch natürliche Sukzession von Birken und Espen. Vgl. Steinhuber, Uwe: Einhundert Jahre bergbauliche Rekultivierung in der Lausitz. Ein historischer Abriss der Rekultivierung, Wiederurbarmachung und Sanierung im Lausitzer Braunkohlenrevier, Dissertation Palacký Universität Olomouc 2005, S. 14, 86, 95 ff.

156 Meyer, 1922, S. 208 f.

157 Baumert, Autarkiepolitik, S. 70.

trum (WTZ) Schöneiche bei Berlin und der Außenstelle für Wiedernutzbarmachung in Dölzig bei Leipzig zwei Institutionen, die sich mit Fragen des Nachbergbaus in der Lausitz beschäftigten.

Die Wiedernutzbarmachungsforschung erfolgte zwar auch praktisch durch Versuche in den Mondlandschaften der Braunkohlentagebaue, wurde aber von Universitäten und Hochschulen gesteuert. Als wichtigste Einrichtungen der Grundlagenforschung sind die Universitäten zu nennen. An der Humboldt-Universität (HU) zu Berlin war das der Lehrstuhl für Gartenkunst und Landschaftsgestaltung am gleichnamigen Institut der Landwirtschaftlich-Gärtnerischen Fakultät. An der Karl-Marx-Universität Leipzig (KMU) bestanden an der Landwirtschaftlich-Gärtnerischen Fakultät die Institute für Landschaftsgestaltung und Meliorationswissenschaften. Weitere relevante akademische Forschungseinrichtungen waren die Technische Hochschule (TH) – ab 1961 Technische Universität (TU) – Dresden mit dem Lehrstuhl für Gartenkunst, Landschaftsgestaltung und Ingenieurbiologie, die Forschungsstelle Graupa der Forsthochschule Tharandt, die Forsthochschule Eberswalde, die Bergakademie Freiberg und die Fachrichtung Landschaftsplanung und Freiflächengestaltung der Hochschule für Landwirtschaft Bernburg.

Ebenso spielen die staatlichen Ministerien und Institutionen eine wesentliche Rolle, ohne dass sie im Untersuchungsraum ansässig waren. Neben den jeweiligen Entscheidungsträgern wie Volkswirtschaftsrat, Ministerrat oder Zentralkomitee sind dies die Staatliche Plankommission (SPK), das Ministerium für Kohle und Energie (MKE) – während seiner Existenz 1955–1958 und 1971–1990, dazwischen übernahm die Hauptverwaltung (HV) Braunkohle diese Aufgabe – sowie ab 1972 das MUW.

Unerlässlich ist es, auch andere Wiedernutzbarmachungsgebiete zu betrachten, konkret die Tagebaue des Mitteldeutschen Reviers, die für die Erforschung der Wiedernutzbarmachung eine bedeutende Rolle spielten. Dies gilt im Besonderen für die beiden Tagebaue Böhlen und Espenhain im Bornaer Revier bei Leipzig, sie waren zu Beginn der DDR die modernsten Braunkohlengruben mit jährlich über zehn Prozent Anteil an der Gesamtförderung.[158] Entsprechend forschte besonders die KMU Leipzig in diesem Gebiet. Zusätzlich war das Wissenschaftlich-Technische Institut (WTI) Regis als „Leitstelle der Wiederurbarmachung der Kohleindustrie“[159] ab Mitte der 1960er-Jahre aktiv in die Forschung zur Wiedernutzbarmachung eingebunden. Die in Mitteldeutschland gemachten Erfahrungen

---

158 Vgl. ebd., S. 297 f.; Schmidt, Thomas: Die Abraumförderbrücke Espenhain 1938–1945 (1997). Unter: http://www.tagebau-espenhain.de/Die-Foerderbruecke/ (Eingesehen: 14.04.2020).

159 BArch, DK 4 (Amt für Wasserwirtschaft)/2241, Arbeitsrichtlinie zur Planung, Projektierung und Durchführung der Wiederurbarmachung im Braunkohlenbergbau (1966).

prägten als Referenzprojekte die Wiedernutzbarmachungspraxis im Lausitzer Revier.

Der Aufstieg eines Rohstoffes

Der älteste Beleg über die Gewinnung von Braunkohlen in Deutschland datiert auf 1382. Er stammt aus Lieskau bei Halle (Saale) und steht in Zusammenhang mit den Hallenser Salinen.[160] Für das Lausitzer Braunkohlenrevier ist erstmals 1597 eine Nebengewinnung von Braunkohlen in einem Alaunbergwerk im Raum Weißwasser belegt.[161] Allerdings begann erst im 17. Jahrhundert der langsame Bedeutungszuwachs des Rohstoffes: 1669/70 ist eine Grube in Meuselwitz bei Altenburg im heutigen Mitteldeutschen Revier nachgewiesen.[162] Ihr folgen zwischen 1674 und 1698 allein sieben Gruben im Gebiet zwischen Halle und Eisleben.[163] Darunter befand sich eine bei Mücheln im Geiseltal (westlich von Merseburg),[164] das eine der bedeutendsten Lagerstätten Deutschlands im 20. Jahrhundert werden sollte und die Industrie- und Naturgeschichte Deutschlands beeinflusste.[165] In der Lausitz

---

160 Oelke, Eckhard: Der Braunkohlenbergbau bei Lieskau, 07.09.2012. Unter: http://www.ig-waldheil.de/630-jahre-braunkohle-in-deutschland/vortrag-prof-oelke (Eingesehen: 15.02.2021); Oelke, Eckhard/Kirsch, Wolfgang: Frühster Braunkohlenbergbau 1382 bei Lieskau im Saalkreis?, in: Sachsen-Anhalt. Journal für Natur und Heimatfreunde 2, 2000, S. 12–14, hier S. 12 f.

161 Die Ressourcenextraktion erfolgte als Nebengewinnung des Alaunbergbaus. Dieser Zusammenhang war relativ häufig, wie das Beispiel eines früheren Alaunbergwerkes auf den Flächen des Fürst-Pückler-Parks in Bad Muskau zeigt. Drebenstedt/Rascher, Wiedernutzbarmachung, S. 35.

162 Berkner, Andreas: Braunkohlenbergbau im Südraum Leipzig, Dresden 2004 (= Bergbau in Sachsen, Bd. 11), S. 109 f.

163 Strasse der Braunkohle: Braunkohlenförderung in Lieskau – Frühester Abbaunachweis in Mitteldeutschland, 2013. Unter: http://www.ortschaft-lieskau.de/media/artikel/5000207-stele-braunkohle/stele_ansicht0.pdf am (Eingesehen: 15.04.2020).

164 Teubner, Willi: Die Entwicklung des Bergbaus im Geiseltal, in: Stadt Braunsbedra/Stadt Mücheln (Hrsg.): 300 Jahre Braunkohlenbergbau im Geiseltal, Braunsbedra/Mücheln 1998, S. 32–102, hier S. 32 f. und 38.

165 Die Ansiedlung des Haber-Bosch-Synthese Werkes zur Sprengstoffproduktion in Leuna während des Ersten Weltkrieges erfolgte wegen des nahen und ergiebigen Braunkohlenvorkommens des Geiseltals. Mit dem weiteren Ausbau der Anlagen zur Produktion synthetischer Treibstoffe im Nationalsozialismus nahm die Bedeutung der Lagerstätte noch zu. Aufgrund einer Stauchung des Flözes lagen die Braunkohlen hier oberflächennah, bei einer Mächtigkeit von bis 120 m waren sie zum damaligen Zeitpunkt das ergiebigste Vorkommen in Deutschland. Gleichzeitig ist die Lagerstätte aufgrund ihrer paläontologischen Funde aus dem Eozän (Geiseltalfauna) und Pleistozän bedeutend. Vgl. Setzer, Dieter: Das Geiseltal – Geschichte, Gegenwart und umweltadäquate Perspektiven. Anregungen für die Umwelterziehung im handlungsorientierten Geographieunterricht der Kursstufe des Gymnasiums, Greifswald 1998, S. 36 ff und 52–57.

wurden in der Nähe von Zittau erstmals 1734 ausschließlich Braunkohlen gefördert.[166]

Die Entwicklung hin zum modernen Braunkohlenbergbau in Deutschland beginnt um 1800. Der wachsende Brennstoffbedarf von Bevölkerung und Gewerbe führte zu einer verstärkten Konkurrenz um Feuerholz, so dass günstigere Alternativen gesucht wurden. Joachim Radkau hat darauf hingewiesen, dass es sich bei dem angeblichen Holzmangel vor allem um einen geschickten ‚Propagandatrick‘ der Waldbesitzer handelte, was aber nicht darüber hinwegtäuschen darf, dass ein zunehmender Bedarf an Brennstoffen aller Art existierte.[167]

Die erste Gewinnung von Braunkohle im Spätmittelalter diente der Salzsiederei. Der vermehrte Einsatz seit 1800 verband sich ebenfalls mit der gewerblichen Nutzung, wobei Parallelen zwischen den einzelnen Revieren bestanden. Besonders die entstehende Zuckerindustrie sollte zu einem wichtigen Wegbereiter für den Brennstoff Braunkohle in der ersten Industrialisierungsphase seit 1840 werden. Das Mitteldeutsche Revier verfügt in der Leipziger Tieflandsbucht und in der Magdeburger Börde über sehr gute, ideal für den Zuckerrübenanbau geeignete Böden. Zur Raffinierung der Zuckerrübe benötigte man einen Brennstoff, der das teurere Holz substituierte.[168] Braunkohle war hierfür perfekt geeignet: Aufgrund ihres niedrigen Brennwertes, ihres hohen Wassergehaltes und ihrer lokal begrenzten Absatzmöglichkeiten – die brüchige Kohle eignete sich nicht für den überregionalen Transport – war sie kein begehrter Rohstoff und wesentlich günstiger als die Schlesische oder Westfälische Steinkohle. Entsprechend begannen die Betreiber der Zuckerrübenfabriken in den Randbereichen des Reviers (Magdeburger Börde) Braunkohle zu verfeuern.[169] Die Braunkohlen wurden in Teilen von Nord-

166 Walter datiert das erste Bekanntwerden von Braunkohlenflöze auf die Jahre 1642/43. Walter, Andreas: Die Geschichte des Zugbetriebes und der Transport von Abraum und Kohle im Tagebau Olbersdorf 1910–1995, Oybin 2001, S. 5.

167 Im Übrigen kennt die Lausitz ihre eigene Mär von der Holzknappheit am Ende des 18. Jahrhunderts. Hier war es das vorindustrielle Gewerbe der Glashütten, das einen vermeintlichen Holzmangel konstatierte. Dieser Wirtschaftszweig war dann auch ein Motor bei der Etablierung des Braunkohlenbergbaus. Vgl. Bayerl, Günter: Die Niederlausitz um 1800. Eine „ungestörte“ Kulturlandschaft?, in: ders./Maier (Hrsg.), Niederlausitz, S. 39–117, hier S. 82–86; Radkau, Joachim: Natur und Macht. Eine Weltgeschichte der Umwelt, München 2000, S. 245–254; Winiwarter, Verena/Knoll, Martin: Umweltgeschichte. Eine Einführung, Köln 2007, S. 172 f. und 197 f.

168 Schaal, Dirk: Rübenzuckerindustrie und regionale Industrialisierung. Der Industrialisierungsprozeß im mitteldeutschen Raum 1799–1930, Münster 2005 (= Forschungen zur Neuesten Geschichte, Bd. 4), S. 182–203.

169 Ebd., S. 192 f.

westsachsen und der Provinz Sachsen zum Motor der Industrialisierung.[170] In der Lausitz waren es die Glasindustrie um Weißwasser und die Textilindustrie um Guben, die als erste den Brennstoff industriell nutzten und seinen Abbau betrieben.[171] Im Hausbrand blieben die Braunkohlen allerdings ein Brennstoff der ‚armen Leute': Sie brannten schlecht und durch den hohen Schwefelanteil war ihre Verwendung mit beißendem Gestank verbunden, ihr Preis blieb daher niedrig.[172]

Die steigende wirtschaftliche Bedeutung der Braunkohlen rief Veränderungen der Abbautechnologie hervor, vier Phasen existierten:

In der ersten von ca. 1750 bis 1850 wurde in sogenannten Bauerngruben geschürft. Hierbei handelte es sich um oberirdische Tagebaue an Stellen, an denen das Flöz an die Oberfläche trat und somit leicht zu fördern war.[173] Dadurch bestand das Problem der Wasserhaltung nicht, da sie oberhalb des Grundwasserspiegels lagen. Ein Wassereinbruch beendete hingegen meist den Betrieb. Die Arbeit erfolgte in Handarbeit nur mit Hacke und Schaufel, was die Teufe auf ca. sieben Meter beschränkte.[174] Die Tätigkeit der Bauern war meistens ein Nebenerwerb in den Wintermonaten, während sie sich nicht um ihre Felder kümmern mussten.[175] Die handbetriebenen Tagebaue waren wirtschaftlich auf ein Abraum-Kohle-Verhältnis von maximal eins zu eins beschränkt. Die Ablösung der Bauerngruben erfolgte zu dem Zeitpunkt, als die Kohle aus immer größeren Teufen gehoben werden musste, wozu technische Geräte und professionelle Arbeitskräfte notwendig wurden.

Diese zweite Phase begann um 1850, sie ist gekennzeichnet durch den Tiefbau.[176] Die beginnende Industrialisierung wirkte sich auf die technische Entwicklung der Braunkohlenindustrie aus. Neben dem Einsatz von Pumpen wurden

---

170 Zwar lässt sich für Teile des Mitteldeutschen Reviers ein kausaler Zusammenhang zwischen dem Entstehen der Zuckerindustrie und dem Wachsen der Braunkohlenindustrie nachweisen, allerdings war der Braunkohlenbergbau ab Ende des 19. Jahrhunderts eine eigenständig prägende Kraft der Wirtschaftsentwicklung. Vgl. ebd., S. 200 ff. und 232 f.

171 1865 lässt sich die erste Glashütte, die mit Braunkohlengas arbeitete, in Annahütte nachweisen. Dabei war die Beeinflussung eine doppelte, da der Bergbau auch potentiell die Sande gewinnen konnte. Bis heute, wenn auch in einem erheblich geringeren Maße, spielt die Glasindustrie, besonders um Weißwasser, für die Lausitz eine Rolle. Vgl. Kwast, Eberhard: Die Beeinflussung der Landschaft im Muskauer Faltenbogen, in: Bayerl/Maier (Hrsg.), Niederlausitz, S. 271–300, hier S. 285 und 295; Roch, Matthias: Landschaft und Gewerbe, in: ebd., S. 239–269, hier S. 247–254.

172 Berkner, Braunkohlenbergbau, S. 112 und 118.

173 Ebd., S. 112.

174 Teilweise bestand die Gewinnungsform parallel zum Tagebau. Vgl. Wagenbreth, Otfried: Die Braunkohlenindustrie in Mitteldeutschland. Geologie, Geschichte, Sachzeugen, Beucha/Markkleeberg 2011, S. 52.

175 Berkner, Braunkohlenbergbau, S. 153.

176 Wagenbreth, Braunkohlenindustrie, S. 33–51.

Kammer-, Streb- und Pfeilerbruchbau aus dem Steinkohlenbergbau erfolgreich übernommen (Abb. 9).[177] Hauer, Steiger und Maschinisten, die in den ländlichen Regionen nicht ansässig waren, sorgten für eine Arbeitsmigration und veränderten die dörflichen Strukturen.[178] Zusätzlich zerstörten die Bruchfelder des Tiefbaus Ackerland und Forste und blieben als Ödland zurück. Sie stellten nicht nur den ersten großflächigen Umwelteingriff des Braunkohlenbergbaus dar,[179] sondern begrenzten auch die zukünftige räumliche Entwicklung der Siedlungen.

Abb. 9: Bergarbeiter im Pfeilerbruchbau eines Braunkohlentiefbauschachtes der Braunkohlen- und Brikettindustrie AG (Bubiag); Radierung von Hanns Anker, 1925

177 Berkner, Braunkohlenbergbau, S. 119; ders: Auf der Straße der Braunkohle. Exkursionsführer, Leipzig [2003] 2016, S. 287; Wagenbreth, Braunkohlenindustrie, S. 36–40.
178 Vgl. Bischoff, Ursula: Der Einfluss der bergbaulichen Traditionen und großindustriellen Entwicklungen auf das soziale Gefüge und die Mobilität der Braunkohlenarbeiterschaft von Borna, Dissertation Humboldt Universität zu Berlin 2000, S. 2; Hönsch, Industriekomplex, S. 120 f.
179 Vgl. Steinhuber, Lausitz, S. 95 ff.

Bis zum Beginn der Förderung in mechanisierten Tagebauen ab ca. 1890 betrieben die Glashütten, Zuckerfabriken und Ziegeleien teilweise ihre eigenen, nahegelegenen Gruben, so dass Qualität und Transportfähigkeit des Brennstoffes nur eine untergeordnete Bedeutung hatten. Allerdings wurde schon Mitte des 19. Jahrhunderts durch die Grubenbesitzer nach neuen Absatzmöglichkeiten und damit nach Veredelungsverfahren gesucht. Die Verarbeitung der Kohle war aus Sicht der Grubenbetreiber unerlässlich im ökonomischen Konkurrenzkampf mit der Steinkohle von der Ruhr und aus Schlesien. Auch hier besteht wieder eine Parallelität zwischen den wichtigen deutschen Braunkohlenrevieren – die Nähe zu einer Großstadt. Mit Köln im Rheinischen sowie Halle (Saale) und Leipzig im Mitteldeutschen Revier hatten diese einen Standortvorteil. Deshalb schielten die Lausitzer Grubenbetreiber besonders auf den lukrativen Berliner Markt. Zunächst wurden Handstreichsteine entwickelt, eine Technik die aus der Ziegelproduktion stammte. Hierbei wurde die körnige Klarkohle mit Wasser vermischt, in Ziegelformen gestrichen und dann an der Luft getrocknet. Allerdings hatte diese Verarbeitungsform auch Nachteile. Der Brennwert der Kohle blieb niedrig und ihre Bruchfestigkeit gering, was den Transport nur bedingt vereinfachte. Außerdem war die Produktion nur während der trockenen und warmen Witterungsperiode möglich.[180] Sämtliche Arbeitsschritte erfolgten im Handbetrieb. Die nächste Entwicklungsstufe bildeten Nasspresssteine. Ihre Produktion beruhte auf einer mechanisierten Verarbeitungstechnologie, die ab 1830 entwickelt und mit der Hertel-Schmelzerschen Kohlepresse seit 1863 als industrielles Verfahren erfolgreich umgesetzt wurde.[181] Der Kohlebrei wurde in Formlinge gepresst und anschließend an der Luft getrocknet. Zwar erhöhten sich Brennwert und Bruchsicherheit, ein überregionaler Absatz war dennoch nicht möglich.

Den entscheidenden Durchbruch stellte die Entwicklung der Brikettpresse dar. Der bayrische Oberpostrat Karl Exter (1816–1870) erhielt am 25. Mai 1857 ein Patent auf eine Torfpresse,[182] die auch die Bedürfnisse der Braunkohlenindustrie erfüllte; nur ein Jahr später, 1858, entstand die erste Anlage in der Grube von der Heydt in Ammendorf bei Halle (Saale).[183] Die Etablierung dieser Technologie zog

180 Bischoff, Bergbauliche Tradition, S. 33.

181 Die erste Nasspresssteinproduktion entstand ab 1847 zur Versorgung der dortigen Saline in Bad Dürrenberg im Mitteldeutschen Revier. Eine Weiterentwicklung und anschließende Verbreitung erfuhr das Verfahren erst nach 1863. Vgl. Wagenbreth, Braunkohlenindustrie, S. 82 ff.

182 Gaier, Julius: Die ersten 50 Jahre Braunkohlenbrikettierung im Spiegel der Patentschriften, in: Franz, Helmut (Hrsg.): 100 Jahre Braunkohlenbrikettierung, Halle (Saale) 1958, S. 78–110, hier S. 78.

183 Berg, Friedrich: 150 Jahre Braunkohlenbriketts – Antrieb der Industrialisierung, Wärmequelle für die Menschen, in: bergbau. Zeitschrift für Rohstoffgewinnung, Energie, Umwelt 2, 2009, S. 61–62, hier S. 61.

sich über die folgenden zwei Jahrzehnte hin. Die erste Lausitzer Brikettfabrik eröffnete 1866 bei Skaska zwischen Kamenz und Wittichenau, sie blieb bis 1883 in Betrieb.[184] Bereits 1867 folgte bei Olszyna/Langenöls in der Nähe von Lubań/Lauban die zweite in der Oberlausitz,[185] mit „Victoria II“ bei Senftenberg 1871 die erste in der Niederlausitz.[186] Die Bedeutung der Lausitz zeigt sich auch daran, dass erst 1877 das Rheinische Revier mit einer derartigen Anlage in der Grube Rodderglück bei Brühl nachzog, während in der Lausitz bereits acht Anlagen bestanden.[187] Die Brikettierung war der entscheidende Wegbereiter für den Erfolg der Braunkohle.[188] Bei dem Verfahren wurde die Kohle erst zerkleinert, dann getrocknet und schlussendlich mit einer Stangenpresse zu handlichen Briketts gepresst, die transportabel waren sowie einen Brennstoff mit hohem Heizwert boten. Damit verfügte die Braunkohlenindustrie über ein qualitativ hochwertiges Produkt für die städtischen Ballungsräume. Dies führte zu einem Boom der Brikettfabriken – bis 1900 entstanden allein im Lausitzer 65 und im Mitteldeutschen Revier 75 solcher Veredelungsstätten.[189]

Die Anbindung an die Eisenbahn war für den Braunkohlenbergbau von ebenso eminenter Bedeutung wie die technische Entwicklung des Abbaus und der Veredelung. Hier bestand ein substantieller Nachteil gegenüber der Steinkohle, da sich die meisten Braunkohlengruben in dünn besiedelten ländlichen Regionen be-

---

184 Knauth, Friedrich: Brikettfabriken der Lausitz. Ein Streifzug durch mehr als 100 Jahre Braunkohlenbrikettierung in der Lausitz, Hoyerswerda 1999, S. 14.

185 Die in der heutigen polnischen Lausitz liegende Brikettfabrik wurde bisher in anderen deutschsprachigen Veröffentlichungen nicht wahrgenommen. Vgl. LMBV (Hrsg.): Braunkohlenveredelung in der Lausitz. Teil II (Ostsachsen), Senftenberg 2011 (= Wandlungen und Perspektiven, Nr. 19), S. 3.

186 Knauth, Brikettfabriken, S. 14.

187 Ebd., S. 16; LMBV (Hrsg.): Braunkohlenveredelung in der Lausitz. Teil I (Brandenburg), Senftenberg 2011 (= Wandlungen und Perspektiven, Nr. 18), S. 35; dies. (Hrsg.), Braunkohlenveredlung. Teil II, S. 35.

188 Berg, Braunkohlenbriketts, S. 61.

189 In der Oberlausitz, die eher durch kleinere bzw. isolierte Rohstoffvorkommen geprägt war, gab es 13 Brikettfabriken im Jahr 1900. In der Niederlausitz mit ihren zusammenhängenden Flözen waren es zum selben Zeitpunkt 52 Veredelungsstandorte. Die Technologie besteht bis in das 21. Jahrhundert nahezu unverändert fort. Heute kann in der Brikettfabrik Louise in Domsdorf (Lausitzer Revier) eine funktionstüchtige Presse von 1882 besichtigt werden, die 109 Jahre in Betrieb war. Sie ist damit die älteste noch existierende Brikettfabrik, die sogar im betriebsbereiten Zustand besichtigt werden kann. Vgl. LMBV (Hrsg.), Lausitz. Teil I, S. 35; dies. (Hrsg.), Lausitz. Teil II, S. 35; dies. (Hrsg.): Braunkohlenveredelung in Mitteldeutschland. Teil I (Nord), Senftenberg [2011] 2019 (= Wandlungen und Perspektiven, Nr. 10), S. 35; dies.: Braunkohlenveredelung in Mitteldeutschland. Teil II (Süd), Senftenberg [2011] 2019 (= Wandlungen und Perspektiven, Nr. 11), S. 35; Passek, Mechthild: Brikettfabrik LOUISE. 109 Jahre unter Dampf. Unter: https://www.brikett-fabrik-louise.de/ (Eingesehen: 15.02.2021).

fanden. Entsprechend waren die Gruben im Mitteldeutschen Revier rund um Halle und Leipzig im Vorteil gegenüber denen der Lausitz. Besonders die Bahnstrecke Leipzig – Altenburg – Hof, die ab 1842 Teile des Bornaer Reviers durchquerte, bot ökonomische Vorteile für die infrastrukturell angeschlossenen Fabriken.[190] Entsprechend bemühten sich auch Grubenbesitzer aus abseitigen Standorten, einen Bahnanschluss zu erhalten. Für viele ländliche Gebiete wurde die Braunkohlenindustrie zum entscheidenden Argument für die Anbindung an das Schienennetz. Die Migrationsmöglichkeiten änderten sich deutlich, die mögliche Distanz zwischen Wohn- und Arbeitsort konnte sich vergrößern und wichtige Fach- und Arbeitskräfte wurden angelockt. Das Lausitzer Revier wurde ab 1860 in das Bahnnetz integriert und erschloss sich den wichtigen Berliner Brennstoff-Markt.[191]

Das hochwertige Produkt Brikett und die neuen Transportmöglichkeiten riefen eine erhöhte Nachfrage hervor. Gleichzeitig blieb der Tiefbau relativ unproduktiv im Verhältnis zur Leistungsfähigkeit der Brikettfabriken, da er einen hohen Arbeitskräftebedarf hatte und nur begrenzte Mechanisierung erlaubte (Abb. 9). Auch blieben im Pfeilerbruchverfahren je nach Lagerstätte 25–60 % der abbauwürdigen Kohlen im Boden zurück.[192] Er war somit das schwächste Glied in der Produktionskette. Zwar wurde durch den Bau von Kettenbahnen und Seilbahnen eine maschinelle Streckenförderung eingeführt – erstmals 1884 in Altpoderschau bei Altenburg[193] –, dennoch blieb das Problem der niedrigen Arbeitsproduktivität bestehen. Die Lösung brachte die Rückkehr zur alten Gewinnungsmethode unter neuen Vorzeichen – dem mechanisierten Tagebau. Am Anfang dieser Entwicklung stand ein Technologietransfer: In Holland wurden in der zweiten Hälfte des 19. Jahrhunderts stetig fördernde, dampfgetriebene Eimerkettenbagger für das Ausheben der landschaftsprägenden Grachten eingesetzt. Bis heute streiten die drei großen deutschen Braunkohlenreviere darüber, wer als erster auf die Idee kam, diese Bagger für den Einsatz im Tagebau zu adaptieren.[194] Um 1890 begann die Re-

---

190 Wobei erst der weitere Ausbau der Bahnanlagen in den 1870er-Jahren die direkte Anbindung der Gruben brachte. Berkner, Braunkohlenbergbau, S. 224.

191 Cottbus wurde als erste Stadt 1866/67 durch die Bahnstrecke Berlin–Görlitz an das Eisenbahnnetz angeschlossen, Bad Muskau hingegen erst 1872, nachdem erste Versuche 1864 gescheitert waren. Vgl. Jacobs/Nowak, Mehrwerte schaffen, S. 230; Kwast, Muskauer Faltenbogen, S. 295; Maier, Helmut: „Lauchhammer", „Döbern" und „Ragow". Imaginäre und reale Verknotung der Niederlausitzer Landschaft in die Elektrizitätswirtschaft des 20. Jahrhunderts, in: Bayerl/Maier (Hrsg.), Niederlausitz, S. 149–195, hier S. 150.

192 Berkner, Braunkohlenbergbau, S. 120; Wagenbreth, Braunkohlenindustrie, S. 40.

193 Berkner, Braunkohlenbergbau, S. 119.

194 Nach Wagenbreth wurde der erste Abraumbagger 1885 bei Helmstedt eingesetzt, ihm folgten 1889 einer in der Grube Concordia bei Nachterstedt und 1890 einer in der Grube Louise IV bei Sandersdorf im Bitterfelder Revier. 1893 wird in der Grube Marie I nördlich von Senftenberg erstmals in der Lausitz ein Eimerkettenbagger eingesetzt. Es lassen sich jedoch auch abweichende

naissance des Tagebaus, die auf diesem Technologietransfer beruhte. Anfangs wurden die Eimerkettenbagger nur zum Abtragen des Deckgebirges eingesetzt (Abb. 10). Ab 1907 begannen die Unternehmen, auch die Kohle mit Baggern zu fördern, anfangs mit Schrämm- und später ebenfalls mit Eimerkettenbaggern.[195] Zudem verbesserte sich die Transporttechnologie von Kohle und Abraum und erlaubte eine höhere Produktivität. Anfangs nutzten die Bergleute Hunte, die von Menschen oder Pferden bewegt wurden.[196] Die erste Mechanisierungswelle brachte pragmatische Lösungen mit sich: So wurden Kettenbahnen – die Hunte wurden an eine Umlaufkette angeschlossen und von der Kraftzentrale der nahen Brikettfabrik angetrieben – entwickelt.[197] Seit den 1880er-Jahren kamen Seilbahnen zum Einsatz. Hier zeichnete sich besonders die Leipziger Firma Adolf Bleichert & Co. aus, die auch selbst Gruben und Brikettfabriken betrieb.[198] Für die mechanisierte Kohlegewinnung reichten die Transportkapazitäten der Kettenbahnen nicht mehr aus, es begann die Zeit der Zugförderung, die durch zahlreiche technische Entwicklungen geprägt ist. Beispielhaft sei auf die Abraumwagen verwiesen, die sich zwischen 1857 und 1924 von 0,5 m³ bei den Kipploren über 5 m³ bei den ersten Waggons auf 16 m³ erhöhten.[199] Zuerst wurden diese von Dampflokomotiven gezogen, die jedoch bald von den effizienteren elektrischen Lokomotiven abgelöst wurden.[200] Die prinzipielle Verfügbarkeit von elektrischer Energie in den Braunkoh-

---

Daten zum ersten Einsatz eines Baggers in einem Braunkohlentagebau finden. Vgl. Schulz, Drei Jahrhunderte, S. 67; Wagenbreth, Braunkohlenindustrie, S. 53 f.

195 Berkner, Braunkohlenbergbau, S. 163; Niemann-Delius, Christian/Stoll, Rolf Dieter: Überblick über die kontinuierliche Tagebautechnik, in: Stoll, Rolf Dieter u. a. (Hrsg.): Der Braunkohlentagebau. Bedeutung, Planung, Betrieb, Technik, Umwelt, Berlin/Heidelberg 2009, S. 57–68, hier S. 60.

196 Wagenbreth, Braunkohlenindustrie, S. 40 f.

197 Ebd., S. 67.

198 Die bekannteste stand ab 1888 in Neukirchen bei Borna, die noch heute als Brikettfabrik „Cult“ existiert. Entscheidend war aber die Übernahme durch Bleichert 1897. Hier entstand die erste integrierte Fabrik mit einem leistungsfähigen mechanisierten Tagebau und einer Seilbahn zum Kohletransport. Zumindest für das Mitteldeutsche Revier gab diese Grube die Entwicklungsrichtung vor. Vgl. Berkner (Hrsg.), Auf der Straße, S. 249 ff.; Werner, Oliver: Ein Betrieb in zwei Diktaturen. Von der Bleichert Transportanlagen GmbH zum VEB VTA Leipzig 1932 bis 1963, Stuttgart 2004 (= Beiträge zur Wirtschafts- und Sozialgeschichte, Nr. 101), S. 40.

199 Berkner, Braunkohlenbergbau, S. 121 und 162; Wagenbreth, Braunkohlenindustrie, S. 40.

200 E-Loks sind ein weiteres Beispiel für den Wissenstransfer aus dem Steinkohlenbergbau. Die erste elektrische Grubenlokomotive wurde 1882 im Steinkohlenbergbau Zauckerode (heute Teil von Freital) bei Dresden eingeführt. Von hier aus gelangte die Idee in den Braunkohlentagebau. Ihr Einsatz war auch daher effizient, da die Braunkohlenwerke über eigene Kraftzentralen verfügten und für die Elektrifizierung keine neuen Kraftwerke benötigten. 1911 wurden dann erstmals in der Grube Kraft I in Deutzen elektrische Lokomotiven eingesetzt. Im Vergleich zu den ersten Grubenlokomotiven mit gerade einmal sechs PS, betrieben durch eine 90-Volt-Leitung,

lengruben führte Anfang des 20. Jahrhunderts zur Elektrifizierung der Bagger im Tagebau.[201]

Abb. 10: Dampfbagger und Dampflokomotive in einem frühen mechanisierten Tagebau. Die verhältnismäßig kleinen Abraumwagen sowie der Dampfbetrieb legen einen Datierungszeitraum zwischen 1900 und 1925 nahe

Die zunehmend größer werdenden Tagebaue seit Beginn der 20. Jahrhunderts erforderten, dass die Erde bewegt und wieder in die Landschaft eingebracht wurde. Eine Aufhaldung des tauben Gesteins wurde zwar praktiziert, war allerdings kontraproduktiv, da es die zurückbleibende Restlöcher vergrößerte und anderweitig nutzbare Flächen überdeckte. Mit der Durchsetzung des mechanisierten Tagebaus etablierte sich die Absetzerschüttung von Halden. Diese Formen lassen sich in allen deutschen Revieren finden, beispielsweise die Hochhalden Trages und Klobikau im Mitteldeutschland, die Sophienhöhe und die Goltsteinkuppe im Rheinland oder die Buchholzer und die Bärenbrücker Höhe in der Lausitz. Die Erdmassen dieser Halden stammten aus der Aufschlussmasse, die noch nicht in das ausgekohlte Restloch gekippt werden konnte. Sobald es der Abbauverlauf erlaub-

hatte sie bereits 420 PS und benötigte eine 600-Volt-Leitung. Vgl. Berkner, Braunkohlenbergbau, S. 122 und 199.

201 Während Berkner 1913 als Jahr das ersten Einsatz eines elektrischen Löffelbaggers angibt, beschreibt Wagenbreth den ersten Einsatz ab 1911 im Tagebau Schaedegrube bei Zipsendorf. Vgl. Berkner, Braunkohlenbergbau, S. 199; Wagenbreth, Braunkohlenindustrie, S. 269 und 314.

te, erfolgte die Ablagerung des Abraums in den ausgekohlten Flächen des Tagebaus. Zu unterscheiden sind im Wesentlichen vier Verfahren – das Direktverstürzen am Kippenrand aus den Abraumzügen (Handkippe), die Pflug-, die Spül- und die Absetzerkippe.[202] Beim ersten Verfahren führten die Gleise der Abraumzüge an der Grubenkante entlang, der Abraum wurde direkt in den ausgekohlten Tagebau entleert. Hierzu wurde den Zügen seit den 1930er-Jahren ein Kippenpflug angehangen, der die Erde über die Kante hinausschob. Dieses Verfahren wurde Pflugkippe genannt. Es barg das Risiko, dass die schweren Züge durch eine Rutschung des Geländes ebenfalls in die Grube stürzten, was des Öfteren geschah. Besonders auf geologisch instabilen Kippen bestand das Risiko von Rutschungen. Eine sicherere Alternative stellten die Spülkippen dar, bei denen Züge den Abraum vor der Kante abkippten und dieser dann mit einem Wasserstrahl in den Tagebau gespült wurde.[203] Ein Problem war der Wasserbedarf, der besonders in der wasserarmen Lausitz nicht immer gewährleistet war. Die Absetzerkippen sind die sicherste Variante und weisen den höchsten Mechanisierungsgrad auf. Hierbei wird durch Züge oder Förderbänder der Abraum zu einem Absetzer gebracht, der ihn mit Hilfe seines bis zu 110 m langen Ausleger verstürzt.[204] Erste Absetzer stellte die Lübecker Maschinengesellschaft (LMG) 1915 her (Abb. 11).

Abb. 11: Früher Absetzer der Lübecker Maschinenbau Gesellschaft mit Grabenschöpfgerät, undatiert

202 Kirst, Braunkohlentagebau, S. 12–17.
203 Berkner, Braunkohlenbergbau, S. 121 und 163.
204 Niemann-Delius/Stoll, Kontinuierliche Tagebautechnik, S. 62 ff.

Die vierte Phase wird mit der Abraumförderbrücke (AFB) eingeläutet, sie revolutionierte den Abbau, da sie die Abraumbewegung massiv rationalisierte.[205] Die Förderbrücke transportiert die auf der Gewinnungsseite gewonnene Erde über die Förderbänder der Brücke auf die andere Seite des Tagebaus und verstürzt sie direkt in den ausgekohlten Tagebau. 1924 ersetzte die erste AFB in Plessa 78 Arbeitskräfte, 4 Lokomotiven, 78 Abraumwagen und 2500 m Gleise und reduzierte damit den Preis je m^3 Abraum von 10 auf 6,3 Pfennig (Abb. 12).[206] Bereits vor Ende des Zweiten Weltkrieges erreichte die AFB Espenhain eine Versturzhöhe von 45 m und eine Länge von über 500 m. Damit war sie bis 1972 die größte bewegliche Maschine der Welt.[207] Abgelöst wurde sie von den Einheitsförderbrücken des Typs F60 mit einer Versturzhöhe von 60 m. Diese Bauwerke prägen bis heute die Braunkohlentagebaue in der Niederlausitz.[208] Die AFB läutete in den 1930er-Jahren den Schritt zum Großtagebau ein, der bis heute in Ost wie West betrieben wird. Die Mechanisierung des Abbaus ließ den Braunkohlenbergbau ökonomisch so günstig werden, dass er auch den Steinkohlenbergbau in Deutschland überlebte. Allerdings war und ist dies nur möglich durch die Externalisierung der ökologischen Kosten.

Abb. 12: Die erste Abraumförderbrücke der Welt in einem Braunkohlentagebau, Grube Agnes bei Plessa, 1924

205 Drebenstedt, Planungsgrundlagen, S. 500.
206 Die 24 Personen, die zum Betrieb der Brücke notwendig waren, ersetzten insgesamt 102 Personen. Im Mitteldeutschen und Rheinischen Revier sind keine Förderbrücken mehr aktiv. Technologisch wird der Abraum in den dortigen Tagebauen mit Bandanlagen bewegt und mit Absetzern verkippt. Grumbrecht, Alfred: Leitfaden des Braunkohlenbergbaus, Halle/Saale [1939] 1949, S. 167.
207 Schmidt, Abraumförderbrücke.
208 Der Landschaftsarchitekt Rolf Kuhn (geb. 1946) bezeichnete die als Besucherbergwerk umgestaltet F60 in Lichterfeld einmal als „liegenden Eiffelturm." Kuhn, Rolf: Internationale Bauausstellung (IBA), Fürst-Pückler-Land, in: Jahrbuch BergbauFolgeLandschaft 1998, S. 99–104, hier S. 102.

Die Schattenseite des Tagebaus und besonders der Abraumförderbrücken war die rasante Zerstörung von immer größeren Flächen. Tiefere Grabungen förderten Erdschichten zu Tage, die eine Besiedlung mit Pflanzen unmöglich machte. Zugleich führten leistungsfähigere Abraumförderbrücken zu einem schnelleren Fortschreiten der Tagebaue. Diese Entwicklung beschleunigte sich durch die nationalsozialistischen Autarkiepolitik. Allein bis 1945 wurden auf dem Gebiet der SBZ/DDR mindestens 417,8 km^2 durch den Braunkohlenbergbau beansprucht.[209]

Die zunehmende volkswirtschaftliche Bedeutung der Braunkohle im 20. Jahrhundert war ein wichtiger Faktor für die Verbreitung des Tagebaubetriebs in Deutschland. Dienten Briketts im 19. Jahrhundert vor allem zur Versorgung von Haushalten und Firmen mit Brennstoffen, änderte sich dies seit dem Ersten Weltkrieg durch die Entstehung der Karbochemie: In Rositz im Sächsisch-Thüringischen Grenzgebiet wurden ab 1916 durch das Verschwelen der Braunkohle Treibstoffe für die kaiserliche Marine produziert,[210] in Leuna bei Merseburg nahm die Badische Anilin- und Sodafabrik (BASF) die Ammoniak-Synthese zur Sprengstoffherstellung auf. Die Energieerzeugung des Leunawerks erfolgte durch Braunkohlen aus dem nahgelegenen Geiseltal, dies war der Grund für die Standortentscheidung. Seit Ende der 1920er-Jahre stellte das Leunawerk synthetisches Benzin in großindustriellem Maßstab nach dem Bergius-Pier-Verfahren her. Mit der Machtübertragung an die Nationalsozialisten und ihrer Autarkiepolitik zur Kriegsvorbereitung gewann die Braunkohle als Rohstoff der Chemischen Industrie weiter an Bedeutung. So wurden die Brabag und die Leuna-Werke der Interessengemeinschaft Farben (IG Farben) zu den größten Treibstoffproduzenten des Deutschen Reiches.[211] Auch andere Produkte wie Schwefel, Pyridin und Phenol wurden auf

---

209 BArch, DF 9 (Oberste Bergbehörde der DDR)/386, Erhebung nach § 8 Stand vom 31.12.1950.

210 Bis 1918 kamen noch die Ramsdorfer Kohlewerke, die Beunaer Kohlegewerkschaft, der Duxer Kohleverein und die Grube Saxonia dazu. Veredelt wurde vor allem im Mineralölwerk Rositz, wo die Braunkohlenbriketts erst verschwelt und danach der gewonnene Teer destilliert wurde. Die gewonnenen Treibstoffe waren vor allem für die U-Bootkriegsführung des Deutschen Kaiserreiches gedacht. Vgl. Bavedamm, Dirk: 100 Jahre RWE-DEA. 1899–1999, Hamburg 1999, S. 182 ff.; Kretschmer, Braunkohle und Umwelt, S. 92.

211 Die Hydrierwerke Böhlen, Zeitz, Magdeburg und Schwarzheide (Brabag) und Leuna (IG Farben) erzeugten 1943 allein 1 539 000 t der Gesamtproduktion von 3 799 000 t synthetischen Öls. Damit entfielen 40,5 % auf diese fünf Standorte. Birkenfeld, Wolfgang: Der Synthetische Treibstoff 1933–1945. Ein Beitrag zur nationalsozialistischen Wirtschafts- und Rüstungspolitik, Göttingen/Berlin/Frankfurt (Main) 1964 (= Studien und Dokumente zur Geschichte des Zweiten Weltkrieges, Bd. 8), S. 222 und 227; Eichholtz, Dietrich: Ende mit Schrecken. Deutsche Ölpolitik und Ölwirtschaft nach Stalingrad, in: ders. (Hrsg.): Deutsche Ölpolitik im Zeitalter der Weltkriege. Studien und Dokumente, Leipzig 2010, S. 480–576, hier S. 510; Tooze, Adam: Ökonomie der Zerstörung. Die Geschichte der Wirtschaft im Nationalsozialismus, Bonn 2007 (= Bundeszentrale für politische Bildung: Schriftenreihe, Bd. 663), S. 144–150 und 912 f.

Braunkohlenbasis erzeugt.[212] Ebenso wurde Buna – synthetischer Kautschuk – mit Energie aus Braunkohle produziert. Bis zum Ende der DDR war die Karbochemie einer der wichtigsten Abnehmer der Braunkohlen an den Standorten Leuna-Schkopau, Bitterfeld-Wolfen, Böhlen-Espenhain, Schwarzheide und Schwarze Pumpe.

Ein letzter Aspekt, der die Bedeutung der Braunkohlen betrifft, ist die Energieerzeugung. Gerade beim Ausbau der zentralen Energieverbundnetze spielten Braunkohlen eine wichtige Rolle. Zwischen Lauchhammer und Riesa entstand 1912 die erste 110-KV-Leitung Europas – ein wichtiger Schritt hin zum Energieverbundsystem.[213] Auch das erste deutsche Verbundnetz entstand in Sachsen mit den beiden Braunkohlenkraftwerken Hirschfelde in der Oberlausitz und Böhlen bei Leipzig.[214] Für die Versorgung der Metropole Berlin waren die Mitteldeutschen und Lausitzer Kraftwerke in Böhlen, Espenhain, Freienhufen, Lauta, Plessa, Trattendorf, Vockerode und Zschornewitz unentbehrlich. Sie entstanden zwischen 1900 und 1940. Die Braunkohlenverstromung ist bis in die Gegenwart von zentraler Bedeutung für die Bundesrepublik Deutschland, so dass das Thema der Wiedernutzbarmachung der ausgekohlten Landschaften nicht nur ein Problem der Reviere, sondern eine gesamtgesellschaftliche Herausforderung ist. So nehmen in Nordrhein-Westfalen viele Menschen nicht wahr, dass ihr Strom häufig aus der Braunkohlenverstromung stammt.[215] Aktuell ist die Verstromung der einzige Grund für den Weiterbetrieb der Braunkohlentagebaue, wenn man vom kleinsten deutschen Tagebau in Amsdorf westlich von Halle der Romonta GmbH absieht, der zur Montanwachsgewinnung dient.[216]

212 Baumert, Martin: „Kontinuität im Wandel". Ein diachroner Systemvergleich anhand des Braunkohlenindustriekomplexes Böhlen-Espenhain zwischen 1933 und 1965, in: Becker, Frank/ Schmidt, Daniel (Hrsg.): Industrielle Arbeitswelt und Nationalsozialismus. Der Betrieb als Laboratorium der „Volksgemeinschaft" 1920–1960, Essen 2020 (= Schriftenreihe des Instituts für Stadtgeschichte. Beiträge, Bd. 21), S. 261–274, hier S. 263.

213 Meyer, 1922, S. 208.

214 Hönsch, Industriekomplex, S. 41 ff.

215 Dabei erzeugt – Stand 2018 – NRW 11 der 20,8 Gigawatt der deutschen Braunkohlenkraftwerke. Dies macht 47 % der Bruttoenergieproduktion von Nordrhein-Westfalen aus. Hier stehen auch gleichzeitig die mit Abstand ältesten Kraftwerksblöcke. Vgl. BUND Landesverband Nordrhein-Westfalen: Braunkohlenkraftwerke im Rheinland (2018). Unter: https://www.bund-nrw.de/themen/braunkohle/hintergruende-und-publikationen/braunkohlenkraftwerke/kraftwerksstandorte (Eingesehen: 22.04.2020).

216 Vgl. Berger, Detlef u. a.: Wachs aus Braunkohle. Die Geschichte der Gewinnung und Veredlung von Braunkohle im Oberröblinger Revier, Amsdorf 2002.

„Es gibt keine nicht rekultivierungsfähigen Kippen“[217] – Wiedernutzbarmachung bis 1945

Diskussionen über Bergbaufolgen (z. B. Ressourcenübernutzung) reichen bis in die Antike zurück.[218] Da allerdings in vorindustrieller Zeit die räumliche Dimension des Braunkohlentagebaus begrenzt blieb und er nur als Nebenerwerbstätigkeit in kleinen Gruben praktiziert wurde, schenkte man dem Problem der Wiederinwertsetzung nachbergbaulicher Flächen wenig Beachtung. Allerdings deutet das weitestgehende Fehlen von Überresten früher „Bauerngruben“ auf ihre nachträgliche Einebnung und Verfüllen mit dem Abraum hin, stellt eine lokale Wiedernutzbarmachung dar. Vielfach sind diese Stellen durch den späteren industriellen Abbau oder andere Landnutzungen überformt worden.

Im 19. Jahrhundert veränderte sich die gesellschaftliche Bewertung des Ödlands, da für die Ernährung der wachsenden Bevölkerung neue Agrarflächen benötigt wurden. Die Kultivierung von bisher nicht nutzbaren Flächen, damals gemeinhin als Ödland bezeichnet,[219] geschah in der Niederlausitz nur sehr eingeschränkt, auch Kritik an den bergbaulichen Devastierungen regte sich kaum. Erschwerend wirkte sich aus, dass die gerade erst etablierten Landwirtschaftswissenschaften keine allgemeinen Lösungen zur Ödlandrekultivierung anbieten konnten.[220]

Eine der frühesten Formen der Nachnutzung von Flächen des Braunkohlenbergbaus trat bei den Tiefbaubrüchen seit dem 19. Jahrhundert auf, obwohl erste Bestimmungen zur Bepflanzung ausgekohlter Gruben schon im 18. Jahrhundert

217 Das Sprichwort geht auf Joachim-Hans Copien zurück, einem der Pioniere der Wiedernutzbarmachung in der Lausitz aus der Zeit vor 1945. Vgl. Studienarchiv Umweltgeschichte (StUG), 036 (ILN)-091, Beratung betr. Kippenrekultivierung im Neuererzentrum Markkleeberg vom 12.12.1961.

218 Plinius der Ältere (23/24–79) beschwerte sich beispielsweise über die bergbaubedingten Landschaftsveränderungen auf der iberischen Halbinsel. Besonders der vermeintliche Holzmangel provozierte eine Politik der Wiederaufforstung in den Tiefbaurevieren wie dem Harz oder dem Erzgebirge. Radkau, Natur, S. 177 ff. und 180 ff.

219 Maier, Dirk: „… machen Sie der Niederlausitz diese Freunde! Sie ist doch schon in der Eiszeit zu kurz gekommen!“ Facetten der Wahrnehmung einer Landschaft seit 1850, in: Bayerl/Maier (Hrsg.), Niederlausitz, S. 119–147, hier S. 122 f.

220 Zwar existierte bereits 1826 ein erstes landwirtschaftliches Institut in Jena, es blieb aber lange Zeit eine singuläre Erscheinung. Erst in der zweiten Hälfte des 19. Jahrhunderts entstanden dann verstärkt Lehrstühle der Agrarwissenschaften, die aber ein Schattendasein fristeten aufgrund der Abneigung der Naturwissenschaften und den anfangs fehlenden fachspezifischen Methodiken. Vgl. Uekötter, Frank: Die Wahrheit ist auf dem Feld. Eine Wissensgeschichte der deutschen Landwirtschaft, Göttingen 2010 (= Umwelt und Gesellschaft, Bd. 1), S. 43 f.

Eingang in Pachtverträge gefunden hatten.[221] Der Tiefbau im Pfeilerbruchbau hinterließ Bruchfelder, da die unterirdisch entstandenen Hohlräume die darüberliegenden Flächen absinken ließen.[222] Durch aufsteigendes Grundwasser füllten sich diese Senken. Beispiele hierfür sind die Kulkwitzer Lachen bei Leipzig, verschiedene Kleinseen rund um Zschornewitz im Bitterfelder Revier und der Fürst-Pückler-Park in Bad Muskau an der Grenze zwischen Ober- und Niederlausitz.[223] Diese Seen wurden teilweise als Fischereigewässer genutzt.[224] Eine planvolle Gestaltung der Bruchfelder erfolgte im 19. Jahrhundert nicht, mangelte es doch an bergrechtlichen Reglungen. Das Allgemeine Berggesetz für die Preußischen Staaten vom 24. Juni 1865 stellte zwar das erste moderne Bergrecht für den Untersuchungsraum dar – es führte z. B. die Bergbaufreiheit ein und schuf das Bergregal ab –, blieb aber in Bezug auf die Wiederinwertsetzung und die Verwahrung der Gruben uneindeutig.[225]

Da die Bergbauunternehmen nicht die Flächen, sondern nur die Abbaurechte an der Kohle erwarben, konnten die Eigentümer Druck ausüben: Für die preußischen Braunkohlenreviere in Mitteldeutschland und im Rheinland, die ertragreiche Böden aufweisen,[226] bestand für den Verpächter ein Interesse an der Wieder-

---

221 Liehmann, Gerhard: Die Bergbausanierung bis 1990, in: Traditionsverein Bitterfelder Bergleute e. V. (Hrsg.): Chronik des Braunkohlenbergbaus im Revier Bitterfeld, Bd. IV: Sanierung zur Bergbaufolgelandschaft, Bitterfeld 2006, S. 9–33, hier S. 10.

222 Wagenbreth, Braunkohlenindustrie, S. 38 ff.

223 Kennzeichnend für diese Seen ist ihre geringe Ausdehnung (meistens unter 100 ha) und ihre niedrige mittlere Tiefe (selten tiefer als ein Meter). Entstanden sind sie nach der Absenkung durch Grundwasseraufgang. Teilweise wie im Fall von Bad Muskau bildeten sie auch Quellen. Ihre kleinteilige Struktur wiederum eignete sich besonders zur landschaftlichen Gestaltung. Vgl. Berkner, Andreas u. a. (Hrsg.): Mitteldeutsche Seenlandschaft. Seenkatalog 2013 – 2015, Leipzig [2007] 2013, S. 19 f.; Deutsch/Pohl, Umweltgeschichte, S. 235.

224 Berkner, Braunkohlenbergbau, S. 96.

225 Ein Grund für die unzureichenden gesetzlichen Regelungen zur Wiederinwertsetzung ausgekohlter Tagebaue ist ihre damals noch geringe flächenmäßige Ausdehnung, ein anderer die liberal-ökonomischen Hoffnungen, die in die Industrialisierung gesetzt wurden. Entsprechend wurden die Bergbauschäden als kleines Übel in Bezug auf die ökonomischen Möglichkeiten in der zweiten Hälfte des 19. Jahrhunderts wahrgenommen. Dass allerdings eine deutliche Ausweitung des bergbaubedingten Ödlandes in der Lausitz auftrat, zeigen die lokalen Agrarstatistiken. Während in der Niederlausitz zwischen 1850 und 1900 insgesamt die Kulturlandflächen aus verschiedenen Gründen zunahmen, ist für die Kreise Calau und Spremberg, den Kerngebieten des frühen Bergbaus, ein Anwachsen der Ödlandflächen feststellbar. Vgl. Steinhuber, Lausitz, S. 71 und 124.

226 Trotz der Fokussierung des „Bodenatlas des Freistaates Sachsen" betrachtet er vormals preußische Hoheitsgebiete bei Hoyerswerda und Weißwasser in der Lausitz und bei Delitzsch nördlich von Leipzig, die zu den jeweiligen Braunkohlenrevieren zählen. Auffällig ist dabei, dass nicht nur die Bodengüte in der vormals preußischen Lausitz deutlich niedriger ist, sondern auch, dass der Anteil landwirtschaftlicher Nutzflächen geringer ist als in Mitteldeutschland. Dies lag an der

nutzbarmachung des Geländes nach dem Abbau. Die konkreten Maßnahmen wurden in Pachtverträgen fixiert. In der preußischen Lausitz hingegen gingen die Unternehmen einen anderen Weg: Da häufig eine forstwirtschaftliche Nutzung in der Kulturlandschaft dominierte, war der Aufwand der Sanierung im Nachbergbau größer als der zu erwartende Ertrag der Wälder.[227] Ergo wurde versucht, sich der Kosten einer aufwendigen Wiederinwertsetzung zu entziehen, um die Unternehmen profitabler zu machen. Die Lösung war simpel: Die Betriebe erwarben in der Regel den gesamten Grund mit allen Rechten.[228] Die Folge war ein Boom des Grunderwerbs in der Lausitz, der zu regelrechten Bodenspekulationen um 1900 führte.[229]

Das Planieren erweist sich als die maßgebliche Wiedernutzbarmachungsmaßnahme für die Bruchflächen des Tiefbaus, da so eine forst- und landwirtschaftlich nutzbare Fläche entsteht.[230] Erstmals ist eine solche Maßnahme 1894 für die Bruchfelder der Grube Greppin bei Bitterfeld belegt.[231] Die Rekultivierung der einplanierten Brachflächen erfolgte allerdings nicht durch den Bergbau, vermutlich wurde sie den Nachnutzern überlassen oder erfolgte durch natürliche Sukzession. Besonders in der Niederlausitz war das Interesse am Einplanieren aufgrund der hohen Kosten von 12 000 RM/ha gering.[232] Der niedrige Bodenwert und die hohen Arbeitskosten ließen zudem die Rekultivierung der Flächen unökonomisch erscheinen.

Zusammenfassend kann an dieser Stelle gesagt werden: Anfang des 20. Jahrhunderts verschärfte sich die Problematik des Flächenentzuges. Erstens drang der Tagebau durch leistungsstärkere Pumpen in deutlich größere Abbautiefen vor. In der Lausitz war es vor allem die Grube Marga bei Senftenberg, die nach einem komplizierten Aufschlussprozess 1906–1908 erstmals in den zweiten Flözhorizont vordrang.[233] Die Absenkung des Grundwassers für den Tagebau führte zum Aus-

---

Zusammensetzung des Deckgebirges. Während in Mitteldeutschland Löß, Auenkiese sowie Auelehm und am Niederrhein Löß dominierte, waren es in der Lausitz eiszeitliche Kiese und Sande. Vgl. Bräutigam, Tatjana/Kleinstäuber, Gert: Bodenatlas des Freistaates Sachsen. Teil 2: Standortkundliche Verhältnisse und Bodennutzung, Radebeul 1996, S. 58 f.; Vulpius, Braunkohlenlagerstätten, S. 151, 225, 272 und 316.

227 Maier, Niederlausitz, S.123.

228 Meyer, 1922, S. 213.

229 Maier, Niederlausitz, S.123.

230 Heuson, Rudolf: Die Kultivierung roher Mineralböden, Berlin 1947, S. 11 und 13 f.

231 Steinhuber, Lausitz, S. 86.

232 Hier stellt sich die Frage, ob die wiedergegeben Kosten tatsächlich so hoch waren oder es sich um übertriebene Angaben der Bergbautreibenden handelte. Vgl. Meyer, 1922, S. 209.

233 Böcker/Katzur, Chronik, S. 55; Keilhack, Konrad: Die geologischen Verhältnisse der Niederlausitz mit besonderer Berücksichtigung der alten und neuen Tagebaue der Ilse Bergbau-Actiengesellschaft, Berlin 1938, S. 25; Meyer, 1922, S. 208.

trocknen der landwirtschaftlichen Flächen.[234] Zweitens wurden mit der höheren Abtragtiefe Deckgebirgsschichten aus dem Tertiär an die Oberfläche befördert, die vegetationsfeindlich und zu diesem Zeitpunkt nicht wiederurbarzumachen waren.[235] Drittens ermöglichte der Einsatz von Baggern eine zunehmende räumliche Ausdehnung des Bergbaus,[236] der durch die Abraumförderbrücken beschleunigt wurde. Sie wurden zum Motor „einer völlig neuen Qualität der Landschaftsveränderung."[237]

Die neuen großindustriellen Tagebaue evozierten die Auseinandersetzung mit der Bergbaufolgelandschaft. Im Mitteldeutschen Revier konkurrierten die Bergbauunternehmen mit der Landwirtschaft um sehr gute gewachsene Böden, weshalb es hier schon zu Beginn des 20. Jahrhunderts zu Interessenskonflikten kam. Dies führte u. a. dazu, dass dem Braunkohlenwerk Kraft I in Thräna zwischen Altenburg und Borna am 15. September 1915 die bergbehördliche Auflage erteilt wurde, den „Mutterboden" separat zu gewinnen und am Ende wieder als Überzug für die planierte Kippe zu nutzen.[238] In diesem Verfahren, das heute selektive Massengewinnung bzw. Kulturbodenwirtschaft genannt wird, gewinnt man begrünbare Abraumschichten beim Bodenabtrag meistens aus dem ersten Schnitt, also von oberflächennahen Erdschichten. Da Anfang des 20. Jahrhunderts unter „Mutterboden" nur die Ackerkrume verstanden wurde, ermöglichte dies den Bergbauunternehmen verschiedene Strategien zur Vermeidung der Wiedernutzbarmachungen. Zum einen führten sie das Argument der hohen Kosten an, zum anderen bestünde eine zu dünne landwirtschaftlich nutzbare Schicht in der Lausitz.[239] Allerdings wurde auch die Separierung aller begrünbaren Abraumschichten, besonders im Mitteldeutschen Revier mit landwirtschaftlich nutzbaren Böden, kritisiert, da die Qualität der Mischböden angeblich nur 60 % der ursprünglichen Leistung erzielte.[240] Ein weiteres Argument gegen die „Mutterbodenwirtschaft" in der Lausitz war, dass nur der erste Flözhorizont gewonnen worden wäre und für den geplan-

---

234 Maier, Niederlausitz, S.123.

235 Meyer, 1922, S. 208.

236 Urban, Thomas: Zwangsarbeit im Tagebau. Der Einsatz von Kriegsgefangenen und ausländischen Zivilarbeitern im mitteldeutschen Braunkohlenbergbau 1939 bis 1945, Essen 2006, S. 59.

237 Bayerl, Günter u. a.: Historisch-geographische Analyse der Kulturlandschaft Niederlausitz, Manuskriptdruck, Berlin/Cottbus 2004, S. 174.

238 Vor dem Hintergrund des Nahrungsmittelmangels im Ersten Weltkrieg ist es nachvollziehbar, dass landwirtschaftliche Flächen eine größere Bedeutung erlangten und deshalb entsprechende Anweisungen erteilt wurden. Kretzschmer, Braunkohle und Umwelt, S. 70.

239 Böcker/Katzur, Chronik, S. 128 f.; Knabe, Zur Wiederurbarmachung, S. 49.

240 Steinbach, Walter Christian: Eine Mark für Espenhain. Vom Christlichen Umweltseminar Rötha zum Leipziger Neuseenland, Leipzig 2018, S. 134.

ten Abbau des zweiten eine erneute Überformung notwendig würde.[241] Deshalb würde sich das Aushalten des „Mutterbodens“ nicht lohnen. Der Deutsche Braunkohlen Industrie-Verein (DEBRIV) unter seinen Vorsitzenden Konrad Piatscheck (1872–1951) und Wilhelm de la Sauce (1882–1955) nutze 1927 in einem Schreiben an das Preußische Ministerium für Handel und Gewerbe dieses Argument, ergänzt darum, dass ein Aushalten des Kulturbodens nicht notwendig sei, da das Ödland mit Kalkmergeldünger aufbereitet werden kann.[242] Allerdings handelte es sich um ein vorgeschobenes Argument, da zu diesem Zeitpunkt noch keine Methode zur Aufbereitung der tertiären Böden bestand.

Nicht nur mit Blick auf die bergbauliche Landschaftszerstörung, sondern vor allem aus Sicht der Rekultivierung waren die 1920er-Jahre eine bedeutende Zeit des Wandels. Torsten Meyer hat besonders auf das Jahr 1922 als „turning point“ verwiesen, der mit dem Dienstantritt des Privat-Försters Rudolf Heuso(h)n (1884–1955)[243] bei den Niederlausitzer Kohlenwerke (NKW) zusammenhinge.[244] Förster wurden von den Grubenbetreibern schon seit der Kaiserzeit zur Rekultivierung der öd zurückbleibenden Tagebaue angestellt.[245] So zeichneten der Revierförster Schnädelbach (gest. 1947) und der Werkgärtner Muschner, die um 1900 bei der Grube Meurostolln bzw. Wilhelminenglück angestellt wurden, für die ältesten be-

241 Noch in den 1950er-Jahren wurde dieses Argument vorgebracht. Vgl. BArch, DF 9/386, Besprechung von Gruben-Abraumkippen vom 02.11.1950; Meyer, 1922, S. 213.

242 Vgl. Liehmann, Bergbausanierung, S. 16 f.

243 Heuso(h)ns Name und sein Todesdatum benötigen einer Erklärung. Rudolf Heuso(h)n wurde am 07. Februar 1884 im Ortsteil Steinach der Gemeinde Waldsee (seit 1956 Bad Waldsee) als Rudolf Heusohn geboren. Seine erste Veröffentlichung „Praktische Kulturvorschläge für Kippen, Bruchfelder, Dünen und Ödländereien“, 1929, erfolgte unter diesem Namen. Auch sein zweites Buch „Irrlichter im Urwald oder Das Hohelied des Poviomento“ publizierte er noch unter Heusohn. Selbst der Entwurf eines nationalsozialistischen Thingplatzes auf Victoria III im Oktober 1933 zeichnete er noch mit „Heusohn“. Auch die zweite Auflage seines ersten Buches, die 1935 erschien, trug noch den Autorennamen „Heusohn“. Da dieser aber als vermeintlich jüdisch klingender Name im Nationalsozialismus nicht opportun erschien, wandelte er ihn ca. 1937 zu „Heuson“. Vermutlich hängt dies mit seiner nationalsozialistischen Gesinnung zusammen, wie sein NSDAP-Beitritt am 01.04.1933 (Parteimitgliedsnummer 1 785 198) belegt. Er behielt den Namen auch über das Ende des Nationalsozialismus bei. Ähnlich wie sein Name wirf sein Todesort und -datum Fragen auf. Am plausibelsten erscheint der 01. September 1955 in Hörlitz, wie einer Notiz und einer beigefügten Todesanzeige in einer Akte im Archiv der Humboldt-Universität zu Berlin zu entnehmen ist. Archiv der Humboldt-Universität zu Berlin (HUB, UA), LGF, Nr. 29.

244 Meyer, 1922, S. 219.

245 Steinhuber, Lausitz, S. 104.

kannten Aufforstungen aus der Zeit zwischen 1895–1908 verantwortlich.[246] Mit dem Übergang zu großflächigen Tagebauen scheint eine neue Problemwahrnehmung bergbaubedingter Brachflächen entstanden zu sein.

Heuso(h)n spielte in diesem Zusammenhang eine besondere Rolle. Zusätzlich zur praktizierten Kippenbegrünung begann er systematisch den Erfolg seiner und früherer Anpflanzungen auszuwerten, er begründete eine forstlich-empirische Experimentalkultur, die essentielle Impulse für die Rekultivierungsforschung im Lausitzer Revier setzte.[247] In seinen 1929 veröffentlichten „Praktischen Kulturvorschläge für Kippen, Bruchfelder, Dünen und Ödländereien" präsentierte er die Ergebnisse.[248] In seinem Fachbuch benannte er bereits Herausforderungen, die bis heute den Nachbergbau prägen: Er erkannte die Bodensäure als das wesentliche Problem der Begrünung.[249] Außerdem entsprach seine Baumartenwahl eher heutigen Vorstellungen, da er sich vor allem am Konzept des Laubmischwaldes orientierte.[250] So sprach er sich explizit gegen die Kiefer, dem „Brotbaum der Lausitz", [251] aus und trat stattdessen für einen Mischwald aus beispielsweise Roteiche, Weißerle, Birke, Traubeneiche oder kanadischer Pappel ein.[252] Die Kiefernmonokulturen nahm er als „trostlos" und „Totenstill" wahr, denen er artenreiche Mischwälder gegenüberstellte (Abb. 13).[253] Neu war auch Heuso(h)ns Einsatz verschulter Bäume,[254] der auf den bergbaulichen Grundwasserentzug reagierte.[255]

---

246 Vgl. Katzur, Joachim: Zur Gestaltung von Bergbaufolgelandschaften – kontrovers diskutiert: in: Jahrbuch BergbauFolgeLandschaft 1998, S. 69–77, hier S. 74; Preußner, Karl: Wälder und Forste auf Kippenstandorten, in: Pflug (Hrsg.), Braunkohlentagebau, S. 600–609, hier S. 605; Steinhuber, Lausitz, S. 102.

247 Gefördert wurde er von seinem Vorgesetzten Hugo Gabelmann (1867–1930), dem Heuso(h)n sein erstes Buch widmete. Gabelmanns wichtigste Entscheidung und sein größter Beitrag zum „turning point" war die Anstellung und Beauftragung Heuso(h)ns mit der Aufforstung der Kippenflächen 1922. Vgl. Heusohn, Kulturvorschläge, S. 4; Meyer, 1922, S. 219.

248 Heusohn, Kulturvorschläge, S. 20 f., 23 und 27.

249 Ebd., S. 36 f.

250 Ebd., S. 13–26.

251 Böcker/Katzur, Chronik, S. 150 und 552.

252 Die Bedeutung für Heuso(h)n wird auch am Umfang deutlich, dem er dem Abschnitt zur Holzartenwahl einräumt. 13 von 78 Seiten widmet er allein dieser Fragestellung. Vgl. Heusohn, Kulturvorschläge, S. 13–26.

253 Ebd., S. 75.

254 Ebd., S. 39 f.

255 Verschulte Bäume haben in der trockenen Lausitz den Vorteil, dass ihre Überlebenschancen steigen und sich somit die Wahrscheinlichkeit eines Aufforstungserfolges erhöht. Meyer, 1922, S. 218.

Abb. 13: Anpflanzungen der Eintracht Braunkohlenwerke AG auf einer Kippe bei Werminghoff (ab 1950 Knappenrode). Im Gegensatz zu Heuso(h)n setzte die Eintracht auf Kiefern. Bis heute sind die Flächen der Hochkippe mehrheitlich mit Kiefern bepflanzt, 1925

Mit dem Unfalltod seines Förderers Hugo Gabelmann (1867–1930) im Mai 1930 begann der sukzessive Abstieg Heuso(h)ns bei den NKW.[256] Formal wurde er bereits 1931 entlassen, blieb aber als Forstverwalter bis 1941 im Unternehmen tätig.[257] In dieser Position nahm er an den jährlichen Begehungen von Rekultivierungsergebnissen der Aufforstungs-Kommission teil, in der die Bergbauunternehmen und die Bergbehörden vertreten waren.[258]

Heuso(h)ns Bemühungen trafen offensichtlich den Zeitgeist, wie die weitere Entwicklung zeigt. Am 23. Juli 1932 wurde mit den „Richtlinien über die Einebnung und Urbarmachung im Braunkohlentagebau“ eine erste verbindliche Grundlage für die Rekultivierung im Braunkohlenbergbau in Preußen erlassen.[259] Dabei soll-

256 Bezeichnenderweise starb Gabelmann bei Versuchen mit einem Kippenpflug, der die Voraussetzung für die Rekultivierung bot. Hierin zeigte sich Gabelmanns Interesse am Nachbergbau. Nur durch das persönliche Interesse eines Industriellen konnten Ideen zur Kippenrekultivierung entstehen. Steinhuber, Lausitz, S. 138.

257 Meyer argumentiert, dass seine Entlassung keinesfalls sein Ende des Engagements bei den NKW bedeutete. Zwar hatte er mit Gabelmanns Tod seinen wichtigsten Fürsprecher verloren, er blieb aber zentral für die praktische Rekultivierung im Revier. Vgl. Meyer, 1922, S. 211.

258 Böcker/Katzur, Chronik, S. 140–149.

259 Ebd., S. 139 f.

ten die Unternehmen die obersten Deckgebirgsschichten von einer Tiefe zwischen zwei bis drei Metern, die ohne weitere Maßnahmen rekultivierbar waren, separat gewinnen und auf die kulturfeindlichen tertiären Substrate auftragen. Außerdem, so die Richtlinien, waren Aufhaldungen außerhalb der Tagebaue nur noch in Ausnahmefällen gestattet und Kippen mussten umgehend begrünt werden. Allerdings waren die Formulierungen lückenhaft, was es den Unternehmen weiterhin erlaubte, die kostspielige selektive Massengewinnung und -verkippung zu umgehen.

In Bezug auf die Forschung waren die frühen 1930er-Jahre eine Zeit des Aufbruchs, auch über die Grenzen des Reviers hinaus. In Bonn promovierte Kurt Hundhausen (geb. 1909) an der Landwirtschaftlichen Hochschule zu den Rekultivierungsmöglichkeiten im Rheinischen Revier.[260] Nahezu zeitgleich reichte in Breslau Curt Kraemer (geb. 1904) seine Dissertation mit dem Titel „Kultivierung von Abraumkippen der Braunkohlengruben in der Niederlausitz" ein.[261] Die beide Arbeiten stellten die ersten akademischen Schriften zum Problem der Wiedernutzbarmachung im Braunkohlenbergbau dar. Kraemer wirkte sogar ab August 1935 in der Lausitz und leitete von 1936 bis 1939 die Kippenuntersuchungsstelle in Senftenberg.[262] In dieser Zeit begann ein Institutionalisierungs- und Verwissenschaftlichungsprozess, der sich nach dem Zweiten Weltkrieg dynamisierte.[263]

Im Nationalsozialismus war die Bewertung des Braunkohlenbergbaus und seiner Folgen zwiespältig. Gegenüber standen sich die „Blut und Boden" Ideologie und der ökonomische Pragmatismus der Aufrüstung.[264] Romantisierten die Nationalsozialisten auf der einen Seite die „Scholle" und das deutsche Bauerntum, förderten sie auf der anderen Seite den Ausbau der Braunkohlenindustrie als wichtigsten nationalen Treibstofflieferanten und Garanten für die Kriegsvorbereitungen. Besonders der Reichsnährstand (RNS) und das von ihm initiierte Reichserbhofgesetz standen der räumlichen Ausdehnung der Tagebaue gegenüber.[265] In der Lausitz lässt sich während des Nationalsozialismus eine andere Konfliktlinie identifizieren, die auf dem Feld der Rekultivierung lag. Namentlich ging es um die

260 Hundhausen, Kurt: Untersuchungen zur Frage der Wiederkultivierung im Rheinischen Braunkohlenrevier, Bonn 1935.

261 Kraemer, Curt: Kultivierung von Abraumkippen der Braunkohlengruben in der Niederlausitz, Breslau 1935.

262 Böcker/Katzur, Chronik, S. 140.

263 Vgl. ausführlich hierzu das Kapitel „Die Wiedernutzbarmachung in der DDR bis Mitte der 1960er-Jahre – Diagnose, Forschungen und Praktiken".

264 Baumert, Autarkiepolitik, S. 57 f.

265 Kerstin Kretschmer hat diesen Konflikt exemplarisch für die Umsiedlung des Dorfes Witznitz bei Borna im Mitteldeutschen Revier dargestellt, bei dem sich die Kohlenindustrie mit Rückendeckung der Gauleitung Sachsen gegen den RNS durchsetzte. Nach einem längeren Streit unterschrieb Gauleiter Martin Mutschmann (1879–1947) 1940 persönlich den Umsiedlungsbeschluss. Vgl. Kretzschmer, Braunkohle und Umwelt, S. 151–156 und 162 ff.

Ideen der beiden NSDAP-Mitglieder Rudolf Heuso(h)n und Joachim-Hans Copien, dem Forstmeister der Ilse Bergbau AG[266] – Konfliktpunkt war die Baumartenwahl. Während Heuso(h)n sich an der ursprünglichen Vegetation orientierte und das Konzept eines naturnahen Mischwaldes, zu dem Sträucher als Unterholz gehörten, vertrat,[267] hatte Copien einen reinen Wirtschaftswald vor Augen, der den Bedürfnissen der Autarkievorstellungen entsprach. Beide warfen sich gegenseitig vor, den Boden nicht genügend zu beachten.[268] In dieser Auseinandersetzung zeigt sich der Gegensatz zwischen Naturschutz und Wirtschaft, der auch andere Bereiche des „Dritten Reichs“ prägte.

Der spezifische, nationalsozialistische Antagonismus von Naturschutz und Wirtschaftsinteressen führte allerdings zu einer gewissen Verbesserung der rechtlichen Grundlagen der Rekultivierung von Braunkohlentagebauen. Vor allem die Ausweitung der Gesetzgebung spiegelt diese Entwicklung wider. Die Urbarmachungsrichtlinie für Preußen aus dem Jahr 1932 wurde am 19. Juni 1939 auf alle Tagebaue übertragen.[269] Mit der „Richtlinie über die Urbarmachung von Tagebauen“ vom 16. Juli 1940 wurde diese Gesetzgebung auf das gesamte Deutsche Reich ausgedehnt.[270] Alle Tagebaue sollten zur selektiven Gewinnung des sogenannten Kulturbodens übergehen, der zum Überzug der Kippen dienen sollte. Ein nur scheinbarer Erfolg der „Blut und Boden“-Ideologie, denn bei genauerer Lektüre der „Richtlinie“ zeigt sich, dass das autarkistische Argument überwiegte:

> Handelt es sich bei dem obersten Baggerschnitt um wertvollen Kulturboden, so ist dieser möglichst wieder als Kulturschicht zu verwerten. Bodenschichten, die für den Pflanzenwuchs schädliche Bestandteile enthalten, dürfen, soweit dies technisch und wirtschaftlich durchführbar ist, nicht als oberste Schicht verwandt werden. Den ‚Mutterboden‘ muß der Bergwerksbesitzer, soweit seine besondere Gewinnung nach Mächtigkeit (mindestens 0,50 m) möglich und nach Güte (hoher Gehalt an Humusstoffen) gerechtfertigt ist, vor Beginn des Abbaus ohne schädliche Beimischungen abtragen und ihn möglichst bald für die Rekultivierung verwenden.[271]

Es bestand mithin kein juristischer Zwang zur Kulturbodengewinnung, die Richtlinie von 1940 war, ähnlich ihren Vorläufer von 1932 und 1939, nicht mehr als eine

---

266 Meyer, 1922, S. 211; Steinhuber, Lausitz, S. 138 und 185 ff.

267 Heusohn, Kulturvorschläge, S. 13–26.

268 Vgl. Copien, Joachim-Hans: Über die Nutzbarmachung der Abraumkippen auf Braunkohlenwerken und die dabei gewonnen Erfahrungen insbesondere bei Forstkulturen in der Niederlausitz, in: Zeitschrift für Jagd- und Forstwesen 1942, S. 43–77.

269 Ebel, Herbert/Weller, Herbert (Hrsg.): Allgemeines Bergrecht (ABB) vom 24. Juni 1865 in der gegenwärtig geltenden Fassung nebst bergrechtlichen Nebengesetzen und sonstigen für den Bergbau wichtigen Bestimmungen, Berlin [1944] 1963, S. 357.

270 Kretzschmer, Braunkohle und Umwelt, S. 78 und 153.

271 Ebd., S. 153.

freiwillige Selbstverpflichtung. Entsprechend handelten die Unternehmen. Bezeichnenderweise war es die besonders staatsnahe Aktiengesellschaft Sächsische Werke (ASW), die beim Neuaufschluss des Tagebaus Espenhain ab 1937 diese Regeln missachtete und mit der Halde Trages ein Negativbeispiel schuf.[272] Noch in der DDR galt die Halde als Symbol für den schlechten Umgang mit der Umwelt in Kapitalismus und Faschismus.[273] So wurde betriebsintern 1949 der unbegrünte Zustand der Halde mit den kriegsbedingten Belastungen erklärt.[274] Diese Interpretation überdeckt allerdings den Konflikt um die Halde Trages, bei dem sich RNS und Landesbauernschaft Sachsen auf der einen und die ASW auf der anderen Seite gegenüberstanden.[275] Bis zum Kriegsende setzte die ASW ihre Position durch, in der sie für die fehlende Kulturbodenwirtschaft ökonomische Argumente vorschob. Da es sich bei der ASW um einen der bedeutendsten Braunkohlenförderer im Deutschen Reich handelte, hatten derartige Entscheidungen Vorbildcharakter für andere Unternehmen. [276]

Dennoch gab es eine kontinuierliche Weiterentwicklung der Wiedernutzbarmachungstechniken bis 1945, die auch über die Zäsur der Machtübertragung an die Nationalsozialisten anhielt. Symbolhaft hierfür steht die Aufforstungs-Kommission, die von 1928 bis 1944 existierte und die vom Niederlausitzer Braunkohlenverein e. V. gegründet worden war.[277] Hierin zeigt sich zumindest für die preußische Lausitz, dass die Unternehmen bereit waren, die Rekultivierung voranzutreiben, um einer staatlichen Regulierung zuvorzukommen. Jährlich unternahm die Kommission Besichtigungen der rekultivierten Kippen und veröffentlichte Jahresberichte.[278] In der Kommission waren ausgewiesene Experten wie Heuso(h)n, Co-

---

272 Baumert, Autarkiepolitik, S. 51 f.; Kretzschmer, Braunkohle und Umwelt, S. 79.

273 Illner, W. D./Schmidt-Theile, Elisabeth: Die Seenplatte im Leipziger Hügelland – Hochkippe Espenhain, in: Das Magazin 10, 1954, S. 43–48; Universitätsarchiv Leipzig (UAL), Phil. Fak., G13/001, Begrünung von Hochkippen (1953).

274 SächsStA-L, 20640 ASW Braunkohlen- und Großkraftwerk Espenhain, Nr. 17, Mutterbodenwirtschaft, Besprechung vom 26.04.1949.

275 Die ASW konnte sich dabei mit ihrer Vorstellung durchsetzen und verkippte die zum Überzug der Halde geeigneten Erdschichten zusammen mit den ungeeigneten tertiären Materialien. Selbst die Intervention der Landesbauernschaft änderte daran nichts. Ebd., Mutterboden vom 08.03.1940, Mutterboden vom 11.03.1940, Landesbauernschaft Sachsen Verwaltungsamt vom 20.03.1940, Über die Besprechung und Besichtigung die Hochkippe Espenhain betreffend vom 22.04.1941, Besprechung und Besichtigung die Hochkippe Espenhain vom 22.04.1941.

276 Vgl. Baumert, Autarkiepolitik, S. 69 f.

277 Böcker/Katzur, Chronik, S. 139; Heusohn, Praktische Kulturvorschläge, S. 77.

278 Heuso(h)n vertrat zuerst die Niederlausitzer Kohlenwerke AG und danach von 1931 bis 1941 die Anhaltischen Kohlewerke. Copien repräsentierte als Oberförster bzw. Forstmeister die Ilse Bergbau AG. Schnädelbach, der 1947 bei einem Autounfall starb und auf den die ersten Aufforstungen 1906 bis 1908 zurückgingen, saß für die Senftenberger Kohlewerke AG im Gremium. Ober-

pien, Schnädelbach, Reichelt und Ziegfeld vertreten. Aufgabe des Gremiums war es, Empfehlungen für spezielle Fragen der Rekultivierung wie z. B. Düngung oder Fruchtfolge bei der Erstbegrünung abzugeben.[279] Die Protokolle lassen durchaus Erfolge in der Rekultivierung erkennen. Allein zwischen 1925 und 1938 wurden 5161 ha aufgeforstet.[280] Für die Kriegszeit sind keine Zahlenangaben überliefert, obwohl weiter Berichte erschienen. Insgesamt nahm die Rekultivierungsleistung ab, wie sich 1943 aus der Aufforderung an die Unternehmen, „Aufforstungen im Rahmen ihrer Möglichkeiten vorzunehmen“, schließen lässt.[281] Für das Mitteldeutsche Revier lässt sich diese Entwicklung ebenfalls nachweisen. Wenngleich hier keine vergleichbare Institution bestand, lassen sich bis 1943 landwirtschaftliche Rekultivierungen nachweisen.[282] Angesichts der zunehmenden Knappheit an Lebensmitteln im weiteren Kriegsverlauf, ist diese Priorisierung nachvollziehbar. Auch andere Bergbaubetriebe gingen daher dazu über, Kippen für die Nahrungsmittelproduktion zu nutzen, um die Belegschaft zu versorgen bzw. die Arbeitsfähigkeit der Zwangsarbeiter:innen zu erhalten – so die zynische Logik.[283] Den Ausgangspunkt der Wiedernutzbarmachungsmaßnahmen bildeten stets die einzelnen Werke oder Gesellschaften.

Die Ausführung der Rekultivierungsarbeiten in der Lausitz scheinen vor 1945 größtenteils sorbische Frauen übernommen zu haben, wie beispielsweise Fotographien in Heuso(h)ns „Praktischen Kulturvorschläge für Kippen, Bruchfelder, Dünen und Ödländereien“ zeigen (Abb. 14).[284] Damit griffen die Bergbauunternehmen auf eine gängige Praxis in der Forstwirtschaft zurück, die besonders auf weibliche Arbeitskräfte setzte.[285] Während des Zweiten Weltkrieges waren es

förster Reichelt und Forstverwalter Ziegfeld vertraten wiederum die Mitteldeutsche Stahlwerke AG aus Lauchhammer. Böcker/Katzur, Chronik, S. 139–149; Steinhuber, Lausitz, S. 153 f.

279 Böcker/Katzur, Chronik, S. 140–149.

280 Der höchste Stand der Rekultivierung wurde 1935 erreicht, also vor der zunehmenden Rüstungskonjunktur im Nationalsozialismus. Die niedrigste Leistung bestand hingegen 1930 und 1931, was vor dem Hintergrund der Weltwirtschaftskrise wenig verwundert. Ebd., S. 138.

281 Ebd., S. 148.

282 SächsStA-L, 20640, Nr. 17, Aufwand für Mutterbodenwirtschaft vom 03.05.1944.

283 Urban verweist hier auf die Grube Elise II im Geiseltal bei Merseburg. Vgl. Urban, Zwangsarbeit, S. 314 f.

284 Heusohn, Praktische Kulturvorschläge, S. 8, 10 und 48.

285 Dieses Phänomen lässt sich nicht auf die Lausitz beschränken. Die bekannteste Referenz dieser Kulturfrauen stellen die „Trümmerfrauen des Waldes“ dar, die sogar auf der 50 Pfennig Münze ab 1949 verewigt wurden. Allerdings muss das Narrativ der „Trümmerfrauen“ kritisch hinterfragt werden. Insgesamt dominierten Frauen die Pflanzarbeiten in der Forstwirtschaft mindestens seit dem Kaiserreich. Vgl. Heinze, Helga: Kiefernwurzeln aneinander genäht. Flechttechnik in der Muskauer Heide, in: Mitteilungen des Landesvereins Sächsischer Heimatschutz 2, 2021, S. 22–27, hier S. 24; Privatarchiv (PA) Baumert, Zeitzeugengespräch mit Michael Stärke und Uwe Steinhuber in der LMBV-Zentrale in Senftenberg am 04.11.2022, 01:40:20 – 01:43:50.

dann vornehmlich Zwangsarbeiter:innen und Kriegsgefangene.[286] Die Arbeit erfolgte dabei stets als Kolonnenarbeit.[287]

Abb. 14: Frauen waren die Ausführenden der Rekultivierungsarbeit von Heuso(h)n, 1920er-Jahre

Ein Urteil über die Sanierungsleistung bis 1945 anhand von Flächendevastierung auf der einen, und der in eine Folgenutzung überführten Flächen auf der anderen Seite fällt schwer. Dies hängt mit fehlenden einheitlichen Kriterien für die rekultivierten Kippen, fehlenden klaren Rechtsvorschriften und uneinheitlichen sowie unvollständigen Statistiken zusammen. So galten vor 1945 planierte Flächen, unabhängig davon, ob sie wieder in Kultur genommen werden konnten, bereits als wiedernutzbar.[288] Ein weiteres Problem ist, dass Aufstellungen für das Gebiet der SBZ/DDR erst nach 1945 erfolgten. Nach Steinhuber wurden zwischen 1880 und 1936 im gesamten Deutschen Reich 45 945 ha für den Braunkohlenbergbau entzogen, wovon 21 164 ha (46,1 %) rekultiviert wurden.[289] Zieht man die 15 780 ha ab, die als Betriebsflächen weiterhin vom Bergbau genutzt wurden, lag der Wiederurbarmachungsanteil nach dieser Statistik bei 70,2 %. Eine Statistik des Ministeriums für

286 Vgl. SächsStA-L, 20640, Nr. 36, Betriebsbesprechung vom 24.4.1944; Nr. 549, Arbeitsbuch Rosiak, Stanislaw (geb. 25.09.1918); Urban, Zwangsarbeit, S. 310 und 324.

287 Vgl. Heusohn, Praktische Kulturvorschläge, S. 8 und 48.

288 Vgl. ebd., S. 46; Steinhuber, Lausitz, S. 22 und 172 f.

289 Die 21 146 ha verteilten sich auf 10 869 ha landwirtschaftliche Nutzfläche, 8424 ha auf forstwirtschaftliche Flächen sowie 1872 ha auf sonstige Flächen. Steinhuber, Lausitz, S. 176.

Schwerindustrie wies bis zum 31. Dezember 1950 47 732 ha entzogenen Flächen in der DDR aus, wovon 22 196 ha (46,5 %) als wiederurbargemacht galten.[290] Nach Abzug der Betriebsflächen waren hiernach 69,9 % der Flächen bereits wiederurbargemacht (Tab. 2). Beim Vergleich der Zahlen des Ministeriums mit denen Steinhubers zeigt sich, dass die prozentuale Wiedernutzbarmachung ungefähr übereinstimmt. Trotz aller quellenkritischer Distanz deutet sich an, dass die wiedergegebenen Zahlen einen gewissen Grad an Plausibilität für sich beanspruchen können.

Tab. 2: Flächenentzug und Rekultivierung Landwirtschaftlicher Nutzflächen im Braunkohlenbergbau 1880 bis 1945 auf dem Gebiet der SBZ/DDR[291]

	Entzogene Flächen	**Davon noch Betriebsflächen**	**Wiederurbar-gemacht**	**Anteil in %**	**Nicht wiederurbar-gemacht**
Landwirtschaftliche Nutzflächen (LN)	29 281 ha	k. A.	8743 ha	29,9	k. A.
Gesamt	41 762 ha	14 544 ha	18 716 ha	44,8	8502

Zusammenfassend kann festgehalten werden: Mit dem technischen Übergang zum Großtagebau stellte sich die Frage der Rekultivierung in deutlich größerem Maße als zuvor. Die Entwicklung einer Rechtsgrundlage und der Beginn einer systematischen Rekultivierungsforschung seit der Weimarer Republik spiegeln ein zeitgenössisches Problembewusstsein. Allerdings musste sich die Wiederherstellung nutzbarer Flächen dem „Primat der Produktion" unterordnen, das im Kontext der nationalsozialistischen Autarkiepolitik an steter Bedeutung gewann. Das ökonomische Kalkül prägte daher die Rekultivierung: Nur Flächen, die mit vergleichsweise geringem Aufwand wiedernutzbar gemacht werden konnten, wurden rekultiviert. Eine Nachnutzung beschränkte sich in erster Linie auf forstwirtschaftliche Nutzungen. Bei der Baumartenwahl konnte sich anfangs die Mischwald-Konzeption durchsetzen, ab der NS-Zeit wurde aber zunehmend auf Monokulturen gesetzt, die günstiger in der Beschaffung waren und einen höheren ökonomischen Ertrag versprachen.[292]

290 Vgl. BArch, DE 4 (Volkswirtschaftsrat der DDR)/18354, Erhebung über die Wiederurbarmachung der Tagebaue Stand 31.12.1950 vom 24.07.1951.

291 Ebd., Erhebung über die Wiederurbarmachung der Tagebaue Stand 31.12.1950 vom 24.07.1951; Der derzeitige Stand der Wiederurbarmachung vom 23.07.1953.

292 Wie die Aufforstungs-Kommission 1935 festhielt waren 50 % der gesamten Kippenflächen Laubmischwald, 30 % Laubmischwald mit Kiefern, 12 % Kiefern mit Erlen als Treibholz und nur 8 % Kiefernreinbestände. Hierin sieht man die Nachwirkungen Heuso(h)ns, dessen Ideen

Eine verhängnisvolle Abhängigkeit – Die Braunkohlenindustrie in der DDR

Das Ende des Zweiten Weltkrieges brachte für die Braunkohlenindustrie im Osten Deutschlands einschneidende Veränderungen mit sich. Sie erfuhr einen wesentlichen Bedeutungszuwachs. Aufgrund der Abschottung von der westdeutschen Wirtschaft und der mangelnden Integrationsfähigkeit des Rates für gegenseitige Wirtschaftshilfe (RGW) war die Braunkohle der einzige, massenhaft verfügbare Energie-Rohstoff der DDR. Entsprechend stieg ihre jährliche Förderung zwischen 1949 und 1985, dem Jahr der höchsten Abbauleistung, von 124,9 Mio. t auf 312,2 Mio. t;[293] dies entspricht einer Steigerung von über 150 %. 1987 war die DDR der weltweit größte Braunkohleförderer mit einem Anteil von knapp 29 % an der Gesamtgewinnung.[294] Diese Steigerung der Braunkohlenförderung in der sozialistischen Zentralplanwirtschaft wird im Folgenden in den Blick genommen.

Dem massiven Ausbau der Braunkohlenindustrie zwischen 1933 und 1943 standen die Kriegszerstörungen und der Verschleiß der Anlagen entgegen, die unterschiedlich geartet waren. Während besonders die karbochemische Industrie mit den Braunkohlenhydrierwerken ab 1944 unter den alliierten Luftangriffen litt, waren die Lausitzer Braunkohlentagebaue von den Auswirkungen der Kampfhandlungen im April 1945 betroffen.[295] Neben den Kriegszerstörungen entzogen die Reparationen der Braunkohlenwirtschaft Kapazitäten, besonders das Lausitzer

---

erst langsam verdrängt wurden. Allerdings wandelte sich unter Copien diese Vorstellung. Vgl. Böcker/Katzur, Chronik, S. 145; Copien, Nutzbarmachung.

293 Bereits 1949 lag die Produktion knapp 20 % über der Produktion von 1936, also vor dem Ausbau der Braunkohlenindustrie im Rahmen der nationalsozialistischen Autarkiepolitik und nach der wirtschaftlichen Gesundung nach der Weltwirtschaftskrise. Sperling/Schossig, Wirtschaftsorganisation, S. 318.

294 Bei einer Gesamtförderung von 1080,9 Mio. Tonnen betrug der Anteil der DDR 28,8 %. Nur auf Europa bezogen hatte sie sogar einen Anteil von 42,1 %. Bundesanstalt für Geowissenschaften und Ressourcen (Hrsg.): Energierohstoffe 2009. S. 151.

295 Die alliierte Treibstoffoffensive ab Mai 1944 konzentrierte sich auch auf die Zerstörung der Hydrierwerke. Bis April 1945 waren sie weitestgehend zerstört. In Mitteldeutschland betraf dies die Standorte Bitterfeld, Böhlen-Espenhain, Leuna-Merseburg, Magdeburg und Zeitz. Im Lausitzer Revier war es vor allem Schwarzheide, das schwer getroffen wurde. Im Rahmen der sowjetischen Offensive an Oder und Neiße ab dem 16. April 1945 gab es schwere Kampfhandlungen im Lausitzer Revier unter denen sowohl die Industrieanlagen als auch die Tagebaue litten. Die Flutung des Tagebaus Niemtsch bei Senftenberg zeigt exemplarisch die Zerstörungen, mit denen die Braunkohlenindustrie am Kriegsende konfrontiert war. Vgl. Eichholtz, Ende, S. 528–537; Förster, Frank: Um Lausitzer Braunkohle. 1849–1945, Bautzen 1990, S. 145; Kupfer/Sawall/Wiese, Senftenberger See, S. 51.

Revier wurde geschwächt.[296] Die Auswirkungen der Demontagen auf die Produktionskapazität waren größer als die Kriegsverluste:[297] Allein in der Lausitz wurden 130 Tagebaugroßgeräte, darunter sieben Abraumförderbrücken, als Reparationsleistung demontiert.[298] Dies verschärfte die Probleme der Kohlenförderung, die bereits im Nationalsozialismus durch die niedrige ökonomische Reproduktion auf veraltete Ausrüstung zurückgreifen musste.[299] Die Brikettfabriken büßten ca. 70 % ihrer Kapazität ein.[300] Zusätzlich wurden die profitabelsten Unternehmen der Braunkohlenindustrie als Sowjetische Aktiengesellschaften (SAG) übernommen und produzierten teilweise bis 1954 für das Reparationsregime.[301] Die SAG waren auf der einen Seite privilegiert, da sie bevorzugt wiederaufgebaut wurden, weitestgehend von Demontagen ausgenommen sowie die Versorgung und Bezahlung

296 Besonders die moderne Tagebauausrüstung, neuere Kraftwerke und Brikettfabriken sowie die Veredelungsbetriebe der Hydrierindustrie erregten das Interesse der Besatzer. Insgesamt verlor die Braunkohlenindustrie in der Demontagewelle im Frühjahr 1947 70 % ihrer Brikettierungskapazität. So sank die tägliche Brikettierungsleistung von 22 080 t Mitte 1946 auf 6550 t Mitte 1947. Im Herbst 1947 wurden besonders Energieanlagen und Tagebauausrüstung demontiert. Karlsch, Rainer: Allein bezahlt? Die Reparationsleistungen der SBZ/DDR 1945–1953, Berlin 1993, S. 80 f.; ders.: „Rüstungsprovinz“ und Reparationsressource – Die Demontagen in Sachsen-Anhalt, in: ders./Laufer, Jochen (Hrsg.): Sowjetische Demontagen in Deutschland 1944–1949. Hintergründe, Ziele und Wirkungen, Berlin 2002 (= Zeitgeschichtliche Forschungen, Bd. 17), S. 227–273, hier S. 248.

297 Der konkrete Produktionsverlust lässt sich schwerlich berechnen, allerdings zeigt der Produktionsrückgang der einzelnen Tagebaue die Auswirkungen. Förderten 1943 von 21 Gruben jährlich 15 Gruben 3–5 Millionen Tonnen sowie sechs 5–10 Millionen Tonnen, erreichten 1945 nur zwei 3–5 Millionen Tonnen. Noch 1948 gewannen nur neun 3–5 Millionen Tonnen und drei 5–10 Millionen Tonnen. Vgl. Sperling/Schossig, Wirtschaftsorganisation, S. 54.

298 Zusätzlich wurden 75 Eimerkettenbagger, 24 moderne Schaufelradbagger sowie 24 Löffelbagger in die Sowjetunion überführt. Vgl. Mühlfriedel, Wolfgang/Wiessner, Klaus: Die Geschichte der Industrie der DDR bis 1965, Berlin 1989 (= Forschungen zur Wirtschaftsgeschichte, Bd. 25), S. 112.

299 Türk, Henning: Treibstoff der Systeme. Kohle, Erdöl und Atomkraft im geteilten Deutschland, Bonn 2022 (= Bundeszentrale für politische Bildung: Schriftenreihe, Bd. 10810), S. 25.

300 Karlsch, Allein, S. 80.

301 Mindestens 24 Unternehmen der Braunkohlenindustrie wurden anfangs Sowjetische Aktiengesellschaften. Die profitabelsten, darunter die modernen Werke Espenhain und Schwarzheide, blieben bis zum Ende des Reparationsregimes zum Jahreswechsel 1953/54 in Besitz der Sowjetunion. Dies unterstreicht die ökonomische und technologische Bedeutung dieser Werke. Beispielsweise weist eine Quelle das Benzinwerk Böhlen als einzigen Produzenten hochwertiger Flugtreibstoffe im gesamten Ostblock aus. Vgl. Baumert, Autarkiepolitik, S. 177; Sperling/Schossig, Wirtschaftsorganisation, S. 91 ff.; SächsStA-L, 22243 Betriebschutzamt Böhlen, Nr. 46, Die wirtschaftliche und politische Bedeutung unseres VEB vom 25.05.1956.

der Belegschaft überdurchschnittlich waren.[302] Branchenübergreifend sicherte sich die Sowjetunion die zentralen Elemente der ostdeutschen Industrie und griff dadurch lenkend in die Wirtschaft ein. Andererseits war die Besatzungsmacht vor allem an Reparationen interessiert, wodurch Investitionsmittel dem Wirtschaftskreislauf entzogen wurden. So waren erst 1952/53 die Demontageverluste der Braunkohlenindustrie im Bezirk Cottbus wieder kompensiert.[303]

Die Abhängigkeit der SBZ/DDR von der Braunkohle führte frühzeitig zu ihrer Einbeziehung in die zentrale Wirtschaftsplanung. So gehörte die im Sommer 1945 gegründete Deutsche Zentralverwaltung für Brennstoffe zu den ersten Institutionen der Wirtschaftslenkung nach Kriegsende.[304] Ihr Ziel war die Versorgung von Industrie, Gewerbe und Bevölkerung mit Brennstoffen. Aufgrund der Bedeutung der Braunkohle war sie für den am 30. Juni 1948 verabschiedeten Zweijahresplan 1949/50 zentral, dessen Anforderungen deutlich über den möglichen Förderleistungen lagen, weshalb sowohl Gewerkschaften als auch Betriebsleitungen der unterschiedlichen Reviere ablehnend auf die Vorgaben der Planer reagierten.[305] Die Kollektivierung der Brennstoffindustrie in der DDR gestaltete sich unproblematisch, da die Unternehmen entweder bereits staatsmonopolistisch wie die ASW oder wie die Brabag durch ihre Nähe zum Nationalsozialismus desavouiert waren, und mithin zu recht enteignet wurden.[306] Die Enteignung privater Unternehmen entsprach sowohl den Beschlüssen des Alliierten Kontrollrates als auch den Interessen weiter Teile der Bevölkerung.

Mit der Gründung der DDR 1949 griff der Staat noch wesentlich stärker in die Belange des Industriezweiges ein. Ein prominentes Beispiel betrifft den Bedarf an hüttenfähigem Koks für die Metallurgie, der nicht wie bisher aus den Schlesischen und Westfälischen Steinkohlenvorkommen gedeckt werden konnte. Da die Sächsische Steinkohle aus den Döhlener und Oelsnitzer Revieren qualitativ ungeeignet war, blieb nur die Entwicklung eines neuen Verfahrens auf Basis der Braunkohle, dem sich seit 1949 die beiden Verfahrenstechniker Georg Bilkenroth (1898–1982) und Erich Rammler (1901–1986) an der Bergakademie Freiberg annahmen. Der

302 Beispielhaft hierfür steht der Industriekomplex Böhlen-Espenhain südlich von Leipzig, die zum damaligen Zeitpunkt modernste Anlage der Braunkohlenindustrie in Deutschland. Vgl. Baumert, Autarkiepolitik, S. 174 ff. und 243–250.

303 Vgl. Kotsch, Detlev: Das Land Brandenburg zwischen Auflösung und Wiedergründung. Politik, Wirtschaft und soziale Verhältnisse in den Bezirken Potsdam, Frankfurt (Oder) und Cottbus in der DDR (1952 bis 1990), Berlin 2001 (= Bibliothek der Brandenburgischen und Preußischen Geschichte, Bd. 8), S. 317.

304 Das Gründungsdatum fiel mit der Ernennung von Ferdinand Friedensburg am 01. August 1945 zu ihrem Leiter zusammen. Vgl. Sperling/Schossig, Wirtschaftsorganisation, S. 39.

305 Ebd., S. 27.

306 Baumert, Autarkiepolitik, S. 176 ff.

von ihnen entwickelte BHT-Koks[307] wurde erstmals 1958 großindustriell im Braunkohlenwerk Lauchhammer erzeugt, ab 1969 auch im neuerrichteten Werk Schwarze Pumpe bei Hoyerswerda.[308]

In der industriellen Strukturpolitik der Ulbricht-Ära spielte die Braunkohle eine zentrale Rolle. Sie sollte gleichzeitig Energie- und Rohstofflieferant für die im Aufbau befindliche DDR sein und eine weitgehende Autarkie ermöglichen. Neben dem BHT-Koks sei an dieser Stelle vor allem auf die Treibstoffproduktion sowie die Schwefel- und Phenolgewinnung verwiesen.[309] Bezeichnenderweise war der Industriezweig auch einer der ersten, der von einem zentralen Programm zum Industrieaufbau profitierte. Aufgrund der strukturellen Mängel in der Braunkohlenwirtschaft beschloss der IV. Parteitag der SED im März/April 1954 das erste Kohle- und Energieprogramm. Hierfür wurde ein Investitionsvolumen von fünf Milliarden Mark an Direkt- und 2,5 Milliarden Mark an Folgeinvestitionen geplant. Diese sollten dazu dienen, 26 neue Tagebaue aufzuschließen, davon allein 17 im Lausitzer Revier.[310] Nach dem Scheitern des ersten Programms folgte 1957 ein zweites. Da der Energie- und Rohstoffbedarf in der DDR weiter stieg, wurde 1965 dann ein drittes Programm aufgelegt, um die bestehenden Engpässe zu beseitigen.[311] Zusätzlich profitierte die Braunkohlenindustrie vom „Chemieprogramm“ 1958, da ein Teil der ausgebauten Anlagen der Karbochemie zuzuordnen sind.[312] Trotz des Scheiterns der jeweiligen Pläne und der Frage nach ihrer Rationalität erreichte die DDR ihre wirtschaftlichen Ziele. Im Bereich der Metallurgie gelang mit dem BHT-Koks die weitestgehende Ablösung der Steinkohle ab Ende der 1950er-Jahre.[313] In der Treibstoffgewinnung überwogen die synthetischen Herstellungsverfahren

---

307 Schulz, 300 Jahre, S. 132.

308 Kaschade, Hans: Kohle- und Energiewirtschaft in der DDR 1960 bis 1990, Neuruppin 2018 (= Beiträge zur Kohle und Energiewirtschaft der DDR, Bd. 3), S. 111.

309 Allein die beiden Werke Böhlen und Espenhain hatten 1955 mit 910 000 t im Jahr einen Anteil von über 36 % an der gesamten Treibstofferzeugung. Neben verschiedenen kleineren Werken kamen noch die Großanlagen in Leuna und Zeitz mit 1 160 000 t Jahresproduktion hinzu. Somit kamen mehr als 2 Mio. t Benzin jährlich aus diesen vier Hydrieranlagen, was über 58 % der Gesamterzeugung 1960 ausmachte. Vgl. BArch, DG 2 (Ministerium für Schwerindustrie)/18769, Studie über die Entwicklung der Mineralöl-Industrie der DDR 1955–1960; SächsStA-L, 20681 VEB Braunkohlenveredelung Espenhain, Nr. 33, Phenolgewinnung vom 07.01.1965; Nr. 244, Rekonstruktionsplan 1960–65.

310 Sperling/Schossig, Wirtschaftsorganisation, S. 124.

311 Kaschade, Kohle- und Energiewirtschaft 1960 bis 1990, S. 106 f.

312 Karlsch, Rainer/Stokes, Raymond: Faktor Öl. Die Mineralölwirtschaft in Deutschland 1859–1974, München 2003, S. 332–337.

313 Vgl. BArch, DE 1 (Staatliche Plankommission)/50425, Entwicklung der Mineralölindustrie vom 03.10.1960, S. 6; Kaschade, Hans: Kohle- und Energiewirtschaft in der DDR 1949 bis 1960, Neuruppin 2016 (= Beiträge zur Kohle und Energiewirtschaft der DDR, Bd. 2), S. 52 f. und 55.

bis in die 1960er-Jahre.[314] Auch bei der Braunkohlenförderung konnte die DDR eine wesentliche Leistungssteigerung verzeichnen. Allein von 1954 bis 1960 stieg die Förderung um knapp 24 %.[315] Dies konnte allerdings nur durch höhere ökologische Kosten erreicht werden.

Die Auswirkungen des Neuen Ökonomischen Systems der Planung und Leitung (NÖSPL) und seines Nachfolgers, dem Ökonomischen System des Sozialismus (ÖSS), auf den Bergbausektor können als gering eingeschätzt werden.[316] In Bezug auf die Braunkohlenindustrie war eine Modernisierung der Energiewirtschaft geplant, die im Wesentlichen die Ablösung der Braunkohlen als wichtigsten Primärenergieträger im Zeitraum 1965 bis 1971 vorsah.[317] Entsprechend begannen Vorbereitungen zum Auslaufen von Tagebauen und zur Stilllegung von Fabriken. Gleichzeitig wurde aber auch eine Reihe neuer, moderner Braunkohlen-Kraftwerke in der DDR errichtet, deren Bau die Energieversorgung sicherstellen sollte. Allein zwischen 1962 und 1988 stieg die installierte Leistung der DDR-Kraftwerke von 28 400 MW auf 172 000 MW, von denen ca. 70 % braunkohlenbasiert waren.[318] Zu bedenken ist, dass der Bau der meisten dieser Kraftwerke bereits mit den Kohle- und Energieprogrammen der 1950er-Jahre begonnen worden war. Die beiden Spreewald-Kraftwerke in Lübbenau (gebaut 1959–1964) und Vetschau (gebaut 1960–1967) mit einer Gesamtleistung von 2500 MW stehen exemplarisch für den Ausbau. Sie verfügten zudem über 300 m hohe Schornsteine, um die Umweltbelas-

314 Allein 1955 erzeugten die drei größten Hydrierwerke der DDR in Böhlen, Leuna und Zeitz 1,6 Mio. t der Gesamtproduktion von knapp 2,2 Mio. t Treibstoff. Zwei weitere Großanlagen befanden sich in Rositz und Schwarzheide. Hinzu kamen die kleineren Anlagen in Bösdorf, Gerstewitz, Gölzau, Köpsen, Lützkendorf und Webau. Vgl. BArch, DG 2/18739, Studie über die Entwicklung der Mineralöl-Industrie der DDR 1955–1960, S. 4; Birkenfeld, Treibstoff, S. 214.

315 Die jährliche Förderung stieg in diesem Zeitraum von 181,9 Mio. t auf 225,5 Mio. t. Bis 1965 betrug der Kapazitätszuwachs sogar knapp 38 %. Allerdings stieg die Förderung 1949 bis 1954 um 45,6 % bzw. 57 Mio. t an. Einschränkend muss erwähnt werden, dass erst 1953 der Höhepunkt der Förderung aus der Kriegszeit wieder erreicht wurde und erst danach eine wirkliche Produktionserweiterung einsetzte. Sperling/Schossig, Wirtschaftsorganisation, S. 318.

316 Ulbrichts Diktum vom „Überholen ohne Einzuholen" lässt sich auch als umweltpolitische Entscheidung deuten, die eine Steigerung der Arbeitsproduktivität postulierte, ohne gleichzeitig die Fehler der kapitalistischen Regime in Bezug auf die Ausbeutung von Mensch und Natur zu wiederholen. Hierbei handelte es sich um eine utopische Vorstellung. Vgl. Wolle, Stefan: Der Traum von der Revolte. Die DDR 1968, Bonn 2008 (= Bundeszentrale für politische Bildung: Schriftenreihe, Bd. 1638), S. 36 f.

317 Sperling/Schossig, Wirtschaftsorganisation, S. 8.

318 Der genaue Anteil der braunkohlenbasierten Kraftwerke 1988 wird von Kaschade nicht angegeben. Für 1986 spricht er von 69,7 %. Das deckt sich mit den bei Meyerhoff, Petschow und Thomasberger angegebenen Zahlen. Nach ihren Darstellungen sank er 1987 auf 68 %. Vgl. Kaschade, Kohle- und Energiewirtschaft 1960 bis 1990, S. 53 und 209; Meyerhoff/Petschow/Thomasberger, Umweltreport, S. 136 f.

tung vor Ort zu senken.[319] 1966 und 1968 entstanden die kleineren Kraftwerke Borna, Schwarze Pumpe-Ost und Mumsdorf mit 100 bis 110 MW Leistung, es folgten 1969 Lippendorf mit 600 MW, 1971 Thierbach mit 840 MW und in den 1980er-Jahren Boxberg mit 3200 MW. Als letztes Kraftwerk, allerdings erst nach Ende des ÖSS, entstand 1976 bis 1989 das Kraftwerk Jänschwalde mit einer Leistung von 3000 MW. Damit lagen die Ideen des NÖSPL und die realen ökonomischen Planungen in der Energieversorgung weit auseinander. Die Braunkohle sollte als Rohstoffbasis abgelöst werden und die Zeit der Karbochemie enden, aber dies blieb aus. Die mangelnde ökonomische Basis, die Handelsbeschränkungen des RGW, der steigende Energiebedarf und der Mangel an Alternativen in der Energiewirtschaft führten zu einem Scheitern der geplanten Reduzierung der Kohlenförderung.[320]

---

319 Die Umweltbelastung der Kraftwerke bestand vor allem durch Rauchgas und Abwärme. Der hohe Schwefelanteil besonders der mitteldeutschen Braunkohle war problematisch. Der Lösungsansatz war indessen keiner, da die neuen 300 m hohen Schornsteine zwar die Luftbelastung in unmittelbarer Nähe der Kraftwerke senkten, diese jetzt aber auf eine deutlich größere Fläche verteilten. Die Auswirkungen in dem dichtbesiedelten industriellen Zentrum Mitteldeutschlands waren fatal für die dauerhafte Umweltbilanz. Allein das BKK Espenhain, bestehend aus einer Schwelerei, zwei Kraftwerken und weiteren kleineren Veredelungsanlagen, verschmutzte die Lebensgrundlage von ca. einer halben Million Menschen in seiner Umgebung. Vgl. Huff, Natur, S. 77; Wagenbreth, Braunkohlenindustrie, S. 137.

320 Beispielhaft hierfür steht das Kombinat Espenhain und das von ihm bedrohte Dorf Magdeborn. Der Tagebau und das karbochemische Veredelungswerk Espenhain war das erste vertikal integrierte Werk der Treibstoffproduktion, das von der Kohleförderung bis zum fertigen Produkt geschlossen arbeitete. Sein Auslaufen war für Ende der 1960er-Jahre geplant und die Anlagen wurden entsprechend auf Verschleiß gefahren. Magdeborn, einer der kulturhistorisch bedeutendsten Orte in der Umgebung von Leipzig – so datiert seine erste urkundliche Erwähnung auf 968, womit er bedeutend älter als Leipzig war –, sollte bis Anfang der 1960er-Jahre dem Tagebau Espenhain zum Opfer fallen. Nachdem bis Anfang der 1960er-Jahren noch die Umsiedlung geplant war, sollte der Ort im Rahmen des NÖSPL bestehen bleiben, so dass die 1000 Jahrfeier zu einer eindrucksvollen Demonstration des Überlebenswillen eines Dorfes wurde. Nur zwei Jahre später änderte sich die Situation grundlegend. Am 16. April 1970 beschloss der Ministerrat der DDR die Fortführung des Tagebaus Espenhain, dem am 09. August 1972 ein zweiter Beschluss über die Umsiedlung des Ortes folgte. Das Kombinat Espenhain konnte weiterarbeiten, allerdings unter erschwerten Bedingungen, da sich nun die mangelhafte Instandhaltung rächte. Dies trug maßgeblich zur katastrophalen ökologischen Situation in Espenhain, den angrenzenden Gemeinden und im gesamten Südraum Leipzig bei. Die Auswirkungen dieses Beschlusses reichen bis zur Mobilisierung für die „Friedliche Revolution“ 1989, wie exemplarisch durch das christliche Umweltseminar Rötha und die Aktion „Eine Mark für Espenhain“ belegt. Vgl. Baumert/Berkner, Magdeborn, S. 207; Berkner, Andreas: Zwischen Tausendjahrfeier 1968 und Untergang 1980. Zur Anatomie der Umsiedlung von Magdeborn, in: ders./Kulturstiftung Hohenmölsen (Hrsg.), Umsiedlungen, S. 222 ff. hier S. 222 f.; SächsStA-L, 20237 Bezirkstag und Rat des Bezirkes Leipzig, Nr. 5599, Beschluss über die Weiterführung des Tagebaus Espenhain in das Ostfeld vom 02.08.1974, S. 1.

Das Scheitern des NÖSPL war sicherlich der „turning point" der DDR-Geschichte, sowohl in Bezug auf die Politik-, die Umwelt- und die Wirtschaftsgeschichte. Die Renaissance der Braunkohlen machte das Erreichen umweltpolitischer Ziele unrealistisch, bevor sie richtig in Angriff genommen wurden. Der Erdölpreisschock, der in der DDR zeitlich versetzt erst Ende der 1970er-/Anfang der 1980er-Jahre auftrat, warf endgültig umweltpolitische Bedenken über Bord und forcierte die weitere Expansion des Braunkohlenbergbaus. Er blieb die wichtigste Energiegrundlage. Nicht nur neue Kraftwerke wurden errichtet, auch in den Haushalten gelang die Ablösung der Briketts als wichtigste Wärmequelle nicht. Zwar wurden viele Neubausiedlungen durch Fernwärme – meist ebenfalls aus Braunkohle gewonnen – versorgt, Kohlenkeller, Kohlengabel und Kohleneimer blieben aber vor allem in den Altbauten und ländlichen Gebieten Alltagsgeräte. Die Auswirkungen waren für alle Menschen in der DDR spürbar. Jeden Winter legte sich der Geruch von Schwefel über das Land. Auch die zunehmenden Schäden an den Wäldern, besonders im Süden, fielen den Menschen auf.[321] Die Karbochemie, die selbst nach DDR-Maßstäben hoffnungslos veraltet und kein rationales Produktionsverfahren mehr bildete, blieb weiter in Betrieb. Da Investitionen in das Anlagevermögen unterblieben und die veraltete Technik schon seit den 1960er-Jahren kaum mehr junge Talente anlockte, steigerten sich die ökologischen Belastungen in Bitterfeld oder Espenhain zu dem infernalischen Bild, das die Diskussion um den „sozialistischen Ökozid" befeuerte.[322]

Eine ökonomische Bewertung der Braunkohleindustrie der DDR fällt schwer: Die Statistiken zeigen beeindruckende Leistungszuwächse bei der Förderung. Dieser Erfolg muss unter dem zunehmend schlechter werdenden Förderbedingungen sogar noch höher bewertet werden. Das Abraum-Kohle-Verhältnis, die wichtigste ökonomische Kennziffer,[323] verschlechterte sich im Zeitraum 1949–1989 von 2,5:1 auf 4,5:1. In realen Zahlen war das mehr als eine Vervierfachung beim Gewinnungsaufwand pro t Kohle, was die wirtschaftliche Rentabilität zumindest in Frage stellt. Das Problem daran war zum einen der permanent steigende Flächenentzug und zum anderen die damit einhergehenden Kostensteigerungen, die nur aus einer autarkiepolitischen Argumentation zu rechtfertigen waren. Die Vergleichskosten durch die Aufwendung von Devisen für andere Energieträger wären für

321 Huff, Natur, S. 279–304; Möller, Herrschaft, S. 316 f.

322 Vgl. Hoffmann, Michael/Rink, Dieter: Die Kohlearbeiter von Espenhain. Eine Studie zur Enttraditionalisierung eines Arbeitermilieus in einer alten Industrieregion, in: Geißler, Rainer (Hrsg.): Sozialer Umbruch in Ostdeutschland, Opladen 1993 (= Schriftenreihe Sozialstrukturanalyse, Bd. 2), S. 170 ff.; Huff, Natur, S. 197; Möller, Herrschaft, S. 38 f. und 226 f.; Klusmann (Hrsg.), Espenhain.

323 Sie gibt an, wieviel m^3 Erde für die Förderung einer einzigen t Kohle bewegt werden müssen.

die DDR, besonders unter dem zunehmenden Handelsdefizit der Ära Honecker, wahrscheinlich nicht zu bewältigen gewesen. Dennoch machte auch der Ausbau der Braunkohlenindustrie den Einsatz von Valuta-Mark notwendig. Und hier entwickelte sich ein Problem, das für die Wahrnehmung der DDR als ökologischer „failed state“ entscheidend war: Die ökonomisch einseitige Fokussierung auf die Gewinnung entzog den ökologischen Aspekten der Landschaftswiederherstellung oder der Abgasaufbereitung notwendige finanzielle Mittel, die zum Scheitern der Umweltpolitik im Sektor der Energiewirtschaft führten.

Die Organisation der Braunkohlenindustrie der DDR unterlag in ihrer 40-jährigen Geschichte zahlreichen Wandlungen. Dies mag im ersten Moment überraschen, assoziiert man doch mit der Zentralplanwirtschaft vor allem wenig Flexibilität und weitestgehenden Stillstand. Allerdings versuchte der Staat durch administrative Eingriffe sowohl in die Branchen- als auch die Unternehmensstruktur, die notwendige betriebswirtschaftliche Effizienz zu erreichen. Damit lagen die Machthaber einem Selbstbetrug auf, glaubten sie doch, dass die Implementierung neuer detaillierter Organisationsanweisungen für die Betriebe und der Wechsel von Unterstellungen zu besseren Produktionsergebnissen führen. Obwohl die SED mit diesen Maßnahmen auf reale Missstände reagierte, vergeudeten die Lösungsansätze häufig Zeit und Ressourcen, ohne dass sie die Probleme beheben konnten. Meistens handelte es sich ausschließlich um administrative Eingriffe, die nur die Verantwortlichkeiten von Branchenministerium zu Branchenministerium bzw. von Hauptverwaltung zu Hauptverwaltung verschoben. So wandelte sich die Zuordnung der einzelnen Unternehmen zwischen 1949 und 1989 auf der obersten Ebene zehn Mal, davon allein bis zur Wirtschaftsreform des NÖSPL 1965 acht Mal. Eine substanzielle Auswirkung auf die Produktion brachten diese Veränderungen hingegen nicht, zumal die Verantwortung auf ministerieller Ebene beim gleichen Führungspersonal blieb. Die Organisationstruktur war dabei viergliedrig: Auf der obersten Stufe stand ein Ministerium (1949–1951, 1955–1958, 1966–1990) oder ein Staatsekretariat (1951–1955). Abweichend hierzu übernahm von 1958 bis 1961 die SPK die Leitung der Braunkohlenindustrie und von 1961 bis 1965 der „Volkswirtschaftsrat“. Auf der nächsten Ebene übernahm die Hauptverwaltung Kohle bzw. Braunkohle (bis 1958), die Abteilung Grundstoffindustrie (1958–1961), die Abteilung Kohle (1961–1965) und die Abteilung feste Brennstoffe (1966–1990) die Leitung. In der folgenden Hierarchieebene standen die Vereinigung Volkseigener Betriebe (VVB) und die Verwaltung Volkseigener Betriebe (VwVB). Diese reduzierten sich von zehn 1949 über drei 1953 auf eins ab 1966. Damit hatten sie de facto ihre Aufgabe verloren und waren nur noch eine weitere Verwaltungseinrichtung, die zwischen Werk und Branchenleitung lag. Zusätzlich gab es von 1950 bis 1958 direkt der ministeriellen Ebene unterstellte Betriebe. Bei dieser Gruppe handelte es sich um Forschungseinrichtungen wie das Projektions- und Konstruktionsbüro (PKB)

Kohle Berlin oder besonders relevante Einzelbetriebe wie der VEB Großkokerei Lauchhammer.[324] Die unterste Ebene bildeten die Kombinate, denen wiederum die Werke unterstanden.

Weder der Volksaufstand des 17. Juni 1953 noch die Wirtschaftskrisen der 1950er- und 1960er-Jahre veränderten dieses viergliedrige System tiefgreifend. Erst Ende der 1960er-Jahre erfolgte im Rahmen des NÖSPL die zunehmende Zentralisierung, die zu einer Konzentration der einzelnen Braunkohlenwerke in großen Kombinaten führte. Beispielhaft steht hierfür das Lausitzer Revier, welches 1960 über 21 in 18 Werken organisierte Tagebaue verfügte. 1968 waren es noch drei Kombinate und ein einzelnes Werk, die die nun verbliebenen 16 Tagebaue unter sich aufteilten.[325] Ähnlich verlief dieser Prozess in Mitteldeutschland, wo 32 Werke in sechs Kombinaten aufgingen.[326] Zum 01. Januar 1980 erfolgte die letzte Zentralisierung. Alle Tagebaue wurden jetzt in zwei Kombinate – Bitterfeld für das Mitteldeutsche und Senftenberg für das Lausitzer Revier – aufgeteilt.[327] Ihnen unterstanden wiederum neun Werke, die die Leitung über die einzelnen Teilreviere hatten. Damit löste die Kombinatsstruktur die vorherige Organisationsform der VVB ab.[328]

324 Vgl. Sperling/Schossig, Wirtschaftsorganisation, S. 121 und 176.

325 Es verblieben die BKK Senftenberg und Lauchhammer sowie das Gaskombinat Schwarze Pumpe. Das Braunkohlenwerk Oberlausitz, räumlich stark segregiert, verblieb in der bisherigen Organisation ohne übergeordnetes Kombinat. Ebd., S. 202 und 205.

326 Ebd., S. 206 ff.

327 Ebd., S. 210.

328 Die Gründung der VVB als mittlere Organisationsebene erfolgte 1948, es bestanden die VVB Lauchhammer, Senftenberg und Welzow. Im Zuge von Rationalisierungsmaßnahmen wurden 1952 Senftenberg und Lauchammer zusammengefasst. Zum 31. März 1953 kam auch Welzow dazu, so dass ab diesem Zeitpunkt das gesamte Revier unter einheitlicher Leitung stand. Nachdem eine Zeitlang die Bezeichnung Revierleitung Senftenberg üblich war, wurde 1958 die VVB wieder gegründet, diesmal unter dem Namen VVB Braunkohle Cottbus, da der Name des Bezirkes auch für das Revier gelten sollte. 1968 wurde schließlich die VVB Braunkohle, Sitz Senftenberg gegründet, die bis zum Ende der DDR bestehen blieb. Vgl. Sperling/Schossig, Wirtschaftsorganisation, S. 119 f.

Die Wiedernutzbarmachung in der DDR bis Mitte der 1960er-Jahre – Diagnose, Forschungen und Praktiken

> Durch die Nutzbarmachung werden die schädlichen Einflüsse auf die benachbarten Fluren – wie Verwehungen und Verschlämmungen – beseitigt, so entstehen neue produktive Flächen. Mindestens ebenso hoch wie die materiellen sind die ideellen Werte der Rekultivierung. In einer fortschrittlichen Gesellschaftsordnung braucht durch die sich entwickelnde Industrie keine Verwüstung der Landschaft einzutreten. Der geordnete grüne Landschaftsraum trägt wesentlich zur Gesundheit und Erholung der Arbeitskraft des Menschen bei.[329]

Prelude to Tagebausanierung – die Landschaftsdiagnose der DDR

Wiedernutzbarmachung in der Sowjetischen Besatzungszone (SBZ)

Die Bedeutung der SBZ für die Entstehung der DDR lässt sich auch im Feld der Wiedernutzbarmachung nicht gänzlich leugnen. Allerdings war der Neustart im Bereich der Umweltpolitik weitaus weniger rasant, als der Wandel der Besitzverhältnisse oder der politischen Transformation. Die entscheidendste Transformation aus umweltpolitischer Sicht war der wachsende Einfluss der SED, die seit ihrer Gründung im April 1946 einen unumstrittenen Führungsanspruch im Osten einnahm.

Karl Marx (1818–1883) hatte sich in Bezug auf die Umwelt und ihres Schutzes nur in wenigen Passagen geäußert.[330] Er begriff den Menschen noch als Teil der Natur und äußerte sich im „Kapital" hinsichtlich des Verhältnisses von Mensch und Natur:

> Selbst eine ganze Gesellschaft, eine Nation, ja alle gleichzeitigen Gesellschaften zusammengenommen, sind nicht Eigentümer der Erde. Sie sind nur ihre Besitzer, ihre Nutznießer, und haben sie als boni patres familias den nachfolgenden Generationen verbessert zu hinterlassen.[331]

---

329 BLHA, Rep. 801 Bezirkstag und Rat des Bezirkes Cottbus – Bezirksverwaltungsbehörde Cottbus (RdB Ctb), Nr. 2995 Investprojekt Rekultivierung von Kippenflächen des BKW Frieden (November 1961).

330 Huff, Natur, S. 39–44.

331 Marx, Karl: Das Kapital. Kritik der politischen Ökonomie. 3. Band, Buch III, Berlin [1894] 1983, S. 784.

https://doi.org/10.1515/9783111138312-003

Die Ideologie der frühen SED war durch den Marxismus-Leninismus in seiner stalinistischen Überformung geprägt. Die Vorstellungen Lenins und Stalins beinhalteten vor allem eine industrielle Strukturpolitik der ökonomisch rückständigen Sowjetunion.[332] Daher fehlen bei beiden weitestgehend Naturschutzgedanken. Allerdings spielt die strukturpolitisch verankerte Idee der Naturgestaltung eine große Rolle.[333] Das bekannteste Vorhaben dieser Art war der „velikoye plan preobrazovaniye prirody" (Stalinscher Plan zur Umgestaltung der Natur), der im Oktober 1948 verabschiedet wurde.[334] Innerhalb von 15 Jahren sollte ein Waldgürtel im Süden der Sowjetunion entlang der Flusssysteme entstehen zum Schutz vor Erwärmung und Bodenerosion. Auslöser für die Überlegungen war eine Dürre im Jahr 1946. Als Teil dieses Plans sollten in Sibirien die Flusssysteme von Ob und Jenissei zu einem gigantischen Stausee mit 250 000 km^2 Fläche – das entspricht einer Fläche größer als Großbritannien – bis zur Turgai-Schwelle auf 120 m angestaut und zur Bewässerung genutzt werden.[335] Auch Wolga, Amu-Darja und Syr-Darja sollten dem Bewässerungssystem dienen.[336] Was aus heutiger Sicht als größenwahnsinniger Eingriff mit unabsehbaren Folgen für die Umwelt wirkt, entsprach dem Denken der Zeit, wie die zeitgleiche Atomeuphorie verdeutlicht.[337]

332 Schneider, Jürgen: Das Modell Sowjetunion für die Transformation der Wirtschaft in der sowjetisch besetzten Zone Deutschlands (SBZ) durch die Sowjetische Militäradministration in Deutschland (SMAD) 1945 bis 1949, in: Heydemann, Günther/Paqué, Karl-Heinz (Hrsg.): Planwirtschaft – Privatisierung – Marktwirtschaft. Wirtschaftsordnung und -entwicklung in der SBZ/DDR und den neuen Bundesländern 1945–1994, Göttingen 2017 (= Schriften des Hannah-Arendt-Instituts für Totalitarismusforschung, Bd. 63), S. 43–90, hier S. 54 f.; Steiner, André: Von Plan zu Plan. Eine Wirtschaftsgeschichte der DDR, Bonn 2007 (= Bundeszentrale für politische Bildung: Schriftenreihe, Bd. 625), S. 8.

333 Obertreis, Naturbeherrschung, S. 117 f.

334 Putz, Manuela/Schattenberg, Susanne: Stalinismus, in: Informationen zur politischen Bildung (izpb), 05.08.2014. Unter: https://www.bpb.de/shop/zeitschriften/izpb/189565/stalinismus/ (Eingesehen: 04.05.2022); Küchler, Johannes: Zum historischen Kontext der Landschaftsdiagnose, in: Hiller (Hrsg.), Landschaftsdiagnose, S. 15–26, hier S. 22.

335 Allein das Auffüllen des gigantischen Sees hätte mindestens 15 bis 20 Jahre in Anspruch genommen. Die Parallele zur Tennessee Valley Authority in den Vereinigten Staaten von Amerika wurde ebenfalls gezogen. Vgl. Fleck, Rudolf: Planmäßige Umgestaltung der Landschaft im Dienste großregionaler Wirtschaftsentwicklung, in: Petermanns Geographische Mitteilungen 1, 1952, S. 32–35, hier S. 32 f.

336 Lingner, Landschaftsgestaltung, S. 65.

337 Radkau, Joachim: Geschichte der Zukunft. Prognosen, Visionen, Irrungen in Deutschland von 1945 bis heute, München 2017, S. 131–141.

Urbarmachung, besonders zur Erschließung von neuen landwirtschaftlichen Flächen, war in der Sowjetunion Teil der Landschaftsgestaltung, wie sie auch der „Plan zur Umgestaltung der Natur“ vorsah. Anknüpfungsfähig war diese Vorstellung für den Diskurs um die Wiedernutzbarmachung von bergbaulichem Gelände. Mit der Besetzung weiter Teile Mitteldeutschlands und der Gründung der SBZ wurde die Sowjetunion reglementierend für den Braunkohlenbergbau im Lausitzer und Mitteldeutschen Revier. Als Besatzungsmacht wirkte die Sowjetunion zwangsläufig auch auf die Wiedernutzbarmachung im Braunkohlenbergbau der SBZ ein. Formal galt die nationalsozialistische „Mutterbodenrichtlinie“ mit all ihren Problemen weiter. Der Umgang mit ihr war sowohl für die Besatzungsmacht als auch die Bevölkerung zwiespältig. Aufgrund der Kriegszerstörungen und des wirtschaftlichen Stillstandes fehlten einerseits Ressourcen für die selektive Gewinnung und Wiederaufbringung des Kulturbodens, andererseits machte der Mangel an Lebensmitteln und Holz die Rückgewinnung von Anbauflächen vordringlich. Reinhold Lingner (1902–1968) brachte dies 1952 treffend zum Ausdruck, als er darauf hinwies, „daß der Acker, den der Bagger greift, um die Kohle freizulegen, ernährte, und daß die Kippe, die zurückbleibt, sie [die Menschen] wieder ernähren muß.“[338] Entsprechend wurde unter den schwierigen Bedingungen der Nachkriegszeit die Wiedernutzbarmachung, wenn auch auf niedrigem Niveau, wieder aufgenommen (Tab. 3). Da die wiedergegebenen Zahlen auf Durchschnittswerten beruhen und die Statistiken für einzelne Tagebaue deutlich niedrigere Ergebnisse zeigen, ist davon auszugehen, dass weniger als 2900 ha zwischen 1945 und Ende 1949 rekultiviert worden sind. So belegen die Statistiken für die Werke Plessa, Frohe Zukunft (Schipkau), Witznitz und Glückauf II (Senftenberg) bis 1949 revierübergreifend geringfügige Wiedernutzbarmachungsergebnisse.[339] Dabei bestanden zwischen den einzelnen Tagebauen teils gravierende Unterschiede. Während der Tagebau Borna südlich von Leipzig jährlich Ergebnisse vorweisen konnte (1945: 0,03 Hektar, 1947: 19,5 Hektar), erfolgte im Tagebau Frohe Zukunft (vor 1945 Anna-Süd) bei Schipkau in der Niederlausitz bis 1949 gar keine Wiedernutzbarmachung.

---

338 Ebd., S. 61.

339 Während die Werke Frohe Zukunft, Glückauf und Plessa in der Niederlausitz situiert waren, befand sich das Werk Witznitz unmittelbar nördlich von Borna im Südraum Leipzig. Vgl. BArch, DE 4 (Volkswirtschaftsrat der DDR)/18354, Derzeitiger Stand der Wiederurbarmachung vom 23.06.1953, Braunkohlenverwaltung Plessa (Stand Ende 1952), Braunkohlenverwaltung Schipkau (Stand Ende 1952), Bericht über die Wiedernutzbarmachung Witznitz I und II (Stand Ende 1952), Bericht über die Wiedernutzbarmachung Tagebau Borna (Stand 1952).

Tab. 3: Wiedernutzbarmachung im Jahresdurchschnitt 1945 bis 1951[340]

	Entzogen	Wiederurbar-gemacht
Landwirtschaftliche Flächen	570 ha	190 ha
Forstwirtschaftliche Flächen	375 ha	350 ha
Sonstige Flächen	50 ha	40 ha
Gesamt	995 ha	580 ha
Summe 1945 bis 1951	6965 ha	4060 ha

Warum sich die Ergebnisse der Wiedernutzbarmachung so deutlich unterschieden, hatte verschiedene Gründe. Einer betrifft die technische Ausstattung: Im Zuge der Demontagen wurden auch zahlreiche Planierraupen beschlagnahmt, das wichtigste Arbeitsgerät in der Wiederurbarmachung.[341] Ohne moderne technische Geräte musste improvisiert werden. Erdhobel und Planierpflüge wurde als Alternativen eingesetzt.[342] Eine Zeichnung belegt sogar den Einsatz von dampfbetriebenen Zugmaschinen für Erdhobel (Abb. 15).[343] Hinzu trat das fehlende Personal. Da während des Krieges viele Männer bei der Wehrmacht dienten, wurden sie durch Zwangsarbeiter:innen und besonders Kriegsgefangene ersetzt, die nach der Befreiung in ihre Heimatländer zurückkehrten.[344] Nach Kriegsende fehlten nun deutsche Männer, die, sofern sie den Krieg überlebt hatten und sich nicht in Kriegsgefangenschaft befanden, meist besser vergütete Berufe wählten. Außerdem hatte der Wiederaufbau der Fabrikanlagen zur Versorgung der Bevölkerung mit Brenn-

340 Vgl. BArch, DE 4/18354, Derzeitiger Stand der Wiederurbarmachung vom 23.06.1953.

341 1950 wurde beklagt, dass die Großtechnik selbst für den Gewinnungsprozess nicht ausreichte, so dass das Planieren in Handarbeit erfolgen musste. Noch 1953 wird die Beschaffung von sechs schweren und zwei leichten Planierraupen für die ganze DDR als Lösung präsentiert, die aber bei der Größe des Problems nicht ausreichend war. Zwar wurden nicht explizit die Demontagen dafür verantwortlich gemacht, aber da vor 1945 entsprechendes Gerät zumindest in einem Mindestmaß vorhanden war und bewegliche Tagebautechnik ein beliebtes Gut war, ist diese Ursache des Mangels plausibel. Insgesamt wurden in der Lausitz zwei Tagebaue komplett demontiert und bei elf zumindest Tagebaugerät entnommen. Unter den entnommenen Geräten befanden sich auch sieben Abraumförderbrücken. Vgl. BArch, DF 9, Nr. 386, Besprechung von Gruben-Abraumkippen vom 02.11.1950 und Nr. 387, Protokoll über die Sitzung am 15.10.1953; Karlsch, Allein bezahlt?, S. 80 f.; Lehmann, Wiederurbarmachung, S. 257 ff.; Sperling/Schossig, Wirtschaftsorganisation, S. 292 ff.; Steinhuber, Einhundert Jahre, S. 227 ff.

342 Steinhuber, Einhundert Jahre, S. 227.

343 BArch, DE 4/18354, Zeichnung Dampfgezogener Erdhobel (undatiert).

344 Baumert, Autarkiepolitik, S. 170 und 215; Urban, Zwangsarbeit, S. 342–347.

stoffen Priorität, so dass die Wiedernutzbarmachung aus betrieblicher Sicht keine große Bedeutung besaß.

Abb. 15: Zeichnung eines dampfgezogenen Erdhobels, der in den 1940er- und 1950er-Jahren aufgrund fehlender Planierraupen zur Gestaltung der Bergbaufolgelandschaft eingesetzt wurde

Die deutsche Verwaltung war von Beginn an bemüht, die Rückgewinnung landwirtschaftlicher Flächen durchzusetzen. Bereits für 1946 ist im Raum Altenburg im Mitteldeutschen Revier ein Beauftragter für Rekultivierung nachweisbar.[345] Die Deutsche Wirtschaftskommission (DWK), die zentrale deutsche Verwaltung vor der Gründung der DDR, trat für das Einhalten der „Mutterbodenrichtlinie" ein. So beschwerte sich die Abteilung Land- und Forstwirtschaft der DWK 1947 über die mangelnde Bereitschaft der Bergbauunternehmen zur Wiedernutzbarmachung ihrer Flächen, in diesem Fall in Sachsen-Anhalt.[346] Sie argumentierte, dass die Flächen für die Selbstversorgung der DDR, besonders unter der schwierigen Ernährungslage der Nachkriegszeit, zu wichtig seien, als dass man sie brachliegen lassen könnte. Diesbezügliche Bemühungen der Verwaltung belegen auch die Einladung der Landesregierung Sachsen-Anhalt, Ministerium für Land- und Forstwirtschaft,

345 Der Bericht umfasst die Arbeit des Beauftragten für Rekultivierung für das Altenburger Revier im Zeitraum 16. September 1946 bis 30. Dezember 1947. BArch, DF 9 (Oberste Bergbehörde der DDR)/385, Jahresbericht für die Rekultivierung von Bergbauflächen vom 15.01.1948.

346 Vgl. ebd., Wiederurbarmachung von bergbaulich genutzten Flächen vom 11.02.1949.

zur 1. Landeskulturtagung 1949, bei der die Punkte vier und fünf der Tagesordnung sich mit der Wiederurbarmachung und der Rekultivierung bergbaulicher Flächen befassten.[347] Aber auch die Grundwasserabsenkungen durch den Braunkohlenbergbau wurden von lokalen Institutionen und Akteuren kritisch betrachtet.[348]

Eine besondere Rolle in der Wirtschaft der SBZ und der frühen DDR spielten die Sowjetischen Aktiengesellschaften (SAG). Dies galt auch für die Wiedernutzbarmachung. Aus Sicht der sowjetischen Generaldirektoren waren Wiederurbarmachung und Rekultivierung lästige Aufgaben, die vor allem Geld kosteten und somit das positive wirtschaftliche Ergebnis der Betriebe, ihr vordringliches Ziel, gefährdeten.[349] Entsprechend lassen sich Anweisungen nachweisen, die die selektive Massengewinnung verboten, wie in der Grube Leonhard-West im Meuselwitz-Rositzer Revier, die zwar unter deutscher Verwaltung stand, aber die SAG „Gasolin“ mit Sitz in Zeitz versorgte.[350] Allerdings setzten sich in diesem Fall die deutschen Führungskräfte über das Verbot hinweg. Es gab also auch unter den Führungskräften des Bergbaus in der direkten Nachkriegszeit Personenkreise, die ein Interesse an der Wiedernutzbarmachung hatten. Andere SAG wie das Kombinat Pfännerhall im Geiseltal der SAG „Brikett“ betrieben keine Kulturbodenwirtschaft und genierten sich auch nicht, dies gegenüber den Bergbehörden zuzugeben.[351] Die beiden größten SAG der Braunkohlenindustrie, Böhlen und Espenhain im Bornaer Revier, betrieben 1947 nur eine geringe bzw. keine „Mutterbodenwirtschaft.“[352] Dabei wäre bei den guten Ackerböden im Geiseltal und in der Leipziger Tieflandbucht die landwirtschaftliche Wiederherstellung möglich und sinnvoll gewesen. Noch 1950 entzogen sich in Mitteldeutschland die SAG Kombinate Espenhain und Deutzen komplett der ökonomischen Belastung einer „Mutterbodenwirtschaft“, wie die Technische Bezirks-Bergbauinspektion (TBBI) Zeitz an das Ministerium für Industrie berichtete.[353] Als Gründe führte Deutzen an, dass die technische Ausstattung in Form eines leistungsfähigen Baggers und eines selbstfahrenden

347 Ebd., Einladung zur 1. Landes-Kulturtagung vom 08.03.1949.

348 In diesem Falle war es eine CDU-Ortsgruppe, die sich kritisch damit auseinandersetzte. Dabei traf ihre Kritik keineswegs auf Ablehnung von Seiten der SED. Der Vorgang, dass eine CDU-Ortsgruppe selbständig tätig werden und Missstände kritisieren konnte, belegt die politischen Möglichkeiten, die in der SBZ bzw. in der frühen DDR bestanden. BLHA, Rep. 250 Landratsamt Calau/Senftenberg (Calau/Sfbg), Nr. 445, Denkschrift der CDU-Ortsgruppe des Wasserentzugsgebietes Senftenberg vom 20.01.1949.

349 Baumert, Autarkiepolitik, S. 466.

350 BArch, DF 9/385, Mutterbodenschutz – Tagebau Leonhard-West vom 31.12.1947.

351 Vgl. ebd., DF 9/386, Brief des Kombinats Pfännerhall der SAG für Brennstoffindustrie „Brikett“ an die Technische Bezirks-Bergbauinspektion (TBBI) Halle a/S. vom 05.12.1950.

352 Deutsch/Pohl, Umweltgeschichte, S. 41.

353 BArch, DF 9/386, Brief der TBBI Zeitz an das Ministerium für Industrie vom 13.11.1950.

Kippfluges fehlte.[354] Dies ist aufgrund der bevorzugten Versorgung der SAG als rein ökonomisches Kalkül zu bewerten. Durch die Dominanz der SAG-Betriebe in der SBZ waren ihre mangelnden Bemühungen um Wiedernutzbarmachung problematisch und hatten Symbolwirkung für die unter deutscher Verwaltung stehenden Tagebaue. Nach einer Besichtigung im März 1950 im Südraum Leipzig führten nur zwei von zehn Bergwerken eine „Mutterbodenwirtschaft" durch, sechs betrieben sie nur im Zeitraum der Besichtigung, und die beiden größten Tagebaue, die SAG Böhlen und Espenhain, verweigerten, wie bereits geschrieben, die selektive Massengewinnung komplett.[355] Diese Verweigerungshaltung betraf auch andere, als lästig empfundene Aufgaben, mit entsprechend negativen Konsequenzen in der DDR, wie eine unzureichende Vorfelderkundung, die wiederum die Abbauplanung negativ beeinflusste.[356] In der DDR entstanden somit doppelte Kosten aus den SAG, da sie nicht nur der Volkswirtschaft Finanzmittel entzogen, sondern auch einen Rückstand bei der Rekultivierung entstehen ließen. Allerdings ist das historische Bild der SAG nicht eindeutig, und mit der Gründung der DDR schien ein Bedeutungswandel einzusetzen. Zumindest in manchen SAG wie den Kombinaten Böhlen, Borna, Deuben und Profen wurden ab Herbst 1950 teilweise die Bestimmungen zur Kulturbodengewinnung eingehalten.[357] Selbst das Kombinat Deutzen berichtete im November 1950 an die Verwaltung der SAG für Brennstoffindustrie die jetzt eingetretene Verpflichtung zur Durchführung einer „Mutterbodenwirtschaft".[358] Allerdings gab es auch außerhalb der SAG-Struktur Tagebaue, in denen keine selektive Massengewinnung durchgeführt wurde wie im Tagebau Niemtsch bei Senftenberg, der zum BKW Franz Mehring gehörte.[359] Selbst im Herbst 1953 konnte sich die SAG Espenhain noch auf das ökonomische Argument des mangelnden Gleismaterials zurückziehen, um den Auftrag von Kulturboden zurückzuweisen.[360]

354 Ebd., Brief des Kombinats Deutzen der SAG für Brennstoffindustrie „Brikett" an die TBBI Zeitz vom 14.11.1950, Brief des Kombinats Deutzen der SAG für Brennstoffindustrie „Brikett" an die Abteilung der SAG für Brennstoffindustrie „Brikett" vom 28.10.1950.

355 Neben Espenhain und Böhlen zählten 1950 noch mindestens zwei weitere SAG im Bornaer Revier (Deutzen und Borna) hierzu, so dass davon auszugehen ist, dass sich auch unter denen, die nur zur Täuschung eine Kulturbodenwirtschaft betrieben, SAG befanden. Vgl. ebd., Protokoll über die am 27.03.1950 stattgefundene Arbeitstagung.

356 Baumert, Autarkiepolitik, S. 187.

357 BArch, DF 9/386, Brief der TBBI Zeitz an das Ministerium für Industrie vom 13.11.1950.

358 Das Kombinat änderte seine Meinung nach dem Besuch von Vertretern der DDR und betonte nun die Wichtigkeit der Maßnahme, forderte aber weiterhin die Bereitstellung eines entsprechenden Kipppfluges durch die vorgesetzte SAG für Brennstoffindustrie „Brikett." Vgl. ebd., Brief des Kombinats Deutzen der SAG für Brennstoffindustrie „Brikett" an die Abteilung der SAG für Brennstoffindustrie „Brikett" vom 14.11.1950

359 Ebd., Niederschrift über die am 10.11.1950 im Tagebau Niemtsch durchgeführte Besichtigung.

360 Ebd., DF 9/387, Mutterbodenwirtschaft Kombinat Espenhain vom 20.10.1953 und 15.09.1953.

Die Arbeiten zur Wiedernutzbarmachung in den 1940er- und frühen 1950er-Jahren bestanden in erster Linie aus zwei Tätigkeiten. Erstens wurde, entsprechend der „Mutterbodenrichtlinie“, der Kulturboden separat gewonnen und danach als oberste Schicht wieder auf die Kippe aufgebracht, besonders um landwirtschaftliche Flächen zurückzugewinnen. Zweitens wurden die Kippen einplaniert. Trotz des Mangels an Planierraupen sowie des für ihren Betrieb notwendigen Kraftstoffes war bereits 1946 das Planieren die wichtigste Arbeit der Wiedernutzbarmachung.[361] Die Forderung nach einer Aufforstung der zu diesem Zeitpunkt noch unbegrünbaren Mondlandschaften zeigt, dass die Versauerung als Problem nicht bekannt war. Daher lässt sich erkennen, dass keine Fortschritte in der Forschung, weder bei der Wiederurbarmachung noch bei der Rekultivierung, erzielt wurden. Dennoch führte diese Forderung zu einem wachsenden Interesse in der Verwaltung der Kohlenindustrie. Besonders zwei Vertreter spielten schon in dieser Zeit eine Rolle und sollten für die weitere Entwicklung wichtig bleiben: Dr. Hans Lehmann (1904–1989) und Dr. Alfons Josef Wunschik (1891–1969). Beide nahmen wichtige administrative Positionen ein: Der Diplom-Bergingenieur und promovierte Geograf Lehmann war in der Bergbauverwaltung, genauer gesagt in der Hauptverwaltung Kohle der DWK, tätig.[362] Der promovierte Geologe Wunschik war nach dem Krieg im Bodenkulturamt Cottbus tätig und beschäftigte sich mit Fragen der Wiederherstellung des Bodens im Nachbergbau.[363]

Die rechtliche Entwicklung zeigt, dass den Entscheidungsträgern die Probleme der unzureichenden Wiedernutzbarmachung, vor allem die Mängel der „Mutterbodenrichtlinie“, bewusst waren. Besonders in Sachsen, wo sich zu diesem Zeitpunkt die modernsten Tagebaue der SBZ befanden und gleichzeitig, zumindest im Mitteldeutschen Revier, für den Wiederauftrag bestens geeignete landwirtschaftliche Böden devastiert wurden, unternahmen einige politische Akteure Anstrengungen, zu einer neuen rechtlichen Regelung der Wiedernutzbarmachung zu gelangen. 1947 betrieben von den zehn westelbischen Tagebauen Sachsens nur sieben eine gesonderte Gewinnung des hochwertigen Deckgebirges, in den ostelbischen Revieren hingegen keiner.[364] So wurde in Sachsen bereits im Jahr 1948 ein neues Gesetz vorbereitet, das dem Schutz des „Mutterbodens“ dienen sollte.[365] Der vier

361 Ebd., DF 9/385, Planierung vom 22.11.1946.

362 Ebd., DF 9/386, Besprechung von Gruben-Abraumkippen vom 02.11.1950.

363 Ebd., DF 9/385, Bericht über die Verhandlung und Ortbesichtigung betr. „Bergbauschäden“ vom 23.09.1948, Bodenreform im Bergbaugebiet vom 06.04.1948.

364 Während im Bornaer Revier nur die Tagebaue Espenhain, Regis und Petergrube die Gewinnung komplett verweigerten, wurde für die Oberlausitzer Tagebaue nur eine Aufforstung als Mutterbodenwirtschaft festgestellt. Letzteres deutet auf eine fehlende Mutterbodengewinnung hin. Deutsch/Pohl, Umweltgeschichte, S. 41 f.

365 Vgl. ebd., S. 42.

Paragrafen umfassende Entwurf stellte eine Verbesserung gegenüber der „Mutterbodenrichtlinie" von 1940 dar, da er keine Ausnahmen mehr aus ökonomischen Gründen erlaubte. Als Sanktion drohten Geld- und Haftstrafen. Doch bot auch dieser Gesetzentwurf Möglichkeiten, ihn zu umgehen. Jetzt war es die unklare Definition der zu gewinnenden Abraumschichten, die es Unternehmen ermöglichte, die Kulturbodenwirtschaft zurückzuweisen. Der „Mutterboden" wurde in Paragraf eins als „die gesamte belebte Oberschicht" definiert.[366] Diese Formulierung hätte es besonders in der Lausitz erlaubt, zu behaupten, dass keine wirkliche belebte Bodenschicht vorhanden gewesen sei.

Die geschilderten Entwicklungen in der SBZ bildeten den Auftakt für die Wiedernutzbarmachung in der DDR. Ausführung und rechtliche Grundlage entwickelten sich weiter. Die Forschung wurde hingegen höchstens in den Betrieben selbst durchgeführt, meist um geeignete Ersatzgeräte für die fehlende Tagebauausrüstung herzustellen. Gleichzeitig blieb die Ökonomie die entscheidende Determinante. Die Probleme harrten einer Lösung, die aber erst einmal einen Impuls brauchte, den die „Landschaftsdiagnose der DDR" geben sollte.

Die „Landschaftsdiagnose der DDR"

Eine Auseinandersetzung mit der ostdeutschen Umweltgeschichte kommt nicht umhin, das Projekt der „Landschaftsdiagnose der DDR", das erste nationale Umweltmonitoring weltweit,[367] zu betrachten.[368] Für die Forschung zur Wiedernutz-

366 Ebd.

367 Küchler, Kontext, S. 25.

368 Tobias Huff widmet der „Landschaftsdiagnose" ein ganzes Kapitel. Interessanterweise fehlt ein Verweis auf die „Landschaftsdiagnose" vor allem bei der Literatur zur Umweltbewegung der DDR, die häufig von den ehemaligen Aktiven der Bewegung geschrieben ist wie Michael Beleites („Dicke Luft") oder Walter Christian Steinbach („Eine Mark für Espenhain"). Aus ihrer Perspektive auf die DDR und ihren Erlebnissen im real existierenden Sozialismus haben sie wenig Interesse an einer differenzierten Umweltgeschichte. Ähnlich sehen die Schilderungen aus den 1990er-Jahren aus, die häufig nur die Umweltschäden dokumentierten. Zu den fehlenden Darstellungen der „Landschaftsdiagnose" vgl. Beleites, Dicke Luft; Knabe, Hubertus: Umweltkonflikte im Sozialismus: Möglichkeiten und Grenzen gesellschaftlicher Problemartikulationen in sozialistischen Systemen. Eine vergleichende Analyse der Umweltdiskussionen in der DDR und Ungarn, Köln 1993 (= Bibliothek Wissenschaft und Politik, Bd. 49), S. 205; Steinbach, Espenhain; zu den Darstellungen der „Landschaftsdiagnose" vgl. Fibich, Peter: Huy-Hakel-Gebiet und Leipziger Nordosten – Zwei Beispiellandschaften in der frühen DDR, in: Krummsdorf (Hrsg.), Ökonologie, S. 30–44, hier S. 39; Huff, Natur, S. 44–66; Krummsdorf, Terminologie, S. 50–53; Möller, Herrschaft, S. 46, 78 und 102; Roesler, Umweltprobleme, S. 12 f.; Stief, „Stellt die Bürger ruhig.", S. 28; Uekötter, Grün, S. 116; Reichhoff, Lutz/Wegener, Uwe: Gestaltung und Pflege der Landschaft, in: Behrens/Hoffmann (Hrsg.), Umweltschutz, Bd. 2, S. 1–26, hier S. 3; Wübbe, Irmela: Landschaftsplanung in der DDR.

barmachung von Flächen des Braunkohlenbergbaus kann das Projekt sogar als entscheidender Ausgangspunkt bezeichnet werden. Von den vier Grundaufgaben der Erfassung (1. Gehölzentblößte Flächen, 2. Wasserhaushaltsstörungen, 3. Kulturbodenvernichtung durch den Bergbau, 4. Luftverunreinigung durch die Industrie) verbanden sich die zweite und die dritte direkt und die vierte indirekt mit dem Braunkohlenbergbau.[369] Zusätzlich untersuchte bereits 1949 das Vorprojekt die Landschaftsschäden im Bereich eines Messtischblattes im Raum Senftenberg, konkret das Messtischblatt 4449 Klettwitz (Abb. 16).[370] Noch im selben Jahr dehnte man die Probeuntersuchung auf das gesamte Senftenberger Revier aus. In der Nachbetrachtung wurde als Hauptmotivation für die Untersuchung die „verheerenden Folgen des Braunkohlenbergbaus seit dem 19. Jahrhundert in der Niederlausitz“[371] angegeben.

Abb. 16: Aufnahme vom Wasserturm Senftenberg in Richtung Westen, Norden und Nordwesten mit dem Tagebau Meurostolln (rechts) aus dem von Frank Erich Carl geleiteten Vorprojekt, Sommer 1949

Die „Landschaftsdiagnose der DDR“ ging auf den Landschaftsgestalter und überzeugten Sozialisten Reinhold Lingner zurück (Abb. 17).[372] Lingners Ideenwelt war dabei sowohl von der Landschaftsgestaltung im Stalinismus („Plan zur Umgestaltung der Natur“) als auch durch Vorstellungen aus den Vereinigten Staaten von

Aufgabenfelder, Handlungsmöglichkeiten und Restriktionen in der DDR der sechziger und siebziger Jahre, Bonn 1995, S. 73 f.; Zutz, Axel: Wege grüner Moderne. Praxis und Erfahrung der Landschaftsanwälte des NS-Staates zwischen 1930 und 1960, in: Mäding, Heinrich/Strubelt, Wendelin (Hrsg.): Vom Dritten Reich zur Bundesrepublik. Beiträge einer Tagung zur Geschichte der Raumforschung und Raumplanung, Hannover 2009, S. 107–148, hier S. 128–133.

369 Die Luftverunreinigung durch die Industrie basierte maßgeblich auf der Verbrennung von Braunkohle. Hiller, Olaf: Der Forschungsauftrag Landschaftsdiagnose in Kurzfassung, in: Hiller (Hrsg.), Landschaftsdiagnose, S. 27–50, hier S. 27.

370 Hoffmann, Ruth: Meine persönlichen Erfahrungen als Mitarbeiterin bei der Landschaftsdiagnose, in: Hiller (Hrsg.), Landschaftsdiagnose, S. 121–128, hier S. 122.

371 Gelbrich, Helmut: Der Wert eines Rückblickes auf die Landschaftsdiagnose aus heutiger Sicht, in: Hiller (Hrsg.), Landschaftsdiagnose, S. 175–200, hier S. 178.

372 Huff, Natur, S. 45 f. und 55.

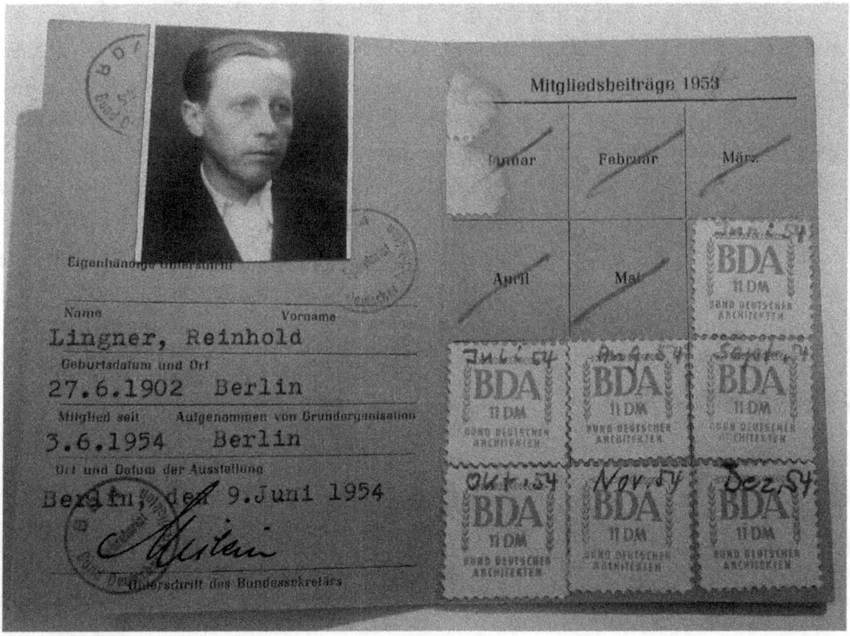

Abb. 17: Reinhold Lingners Mitgliedsausweis des Bundes Deutscher Architekten, 1954

Amerika (Tennessee Valley Authority) geprägt.[373] Die konkrete Idee zur „Landschaftsdiagnose" reifte bei ihm allerdings im kriegszerstörten Nachkriegsdeutschland. Als Angestellter des Magistrates von Groß-Berlin und als Beteiligter an der dortigen Grünplanung unter Hans Scharoun (1893–1972) wurde Lingner mit der fatalen ‚ökologischen' Situation in Berlin konfrontiert.[374] Auch andere ‚Naturereignisse', besonders Überflutungen und Wassermangel (hervorzuheben ist hier Lingners Wahrnehmung des Niederlausitzer Braunkohlenreviers als Wasserlieferant für Berlin bei gleichzeitigem regionalen Wasserentzug), machten aus seiner Sicht eine eingehende Untersuchung der Umweltsituation in der DDR nötig.[375] Gleichzeitig war er aber auch mit der realen Energiepolitik in der SBZ/DDR konfrontiert, die aufgrund des sich entwickelnden Kalten Krieges auf die Braunkohle als Ener-

---

373 Die Tennessee Valley Authority schuf im Rahmen des New Deal Staudämme und Wasserkraftwerke und sollte die zunehmende Verschlammung bekämpfen. Lingner, Landschaftsgestaltung, S. 18 f., 54 f. und 62–67.

374 Gandert, Klaus-Dietrich: Die Auswirkungen der Landschaftsdiagnose auf die abschließende fachliche Arbeit und Planungsvorhaben, in: Hiller (Hrsg.), Landschaftsdiagnose, S. 153–168, hier S. 162.

375 Lingner, Landschaftsgestaltung, S. 22.

giequelle angewiesen war[376] – allein zwischen 1947 und 1950 wuchs die jährliche, nahezu ausschließlich auf Braunkohle basierende Stromerzeugung zwischen 12,2 und 18 %.[377] Lingners direkt anschließende Tätigkeit als Leiter der Abteilung Landschaft am Institut für Bauwesen der Deutschen Akademie der Wissenschaften zu Berlin (unter Scharoun)[378] ließ den Plan in ihm reifen, „eine wissenschaftliche Grundlage für die notwendige Neugestaltung der Kulturlandschaft in Deutschland durch exakte Landschaftsuntersuchung zu schaffen."[379] Eine solche Analyse sollte nach Lingner die Grundlage für den Wiederaufbau aber vor allem für den Aufbau des Sozialismus liefern, um nicht die kapitalistischen Zerstörungen und Verwüstungen im neuen System zu wiederholen.[380] Scharoun ließ Lingner die Freiheit seine Idee umzusetzen, indem er die finanzielle und personelle Ausstattung für die Untersuchung der mehr als 100 000 km² großen DDR im Forschungsauftrag F2-03 240401 – so die offizielle Bezeichnung der „Landschaftsdiagnose" – ermöglichte.[381]

Ohne die personelle Unterstützung anderer Personen wäre die „Landschaftsdiagnose" nicht umsetzbar gewesen. Lingners wichtigster Mitarbeiter war sein Freund Frank Erich Carl (1904–1994), der ihn bereits seit ihrer gemeinsamen Zeit in der noch heute existierenden Baumschule Späth immer wieder begleitete.[382] Carl war maßgeblich am Entwurf des Projektes beteiligt und übernahm vor allem den organisatorischen Teil. Entsprechend trat er auch als Mitherausgeber der Forschungsergebnisse auf.[383] Auf der nächsten Ebene wurden Verantwortliche für die einzelnen Länder der DDR benannt: Werner Bauch (1902–1983) in Sachsen, Martin Ehlers in Mecklenburg-Vorpommern, Hermann Göritz (1902–1998) in Branden-

376 Türk, Treibstoff, S. 35 f.

377 BArch, DE 1 (Staatliche Plankommission)/18992, Energiebedarfsprognose vom 15.05.1955, S. 52.

378 Lingner blieb Scharoun und seiner Familie bis zu seinem Tod verbunden, wie eine Traueranzeige für Scharouns Frau Änne in den Unterlagen von Lingner belegt. Vgl. Institut für Raumbezogene Sozialforschung Erkner (IRS), C 12 Nachlass Lingner, Nr. K8, Traueranzeige für Änne Scharoun (1967).

379 HUB, UA, PA nach 1945, L 608, Lebenslauf Reinhold Lingner (Juni 1956).

380 Lingner, Landschaftsgestaltung, S. 38 und 65.

381 Insgesamt 100 000 Mark – nach Tobias Huff sogar 300 000 Mark – wurden für die Umsetzung des Forschungsauftrages bereitgestellt. Lingner selbst schrieb allerdings nur von 100 000 Mark, die ausgegeben wurden. Vgl. IRS, C 12, Nr. 16, Tagebuch I Land Mecklenburg (1950); Nr. 1, Brief von Reinhold Lingner an Otto Grotewohl vom 28.01.1951; Greiner, Johann: Institutionelle Gegebenheiten für das Forschungsvorhaben Landschaftsdiagnose, in: Hiller (Hrsg.), Landschaftsdiagnose, S. 129 f.; Huff, Natur, S. 54.

382 Greiner, Johann: Frank Erich Carl – Mitautor der Landschaftsdiagnose, in: Hiller (Hrsg.), Landschaftsdiagnose, S. 131–140, hier S. 131–134.

383 Lingner, Reinhold/Carl, Frank Erich: Landschaftsdiagnose der DDR. Ergebnisse einer zur Ermittlung von Landschaftsschäden in den Jahren 1950 und 1952 durchgeführten Forschungsarbeit, Berlin 1957 (= Schriften des Forschungsinstitutes für Gebiets-, Stadt- und Dorfplanung).

burg, Otto Rindt (1906–1994) in Sachsen-Anhalt und Rudolf Ungewitter (1909–1988) in Thüringen, letzterer wurde bei der Fortsetzung der Arbeiten 1952 durch Ruth Günther ersetzt.[384] Mit Göritz war Lingner darüber hinaus bereits aus ihrer gemeinsamen Studienzeit 1925 bis 1927 an der Forschungsanstalt für Gartenbau in Berlin-Dahlem bekannt.[385] Lingner und Carl nutzten das Know-how der Landschaftsanwälte aus dem Nationalsozialismus, die sie vielfach schon aus ihren eigenen Tätigkeiten zwischen 1933 und 1945 kannten.[386] Diese Gruppe hatte sich im Nationalsozialismus um den Reichslandschaftsanwalt Alwin Seifert (1890–1972) beim Bau der Reichsautobahnen gebildet und umfasste bedeutende Persönlichkeiten der deutschen Umwelt- und Planungsgeschichte. Auch Lingner wurde durch Seifert beeinflusst, wie die Übernahme romantisierender Landschaftsvorstellungen zeigt.[387] Bis auf Günther waren alle NSDAP-Mitglieder oder Anwärter gewesen.[388] Besonders Bauch, der während des Krieges für die Beskiden zuständig war und hier auch die Grünplanung des Konzentrationslagers Auschwitz übernahm, war durch seine Tätigkeit politisch schwer belastet.[389] Lingner hatte auch zu anderen überzeugten Nationalsozialisten Kontakt, ohne sich von ihnen vereinnahmen zu lassen. Heinrich Wiepking-Jürgensmann (1891–1973), der im Nationalsozialismus als Sonderbeauftragter des Reichskommissars zur Festigung des Deutschen Volkstums an der Ausarbeitung des Generalplan Ost beteiligt war, ist ein solches Beispiel.[390]

384 Hiller, Forschungsauftrag, S. 27.

385 Hiller, Olaf: Hermann Göritz. Eine biografische Studie als Beitrag zur Fachgeschichte der Garten- und Landschaftsarchitektur im 20. Jahrhundert, Berlin 1997 (= Materialien zur Geschichte der Gartenkunst, Bd. 1), S. 32–36.

386 Greiner, Carl, S. 131; Zutz, Moderne, S. 128–131; ders.: Zur Verankerung Landschaftlicher Daseinsvorsorge zwischen 1945 und dem Beginn der 1960er Jahre, in: Strubelt, Wendelin/Briesen, Detlev (Hrsg.): Raumplanung nach 1945. Kontinuitäten und Neuanfänge in der Bundesrepublik, Frankfurt (Main)/New York 2015, S. 151–196, hier S. 172.

387 HUB, UA, LGF, Nr. 28, Schreiben von Georg Pniower an Reinhold Lingner vom 11.02.1956.

388 Während Bauch von 1933 bis 1945 NSDAP-Mitglied und Rindt immerhin von 1937 bis zum Kriegsende in der Partei organisiert war, engagierten sich Ehlers (1933–1940) und Ungewitter 1937/1938 nur kurzzeitig. Göritz, der seit 1931 bis zu ihrem Verbot eine KPD-Mitgliedschaft besaß, war immerhin 1941 bis 1943 NSDAP-Anwärter. Vgl. Hiller, Göritz, S. 42 f.; Huff, Natur, S. 56.

389 Vgl. Franke, Nils: Der Westwall in der Landschaft. Aktivitäten des Naturschutzes in der Zeit des Nationalsozialismus und seine Akteure, Mainz 2015, S. 58 f.; Röpke, Andrea/Speit, Andreas: Völkische Landnahme. Alte Sippen, junge Siedler, rechte Ökos, Bonn 2019 (= Bundeszentrale für politische Bildung: Schriftenreihe, Bd. 10311), S. 113; Zutz, Moderne, S. 131.

390 Wiepking-Jürgensmann berief Lingner als Entlastungszeugen in seinem Entnazifizierungsverfahren, da er ihm angeblich trotz eines Beschäftigungsverbotes eine Stellung im Warthegau verschafft hatte. Lingner schrieb allerdings zurück, dass Wiepking-Jürgensmann ihn in keiner Weise unterstützt hätte. Vgl. IRS, C 12, Nr. 1, Schreiben von Reinhold Lingner an das Ministerium für Volksbildung, Kunst und Wissenschaft des Landes Niedersachsen vom 30.05.1947.

Lingner und Carl zeigten sich pragmatisch; wussten sie doch, dass die Fähigkeiten der Landschaftsanwälte im Nachkriegsdeutschland sonst nicht kompensierbar waren. Das Personal der „Landschaftsdiagnose“ entspricht somit dem allgemeinen Forschungsstand zur Kontinuität vom Nationalsozialismus in beide deutsche Staaten. Aufgrund des Fehlens unbelasteter Spezialisten und der Belastung fast aller Kreise der deutschen Elite wundert diese Personalpolitik kaum.

Wann und wie genau Lingner den Braunkohlenbergbau als eines der maßgeblichen ökologischen Probleme identifizierte, ist nicht überliefert. Spätestens 1943 hatte Lingner Heuso(h)n, der nach seiner Tätigkeit bei der NKW die Begrünung von Wasserstraßen ausführte, im Warthegau kennengelernt.[391] Dabei war für Lingner von Beginn an die Erosion des Bodens problematisch, wie er mit einem Marx-Zitat beschreibt:

> Jeder Fortschritt der kapitalistischen Agrikultur ist nicht nur ein Fortschritt in der Kunst, den Arbeiter, sondern zugleich in der Kunst, den Boden zu berauben, jeder Fortschritt in der Steigerung seiner Fruchtbarkeit für gegebene Zeitfrist zugleich ein Fortschritt im Ruin der dauernden Quellen dieser Fruchtbarkeit.[392]

Lingner selbst sah den Braunkohlenbergbau, neben der Wasser- und Winderosion auf den zunehmend von Flurschutzstreifen beraubten Feldern,[393] als die größte Gefahr für die Kulturlandschaft und die Ökologie der DDR:

> [...] und dahinter bleibt das zugeschüttete Gelände zurück, die sogenannte Kippe, die mit ihren fast 2 m tiefen Rillen einem Acker für Riesenkartoffeln gleicht. Aber auf diesem gigantischen Kartoffelacker wachsen keine Kartoffeln. [...] Mehrere Jahrzehnte lang bleibt die Kippe eine in der Sonne weiß blendende, gerippte, leblose Wüste. [...] Der Boden im ‚Hangenden‘ der Kohle, wie der Bergmann die Massen über den Kohlenflöz nennt, ist häufig giftig. [...] Auch der am letzten Ende der abgebauten Grube an der tiefsten Stelle zurückbleibende ‚Grubensee‘ ist oft vergiftet. [...] Kein Frosch, kein Fisch kann in ihnen existieren, weder Schilf noch Binsen deuten auf Leben in diesem Wasser. Tot und geisterhaft wie Mondlandschaften wirken diese Gebiete. Im Senftenberger Revier ließ der Bergbau 15 600 ha Ödland liegen, Raum genug, um jährlich 70 000 dz Roggen, 45 000 dz Heu und 43 000 fm Holz zu erzeugen.[394]

---

391 In Fußnote 166 beschreibt Zutz die Verbindung von Lingner zu Heuso(h)n, was dafür spricht, dass er auch Kontakte zu anderen Landschaftsanwälten in der Zeit des Nationalsozialismus unterhielt. Heuso(h)n war nachweislich bis 1948 bei der Dienststelle für Pflanzenbiologie und Pflanzungstechnik in Hörlitz tätig. Obwohl er nach 1945 weiterhin im Osten Deutschlands weilte, war er allerdings an der „Landschaftsdiagnose“ nicht beteiligt. Vgl. Zutz, Moderne, S. 125.

392 Lingner, Landschaftsgestaltung, S. 19 f.

393 Huff, Natur, S. 52.

394 Lingner, Landschaftsgestaltung, S. 33 f.

Lingners Motivation bestand nicht allein darin, auf diese Schäden aufmerksam zu machen. Für ihn ging es um mehr. Gerade aufgrund der Nahrungsmittelknappheit der Nachkriegszeit und im Bewusstsein der stark limitierten Flächen der DDR durften nicht weiterhin Mondlandschaften entstehen (Abb. 18). Seine Ideenwelt war von der Verbindung von Ökonomie und Ökologie bestimmt:

> Natürlich lernen die Arbeiter eines Bergwerkes anfangs betriebswirtschaftlich denken. Die Produktion ihres Betriebes liegt ihnen am nächsten. Sie wollen ihr Soll erfüllen und übererfüllen. Alle Anstrengungen und Überlegungen der Betriebsangehörigen richten sich zunächst darauf. Aber sie entwickeln sich weiter, es wird der Tag kommen, an dem sie alle begreifen werden, daß der Acker, den der Bagger greift, um die Kohle freizulegen, sie ernährte, und daß die Kippe, die zurückbleibt, sie wieder ernähren muß. Es ist notwendig für sie, nicht nur betriebs-, sondern auch volkswirtschaftlich zu denken, d. h. den eigenen Betrieb und dessen Produktion als Teil des Ganzen, der Volkswirtschaft, sehen zu lernen.[395]

Abb. 18: Ein Symbolbild der „Landschaftsdiagnose“. Eine entstehende Mondlandschaft mit Eimerkettenbagger im Vorschnitt vor einer landwirtschaftlichen Nutzfläche, undatiert

395 Ebd., S. 61.

Entsprechend hatte das Thema Landschaftszerstörungen durch den Braunkohlenbergbau eine prominente Rolle in der „Landschaftsdiagnose“. Sie schrieb damit konsequent das Vorprojekt, das beispielhaft die Landschaft anhand des Messtischblattes 4449 Klettwitz in der Niederlausitz untersuchte, fort und nahm es zum methodischen Ausgangspunkt (Abb. 19 und 20). Unter Ruth Günther – nach der Unterbrechung 1952 die einzige Frau in leitender Position – wurde im Herbst 1949 eine Fläche von 120 km^2 untersucht.[396] Dem schloss sich von November 1949 bis März 1950 eine Ausweitung auf das gesamte Senftenberger Revier an.[397] Vom 01. April 1950 – tatsächlicher Beginn war aufgrund verschiedener Probleme allerdings erst der 10. Mai – bis zum 31. August des Jahres sollte dann die erste Phase der Untersuchung durchgeführt werden, wozu mehr als 90 Mitarbeiter:innen in den fünf Ländern mobilisiert wurden.[398] Schlussendlich wurde dieser Teil am 14. August 1950 durch das Ministerium für Planung, Hauptabteilung Wissenschaft, abgebrochen, das Material wenige Tage später durch Carl und einen weiteren Mitarbeiter eingezogen und dem Ministerium übergeben. Über die Gründe des Abbruchs wurde viel spekuliert. Zwei Gründe gelten am plausibelsten: einmal die paranoide Angst der DDR (und auch anderer staatssozialistischer Systeme) vor Spionage und zum anderen ein ähnlich geartetes Projekt zur Erfassung der Flurholzentblößung im Huy-Hakel-Gebiet im nördlichen Harzvorland.[399] Lingner, der u. a. mit Otto Grotewohl (1894–1964) bekannt war – Lingner wohnte ebenfalls in Berlin-Pankow und hatte den Garten des Ministerpräsidenten gestaltet[400] –, wollte sich damit nicht ab-

---

396 Diese Arbeit wurde von Günther, die promovierte Geografin war, mit zwei weiteren Mitarbeitern durchgeführt. Nach ihrer Heirat hieß Günther Hoffmann. Hoffmann, Mitarbeiterin, S. 123; Lingner, Landschaftsgestaltung, S. 26. Günther hatte über den Spreewald promoviert und kannte daher die Lausitz bereits. Günther, Ruth: Der Spreewald. Landeskundliche Studie einer märkischen Flussniederung, Berlin 1945

397 Hoffmann, Mitarbeiterin, S. 123.

398 Hiller, Olaf: Daten und Fakten zum Ablauf, zur Unterbrechung und Wiederaufnahme des Forschungsauftrages Landschaftsdiagnose der fünf Länder der DDR, in: ders. (Hrsg.), Landschaftsdiagnose, S. 83–110, hier S. 83 f.; Huff, Natur S. 54.

399 Der Kontext des Abbruchs hängt maßgeblich mit der Gründung des MfS 1950 zusammen. Aus der Perspektive des MfS erschien ein Teil der gewonnenen Daten der „Landschaftsdiagnose“ tatsächlich militärisch bzw. sicherheitsrelevant zu sein wie beispielsweise die Erfassung der Windrichtungen. Möglich ist aber auch, dass der Abbruch zur Profilierung des gerade erst gegründeten Ministeriums diente. Das parallele Projekt im Huy-Hakel-Gebiet, das von Georg Pniower (1896–1961) geleitet wurde, wirkt eher konstruiert, da auch Laien aufgefallen sein muss, dass es hier gravierende Unterschiede in der Erfassung gab und sich das Projekt, im Gegensatz zur „Landschaftsdiagnose“, ausschließlich auf die Flurholzentblößung konzentrierte. Rauchschäden, die Veränderungen des Wasserhaushaltes und die Eingriffe des Bergbaus wurden hingegen nicht thematisiert. Vgl. Hiller, Fakten, S. 86 f.

400 Huff, Natur, S. 61.

finden und intervenierte mit einem Brief an Grotewohl.[401] Schlussendlich waren seine Bemühungen dahingehend erfolgreich, dass es ihm erlaubt wurde, 1952 die Erfassung weitestgehend mit dem gleichen Personal abzuschließen.[402] Einzig Ungewitter wurde durch Günther ersetzt, nicht weil er NSDAP-Mitglied gewesen war, sondern aufgrund seines Aufenthaltes in den Vereinigten Staaten 1932/33 und seiner Kriegsgefangenschaft in England 1945/46 – ein Beleg für die paranoide Spionageangst in der frühen DDR.[403]

Abb. 19: Ruth Günther und ihre Mitarbeiter bei Erfassungsarbeiten an einem Restlochsee im Tagebaugebiet Klettwitz, 27. September 1949

Nach Abschluss der Erfassung 1952 wurde das Material wieder eingezogen und unter Verschluss bei der Bauakademie der DDR, hier bei der Abteilung Grünplanung beim Institut für Gebiets-, Stadt- und Dorfplanung, genommen.[404] Erst 1957 erschien eine gekürzte Version, bestehend aus einem Karten- und einem Textband, die aber auch nur an bestimmte Institutionen ausgegeben wurde und vertraulich war.[405] Das originale Material verblieb bei der Bauakademie und konnte vor Ort unter Aufsicht eingesehen werden, wobei auch eine Ausleihe für ausgewählte Personen und Institutionen möglich war,[406] hierzu zählten neben ehemaligen Leitern wie Bauch, Ehlers oder Rindt, u. a. die Bezirksplankommissionen, das Institut für Wasserwirtschaft oder die SPK. Anhand dieser Nutzung zeigt sich die Bedeutung der „Landschaftsdiagnose" für die ökologische als auch ökonomische Entwicklung der DDR.

401 IRS, C 12, Nr. 1, Brief von Reinhold Lingner an Otto Grotewohl vom 28.01.1951.
402 Hiller, Fakten, S. 92.
403 Ebd., S. 89.
404 Ebd., S. 92.
405 Vgl. Lingner/Carl, Landschaftsdiagnose.
406 IRS, C 12, K2, Nachweisbuch über die Benutzung des Materials der „Landschaftsdiagnose".

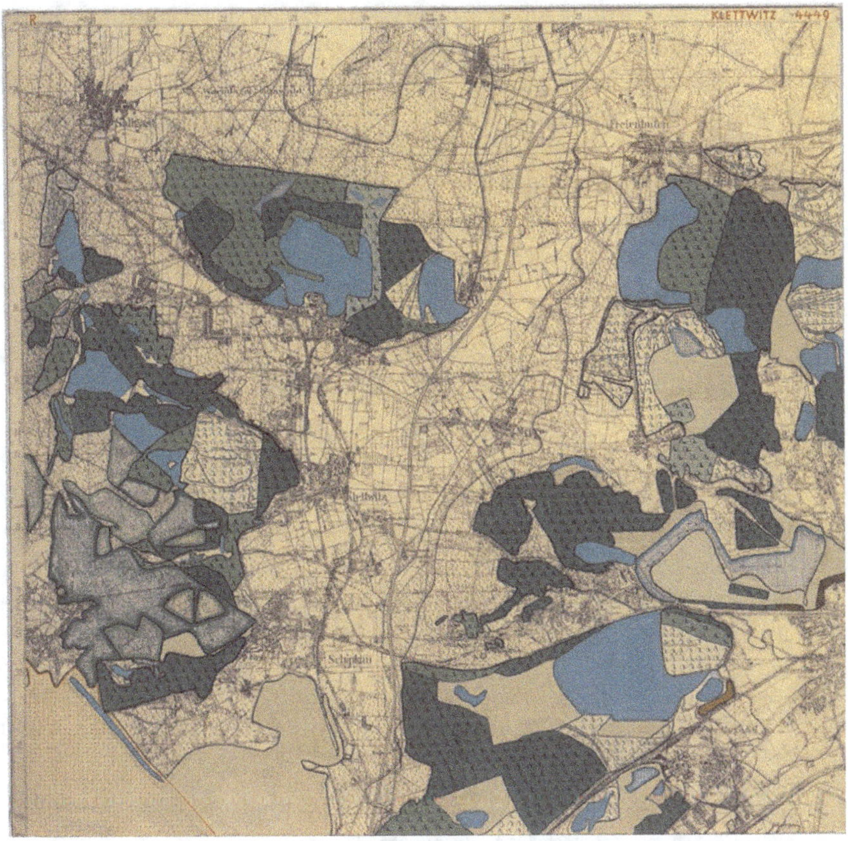

Abb. 20: Rekultivierungsergebnisse, kartografiert auf dem Messtischblatt 4449 Klettwitz, 1949

Die „Landschaftsdiagnose" bedeutete in vieler Hinsicht einen Modernisierungsschub. Neben dem Projekt an sich, das seiner Zeit voraus war, waren es die Methoden, die eine wesentliche Veränderung mit sich brachten. Die immer auf ein Messtischblatt konzentrierte Kombination aus Kartierung und Beschreibung der Landschaftsveränderungen stellte eine sinnvolle Neuerung dar. Die Beschäftigung zahlreicher weiblicher Arbeitskräfte in einem Forschungsprojekt dokumentiert zudem die sozialistischen Ansichten von Lingner und Carl, auch wenn hier evtl. das kriegsbedingte Fehlen von Männern ursächlich war.[407]

407 Ein genauer Überblick über die 90 Mitarbeiter:innen liegt nicht vor. Auffällig sind die regionalen Unterschiede. Schon beim Vorprojekt von Ruth Günther für das Gebiet um Klettwitz bestand das Team aus ihr, Reinholde Bobek und Aribert Hoffmann, somit waren zwei von drei Personen weiblich. In Mecklenburg wurden die Tagebücher vor dem Abbruch ausschließlich

Trotz ihrer Bedeutung gab es auch Kritik am Projekt der „Landschaftsdiagnose“. Diese entzündete sich vor allem an den medizinischen Begrifflichkeiten, wie „kranke“ und „gesunde“ Landschaft, die Lingner nutzte.[408] Eine solche Sprachwahl, so Georg Bela Pniower (1896–1960), sei romantisierend und nehme ästhetische Wertungen vor. Ebenso wurde der Vorstellung, dass die Landschaft ein Organismus sei, widersprochen. Der Leiter der Abteilung Städtebau und Architektur beim Rat des Bezirkes Dresden, Kurt Wiedemann (1899–1982), kritisierte die Begrifflichkeiten als pessimistisch und sah in ihnen eine Betrachtung des Menschen als Parasiten.[409]

Landschaftsdiagnose und Wiedernutzbarmachungsforschung

Für den Fortgang der Argumentation ist von besonderem Interesse, was konkret an Daten in Bezug auf den Braunkohlenbergbau in der „Landschaftsdiagnose“ aufgenommen wurde, welche Aspekte für die Wiedernutzbarmachung relevant waren und welche Folgen sich daraus ergaben. Die Aufgabenstellung, Anbauflächen für die Forst- und Landwirtschaft zurückzugewinnen, war in- und außerhalb des Projektes im neuen sozialistischen Staat klar:

> Selbst in einer Zeit also, in welcher alle Kräfte des Landes für den Wiederaufbau der Gesamtwirtschaft eingesetzt sind, die Inanspruchnahme der technischen und finanziellen Kraft der einzelnen Wirtschaftsträger bis auf das Äußerste angespannt werden muß, ist es notwendig, kein Opfer zu scheuen, hier ‚Wiedergutmachungen‘ am Boden zu vollziehen, zu welchen aus grundsätzlichen, man möchte sagen, weltanschaulichen Gründen auch keine andere Zeit so geeignet erscheint als die unsrige.[410]

von Frauen verfasst und in Sachsen-Anhalt lässt sich zumindest eine Frau nachweisen. Vgl. Günther, Ruth/Bobek, Reinholde/Hoffmann, Aribert: Landschaftsveränderungen und Landschaftszerstörungen unter dem Einfluß des Braunkohlenbergbaus und der Industrie, untersucht im Gebiet des Messtischblattes Klettwitz bei Senftenberg, Berlin 1949; Hoffmann, Mitarbeiterin, S. 123; IRS, C12, Nr. 16, Tagebuch I-IV Land Mecklenburg (1950); Nr. K 17, Land Sachsen-Anhalt Tagebuch III (1950).

408 Vgl. Zutz, Axel: „Kranke“ und „gesunde“ Landschaft. Anmerkungen zur Kritik des Landschaftsbegriffs bei der Landschaftsdiagnose, in: Hiller (Hrsg.), Landschaftsdiagnose, S. 111–120, hier S. 112 f.

409 Huff, Natur S. 63.

410 BLHA, Rep. 803 Bft Ctb., Nr. 634, Aufgaben und Voraussetzungen für die Rekultivierung der Kippen in den Braunkohlengebieten (November 1950) von Alfons Wunschik, S. 4.

Abb. 21: Messtischblatt 4840 Borna in seinen vier Ausgaben: veränderte Morphologie (1), Bodengüteveränderung (2), bisherige Rekultivierungen (3), Gehölzentblößungen (4). Auf den Karten sind die Tagebaubereiche Böhlen (links oben), Espenhain (Halde Trages rechts oben), Borna-Witznitz und Borna-West (rechts unten) dargestellt, 1950/51

Da in der Niederlausitz 38 % der Flächen landwirtschaftlich nutzbar waren, drängte eine differenzierte Bodenwiederherstellung, um der Nachkriegsnot zu begegnen.[411] Carl hatte bereits seit Herbst 1948 Kriterien zur Erfassung erarbeitet.[412] Neben den Hauptwindrichtungen, den Flurholzentblößungen, der Störung des Wasserhaushaltes (hierzu gehörten auch Flussbegradigungen), war, wie bereits erwähnt, die Erfassung der Schäden des Bergbaus eine Hauptaufgabe.[413] Die ent-

411 Ebd., S. 12.

412 Hiller, Fakten, S. 83.

413 Lingner/Carl, Landschaftsdiagnose, S. 11.

sprechenden Veränderungen wurden dann in die Messtischblätter eingezeichnet. Normalerweise wurden vier angefertigt, wobei nur die ersten drei den Bergbau betrafen. Während das erste Blatt die transformierte Morphologie darstellte, das zweite die Veränderung der Bodengüte dokumentierte, so zeigte das dritte die bereits durchgeführten Rekultivierungen. Das vierte wiederum verzeichnete die Gehölzentblößungen. Anhand des von Günter Steinhilp kartierten Messtischblattes 4840 Borna sind alle vier Varianten dargestellt (Abb. 21).[414] Auffällig sind im Vergleich zu 4449 Klettwitz die wenigen Rekultivierungen im Mitteldeutschen Revier. Dies lässt sich vor allem mit der erhöhten Durchsetzungsfähigkeit der ASW in Böhlen und Espenhain und der Deutschen Erdöl AG in Borna in der Zeit vor 1945 erklären, die als kriegswichtige Werke der Treibstoffindustrie leichter Forderungen zur Wiedernutzbarmachung umgehen konnten.

Neben der Kartierung wurden zu jedem Messtischblatt Beschreibungen angefertigt, die jede:r Bearbeiter:in in ein entsprechendes Tagebuch eintrug. Sie fassten zusammen, was die Karten zeigten und welche Folgen aus den Veränderungen resultierten. Beispielsweise verzeichneten sie die nicht sichtbaren Auswirkungen wie Grundwasserabsenkungen, Sand- und Staubstürme, Verschmutzung von Gewässern, Beeinträchtigung der umliegenden Landwirtschaft, Zustand von Grünland und Wäldern sowie die Belastung durch industrielle Abgase. Da die Tagebücher zur Niederlausitz verschollen sind, erfolgt hier, passend zu den Abbildungen, die Beschreibung zu Messtischblatt 4840 Borna:

> Der Bereich dieses Blattes ist größtenteils schwer betroffenes Bergbau-Schadensgebiet. [...] Halden sind vielfach noch nicht, bzw. schlecht begrünt, so daß durch Windeinwirkungen Sandabwehungen erfolgen. Die Gewässer sind fast durchweg von bergbaulichen Abwässern (phenolhaltig) verunreinigt. Lt. Erhebung leiden die Fluren Espenhain und Mölbis unter Sand- und Staubstürmen von der Halde Espenhain, besonders bei Nord- und Nordwestwind. Bodenverschlechterung und Fruchtstandsbeeinträchtigung sind die Folge. Durch die zahlreichen Ödlandflächen des Bergbaues, Mangel an Wald und natürlichem Grünland, sowie Grundwasserabsenkung durch den Bergbau leidet das Gebiet um Borna in etwa 10 km Umkreis seit etwa 1920 unter Oberflächenaustrocknung. Betroffen sind etwa 6.000 ha.[415]

Die Kartierungen werfen hinsichtlich der Rekultivierungen die Frage nach der Qualität der durchgeführten Arbeiten auf. Die genauen Parameter der Erfassung sind nicht überliefert. Es ist davon auszugehen, dass sämtliche wiederbegrünten Flächen des Tagebaus erfasst und in der Form der Bepflanzung unterteilt wurden. Anhand des Messtischblattes Klettwitz (Abb. 20) lassen sich drei Formen erkennen:

414 Für das Lausitzer Revier sind für keinen Kartierungsabschnitt alle vier Meßtischblätter erhalten, weshalb hier das Bornaer Revier genutzt wird. IRS, C12, S3-4, Meßtischblatt Borna, DP 33, Messtischblatt 4840 Borna.

415 Ebd. Meßtischblatt Borna.

Forstflächen (dunkelgrün), Grünland (hellgrün) und Wasserflächen in den Tagebaurestflächen (blau). Diese Erfassung unterschied in keiner Weise die Qualität der durchgeführten Arbeiten. Eine Bewertung von Teilflächen anhand von Bildquellen scheint die partielle Geringwertigkeit der durchgeführten Arbeiten, wie auf der Rückseite des Fotos vermerkt, zu dokumentieren (Abb. 22).

Abb. 22: Aufnahme der Rekultivierungsergebnisse im Gebiet des Messtischblattes 4449 Klettwitz, die eine niedrige Bodenwertigkeit der wiederurbargemachten Flächen nahelegt, 1949

Andere Bilder bezeugen hingegen Rekultivierungserfolge und sich daran anschließende Fehlschläge (Abb. 23). Bei der hier abgebildeten Fläche handelte es sich um eine Aufforstungsfläche (Laubmischwald) aus den 1920er-Jahren, die 1947 durch einen Waldbrand zerstört wurde. Aufgrund der anschließenden unsachgemäßen Nutzung als Ackerland im Rahmen der Bodenreform („Stubbenrodung und Abharkung“) und einer nicht erfolgten Bewässerung wurden die Flächen bis 1949 teilweise wieder aufgegeben.[416]

416 Ebd., C 12, U 6, M 3, Bild Nr. 3, Rückseite.

Abb. 23: Aufgegebene Neubauernfläche im Bereich des Messtischblattes 4449 Klettwitz, 27. September 1949

Gerade für ältere Wiederaufforstungen dokumentierte die „Landschaftsdiagnose" Erfolge, wie die begrünte Halde zwischen Friedrichsthal (heute zugehörig zum Lauchhammer Ortsteil Kostebrau) und Lauchhammer-Ost zeigt (Abb. 24). Die aus diluvialen Massen geschüttete Halde entstand beim Aufschluss des Tagebaus Friedländer ab 1919 und wurde bereits in den 1920er-Jahren aufgeforstet. 25 Jahre später zeigten sich gute Zuwachsraten der Bäume.

Abb. 24: Laubmischwald auf einer Halde bei Friedrichsthal, 13. Oktober 1949

Speziell für die Wiedernutzbarmachung bildete die „Landschaftsdiagnose" eine Initialzündung, war sowohl in personeller als auch in ideeller Form prägend. Besonders die Teilprojektleiter:innen waren gefragte Fachkräfte in der frühen DDR; Carl[417] und Ungewitter[418] waren beispielsweise bereits während der Durchführung der „Landschaftsdiagnose“ in der Wiedernutzbarmachungskommission tätig. Nach Abschluss der „Landschaftsdiagnose“ blieben zumindest Bauch, der Professor an der TH Dresden wurde,[419] und Rindt, der schlussendlich eine Abteilung des Büros für Territorialplanung (BfT) im Bezirk Cottbus leitete,[420] dem Thema treu, wie noch gesondert thematisiert wird.

Reinhold Lingner versuchte, die Implementierung der gewonnenen Erkenntnisse in die staatlichen Perspektivpläne zu erreichen. Mit der SPK vereinbarte er die Gründung von Arbeitsgruppen, deren Untergruppe Bergbauschäden sich zu seiner ersten und einzigen Sitzung am 18. September 1955 in Berlin zusammenfand.[421] Die Ergebnisse der Unterhaltung sind nicht überliefert. Lingner verblieb an der Bauakademie und wurde schließlich zum Professor für Gartengestaltung an der HU Berlin berufen.[422] Das Thema Wiedernutzbarmachung spielte für ihn seit der Veröffentlichung der „Landschaftsdiagnose“ 1957 keine Rolle mehr.

Ein Teil der Mitarbeiter:innen der „Landschaftsdiagnose“ trennte sich im weiteren Lebensweg vom Thema Wiedernutzbarmachung. Rudolf Ungewitter floh 1953 in den Westen.[423] Martin Ehlers blieb anfangs in engem Kontakt mit Lingner und bündelte 1955 die Vorschläge, die aus der „Landschaftsdiagnose“ resultierten, zur Übermittlung an die SPK.[424] Nebenbei arbeitete er als freier Landschaftsarchitekt in Schwerin, wofür er u. a. die Unterlagen der „Landschaftsdiagnose“ nutzte,[425] und unterhielt zahlreiche Westkontakte, wie Reisen nach Bremen und Mün-

417 Carl nahm sogar an der Gründung der zentralen Wiedernutzbarmachungskommission teil. Offiziell wurde sie „Kommission zur Wiedernutzbarmachung“ genannt. Vgl. BArch, DF 9/386, Besprechung von Gruben-Abraumkippen vom 02.11.1950.

418 Ungewitter nahm an einer Besichtigung wiedernutzbargemachter Kippen einer Kommission der Bergbehörden teil. Außerdem kritisierte er die unzureichende Aushaltung des Kulturbodens durch die Tagebaubetreiber. Vgl. ebd., Beschluß vom 20.10.1950, Mutterbodenwirtschaft (09.1950).

419 Vgl. Universitätsarchiv der TU Dresden (UATUD), Nachlass W. Bauch, Nr. 179, Gutachten über Prof. Werner Bauch vom 18.06.1955

420 Vgl. BLHA, Rep. 803 Bft Ctb, Nr. 612, Umsetzung des Kollegen Dipl.-Gärtner Otto Rindt von Halle nach Cottbus vom 06.06.1958.

421 Huff, Natur, S. 87.

422 IRS, C 12, Nr. 1, Brief des Rektors der HU Berlin an Reinhold Lingner vom 03.08.1961.

423 Die Auslandsaufenthalte Ungewitters in England und den USA waren die vorgeschobenen Hauptgründe für den zwischenzeitlichen Abbruch durch das MfS. Hiller, Fakten, S. 89.

424 Universitätsarchiv Leipzig (UAL), Nachlass Gerhard Darmer (NA Darmer), Nr. 1, Brief von Martin Ehlers an Gerhard Darmer vom 29.01.1956.

425 Am 13. September 1956 schaute sich Ehlers die Ergebnisse für Mecklenburg an, das Land, dessen Untersuchung er selbst geleitet hatte. IRS, C 12, K 17, Nachweisbuch über die Benutzung des Materials der „Landschaftsdiagnose“.

chen zeigen.[426] 1958 informierte er Lingner darüber, dass er mit seiner Familie in den Westen geflohen wäre,[427] wo er als Landschaftsplaner in Hamburg, Niedersachsen und Schleswig-Holstein tätig wurde.[428] Hermann Göritz, der in der DDR blieb, arbeitete im Anschluss an die „Landschaftsdiagnose" bis ins hohe Alter von 90 Jahren als selbständiger Garten- und Landschaftsarchitekt.[429] Auch Göritz nutzte die Materialien der „Landschaftsdiagnose", speziell die Unterlagen des Landes Brandenburg.[430] Unklar bleibt, ob er sich dabei auch mit den Problemen des Braunkohlenbergbaus beschäftigte. Ruth Günther folgte Lingner an die Bauakademie der DDR, wo sie in der Abteilung Gebiets-, Stadt- und Dorfplanung eingesetzt wurde.[431] Als letzte Zeitzeugin aus dem Führungsgremium berichtete sie noch 1996 auf einer Tagung zur „Landschaftsdiagnose".[432] Besonders ihre Untersuchungen anhand des Messtischblattes Klettwitz und im Senftenberger Revier, publiziert 1949 und 1950,[433] wurden von Wiedernutzbarmachungsforschern rezipiert.[434]

Auch Kartograf:innen schlugen den direkten Weg von der „Landschaftsdiagnose" zur Wiedernutzbarmachungsforschung ein. Zwei Fälle sind aufgrund ihrer späteren Karriere aktenkundig. Günther Haase (1932–2009) war als Student an der Kartierung im Bitterfelder Revier beteiligt und veröffentlichte anschließend als Co-Autor einen Leitfaden zur Rekultivierung im Lausitzer Revier.[435] Später war er Professor für Geografie in Halle und Leipzig sowie von 1991 bis 1996 Präsident der Sächsischen Akademie der Wissenschaft.[436] Klaus-Dietrich Gandert (1925–2018) begann ebenfalls als Kartograf und wechselte dann an das Institut für Garten- und Landschaftsgestaltung der HU Berlin, wo er Experte für Dendrologie wurde und in dieser Funktion bis mindestens 1961 in der Wiedernutzbarmachungsforschung ak-

426 UAL, NA Darmer, Brief von Martin Ehlers an Gerhard Darmer vom 29.01.1956 und 02.08.1956.

427 IRS, C 12, Nr. 1, Brief von Martin Ehlers an Reinhold Lingner vom 08.01.1958

428 Gelbrich, Wert, S. 183.

429 Hiller, Göritz, S. 8.

430 IRS, C 12, K 17, Nachweisbuch über die Benutzung des Materials der „Landschaftsdiagnose".

431 UAL, Phil. Fak., G04/74, Brief von Ruth Günther an Gerhard Darmer vom 22.03.1958.

432 Hoffmann, Mitarbeiterin, S. 121–128.

433 Vgl. Günther/Bobek/Hoffmann, Landschaftsveränderungen; Günther, Ruth u. a.: Landschaftsveränderungen und Landschaftszerstörungen unter dem Einfluß des Braunkohlenbergbaus und der Industrie, untersucht im Senftenberger Braunkohlenrevier, Berlin 1950.

434 Beispielhaft seien hier nur die beiden bedeutendsten Forscher, Wilhelm Knabe und Joachim Katzur, genannt. Allein Katzur und Böcker referenzieren Günther 22 Mal. Vgl. Katzur, Böcker, Chronik, S. 658 f.; Knabe, Wilhelm: Beiträge zur Bibliographie über Wiederurbarmachung von Bergbauflächen, in: Wissenschaftliche Zeitschrift der Humboldt-Universität zu Berlin 2, 1957/58, S. 291–304, hier S. 294.

435 Vgl. Haase, Günther: Über die weitere Nutzung der Landschaftsdiagnose, in: Hiller (Hrsg.), Landschaftsdiagnose, S. 247–252, hier S. 247; Steinhuber, Einhundert Jahre, S. 274.

436 Jäger, Klaus-Dieter/Mannsfeld, Karl: Prof. Dr. Günter Haase, in: Sitzungsberichte der Leibniz-Sozietät der Wissenschaften zu Berlin – Nachrufe auf verstorbene Mitglieder 105, 2010, S. 54–57.

tiv blieb.[437] Daran schloss sich die weitere Zusammenarbeit mit Reinhold Lingner an, da Lingner den Bereich der Gartengestaltung des Lehrstuhls übernahm.[438] Gandert wurde später ebenfalls auf eine Professur an der HU Berlin berufen.

Hinsichtlich realisierter Wiedernutzbarmachungen in der Lausitz sind konkrete Auswirkungen der „Landschaftsdiagnose" zu konstatieren, so für eine Pflugkippe des Tagebaus „Freundschaft" (ehemalige Grube Anna I) südlich Schipkau auf dem Messtischblatt 4449 Klettwitz. Wie auf dem Blatt zu erkennen, harrte dieser Bereich 1949 noch seiner Sanierung (Abb. 20). Im Jahr 1958 wurde diese 106 ha große Fläche u. a. mit Hilfe der Kartierung der „Landschaftsdiagnose" rekultiviert.[439] Dabei sprach auch die Baumartenwahl für eine Umsetzung der gewonnenen Erkenntnisse, denn „bei der Aufforstung sollte von der üblichen Routinearbeit der Kiefernwirtschaft abgegangen werden", da „die Kippenböden einen nachhaltig wirkenden Erosionsschutz und zur Humusbildung sowie Strukturverbesserung eine ausreichende Zufuhr organischer Substanz"[440] benötigten.

Fokus Mondlandschaften – ein Forschungsverbund entsteht

Das Institut für Gartenkunst und Landschaftsgestaltung an der Landwirtschaftlich-Gärtnerischen Fakultät der Humboldt-Universität zu Berlin

Von der „Landschaftsdiagnose" 1950 führt ein direkter Weg zur akademischen Wiedernutzbarmachungsforschung. Sie hatte seit den beiden Dissertationen von Kraemer und Hundhausen in den 1930er-Jahren weitestgehend geruht und begann erst 1951 in der DDR wieder. Der Schritt zur Verwissenschaftlichung ist untrennbar mit dem akademischen Gegenspieler von Reinhold Lingner, Georg Bela Pniower,

---

437 Vgl. Gandert, Klaus-Dietrich: Die Auswirkungen der Landschaftsdiagnose auf die anschließende fachliche Arbeit und Planungsvorhaben, in: Hiller (Hrsg.), Landschaftsdiagnose, S. 153–168; ders.: Erinnerungen zur Arbeit des Zentralen Fachausschusses Dendrologie und Gartenarchitektur in der Gesellschaft für Natur und Umwelt im Kulturbund der DDR, in: Institut für Umweltgeschichte und Regionalentwicklung (Hrsg.), Naturschutz hat Geschichte. Unter: https://www.hs-nb.de/iugr/naturschutz-hat-geschichte/gandert/ (Eingesehen: 25.07.2022).

438 Gandert wirkte als wissenschaftlicher Oberassistent am Institut weiter. IRS, C 12, Nr. 1, Beitrag zum Lingner-Kolloquium am 15.3.1991 an der TU Berlin.

439 Eine Aufbereitung des Bodens war, da es sich um Massen des Quartärs handelte, nicht notwendig. Dies wäre nach den Erkenntnissen der „Landschaftsdiagnose" aber auch gar nicht möglich gewesen. Vgl. BArch, DG 2 (Ministerium für Schwerindustrie)/12564, Gutachten über die Bodenverhältnisse und Nutzungsmöglichkeiten vom 04.02.1958.

440 Ebd., S. 19.

verbunden (Abb. 25). Pniower erforschte bereits in einem eigenen Projekt die Landschaftsveränderungen im Huy-Hakel-Gebiet.[441]

Abb. 25: Georg Bela Pniower, Professor für Garten- und Landschaftsgestaltung an der Humboldt-Universität zu Berlin, 1950er-Jahre

Auch Pniower war überzeugter Sozialist, allerdings als „Halbjude" permanenten Repressionen im Nationalsozialismus ausgesetzt gewesen.[442] Entsprechend sah er die Weiterbeschäftigung der Landschaftsanwälte durch Lingner problematisch, auch wenn er ebenfalls Kontakte zu ihnen hielt.[443] 1946 wurde Pniower auf Bestreben des Dekans der Landwirtschaftlich-Gärtnerischen Fakultät auf den Lehrstuhl für Garten- und Landschaftsgestaltung berufen und mit der Leitung des gleichna-

441 Das MfS nutze Pniowers Projekt als ein Argument für den Abbruch der „Landschaftsdiagnose." Fiebig, Huy-Hakel-Gebiet, S. 30–36; Hiller, Fakten, S. 87; Krummsdorf, Albrecht: Zur Methodik der speziellen Landschaftsdiagnose im Raum Leipzig-Nordost. Umgestaltung von Seegeritz zu einer „Beispiellandschaft", in: Hiller (Hrsg.), Landschaftsdiagnose, S. 201–222, hier S. 201, 214 f.

442 Pniower wurde aufgrund seiner sozialistischen Einstellung – er war Mitglied der SPD in der Weimarer Republik – und seiner Herkunft als „Halbjude" von den Nationalsozialisten diskriminiert und verfolgt. Ab 1935 war er mit einem Berufsverbot belegt. Auch aus dem Wehrdienst musste er aus „rassischen Gründen" 1940 nach zwei Monaten ausscheiden. 1944 wurde er von der Gestapo verhaftet und musste danach Zwangsarbeit in einer Zehlendorfer Spinnstofffabrik leisten. Vgl. HUB, UA, PA nach 1945, P 343, Personalbogen vom 25.01.1955 (Bl. 1), Mein Lebenslauf vom 14.02.1946 (Bl. 4–7).

443 Selbst zu Gerhard Olschowy, der SS-Mitglied war, hielt Pniower über seinen Assistenten Max Kroll (geb. 1904) Kontakt. Vgl. ebd., LGF, Nr. 28, Brief von Georg Pniower an Martin Ehlers vom 15.10.1955, Brief von Max Kroll an Gerhard Olschowy vom 05.01.1957.

migen Institutes an der HU Berlin beauftragt.[444] Lingner, der Pniower nach dessen frühen Tod 1960 im folgenden Jahr auf den Lehrstuhl folgte,[445] war bereits 1946 als Alternative durch Hans Scharoun vorgeschlagen worden.[446] Wenngleich an den Ergebnissen der „Landschaftsdiagnose" interessiert,[447] kritisierte Pniower, wie bereits erwähnt, die medizinische Terminologie Lingners.[448] Weitere Unterschiede bestanden in Bezug auf den Nutzen der Kulturlandschaft. Pniower hatte kein romantisierendes Verhältnis zur Landschaft und war ein Befürworter einer erhöhten Produktivität in der Landwirtschaft.[449] Ihre Auseinandersetzungen waren stets von gegenseitigem Respekt geprägt und wurden zum Wissensaustausch genutzt.[450] Insofern erklärt sich Pniowers Interesse an der Wiedernutzbarmachung des Öd- und Unlandes der Braunkohlentagebaue, diente sie doch dazu, die Landschaft wieder ökonomisch in Wert zu setzen.

Den Neubeginn der akademischen Wiedernutzbarmachungsforschung markiert die Anstellung von Wilhelm Knabe (1923–2021) zum 01. Januar 1951 als Wissenschaftlicher Assistent bei Georg Pniower. Im Rahmen seiner Doktorarbeit sollte er ein Verfahren zur Wiedernutzbarmachung der sterilen Kippen im Lausitzer Braunkohlenrevier entwickeln.[451] Spätestens seit 1949 beschäftigte sich Pniower mit den Problemen des Braunkohlenbergbaus.[452] Knabe, später einer der Grün-

444 Vgl. ebd., PA nach 1945, P 343, Wiederbesetzung des Ordinariats für Garten- und Landschaftsgestaltung an Rektor Johannes Stroux vom 23.04.1946, Schreiben von Johannes Stroux an die deutsche Zentralverwaltung für Volksbildung vom 23.04.1946.

445 Nach Pniowers Tod erfolgte die Teilung des Lehrstuhls. Lingner übernahm dabei den Bereich Gartengestaltung. Vgl. IRS, C 12, Nr. 1, Berufungsschreiben der HU Berlin vom 03.08.1961.

446 Da das Schreiben einen Monat nach Ablauf der Bewerbungsfrist an der HU Berlin erfolgte, ist davon auszugehen, dass deshalb Lingner bei der Berufung unberücksichtigt blieb. Ebd., Schreiben von Hans Scharoun an die landwirtschaftliche Fakultät der HU Berlin vom 20.05.1946.

447 Zutz, Axel: Zum vorhandenen Bestand der Landschaftsdiagnose, in: Hiller (Hrsg.), Landschaftsdiagnose, S. 171–174, hier S. 173.

448 Zutz, „Kranke", S. 112.

449 Huff, Natur, S. 53.

450 Lingner hatte Pniower eine Kritik einer Gartenausstellung in Kassel übermittelt. Pniower teilte dabei seine ablehnende Haltung, bemängelte aber Lingners Referenzierung von Alwin Seifert, den er wegen seiner „alten mystisch-romantische[n] Platte" ablehnte. Interessanterweise thematisierte er nicht Seiferts Verstrickungen in den Nationalsozialismus, wenn auch seine Kritik auf das völkische Denken abzielte, das er den ehemaligen Landschaftsanwälten pauschal unterstellte. Vgl. HUB, UA, LGF, Nr. 28, Schreiben von Georg Pniower an Reinhold Lingner vom 11.02.1956.

451 Knabe, Erinnerungen, S. 111–115.

452 Pniower ließ sich 1949 von Alfons Wunschik, der zu dem Zeitpunkt beim Bodenkulturamt Cottbus tätig war, zwölf Bilder zur Lage im Lausitzer Revier zusenden. Vgl. Archiv Grünes Gedächtnis (AGG), A – Knabe, Wilhelm, Nr. 228, Schreiben des Bodenkulturamtes Cottbus an Georg Bela Pniower vom 14.12.1949.

dungsväter der Partei „Die Grünen" in der Bundesrepublik,[453] gehörte zu den wegweisenden Personen der deutsch-deutschen Umweltpolitik. Im Folgenden steht aber ausschließlich seine Tätigkeiten als Rekultivierungsforscher in der DDR im Fokus.

Knabe, der aus Arnsdorf bei Dresden stammte und 1942 in Meißen sein Abitur ablegte, hatte den Krieg als Unteroffizier bei der Luftwaffe überlebt.[454] 1946 begann er ein Studium der Forstwissenschaften an der Forsthochschule Tharandt, das er 1950 abschloss.[455] Während seines Studiums war er Teil einer studentischen Umweltinitiative, die sich der Vermittlung des Waldschutzgedankens an Lehrkräfte verschrieb.[456] Diese Initiative, seine CDU-Mitgliedschaft und eine Protestaktion gegen eine manipulierte Wahl zur Studentenvertretung führten dazu, dass ihm eine Karriere als Forstamtsleiter, trotz sehr guter Noten, verwehrt wurde.[457] Eine Umorientierung in die Wissenschaft führte ihn schließlich an die HU Berlin zu Pniower.[458]

453 Becker-Schaum, Christoph: Die Gründergeneration der Grünen. Acht Interviews, Berlin 2018, S. 7 ff. und 89 ff.

454 UATUD, Rektorat R VIII, Nr. 260, Fragebogen für Studenten vom 18.04.1948.

455 Knabes Abschlussnote betrug 1,09. Ebd., Fragebogen für Studenten vom 28.08.1946, Diplom-Prüfung von Wilhelm Knabe vom 13.11.1950.

456 Knabe, Tharandt, S. 337–348.

457 Knabe war seit März 1946 Mitglied der CDU und des Freien Deutschen Gewerkschaftsbunds (FDGB). Bei der Protestaktion ging es um die Wahl zum Studentenrat, der für die SED nicht das gewünschte Ergebnis brachte und deshalb als öffentliche Wahl wiederholt wurde. Knabe und seine Kommilitonen protestierten gegen diese Entscheidung. Dem gesamten Jahrgang wurde der Eintritt als Forstamtsleiter anfangs verwehrt. Knabe, Tharandt, S. 335; UATUD, Rektorat R VIII, Nr. 260, Fragebogen für Studenten vom 28.08.1946.

458 Das Verhältnis von Knabe zu seinem Mentor Pniower wurde von Knabe als positiv und nicht politisch aufgeladen beschrieben, trotz prinzipieller ideologischer Gegensätze. Neben grundlegenden Unterschieden – Knabe war konservativer Pazifist und CDU-Mitglied, Pniower überzeugter Sozialist, aber kein SED-Mitglied – bestanden auch unterschiedliche Auffassungen zu Themen wie Umweltschutz, freie Meinungsäußerung und dem Kapitalismus. Dennoch zeugt ihre gemeinsame Arbeit von Vertrauen. Er informierte ihn vertrauensvoll über Gespräche, wie mit Frank Erich Carl. Knabe kommunizierte häufig im Namen seines Professors. So war es Knabe, der 1957 auf der Präsentation der „Landschaftsdiagnose" die Kritik seines Chefs übermittelte, da dieser die Tagung eher verlassen musste. Zusätzlich kümmerte sich Pniower nicht nur um die wissenschaftlichen Belange seines Mitarbeiters. Im zerstörten Nachkriegs-Berlin bestand eine erhebliche Konkurrenz um knappen Wohnraum. Pniower setzte sich daher für die Beschaffung einer entsprechenden Wohnung für Knabe und seine Frau ein. Bezugnehmend auf ein Schreiben des Rektors forderte Pniower vom Dekan der Landwirtschaftlich-Gärtnerischen Fakultät für Knabe und seine Frau Rikarda eine 2 ½-Raumwohnung, mindestens jedoch eine 2-Raumwohnung. Für seinen Assistenten Gustav Heinrichsdorff, der bereits drei Kinder hatte, forderte er sogar eine 3 ½-Raumwohnung. Knabe, Erinnerungen, S. 111 f. und 127; HUB, UA, LGF, Nr. 25, Schreiben von Georg Pniower an den Dekan der Landwirtschaftlich-Gärtnerischen Fakultät vom 04.07.1951, Nr. 28, Besprechung

Knabe arbeitete sich schnell in das Thema Wiedernutzbarmachung ein. Zuerst wertete er thematische Veröffentlichungen aus.[459] Im Rahmen dieser Beschäftigung stellte er fest, dass es von Seiten des Bergbaus bisher keine Literatur zu einer für die Rekultivierung günstigen Verkippung der Abraummassen gab. Selbst der „Leitfaden des Braunkohlenbergbaus" von Alfred Grumbrecht (1888–1949), dessen 6. Auflage von 1949 das Standardwerk des Braunkohlenbergbaus darstellte, widmete dem Thema Wiedernutzbarmachung nur 3 von 344 Seiten.[460] Aufgrund dessen regte Knabe ein Gespräch mit Professor Ernst Kirst (geb. 1893), dem Leiter des PKB Kohle Berlin, an, der Knabe wiederum zu einer Kooperation aufforderte.[461] Das Resultat war ein Beitrag Knabes in einer Lehrbuchreihe, die zur Ausbildung neuer Arbeitskräfte für den Braunkohlenbergbau diente.[462] Knabe legte eine Bestandsaufnahme der bisher geleisteten Rekultivierungen vor, wertete sie systematisch aus und entwickelte konkrete Arbeitsanweisungen für die Beschäftigten des Bergbaus. Hierfür zeichnete er zuerst die Problemstellung der zu begrünenden Halden und Kippen nach.[463] Dieser kurzen Einleitung schlossen sich eine Darstellung der gesetzlichen Bestimmungen und Überlegungen an, welche Lehren daraus für den Bergbautreibenden zu ziehen seien.[464] Anschließend ging Knabe auf das Thema Abbauplanung ein, wobei die getrennte Gewinnung sowie Verkippung der Böden, beurteilt nach Bodengüte-Klassen, im Fokus standen.[465] Abschließend thematisierte Knabe die Rekultivierung der Flächen, aufgeteilt nach Hinweisen für Land- und Forstwirtschaft.[466]

Der Beitrag war der erste umfassend-konkrete Handlungsleitfaden für die Wiederurbarmachungsaufgaben im Braunkohlenbergbau in Deutschland, möglicherweise sogar weltweit. Dabei ging Knabe über die reine Zusammenfassung der bestehenden Forschungsergebnisse hinaus. Die von Kurt Hundhausen in Bezug auf die selektive Massengewinnung diagnostizierten drei unterschiedlichen Para-

---

in der Bau-Akademie mit Herrn Carl, verfasst von Wilhelm Knabe vom 21.07.1955, Schreiben von Wilhelm Knabe an Harald Linke vom 07.02.1956, Schreiben von Pniower an Lingner vom 13.11.1957; Nr. 29, Schreiben des Land- und Hauswirtschaftlichen Auswertungs- und Informationsdienst e. V. in Bad Godesberg an Wilhelm Knabe vom 03.07.1958.

459 Knabe, Erinnerungen, S. 116 f.

460 Zwar erstreckt er sich über 4 Seiten, umfasst aber nur 3 Textseiten. Grumbrecht, Leitfaden, S. 171–174.

461 Knabe, Erinnerungen, S. 117.

462 Vgl. ders., Wiederurbarmachung, S. 60–112.

463 Vgl. ebd., S. 60 f.

464 Vgl. ebd., S. 62–67.

465 Vgl. ebd., S. 68–100.

466 Hierfür nutze er auch Bildmaterial, das für die Auswertung der bestehenden Rekultivierungen entstanden war. Vgl. ebd., S. 102–112

meter der Bodengüte (Humusanteil, Feinbodengehalt und Bodenkolloide),[467] ergänzte Knabe um drei weitere (pflanzenschädliche Stoffe, Säuregrad und Nährstoffgehalt des Bodens).[468] Darauf aufbauend entwickelte Knabe eine fünfstufige, auf die bergbauliche Praxis zielende Skala des zu gewinnenden Abraums, die er nach der Brauchbarkeit des Abraums für die Rekultivierung einteilte.[469] Selbst für die einzelnen Baggerschnitte gab Knabe Hinweise. Konnten sich nach der bisher gültigen Definition die Bergbautreibenden darauf berufen, dass in der Lausitz die „Mutterbodenschicht" zu dünn wäre und eine Gewinnung daher nicht lohne,[470] zeigte Knabe auf, dass selbst Teile des zweiten Baggerschnittes noch für die Rekultivierung nutzbare Bestandteile enthielten.[471] Mit dem Nachweis der zahlreichen anderen Schichten, die, neben der Ackerkrume, für eine Rekultivierung nutzbar waren, widerlegte er das Hauptargument gegen die selektive Massengewinnung. Später fasste Knabe die Logik der Kippengestaltung in seiner Dissertationsschrift kurz und prägnant zusammen: „das Beste nach oben"[472]. Hiermit meinte er, dass die besten Abraumschichten möglichst oben auf der Kippe aufgetragen werden sollten.

Knabe beschränkte sich nicht auf die Auswertung von Literatur und Expertengesprächen. Für seine Forschungen war die Arbeit im Raum relevant. Seine erste Handlung war eine Reise in die Lausitz, um sich einen Überblick von den Bedingungen vor Ort zu verschaffen; [473] erste Eindrücke verbanden sich mit der Begutachtung vorgefundener Kippen und Halden. Die Resultate dieser Bestandsaufnahme waren sehr divergent und mäanderten zwischen Misserfolgen (Abb. 26) und außerordentlichen Erfolgen (Abb. 27). Die systematische Auswertung von Theorie und Praxis versetzte ihn in die Lage, sich ein umfassendes Bild von den Problemen im Lausitzer Revier zu machen, anhand dessen er sich über die bisher unbegrünten Flächen Gedanken machen konnte.

---

467 Vgl. Hundhausen, Wiederkultivierung, S. 98 f.

468 Vgl. Knabe, Wiederurbarmachung, S. 70.

469 Hierbei wurden die Klassen nach ihrer Brauchbarkeit für die Rekultivierung eingeteilt. Die erste waren sehr gute landwirtschaftliche Böden, gefolgt von guten Ackerböden. Anschließend folgten an dritter Stelle gute bis brauchbare Böden für die Forstwirtschaft. Die vierte Klasse bildeten Böden, die zwar begrünungsfähig waren, allerdings ohne wirtschaftliche Erträge erzielen zu können. Die letzte bildete Substrate, die ein Pflanzenwachstum unmöglich gestalteten. Vgl. ebd., S. 75.

470 Zwar sagte z. B. das Werk „John Schehr" für den Tagebau Laubusch eine separate Gewinnung der ersten 50 cm Boden zu, wollte dies aber für jedes Abbaufeld alle 100 m neu bewerten. Vgl. BArch, DF 9/386, Besprechung über die Möglichkeit der Mutterbodenwirtschaft im Abbaufeld Laubusch vom 06.12.1950.

471 Knabe, Wiederurbarmachung, S. 79–88.

472 Ders., Zur Wiederurbarmachung, S. 141.

473 Ders., Erinnerungen, S. 115 f.

Abb. 26 und 27: Links ein Beispiel für eine gescheiterte frühere Anpflanzung, 1951; rechts ein Mischwald, wie er den Vorstellungen Heuso(h)ns entsprach, auf Kippengelände mit starken Zuwachsraten, 1951

Im Jahr 1952 entwickelte sich die Situation für die Forschung zur Wiedernutzbarmachung positiv. Am 06. Dezember 1951 wurde die „Verordnung über die Wiedernutzbarmachung der für Abbau- und Kippenzwecke des Bergbaues in Anspruch genommenen Grundstücksflächen“ erlassen, die Tagebaubetreiber zur Durchführung von Wiederurbarmachungs- und Rekultivierungsmaßnahmen verpflichtete.[474] In der Lausitz stand die Gewinnung des zweiten Flözes bevor, durchgeführte Anpflanzungen aus der Zeit von Heuso(h)n und Copien sollten wieder überbaggert werden.[475] Die Zeit drängte. Beide Umstände führten Pniower und Knabe in ihrem Forschungsantrag für 1952 an, um die Bedeutung ihres Projektes und dessen Einordnung in den Fünfjahresplan zu betonen.[476] Sie griffen damit dezidiert die Argu-

474 Gesetzblatt der Deutschen Demokratischen Republik (GBl), Nr. 146/1951, S. 1133.

475 Vor allem mit der Auskohlung der meisten älteren Tagebaue Ende der 1950er-/Anfang der 1960er-Jahre wurde die Gewinnung des 2. Flözhorizontes unumgänglich, um die autarke Energieversorgung der DDR zu gewährleisten. Katzur/Böcker, Chronik, S. 55.

476 Hierbei spielten finanzielle Aspekte eine nicht unwesentliche Rolle. Ziel war es, Fehlinvestitionen zu vermeiden. Vgl. AGG, A – Knabe, Wilhelm, Nr. 84, Antrag auf Forschungsarbeit (1952).

mentation von Seiten der Hauptverwaltung Kohle, die wiederum aus volkswirtschaftlichen Gründen Interesse an der Wiedernutzbarmachung hatte, auf.[477]

Nach der oben genannten Veröffentlichung konnte sich Knabe der eigentlichen Problemstellung widmen, der Entwicklung eines Verfahrens zur Inwertsetzung bisher nicht begrünbarer Kippen. Dazu musste er zuerst herausfinden, was genau das Anwachsen der Pflanzen verhinderte. Bereits Heuso(h)n hatte festgestellt, dass es der niedrige pH-Wert war, der die kahlen Mondlandschaften entstehen ließ.[478] Er vermutete, dass es die Kohlenletten waren, die zu einer Versauerung des Bodens führten.[479] Allerdings waren diese nur Teil des Problems, da sich besonders in den tertiären Schichten Markasit und Pyrit vorfanden, die an der Oberfläche zu Schwefelsäure oxidierten. Somit war Heuso(h)ns Vorschlag, die Kippen vor ihrer Begrünung ein paar Jahre liegen zu lassen, nicht zielführend, da sich hierdurch der Boden potenziell noch stärker versauerte.[480] Knabe hatte genau dies bereits in seinen ersten Ausführungen dokumentiert, ohne eine Lösung für das Problem, außer den Überzug der Kippe mit Kulturboden, zu benennen.[481] Deshalb war in einem nächsten Schritt die Analyse der Böden und eine genaue Bestimmung der Wachstumshemmnisse notwendig. In dem Forschungsantrag für 1952 skizzierte er sein beabsichtigtes Vorgehen: Erstens Besichtigung der Anpflanzungen von Heuso(h)n und Copien; zweitens die genaue Bestimmung der Bodengüte der einzelnen Abraumschichten, auch der schädlichen; drittens Überprüfung der gewonnenen Erkenntnisse durch Versuchspflanzungen auf Lausitzer Kippenflächen.[482] Das nun unter der Projektnummer F2-881 firmierende Projekt sollte somit die Voraussetzungen der Rekultivierung für die in der „Landschaftsdiagnose" festgestellten 15 600 ha Ödland schaffen.[483] Für die „Untersuchungen über die Voraussetzungen der Rekultivierung von Kippen [im] Braunkohlenbergbau der DDR

---

477 Lehmann war für die Hauptverwaltung Kohle beim Staatssekretariat für Kohle aktiv. Er war auf Seiten der Administration einer der wichtigsten Schrittmacher der Wiedernutzbarmachung von den 1940er- bis in die 1960er-Jahre in der DDR. Lehmann, Wiederurbarmachung, S. 258.

478 Heuso(h)n erkannte allerdings nicht, dass diese sauren Böden ohne vorherige Bearbeitung gar nicht kulturfähig waren. Daher empfahl er Roterle und Moorbirke zur Begrünung, was allerdings ohne eine vorherige Aufbereitung dauerhaft keinen Erfolg zeitigte. Wahrscheinlich lag Heuso(h)ns Fehleinschätzung an den in seiner Zeit noch seltenen tertiären Kippen. Vgl. Heusohn, Kulturvorschläge, S. 36 f.

479 Vgl. Murawski, Hans: Geologisches Wörterbuch, Stuttgart [1937] 1983, S. 127; Katzur/Böcker, Chronik, S. 117.

480 Während Heuso(h)n am Anfang des Buches meint, eine sofortige In-Kulturnahme der Böden sei vorteilhaft, schrieb er auf Seite 36, dass diese fünf bis acht Jahre liegen gelassen werden sollen. Vgl. Heusohn, Kulturvorschläge, S. 12 und 36.

481 Knabe, Wiederurbarmachung, S. 72 f.

482 AGG, A – Knabe, Wilhelm, Nr. 84, Antrag auf Forschungsarbeit (1952).

483 Ebd., Nr. 227, Aufgabenstellung, verfasst von Gustav Heinrichsdorff, vom 27.07.1957.

unter besonderer Berücksichtigung der forstlichen Rekultivierung in der Niederlausitz" – so der offizielle Titel – wurde eine Summe von 37 800 M veranschlagt.[484] Neben der Entlohnung Knabes, die ca. ein Viertel der Summe band, sollten eine Person zum Kartieren, eine Schreibkraft für zwölf Monate sowie ein Laborant und zwei Hilfskräfte für acht Monate angestellt werden und die Versuche in Berlin-Malchow, der Außenstelle des Institutes für Garten- und Landeskultur, wie sich Pniowers Institut jetzt nannte, stattfinden. Eine der ersten Amtshandlungen Knabes in dieser Projektphase war die Reise in die Niederlausitz zum Tagebau Tatkraft – früher Ilse-Ost – nordöstlich von Senftenberg gelegen und zum Tagebau Plessa zur separaten Gewinnung von Bodenproben aus den unterschiedlichen Teufen der Baggerschnitte.[485]

Teil des von Knabe gewählten Forschungsdesigns waren Versuche mit Mitscherlich-Gefäßen.[486] Diese waren vom Agrikulturchemiker Eilhard Alfred Mitscherlich (1874–1956) entwickelt worden, der maßgeblich für die Durchsetzung dieser Versuchsart in den Landwirtschaftswissenschaften verantwortlich zeichnete.[487] Knabe war der erste, der dieses Verfahren auf die Kippen des Braunkohlenbergbaus übertrug.[488] Möglicherweise hatte Knabe Mitscherlich, der um 1950 noch an der HU forschte, kennengelernt. Er übernahm von Mitscherlich auch die Abfolge des Experiments, wonach zuerst der laborartige Gefäßversuch und danach die

---

484 Im Übrigen entsprach die Summe der reinen Forschungsmittel für Materialien und die Versuchsstationen nicht, wie von Knabe in seinen „Erinnerungen" auf Seite 122 wiedergegeben, 2000 M sondern mindestens 4100 M. Ebd., Nr. 84, Antrag auf Forschungsarbeit (1952).

485 Am 11. Juli 1952 entnahm Knabe aus sieben unterschiedlichen Deckgebirgsschichten des Tagebaus Tatkraft und des Tagebaus Plessa Proben und ließ sie nach Malchow bringen. AGG, A – Knabe, Wilhelm, Nr. 234, Anlage zum Formblatt 1582, verfasst von Knabe und Pniower (1953); Knabe, Erinnerungen, S. 122; ders., Zur Wiederurbarmachung, S. 75.

486 Bereits von den ersten Forschungsgeldern bestellte Knabe 60 Mitscherlich-Gefäße für seine Versuche in Malchow. Sie waren, neben einem elektrischen pH-Wertmessgerät, die einzigen wissenschaftlichen Gerätschaften die Knabe beschaffen ließ. Die zweiteiligen Gefäße funktionieren nach einem simplen Prinzip: Das Sickerwasser wird in dem darunterliegenden Fach aufgefangen, damit die chemischen Bestandteile der Bodenproben nicht langsam ausgewaschen, sondern ihnen immer wieder zugeführt werden. Vgl. AGG, A – Knabe, Wilhelm, Nr. 84, Antrag auf Forschungsarbeit (1952).

487 Uekötter, Wahrheit, S. 82 und 227.

488 Im Gegensatz zu Knabes Ausführungen war der Gefäßversuch in der deutschen Landwirtschaft bei weiten nicht etabliert. Im Gegenteil, gab es doch lange Widerstände gegen die zunehmende Verwissenschaftlichung der Agrarwissenschaften, bis in die Zeit nach dem Zweiten Weltkrieg hinein, wie Frank Uekötter schreibt. Vgl. Knabe, Erinnerungen, S. 122; Uekötter, Wahrheit, S. 82 und 84 f.

Überprüfung auf einer entsprechenden Freifläche erfolgen sollte (Abb. 28).[489] In der ersten Versuchsreihe gab es sieben Bodenproben aus den unterschiedlichen Flözhorizonten und eine Kontrollprobe mit Malchower Feldboden, in denen weiße Lupine, schmalblättrige Lupine, Senf und Hafer angebaut wurden.[490] Die Ergebnisse zeigten, dass bei einer separaten Gewinnung der Böden die meisten Kippen zumindest begrünbar waren. Auch zeigten sie den Bedarf der Aufbereitung gewisser Erdschichten vor ihrer Rekultivierung.

Knabes Ergebnisse erlaubten nun erstmals konkret nachzuweisen, welche Erdschichten problematisch waren. Auch konnten erste Aussagen zum Bedarf der Melioration der unbegrünbaren Böden gemacht werden. Damit ging er über die bisher durchgeführten empirisch basierten Anpflanzungen hinaus, da er unter Laborbedingungen erzeugte wissenschaftliche Forschungsergebnisse präsentieren konnte.

489 AGG, A – Knabe, Wilhelm, Nr. 84, Antrag auf Forschungsarbeit (1952); Uekötter, Wahrheit, S. 253 f.

490 Die erste Probe bestand aus nähstoffarmen pleistozänen Talsanden des Tagebaus Tatkraft mit einem pH-Wert zwischen 4,4 und 5,1. Das zweite Gefäß war mit schluffhaltigen nährstoffarmen pleistozänen Sanden mit einem pH-Wert zwischen 4,2 und 4,5 aus dem Tagebau Plessa gefüllt. Die dritte Probe bestand aus nährstoffarmem tertiären Geschiebemergel des Tagebaus Plessa mit einem eher niedrigen pH-Wert von 3,9 bis 4,0. Das vierte Gefäß war mit nährstoffarmen tertiären Glimmersand mit Kohlenletten-Beimischungen des Tagebaus Tatkraft versehen, der einen sehr niedrigen pH-Wert von unter 2,0 aufwies. Bodenprobe fünf war mit nährstoffarmen angewitterten tertiären Kohlenlettensanden gefüllt, die einen niedrigen pH-Wert von unter 2,0 besaßen und die sich durch hohe Austauschsäuren selbst mit Kalk nicht neutralisieren ließen. Im sechsten Gefäß befanden sich unverwitterte schluffhaltige tertiäre Kohlenletten des Tagebaus Tatkraft mit einem pH-Wert von 4,2–4,4, der allerdings aufgrund der Austauschsäure stark schwankte. Bei der siebten Probe handelte es sich um stückigen tertiären Hangendton mit Schluff- und Feinsandbeimengungen des Tagebaus Plessa. Der pH-Wert lag zwischen 3,6 und 5,5 bei einem mittleren Auftreten von Austauschsäuren. Im letzten Gefäß befand sich lehmig, schwach humoser Malchower Feldboden mit einem idealen pH-Wert zwischen 6,7 und 7,2 und ausreichenden Pflanzennährstoffen. Die Anwuchserfolge waren dabei sehr unterschiedlich, wie das Beispiel der weißen Lupine zeigt: Probe eins, drei und sieben erreichten zwischen 60 und 67 % des Pflanzenwuchses und Trockengewichts der Kontrollprobe. Probe zwei erreichte knapp die Hälfte des Werts der Kontrollprobe. In Gefäß vier und sechs konnten immerhin noch ein knappes Drittel des Wertes erreicht werden, während die fünfte Probe ein Totalausfall darstellte. Bei Hafer, der als Versuch für die landwirtschaftliche Nachnutzung geeignet schien, lagen die Erfolge bei Probe eins bei 19,1 %, sonst sämtlich unter 10 %. Vgl. AGG, A – Knabe, Wilhelm, Nr. 234, Anlage zum Formblatt 1582, verfasst von Knabe und Pniower (1953), Zwischenbericht, verfasst von Wilhelm Knabe, vom 04.11.1953.

Abb. 28: Vergleichende Anwuchsversuche von weißen Lupinen in Mitscherlich-Gefäßen befüllt mit tertiären Abraumschichten des Lausitzer Braunkohlenreviers (v. l. n. r.: angewitterte Kohlenlettensande mit einem pH-Wert von unter 2,0; unverwitterte Kohlenlettensande mit einem pH-Wert zwischen 4,2 und 4,4; Hangendenton mit Schluffbeimischungen und einem pH-Wert von 3,6 bis 5,5) und mit normalem Ackerboden (ganz rechts) in der Außenstelle des Institutes in Berlin-Malchow, 1952

Für das Jahr 1953 reichte das PKB Kohle bzw. Ernst Kirst einen neuen Forschungsantrag (F3-322) ein, der die Überprüfung dieser Ergebnisse vorsah.[491] Das Projekt war eine Kooperation mit dem Institut für Garten- und Landeskultur, das unter Knabes Regie die Forschungsarbeit ausführte. Genau genommen handelte es sich nur um einen Folgeantrag, der die weitere Umsetzung von Knabes Forschungsentwürfen beinhaltete. Hierfür waren 60 000 M vorgesehen.[492] Neben Gefäßversuchen mit Abraum weiterer Tagebaue und der Auswertung bodenkundlicher Spezialliteratur, standen die Kontaktaufnahme mit den Staatsforstbetrieben in der Niederlausitz, die Bereitstellung erster Forschungsergebnisse – besonders das Institut für Standorterkundung in Eberswalde zeigte sich interessiert und plante eine Weiterbildung seines Personals 1954 – und die Vorbereitung zum Aufbau einer ersten Forschungsstation im Revier im Vordergrund.[493] Allerdings gab es Schwierigkeiten mit der Forschungsverwaltung. Diese hatte einen ersten Antrag im Herbst 1952 zu-

491 Ebd., Ergänzung zum Forschungsantrag vom 04.10.1952.
492 Die genaue Aufschlüsselung der Gelder für 1953 ist, im Gegensatz zu 1952, nicht überliefert. Vgl. ebd., Forschungsantrag für das Jahr 1953, verfasst von Ernst Kirst, vom 20.04.1953.
493 Ebd., Zwischenbericht, verfasst von Wilhelm Knabe, vom 04.11.1953.

rückgewiesen und forderte neue Informationen zum Forschungsziel und den Arbeitsmethoden.[494] Hintergrund für die Ablehnung war der Forschungsauftrag F2-51 „für Versuche, die Anbaufähigkeit für Kulturpflanzen auf Abraumhalden des Tagebaus beschleunigt wiederherzustellen", der am Institut für Landschaftsgestaltung der KMU Leipzig ab 1952 ausgeführt wurde (hierzu mehr im folgendem Unterkapitel).[495] Die Wissenschaftsverwaltung unterstellte Dopplung und war auch mit den weiteren Erklärungen, die Kirst und Knabe übersandten, unzufrieden, weshalb bis April 1953 keine Förderung erfolgte. Daraufhin intervenierte Kirst nochmals mit einem Schreiben, in dem er aus Sicht des PKB Kohle die volkswirtschaftliche Bedeutung des Projektes unterstrich, welche das Zentralamt für Forschung und Technik in Frage gestellt hatte.[496] Er argumentierte, dass das Projekt „keineswegs eine Doppelarbeit darstellt, sondern eine für die Bergbaupraxis unbedingt erforderliche, praktisch-wissenschaftliche Ergänzung, der das Ziel vorschwebt, erfolgreiche Methoden der Wiederurbarmachung [...] zu erforschen und exakte, wissenschaftlich begründete Unterlagen für die künftige Planung der Kippenwiederurbarmachung [...] zu erarbeiten."[497] Schlussendlich war diese Intervention erfolgreich; ein Forschungsbericht Knabes dokumentiert die Umsetzung der Pläne.[498]

Das Jahr 1954 markierte einen weiteren wichtigen Meilenstein auf dem Weg zu einem Verfahren zur Aufbereitung des Öd- und Unlandes: In diesem Jahr startete Knabe seine Versuche auf Kippenflächen in der Niederlausitz. Hierzu begann das Institut für Garten- und Landeskultur Versuchsstationen in der Lausitz aufzubauen. 1955 bestanden Versuchsflächen in Domsdorf, Plessa, Schwarzkollm, Sedlitz und Senftenberg-Buchwalde, auf denen Knabe seine bisherigen Erkenntnisse auf den unterschiedlichen Flächen überprüfte.[499]

---

494 Ebd., Schreiben von Kirst und Knabe an die SPK, Zentralamt für Forschung und Technik vom 04.10.1952.

495 Der Forschungsauftrag F2-51 lief seit Januar 1952. Vgl. UAL, Phil. Fak., G 13/001, Forschungsplan 1952 vom 03.07.1951, Auswertung der Versuche, verfasst von Albrecht Krummsdorf, vom 23.10.1952.

496 In einem nicht in der Akte überlieferten Schreiben vom 27. März 1953 hatte Kirst nochmals auf die Bedeutung des Forschungsprojektes verwiesen, mündlich allerdings die Antwort bekommen, dass es nicht in die Liste der volkswirtschaftlich vordringlichen Forschungsprojekte aufgenommen worden sei. Dies wiederum veranlasste ihn, ein Schreiben aufzusetzen, um nochmals die Unterschiede zum Leipziger Projekt zu skizzieren und die Bedeutung zu unterstreichen. AGG, A – Knabe, Wilhelm, Nr. 234, Forschungsantrag für das Jahr 1953, verfasst von Ernst Kirst, vom 20.04.1953.

497 Ebd.

498 Ebd., Zwischenbericht, verfasst von Wilhelm Knabe, vom 04.11.1953.

499 Nicht alle standen dabei in Zusammenhang mit Knabes Forschung. Die Forschungsstelle in Senftenberg-Buchwalde diente beispielsweise der Bewässerungsforschung, für die man einen

Gleichzeitig wurde die Bedeutung seiner Arbeit nun auch von Teilen der Administration erkannt, wie u. a. zwei von Knabe durchgeführte Gutachten zu den Möglichkeiten der separaten Gewinnung des Kulturbodens für die Tagebaue Greifenhain und Niemtsch verdeutlichen.[500] In den beauftragten Gutachten kritisierte Knabe den Zustand der Kippen schriftlich und bildlich. Seine eindrücklichen Fotografien verdeutlichten, teils in drastischer Bildsprache, die bestehenden Probleme (Abb. 29).

Abb. 29: Foto des Bildberichts zum Gutachten für den Tagebau Greifenhain, hier der Halde Illmersdorf. Die Bilder zeigen sowohl die fehlende Wiedernutzbarmachung, die Wasser- und Winderosion begünstigten, als auch das fotografische Talent Knabes, März 1953

Standort in der Nähe eines Tagebaus suchte, in diesem Fall Niemtsch, um die Auswirkungen des Grundwasserentzugs zu erforschen; sie bestand wahrscheinlich schon seit 1949. Vgl. AGG, A – Knabe, Wilhelm, Nr. 84, Schreiben von Staatssekretär Kier an den Minister vom 07.05.1954; BLHA, Rep. 250 Calau/Sfbg, Nr. 445, Landwirtschaftliche Nutzung von Kippengelände (1951); StUG, 036-091, Befahrung der Versuchsflächen des Inst. für Garten- und Landeskultur vom 30.11.1960; HUB, UA, LGF, Nr. 119, Jahresbericht 1955.

500 Die Bedeutung der Wahrnehmung von Knabes Arbeit wird am Verteilerkreis des Greifenhainer Gutachtens deutlich. Neben dem Institut für Garten- und Landeskultur und dem PKB Kohle von Kirst erhielten die DAL, das Ministerium für Schwerindustrie, die Staatliche Geologische Kommission, die Revierleitung Senftenberg und der Tagebau Greifenhain das Gutachten. AGG, A – Knabe, Wilhelm, Nr. 84, Schreiben von Staatssekretär Kier an den Minister vom 07.05.1954; BArch, DG 2/12564, Gutachten Greifenhain, verfasst von Wilhelm Knabe, vom 06.07.1954.

Knabes Innovation des Jahres 1954 war das Schwarzkollmer Verfahren, das erste Verfahren zur Aufbereitung bis dahin unbegrünbarer tertiärer Kippen des Braunkohlentagebaus weltweit.[501] Der Standort des Versuchsgeländes war die Halde III, die ab 1917 beim Aufschluss des Tagebaus Erika zwischen Bahnhof Schwarzkollm, Lautawerk und Laubusch geschüttet wurde.[502] Knabe war nicht der erste, der hier Versuche anstellte; der erste Begrünungsversuch hatte bereits 1934/35 stattgefunden und nur begrenzten Erfolg gezeigt.[503] 1953 hatte es Anpflanzversuche zur Böschungsbefestigung durch Dresdener Landschaftsgärtner um Werner Bauch gegeben, die vollständig gescheitert waren (vgl. Unterkapitel Von Bernburg bis Tharandt). Auf dem südlichen Teil der Plateauflächen, nahe dem heutigen Verlauf der Bundesstraße 96, begann Knabe einen ersten Bodenmeliorationsversuch (Abb. 30).[504] Hierzu wurden auf einer Fläche von zwei Hektar in drei Parzellen (1. unmelioriert, 2. Melioration mit Branntkalk, 3. Melioration mit Kraftwerksfilterasche) Anpflanzversuche gestartet. Die erste und zweite Fläche erhielten zusätzlich eine Volldüngung mit 600 kg Emge-Kali, 800 kg Superphosphat und 800 kg Kalkammonsalpeter.[505] Dabei ergaben sich die besten Anwüchse nach dem Auftrag von 5 cm Asche, gefolgt von den mit Branntkalk bearbeiteten Flächen (Tab. 4). Auf den unmeliorierten Abschnitten gediehen hingegen nur wenige Bäume. Nur der erfolgreichste Versuch, bei dem Kraftwerksfilterasche als Meliorationsmittel verwendet wurde, wird als Schwarzkollmer Verfahren bezeichnet.[506] Die Aschegabe zeitigte noch vier weitere positive Nebeneffekte: Erstens brach die Asche den Benetzungswiderstand des Bodens, was die Wahrscheinlichkeit einer erfolgreichen Anpflanzung erhöht. Zweitens wuchsen auf diesen Parzellen auch landwirtschaftliche Kulturpflanzen, die durch Anflug auf die Halde kamen.[507] Ein weiterer Vorteil des Ascheeinsatzes gegenüber dem Branntkalk war, dass sie nicht so schnell durch Niederschläge ausgewaschen wurde.[508] Nicht zuletzt zeigte die Wahl von Kraftwerksfilterasche als Meliorationsmittel nicht nur den besten Pflanzenanwuchs, sondern gab gleichsam in kongenialer Weise Antwort auf die Mängel der DDR-

---

501 Katzur, Joachim: Melioration schwefelhaltiger Kippböden, in: Pflug, (Hrsg.), Braunkohlentagebau, S. 559–572, hier S. 570.

502 AGG, Bestand A – Knabe, Wilhelm, Nr. 228, Gutachten über die Möglichkeiten einer Bepflanzung vom 10.02.1956, S. 2.

503 Katzur/Böcker, Chronik, S. 180.

504 Ebd., S. 7.

505 Knabe, Zur Wiederurbarmachung, S. 61.

506 Ebd., S. 60.

507 AGG, Bestand A – Knabe, Wilhelm, Nr. 228, Gutachten über die Möglichkeiten einer Bepflanzung vom 10.02.1956, S. 8.

508 BArch, DK 107 (Akademie der Landwirtschaftswissenschaften)/26140, Wiedernutzbarmachung von Kippen (1966), S. 1 ff.

Wirtschaft, in dem ein Abprodukt für die Wiederurbarmachung nutzbar gemacht wurde.

Abb. 30: Versuchsanpflanzungen auf der Halde III bei Schwarzkollm, rechts das Lautawerk, 1957

Tab. 4: Anwachserfolge nach den unterschiedlichen Bodenmeliorationen auf der Halde III bei Schwarzkollm[509]

	Ungedüngt	Branntkalk	Braunkohlenfilterasche
Roterle	6–28 %	89 %	89 %
Roteiche	6–28 %	71 %	86 %
Sandbirke	6–28 %	56 %	79 %

Die Idee, den Boden mit Hilfe von basischen Materialien zu neutralisieren, war nicht neu und bestand bereits seit den 1930er-Jahren.[510] Allerdings hatten Knabes

509 Für die ungedüngten Flächen liegt keine genaue Aufschlüsselung nach den Baumarten vor, so dass diese nur mit großen Schwankungsangaben wiedergegeben werden können. Vgl. ebd., S. 7 f.

510 1931 bis 1933 wurden durch Eichinger entsprechende Versuche durchgeführt, da er bereits die Säure als Haupthindernis des Pflanzenwuchses identifiziert hatte. Er hatte allerdings nicht die Austauschsäure bedacht, die bei der Oxidation des Schwefelkieses entstand. Deshalb waren seine Kalkgaben unzureichend und die anfangs angewachsenen Birken waren nach drei Jahren zu 90 %

Vorgänger nie den Boden ausreichend untersucht, sodass sie nicht die exakte Menge an Meliorationsmittel berechnen konnten. Knabe, der die Bedeutung der Austauschsäuren erkannte, die bei der weiteren Verwitterung der Markasite und Pyrite freigesetzt wurden, war hingegen in der Lage, eine wirkungsvolle Neutralisierung vorzunehmen. Hierin spiegelt sich ein Erfolg des von ihm angestoßenen Verwissenschaftlichungsprozesses.

Allerdings bestanden weiterhin Probleme, die sich mit dem Schwarzkollmer Verfahren noch nicht lösen ließen. Besonders die niedrige Meliorationstiefe von nur 20–30 cm machte den Boden für die Forstwirtschaft nicht nutzbar, da die Zuwachsraten der Bäume dauerhaft zu niedrig blieben.[511] Knabe reagierte indem er tiefermeliorierte Pflanzlöcher für die Bäume graben ließ.[512] Allerdings erhöhte sich durch diese Arbeiten, die sich kaum automatisieren ließen, die Kosten.

Daher war die nächste Aufgabe Knabes, das Schwarzkollmer Verfahren als Technologie für den Einsatz im Tagebau weiterzuentwickeln. Die bisher geleisteten Forschungen bewiesen nur, dass es prinzipiell möglich war, Unland wiederurbar zu machen. Ob dieses auch in größerem Maßstab und vor allem kostengünstig erfolgen konnte, mussten weitere Forschungen zeigen. Daher wollte Knabe die gewonnenen Erkenntnisse in einem Großversuch auf der Brückenkippe des Tagebaus Domsdorf wiederholen, um das Verfahren praxistauglicher zu gestalten.[513] Nachdem 1956/57 bereits kleinere Meliorationsversuche durchgeführt worden waren, begannen im Spätherbst/Winter 1957 die Meliorationen auf einer Fläche von 22 ha (Abb. 31).[514] Angeregt wurden die weiteren Versuche durch Hans Lehmann, der dem Arbeitskreis Wiedernutzbarmachung vorstand. Für die Versuche 1956/57 auf einer Fläche von 2 ha waren 16 600 M an Meliorationskosten zuzüglich 3200 M für den Revierförster, der die Arbeiten leiten und überwachen sollte, sowie 8500 M für eine westdeutsche Bodenfräse der Firma Bungartz, insgesamt mithin Mittel in Höhe von 28 300 M, eingeplant.[515] Knabe experimentierte mit unterschied-

wieder abgestorben. Vgl. UATUD, Nachlass W. Bauch, Nr. 125, Vortrag Die Bodenmelioration tertiärer Kippen, gehalten durch Kurt Illner (1963).

511 Untersuchungen durch Katzur in der Nachwendezeit ergaben eine maximale Meliorationstiefe auf der Kippe von 20–30 cm. Grund war der Mangel an geeigneten Geräten. Vgl. Katzur/Böcker, Chronik, S. 179.

512 AGG, Bestand A – Knabe, Wilhelm, Nr. 228, Gutachten über die Möglichkeiten einer Bepflanzung vom 10.02.1956, S. 12.

513 Ebd., Nr. 232, Überleitung von Ergebnissen des Forschungsauftrages „Niederlausitz – forstliche Kippenrekultivierung" in die Praxis vom 04.07.1956.

514 Knabe, Zur Wiederurbarmachung, S. 62.

515 Die 8300 M/ha berechnen sich aus 3780 M für Arbeitskräfte (2800 x 1,35 M) und 4520 M für Meliorationsmittel, Technik und Material. AGG, Bestand A – Knabe, Wilhelm, Nr. 232, Überleitung von Ergebnissen des Forschungsauftrages „Niederlausitz – forstliche Kippenrekultivierung" in die Praxis vom 04.07.1956.

lichen Düngungen und Aschegaben.[516] Die Forschungen erbrachten zwei Erkenntnisse: Erstens, dass in einem geologischen Gutachten der Bedarf an Kalk bzw. Asche für die Neutralisation und die Brechung des Benetzungswiderstands bestimmt werden mussten.[517] Zweitens konnte ein effektiverer Technikeinsatz das Ergebnis der Wiedernutzbarmachung verbessern. Deutlich wurde dies anhand der Bodenbearbeitung, bei der Knabe die Meliorationstiefe von 30 auf 60 cm erhöhte,[518] um für Bäume bessere Bedingungen für die Bodendurchwurzelung und somit für das Wachstum zu erzeugen.[519]

Abb. 31: Einsatz einer Bungartz-Fräse vom Typ L5 auf dem Gelände der Brückenkippe Domsdorf während des Großversuches zur Kontrolle des kombinierten Domsdorfer Meliorationsverfahren, Herbst/Winter 1957

516 Knabe experimentierte mit der Gabe von Branntkalk (0, 25, 50, 100 und 200 kg/ha) und Asche (Auftrag von 0, 1, 3 und 5 cm), jeweils mit und ohne Volldüngung. Knabe, Zur Wiederurbarmachung, S. 62.

517 Die Bestimmung des Säurehaushaltes der Kippe erfolgt nach Knabe mit dem Säure-Test. Ebd., S. 63.

518 Knabe empfahl zwar in seiner Dissertation für beide Verfahren nach Möglichkeit eine Bodenbearbeitung bis zu einer Tiefe von 40–50 cm. Allerdings war das schon ein Fortschritt zu seinem ursprünglichen Experiment 1954, bei dem er nur 40 cm Bodenbearbeitung vorsah. Vgl. Katzur/Böcker, Chronik, S. 179 f.

519 BLHA, Rep. 803 BfT Ctb, Nr. 635, Die Wiedernutzbarmachung von kulturfeindlichen Tertiärkippen vom 29.01.1965, S. 6.

Nach seinen Versuchen und der Festlegung der Kriterien für den Großversuch mussten Mittel beantragt werden. Ziel war es jetzt, im neuen Forschungsantrag „Großversuche zur Bodenmelioration kulturfeindlicher Abraumkippen des Braunkohlenbergbaues der Niederlausitz“ vor allem die Flächen für die forstwirtschaftliche Produktion nutzbar zu machen.[520] Die Kosten bezifferte Knabe auf 80 000 M, was auf den Hektar umgerechnet ca. 3600 M bedeutete.[521] Allerdings fehlten in dieser Berechnung die Kosten für die Wiederurbarmachung durch den Bergbau, so dass sich die Kosten auf 5000–6000 M je Hektar erhöhten, die sich aber durch zunehmende Mechanisierung senken ließen, wie Knabe anmerkte.

Neben Knabes eigenen Erkenntnissen flossen in dieses Forschungskonzept auch die Ergebnisse des Böhlener Verfahrens ein, das zeitgleich am Institut für Landschaftsgestaltung an der KMU Leipzig entwickelt wurde. Wegen dieser Adaptierung bezeichnete Knabe seine Neuentwicklung dann auch offiziell als kombiniertes Domsdorfer Verfahren.[522]

Trotz der Bedeutung des Forschungsprojektes für die Wirtschaft der DDR traten immer wieder Probleme auf. Die Konkurrenz um knappe Ressourcen führte häufig zu Nutzungskonflikten: Besonders die Bereitstellung von Planierraupen, die schon vor der Gründung der DDR Mangelware waren, stellte ein Problem dar.[523] Im Zweifel hatte die Ressourcenextraktion stets Vorrang gegenüber der Wiedernutzbarmachung. Ebenso konnten Düngemittel, die eine wesentliche Voraussetzung für die Durchführung der Versuche waren, nicht immer in ausreichendem Maße bereitgestellt werden.[524]

Das kombinierte Domsdorfer Meliorationsverfahren stellte einen substantiellen Fortschritt für die Aufbereitung tertiärer Kippen dar. Es war das erste industriell anwendbare Verfahren. Noch 1965 galt es, trotz permanenter neuer Forschungsergebnisse, als einzige praktikable Methode, mit der „das Unland in rekultivierbares Ödland verwandelt werden“[525] konnte. Seine Bedeutung lässt sich auch daran ablesen, dass Knabes Dissertationsschrift, in der das Verfahren ausführlich dargestellt wurde, bis zum Ende der DDR als Standardwerk galt und in den meisten Braunkohlenwerken vorhanden war.

---

520 Vgl. AGG, Bestand A – Knabe, Wilhelm, Nr. 227, Aufgabenstellung, verfasst von Gustav Heinrichsdorff vom 27.07.1957.

521 Knabe, Zur Wiederurbarmachung, S. 62.

522 Auf die Entwicklungen am Institut für Landschaftsgestaltung an der KMU Leipzig wird, wie bereits erwähnt, im folgenden Unterkapitel ausführlich eingegangen. Vgl. ebd.

523 AGG, Bestand A – Knabe, Wilhelm, Nr. 232, Arbeitsbericht für den Monat Januar 1958 vom 29.01.1958.

524 Ebd., Arbeitsbericht für die Monate April/Mai vom 07.06.1958.

525 BLHA, Rep. 803 BfT Ctb, Die Wiedernutzbarmachung von kulturfeindlichen Tertiärkippen vom 29.01.1965.

Das letzte von Wilhelm Knabe in der DDR mitentwickelte Verfahren war das Koyne Verfahren, an dem er ab Herbst 1957 forschte,[526] das die Domsdorfer Methodik durch den Einsatz von phenolhaltigen Abwässern und Bioklärschlamm weiterentwickelte.[527] Auf den Flächen des Tagebaus Koyne gab es bereits 1929/30 einen Aufforstungsversuch, der aber aufgrund des sauren Bodens scheiterte.[528] Nach Knabes Weggang führten die beiden späteren Professoren an der HU Berlin, Kurt Illner (1917–1990) und Joachim Katzur (1937–2014), die Forschungen fort und konnten spätestens 1964 das neue Verfahren präsentieren.[529] Die wichtigste Neuerung war der Einsatz phenolhaltiger Abwässer und Klärschlämme der BHT-Kokereien Lauchhammer und Schwarze Pumpe (ab 1969).[530] Damit sollte vor allem die Sorptionsfähigkeit der Böden, sowohl was Wasser als auch was Nährstoffe anging, erhöht werden mit dem Ziel, „selbst die als äußerst vegetationsfeindlich bekannten schwefelhaltigen Kipprohböden einer landwirtschaftlichen Dauernutzung zuzuführen."[531] Zusätzlich wurden die Böden nach den Erfahrungen des Domsdorfer Verfahrens mit Kali, Phosphor und Stickstoff gedüngt.[532] Es folgte im Jahr 1964 ein Dauergrünlandversuch auf 15 ha der Kippe Koyne, der so erfolgreich war, dass die Flächen an die Landwirtschaftliche Produktionsgenossenschaft (LPG) „Grüne Aue"

---

526 Der genaue Beginn der Forschung zum Einsatz des Bioklärschlamms zur Bodenverbesserung lässt sich nicht rekonstruieren. Der früheste Aktenfund datiert auf den Dezember 1957. Da es allerdings die zweite Sitzung des Arbeitskreises Bioklärschlamm war, muss der Beginn eher liegen. Die Abstände zwischen den Sitzungen variierten zwischen wenigen Wochen und sechs Monaten, so dass Herbst 1957 die plausibelste Schätzung ist. Vgl. AGG, Bestand A – Knabe, Wilhelm, Nr. 226, Protokoll der 2. Sitzung der Kommission Bioschlamm des Arbeitskreises Wiedernutzbarmachung am 20.12.1957; Nr. 227, Vorschläge für die Verbesserung der Wiederurbarmachung vom 29.01.1958.

527 BArch, DK 4 (Amt für Wasserwirtschaft)/2241, Arbeitsrichtlinie zur Planung, Projektierung und Durchführung der Wiederurbarmachung im Braunkohlenbergbau, S. 31–48.

528 AGG, Bestand A – Knabe, Wilhelm, Nr. 228, Wiederaufforstung vom 24.09.1932.

529 Vgl. BArch, DK 109 (VEB Ingenieurbüro für Meliorationen)/594, Ermittlung der Nachhaltigkeit der Wiedernutzbarmachung von Tertiärkippen bei Verwendung phenolhaltiger Industrieabwässer vom 01.12.1968; BLHA, Rep. 801, RdB Ctb, Nr. 3606, Konferenz zur Wiedernutzbarmachung bergbaulich beanspruchter Flächen im Niederlausitzer Braunkohlengebiet (08./09.07.1964).

530 Illner, Katzur und Knabe waren die schädlichen Auswirkungen einer übermäßigen Phenolgabe bekannt, weshalb sie experimentelle Grenzwerte formulierten, bis zu denen Kippen sorptionsfähig für die Abwässer waren und eine Beeinträchtigung der Pflanzen verhindert wurde. Vgl. ebd., Rep. 803 BfT Ctb, Nr. 635, Die Wiedernutzbarmachung von kulturfeindlichen Tertiärkippen vom 29.01.1965, S. 16.

531 BArch, DK 109/594, Ermittlung der Nachhaltigkeit der Wiedernutzbarmachung von Tertiärkippen bei Verwendung phenolhaltiger Industrieabwässer vom 01.12.1968.

532 BLHA, Rep. 803 BfT Ctb, Nr. 635, Die Wiedernutzbarmachung von kulturfeindlichen Tertiärkippen vom 29.01.1965, S. 16.

übergeben werden konnten.[533] Damit bestand ab Mitte der 1960er-Jahre auch ein praktikables Verfahren zur landwirtschaftlichen Wiederinwertsetzung Lausitzer Kippen.

Spätestens mit dem Beginn des Schwarzkollmer Versuchs und der Gründung von Versuchsstationen benötigte Knabe feste Mitarbeiter:innen, um den Umfang der Arbeit bewältigen zu können. Hierfür griff er vor allem auf Förster zurück, da er ihre Qualifikationen aufgrund seines eigenen Studiums kannte und sie als das geeignetste Personal einschätzte. Die beiden wichtigsten Mitarbeiter für Knabe waren die Oberförster Alfred Willy Ballaschk (1910–1960) und Willi Schälicke. Ballaschk hatte eine klassische Forstausbildung in Bad Muskau durchlaufen und war ab 1929 bei den Niederlausitzer Kohlenwerken angestellt, wodurch er frühzeitig mit Heuso(h)n und seinen Ideen in Kontakt kam.[534] 1935 folgte sein Revierförsterexamen als Jahrgangsbester. Nach einem Karriereknick in der unmittelbaren Nachkriegszeit aufgrund seiner NSDAP- und SS-Mitgliedschaft war er spätestens seit der Gründung der DDR wieder ein gefragter Experte für die forstliche Rekultivierung.[535] Bis 1954 war er als Revierförster in Schipkau – Heuso(h)ns alter Wirkungsstätte – und danach in selber Funktion in Wormlage aktiv.[536] In dieser Position arbeitete er 1954 mit Knabe und Pniower bei der Anlage und der Betreuung der Versuchsflächen zusammen.[537]

Seit 1953 war Schälicke einer der wichtigsten Mitarbeiter Knabes in der Lausitz.[538] Er baute 1954 die Versuchsstationen des Institutes für Garten- und Landeskultur in der Niederlausitz auf und betreute sie mindestens bis 1974,[539] in den 1960er-Jahren war er in der Zentralen Wiedernutzbarmachungskommission tä-

533 BArch, DK 109/594, Ermittlung der Nachhaltigkeit der Wiedernutzbarmachung von Tertiärkippen bei Verwendung phenolhaltiger Industrieabwässer vom 01.12.1968.

534 BLHA, Rep. 250 Calau/Sfbg, Nr. 445, Analyse des bisherigen Standes der Kippenaufforstung, verfasst von Alfred Ballaschk, vom 23.01.1951.

535 BArch, DF 9/386, Über die gemeinsame Befahrung der Betriebe der BV Senftenberg am 10.10.1950.

536 UAL, Nachlass (NA) Darmer, Nr. 01, Bd. 1, Brief von Ballaschk an Darmer 28.5.1954.

537 Diese produktive Zusammenarbeit führte dazu, dass Pniower nach Ballaschks frühem Tod ein Kondolenzschreiben an seine Witwe schicken ließ. Vgl. AGG, Bestand A – Knabe, Wilhelm, Nr. 84, Programm für die Besichtigungsfahrt der Kommission „Kippenrekultivierung" vom 24.06.1954; HUB, UA, LGF, Nr. 29, Schreiben von Pniower an Frau Ballaschk vom 30.03.1960.

538 AGG, A – Knabe, Wilhelm, Nr. 234, Zwischenbericht, verfasst von Wilhelm Knabe, vom 04.11.1953.

539 Knabe lobte bereits 1954 Schälicke für die gute Anlage der Versuchsanlage im Bereich des Tagebaus Plessa, im äußersten Westen des Reviers. Vgl. AGG, A – Knabe, Wilhelm, Nr. 84, Dienstreisebericht vom 18.-19.05.1954 verfasst von Wilhelm Knabe; BArch, DK 107/31182, Erarbeitung eines Verfahrens und Entwicklung der entsprechenden Technologie für die Vertiefung des Meliorationshorizontes auf Tertiärkippen über 100 cm (1974).

tig.[540] Seine Bedeutung wird an seinem Einfallsreichtum deutlich. Spätestens mit dem Domsdorfer Verfahren mussten neue technische Voraussetzungen für die Bodenbearbeitung gefunden werden. Die Industrie produzierte zu diesem Zeitpunkt keine geeigneten Bodenbearbeitungsgeräte, um den Boden bis zu 60 cm tief zu bearbeiten und hierdurch das Meliorationsmittel tiefer wirken zu lassen.[541] Daher entwickelte Schälicke 1959 einen eigenen Pflug, der erstmals die Bearbeitung bis in diese Tiefe erlaubte.[542] Hergestellt für die Versuchsstation in Schwarzkollm wurde das Gerät nur wenig später auch in Domsdorf eingesetzt. Knabe empfahl in seiner Dissertation, die im Frühjahr 1959 erschien, noch einen Moorpflug mit einer Meliorationstiefe von 50 cm.[543] Der von Schälicke entwickelte Pflug unterschied sich in seinem Aufbau wenig von anderen, war allerdings in der Lage, das Schild tiefer abzusenken – eine essentielle Verbesserung (Abb. 32–34).[544] Es handelte sich um das erste Spezialgerät in der DDR, das ausschließlich für die Bedürfnisse der Wiedernutzbarmachung entwickelt und gebaut wurde. Genau genommen basierte der praktische Erfolg von Knabes Domsdorfer Verfahren auf der Entwicklung des Schälicke-Pfluges, da er bei der Bodenmelioration sogar bessere Ergebnisse brachte als eine Bodenfräse, wie eine Überprüfung der Wiedernutzbarmachungsverfahren 1966 zeigte.[545] Erst die Einführung dieser Eigenentwicklung, die auf das Fehlen entsprechender technischer Ausstattung reagierte, erlaubte die Implementierung des Verfahrens in den Bergbauprozess. Die Produktion des Schälicke-Pfluges in Kleinserie und seine Bekanntheit als wichtiges Meliorationsgerät in der Wiedernutzbarmachung zeigt, dass auch in der DDR Innovationen in dieser Zeit ihren Weg aus der Forschung in die Praxis finden konnten. So geht der Tiefkulturpflug B 175 des VEB Bodenbearbeitungsgeräte Leipzig auf diese frühe Entwicklung zurück.[546] Konkrete Produktionszahlen des Schälicke-Pfluges sind nicht überliefert, allerdings scheinen seine allgemeine Bekanntheit unter den mit der Wiedernutzbarmachung vertrauten Personen für eine weite Verbreitung zu sprechen.

---

540 SächsStA-F, 40067 Bergbehörde Borna, Nr. 1077, 3. Sitzung der Zentralen Kommission für Wiedernutzbarmachung am 28.10.1960.

541 BLHA, Rep. 803 BfT Ctb, Nr. 635, Die Wiedernutzbarmachung von kulturfeindlichen Tertiärkippen vom 29.01.1965.

542 AGG, A – Knabe, Wilhelm, Nr. 235, Schreiben von Willy Schälicke an Wilhelm Knabe vom 12.03.1959.

543 Vgl. Knabe, Wiederurbarmachung, S. 63.

544 Privatarchiv (PA) Karl Preußner, Fototeil – Meliorationsverfahren von Johannes Hänsch (1963).

545 Heinz Siegel und Max Kroll überprüften zwischen Januar 1963 Februar 1966 vor allem die Wirkung des Domsdorfer Verfahren und seine Implementierung in den Bergbauprozess. BArch, DK 107/26140, Wiedernutzbarmachung von Kippen (1966), S. 1 ff.

546 Vgl. Krummsdorf, Wiederurbarmachung, S. 401 f.

Abb. 32–34: Der Schälicke-Pflug brachte den Durchbruch in der Tiefenbearbeitung von Kippen und ist gleichzeitig das erste, nachweislich zur Wiedernutzbarmachung von Abraumkippen entwickelte Spezialgerät. V. l. n. r.: Vorder- und Rückseite des Pfluges sowie sein Erfinder Willy Schälicke, Sommer 1963

Für die Versuchsstation in Domsdorf wiederum war Dieter Stabenow verantwortlich.[547] Seine Qualifikation als Revierförster entsprach der seiner Kollegen Ballaschk und Schälicke. Eine der zentralen Anforderungen von Seiten Knabes an die Leiter der Außenstellen war ein hohes Maß an Selbständigkeit, die sich gerade bei Stabenow zeigte. So nahm er Vergleiche seiner Versuche mit den Ergebnissen in der von Schälicke betreuten Station in Schwarzkollm vor.[548] Er machte Knabe auf stark abweichende Anwachsergebnisse aufmerksam. Zusammen mit Schälicke informierte er Knabe auch über Probleme, wie die fehlende Ausstattung der Stationen.[549] So konnten aufgrund der Nutzungskonflikte um die beiden einzig vorhandenen Planierraupen ein Großteil der Planierarbeiten auf 75 330 m^2 von 97 550 m^2 nur in Handarbeit durchgeführt werden.

Die Masse der einfachen Arbeitskräfte auf den Versuchsstationen der HU Berlin war weiblich.[550] Da sie häufig die Pflanzarbeiten übernahmen, wurden sie, entsprechend älterer Traditionen der Forstwirtschaft,[551] als „Kulturfrauen" bezeichnet.[552] Jedoch übernahmen sie auch schwerste körperliche Arbeiten, wie das Planieren im Winter.[553] Ein Verwischen klassischer Rollenmuster fand statt, gleichwohl die meisten technischen Arbeiten Männern vorbehalten blieben.[554]

547 AGG, A – Knabe, Wilhelm, Nr. 232, Schreiben von Dieter Stabenow an Wilhelm Knabe vom 09.09.1957.

548 Die Zuwachsraten in Domsdorf waren bedeutend niedriger als in Schwarzkollm, was sich Stubenow nicht erklären konnte und deshalb Knabe kontaktierte. Ebd.

549 Konkret ging es um ein fehlendes Motorrad, wodurch Strecken von bis zu 60 km täglich von Stabenow mit einem Fahrrad mitten im Winter zurückgelegt werden mussten. Schälicke forderte deshalb ein Motorrad für ihn. Aber auch über die Konkurrenz mit dem Bergbau um die raren Planierraupen berichtete Stabenow. Vgl. ebd., Arbeitsbericht für den Monat Januar 1958 vom 29.01.1958, Arbeitsbericht für den Monat Februar 1958 vom 02.03.1958.

550 Ebd., Nr. 232, Arbeitsbericht für den Monat Februar 1958 vom 02.03.1958; Nr. 235, Lagerbuch Versuchsfläche Halde Schwarzkollm 1957.

551 Vgl. PA Baumert, Zeitzeugengespräch mit Michael Stärke und Uwe Steinhuber in der LMBV-Zentrale in Senftenberg am 04.11.2022, 00:26:34-00:29:49; Zeitzeugengespräch mit Karl Preußner in Cottbus am 15.12.2022, 00:58:09-01:02:26.

552 Vgl. AGG, A – Knabe, Wilhelm, Nr. 232, Arbeitsbericht für die Monate April/Mai vom 07.06.1958.

553 Ebd., Arbeitsbericht für den Monat Februar 1958 vom 02.03.1958.

554 Ebd., Arbeitsbericht für den Monat Januar 1958 vom 29.01.1958.

Die Institute für Landschaftsgestaltung und Meliorationswesen an der Karl-Marx-Universität Leipzig

Bei der Untersuchung der Wiedernutzbarmachungsforschung für das Lausitzer Braunkohlenrevier muss notwendigerweise auch das andere große Abbaugebiet der DDR, das Mitteldeutsche Revier, betrachtet werden. Dies ist aus drei Gründen relevant: erstens erfolgte die Forschung und die daraus resultierende Entwicklung von Verfahren in beiden Revieren; zweitens bildeten die beiden Leipziger Forschungsinstitute einen wichtigen Ausbildungsort für spätere Verantwortliche im Lausitzer Revier; drittens ist durch Kontakte und Austausch eine gegenseitige Beeinflussung nachweisbar.

In Leipzig bestanden an der Landwirtschaftlichen-Gärtnerischen Fakultät der KMU mit dem Institut für Landschaftsgestaltung unter Gerhard Darmer (1912–1992) und dem Institut für Meliorationswesen unter Joachim Seidemann (1903–1987) gleich zwei, an der Wiedernutzbarmachung interessierte Institutionen. Darmer stammte aus Stralsund und hatte 1931 bis 1941 in Jena, Kiel und Greifswald studiert.[555] Anschließend promovierte er an der Universität Greifswald, Biologische Forschungsanstalt Hiddensee zur regionalen Ausbreitung des Sanddorns.[556] Die angewandte Biologie beschäftigte ihn auch in seiner weiteren wissenschaftlichen Laufbahn, wie Forschungen zum Sanddornanbau in Greifswald am Institut für Ackerbau, Pflanzenbau und Pflanzenzüchtung zeigen.[557] In Leipzig wirkte er zuerst vom Herbst 1950 bis Ende 1951 als Wissenschaftlicher Assistent am Institut für Pflanzenzüchtung, bevor er zum Jahresbeginn 1952 als Wissenschaftlicher Oberassistent das neugegründete Institut für Landschaftsgestaltung in Leipzig übernahm.[558] Der Sanddorn trieb Darmer auch hier an und er war es, der den Anbau des Neophyten in der Bergbaufolgelandschaft forcierte.[559] 1954 habilitierte er

555 Aufgrund eines Schilddrüsenleidens konnte er von 1934 bis 1938 krankheitsbedingt seine Studien nicht weiterverfolgen. Vgl. UAL, Personalakten (PA) 3343 Darmer Dr., Gerhard, Antrag zur Einstellung vom 30.04.1951.

556 Vgl. Darmer, Gerhard: Hippophae Rhamnoides auf Hiddensee. Eine ökologisch-monographische Darstellung, Greifswald 1944; UAL, PA 3343, Promotionsurkunde vom 18.12.1944.

557 Vgl. Darmer, Gerhard: Der Sanddorn als Wild- und Kulturpflanze. Eine Einführung in die Lebenserscheinungen des Sanddornstrauches und erste Anleitung zum erweiterten Anbau, Leipzig 1952.

558 UAL, PA 3343, Personalbogen vom 23.03.1954.

559 Darmer war der erste, der den Anbau des Sanddorns in der Bergbaufolgelandschaft forcierte. Diese Begrünung wurde bis in die Nachwendezeit beibehalten, ohne dass der durchaus problematische Charakter des Neophyten kritisch thematisiert wurde. Heuso(h)n erwähnte nur den Weißdorn, der aber zu den Rosengewächsen gehört, während es sich bei Sanddorn um eine Ölweidenart handelt. Ölweiden werden ebenfalls bis heute zur Begrünung der Bergbaufolgelandschaft eingesetzt, wobei ihre Verwendung als Neophyten ebenso umstritten ist. Vgl. Heusohn,

mit einer Arbeit zur feldschützenden Landschaftsgestaltung bei Hermann Meusel (1909–1997), dem wichtigsten Naturschützer der DDR.[560]

Seidemann, gebürtiger Leipziger und ausgebildeter Landwirt, studierte in der Messestadt von 1922 bis 1926 Landwirtschaftswissenschaften mit einem Fokus auf Meliorationswesen.[561] Noch stärker als Darmer lässt sich Seidemann als ‚Praktiker' beschreiben, wie sein Lebenslauf bis 1950 zeigt: Von 1927 bis 1930 war er bautechnischer Beamter bei der Landwirtschaftskammer Sachsen, darauf folgten von 1930 bis 1937 Tätigkeiten als Kulturtechniker für Meliorationswesen bei der Stadt Leipzig, von 1938 bis 1945 als Leiter der Landbauaußenstelle Leipzig, von 1946 bis 1948 als Kulturingenieur bei der Landwirtschaftlichen Bodenbearbeitungsgesellschaft und von 1948 bis 1950 als selbständiger Ingenieur für Bodenkultur und Wasserwirtschaft.[562] Als freier wissenschaftlicher Mitarbeiter der Deutscher Bauakademie war er an der Dokumentation von Landschaftsschäden im Rahmen der „Landschaftsdiagnose" beteiligt.[563] Diese erste Beschäftigung mit den Problemen des Braunkohlenbergbaus mündeten direkt in seine Dissertation, die sich mit den Auswirkungen des Bergbaus auf die Landwirtschaft beschäftigte.[564] Im Anschluss wurde er bis 1959 kommissarischer Direktor des Instituts für Meliorationswesen, bis 1957 Institut für Kulturtechnik, und, nach seiner Habilitation 1959,[565] von 1960 bis 1963 ordentlicher Direktor und Professor für Meliorationswesen.[566] Beide prägten die Wiedernutzbarmachungsforschung in Leipzig durch eigene Projekte sowie Förderung von Forschungsvorhaben. Gleichzeitig blieb ihre Mitgliedschaft in der NSDAP (Darmer von 1935 bis 1945 und Seidemann von 1933 bis 1945) für ihre akademische Karriere in der DDR bedeutungslos.[567] Relevanter war im Gegenteil ihre

Kulturvorschläge, S. 28, 34 f. und 50 f.; Landeck u. a., Arten, S. 77; UAL, NA Darmer, 02, Brief von Gerhard Darmer an Neubert vom 06.12.1950.

560 Reichhoff/Wegner, Institut, S. 28 ff. und 631.

561 UAL, PA 3353 Seidemann, Joachim, Lebenslauf vom 18.12.1956.

562 Daniel, Hans-Dieter: Seidemann, Joachim, in: Professoren der Universität Leipzig 1945 bis 1993, 25.06.2017. Unter: https://research.uni-leipzig.de/agintern/CPL/PDF/Seidemann_Joachim.pdf (Eingesehen: 30.08.2022).

563 Ebd.

564 Vgl. Seidemann, Joachim: Der Einfluß des Bergbaues in Nordwestsachsen auf die landwirtschaftlichen Erträge insbesondere durch Wiederzufüllung der Tagebaue und durch Rauchschäden, Leipzig 1952.

565 UAL, PA 3353, Gutachten über die Habilitation von Georg Müller (05.12.1959), Gutachten von K. Schwarz (25.11.1959).

566 Vgl. Daniel, Seidemann.

567 Darmer hatte in seinem ersten Personalbogen an der KMU diese noch nicht einmal erwähnt und musste dennoch keinerlei Probleme befürchten. Darmer war seit 1950 Mitglied in der Demokratischen Bauernpartei Deutschlands. Seidemann, der auch von 1923 bis 1934 Mitglied in der Burschenschaft Alemania Leipzig war, hielt sich von politischen Organisationen nach 1945 fern und war nur in der Kammer der Technik und im FDGB organisiert. Vgl. Daniel, Seidemann; UAL,

Haltung gegenüber der DDR: Während Darmer 1958 eine Tagung in Hamburg nutzte, um der DDR den Rücken zu kehren,[568] wurde Seidemann seine Kritik am Mauerbau zum Verhängnis und er schied, nach einem Schlaganfall im September 1961, 1963 endgültig aus der KMU aus.[569]

Allerdings gab es schon vor Darmers und Seidemanns Lehrstuhlberufungen Forschung zur Wiedernutzbarmachung. Nach 1945 war der Universitätslektor Gerhard Scheerer (1890–1969) Pionier im Mitteldeutschen Revier. Scheerer, der aus dem brandenburgischen Gransee stammte, hatte bereits im Kaiserreich Gartenbau gelernt und nach einem Studium 1923 seinen Abschluss als Diplom-Gartenbauinspektor erhalten.[570] Spätestens 1929 kam er im thüringischen Meuselwitz mit den Umweltauswirkungen des Braunkohlenbergbaus in Berührung.[571] Im gleichen Jahr übernahm er eine Stellung an der Universität Leipzig und baute u. a. den heutigen Botanischen Garten in Großpösna als Lehrgarten für Arznei- und Gewürzpflanzen auf.[572] Aufgrund seiner NS-Belastung konnte er nach 1945, und damit war er eine absolute Ausnahme, seine Karriere an der Universität vorerst nicht fortsetzen.[573] Für ihn kam zunächst nur eine freie Beschäftigung in Frage, die er von 1946

PA 3343, Fragebogen vom 10.08.1950 und Personalbogen vom 23.03.1954; UAL, PA 3353, Personalbogen vom 01.07.1961.

568 Krummsdorf, Albrecht: Ökonologie in Landschaftsgestaltung, Tagebau-Rekultivierung und Landeskultur/Umweltschutz, in: ders. (Hrsg.), Ökonologie, S. 6–22, hier S. 6 f.; UAL, PA 3343, Protokollarische Feststellung des Fernbleibens Dr. habil. Darmers vom Dienst vom 28.10.1958, Republikflucht von Dr. Darmer vom 04.11.1958, Brief von Gerhard Darmer vom 07.11.1958, Republikfluchtmeldung vom 07.11.1958.

569 Seidemann kritisierte den Bau der Berliner Mauer, weshalb eine Diffamierungskampagne begann. Zuerst veröffentlichte die Universitätszeitung am 29. August 1961 einen offenen Brief an Seidemann. Am 02. September 1961 stellte dann die Kaderabteilung beim Rektor Georg Meyer (1892–1973) den Antrag auf fristlose Entlassung. Bevor Meyer darüber entscheiden konnte, ereilte Seidemann am 10. September ein Schlaganfall, der mit einer halbseitigen Lähmung einherging, ausgelöst vermutlich durch die Verleumdungen, denen er sich ausgesetzt sah. Am 27. September 1961 erfolgte dann offiziell seine Beurlaubung aufgrund eines Disziplinarvergehens. Seine Emeritierung, die mit einem Invalidenbescheid einherging, erfolgte allerdings erst am 01. Februar 1963. Daniel, Seidemann.

570 UAL, Personalakten Alterbestand (PA-A) 41586 Scheerer, Gerhard, Personalbogen vom 23.10.1955.

571 Möglicherweise machte er hier erste Erfahrungen mit der Wiederbegrünung von Bergbaufolgelandschaften. Vgl. ebd.

572 Ebd., PA-A 41586, Personalbogen vom 23.10.1955; Bestand Rektorat (R), 226, Schreiben von Erich Pilz an Gerhard Scheerer vom 16.11.1945.

573 Scheerer war Mitglied in der NSDAP und im NS-Dozentenbund. Trotz der Fürsprache der SPD-Ortsgruppe Großpösna (hier befand sich der von ihm aufgebaute Botanische Garten) und dem Engagement zahlreicher Vertreter der Universität konnte Scheerer nur als Honorarkraft beschäftigt werden. Sein Jahreshonorar betrug 5600 M zwischen 1946 und 1950. Das Bemühen um Scheerer zeigt den Pragmatismus der Nachkriegszeit, um das Wissen von NS-Belasteten für

bis 1950 ausübte – eine häufig gewählte Variante des Know-how Erhaltes für die SBZ/DDR.[574] 1951 erfolgte seine Wiederanstellung als Honorarkraft.[575] Gleichzeitig war er von 1950 bis 1953 beim Rat des Bezirkes Leipzig, Abt. Forst- und Landwirtschaft und 1954/1955 beim VEB Wasserwirtschaft Weiße Elster als Landschaftsgestalter zur Kippenbegrünung beschäftigt.[576] Sein maßgebliches Verdienst war in dieser Zeit die Begrünung der Halde Trages (damals Halde Espenhain), die Zeitgenossen als Symbol kapitalistischer Verwüstungen galt (Abb. 35).[577] In diesem Zusammenhang nahm er Kontakt zu Darmer auf, den er um Rat bezüglich des Sandornanbaus auf Kippengelände bat.[578] Auf der Halde bestanden folgende Probleme: Durch aufsteigendes Grundwasser war sie stark rutschungsgefährdet, insgesamt neun schwere Rutschungen zwischen 1949 und 1959 zeugen davon,[579] sie vergrößerten die Fläche der Halde von 200 ha auf heute 332 ha und schrumpften das Plateau von 90 auf 66 Hektar.[580] Zwischen 1950 und 1954 begrünte Scheerer als erster das Plateau und die Böschungen der Halde.[581] Ziel war es, die problematische Wassererosion des Feinbodens zu unterbinden.[582] Zwar gelangen die Anpflanzungen auf dem Plateau zu 75 %, die Böschungen erwiesen sich jedoch als zu

---

die Wissenschaft zu erhalten und weiter nutzbar zu machen. Sein Eintritt in die Liberal-Demokratische Partei Deutschlands (LDPD) in der DDR deutet eher auf keine starke Bindung an den Nationalsozialismus hin. Ebd., PA 2423, Fragebogen vom 25.3.1948, Wiedereinstellung ehemaliger Mitarbeiter des Lehrkörpers vom 10.10.1947; PA-A 41586, Personalbogen vom 23.10.1955; R 226, Schreiben von Erich Pilz an Gerhard Scheerer vom 16.11.1945, Verlängerung der Notdienstverträge vom 23.03.1946, 23.04.1946, 27.05.1946, 18.06.1946 und An die Landesverwaltung Sachsen vom 19.08.1946.

574 Baumert, Autarkiepolitik, S. 262.

575 UAL, R 226, Wiedereinstellung früherer Mitglieder des Lehrkörpers vom 29.01.1951.

576 Ebd., PA-A 41586, Personalbogen vom 23.10.1955.

577 Krummsdorf, Albrecht/Grümmer, Gerhard: Landschaft vom Reißbrett. Die Zukunft unserer Kippen, Halden und Restlöcher, Leipzig/Jena/Berlin 1981, S. 39.

578 UAL, NA Darmer, 01, Bd. 2, Schreiben an Gerhard Darmer von unbekanntem Autor vom 17.03.1952.

579 Barthel, Hellmuth/Schubert, Albrecht/Wünsche, Manfred: Zur Wiederurbarmachung der Halde Espenhain, in: Wissenschaftliche Zeitschrift der Technischen Universität Dresden 3, 1965, S. 505–520, hier S. 514 f.

580 Berkner, Andreas: Halde Trages. Entwicklungen zwischen Naturrefugium und Wanderziel in einer einstigen „Mondlandschaft“, in: Dachverein Mitteldeutsche Straße der Braunkohle e. V./ Sächsisches Staatsministerium des Innern (Hrsg.): Veredelungsstandorte, Schachtanlagen und Halden, Leipzig 2000, S. 35–49, hier S. 37.

581 SächsStA-L, 20681 VEB Braunkohlenveredelung Espenhain, Nr. 444, Diskussionsbeiträge 1955.

582 Hierzu errichtete er einen Rundlingsbau mit dem er das Haldenplateau einfriedete. Nach seiner Darstellung hielt diese Maßnahme das Wasser deutlich besser zurück als ein Damm (der ebenfalls am Kippenfuß errichtet wurde). Noch heute läßt sich auf dem Plateau diese Einfriedung identifizieren.

sauer und mussten erst melioriert werden.[583] Bei der Baumartenwahl orientierte sich Scheerer an Heuso(h)n und entschied sich für Sandbirke, Roterle und Pappel als prägende Pflanzen.[584] Insgesamt pflanzte Scheerer 750 000 Bäume auf einer Fläche von 100 ha an.[585] Auch wenn die Böschungsbegrünung schlussendlich nicht erfolgreich war,[586] führte er die erste dokumentierte Haldenrekultivierung in der DDR durch. Hierfür wurde er in der Fachliteratur und auch in der Öffentlichkeit, wie ein Artikel in „Das Magazin" 1954 zeigt (Abb. 36–37), gewürdigt.[587] Für die Halde Trages bedeutete dies nicht den Abschluss der Arbeiten. Die Nord- und Westböschungen konnten zwischen 1957 und 1975 terrassiert, melioriert und danach bepflanzt werden, die Ostböschung allerdings erst nach 1990.[588]

Abb. 35: Stark erodierter Abschnitt der Halde Trages (Vordergrund) vor dem BKW Espenhain (Hintergrund) nach einer Rutschung, 1954

583 Barthel, Hellmuth/Schubert, Albrecht/Wünsche, Manfred: Zur Begrünung der Halde Espenhain, in: Wissenschaftliche Zeitschrift der Technischen Universität Dresden 4, 1965, S. 833–842, hier S. 834 und 842.

584 Ebd., S. 833.

585 1950 begrünten Scheerer und sein Team eine Fläche von 19 ha. Da sich dies im Frühjahr 1951 als erfolgreich herausstellte, beschloss er die Fläche auf 100 ha auszudehnen. SächsStA-L, 20681, Nr. 444, Diskussionsbeiträge 1955.

586 Barthel/Schubert/Wünsche, Begrünung, S. 842.

587 Vgl. Illner/Schmidt-Theile, Seenplatte.

588 Nach ihrer Neugestaltung und Erschließung durch Wanderwege sowie der Errichtung eines Aussichtsturmes ist sie heute ein erfolgreiches Beispiel für eine touristische Nachnutzung einer wiedernutzbargemachten Halde. Berkner, Halde, S. 36–39.

Abb. 36–37: Gerhard Scheerer mit einer 2-jährigen Roterle auf der Halde Trages (oben); unten links mehrheitlich gescheiterte Böschungsbegrünung und rechts erfolgreiche Pappelanpflanzung auf dem Plateau der Halde, 1954

Zentraler Akteur der Wiedernutzbarmachungsforschung an der KMU Leipzig war zweifellos Egon Brüning (1923–2019), dessen Forschungen direkt an denen von Wilhelm Knabe anschlossen. Brüning stammte aus Powalice/Petershagen im Kreis Kollberg.[589] Nach seinem Abitur 1942 begann er eine landwirtschaftliche Lehre, die durch seine Einberufung zur Kriegsmarine im selben Jahr unterbrochen wurde,[590] so dass er erst 1949 den Abschluss nachholen konnte.[591] Nach einem kurzen Aufenthalt in Kriegsgefangenschaft fand er in Zwenkau südlich von Leipzig, mitten im Mitteldeutschen Braunkohlenrevier, eine neue Heimat, wo er 1946 bis 1951 als Neulehrer in der Grundschule und später als landwirtschaftlicher Lehrer tätig war.[592] Im Rahmen dieser Tätigkeit lernte er im benachbarten Markkleeberg Albrecht Krummsdorf (1926–2014) kennen, einen weiteren Rekultivierungsexperten, auf den im dritten Kapitel vertiefend eingegangen wird.[593] Seine landwirtschaftliche Ausbildung führte ihn schlussendlich an die KMU Leipzig, wo er von 1951 bis 1955 am Institut für Landschaftsgestaltung der Landwirtschaftlich-Gärtnerischen Fakultät mit einem Zusatzstudium in Meliorationswissenschaften bei Darmer und Seidemann studierte.[594]

Bereits während seines Studiums übernahm Brüning 1952 im Rahmen des Forschungsauftrages F2-51 „Anbau und Erosionsbekämpfung auf Abraumhalden“ als wissenschaftlich-technischer Bearbeiter den Auftrag, auf den Kippen des Tagebaus Böhlen, südlich von Leipzig, Versuche zur Nutzbarmachung von Öd- und Unland durchzuführen.[595] Somit gab es zeitgleich zwei ähnlich geartete Forschungsaufträge als Folge der „Landschaftsdiagnose“, einen in Berlin und einen in Leipzig. Aller-

589 UAL, Studenten Akte (StuA) 801, Studierendenkartei Brüning, Egon, Lebenslauf vom 12.06.1951.

590 In seinem Personalbogen der KMU Leipzig gab er 1958, abweichend zu den anderen Lebensläufen, den Rang Fähnrich und nicht Unteroffizier der Reserve an. Da er 1959 keine beruflichen Probleme aufgrund seiner Zugehörigkeit zum Offizierskolleg der Wehrmacht mehr erwarten musste, scheint letztere Angabe am plausibelsten. 1945 wurde er darüber hinaus in das Heer versetzt und geriet am 29. April 1945 in britische Gefangenschaft, aus der am 07. Juli desselben Jahres entlassen wurde. Vgl. ebd., Lawi. Fak., Nr. 59, Personalbogen vom 26.03.1958.

591 UAL, StuA 801, Urkunde vom 13.09.1949, Zeugnis über erste Lehrerprüfung vom 15.02.1949.

592 Ebd., Lebenslauf vom 12.06.1951.

593 Sie lernten sich bei der gemeinsamen Gestaltung des Schulgartens des Rudolf-Hildebrandt-Gymnasiums kennen. Die Schule befindet sich heute direkt am Cospudener See, dem ehemaligen Tagebau Cospuden, allerdings hatte sie zu DDR-Zeiten einen anderen Standort. Ihre Freundschaft überdauerte das Ende der DDR, wie Brüning in seinem Beitrag zum 80. Geburtstag Krummsdorfs in dem entsprechenden Band beschrieb. Vgl. Brüning, Egon: Wiedernutzbarmachung von Kippen und Halden des Braunkohlenbergbaues. Zielstellung, Ergebnisse und Erkenntnisse im Rückblick auf 1952 bis 1972, in: Krummsdorf (Hrsg.), Ökonologie, S. 83–92, hier S. 83.

594 UAL, StuA, 801, Studienverlängerung vom 31.07.1954; Lawi. Fak., Nr. 59, Personalbogen vom 26.03.1958.

595 Ebd., PA 9839 Brüning, Egon, Forschungsauftrag F2-51 (1952).

dings unterschieden sich beide Aufträge im gewählten Forschungsdesign und in den Zielen. Während Knabe erst im dritten Jahr mit Feldversuchen startete, waren sie in Leipzig Ausgangspunkt des gesamten Forschungsprojektes.[596]

Dass die Wahl auf Brüning fiel, der gerade erst im zweiten Semester studierte, hing mit seiner vorherigen Ausbildung als Landwirt sowie seinem, dem Tagebau Böhlen räumlich naheliegenden Wohnort Zwenkau zusammen. Da er schon 29 Jahre alt war und dazu noch über praktische und theoretische Erfahrung in der Bodenbearbeitung verfügte, schien er, trotz des fehlenden Studienabschlusses, ideal. Die Entscheidung für Böhlen statt Espenhain – im Bereich dieses Braunkohlenwerkes hatte Scheerer bisher gewirkt – als Versuchsfläche hing mit einem 1950 geschlossenen Forschungskooperationsvertrag zwischen der SAG Kombinat (ab Mai 1952 VEB Kombinat „Otto Grotewohl") Böhlen und der KMU Leipzig zusammen.[597] Diese Forschungskooperation war der Grund, warum Brüning, im Gegensatz zu Knabe, direkt mit Feldversuchen begann.

Das Versuchsgelände befand sich auf der Hochabsetzerkippe 18 im Tagebau Böhlen, deren Fläche zwischen 1941 und 1950 entstand.[598] Die Fläche liegt heute am südlichen Tagebaurand zwischen den Orten Böhlen und Pulgar (heute Standort des Dow Chemical-Werkes), westlich des früheren Aufschlussgrabens und nördlich des Sees Rundteil (Abb. 38);[599] sie ist nur schwer zugänglich.

596 Ebd., Phil. Fak., G 13/001, Vorläufige Auswertung der Versuche 1952 vom 23.10.1952.

597 Der ursprüngliche Vertrag wurde 1950 geschlossen. Spätestens 1962 erfolgte ein zweiter Vertrag. Die Kooperation war nicht auf die Forschung zur Wiedernutzbarmachung beschränkt. Vor allem in dem Vertrag von 1962 spielte die chemische und physikalische Forschung für das damals karbochemische Kombinat eine wesentliche Rolle. Ansonsten standen vor allem ökonomische und geologische Fragestellungen im Vordergrund. Aber auch die Kippenrekultivierung taucht 1962 als separater Punkt wieder auf. Allerdings beschäftigte sich das Institut für Landschaftsgestaltung nur noch wenig mit diesen Fragen. Vgl. ebd., R 142, Bd. 2, Besprechung über Forschungsvorhaben vom 13.04.1962, Jahresarbeitsabkommen zwischen dem VEB Kombinat „Otto Grotewohl" Böhlen und der Karl-Marx-Universität Leipzig vom 30.06.1962; R 1332, Die Brücke vom 10.08.1950; R 1989, Vertrag der Freundschaft vom 30.07.1950.

598 Das ursprüngliche Gelände wurde 1937 bis 1943 devastiert. Damit erfolgte die Schüttung in der zeitlich schwierigsten Phase der Wiederurbarmachung, bei der nur wenige Flächen durch Mutterbodenüberzug urbar gemacht wurden. Zusätzlich handelte es sich beim Tagebau Böhlen um einen Tagebau im Abraumförderbrückenbetrieb, die selten für das Mitteldeutsche Revier waren und bei denen eine selektive Massengewinnung betriebsseitig kompliziert sowie teuer war. Vgl. Brüning, Egon: Zur Frage der Rekultivierbarkeit tertiärer Rohbodenkippen des Braunkohlenbergbaus, in: Wissenschaftliche Zeitung der Karl-Marx-Universität Leipzig. Mathematisch-Naturwissenschaftliche Reihe 2, 1962, S. 325–359, hier S. 328.

599 Vgl. ebd., S. 329.

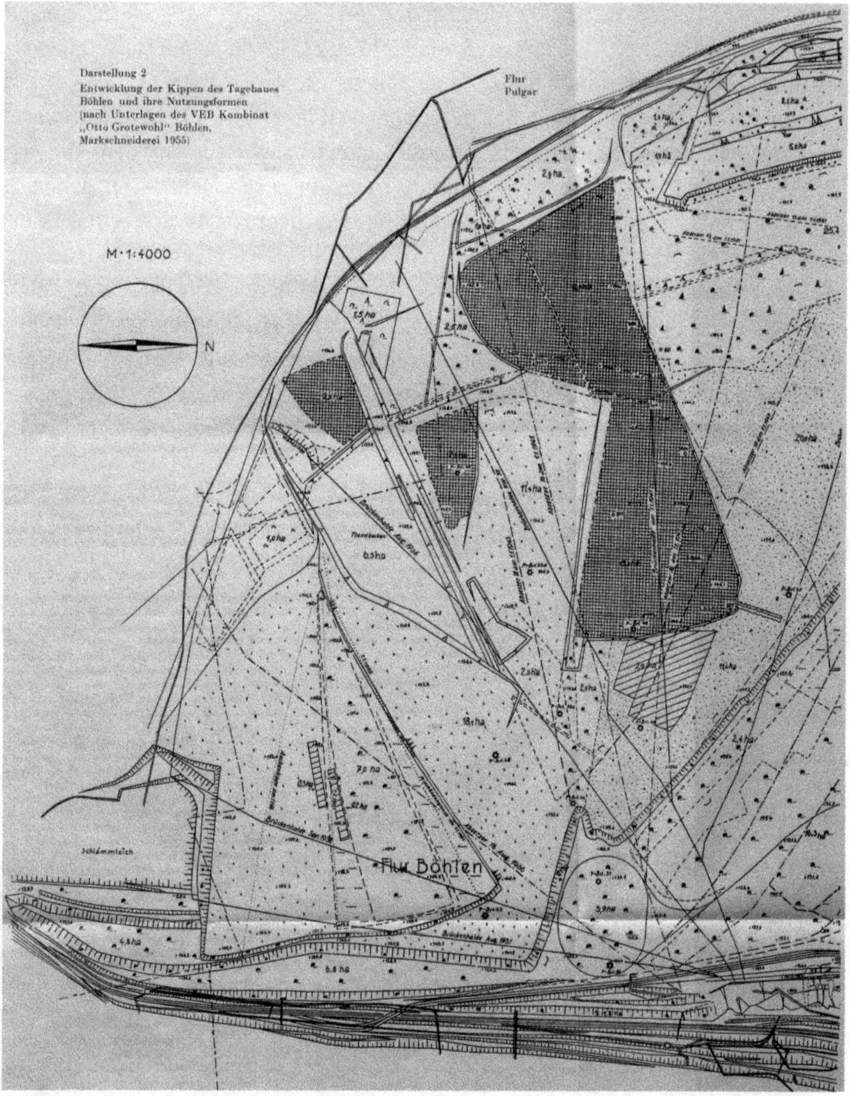

Abb. 38: Flächen der Versuchsstation von Egon Brüning (schraffiert) auf der Hochabsetzerkippe 18 des Tagebaus Böhlen; rechts der Aufschlußgraben, der die Station von der heutigen Stadt Böhlen trennt, 1955

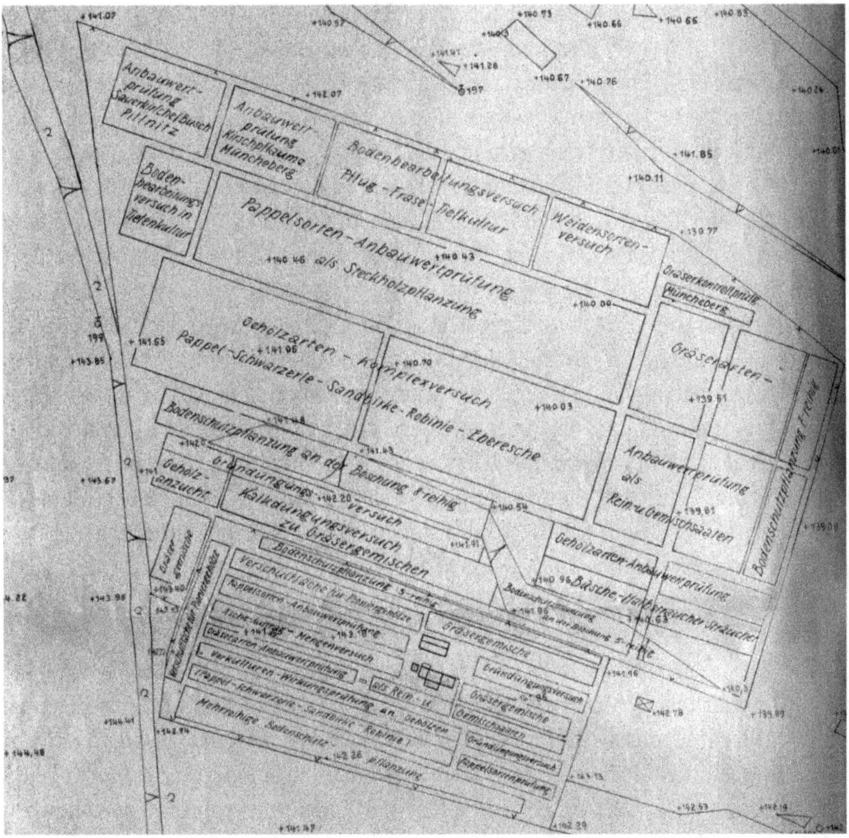

Abb. 39: Versuchsgelände Stand 1956 von Egon Brüning mit den einzelnen Parzellenaufteilungen nach Pflanzen und Bearbeitungstechniken separiert

Ähnlich wie Knabe nutzte Brüning die Flächen über mehrere Jahre, um zum einen Anwachsraten von Bäumen beobachten zu können und zum anderen bessere Vergleichsmöglichkeiten zu haben (Abb. 39).[600] Dabei zeigt sich eine strenge Trennung der Parzellen nach Pflanzenarten und nach Bodenbearbeitungstechniken. Ein wesentlicher Unterschied zu Knabes Versuchsstationen waren die unterschiedlichen Bodenbearbeitungen, die Brüning von Beginn an für eine bessere Integration in den Bergbauprozess durchführte. Des Weiteren zeigen die einzelnen Parzellen Parallelen und Unterschiede zu Knabe. Brüning experimentierte, wie Knabe, sowohl mit Kalk- als auch mit Aschemelioration. Ebenso nutzten beide ähnliche Pionierholzarten für

600 Vgl. SächsStA-L, 20687 VEB „Otto Grotewohl" Böhlen, Nr. 1193, Lageplan zur Versuchsfläche Hochabsetzerkippe 18 (1952–1956).

die Wiederbegrünung. Brüning kooperierte hierzu mit den Forschungsinstitutionen der Pflanzenzucht in Pillnitz und Müncheberg, da im oberen Abschnitt zwei entsprechende Parzellen für Obstbäume angelegt wurden. Der Anbau von Obstbäumen impliziert auch eine weitere Nutzungsvariante, die Brüning im Blick hatte, die landwirtschaftliche Wiederinwertsetzung der Kippen. Die Kooperation mit dem Institut für Meliorationswissenschaften, immerhin war Seidemann bereits in seiner Dissertation 1952 der Frage nach den Möglichkeiten, landwirtschaftliche Anbauflächen in der Bergbaufolgelandschaft zu schaffen, nachgegangen, brachte vor allem für landwirtschaftliche Aspekte der Wiedernutzbarmachung Fortschritte. Systematischer als Knabe, der nur durch den zufälligen Anflug von Samen landwirtschaftliche Kulturen betrachtete, untersuchte Brüning deren Wachstum wie u. a. für Hafer und Waldstaudenroggen.[601] Auch war die Versuchsstation von Brüning mit 3,01 ha größer als die von Knabe, bot mithin mehr Experimentiermöglichkeiten.[602] Durch diese starke Differenzierung lieferten allerdings seine Versuche nicht mehr hinreichend repräsentative Ergebnisse für den Einsatz auf großer Fläche, wie die DAL kritisch anmerkte und entsprechend im Herbst 1952 die Versuche in Böhlen stark einschränkte.[603] Die DAL betonte zudem, dass die „Versuchsflächen Böhlen nicht mehr den Schwerpunkt unseres Auftrages [des Institutes für Landschaftsgestaltung] darstellt[en] und wesentlich eingeschränkt [werden].“[604] Es scheint so, dass sie die parallelen Arbeiten der HU Berlin in der Lausitz als Dopplung ansah. Eventuell sah die DAL nach der ersten Wiederurbarmachungsverordnung vom 06. Dezember 1951 und der folgenden ersten Durchführungsbestimmung vom 10. Mai 1952 keine Notwendigkeit mehr, ein Verfahren zur Rekultivierung des Öd- und Unlandes zu entwickeln, da nun die Bergbautreibenden zur betrieblichen Wiederurbarmachung verpflichtet schienen. Zumindest das Argument der kostenintensiven Versuchsdopplung war nicht haltbar, da die Herausforderungen in beiden Revieren unterschiedlich waren. Am 01. Juni 1953 änderte die DAL ihre Position grundlegend und akzeptierte die separaten Forschungen zum Mitteldeutschen Revier in Leipzig, da es sich in seinen Vorausetzungen zur Wiedernutzbarmachung von der Lausitz unterschied. [605]

601 Während Knabe in Schwarzkollm über gerade einmal drei Parzellen auf 2 ha verfügte, waren es in Laubusch immerhin 13 Parzellen bei einer insgesamt vergleichbar großen Fläche. Brüning hatte das Gelände hingegen in mindestens 44 Teilbereiche unterteilt. Daher konnte er durchaus differenziertere Ergebnisse erwarten. Vgl. SächsStA-L, 20687, Nr. 1193, Fotodokumentation von Egon Brüning zur Versuchsstation auf der Hochabsetzerkippe 18 im Tagebau Böhlen (1952–1956).

602 Vgl. AGG, Bestand A – Knabe, Wilhelm, Nr. 226, Lageplan Versuchsfläche Laubusch (1954); Brüning, Rekultivierbarkeit, S. 342.

603 UAL, PA-A 40144 Besa, Gertrud, Kündigung vom 13.10.1952.

604 Ebd., Betr. Kündigung vom 30.09.1952.

605 AGG, Bestand A – Knabe, Wilhelm, Nr. 227, Aufgabenstellung von Gustav Heinrichsdorff vom 27.07.1957.

Wegen dieser anfänglichen Fixierung auf nicht zeitgemäße Feldversuche, die evtl. mit veralteten Ausbildungsinhalten in Brünings Lehre als auch mit der Fokussierung eines Teils der Landwirtschaftswissenschaften auf diese Methode zusammenhing,[606] ging Brüning erst 1953 zu Gefäßversuchen über.[607] Die Idee übernahm er von Knabe. Allerdings ist nicht gesichert, wann beide Seiten erstmals von den Forschungen der jeweils anderen erfuhren. Wahrscheinlich ist 1952, allerdings ist ein Kontakt erst für 1953 durch die gemeinsame Arbeit in der Wiedernutzbarmachungskommission belegt.[608] Durch die Übernahme des Forschungsdesigns von Knabe gewannen die Leipziger Forschungen an Qualität, waren sie doch dadurch in der Lage, exakte Bodenanalysen durchzuführen.[609] Gleichzeitig war Knabe durch einen Vortrag Brünings in der Wiedernutzbarmachungskommission spätestens seit Herbst 1953 über die Böhlener Versuche unterrichtet.[610]

Abb. 40: Bodengruben, ausgehoben zur Probenentnahme, um die Entwicklung der Bodenaktivität, den Erfolg der Melioration und die Humusbildung auf der Versuchsstation Böhlen zu dokumentieren, ca. 1956

---

606 Die Existenz des Gefäßversuches machte in den Landwirtschaftswissenschaften keineswegs den Feldversuch obsolet. Besonders Dauerfeldversuche werden bis in die Gegenwart durchgeführt. Die Kritik an den Ergebnissen muss aber auch auf die Versuche des Institutes für Landschaftsgestaltung angewandt werden. Vgl. Uekötter, Wahrheit, S. 83 f. und 121.

607 Vgl. SächsStA-L, 20687, Nr. 696, Untersuchungen zur Frage der Begrünung tertiärer Rohbodenkippen des Braunkohlentagebaues, dargestellt am Beispiel der Hochabsetzerkippe 18 Böhlen, S. 123–155.

608 An dieser Sitzung nahm aus Leipzig Joachim Seidemann teil, der explizit die Forschungen Darmers und Brünings vorstellte. Darmer selbst war krankheitsbedingt verhindert. Brüning nahm nicht an der Sitzung teil. Knabe wiederum vertrat Pniower. Da das Treffen in den Räumen des Institutes für Kulturtechnik (später Institut für Meliorationswesen) stattfand, wird auch Brüning darüber informiert gewesen sein. Vgl. AGG, Bestand A – Knabe, Wilhelm, Nr. 84, Bericht der Kommissionssitzung vom 28.5.1953.

609 Brüning, Rekultivierbarkeit, S. 335.

610 BArch, DF 9/399, Niederschrift über die Sitzung des Arbeitskreises Wiedernutzbarmachung am 22.09.1953.

Die großen Versuchsstationen für Feldversuche von Brüning brachten aber auch Vorteile, besonders was die Untersuchung der Bodenentwicklung anging. Brüning, durch seine agrarische Ausbildung geprägt, hatte den Boden stets im Blick und beachtete vielfältig die Bodenbildungsprozesse (Abb. 40).[611]

Auch erforschte und beschrieb Brüning detailliert den Einsatz der unterschiedlichen Geräte für die Melioration. Die genutzte technische Ausrüstung unterschied sich, wenn vom Schälicke-Pflug abgesehen wird, nicht, deren Anwendung in unterschiedlichen Versuchsanordnungen allerdings wesentlich. Da in der Landwirtschaft schon seit dem Kaiserreich Mechanisierungstendenzen zu erkennen waren, die im Nationalsozialismus weiter vorangetrieben wurden,[612] war der Landwirt Brüning mit den entsprechenden Bedürfnissen aus der Agrikultur bereits vertraut. So ist es wenig verwunderlich, dass er mehr und konkretere Hinweise zur Gefügemelioration, also der Bearbeitung des Untergrundes, gab als Wilhelm Knabe.[613] Insbesondere nach 1956 testete er auf der Versuchsstation verschiedene Formen der Bodenbearbeitung. Die Karte des Forschungsgeländes zeigt die unterschiedlichen Technologien (Abb. 39). Bereits 1952 führte er Versuche durch, bei denen er die Flächen erstens nur mit einer in Handarbeit ausgeführten Tiefkulturbodenlockerung (bis Tiefen von über 100 cm) und zweitens mit einer Kombination aus Pflug, Bodenfräse und Tiefkulturbodenlockerung bearbeitete. Brüning verwies bei der Bodenbearbeitung von Kippen auf die Parallelen zur Kultivierung von flachgründigen Hochmooren.[614] Auch für Brüning stellte sich das Problem der fehlenden technischen Ausstattung für die Wiedernutzbarmachung. Er konnte im Gegensatz zu Knabe dabei nicht auf eigene Entwicklungen zurückgreifen. Vielmehr setzte er auf die Adaption und Anpassung bestehender industrieller Agrarmaschinen. Anfangs kam eine kleine Bodenfräse „Atlas“ der Rotenburger Metallwerke aus Schweinfurt zum Einsatz (Abb. 41 und 42).[615] Brüning war

611 SächsStA-L, 20687, Nr. 1193, Fotodokumentation von Egon Brüning zur Versuchsstation auf der Hochabsetzerkippe 18 im Tagebau Böhlen (1952–1956), Abb. 8–11.

612 Frank Uekötter setzt den Durchbruch der Mechanisierung in der Landwirtschaft mit dem massenweisen Einsatz des Traktors zwischen 1920 und 1960 an. Allerdings gab es auch davor bereits Geräte, wie Dreschmaschinen, die Vor- und Zwischenstufen der Mechanisierung bildeten. Vgl. Uekötter, Wahrheit, S. 277 ff.; Welp, Johannes: Mechanisierung in der Landwirtschaft im Südoldenburger Land, Damme 2009, S. 7–13.

613 Brüning, Rekultivierbarkeit, S. 346 ff.

614 Ebd., S. 346.

615 Brüning nutzte die „Atlas“-Fräse der Rotenburger Metallwerke für mindestens zehn Jahre bis 1964 auf der Versuchsstation. Danach wurde sie an die Firma Fräsen-Drexl in Zwenkau zurückgegeben. Allerdings hatte sie zu diesem Zeitpunkt einen Kupplungsschaden. Das Modell gab es mindestens seit 1951. Daneben stand auch noch eine Fräse „IFA“, möglicherweise Typ 20, als kleine Fräse zur Verfügung, die sich optisch kaum von dem bundesdeutschen Modell unterschied und ebenfalls in den 1950er-Jahren hergestellt wurde. Vgl. SächsStA-L, 20687, Nr. 1193, Fotodoku-

aber klar, dass es dauerhaft leistungsfähigere Geräte für die maschinelle Integration in den Bergbauprozess brauchte.[616] Deshalb trug das Institut bereits 1954 die Forderung an den VEB „Otto Grotewohl“ Böhlen heran, möglichst eine größere Bodenfräse zu beschaffen.[617] Gleichzeitig referenzierte er auf die realen Bedingungen im Sozialismus, wenn er mit der Scheibenegge B 355 ein alternatives Gerät empfahl, falls keine Fräse verfügbar sei.[618]

Abb. 41 und 42: Einsatz einer Atlas-Bodenfräse der Rotenburger Metallwerke auf dem Versuchsgelände von Brüning auf der Hochabsetzerkippe 18 im Tagebau Böhlen, 1954

mentation von Egon Brüning zur Versuchsstation auf der Hochabsetzerkippe 18 im Tagebau Böhlen (1952–1956), Abb. 30; StUG, 036-098, Brief von Egon Brüning an Arthur Jahn vom 20.04.1964.

616 Brüning, Rekultivierbarkeit, S. 347

617 Scheinbar zeigte diese Forderung keine Wirkung, da nur der Einsatz der beiden kleinen Fräsen belegt ist. Es ist fraglich, ob bis zur „Regiser Bodenfräse“ überhaupt geeignete Geräte in der DDR verfügbar waren. Vgl. UAL, R 142, Bd. 1, Einzelvertrag 1954.

618 Brüning, Rekultivierbarkeit, S. 348.

Neben der Fräse spielte für Brüning ebenso der Einsatz eines Pfluges mit erhöhter Meliorationstiefe eine wichtige Rolle. Wie Knabe hatte Brüning die Bedeutung einer tieferen Bodenmelioration für die spätere Rekultivierung erkannt. Ziel dieses Bearbeitungsschrittes war es, den sauren, unmeliorierten Unterboden zur besseren Neutralisation an die Oberfläche zu holen. Für die von Brüning angestrebte Meliorationstiefe von 60 bis 70 cm nahm er keine Eigenentwicklung vor, sondern empfahl eine Anpassung bestehender Geräte.[619] Hierzu sollte ein Tiefkulturpflug vom Typ CE 24 – D2 durch eine Verlängerung der Streichbleche und durch die Ergänzung eines Voreinlegekörpers vom Typ B 185 für die Aufgabe angepasst werden. Dadurch sollten die bestehenden Nachteile – zu wenig organisches Material im Unterboden, zu tiefes Einbringen der Ackerkrume, zu viel Unterboden nach oben – ausgeglichen werden.

Schlussendlich gipfelten Brünings Forschungen in einem eigenen Meliorationsverfahren – dem Böhlener Verfahren. Seine konkreten Arbeiten an einer Methode zur Aufbereitung der Kippenböden begannen nach Abschluss seines Studiums am 01. August 1954 mit seiner Einstellung als Wissenschaftlicher Mitarbeiter und der Übernahme des Forschungsauftrages „Begrünung von Rohbodenkippen."[620] In seiner Diplomarbeit hatte er bereits die Rekultivierbarkeit des verkippten Abraums untersucht und schloss mit seiner Dissertation hieran an.[621] Er setzte seine bisherigen Versuche auf der Hochabsetzerkippe 18 in Böhlen fort, so dass der Tagebau Namenspate wurde. Ebenso wie Knabe probierte Brüning in Gefäßversuchen die beste Meliorationsart für tertiäre, pflanzenfeindliche Abraumschichten aus. Hierzu nahm er insgesamt 14 Proben, die er unterschiedlich düngte und mit Branntkalk meliorierte.[622] Der Einsatz dieses Meliorationsmittels stellte den größten Unterschied zu Knabe dar. Der von Brüning gewählte Branntkalk hatte den Vorteil, hochkonzentriert und gleichzeitig schnell wirksam zu sein.[623] Nachteil war die geringere Krümelbildung und der geringere Säurepuffer. Ansonsten lassen sich viele Parallelen zwischen den Forschungsgruppen in Berlin und Leipzig in ihren Versuchen konstatieren: Einsatz verschulter Bäume, Versuche mit unterschiedlichen Baumarten und Sträuchern sowie unterschiedliche Düngungsver-

---

619 Ebd., 346 f.

620 Brüning, Wiedernutzbarmachung, S. 83 f.

621 Vgl. Brüning, Egon: Untersuchungen über die Rekultivierbarkeit des Bodens roher Mittelmassenkippen des Braunkohlentagebaues im Böhlen-Bornaer Revier als Voraussetzung für ihre Wiedernutzbarmachung, Diplomarbeit, Leipzig 1954.

622 StUG, 036-117, Vegetationsversuche in Mitscherlichgefäßen Böhlen 1955.

623 Katzur/Böcker, Chronik, S. 179.

suche.[624] Auf dem Versuchsgelände in Böhlen zeigten sich die Rekultivierungserfolge, die innerhalb von vier Jahren erzielt wurden (Abb. 43).[625] Selbst von der ortsüblichen Fauna wurde die begrünte Kippe angenommen, wie ein Artikel mit dem Titel „Das erste Reh auf der Böhlener Kippe“ berichtete.[626]

Abb. 43: Versuchsgelände des Institutes für Landschaftsgestaltung und des Institutes für Meliorationswesen auf der Hochabsetzerkippe 18 des Tagebau Böhlen. Die Nummern bezeichnen „Gräsererdkompostierung“ (1), „Mehrreihige Gehölz-Schutzstreifen“ (2), „Gräserarten-Wertprüfung im Vorversuch“ (3) und „Geräteraum und Kaltgewächshaus“ (4), 1956

Erstmals beschrieben wurde das Böhlener Verfahren dann in der Dissertation von Wilhelm Knabe 1959.[627] Kritiken am Verfahren bezogen sich ausschließlich darauf, dass die beschriebenen 60 cm Meliorationstiefe häufig nicht erreicht wurden.[628]

Wie die Berliner Arbeitsgruppe unter Wilhelm Knabe waren auch die Leipziger beim Betrieb ihrer Versuchsstationen auf zahlreiche Hilfskräfte angewiesen. Während Knabe aufgrund seines Forschungsdesigns vor allem auf Revierförster setzte, waren auf dem Forschungsgelände in Böhlen und Espenhain – die Halde selbst war hier Versuchsstation – ausgebildete Landwirte tätig. Mindestens acht Personen lassen sich für die Außenstelle Böhlen des Instituts für Landschaftsge-

---

624 SächsStA-L, 20687 VEB „Otto Grotewohl“ Böhlen, Nr. 1193, Lageplan zur Versuchsfläche Hochabsetzerkippe 18 (1952–1956); StUG, 036-117, Vegetationsversuche in Mitscherlichgefäßen Böhlen 1955.

625 Vgl. SächsStA-L, 20687, Nr. 1193, Fotodokumentation von Egon Brüning zur Versuchsstation auf der Hochabsetzerkippe 18 im Tagebau Böhlen (1952–1956), Abb. 6.

626 Neben der Ansiedlung von Rehen als Großsäuger wurde auch von Fasanen berichtet. Ebenso wurden die Zuwachsraten bei den Pappeln gelobt. Vgl. UATUD, Nachlass W. Bauch, Nr. 125, Abschrift aus Natur und Heimat 7, 1956, S. 224 „Das erste Reh auf der Böhlener Kippe“.

627 Noch vor dem eigenen Schwarzkollmer Verfahren stellte Knabe Brünings Böhlener Verfahren vor, den er auch als Autor benannte. Vgl. Knabe, Zur Wiederurbarmachung, S. 60.

628 Diese Kritik galt auch für Knabes Verfahren. So gelang es in den 1960er-Jahren nicht, diese Meliorationstiefe zu erreichen. Gründe waren vermutlich die mangelnde Ausstattung und die hohen Kosten aufgrund des niedrigen Mechanisierungsgrads. Vgl. Haubold-Rosar, Michael: Bodenentwicklung, in: Pflug (Hrsg.), Braunkohlentagebau, S. 573–588, hier S. 582.

staltung identifizieren.[629] Für die Halde Trages in Espenhain sind immerhin drei Personen nachweisbar.[630] Allerdings war ihre Bedeutung weit geringer als die der Förster in der Lausitz. Dies hing mit ihrer vergleichsweise niedrigen Qualifikation zusammen, die meist nur aus einer landwirtschaftlichen Ausbildung bestand. Daher konnten sie sich nur begrenzt selbständig in die Forschungen einbringen. Einzig Herbert Opitz (geb. 1913), als Hydrologe u. a. auf der Versuchsstation auf der Halde Trages beschäftigt, hatte Wasserwirtschaft und Kulturtechnik in Greifswald studiert.[631]

Entscheidendes Kriterium für die Anstellung scheint der Wohnort gewesen zu sein, da alle Mitarbeiter:innen räumlich oder infrastrukturell nah an den Forschungsstationen wohnten. Als bedeutendster Mitarbeiter bei der Betreuung der Feldversuche kann Walter Engler (geb. 1893) bezeichnet werden.[632] Engler, der ausgebildeter Landwirt und politisch in der Demokratischen Bauernpartei Deutschlands (DBD) aktiv war, wirkte als Landschaftstechniker von 1953 bis 1961 am Institut. Er betreute die Stationen in Böhlen und Espenhain und kann als der Verantwortliche vor Ort bezeichnet werden. Interessanterweise hatte er schon seit seiner Lehre Erfahrung mit der landwirtschaftlichen Bewirtschaftung von Kippengelände, was ihn für diese Position prädestinierte.

Mit der Forschungsgruppe an der HU Berlin kam es zu einem häufigen Austausch. Knabe stand vor allem mit Brünings Vorgesetzten Darmer in ständigem Austausch. Besonders ab 1954 entwickelte sich eine regelmäßige Korrespondenz zwischen der Leipziger und der Berliner Forschungsgruppe.[633] Dabei profitierte Knabe vom Fokus auf landwirtschaftliche Erkenntnisse, wofür ihm als Forstwissenschaftler die Expertise fehlte. Besonders der Einsatz krautiger Pflanzen statt Holzgewächsen und die konkreten Schritte bei der Bodenbearbeitung übernahm

---

629 Diese waren teilweise zu unterschiedlichen Zeiten in Böhlen aktiv. Viele von ihnen hatten einen regionalen Bezug zu Böhlen. Vgl. UAL, PA-A, 3574 Schulze, Elfriede, Personalbogen vom 17.04.1955; PA-A, 5169 Fischer, Hildegard, Personalbogen vom 30.03.1957; PA-A, 7262 Malcher, Hertha, Prämierung des Kollektivs vom 27.09.1956, Personalbogen vom 15.05.1956; PA-A, 8133 Böhle, Gertrud, Personalbogen vom 05.09.1955, Wir bestätigen ihre Einstellung vom 26.03.1958; PA-A, 11474 Engler, Walter, Personalbogen vom 26.02.1953, Einstellung/Versetzung vom 03.03.1953, Aufhebungsvertrag vom 26.04.1961; PA-A, 40144 Besa, Gertrud, Mein Lebenslauf vom 22.07.1952.

630 Vgl. ebd., PA-A, 2830 Fischer, Kurt, Personalbogen vom 10.04.1959; PA-A, 5711 Opitz, Herbert (geb. 18.11.1913), Personalbogen Opitz vom 18.07.1954, Schlußbeurteilung vom 12.05.1956; PA-A 11474 Engler, Walter, Personalbogen vom 26.02.1953.

631 Ebd., PA-A, Akte 5711 Opitz, Herbert (geb. 18.11.1913), Personalbogen Opitz vom 18.07.1954.

632 Vgl. ebd. PA-A 11474 Engler, Walter, Personalbogen vom 26.02.1953, Aufhebungsvertrag vom 26.04.1961.

633 UAL, NA Darmer, 01, Bd. 2, Brief von Gerhard Darmer an Wilhelm Knabe vom 17.07.1954 und 04.11.1954, Brief von Knabe an Darmer vom 01.11.1954, 10.08.1954 und 09.06.1954.

Knabe.[634] So beschaffte er 1956 ebenfalls eine Bodenfräse aus bundesdeutscher Produktion für die Überleitung seiner experimentellen Erkenntnisse in den Großversuch auf der Domsdorfer Brückenkippe.[635]

Die Forschung an der KMU Leipzig beschränkte sich nicht auf die Landwirtschaftlich-Gärtnerische Fakultät. Der Leiter des Geografischen Institutes, Ernst Neef (1908–1984), von 1949 bis 1959 Professor in Leipzig, wirkte auf die Wiederurbarmachungsforschung und auch auf die landschaftsökologischen Vorstellungen in Bezug auf den Nachbergbau ein. Besonders sein Potenzialansatz führte „eine fallbezogene, nutzungsorientierte Betrachtungsweise der jeweiligen ‚Potenziale' von Naturhaushalt und Landschaft"[636] ein. Neefs Wirken beschränkte sich aber nicht auf diese abstrakte Ebene, sondern er war auch aktiv in die Diskussionen der 1950er- und 1960er-Jahre involviert. 1955 veranstaltete er an der KMU ein Kolloquium, auf dem die Ergebnisse der Wiedernutzbarmachungsforschung zum Mitteldeutschen Braunkohlenrevier präsentiert wurden.[637] Über seine Mitarbeit in der Ständigen Kommission für Landschaftspflege war er mit vielen Forschenden der Wiederurbarmachung bekannt wie Ludwig Bauer (geb. 1927), Werner Bauch, Frank Erich Carl, Dietrich Kopp (1921–2008), Albrecht Krummsdorf, Reinhold Lingner und Hermann Meusel.[638]

Von Bernburg bis Tharandt: Weitere akademische Forschungseinrichtungen

Neben Berlin und Leipzig waren noch weitere Wissenschaftsinstitutionen der DDR an der Forschung zur Wiedernutzbarmachung beteiligt. Die wichtigsten waren der Lehrstuhl für Gartenkunst, Landschaftsgestaltung und Ingenieurbiologie an der Technischen Hochschule (TH) Dresden, die Forschungsstelle Graupa der Forsthochschule Tharandt, die Forsthochschule Eberswalde, die Hochschule für Land-

---

634 In der Beschreibung des Schwarzkollmer Verfahrens tauchen „Krautpflanzen" als separate Pflanzen auf. Vgl. Knabe, Zur Wiederurbarmachung, S. 62.

635 Es handelte sich bei der Fräse um eine Bungartz-Fräse L 5, die in München hergestellt wurde. Interessant an dem Beschaffungsvorgang war der Preis. Ursprünglich waren nur 6000 M eingeplant. Schlussendlich wurden aber 8500 M fällig. Dies zeigt die Probleme in der Beschaffung bundesdeutscher Technik. AGG, Bestand A – Knabe, Wilhelm, Nr. 232, Überleitung von Ergebnissen des Forschungsauftrages „Niederlausitz-forstliche Kippenrekultivierung" in die Praxis vom 04.07.1956.

636 Dies war eine für die Entwicklung der modernen, demokratischen Landschaftsplanung wichtige Vorausetzung, die besonders in der Planung der Bergbaufolgelandschaft ab den 1990er-Jahren realisiert wurde. Schwarzer, Mondlandschaften, S. 138.

637 BArch, DE 4/18354, Schreiben von Ernst Neef an die HV Braunkohle vom 12.11.1955.

638 UATUD, Nachlass Prof. W. Bauch, Nr. 128, Verzeichnis der Mitglieder der Ständigen Kommission für Landschaftspflege und Naturschutz im Jahre 1961.

wirtschaft Bernburg sowie die Hauptforschungseinrichtung des Bergbaus, die Bergakademie Freiberg.[639] Alle waren in unterschiedlicher Intensität und auf unterschiedlichen Feldern, die vor allem ihren eigenen Forschungsschwerpunkten entsprachen, in die Entwicklung von Wiedernutzbarmachungstechnologien und die Gestaltung der Bergbaufolgelandschaft involviert.

Als erste und wichtigste Einrichtung sei der Lehrstuhl für Gartenkunst, Landschaftsgestaltung und Ingenieurbiologie an der TH Dresden genannt. Hier hatte Werner Bauch, der bereits als Teilprojektleiter an der „Landschaftsdiagnose“ mitgewirkt hatte, seit 1950 einen Lehrauftrag, dem 1952 eine ordentliche Professur folgte.[640] Die Berufung in diese akademische Spitzenposition ist aufgrund der schweren NS-Belastung Bauchs, die in der DDR bekannt war, erstaunlich.[641] Mindestens ebenso überraschend ist, dass mit Alwin Seifert der vormalige Reichslandschaftsanwalt, der in München lebte, eines der Gutachten verfasste, die 1955 seiner Berufung nachgeschoben wurden.[642] Bisher waren solche Ausnahmen vor allem für Ingenieure und Naturwissenschaftler bekannt.[643] Seine direkte und unbeschränkte Entnazifizierung durch die Kreisentnazifizierungskommission Plauen erscheint hingegen wenig überraschend, da dieser Institution nur seine Parteimitgliedschaft bekannt war.[644]

639 Vgl. Krummsdorf, Rekultivierungsforschung, S. 263.

640 Seine Antrittsvorlesung erfolgte allerdings erst 1953. Die Gründe hierfür sind nicht bekannt. Vgl. UATUD, Nachlass Prof. W. Bauch, Nr. 179, Antrittsvorlesung vom 15.06.1953.

641 Der Rat der Stadt Dresden hatte eine Auszeichnung Bauchs mit dem Martin-Andersen-Nexö-Kunstpreis 1968 mit der Begründung seiner NSDAP-Mitgliedschaft abgelehnt. Unklar ist, ob das MfS über Bauchs Verantwortung für die Grünplanung des KZ Auschwitz 1943 Bescheid wusste. Vgl. ebd., Einladung zur Festveranstaltung am 26.06.1968.

642 Neben Seifert waren noch Lingner und Hermann Mattern (1902–1971) Gutachter. Des Weiteren ist erstaunlich, dass mit Mattern und Seifert zwei alte Nationalsozialisten, die darüber hinaus noch in Kassel und München, also in der Bundesrepublik, wirkten, die Gutachten zur Berufung Bauchs verfassten. Ebd., Gutachten über Prof. Werner Bauch von Alwin Seifert vom 18.06.1955, Schreiben des Rektorats der TH Dresden an Reinhold Lingner vom 31.05.1955.

643 Richard Birthler (1914–1991), Schwiegervater von Marianne Birthler (geb. 1948), konnte, trotz SS-Mitgliedschaft und dem Vorwurf KZ-Aufseher gewesen zu sein, Karriere in der Industrieforschung der Mineralölindustrie machen. Herbert Sedlaczek (1900–1958), ein Spezialist der Stahlherstellung, Professor an der TH Aachen, NSDAP-Mitglied und Wehrwirtschaftsführer in Oberschlesien, konnte in der frühen DDR, bis zu seiner Flucht in den Westen 1950, eine ähnliche Karriere hinlegen und wurde sogar mit dem Nationalpreis der DDR ausgezeichnet. Vgl. Baumert, Autarkiepolitik, S. 413 f.; Boldorf, Marcel: Governance in der Planwirtschaft. Industrielle Führungskräfte in der Stahl- und der Textilbranche der SBZ/DDR (1945–1958), Berlin/Boston 2015 (= Jahrbuch für Wirtschaftsgeschichte, Beiheft 18), S. 192 ff., 268.

644 Vgl. UATUD, Nachlass Prof. W. Bauch, Nr. 179, Tätigkeitsübersicht seit 1928, verfasst von Werner Bauch vom 25.11.1951.

Bauch, der 1902 in Plauen geboren wurde, hatte nach seinem Abitur zunächst eine landwirtschaftliche und gartenbauliche Ausbildung absolviert, der sich 1924 bis 1926 ein Studium an der Staatlichen Forschungsanstalt für Gartenbau Pillnitz bei Dresden anschloss.[645] Nach seinem Studium war er zunächst als freier Landschaftsgestalter in Jößnitz bei Plauen tätig und konzipierte die Gestaltung für die Kurbäder Franzenbad, Oberschlema, Jachymov und Saalfeld.[646] Im Nationalsozialismus war er als Landschaftsanwalt am Reichsautobahnbau beteiligt.[647] Neben seinen, bereits erwähnten, späteren Tätigkeiten in den Beskiden,[648] wozu auch die Grünplanung für das Vernichtungslager Auschwitz gehörte, entwickelte er ab 1942 ein musterhaftes Schafsgut im Fichtelgebirge, eine Arbeit, die sich über das Kriegsende hinaus hinzog.[649] Nach 1945 wirkte er zuerst in der Sächsischen Landesregierung, Abteilung Landschaftspflege mit.[650] 1949 bekam er das Angebot, einen Lehrauftrag an der HU Berlin zu übernehmen, das er allerdings aufgrund von Verpflichtungen in Plauen und Chemnitz ablehnte.[651] Empfohlen hatte ihn sein alter Mentor Seifert. Stattdessen war er im selben Jahr an der Planung der Landschaft und Siedlung Großsedlitz bei Dresden beteiligt, die als ein weiteres Vorprojekt der „Landschaftsdiagnose“ gilt.[652] Daran schloss seine bereits beschriebene Tätigkeit als Teilprojektleiter der „Landschaftsdiagnose“ an, wodurch er erstmals beruflich mit den Auswirkungen des Braunkohlenbergbaus konfrontiert wurde.

Bauch besass schon vor seiner Berufung an die TH Dresden einen Fokus auf ingenieurbiologische Forschungen. Beim Bau der Reichsautobahn bestanden teilweise ähnliche Problematiken wie beim Braunkohlenbergbau: „Mutterboden“ wurde abgetragen und Böschungen mussten begrünt werden. Mit beiden Fragen setzte sich Bauch zusammen mit seinem Assistenten und Nachfolger Harald Linke (geb. 1928) auseinander. Zuerst konzentrierten sich die Forschungen auf die ‚Konservierung‘ des Mutterbodens, damit dieser nicht durch unsachgemäße Lagerung an Qualität einbüßte. Dabei entwickelte Bauch eine Lagerungsform, die eben diesen Wertverlust des Bodens verhindern sollte.[653] Hierzu sollte die Ackerkrume als trapezförmiger Erdhügel von ca. 250–300 cm Breite (oben 80 cm Breite) und ca.

645 Ebd., Lebenslauf vom 17.01.1968.

646 Ebd., Tätigkeitsübersicht seit 1928, verfasst von Werner Bauch vom 25.11.1951.

647 Zutz, Axel: Vorarbeiten zur Landschaftsdiagnose in Sachsen-Anhalt und Sachsen, in: Hiller (Hrsg.), Landschaftsdiagnose, S. 73–82, hier S. 79.

648 Franke, Westwall, S. 59.

649 Zutz, Vorarbeiten, S. 79.

650 Ders., Wege, S. 126.

651 UATUD, Nachlass Prof. W. Bauch, Nr. 179, Gutachten über Prof. Werner Bauch von Alwin Seifert vom 18.6.1955.

652 Zutz, Vorarbeiten, S. 79.

653 UATUD, Nachlass Prof. W. Bauch, Nr. 120, Schutz des Mutterbodens (Juni 1954).

120–150 cm Höhe nach Möglichkeit schattig bzw. begrünt und feucht lagern. Bauch führte ab Anfang der 1950er-Jahre hierzu umfangreiche Versuche an der TH Dresden durch (Abb. 44).[654] Die Übernahme dieser Technik durch den Braunkohlenbergbau gestaltete sich allerdings schwierig. Zwar empfahl auch Knabe die Aufhaldung von „Mutterboden" beim Aufschluss, ignorierte aber die damit verbundenen Probleme der Bodenwertminderung.[655] Aufgrund der räumlichen Dimension eines Braunkohlentagebaus, der schon beim Aufschluss hunderte Hektar umfasst, ist eine Lagerung in kleinen Erdhügeln nicht praktikabel, da sie große Flächen einer anderweitigen Nutzung entziehen würde. Somit stellte diese entwickelte Technologie keine ernstzunehmende Lösung der Zwischenlagerung von „Mutterboden" im Tagebau dar bzw. kann nur in geringem Umfang genutzt werden. In der Bauwirtschaft wurde dies allerdings zu einem bis heute gültigen Standardprozess.[656]

Abb. 44: Versuche zur Lagerung von „Mutterboden" in Erdhügeln durch die TH Dresden Anfang der 1950er-Jahre. Die geforderte feuchte, schattige Verwahrung ist hier nicht gegeben und eine Begrünung erfolgte nicht.

Interessanter für die Wiedernutzbarmachung war das zweite von Bauch und Linke angestoßene Forschungsprojekt, das sich mit der ingenieurbiologischen Bö-

654 Ebd., Nr. 143, Versuche mit Mutterboden an der TH Dresden (um 1950).

655 Knabe gibt nur die getrennte Lagerung des „Mutterbodens" auf einer separaten Halde an. Vgl. Knabe, Wiederurbarmachung, S. 98.

656 Vgl. Lazar, Silvia: Abtrag, Lagerung und Einbau von Bodenmaterial, in: Bundesverband Boden e. V. (Hrsg.): Bodenwelten. Unter: https://www.bodenwelten.de/content/abtrag-lagerung-undeinbau-von-bodenmaterial (Eingesehen: 07.09.2022).

schungsbegrünung beschäftigte. Das Problem der Böschungssicherung zeigte sich bereits bei den Halden Trages und Illmersdorf, wo es aufgrund der schwefelhaltigen Zusammensetzung des Abraummaterials nicht gelang, die Hänge zu bepflanzen und damit gegen Erosion zu sichern (Abb. 45).[657] Für den Autobahn- und Straßenbau bestand diese Problematik ebenfalls, zumindest beim Einschnitt der Fahrbahn ins Gelände oder bei der Schüttung von Wällen als Lärm- und Sichtschutz. Allerdings kam beim Braunkohlenbergbau erschwerend die notwendige Melioration des Untergrundes hinzu.

Abb. 45: Erosionsrinnen auf der Halde Illmersdorf, die aufgrund fehlender Böschungsbegrünung die Anpflanzungen auf dem Kippenplateau bedrohen, 18.03.1953.

657 Barthel/Schubert/Wünsche, Begrünung S. 834 und 842.

Der genaue Beginn der Entwicklung eines eigenen Verfahrens zur Böschungsbegrünung durch Bauch und Linke lässt sich anhand der universitären Überlieferung nicht rekonstruieren. Wahrscheinlich wandten sie sich Ende der 1950er-Jahre/Anfang der 1960er-Jahre dem Thema zu. Erste Versuche hierzu wurden 1965/66 im Tagebau Heide durchgeführt (Abb. 46 und 47).[658] Für die Entwicklung eines entsprechenden Verfahrens griffen die Dresdener auf Vorarbeiten aus der DDR, speziell dem Koyne Verfahren der HU Berlin,[659] und auf internationale Forschungen, speziell auf das für den Straßenbau durch die schwedische Firma Weibull entwickelte WEGO-Verfahren,[660] zurück. Bauch und Linke adaptierten Erkenntnisse beider Verfahren für ihre Anforderungen. Das schwedische Tallöl – ein bei der Zellstoffgewinnung als Nebenprodukt anfallendes Kiefernöl, das zur Haftung der Gräsermischung am Hang genutzt wurde – ersetzten sie durch das in der DDR in ausreichender Menge vorhandene Bitumen.[661] Gleichzeitig übernahmen sie vom Koyne Verfahren den Einsatz der phenolhaltigen Abwässer zur Erhöhung der Wasseraufnahmekapazität des Bodens und Asche zur Säuremelioration.[662] Aber auch eigene Impulse sind nachweisbar. Neben dem Ersatz des Tallöls durch Bitumen war es der Einsatz von Torfmull als zusätzliches Meliorationsmittel neben der Asche.[663] Dies ist nicht von anderen Forschungen zu Meliorationsverfahren im Braunkohlenbergbau der DDR bekannt.

658 UATUD, Nachlass Prof. W. Bauch, Nr. 131, Schreiben von Harald Linke an Werner Bauch vom 08.07.1966.

659 Spätestens nach dem Vortrag von Kurt Illner in Dresden 1963 war Bauch und Linke dieses Verfahren bekannt. Durch den intensiven Austausch, der allerdings bereits vorher bestand, kannten sie die Forschungen daran vermutlich schon länger. Vgl. ebd., Nr. 125, Vortrag Die Bodenmelioraton tertiärer Kippen als Vorausetzung ihrer forstlichen und landwirtschaftlichen Rekultivierung dargelegt am Domsdorfer Verfahren und die bisherigen Ergebnisse in der Verwertung phenolhaltiger Abwässer zur Gewinnung landwirtschaftlicher Nutzfläche durch Kurt Illner (1963).

660 Bei der Methode handelte es sich um ein Anspritzverfahren, wobei eine Emulsion aus Tallöl, Stickstoff, Phosphor, Kalk (NPK)-Düngung und Grassamen ausgebracht wurde. Die Anwendung erfolgte zu diesem Zeitpunkt in Schweden, Österreich und der Bundesrepublik. Vgl. ebd., Nr. 131, Betr.: WEGO-Verfahren vom 15.10.1966, Besprechung mit den Vertretern der Firma Weibull/Landskrona/Schweden in Berlin vom 02.12.1966.

661 Ebd., L/L vom 05.09.1966.

662 Ebd., Schreiben von Harald Linke an Werner Bauch vom 08.07.1966.

663 Ebd.

Abb. 46 und 47: Versuche zur Böschungsbegrünung im Tagebau Heide. Düngung mit einem Streuwagen (oben) und Ausbringen der Emulsion (unten), 1965

In der Praxis wurden sieben bis elf Personen, eine Planierraupe, ein Miststreuer (für die Ausbringung des Torfmulls und der Asche), ein Bagger oder ein anderes Ladegerät, sechs Lastkraftwagen (davon einer als Träger für das Spritzgerät) und entsprechendes Meliorationsmaterial (für einen Auftrag von 2–3 cm Asche und Torfmull und 250 g Bitumen je m²) benötigt.[664] Nach zwei bis vier Wochen war mit einer Bedeckung der Fläche mit einer Rasensaat zu rechnen.[665] Die Anwendung war auf Böschungen mit einer Neigung von 1:2 bis 1:3 geeignet.[666] Allerdings gab es auch Probleme, die mit diesem Verfahren, gerade in seiner Abwandlung der ursprünglichen schwedischen Methode, einhergingen. Durch den Einsatz des zähflüssigen Bitumens – wenn auch 1:1 mit Wasser vermischt – verstopften die Düsen der Spritzen und mussten mit Wasser und Waschbenzin direkt nach dem Einsatz gereinigt werden.[667]

Der Bedarf für ein solches Verfahren war erheblich. Linke bezifferte die jährlich entsprechend zu behandelnden Flächen in der Braunkohlenindustrie auf 2,5 Mio. m², zu denen noch einmal ca. 5 Mio. m² Altflächen kämen.[668] Damit wäre der Braunkohlenbergbau nach dem Bauwesen der bedeutendste Einsatzbereich für das Verfahren gewesen. Die Methode wurde immer weiter verfeinert – so wurde später eine Latex-Bitumen-Gräser-Emulsion ausgebracht, die neigungsunabhängig eingesetzt werden konnte – und firmierte unter dem Namen Merseburger Anspritzverfahren.[669] Es war so erfolgreich, dass sein Einsatz auch in anderen Bergbauformen, konkret zur Begrünung der Spitzkegelhalden im Kalibergbau der DDR, erfolgte.[670] Auch für den Autobahnbau galt das Verfahren von Linke und Bauch als brauchbar.[671] Insgesamt ist dieses Verfahren relativ unbekannt und wurde nach Ende der DDR nur von Albrecht Krummsdorf beschrieben, wohinge-

664 Ebd., Schreiben von Harald Linke an Werner Bauch vom 08.07.1966, Betr.: WEGO-Verfahren vom 15.10.1966.

665 Ebd., L/L vom 05.09.1966.

666 Krummsdorf, Wiederurbarmachung, S. 403 f.; UATUD, Nachlass Prof. W. Bauch, Nr. 131, Schreiben von Harald Linke an Werner Bauch vom 08.07.1966.

667 UATUD, Nachlass Prof. W. Bauch, Nr. 131, Schreiben von Harald Linke an Werner Bauch vom 08.07.1966.

668 Ebd., Betr.: WEGO-Verfahren vom 15.10.1966.

669 Krummsdorf hatte es bereits in dem populären Standardwerk „Landschaften vom Reißbrett" 1981 erwähnt. Vgl. Krummsdorf, Wiederurbarmachung, S. 404; Krummsdorf/Grümmer, Reißbrett, S. 63.

670 Heinze, Martin/Fiedler, Hans Joachim/Liebmann, Heike: Freilandversuche zur Begrünung von Kalirückstandshalden im Südharzgebiet, in: Hercynia. Beiträge zur Erforschung und Pflege der natürlichen Ressourcen 2, 1984, S. 179–189, S. 187 f.

671 StUG, 036-129, Gutachten über die Möglichkeiten einer mutterbodenlosen Begrünung von Autobahnböschungen (verfasst von Max Kroll 29.03.1968).

gen in der „Chronik der Rekultivierungsforschung" kein Hinweis auf das Verfahren erfolgte.

Das Institut für Forstpflanzenzüchtung sowie das Institut für forstliche Sonderkulturen in Graupa, beides Außenstellen der Forsthochschule Tharandt, entwickelten ein weiteres, eigenes Wiedernutzbarmachungsverfahren.[672] Graupa war bereits seit 1950 in der Rekultivierungsforschung aktiv[673] und beschränkte sich auf sein Kerngebiet der Baumzüchtung, in dem Pappeln auf wiederaufgeforstetem Kippengelände untersucht wurden.[674] Diese Forschungen führte man auf den bereits bestehenden Versuchsflächen durch, wie beispielsweise die Pappelanpflanzungen auf der Halde III bei Schwarzkollm, die die HU Berlin betrieb.[675]

Der bedeutendste Rekultivierungsforscher in Graupa war Herbert Günther (1929–1961/62),[676] der in der Abteilung Pappelforschung tätig war. Günther hatte Forstwissenschaft studiert. Seit 1951 führte er Anpflanzversuche mit Pappeln und Weiden im Lausitzer Braunkohlenrevier durch.[677] 1954 betreute er die Versuchsflächen des Instituts für forstliche Sonderkulturen in Schwarzkollm, welche de facto die Forschungsstation von Knabe umfasste.[678] 1958 wurde er Direktor des Instituts für Forstwissenschaft in Graupa.[679] In dieser Position stand er mit den anderen Forschungsprojekten in Kontakt und nahm an Sitzungen des Arbeitskreises Wiedernutzbarmachung teil.[680]

Das Institut für forstliche Sonderkulturen in Graupa unternahm zwischen 1951 und 1960 auf der 80 ha großen Versuchsfläche auf der Kortizmühlenkippe in Laubusch Anpflanz- und Meliorationsversuche, bei denen besonders mit Pappeln und Weiden experimentiert wurde.[681] Die eigenen Meliorationsmaßnahmen be-

672 Katzur/Böcker, Chronik, S. 172.

673 BArch, DF 9/386, Protokoll Nutzbarmachung von Gruben-Abraumkippen am 27.10.1950.

674 UAL, Nachlass Darmer, Nr. 1, Bd. 2, Schreiben an Gerhard Darmer vom 17.12.1952.

675 AGG, Bestand A – Knabe, Wilhelm, Nr. 228, Gutachten über die Möglichkeiten einer Bepflanzung vom 10.02.1956.

676 Das genaue Todesjahr ist nicht überliefert. Allerdings muss er 1961 oder 1962 gestorben sein, da ab 1962 sein früher Tod beklagt wird.

677 Katzur/Böcker, Chronik, S. 172.

678 Es scheint so, dass er zugleich an der HU beschäftigt war, da er beispielsweise 1956 von Pniower persönlich geschickt wurde, um einen westdeutschen Kollegen vom Zug abzuholen. AGG, Bestand A – Knabe, Wilhelm, Nr. 84, Programm für die Besichtigungsfahrt der Kommission „Kippenrekultivierung" am 29. Juni 1954 (24.06.1954); HUB, UA, LGF, Nr. 28, Brief von Georg Pniower an Hans-Joachim Berthold vom 06.06.1956.

679 Die Namensgebung des Instituts scheint mehrfach zu variieren. Möglicherweise gab es auch zwei Institute die in Graupa tätig waren und sich der Rekultivierung widmeten. Vgl. ebd., Nr. 29, VII. Dendrologietagung Cottbus September 1959 (24.09.1959).

680 BArch, DF 9/399, Niederschrift über die Sitzung des Arbeitskreises Wiedernutzbarmachung am 11. September 1957 (28.01.1958).

681 Katzur/Böcker, Chronik, S. 172.

standen in der Kalkung in Handarbeit.[682] Versorgungsengpässe führten dazu, dass beim Meliorationsmittel improvisiert werden musste – reichlich vorhandener Kalkmergel ersetzte Branntkalk. Als positiver Nebeneffekt wurde festgestellt, dass der Mergel auf quarzsandhaltigen Kippenböden in der Säureneutralisierung nachhaltiger wirkte als Branntkalk.[683] Die Versuche zeigten, dass mit Kalkung eine Verbesserung des Pflanzenwuchses erreicht werden konnte. Gefäßversuche als Teil eines zeitgemäßen Forschungsdesigns erfolgten zu diesem Zeitpunkt noch nicht.

Der strukturelle Ressourcenmangel im Sozialismus ließ eine regelrechte Kultur des Improvisierens entstehen, die sich besonders in Graupa zeigte. 1955 erfolgte die Melioration mit Hochofenschlacke des Eisenhüttenkombinates Ost,[684] die das Pflanzenwachstum förderte.

Diese Versuche führten zwischen 1956 und 1962 zur Entwicklung einer eigenen Meliorationsmethode, dem Graupaer Verfahren.[685] Der Fokus lag hier in der Herstellung von für Waldbau geeigneten Böden und reiht sich damit in die Forschungen Knabes ein. Bezeichnenderweise wurde das Verfahren auf dem Testgelände von Knabe in Schwarzkollm 1966 überprüft.[686] Das Besondere war der Einsatz von kompostiertem Hausmüll zur Bodenverbesserung.[687] Durch den Mülleintrag wurde de facto die fehlende Humusschicht ergänzt. Als Vorteile dieses Verfahrens zählte Günther auf: 1. verhindert wilde Deponien, eine Problematik, die bis zum Ende der DDR bestand und verstärkt auftrat;[688] 2. eine schnelle Umwandlung des Mülls in Humus; 3. Einsparung von mineralischen Düngemitteln; 4.

682 Die ersten Meliorationsarbeiten begannen im Frühjahr 1951, also noch vor Knabes Arbeiten. Händisch wurde mit dem Spaten der Kalk in den Boden eingebracht. Diese Arbeiten wurden 1952 wiederholt. Im ersten Jahr wurden die Versuche auf 1,72 ha durchgeführt. Im zweiten Jahr erfolgte eine Wiederholung auf 0,72 ha. Im Gegensatz zu Brünings und Knabes Versuchsstationen schienen diese ausschließlich auf die Pflanzen und deren Bedürfnisse zu fokussieren. HUB, UA, LGF, Nr. 29, VII. Dendrologietagung Cottbus September 1959 (24.09.1959), S. 1–3.

683 Ebd., S. 5.

684 Ebd.

685 Katzur/Böcker, Chronik, S. 180.

686 BArch, DK 107/26140, Wiedernutzbarmachung von Kippen (1966), S. 1 ff.

687 Vgl. Günther, Herbert: Meliorierung nährstoffarmer Braunkohlenkippen in der Niederlausitz, in: Forst und Jagd, Sonderheft Waldbodenmelioration, 1958, S. 34–40, hier S. 39.

688 Am Ende der DDR gab es 27 877 Altlastenverdachtsflächen, wovon ca. 22 000 Deponien waren. Auf Kippengelände, das besonders bei Unterflurkippen aufgrund des aufsteigenden Grundwassers ungeeignet als Deponiestandort ist, bestanden insgesamt 1050 Deponien (750 Mitteldeutsches Revier, 300 Lausitzer Revier). Eine stärkere Konzentration auf Mitteldeutschland erklärt sich daraus, dass dort das industrielle Herz der DDR schlug. Eine weitere Bedrohung für Deponien auf Kippengelände war die Gefährdung durch Rutschungen. Als letzte Bedrohung ist die mögliche Kontamination des Grundwassers zu nennen. Vgl. Buck, Müllentsorgung, S. 479–482.

Flächen sind nach der Melioration für die Holzwirtschaft nutzbar.[689] Voraussetzung für die Nutzung des Mülls war allerdings seine Qualität, die der Autor unterschlug. Der Hausmüll jener Zeit war weniger mit toxischen Substanzen belastet als zu Beginn des 21. Jahrhunderts und daher nach entsprechender Mülltrennung geeignet. Dabei war Sommermüll im Vergleich zu Wintermüll bevorzugt einzusetzen.[690] Die notwendige Aufbereitung durch Trennung des Mülls beschränkte allerdings dessen Quantität. Deshalb konnte anfangs nur mit Gefäßversuchen in Graupa gearbeitet werden.[691] Die Übernahme dieses Forschungsdesigns von Knabe belegt zum einen den Kontakt zwischen den Wissenschaftlern, zum anderen zeigt es, dass sich Wissen zwischen den einzelnen Forschungsprojekten schnell verbreitete und Weiterentwicklungen übernommen wurden.

Im Frühjahr 1958 überprüfte Günther erfolgreich das Verfahren auf Kippenflächen des Versuchsgeländes Kortizmühlenkippe bei Laubusch.[692] Neben der Flächendüngung mit Müll meliorierte er besonders das Pflanzloch mit Wintermüll. Der hohe Braunkohlenascheanteil erfüllte den gleichen Zweck wie Knabes Aschemelioration, nämlich die Neutralisation des Säuregehaltes.

Je Hektar werden beim Graupaer Verfahren 1000 m^3 Rohmüll und 1100 t Superphosphat zur Bodenmelioration aufgewendet bzw. in einer zweiten Variante 500 m^3 Müll und 5500 t Mischkalk.[693] Es wurde vergleichend mit dem Domsdorfer und dem Böhlener Verfahren unter der Ägide Egon Brünings in einem Großversuch überprüft.[694] Im Ergebnis zeigte sich, dass das Verfahren prinzipiell zur Rekultivierung von Kippengelände geeignet war, über seine Qualität lassen sich allerdings keine Aussagen treffen. Eine Anwendung ist nur in wenigen Fällen überliefert. Vermutlich hing dies mit dem frühen Tod Herbert Günthers zusammen. Spätestens 1962 wurde die Rekultivierungsforschung am Institut für Forstwissenschaften Tharandt, Zweigstelle Graupa, im Zuge eines Konzentrationsprozesses dieses Wissenschaftsbereiches eingestellt.[695] Allerdings wurde das Graupaer Ver-

---

689 Günther führt noch ein weiteres Argument ins Feld: Die Beeinträchtigung des Landschaftsbildes durch wilde Müllablageorte. Dabei orientierte er sich scheinbar eher an der Lingnerschen Landschaftsvorstellung als an dem Nutzbarkeitskriterium von Pniower. Vgl. Günther, Meliorierung, S. 39.

690 Der Grund war der höhere Ascheanteil im Wintermüll, während im Sommer organische Stoffe wie Laub oder Gemüseabfälle dominierten. Andererseits verbesserte der Ascheanteil den Säureaustausch und die Wasseraufnahmekapazität. Katzur/Böcker, Chronik, S. 181.

691 Günther, Meliorierung, S. 39.

692 Die Pappeln und Weiden zeigten einen guten Anwuchs und belegten damit den Erfolg der Gefäßversuche. HUB, UA, LGF, Nr. 29, VII. Dendrologietagung Cottbus September 1959 (24.09.1959), S. 7.

693 Katzur/Böcker, Chronik, S. 180 f.

694 BArch, DK 107/26140, Wiedernutzbarmachung von Kippen (1966), S. 1 ff.

695 Katzur/Böcker, Chronik, S. 181.

fahren zwischen 1963 und 1966 durch Heinz Siegel auf Flächen des Tagebaus Domsdorf mit dem Böhlener, dem Domsdorfer und dem Koyner verglichen.[696] Dabei erfolgte eine Anpassung des Verfahrens, das bisher noch nicht auf einer tertiären Brückenkippe getestet worden war, die Ergebnisse des Versuches sind nicht überliefert. Gleichwohl das Graupaer Verfahren nicht in der Praxis breitenwirksam wurde, übernahm man einzelne Aspekte: In der Beschreibung der Rekultivierung der Brückenkippe des Tagebaus Plessa 1960 wurde das vom Institut für Forstwissenschaften entworfene Pflanzschema zur Böschungsbefestigung mit Weiden entsprechend der jeweiligen Standortbedingungen angewendet.[697]

Das Institut für Pflanzenzüchtung beschränkte seine Arbeiten nicht auf den Braunkohlenbergbau, sondern führte auch für den Uranerzbergbau der Sowjetisch-Deutschen Aktiengesellschaft (SDAG) Wismut Begrünungs- und Aufforstungsversuche durch.[698]

Neben Tharandt war die Forsthochschule Eberswalde die zweite forstwissenschaftliche Ausbildungsstätte in der DDR. Bereits vor 1945 war die Hochschule in die Rekultivierungsforschung involviert; am Bodenkundlichen Institut wurden Gutachten zur Bodenzusammensetzung von Kippengelände in der Niederlausitz erstellt.[699] Am Institut für Forsteinrichtung und Standorterkundung war Dietrich Kopp beschäftigt, der sich spätestens seit Anfang der 1960er-Jahre in der Kommission für Landschaftspflege und Naturschutz mit Fragen der Wiedernutzbarmachung auseinandersetzte.[700] Sein wichtigster Impuls in der Rekultivierungsforschung war die Koppsche Methode der Landschaftsbetrachtung.[701] Hierzu wurde für das zu rekultivierende Kippengelände neben dem Boden, das Klima, das Relief, das Stau- und Grundwasser sowie die bisherigen Vegetationsformen berücksichtigt.

Zusätzlich spielte die Forsthochschule Eberswalde, ebenso wie die Forsthochschule Tharandt, eine bedeutende Rolle bei der Ausbildung des forstwissenschaftlichen Nachwuchses. Erwin Brier (1927–2019) hatte 1946 bis 1950 in Eberswalde studiert und beschäftigte sich, nachdem er von 1951 bis 1962 als Oberförster im

696 BArch, DK 107/22835, Wiederurbarmachung der durch den Bergbau geschädigten Flächen (1963); DK 107/26140, Wiedernutzbarmachung von Kippen (1966).

697 BLHA, Rep. 801 RdB Ctb, Nr. 29285, Pflanzschema für 50 laufende Meter Böschungsbefestigung auf Sandboden (November 1960).

698 BArch, DK 107/22835, Komplexthema der durch den Bergbau geschädigten Flächen (1963/1964).

699 AGG, Bestand A – Knabe, Wilhelm, Nr. 228, Gutachten über Kohlenletten, Kohlensand und Humunit (1933).

700 UATUD, Nachlass Prof. W. Bauch, Nr. 128, Verzeichnis der Mitglieder der Ständigen Kommission für Landschaftspflege und Naturschutz im Jahre 1961.

701 HUB, UA, LGF, Nr. 29, Schreiben von Georg Pniower an Dietrich Kopp vom 28.11.1959.

Staatsforstbetrieb Torgau tätig gewesen war,[702] mit Fragen der forstlichen Rekultivierung.[703] Seit spätestens 1962 war er hierzu in der Lausitz tätig.[704] Dort oblag ihm die Wissensvermittlung an Wiederurbarmachungs- und Rekultivierungsbetriebe[705] und er verfasste wissenschaftliche Expertisen.[706]

Als agrarwissenschaftliches Pendant zu Eberswalde und Tharandt kann die Hochschule für Landwirtschaft Bernburg bezeichnet werden. Erstmals trat sie, in diesem Fall das Institut für Pflanzenzüchtung, Abteilung Faserpflanzen, 1958 mit einer Anfrage bezüglich eines Versuches zur Hanfkultivierung auf Kippengelände an das Institut für Landschaftsgestaltung der KMU Leipzig heran.[707] Besonders der Rektor Fritz Oberdorf (1898–1976) interessierte sich für Fragen der landwirtschaftlichen Rekultivierung und kooperierte mit Albrecht Krummsdorf.[708] Aber auch in die Forschungen der HU Berlin war Bernburg eingebunden: Da das Koyne Verfahren in erster Linie auf eine landwirtschaftliche Wiedernutzbarmachung zielte, kam es zu einer Zusammenarbeit mit Professor Wilhelm Simon (1923–2016) von der Hochschule Bernburg.[709] Simon betonte die Bedeutung der landwirtschaftlichen Rekultivierung, um Grünland für die Rindermast zu gewinnen.

An letzter Stelle der Auflistung steht – und das entspricht ihrer Bedeutung – die Bergakademie Freiberg. Es ist erstaunlich, wie wenig sich die Hauptforschungsstelle des Braunkohlenbergbaus in der DDR mit dem Thema Wiedernutzbarmachung beschäftigte. Im Fokus ihrer Forschungen auf diesem Gebiet stand die Gefahrenabwehr von Rutschungen. Bereits Anfang der 1950er-Jahre wurde an einem Erschütterungsmesser gearbeitet, um brüchige oder rutschungsgefährdete Kippen rechtzeitig zu identifizieren.[710]

---

702 Reichhoff/Wegner, Institut, S. 617.

703 Brier hatte sich in seiner Diplomarbeit bereits mit Fragen der forstlichen Rekultivierung beschäftigt. Interessanterweise stellte er die Ergebnisse seiner Diplomarbeit erst 1967 im Kolloquium der Außenstelle für Wiedernutzbarmachung in Finsterwalde vor. Vgl. StUG, 036-74, Protokoll der Dienstbesprechung der Abteilung Wiedernutzbarmachung vom 09.05.1967.

704 Reichhoff/Wegner, Institut, S. 519.

705 BArch, DF 9/413, Programm der Exkursion am 27.05.1966.

706 Vgl. Brier, Erwin/Schwabe, Hermann: Zu Fragen der forstlichen Rekultivierung im Kohlenbaugebiet der Niederlausitz, in: Institut für Meliorationswesen des Landwirtschaftsrates beim Ministerrat der DDR (Hrsg.): Probleme der Wiedernutzbarmachung ehemals bergbaulich genutzter Flächen, Berlin 1963, S. 48–58.

707 UAL, Nachlass Darmer, Nr. 04, Bd. 1, Schreiben von G. Bartolomäus an Gerhard Darmer vom 09.01.1958.

708 Krummsdorf, Rekultivierungsforschung, S. 263; Schnurrbusch, Gottfried: Das Wirken Albrecht Krummsdorf aus Kollegensicht: in: Krummsdorf (Hrsg.), Ökonologie, S. 23–29, hier S. 25.

709 BLHA, Rep. 803 BfT Ctb., Nr. 635, Rekultivierung von Tertiärkippen vom 24.06.1964.

710 Vgl. Universitätsarchiv TU Bergakademie Freiberg (UA TU BAF), C, Abschlußberichte, Nr. 28, Abschlußbericht zum Forschungsauftrag 150 800 F3 – 62 vom 01.08.1954.

Das mangelnde Interesse der Bergakademie an der Wiedernutzbarmachung lässt sich nur schwer erklären, zumal die Wiederurbarmachung ausschließlich dem Bergbau oblag. Diese Forschungen wurden allerdings weitestgehend anderen Institutionen überlassen. Dennoch hatte die Bergakademie an entsprechenden Forschungen Interesse, wie zwei Beispiele zeigen. So verfassten Georg Bilkenroth, eine der renommiertesten Forschergestalten der DDR und u. a. Miterfinder des BHT-Koks, und Hans Stubbe (1902–1989), einer der elaboriertesten Biologen und Naturforscher der DDR, einen Bericht, der die Ausweitung der Tagebaue mit der Situation der Rekultivierung in Zusammenhang brachte.[711] Das zweite Beispiel war bedeutsamer und wirkte stark auf die Ausformung der Bergbaufolgelandschaften: Eine gesonderte Ausgabe der renommierten Freiburger Forschungshefte präsentierte essientielle Ergebnisse eines Forschungsauftrages. Manfred Melcher schrieb zu den wasserwirtschaftlichen Auswirkungen der Tagebaurestlöcher in der Lausitz und Otto Rindt zu den Gestaltungsmöglichkeiten und -notwendigkeiten des Braunkohlenbergbaus.[712] Hierin zeigte sich die Teilung der Restlochsanierung in den gestalterischen und den wasserwirtschaftlichen Teil, die bis zum Ende der DDR beibehalten wurde. Diese Forschungen werden später noch aufgegriffen, wenn sich der komplexen Schaffung der Bergbaufolgelandschaften zugewandt wird.

Abschließend lässt sich konstatieren, dass ein regelrechtes Forschungsnetzwerk zur Wiedernutzbarmachung in der DDR entstand, angeführt von den Forschungen an der HU Berlin und der KMU Leipzig, bei denen andere Forschungseinrichtungen entsprechend ihrer inhaltlichen Schwerpunkte eingebunden wurden. So lieferten die forstwissenschaftlichen Einrichtungen Hinweise zu Pflanzenarten, während beispielsweise Freiberg sich auf die Bergsicherung beschränkte. Auffällig sind die in Dresden und Graupa entwickelten Verfahren, die versuchten, die Lücken der bisherigen Forschungen an der HU Berlin und der KMU Leipzig zu schließen und damit auf einen Bedarf der Praxis reagierten.

---

711 Der Bericht, der selbst nicht in der Akte überliefert ist, beschrieb nur die geleisteten Arbeiten, die an der HU Berlin sowie der KMU Leipzig erfolgten und begründete die volkswirtschaftliche Notwendigkeit der Ausdehnung des Braunkohlenbergbaus, wobei gleichzeitig bereits das Ende als absehbar dargestellt wurde. Vgl. BArch, DK 107/8401, Auszüge aus dem Arbeitsplan des Forschungsrates für das 1. Halbjahr 1964.

712 Vgl. Melcher, Manfred: Die künftige Nutzung der in den Jahren 1960 bis 1980 entstehenden Tagebaurestlöcher im Gebiet der Schwarzen Elster hinsichtlich des Wasserhaushaltes der Schwarzen Elster, in: Freiberger Forschungshefte A 223, 1961, S. 49–57; Rindt, Otto: Die künftige Nutzung der in den Jahren 1960 bis 1980 entstehenden Tagebaurestlöcher im Gebiet der Schwarzen Elster für Land- und Forstwirtschaft und die Erholung, in: ebd., S. 59–65.

Wege der Wissensdistribution

Der Einfluss auf die Gesetzgebung und das Wirken in die Öffentlichkeit

Die Kommunikation von Ergebnissen der Wiedernutzbarmachungsforschung ist in doppelter Hinsicht relevant für diese Untersuchung. Zum einen zeigt sie die Verbreitung der Erkenntnisse in der DDR und deren Wahrnehmung in einer gelenkten Öffentlichkeit, zum anderen wirft sie die Frage nach der Innovationsfähigkeit auf, da die Verbreitung von Wissen die Voraussetzung für die Etablierung von Neuerungen in der Praxis ist. Hierbei fügt sich die Wiedernutzbarmachung in das Rohstoffnarrativ der Kohle ein und bot dem „dreckigen" Stoff ein neues, sauberes und zukunftsfähiges Image.[713] Verschiedene Aspekte werden beleuchtet: Neben den klassischen Medien wie Magazine, Zeitschriften und Zeitungen, stehen persönliche Kontakte, wissenschaftlicher Austausch sowie die Implikation rechtlicher Voraussetzungen der Wiedernutzbarmachung im Vordergrund.

Eine der wichtigsten Wirkungsformen von Wissen in der Öffentlichkeit moderner Gesellschaften ist seine Umsetzung in bzw. Beeinflussung der Gesetzgebungsprozesse. Die DDR versuchte durch die Einführung von Regeln, die Unternehmen zur Wiederurbarmachung zu bewegen. Zusätzlich führte dies zu einer Nachfrage nach entsprechenden Technologien zur Erfüllung der staatlichen Vorgaben seitens der Bergbautreibenden.

Allein bis 1964 erließ die DDR eine Verordnung über die Wiedernutzbarmachung der für Abbau- und Kippenzwecke des Bergbaus in Anspruch genommenen Grundstücksflächen (06. Dezember 1951) mit drei Durchführungsbestimmungen (10. Mai 1952, 08. Februar 1958 und 24. Januar 1964) (vgl. Anlage 2).[714] Hinzu kam ein Gesetz zur Erhaltung und Pflege der heimatlichen Natur (04. August 1954), eine Richtlinie zur Verhütung von Rutschungen in Braunkohlentagebauen (20. September 1962) sowie eine Bodennutzungsverordnung zum Schutz des land- und forstwirtschaftlichen Grund und Bodens (17. Dezember 1964).[715]

713 Dariya Manova hat besonders im Diskurs über Erdöl und Kohle die Wahrnehmung der Kohle als rückschrittlich betont. Allerdings wurde auf deutscher Seite gerade mit der chemischen Veredelung der Kohlen ein Narrativ der „heroischen Kohle" und des „teuflischen Erdöls" eingeführt, um an diesem Modernisierungsmangel eine positive Konnotation vorzunehmen. Vgl. Manova, Dariya: „Sterbende Kohle" und „flüssiges Gold". Rohstoffnarrative der Zwischenkriegszeit, Göttingen 2021, S. 10, 31, 33 und 47 ff.

714 Vgl. GBl, Teil I, Nr. 146, 1951, S. 1133 f.; ebd., Teil I, Nr. 61, 1952, S. 369 f.; ebd., Teil I, Nr. 16, 1958, S. 205 ff.; ebd., Teil II, Nr. 14, 1964, S. 121–125.

715 Vgl. GBl, Teil I, Nr. 71, 1954, S. 695–698; ebd., Teil 2, Nr. 32, 1965, S. 233–238; Sperling, Dieter/ Schossig, Wolfgang: Bergrecht der SBZ/DDR 1945–1990. Chronologische Textsammlung für den Braunkohlenbergbau, Cottbus 2015 (= Beiträge zur Geschichte des Braunkohlenbergbaus in der SBZ/DDR, Bd. 3), S. 176.

Die erste Wiedernutzbarmachungsverordnung stellte den entscheidenden Schritt einer fortschreitenden Professionalisierung von Praxis und Theorie der Produktion von Bergbaufolgelandschaften dar. Sie definierte erstmals die für den Überzug der Kippen geeigneten Abraumschichten über den „Mutterboden" hinaus und verpflichtete den Bergbau zur Wiederurbarmachung. Die Verordnung trug dabei die Handschrift der beiden Pioniere Hans Lehmann und Alfons Wunschik, die bereits in der SBZ erste Entwürfe vorgelegt hatten. Die Verordnung ging auf die Richtlinie für die Urbarmachung der Tagebaue vom 07. Juli 1950 zurück, die vor allem das Ziel verfolgte, die Nahrungsmittelversorgung der Bevölkerung sicherzustellen[716] – Lebensmittelkarten waren in der DDR offiziell bis 1958 im Gebrauch.[717] Über die Wirkung dieser Richtlinie ist wenig bekannt. Zumindest für Sachsen sind die Bemühungen zur Umsetzung durch die Landesregierung überliefert.[718] Die Paragrafen enthielten weder die Verpflichtung zur separaten Gewinnung des Kulturbodens noch eine Definition, welche Bodenschichten ausgehalten werden sollten. Allerdings wurde bereits eine Befahrung der wiederurbargemachten Kippen durch die jeweils zuständigen TBBI und die Landwirtschaftsministerien der Länder festgelegt. Besonders die Landwirtschaftsministerien und die Vereinigung der gegenseitigen Bauernhilfe (VdgB) kritisierten die mangelnde Verpflichtung der Unternehmen (§3, §5 und §7), die aber mit dem Verweis auf den nur vorläufigen Charakter vom Ministerium für Land- und Forstwirtschaft der DDR abgewiegelt wurde.[719] Von Seiten des Bergbaus – symbolhaft stand hierfür der Leiter der Hauptverwaltung Kohle Gustav Sobottka (1886–1953) – wurde die Richtlinie hingegen positiv aufgenommen.[720]

Neben Lehmann und Wunschik nahmen von wissenschaftlicher Seite Frank Erich Carl, Herbert Günther, Florus Kertscher (1892–1966), 1935–1959 Direktor des Instituts für Landwirtschaftliches Versuchs- und Untersuchungswesen in Jena, Reinhold Lingner, Joachim Seidemann und Rudolf Ungewitter 1950 an den Beratungen zur Richtlinie und deren Einhaltung sowie Überprüfung teil.[721] In manchen

---

716 Die Richtlinie steht im Zusammenhang mit dem Gesetz über Maßnahmen zur Erreichung der Friedenshektarerträge vom Februar 1950. BArch, DF 9/386, Runderlaß über die Richtlinie für die Urbarmachung der Tagebaue vom 07.07.1950.

717 Offiziell wurden die Lebensmittelkarten zwar 1958 abgeschafft, bei gewissen Lebensmitteln wie Fleisch und Butter blieben sie aber bis in die 1960er-Jahre als Kundenkarten bestehen. Nachweislich bestand für Kartoffeln bis 1966 ein Bezugsberechtigungsschein. Steiner, Plan, S. 70 f. und 128.

718 Über die Umsetzung in den anderen Ländern der DDR ist nichts überliefert. Deutsch/Pohl, Umweltgeschichte, S. 46 ff.

719 BArch, DF 9/386, Sitzung am 19. und 20.10.1950 im Kreisamt Altenburg.

720 Ebd.

721 Ebd., Beschluß der Kommissionsitzung in Altenburg am 19. und 20.11.1950, Besprechung von Gruben-Abraumkippen vom 02.11.1950, Arbeitstagung des Zentralen Arbeitsausschuß zur Ausar-

Punkten war die Richtlinie von 1950 Vorbild für die Verordnung von 1951. So wird nicht nur die Gewinnung des „Mutterbodens“, sondern aller geeigneten Abraumschichten (§ 5), die Erstellung eines Wiederurbarmachungsplans (§ 8) sowie die Vermeidung von Halden gefordert. Gleichzeitig blieb sie aber vage in ihren Forderungen und kannte keine Sanktionsmöglichkeiten gegenüber den Betrieben.[722]

Lehmann war der erste, der in der Zeitschrift „Bergbautechnik“, dem zentralen Organ für technische Entwicklungen im Braunkohlenbergbau der DDR, zeitgleich zur Veröffentlichung der Verordnung die Ziele der Wiederurbarmachung durch den Bergbau an die Unternehmen vermittelte.[723] Die Verordnung von 1951 verpflichtete zur selektiven Massengewinnung (§ 2) und zur Einebnung des Geländes (§ 4).[724] Aufhaldungen sollten vermieden werden (§ 3), ohne sie explizit zu verbieten, und als Ziel wurde möglichst die Rückgewinnung landwirtschaftlicher Flächen definiert. Zwar tauchte der Begriff Wiedernutzbarmachung auf, eine Trennung in Wiederurbarmachung und Rekultivierung wurde aber nicht vorgenommen.

Die Durchführungsbestimmungen vom Mai 1952 konkretisierten die Verordnung dahingehend, dass die TBBI als kontrollierendes Organ benannt wurde (§ 1), welches zusätzlich über die Aufhaldungen entschied (§ 3).[725] Die oberste Entscheidungsgewalt oblag der Technischen Bergbauinspektion (TBI), der Vorgängerinstitution der Obersten Bergbehörde der DDR (§ 6), die gleichzeitig auch Appellationsinstanz war. Indem eine Verpflichtung für die Unternehmen bestand, reagierte die Verordnung mit ihrer ersten Durchführungsbestimmung auf das größte Defizit aller vorherigen gesetzlichen Regelungen. Allerdings: Eine klare Trennung von Wiederurbarmachungs- und Rekultivierungsaufgaben erfolgte nicht, so dass Möglichkeiten für die Bergbaubetriebe belassen wurden, sich der, aus ihrer Sicht, lästigen Nachsorge für die ausgekohlten Flächen zu entziehen. Außerdem waren TBI und TBBI dem Bergbau nahestehende Institutionen, die im Zweifel dessen Argumentation der ökonomischen Notwendigkeit übernahmen.

Die zweite Durchführungsbestimmung von 1958 brachte maßgebliche Veränderungen mit sich. Die Diskussionen wurden unter Aufsicht des MKE seit Sommer 1957 geführt.[726] Die Bestimmung orientierte sich an den wissenschaftlichen Ergebnissen, die besonders aus den Forschungen Wilhelm Knabes an der HU Berlin resultierten. Das von Knabe geforderte Deckgebirgsgutachten zur Bestimmung der

---

beitung zum Erlaß einer Verordnung über die Durchführung einer geordneten Mutterbodenwirtschaft vom 29.03.1950.

722 Deutsch/Pohl, Umweltgeschichte, S. 47 f.

723 Vgl. Lehmann, Wiederurbarmachung, S. 257–263.

724 GBl, Teil I, Nr. 146, 1951, S. 1133 f.

725 Ebd., Teil I, Nr. 61, 1952, S. 369 f.

726 BArch, DG 2/10100, Entwurf vom 01.07.1957.

Wertigkeit der Abraumschichten[727] sollte nun verpflichtend von der Staatlichen Geologischen Kommission übernommen werden (§ 3).[728] In § 4 wurde für den Abraumförderbrückenbetrieb ebenso die Gewinnung des Kulturbodens gefordert, deren mögliche technische Umsetzung Knabe skizzierte.[729] Der wichtigste übernommene Vorschlag von Knabe betraf die Trennung der Wiedernutzbarmachung in die Aufgabenbereiche des Bergbaus (Wiederurbarmachung) und des Folgenutzers (Rekultivierung), die in § 7 und § 13 ausgeführt wurden, ohne dass der Begriff Rekultivierung hier schon genutzt wurde.[730] Erst die dritte Durchführungsbestimmung 1964 übernahm die Definition von Knabe in diesem Detail (§ 1).[731]

Zusätzlich wurden in der zweiten Durchführungsbestimmung Forschungsergebnisse der unterschiedlichen Institute für das Gesetzgebungsverfahren zurate gezogen, wie beispielsweise die Festlegungen bezüglich der Nutzung von Restlöchern zeigen (§ 6).[732] Nur wenige Monate später begann mit der praktischen Gestaltung des Knappensees bei Hoyerswerda durch den vormaligen Teilprojektleiter der „Landschaftsdiagnose“ Otto Rindt erstmals die gezielte Ausformung eines Restlochs für eine Nachnutzung.[733] Selbst die Kooperation mit den Wissenschaftseinrichtungen wurde nach den Erfahrungen 1952 bis 1958 in der zweiten Durchführungsbestimmung angeregt (§ 14).[734]

Die Bodennutzungsverordnung zum Schutz des land- und forstwirtschaftlichen Grund und Bodens vom 17. Dezember 1964 stellte den Versuch dar, wirtschaftliche Anreize für die Wiederurbarmachung zu schaffen.[735] Von Seiten der Forschung bestanden schon ab Ende der 1950er-Jahre Forderungen nach finanziellem Druck auf die Bergbauunternehmen als Stimulanz für die Wiederurbarmachung.[736] Die Bodennutzungsverordnung entstand zeitlich nahe zum NÖSPL, das am 15. Juli 1963 etabliert wurde und versuchte, ein System von Nachfrage und

727 Knabe, Zur Wiederurbarmachung, S. 126–139.

728 GBl, Teil I, Nr. 16, 1958, S. 205 f.

729 Knabe, Zur Wiederurbarmachung, S. 44 f.; Fleischer, R.: Die Anpassung der Förderbrückenbetriebe an die Vorschriften der Wiedernutzbarmachungsverordnung, in: Bergbautechnik 4, 1954, S. 182–192.

730 Vgl. GBl, Teil I, Nr. 16, 1958, S. 206 f.; Knabe, Zur Wiederurbarmachung, S. 1.

731 GBl, Teil II, Nr. 14, 1964, S. 121.

732 Ebd., Teil I, Nr. 16, 1958, S. 206.

733 Steinhuber, Einhundert Jahre, S. 242.

734 GBl, Teil I, Nr. 16, 1958, S. 207.

735 Die am 17. Dezember 1964 erlassene und zum 01. Februar 1965 in Kraft getretene Bodennutzungsgebühr wurde erst am 17. März 1965 im Gesetzblatt der DDR veröffentlicht. Ebd., Teil II, Nr. 32, 1965, S. 233–238.

736 Von Seiten der Geologie sollte ein Maximalbetrag zur Aufwendung der Wiedernutzbarmachung bestimmt werden, der als Bodenwert bezeichnet wurde. Diesen allerdings festzulegen, war kompliziert. Vgl. BArch, DE 1/4006, Kommissionsarbeit zur Festlegung vom 04.07.1957; DF 6 (Mi-

Preisbildung in der Planwirtschaft zu etablieren.[737] Die Verordnung sollte dafür Sorge tragen, dass die land- und forstwirtschaftlichen Betriebe für die entzogenen Flächen bis zu ihrer Rückgabe finanziell entschädigt werden (§ 6).[738] Gleichzeitig wurde die separate Gewinnung des „Mutterbodens" und seine Zwischenlagerung gefordert (§ 5). Dies richtete sich eher an andere Nutzer als den Bergbau, da dieser bereits dazu verpflichtet war. Ein weiterer, wesentlicher Punkt war die Genehmigungspflicht für eine Nutzungsänderung durch den Landwirtschaftsrat der DDR bzw. anderer zuständiger Organe (§ 4 und § 8). Speziell im Falle des Braunkohlenbergbaus und anderer massiver Eingriffe in die Landnutzung war zusätzlich eine Kommission beim Rat des Kreises zu bilden, bestehend aus der Administration der betroffenen Gemeinden, den Antragsstellern auf Flächenentzug und dem Bauamt (§ 12). Wenn forstliche Flächen betroffen waren, dann wurde noch ein:e Vertreter:in des zuständigen Staatsforstbetriebes hinzugezogen. In § 13 wurden Ordnungsstrafen zwischen 10 und 1000 M bei Missachtung festgelegt, die konkrete Festlegung einer Bodennutzungsgebühr unterblieb hingegen vorerst. Zwar orientierte sich die erhobene Gebühr an der Reduzierung der Bodengüte, der Bergbau zahlte aber pauschal jährlich 2500 M/ha.[739] Bei unzureichender Wiederherstellung der Bodengüte oder verspäteter Rückgabe wurden jährlich 12 500 M/ha fällig. Dass diese Regelung unzureichend war, zeigen die Verteilungen der Kosten 1971: Während 740 232 M für neu zu entziehende und 1 195 207 M für bereits entzogene Flächen anfielen, betrugen die Kosten für Regelverstöße 1 336 187 M.[740] Die Gebühr war mithin zu niedrig gewählt. Trotz dieser Unzulänglichkeiten war das grundlegende Konzept wegweisend, da es das Verursacherprinzip anerkannte und finanziellen Druck auf die Betriebe implementierte. Allerdings forderte die Konzeption die Grundprinzipien des Staatssozialismus in der DDR heraus, in dem es marktwirtschaftliche Regularien etablierte. Somit wundert es kaum, dass die Bodennutzungsgebühr mit schlussendlich 1000 M/ha keinen wirtschaftlichen Anreiz zur

---

nisterium für Geologie)/1274, Kolloquium „Investitionen über die Rekultivierung bei Braunkohlentagebauen" am 12.05.1959.

737 Das NÖSPL war ein ernstzunehmender Versuch, das starre System der Planwirtschaft flexibler zu gestalten. Hierzu sollten ökonomische Hebel etabliert werden, die Nachfrage simulierten. Zusätzlich sollte eine umfangreiche Industriepreisreform durchgeführt werden, die die Produktionskosten und Verkaufspreise wieder in Einklang bringen sollte und gleichzeitig den VEB Gewinne ermöglichte. 1964 führte dies zu einem deutlichen Anstieg der Arbeitsproduktivität. Schlussendlich scheiterte das NÖSPL an der mangelnden politischen Reformbereitschaft, da eine maßgebliche Veränderung des Wirtschaftssystems den Machtanspruch der SED in Frage gestellt hätte. Vgl. Steiner, Plan, S. 128–142.

738 GBl, Teil II, Nr. 32, 1965, S. 235.

739 BArch, DK 107/29388, Generelle Neuregelung der Bodenschutzgebühr bei Entzug von Bodenflächen zum Abbau mineralischer Rohstoffe mit anschließender Wiederurbarmachung (1973).

740 Ebd.

Wiederurbarmachung schuf, wie das Finanzministerium im Januar 1989 resigniert feststellte.[741]

Die zweite wichtige Form der Wissensdistribution stellten die Veröffentlichungen der Institute dar. Einige der Forschungsarbeiten von Knabe, Brüning und anderer Forschende wurden bereits vorgestellt. Besonders Knabe adressierte nicht nur in seiner ersten Veröffentlichung 1952 die Ausführenden der Wiederurbarmachung,[742] sondern wandte sich in dem Artikel „Wozu Wiederurbarmachung?" gezielt an den Bergbau.[743] Aufgrund ihrer besseren Vernetzung und größeren Popularität hatten die Lehrstuhlinhaber und Institutsdirektoren einen größeren Wirkungsradius. Personen wie Bauch oder Pniower waren in der DDR gut vernetzt. Durch Tagungen und Dienstbesprechungen aber auch öffentliche Vorträge machten sie Erkenntnisse ihrer wissenschaftlichen Teams populär.[744] Ebenso bestand ein enger Austausch zwischen den einzelnen Instituten. Besonders zwischen Berlin und Leipzig existierte ein kontinuierlicher Schriftwechsel, bei dem auch die gegenseitigen Forschungsarbeiten ausgewertet wurden, eine Art Peer Review auf kollegialer Ebene.[745] Hierbei zirkulierten die Forschungsarbeiten untereinander. Knabe sandte beispielsweise seine eigenen Forschungsarbeiten an Darmer und das Institut für Landschaftsgestaltung.[746] Gleichzeitig erhielt er Schriften anderer Forschender und von Personen aus der Administration.[747] Das galt ebenso für die

741 Ebd., DN 1 (Ministerium der Finanzen)/21788, Arbeitsmaterial vom 16.01.1989.

742 Vgl. Knabe, Wiederurbarmachung, S. 60–112.

743 Vgl. AGG, Bestand A – Knabe, Wilhelm, Nr. 231, Wozu Wiederurbarmachung? (1954).

744 Beispielsweise brachte Pniowers Netzwerk Knabe in Kontakt mit Max Trénel (1899–1966), der ihm das Know-how für die Gefäßversuche vermittelte. Gleichzeitig entsandte Pniower Knabe in die Kreise der Wiedernutzbarmachungskommissionen, wodurch ein eigenes Netzwerk entstehen konnte. Im Falle Brünings versandte Darmer entsprechende Literatur an ihm bekannte Wissenschaftler wie Heinz Janert (1897–1973), den er aus seiner Zeit in Greifswald kannte. Vgl. Knabe, Erinnerungen, S. 123; UAL, NA Darmer, Nr. 1, Bd. 2, Schreiben von Heinz Janert an Gerhard Darmer vom 25.11.1956.

745 Der Austausch im Sommer/Herbst 1954 zwischen Knabe und Darmer ist hier nur symbolhaft, da dieser auch Personen wie Pniower, Seidemann, Brüning, Krummsdorf und andere umfasste. Vgl. UAL, NA Darmer, Nr. 1, Bd. 2, Schreiben von Wilhelm Knabe an Gerhard Darmer vom 09.06.1954, 10.08.1954 und 01.11.1954; Schreiben von Gerhard Darmer an Wilhelm Knabe vom 17.07.1954 und 04.11.1954.

746 Knabe übermittelte seine zu diesem Zeitpunkt aktuelle Schrift „Pflanzenqualität und Pflanzmethode für Kippenaufforstungen" an Darmer. UAL, NA Darmer, Nr. 1, Bd. 2, Schreiben von Wilhelm Knabe an Gerhard Darmer vom 20.05.1955.

747 Der Sammelband enthielt u. a. Beiträge von Willy Ballaschk, Egon Brüning, Gerhard Darmer, Hans Lehmann und Herbert Leuthier (geb. 1900). Selbst nach seiner Flucht 1959 erhielt er weiterhin aktuelle Veröffentlichungen seiner vormaligen Kollegen zugesandt. Vgl. Petzold, Heinz (Hrsg.): Die Widerurbarmachung der Kippen und Halden im Senftenberger Braunkohlenrevier,

anderen Arbeitsgruppen. Werner Bauch in Dresden ließ sich beispielsweise Forschungsliteratur über seine Kontakte zu den anderen Forschungsprojekten zusenden.[748] Knabe versandte seine Forschungsarbeiten zusätzlich an die Institutionen und Behördenvertreter, wie die TBI in Berlin.[749]

Teil der Kommunikation waren klassische Austauschformate wie Tagungen und Kolloquien, auf denen sich die relevanten Wissenschaftler trafen. Diese Zusammentreffen dienten weniger dem fachlichen Austausch der einzelnen Forschungsgruppen aus Berlin, Dresden und Leipzig untereinander, sondern adressierten verwandte Wissenschaftszweige und ihr Fachpublikum. 1952 präsentierten auf einer Tagung mit dem Titel „Wasserwirtschaftliche Landesgestaltung" u. a. Knabe, Lehmann, Helmut Lichey (1910–1991), Pniower, Hermann Schüttauf (1890–1967), Seidemann und Wunschik ihre Forschungen zur Gestaltung und Ausformung der Bergbaufolgelandschaft.[750] 1957 wurde eine Exkursion in die Kippenlandschaft im Gebiet um Altenburg geplant, geführt von Gerhard Darmer, Herbert Günther und Gerhard Scheerer, um die Möglichkeiten und Erfolge der Wiedernutzbarmachung zu präsentieren.[751] 1959 fand ein Kolloquium statt, das sich mit den Fragen der notwendigen Investitionen für Wiedernutzbarmachung, sprich den maximalen Kostenaufwendungen für den Bergbau und die Folgenutzer beschäftigte – eine nicht unerhebliche Frage für die Praxis.[752] Neben der Präsentation der eigenen Forschungsergebnisse konnten die Treffen konkrete Ziele verfol-

---

Cottbus 1955; AGG, Bestand A – Knabe, Wilhelm, Nr. 140, Methods and Results of Strip-Mine Reclamation in Germany (1964).

748 UATUD, Nachlass Prof. W. Bauch, Nr. 128, Bibliographie der Lebendverbauung (Ingenieurbiologie).

749 Knabe schickte an einen Herrn Noack seine beiden Aufsätze „Pflanzenqualität und Pflanzenmethode für Kippenaufforstungen" und „Niederlausitz – forstlichen Kippenrekultivierung". BArch, DF 9/388, Schreiben von Wilhelm Knabe an TBI vom 14.06.1955.

750 Hermann Schüttauf war Landschaftsarchitekt und Gartenbaudirektor. Er wirkte vor allem als Dendrologe am Institut für Gartenbau in Dresden-Pillnitz. Sein Referat beschäftigte sich vor allem mit der Kooperation der Landschaftsarchitekten bei der Landschaftsplanung. Der Berliner Gartenarchitekt Helmut Lichey wiederum hielt die Eröffnungsrede. Beide standen in regelmäßigen Austausch mit den Forschern der Wiedernutzbarmachung. UAL, Phil. Fak., G13/001, Tagungsbericht der Tagung des Arbeitsausschusses Wasserwirtschaftliche Landesgestaltung am 01. und 02.07.1952

751 Mit Darmer, Göritz und Pniower waren auch drei Personen Teil des Dendrologischen Ausschusses, die einen Bezug zur Rekultivierungsforschung hatten. UAL, NA Darmer, Nr. 03, Beratung des zentralen Fachausschusses Dendrologie am 22.02.1957.

752 BArch, DF 6/1294, Niederschrift über das Kolloquium Investitionen über die Rekultivierung bei Braunkohlentagebauen vom 12.05.1959.

gen, wie 1963 die Tagung „Arbeitsrichtlinie zur bodenkundlichen Aufnahme von Kippen und Halden des Braunkohlenbergbaues" in Markkleeberg.[753]

Dem Austausch untereinander und der gleichzeitigen Distribution des Wissens an die Praktiker dienten die Sitzungen des Arbeitskreises für Wiedernutzbarmachung. Über diese Instanz gelangte das Wissen in die Betriebe. Sowohl Vertreter der Berliner als auch der Leipziger Forschungsgruppe nahmen regelmäßig an den Sitzungen – auch der Unterausschüsse – teil. Die Gründung erfolgte bereits 1950 als Wiedernutzbarmachungskommission.[754] Die Treffen fanden mehrmals jährlich in unregelmäßigen Abständen statt. Allein 1957 trafen sich die Vertreter mindestens fünf Mal.[755] In den Sitzungen wurden neue Möglichkeiten der Wiedernutzbarmachung vorgestellt und diskutiert, offizielle Statistiken aufgestellt und Begrifflichkeiten zur Wiedernutzbarmachung definiert.[756] Selbst die Gesetzesentwürfe wurden in diesem Kreis debattiert.[757] Dabei flossen permanent aktuelle Forschungsergebnisse in den Diskurs ein. Zugleich stand der Arbeitskreis in der Tradition der Aufforstungs-Kommission, die 1928 bis 1944 im Lausitzer Braunkohlenrevier bestand und die rekultivierten Flächen begutachtete.[758] Mit Copien, Heuso(h)n, Kraemer und Hinrich Meyer-Jungclausen (1888–1970) nahmen damals ebenso Experten an den Sitzungen der Kommission teil und präsentierten ihre Versuchsergebnisse und Ideen den betrieblichen Vertretern.

Noch vor der Flucht von Knabe schlief die Arbeit der zentralen Wiedernutzbarmachungskommission 1958 ein. Ursache war die Auflösung des MKE, wodurch sie ihre administrative Zuordnung verlor und sie Forderungen nicht mehr durchsetzen konnte.[759] Aufgrund ihrer Bedeutung für die Wiedernutzbarmachung in diesem frühen Stadium, in dem die Forschungsergebnisse noch in der Praxis etabliert werden mussten, war das Ende dieses Arbeitskreises ein herber Verlust, wie

---

753 Die am 09. und 10. September 1963 durchgeführte Tagung verfolgte das Ziel, die im Titel angekündigte Arbeitsrichtlinie zu entwickeln. Vgl. BArch, DF 9/400, Stellungnahme zu den bodengeologischen Gutachten vom 24.09.1964.

754 Von wissenschaftlicher Seite nahmen Herbert Günther, Reinhold Lingner und Frank Erich Carl teil, wobei nur Lingner in die Kommission berufen wurde. Aus zahlreichen Vertretern der zuständigen Ministerien ragte Hans Lehmann hervor. Vgl. BArch, DF 9/386, Gruben-Abraumkippen vom 02.11.1950.

755 Ebd., DF 6/1294, Sitzung des Arbeitskreises für Wiedernutzbarmachung am 13.03.1957, 31.05.1957, 05.07.1957, 11.09.1957 und 10.12.1957.

756 In eben dieser Sitzung stellte Knabe die Ergebnisse seiner Doktorarbeit vor. Vgl. ebd., Sitzung des Arbeitskreises für Wiedernutzbarmachung am 24.01.1958.

757 Ebd., 2. Stellungnahme zum Entwurf der 3. DB zur Verordnung über die Wiedernutzbarmachung vom 29.07.1963

758 Vgl. Katzur/Böcker, Chronik, S. 139–148.

759 BArch, DK 1/3694, Schreiben von Sektorenleiter Lampe, HA Perspektivplanung, an Leiter des Sektors Kohle und Energie, Kier, vom 13.04.1959.

die Bergbauverwaltung feststellte.[760] Deshalb erfolgte nur ein Jahr später am 30. Juni 1960 ihre Neugründung, um der Forderung des PKB Kohle und der Obersten Bergbehörde der DDR nachzukommen. [761]

Ab 1954 ergänzten Bezirkskommissionen für Wiedernutzbarmachung in den Bergbaurevieren die zentrale Kommission. Diese wiederum waren mit den regionalen Spezialisten besetzt. So war Knabe Mitglied der Kommission in Cottbus und brachte seine Expertise zum Lausitzer Revier maßgeblich ein.[762] In diesen Besprechungen wurden die Erfolge und Probleme der Wiedernutzbarmachung diskutiert und wiederhergestellte Flächen abgenommen.[763] Im Bezirk Cottbus bestand diese Institution zwischen der ersten Sitzung am 18. Mai 1954 und der letzten am 24. April 1990.[764] Im Mitteldeutschen Revier ist das Gründungsdatum nicht überliefert. Ein erster Beleg stammt aus dem Jahr 1960,[765] es ist allerdings wahrscheinlich, dass eine Bezirkskommission ebenfalls in der zweiten Hälfte der 1950er-Jahre entstand.[766] Für den Bezirk Dresden wurde 1960 eine entsprechende Wiedernutzbarmachungskommission unter der Leitung der Bergbehörde Freiberg für die Tagebaue in der Oberlausitz (Berzdorf bei Görlitz und Olbersdorf bei Zittau) gegründet.[767] Für den Bezirk Halle ist das Gründungsdatum ebenfalls nicht überliefert, aber auch zeitlich Ende der 1950er-/Anfang der 1960er-Jahre zu vermuten.[768]

Kontakte auf ministerieller Ebene halfen, das Wissen zu distribuieren. Das wichtigste Beispiel hierfür ist Hans Lehmann, der selbst Teil der Administration war. Lehmann war in der sich häufig wandelnden Verwaltung der Kohleindustrie tätig und vernetzte Bergämter (in Nachfolge der TBBI), Bergbauverwaltung und die

---

760 Das PKB Kohle beklagte das Fehlen explizit. Als die wichtigste Forschungs- und Planungsstelle der Braunkohlenindustrie hatte diese Aussage Gewicht. Vgl. BArch, DF 6/1294, Kolloquium „Investitionen über die Rekultivierung bei Braunkohlentagebauen“ am 12.05.1959

761 Ebd., DF 9/399, Niederschrift über die 1. Sitzung der Zentralen Kommission für Wiedernutzbarmachung am 30.06.1960.

762 AGG, Bestand A – Knabe, Wilhelm, Nr. 84, Dienstreisebericht vom 18.-19.05.1954 verfasst von Wilhelm Knabe.

763 BArch, DF 6/1294, Niederschrift zur Sitzung 2/58 der Kommission vom 15.03.1958.

764 Sie wurde zwischendurch wiedergegründet. Katzur/Böcker, Chronik, S. 167; StUG, 036-77, Konstituierende Sitzung der Bezirkskommission für Wiederurbarmachung vom 01.10.1963.

765 BArch, DF 9/392, Protokoll über die Befahrung der Flugplatzflächen im Tagebau Böhlen durch die Bezirkskommission am 30.11.1960.

766 Wilhelm Hankte war Vorsitzender der Plankommission des Bezirks Leipzig. Diese Institution war nur auf der Ebene der Bezirkskommissionen in den Prozess der Wiedernutzbarmachung eingebunden. SächsStA-L, 20681, Nr. 444, Schreiben von Wilhelm Hantke an Gerhard Scheerer vom 20.06.1955.

767 BArch, DF 9/392, Kommission für Wiedernutzbarmachung für den Bezirk Dresden vom 22.08.1960.

768 Vgl. ebd., DK 107/33622, Vorschläge zur Leitung und Planung für die Wiedernutzbarmachung von Bergbaufolgelandschaften (1977).

Forschungsinstitutionen. Hierzu gründete er die beschriebenen Wiederurbarmachungskommissionen auf den unterschiedlichen Ebenen (Kreis, Bezirk, DDR).[769]

Teilweise wirkten die Forschenden direkt mit der staatlichen Verwaltung zusammen. Beispielsweise wurden Darmer, Knabe und Seidemann zu Beratungen des MKE 1957 hinzugezogen, was ihre Reputation nochmals erhöhte.[770] Das Ministerium unter Richard Goschütz (1912–1992) verwaltete zwischen 1955 und 1958 die Stein- und Braunkohlenförderung in der DDR.[771] Ihre Expertise schien dem Ministerium relevant, da die eigene Forschungseinrichtung – das PKB Kohle – offensichtlich nicht über ausreichend Wissen oder Forschungskapazität im Feld der Wiedernutzbarmachung verfügte. Allerdings nahm das PKB, besonders seine Außenstelle Großräschen, bis Mitte der 1960er-Jahre regelmäßig an Sitzungen der Wiederurbarmachungskommission teil.[772]

Das Institut für Landschaftsgestaltung an der KMU Leipzig war in der öffentlichen Kommunikation präsenter als die Berliner Gruppe um Pniower und Knabe. So griff „Das Magazin“ die Leipziger Forschungsergebnisse auf.[773] Hierbei wurde erstmals ein entstehendes Leipziger Seenland prognostiziert (Abb. 48), dessen Realisierung, die erst nach dem Beitritt der DDR zur Bundesrepublik stattfand. Für die Lausitz sind solche Visionen erst in den 1960er-Jahren nachweisbar.[774] Ein weiterer Beleg für die größere öffentliche Wirksamkeit der Leipziger Ergebnisse ist ein Artikel von Gerhard Darmer zur Haldenrekultivierung – auch hier ging es um die Halde Trages – im populärwissenschaftlichen „Urania-Universum“.[775] Selbst im Rahmen von öffentlichen Fachvorträgen erfuhren die Erkenntnisse zur

769 BArch, DF 9/399, Niederschrift über die 1. Sitzung der Zentralen Kommission für Wiedernutzbarmachung am 30.06.1960; StUG, 036-130, Protokoll über die 1. Sitzung der Kommission für Wiederurbarmachung vom 18.05.1954.

770 Im Rahmen der Sitzung wurde die Gründung von Untergruppen beim Ministerium beraten. Während Darmer und Knabe der Untergruppe 3 angehörten, die vor allem in Bezug auf die Koordinierung und Ergänzung der Forschungsvorhaben beraten sollte, war Seidemann Teil der Untergruppe 2, die vor allem die Grenzkosten der Wiedernutzbarmachung bestimmen sollte. Vgl. BArch, DG 2/10100, Niederschrift über die Sitzung des Arbeitskreises Wiedernutzbarmachung am 13.03.1957.

771 Nach dieser kurzen Episode wurde das MKE erst 1972 wiedererrichtet und bestand unter Wolfgang Mitzinger (geb. 1932) bis zur „Friedlichen Revolution“ 1989/90. Vgl. Sperling/Schossig, Wirtschaftsorganisation, S. 44.

772 Vgl. AGG, Bestand A – Knabe, Wilhelm, Nr. 84, Bericht über die Dienstreise vom 24. bis 25.02.1955 verfasst von Wilhelm Knabe; BLHA, Rep. 803 BfT Ctb, Nr. 796, Arbeitsplan der sozialistischen Arbeitsgemeinschaft Wiederurbarmachung Lausitz (1961); SächsStA-F, 40067, Niederschrift über die 72. Tagung der Kommission für Wiederurbarmachung am 07.11.1968.

773 Vgl. Illner/Schmidt-Theile, Seenplatte.

774 Vgl. Abschnitt Bergbaufolgelandschaft und Erholungsnutzung

775 Darmer, Gerhard: 68 Meter über der Kulturlandschaft. Hochkippen und ihre Begrünung, in: Urania-Universum. Wissenschaft, Technik, Kultur, Sport, Unterhaltung 2, 1956, S. 130–135.

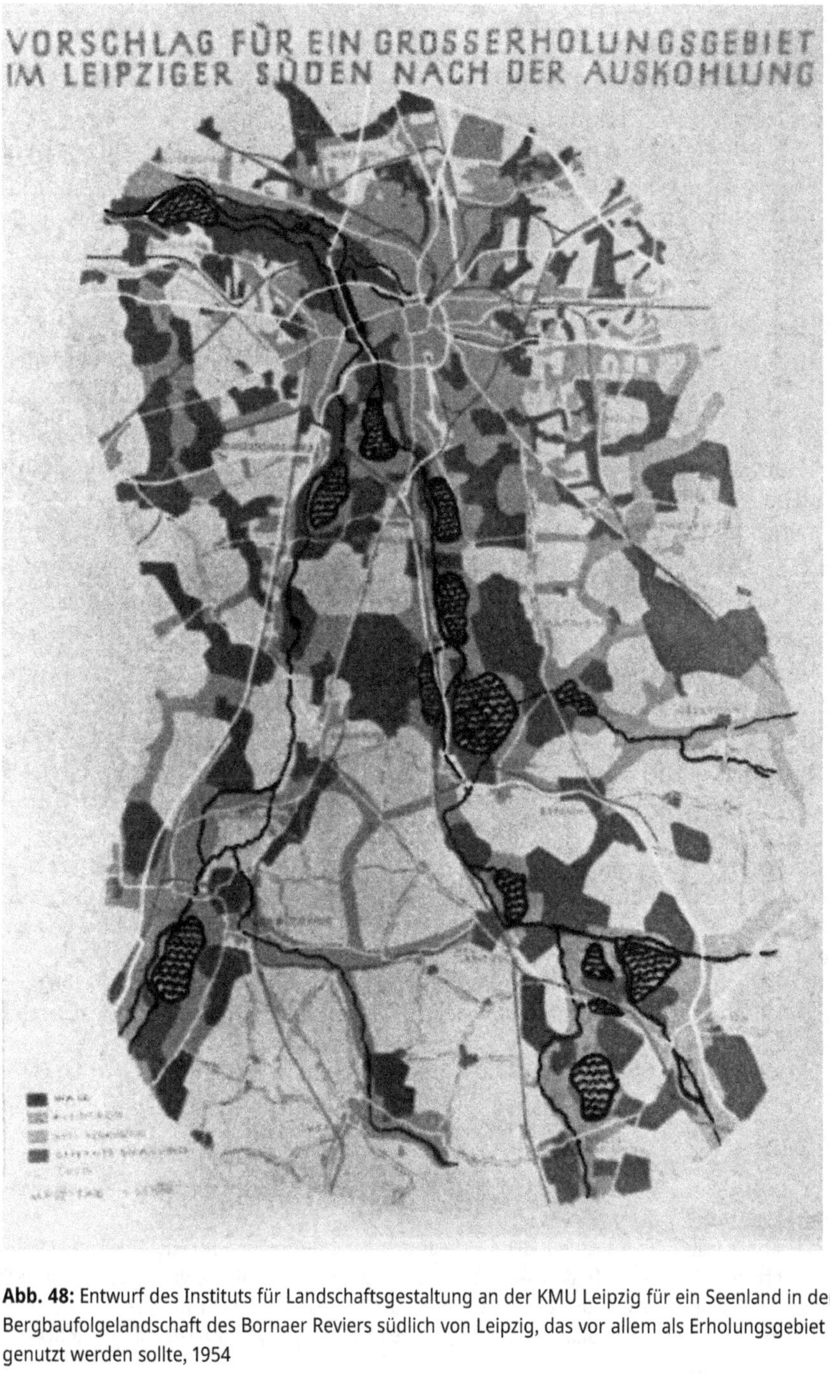

Abb. 48: Entwurf des Instituts für Landschaftsgestaltung an der KMU Leipzig für ein Seenland in der Bergbaufolgelandschaft des Bornaer Reviers südlich von Leipzig, das vor allem als Erholungsgebiet genutzt werden sollte, 1954

Wiedernutzbarmachung Verbreitung. Eine Veranstaltungsreihe der Fachgruppe Dendrologie, Naturschutz und Landschaftsgestaltung im Naturkundlichen Heimatmuseum in Leipzig umfasste im Februar 1958 einen Lichtbildvortrag von Darmer über Pioniergehölze für die Rekultivierung von Kippen.[776]

Allerdings publizierte die Arbeitsgruppe an der HU Berlin ebenfalls in populärwissenschaftlichen bzw. in fachfremden Zeitschriften. Knabe veröffentlichte beispielsweise 1955 in „Forst und Jagd", einer Fachzeitschrift für die Praxis der Forstwirtschaft.[777]

Eine bis heute weitverbreitete Form, um wissenschaftliche Erkenntnisse einer größeren Öffentlichkeit bekannt zu machen, sind Ausstellungen. Diese Möglichkeit wurde für die Wiedernutzbarmachungsforschung ebenfalls genutzt. Besonders auf der alle zwei Jahre stattfindenden agra-Landwirtschaftsausstellung in Markkleeberg wurden aktuelle Forschungsergebnisse präsentiert.[778] Erstmals wurde 1954 in der Halle zur Landeskultur ein Abschnitt zur Kippenrekultivierung gezeigt, an dem die Leipziger und die Berliner Forschungsgruppen beteiligt waren.

Bis Mitte der 1960er-Jahre zeigte sich, dass weniger das Parteibuch als vielmehr das Engagement in Massenorganisationen, besonders im Kulturbund zur demokratischen Erneuerung Deutschlands, für die öffentliche Wirksamkeit der Forschenden wichtig war. Von den maßgeblichen und hier vorgestellten Forschern waren nur Lingner und Pniower SED-Mitglieder.[779] Knabe war bereits seit 1946 Mitglied der CDU.[780] Darmer und Illner waren Mitglieder in der Demokratischen Bauernpartei Deutschlands (DBD).[781] Brüning und Scheerer wiederum waren seit 1947 in der Liberal-Demokratischen Partei Deutschlands (LDPD) organisiert.[782]

776 Scheerer, als eigentlicher Pionier der Bepflanzung von Kippen, hielt im Herbst 1957 einen Vortrag zu Flurschutz durch Hecken. Vgl. UAL, NA Darmer, Nr. 03, Veranstaltungsplan 1957/58.

777 Knabe, Wilhelm: Pflanzqualität und Pflanzmethode für Kippenaufforstungen, in: Jagd und Forst 4/5, 1955, S. 1–5.

778 Neben Aspekten der Kippenrekultivierung wurden auch die Ergebnisse der Landschaftsveränderung im Huy-Hakel-Gebiet präsentiert. Auch Bilder von Hermann Göritz wurden in der Ausstellung gezeigt. In den 1960er-Jahren wurden auch Meliorationsgeräte, wie die Regiser Bodenfräse präsentiert (Abb. 65–67). Vgl. UAL, NA Darmer, Nr. 04, Bd. 2, 2. Arbeitsbesprechung vom 27.04.1954, Markkleeberg-Mitte (1954), Ausstellung vom 20.10.1954 und 30.10.1954.

779 HUB, UA, PA nach 1945, L 608, Personalbogen vom 06.01.1951; P343, Personal-Bogen vom 25.01.1955.

780 UATUD, SII, Nr. 479, Personal-Fragebogen zur Bewerbung als wissenschaftliche Nachwuchskraft (1949).

781 Darmer trat im Juni 1950 mit der Mitgliedsnummer 15667 in die DBD ein. Illner war bereits seit Februar 1950 in der DBD aktiv und betätigte sich im Bezirksvorstand. Vgl. HUB, UA, PA nach 1945, I 33, Personalbogen vom 24.02.1974; UAL, PA 3343, Fragebogen vom 10.08.1950.

782 UAL, PA-A 41586, Personalbogen vom 23.10.1955; StuA, 801, gesellschaftspolitische Beurteilung vom 13.03.1953.

Darüber hinaus war Brüning in der VdgB engagiert.[783] Im Gegensatz zu der relativen Diversität in Bezug auf die Parteizugehörigkeiten engagierten sich alle wichtigen Personen wie Bauch,[784] Darmer,[785] Lingner,[786] Pniower[787] oder Scheerer[788] im Kulturbund. Dabei verfügte Darmer als Bezirksnaturschutzbeauftragter über die besten Beziehungen, was der maßgebliche Grund für die größere öffentliche Wahrnehmung der Forschungsergebnisse der Leipziger Forschungsgruppe in der DDR war.[789]

Aus der DDR in die Welt

Die DDR war Ende der 1950er-Jahre weltweit führend in der Erforschung von Methoden zur Wiederinwertsetzung von Bergbaufolgelandschaften, dies betraf auch die Gebiete der SDAG Wismut.[790] Daran wird deutlich, dass die Wiedernutzbarma-

783 UAL, StuA 801, Lebenslauf vom 12.06.1951.

784 Bauch wurde bereits im Gründungsjahr Mitglied des Kulturbundes. UATUD, Nachlass Prof. W. Bauch, Nr. 179, Lebenslauf vom 17.01.1968.

785 Darmer engagierte sich seit 1948 im Kulturbund. UAL, PA 3343, Lebenslauf Darmer vom 10.08.1950.

786 Lingner trat am 15. Juli 1947 in den Kulturbund ein. HUB, UA, PA nach 1945, L 608, Personalbogen vom 06.01.1951.

787 Ebd., P 343, Personal-Bogen vom 25.01.1955.

788 UAL, PA-A 41586, Personalbogen vom 23.10.1955.

789 Darmer hatte spätestens von 1954 bis zu seinem gesundheitsbedingten Rücktritt am 01. April 1956 das Amt des Bezirksnaturschutzbeauftragten des Kulturbundes im Bezirk Leipzig inne. Als Nachfolger schlug er den Rentner und vormaligen Garteninspektor Bruno Quellmann (geb. 1888) vor. Vgl. ebd., NA Darmer, 01, Bd. 2, Rücktritt des Bezirksnaturschutzbeauftragten vom 01.03.1956; PA 3343, Antrag auf Gewährung einer höheren Leistungsstufe vom 20.07.1954.

790 Aufgrund der prinzipiell vergleichbaren Arbeit, was die Sicherung von Halden und tagesbruchgefährdeten Flächen angeht, wurde in diesem Zusammenhang auch der Steinkohlenbergbau der DDR behandelt, der volkswirtschaftlich und von den Bergschäden wenig bedeutend in den Revieren Zwickau-Oelsnitz-Lugau und im Döhlener Becken bei Freital angesiedelt war. Im Rahmen des IV. internationalen Symposiums zu Fragen der Wiedernutzbarmachung 1970 in Leipzig erfolgten zwei Exkursionen, die Ergebnisse der Wiedernutzbarmachungsarbeiten in den Steinkohlen- und Uranerzabbaugebieten präsentierten. Dabei waren besonders die Erfahrungen im Gebiet der Wismut bis dato weltweit einmalig, da die Radioaktivität des Erzes andere Ansprüche an die Wiedernutzbarmachung stellte und sich bisher niemand dieser gestellt hatte. Besonders Einrichtungen wie die Bergsicherung Schneeberg, die ab 1957 in den Wismut-Revieren Verwahrungsarbeiten übernahm, leisteten wichtige Pionierarbeit. Die Bedeutung dieser Institutionen wurde sowohl von Seiten der DDR-Opposition – stellvertretend für diese Gruppe sei hier Michael Beleites erwähnt – als auch von der bisherigen Forschung – hier sei besonders Rainer Karlsch genannt – nicht erkannt. Seit 2019 erforscht Sabine Loewe-Hannatzsch an der TU Bergakademie Freiberg die Wiedernutzbarmachung bei der SDAG Wismut und streicht dabei die Bedeutung der

chung des Braunkohlenbergbaus keine singuläre umweltpolitische Entwicklung in der Ära Ulbricht darstellte. Wenn die DDR weltweit führend im Bereich der Wiedernutzbarmachung war, dann stellt sich die Frage, wie verbreitete sich dieses Wissen in den Rest der Welt?

Wissenstransfer ist entscheidend für die Verbreitung und Etablierung von Forschungserkenntnissen in die Praxis. National wie international findet dieser in zwei Formen statt: Erstens erfolgt er durch den Austausch und die Diskussion von Erkenntnissen auf Tagungen, Symposien, Kolloquien und öffentlichkeitswirksamen Formaten wie Messen oder Ausstellungen. Hierzu zählen auch die daraus resultierenden Beziehungen zu anderen Forschenden und die Übersendung aktueller Forschungsliteratur. Zweitens verbreiteten sich Ergebnisse durch die Migration von Wissenschaftler:innen. Bei Letzteren kann durch die Anwendung der bereits gewonnenen Erkenntnisse Transferwissen generiert werden. Für die Wiedernutzbarmachungsforschung der DDR lassen sich beide Phänomene identifizieren, sie erlaubten einen erfolgreichen Wissenstransfer von Ost nach West aber auch in die Länder des RGW. Allerdings können sie nur schwer in ihrer Bedeutung gewichtet werden.

Die Migration der untersuchten Wissenschaftler aus der DDR in die Bundesrepublik erfolgte mehrheitlich als Flucht und war von staatlichen Stellen schon vor dem 13. August 1961 sanktioniert und dann mit dem Bau der Berliner Mauer deutlich erschwert. Damit suchte die DDR vor allem dem Braindrain entgegenzuwirken, der sich in den 1950er-Jahren als eine fundamentale Bedrohung für das Überleben des Staatssozialismus auf deutschen Boden entpuppte. Es sind besonders zwei Personen zu nennen, deren Flucht einen essentiellen Wissenstransfer in den Westen darstellte. Wilhelm Knabe war nicht nur der Pionier der Verwissenschaftlichung der Wiedernutzbarmachung, sondern auch der wichtigste Wissensübermittler in den Westen. Der erste bedeutende Wissenschaftler aus dem Feld der Wiedernutzbarmachungsforschung, der die DDR verließ, war allerdings Gerhard Darmer. Neben Darmer und Knabe gab es noch weitere Fluchtbewegungen wie beispielsweise von Erwin Kopp, der 1961 oder 1962 in den Westen floh. Auch hier

---

Bergsicherungen heraus. Vgl. Bergsicherung Schneeberg GmbH & Co. KG: Geschichte & Tradition, in: Bergsicherung Schneeberg seit 1957 (2016). Unter: https://www.bergsicherung.net/geschichte-tradition/ (Eingesehen: 16.10.2022); BLHA, Rep. 803 BfT Ctb, Nr. 633, Exkursion in die südwest-sächsischen Haldengebiete des Steinkohlenbergbaues und Erzbergbaues (1970); Loewe-Hannatzsch, Sabine: Aspekte der Wiederurbarmachung und Umweltpolitik im Uranerzbergbau der SDAG Wismut, in: Albrecht, Hellmuth u. a. (Hrsg.): Bergbau und Umwelt in DDR und BRD. Praktiken der Umweltpolitik und Rekultivierung, Berlin/Boston 2022 (= Veröffentlichungen aus dem Deutschen Bergbau-Museum Bochum, Bd. 253; = Schriften des Montanhistorischen Dokumentationszentrums, Bd. 46), S. 105–133, hier S. 117 ff.

ist von einem Wissenstransfer auszugehen, ohne dass er allerdings die Wirkung der beiden erstgenannten erreicht hätte.[791]

Darmer nutzte eine Dienstreise zwischen dem 16. und 22. Oktober 1958 nach Reinbek bei Hamburg, die er zur Besichtigung von Flurholzschutzpflanzungen zusammen mit Albrecht Krummsdorf geplant hatte, um sich aus der DDR abzusetzen.[792] Die Flucht schien lange geplant und vorbereitet gewesen zu sein, da er, wie Krummsdorf berichtet, bereits Koffer aufgegeben hatte. Zeitgleich hatte seine Frau mit den drei Kindern eine Reise zu Verwandten nach Wuppertal geplant, wo sie anfangs gemeinsam unterkamen.[793] In einem Schreiben an den Direktor der Landwirtschaftlich-Gärtnerischen Fakultät der KMU Leipzig, Ottokar Heinisch (1896–1966), hoffte er auf den weiteren Erhalt des von ihm aufgebauten Institutes für Landschaftsgestaltung, ohne Gründe für seine Abwanderung zu nennen.[794] Während Darmer von seinen Leipziger Kollegen als „[e]hrlicher, offener, kollegialer Charakter" beschrieben wurde und sie keine Gründe für seine Flucht nannten,[795] erklärte die Kaderabteilung seine Flucht mit der Abhängigkeit von seiner Frau.[796] Beide Seiten stimmten aber überein, dass dies ein herber fachlicher Verlust für die KMU Leipzig war. Darmer hingegen wurde zum Wissensvermittler in der Bundesrepublik. Nach einer kurzen Phase der Neuorientierung knüpfte er ab 1960 mit der Übernahme einer Professur für Landschaftsgestaltung am Institut für Landschaftspflege und Naturschutz der Universität Hannover an seine ostdeutsche Karriere an.[797] Dabei blieb die Rekultivierung – jetzt orientierte er sich an der bundesdeutschen Terminologie – von Tagebauen eines seiner Fachgebiete, zu dem er 1973 das zweibändige Werk „Landschaft und Tagebau" publizierte.[798] Dieses

791 Als Auslöser für seine Flucht galt sein schwieriges Verhältnis zu Egon Brüning, wie die ZKSK konstatierte. BLHA, Rep. 801 RdB Ctb, Nr. 1993, Die gegenwärtige Lage in Wissenschaft und Praxis auf dem Gebiet der Wiedernutzbarmachung von Kippen und Halden des Braunkohlenbergbaus (1961/62).

792 UAL, PA 3343, Schreiben von Albrecht Krummsdorf an die Kaderabteilung der KMU Leipzig vom 28.10.1958.

793 Ebd., Schreiben des kommissarischen Leiters der Kaderabteilung Wolf an das Staatssekretariat für das Hoch- und Fachschulwesen vom 07.11.1958.

794 Ebd., Schreiben von Gerhard Darmer an Ottokar Heinisch vom 07.11.1958.

795 Ebd., Schreiben von Albrecht Krummsdorf an die Fakultätsgewerkschaftsleitung vom 04.11.1958.

796 Ebd., Schreiben des kommissarischen Leiters der Kaderabteilung Wolf an das Staatssekretariat für das Hoch- und Fachschulwesen vom 07.11.1958.

797 Hier blieb Darmer bis zu seiner Emeritierung 1975. Der Region blieb er bis zu seinem Tod am 19. April 1992 in Fintel an der Lüneburger Heide erhalten. Vgl. Gottfried Wilhelm Leibniz Universität Hannover: Institut für Landschaftspflege und Naturschutz, 10.04.2022. Unter: https://www.umwelt.uni-hannover.de/de/institut/geschichte/iln/ (Eingesehen: 17.10.2022).

798 Bereits bis 1979 erschien Darmers Buch in der dritten Auflage. Vgl. Darmer, Gerhard: Landschaft und Tagebau. Band I: Ökologische Leitbilder für die Rekultivierung, Berlin/Hannover 1973;

Buch baute auf seinen Forschungen und Erfahrungen in der DDR auf und implementierte dieses Wissen in die westliche wissenschaftliche Auseinandersetzung mit der Bergbaufolgelandschaft.

Abb. 49: Koffer, in dem Knabe seine Forschungsunterlagen in die Bundesrepublik schmuggelte. Hinter dem Koffer ist die Schreibmaschine zu sehen, auf der er seine Dissertation schrieb. Beide Objekte wurden in der Sonderausstellung „Gras drüber…" gezeigt, 2022

Der wichtigste, durch Migration ausgelöste Wissenstransfer ist mit Wilhelm Knabe verbunden. Knabe wartete das Erscheinen seiner Dissertation in Berlin ab und floh danach mit seiner Familie Ende April/Anfang Mai 1959 in die Bundesrepublik.[799] Die Gründe für Knabes Flucht waren vielfältig und reichten von dem Versuch, ihn als Reserveoffizier zu gewinnen, über die Angst einer sowjetischen Besetzung West-Berlins bis zur prekären Versorgungssituation in der DDR.[800] Auch Knabe nutzte eine geplante Forschungsreise, um die DDR zu verlassen.[801] Aufgrund

---

ders.: Landschaft und Tagebau. Band II: Planerische Leitbilder und Modelle zur Rekultivierung, Berlin/Hannover 1979.

799 AGG, Bestand A – Knabe, Wilhelm, Nr. 308, Erlebte Geschichte. Ein Dunkelgrüner (2003) – Autobiografischer Bericht von Wilhelm Knabe.

800 Knabe, Erinnerungen, S. 136 ff. und 143.

801 HUB, UA, LGF, Nr. 35, Protokoll über die durchgeführte Gewerkschaftsgruppenversammlung vom 29.04.1959.

der intensiven Vorbereitung gelang es Knabe, seine Forschungsunterlagen nahezu vollständig in den Westen zu schmuggeln (Abb. 49).[802]

Im Westen erlaubten diese geschmuggelten Unterlagen Knabe an seine ostdeutsche Karriere als Wiedernutzbarmachungsexperte anzuknüpfen. Da in der Bundesrepublik allerdings Vorbehalte gegen den promovierten DDR-Bürger bestanden,[803] führte sein akademischer Weg zuerst ins Ausland. 1962 erhielt er eine Einladung nach Ohio (USA). Vor Ort wandte Knabe sein Wissen über die Wiedernutzbarmachung des ostdeutschen Braunkohlentagebau auf das amerikanische „strip mining" an, das den Lausitzer Braunkohlentagebauverfahren ähnlich ist.[804] Er konnte seine in der Lausitz gewonnenen Erkenntnisse nun nochmals unter ganz anderen Bedingungen überprüfen. Dabei setzte er zur Begrünung der Kippen in Ohio auch eine Erle ein, die er aus einem geschmuggelten Lausitzer Samen gezogen hatte (Abb. 50). Die Ergebnisse seines Forschungsaufenthaltes fasste Knabe 1964 in einem Artikel zusammen.[805] Dabei referenzierte er Forschungen aus der DDR, er nutzte u. a. die 1962 von Brüning in der Wissenschaftlichen Zeitschrift der KMU Leipzig publizierten Ergebnisse seiner Dissertation sowie die Doktorarbeit von Erwin Kopp und einen Aufsatz von Joachim Seidemann, beide aus dem Jahr 1961.[806]

Aus Sicht der Zentralen Kommission für Staatliche Kontrolle (ZKSK) war Knabes Mitnahme der Unterlagen problematisch, da sie die weitere Forschung – die Untersuchungen zum Koyne Verfahren hatten gerade erst begonnen – behinderten.[807] Eine weitere Folge von Knabes Flucht war die Absicht zur stärkeren Kontrolle der verbliebenen Wissenschaftler:innen.[808]

---

802 Besonders seine Frau Rikarda brachte Teile des Hausstandes und vor allem seine wissenschaftlichen Unterlagen in mehreren Fahrten mit dem Kinderwagen nach West-Berlin. Ein dabei genutzter Koffer des Schwiegervaters von Wilhelm Knabe befindet sich heute im Deutschen Bergbau-Museum Bochum und wurde im Rahmen der Sonderausstellung „Gras drüber… Bergbau und Umwelt im deutsch-deutschen Vergleich" vom 11. Juni 2022 bis zum 15. Januar 2023 präsentiert. Vgl. Knabe, Erinnerungen, S. 143.

803 Gleich zweimal machte Knabe die Erfahrung, dass ihm als ostdeutschen Wissenschaftler mit Überheblichkeit und Abneigung, gerade von Seiten der Industrie, begegnet wurde. Eine interessante Episode, provoziert sie doch die Frage nach dem Verhalten westdeutscher Eliten gegenüber ostdeutschen Experten im Kontext der deutschen Wiedervereinigung 30 Jahre später. Knabe, Erinnerungen, S. 150–153.

804 Ebd., S. 171 und 174–180.

805 Vgl. ders.: Methods and Results of Strip-Mine Reclamation in Germany in: Ohio Journal of Science, 64, 1964, S. 75–100.

806 Ebd., S. 98 ff.

807 BLHA, Rep. 801 RdB Ctb, Nr. 1993, Die gegenwärtige Lage in Wissenschaft und Praxis auf dem Gebiet der Wiedernutzbarmachung von Kippen und Halden des Braunkohlenbergbaus (1961/62).

808 Ebd.

Abb. 50: Knabe (links) im „strip mining"-Gebiet von Ohio vor einer Erle, die er aus einem Lausitzer Erlensamen vor Ort gezogen hatte. Den Samen hatte er vorher von Ost-Berlin in Vorbereitung seiner Flucht in den Westen geschickt, 1962

Knabes weiterer Weg als internationaler Experte für Wiedernutzbarmachung führte ihn im Rahmen von Forschungsaufenthalten nach England, Frankreich, Schottland und Wales.[809] Nach seiner dauerhaften Rückkehr in die Bundesrepublik wandte er sich dem Problem der Halden des Steinkohlenbergbaus zu. Er übertrug die ostdeutschen Erkenntnisse der idealen Formgebung als Tafelberg, die besonders an den Beispielen der Halde Illmersdorf des Tagebaus Greifenhain im Lausitzer Braunkohlenrevier und der Halde Trages des Tagebaus Espenhain im Mitteldeutschen Revier gewonnen worden waren,[810] auf den „Kummer der Haus-

809 AGG, Bestand A – Knabe, Wilhelm, Nr. 140, Séminaire sur „La conservation du sol et l'irrigation" 03.-29. avril 1964; Knabe, Erinnerungen, S. 181.

810 Knabe definierte bereits 1959 den Tafelberg als die beste Formgebung für eine Halde, um diese standsicher auszuformen. Die Anwendungen in beiden Revieren durch die Leipziger und

frauen und der Väter“[811] – so eine Bezeichnung für die Bergehalden des Steinkohlentiefbaus im Ruhrgebiet.[812] Diese Veröffentlichung zur Haldenrekultivierung war das erste Fachbuch zur systematischen Haldenbegrünung des westdeutschen Tiefbaus.[813] Allerdings erforderte die Haldenproblematik im Ruhrgebiet erst in der Nachkriegszeit eine ernsthafte Auseinandersetzung.[814] Nicht nur die Ideen zur Formgebung der Halden transferierte Knabe, sondern auch die Auswahl der Baumarten für die Haldenbegrünung.[815] Wenig erstaunlich, aber dennoch erwähnenswert war Knabes Vorgehen: Wie er es bereits in der Lausitz praktiziert hatte, begann er mit der Auswertung bestehender Haldenrekultivierungen im Ruhrgebiet.[816] Somit hatte Knabe sowohl als Wissensvermittler aus der DDR als auch durch das Übertragen auf eine andere Bergbauform wesentlichen Anteil an der Verwissenschaftlichung der Haldenbegrünung im Ruhrgebiet. [817]

---

die Berliner Arbeitsgruppen zeigte die Allgemeingültigkeit der Erkenntnisse, die eine Übertragung auch auf andere Bergbauformen erlaubte. Knabe, Zur Wiederurbarmachung, S. 57 ff.

811 So wurden die Bergehalden durch Hans-Joachim Berthold 1952 bezeichnet. Interessanterweise stand Berthold in den 1950er-Jahren in engen Austausch mit Georg Bela Pniower und dem Institut für Garten- und Landeskultur. Heinen, Ron-David: Vom „Kummer der Hausfrauen“ zur Landmarke. Die Bergehalden des Ruhrgebiets und der Wandel des Mensch-Umwelt-Verhältnisses nach 1945, in: Der Anschnitt. Zeitschrift für Montangeschichte 72, 2020, S. 84–91, hier S. 85.

812 Knabe bezieht sich hier auf Ruth Günther und somit auf eine ostdeutsche Quelle aus dem Jahr 1950 bei der Haldenform. Vgl. Knabe, Wilhelm u. a.: Haldenbegrünung im Ruhrgebiet, Essen 1968 (= Schriftenreihe Siedlungsverband Ruhrkohlenbezirk, Nr. 22), S. 21.

813 Dettmar, Jörg: Rekultivierung von Bergehalden im Ruhrgebiet. Beobachtungen und Erfahrungen, in: Albrecht u. a. (Hrsg.), Bergbau, S. 163–193, hier S. 168.

814 Aufgrund der größeren Aufschlussmassen in der Braunkohle, bei der deutlich mehr Abraum anfiel, war entsprechend das Problem größer. Im Steinkohlenbergbau wuchsen erst mit der zunehmenden Mechanisierung des Bergbaus in der Nachkriegszeit die Halden an. Außerdem bestand mit den Haldenbränden zusätzlich eine andere Gefahr. Vgl. Baumert, Martin u. a.: Umweltpolitik, Bergbau und Rekultivierung im deutsch-deutschen Vergleich. Das Lausitzer Braunkohlenrevier und das Ruhrgebiet (1949–1989/2000), in: Seibring (Hrsg.), Abschied von der Kohle, S. 74–87, hier S. 80.

815 Neben den Erlen waren es vor allem Birke und Pappel, deren Anbau Knabe empfahl. Vgl. Knabe u. a., Haldenbegrünung, S. 126.

816 Es handelte sich um die Halde Zollverein 1/2 in Essen, die Halde Möller in Gladbeck, die Halde Graf Bismarck 3/5 in Gelsenkirchen, die Halde Zeche Oberhausen 1/2 sowie die Halde Prosper in Bottrop. Vgl. ebd., S. 24–32.

817 Auf seine alte Heimat sollte er allerdings ebenso zurückwirken. Als eines der Gründungsmitglieder der Partei „Die Grünen“ und Bundestagsmitglied der ersten grünen Bundestagsfraktion genoss er diplomatische Immunität. In dieser Position unterstützte er die DDR-Umweltopposition und schmuggelte u. a. die Druckmaschine, die Auslöser der Razzia in der Zionskirche 1988 war, durch die Berliner Mauer. Obwohl Michael Beleites, der als ausgewiesener Experte der DDR-Umweltbewegung gilt, sowohl die Razzia in der Zionskirche als Fanal für das MfS beschreibt als auch auf die Vernetzung nach Westdeutschland verweist, unterschlägt er die in dieses Narrativ passende Herkunft der Druckmaschine. Ob er dies bewusst machte oder ihm die Geschichte nicht

Besonders der internationale Austausch in Form von Kolloquien, Konferenzen und Symposien war zentral für den Wissenstransfer von Ost nach West, aber auch aus der DDR in die anderen Staaten des Ostblocks. Dabei war zumindest im Bereich der Wiedernutzbarmachungsforschung der Eiserne Vorhang erstaunlich durchlässig. Den Anfang machte ein Kolloquium zur „Landeskulturellen Planung und meliorativen Landschaftsgestaltung" auf dem Gelände der agra-Landwirtschaftsausstellung in Markkleeberg, veranstaltet vom Institut für Landschaftsgestaltung der KMU Leipzig am 04. und 05. Juni 1962.[818] Zwar stand bei der Tagung der Schutz der Kulturlandschaft anhand der Beispiellandschaft Seegeritz im Nordosten von Leipzig im Vordergrund, mit der Teilnahme von Werner Bauch, Albrecht Krummsdorf, Gerhard Scheerer und Alfons Wunschik nahmen aber ausgewiesene Wiedernutzbarmachungsexperten teil.[819] Die Anwesenheit der beiden westdeutschen Landschaftsplaner Wilhelm Hübotter (1895–1976) – Professor an der Universität Hannover – und Gustav Lüttge (1909–1968) ist von besonderem Interesse (Abb. 51).[820] Ihre Teilnahme dokumentiert den fachlichen Austausch zwischen den beiden deutschen Staaten nach dem Bau der Berliner Mauer.

Gleichzeitig stand diese Veranstaltung am Beginn einer Reihe von acht internationalen Symposien, die zwischen 1962 und 1985 auf dem Gebiet des RGW stattfanden.[821] Diese internationalen Symposien zur Wiedernutzbarmachungsforschung zeigen die internationale Vernetzung der DDR-Wissenschaftler:innen in

---

bekannt war, bleibt ungeklärt. Vgl. Beleites, Michael: Die unabhängige Umweltbewegung in der DDR, in: Behrens/Hoffmann (Hrsg.), Umweltschutz, Bd. 3, S. 179–224, hier S. 212–217; Knabe, Erinnerungen, S. 266 f.

818 UAL, LaWi Fak, Nr. 24, Programm Kolloquium Landeskulturelle Planung und meliorative Landschaftsgestaltung am 04./05.06.1962.

819 Ebd., Kolloquium Landeskulturelle Planung und meliorative Landschaftsgestaltung am 04./05.06.1962.

820 Ebd., Exkursions-Schnappschüsse vom 05.06.1962.

821 Die Dominanz der DDR vor allem in den frühen Symposien wird daran deutlich, dass das erste Kolloquium 1962 und das vierte 1970 in der DDR stattfanden. Neben der DDR waren vor allem die VR Polen und die ČSSR führend. Polen führte die Symposien 1965 und 1980 jeweils in Katowice durch. Prag war 1967 Austragungsort. Die Sowjetunion, die nicht nur das größte Land im RGW war, sondern auch am umfangreichsten Bergbau trieb, richtete nur das sechste Kolloquium 1976 in Donezk in der Bergbauregion des Donbass aus. Rumänien richtete das achte und letzte Symposium 1985 in Bukarest aus. Der Ort und das Jahr des fünften Symposiums wurde in den Dokumenten nicht überliefert. Das nach 1985 kein Kolloquium mehr stattfand, obwohl sich die Umweltsituation in Ost- und Ostmitteleuropa zunehmend zuspitzte, lässt sich mit den fehlenden wirtschaftlichen Ressourcen erklären. Wie Julia Obertreis konstatierte, gab es ab dem Amtsantritt Gorbatschows ein verstärktes Interesse an ökologischen Themen, allerdings fehlte es an Möglichkeiten zur Umsetzung. Die Forschung verlor im Wettstreit um knappe Ressourcen gegenüber der Praxis. Obertreis, Naturbeherrschung, S. 121; StUG, 036, 99-1, Internationale Symposien über Fragen der Wiedernutzbarmachung.

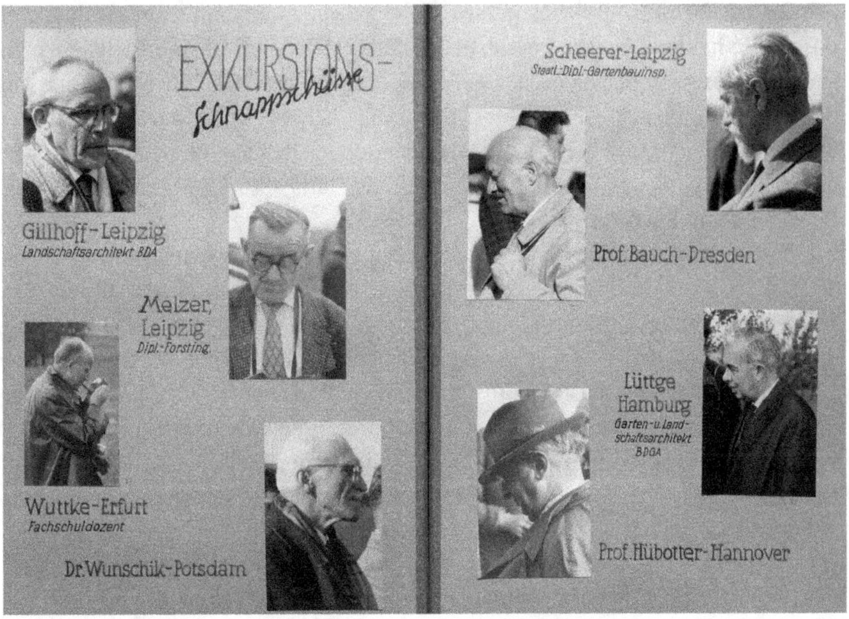

Abb. 51: Teilnehmende aus der Bundesrepublik und der DDR des Kolloquiums „Landeskulturelle Planung und meliorative Landschaftsgestaltung" in Leipzig, darunter mit Wunschik, Scheerer und Bauch drei Experten der Wiedernutzbarmachung, 1962

die weltweite Forschung zum Nachbergbau. Als erster Ausrichter und Initiator nahm die DDR von Beginn an eine zentrale Rolle ein. Das erste Symposium fand vom 04. bis 09. Juni 1962 – also teilweise parallel zum oben beschriebenen Kolloquium – im Leipziger Ratskeller statt.[822] Die Dominanz der DDR in diesem Forschungsbereich wird an der räumlichen Verteilung der Teilnehmer deutlich: 45 Forschenden aus Ostdeutschland standen sieben aus der Volksrepublik (VR) Polen, sechs aus der Tschechoslowakischen Sozialistischen Republik (ČSSR) und zwei aus der VR Ungarn gegenüber. Länder außerhalb des Ostblocks nahmen nicht teil. Der bekannteste nicht-deutsche Vertreter war Stanislav Štýs (geb. 1930), der in Teplice im Braunkohlenrevier des Nordböhmischen Beckens forschte und 1981 das Standardwerk zur Rekultivierung in tschechischer Sprache herausgab.[823] Die ČSSR hatte vergleichbare Probleme wie die DDR. Im nordböhmischen Becken wurden zur Energiegewinnung Braunkohlentagebaue betrieben, die in den 1980er-Jahren jähr-

822 BArch, DK 107/2943, Teilnahmeliste internationales Symposium „Rekultivierung von Kippen und Halden" vom 04. bis 09.06.1962.

823 Vgl. Štýs, Stanislav (Hrsg.): Rekultivace území postižených těžbou nerostných surovin, Prag 1981.

lich bis zu 500 ha Land devastierten.[824] Die Schwefeldioxidemissions-Problematik bestand in beiden Ländern bereits in den 1960er-Jahren.[825] Die industrielle Rauchgasbelästigung auf der deutschen Seite des Erzgebirges durch die nordböhmische Braunkohlenindustrie bildete hier einen Umweltkonflikt zwischen den beiden Staaten.[826] Gleichzeitig benötigten beide Länder zusätzliche Agrarflächen zur autarken Versorgung der Bevölkerung.[827] Deshalb stand 1959 Štýs bereits in Kontakt mit Knabe und Pniower.[828]

Die Vorträge auf dem Symposium waren hingegen ausgeglichener verteilt.[829] Sechs Vorträge von deutscher Seite standen vier tschechoslowakische und drei polnische gegenüber, während die Ungarn keinen eigenen Beitrag leisteten. Dabei dominierte auf deutscher Seite die Leipziger Arbeitsgruppe. Konrad Werner (1929–1992) hielt zwei Vorträge. Brüning sprach allgemein zur Rekultivierung tertiärer Kippen und Werner Wolf (geb. 1933) sprach zur Wasserversorgung von mit Kulturboden überzogenen Kippen im Mitteldeutschen Revier. Aus Berlin sprach nur Heinz Siegel, der das Domsdorfer Verfahren vorstellte. Die Exkursionen fokussierten hingegen gleichermaßen auf das Mitteldeutsche wie das Lausitzer Revier.[830] Dabei wurde in der Lausitz u. a. die Halde Schwarzkollm und somit der Ort des ersten Wiederurbarmachungsverfahrens präsentiert (Abb. 52).

---

824 Förster, Heinz: Raumbewertung und Kulturlandschaftswandel. Das Beispiel Nordböhmen, in: ders./Herzberg, Julia/Zückert, Martin (Hrsg.): Umweltgeschichte(n). Ostmitteleuropa von der Industrialisierung bis zum Postsozialismus, München 2013 (= Bad Wiesser Tagungen des Collegium Carolinum, Bd. 33), S. 83–104, hier S. 86 und 95.

825 Der DDR-Rauchschadensexperte Hans-Günther Däßler warnte bereits 1964 davor, dass in beiden Ländern das Problem der Schwefeldioxidbelastung durch die Braunkohlenverbrennung am dringendsten sei. Huff, Natur, S. 128.

826 Ebd., S. 219–235.

827 In der ČSSR bestand durch die zunehmende Kürzung der Getreidelieferungen aus der UdSSR ab Mitte der 1960er-Jahre ein erhöhter Bedarf an Getreideproduktion. Aber bereits davor war der weitere Verlust von Anbaufläche problematisch für die ČSSR, weshalb zeitgleich zur DDR an Wiedernutzbarmachungsmethoden geforscht wurde. Vgl. Orsillo, Nicholas: The Socioeconomic Factors Behind Agricultural Land Drainage's. Enviromental Impact in Communist-Era Czechia, in: Förster/Herzberg/Zückert (Hrsg.), Umweltgeschichte(n), S. 209–227, hier S. 214.

828 HUB UA, LGF, Nr. 29, Jahresbericht von 1959 vom 21.01.1960.

829 StUG, 036, Nr. 99-1, Internationales Symposium über Fragen der Wiedernutzbarmachung in Leipzig 04.-06.06.1962.

830 Zwei halbtägigen Reisen in das Geiseltal und das Bornaer Teilrevier in Mitteldeutschland stand eine eineinhalbtägige Exkursion ins Lausitzer Braunkohlenrevier gegenüber. Die Mitteldeutschen Routen fokussierten das Arbeitsgebiet des Institutes für Landschaftsgestaltung. Allerdings wurde nicht Brünings Versuchsgelände in Böhlen oder die populäre Halde Trages thematisiert, sondern der Tagebau Espenhain sowie die Hochhalde Lippendorf. Im Geiseltal wurde der Tagebau Beuna, die Halden Beuna und Vesta sowie ein landwirtschaftliches Versuchsgelände besichtigt. Es wurden quasi die aus der Forschung resultierenden Ergebnisse präsentiert. Die Lausitzer Route führte über Plessa, wo sich Obstbau auf Kippengelände angesehen wurde, die

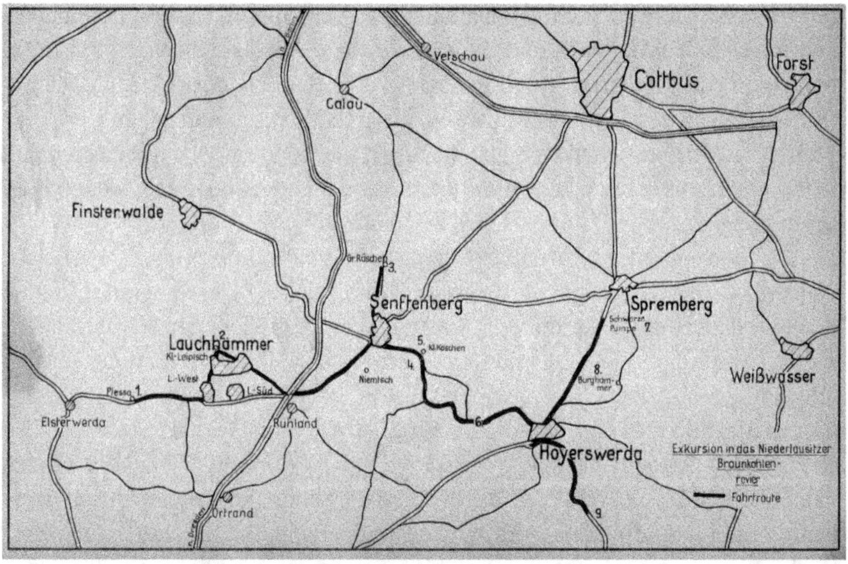

Abb. 52: Exkursionsroute in der Lausitz anlässlich des „Internationalen Symposiums zur Rekultivierung von Kippen und Halden.“ Punkt 6 markiert die Halde Schwarzkollm, dem Ort der Entwicklung des ersten Wiederurbarmachungsverfahrens durch Wilhelm Knabe, 1962

Ein Resultat des ersten Symposiums waren Bestrebungen von Seiten der Obersten Bergbehörde der DDR und des BfT Leipzig, eine Internationale Rekultivierungskommission zu gründen.[831] Zwar kam es nicht zur Umsetzung, aber die Aktivitäten zeigen eine Aufbruchstimmung, die aus den Symposien erwuchs und sogar die Verwaltung erfasste.

Die Bedeutung der ČSSR und der VR Polen kann daran abgelesen werden, dass die folgenden beiden Symposien 1965 in Katowice und 1967 in Prag stattfanden.[832]

---

tertiäre Brückenkippe Kleinleipisch und Altaufforstungsflächen bei Großräschen zu den Tagebauen Niemtsch und Koschen mit den dortigen Kulturbodenwirtschaften. Höhepunkt war die Besichtigung der Halde Schwarzkollm, auf der Knabe sein erstes Verfahren entwickelt hatte. Daran schlossen sich die Besichtigung jüngerer Aufforstungen im Bereich des Tagebaus Burghammer an. Den Abschluss bildete eine Besichtigung des Knappensees, der den ersten geplanten Versuch einer Umgestaltung eines Tagebaurestloches in ein Naherholungsgebiet darstellte. Vgl. ebd., Programm zum internationalen Symposium.

831 BArch, DF 9/400, Tagesordnung für die Anlaufbesprechung „Internationale Rekultivierungskommission“ vom 04.03.1964.

832 BArch, DF 6/2064, Protokoll der wissenschaftlichen Beratung zur Wiedernutzbarmachung von Böden in Industriegebieten in Prag vom 02. bis 07. Oktober 1967; DF 9/414, Protokoll des II. Internationalen Symposiums über Probleme der Rekultivierung von Kippen und Halden vom 12. bis 17.10.1965.

Interessant ist in diesem Zusammenhang die Größe der DDR-Delegation auf den Konferenzen. Die Zahl der Teilnehmenden für Katowice sind in den deutschen Unterlagen nicht überliefert. In Prag kamen von 183 Teilnehmer:innen 32 aus der DDR, womit sie nach dem Gastgeberland die größte Gruppe darstellten.[833] An dem Treffen nahm aber auch eine neunköpfige Delegation aus der Bundesrepublik Deutschland und je eine Person aus Dänemark und Schweden teil, wodurch die Grenzen des Eisernen Vorhanges überwunden wurden.[834]

Das vierte internationale Symposium fand vom 05. bis 08. Juni 1970 erneut in Leipzig statt.[835] Die ostdeutsche Delegation hatte sich 1967 bereit erklärt, die Tagung wieder zu organisieren.[836] Es war eine Leistungsschau der Wiedernutzbarmachungsforschung der DDR und unterstrich nochmals ihre internationale Bedeutung auf diesem Gebiet. Nach der Öffnung 1967 auch für Teilnehmer aus kapitalistischen Staaten, war das Symposium 1970 auf den RGW beschränkt.[837] Die DDR stellte mit 20 Personen die größte Delegation, gefolgt von der ČSSR mit sechs Personen. Die VR Bulgarien entwickelte sich zur drittgrößten Delegation mit fünf Personen, was mit der Aufnahme der Braunkohlenförderung ab 1960 zusammenhing.[838] Die VR Polen und die Union der Sozialistischen Sowjetrepubliken (UdSSR) schick-

833 Die Delegation der ČSSR umfasste 91 Personen. Die drittgrößte Gruppe mit 23 Personen waren Wissenschaftler:innen der VR Polen, gefolgt von der VR Bulgarien mit 12 und der UdSSR mit 10 Personen. Aus der Bunderepublik Deutschland nahmen 9 Personen teil, aus der VR Ungarn 4 sowie aus Schweden und Dänemark je eine Person. Zur Delegation der DDR gehörten u. a. Brüning, Franke, Illner und Werner. Ebd., DF 9/414, Seznam účastníkú III. mezinárodního symposia o rekultívacích [Liste der Teilnehmer des III. Internationalen Symposiums zur Rekultivierung].

834 Die bundesrepublikanischen Vertreter stammten alle aus Nordrhein-Westfalen. Drei gehörten den Rheinischen Braunkohlenwerken an, zwei waren der Landesanstalt für Immissions- und Bodennutzungsschutz zugeordnet und je eine Person gehörte zum Siedlungsverband Ruhrkohlenbezirk, zum Ruhrtalsperrenverband, zum Geologischen Landesamt sowie zur Landwirtschaftskammer Rheinland. Ebd.

835 Ebd., DF 9/416, Protokoll der wissenschaftlich-koordinierenden Beratung vom 05.-08.06.1970.

836 Ebd., DF 6/2064, Protokoll der wissenschaftlichen Beratung zur „Wiedernutzbarmachung von Böden in Industriegebieten" in Prag vom 02. bis 07. Oktober 1967 und Dienstreisebericht vom III. internationalen Symposium.

837 Ebd., DF 9/416, Anlage 1 Verzeichnis der Teilnehmer an den wissenschaftlich-koordinierenden Beratungen am 05. bis 08.06.1970.

838 Die Geschichte der Braunkohlenförderung in Bulgarien begann 1960 mit dem Aufschluss der Tagebaue Troyanovo 1. Die Ausrüstung mit Großfördergeräten im RGW erfolgte dabei durch den Monopolisten TAKRAF aus der DDR. Dies erklärt, warum Bulgarien erst ab der zweiten Hälfte der 1960er-Jahre überhaupt begann, sich mit Fragen der Wiederurbarmachung auseinanderzusetzen. Allerdings wurde diese Frage bereits Ende der 1960er-Jahre relevant, so dass sich die zunehmende Partizipation an den internationalen Symposien erklärt. Nach 1990 wurde übrigens ausrangierte ostdeutsche Tagebautechnik nach Bulgarien verkauft. Vgl. Ernst, Hartmut/Wolff, Helmut/Schulz, Sven-Uwe: Die europäischen Braunkohlenreviere, in: Stoll u. a. (Hrsg.), Braunkohlentagebau, S. 13–33, hier S. 28.

ten je drei Forschende. Erstmals beteiligte sich Rumänien, das ebenfalls erst in den 1960er-Jahren in die Braunkohlenförderung einstieg,[839] durch die Entsendung eines Beobachters. Selbstbewusst formulierten die Teilnehmenden in ihrem Abschlussbericht den Stand ihrer Forschungen im Vergleich zum Westen, bei dem sie sich nicht im Rückstand sahen:

> Hinsichtlich des Standes der wissenschaftlichen Forschungsarbeiten ist nach den in den Mitgliedsstaaten des RGW verfügbaren Informationsmaterialien festzustellen, daß zum gegenwärtigen Zeitpunkt in kapitalistischen Ländern, insbesondere den USA, England und Westdeutschland, auf bodenkundlichem, acker- und pflanzenbaulichem sowie waldbaulichem Gebiet ähnliche Teilaufgaben bearbeitet werden, wie sie in der vorliegenden Analyse dargestellt werden.[840]

Neben den bekannten Persönlichkeiten der Wiedernutzbarmachung in der DDR wie Brüning, Heinz-Günther Franke, Katzur und Werner, nahm erstmals Ludwig Bauer, Direktor des ILN in Halle (Saale),[841] als Leiter der ostdeutschen Delegation teil.[842] Seine leitende Funktion dokumentiert eine Verschiebung der Wiedernutzbarmachungsforschung von den Universitäten hin zu außeruniversitären Forschungseinrichtungen, worauf später vertiefend eingegangen wird.

Die beiden angebotenen Exkursionen zeigten alle Wiedernutzbarmachungserfolge in der DDR, nicht nur die des Braunkohlenbergbaus. So führte eine Exkursion über das Bornaer Revier – diesmal standen u. a. die Halde Trages und ein verbessertes Verfahren zur landwirtschaftlichen Rekultivierung mit Polystorol auf dem Exkursionsplan – über den Zwickauer Steinkohlenbergbau in das Wismut Gebiet rund um Aue, Johanngeorgenstadt und Schneeberg.[843] Dies dokumentiert die Ernsthaftigkeit, mit der in der Ära Ulbricht versucht wurde, mit den Umweltschäden sämtlicher Bergbauarten in der DDR umzugehen und stellt gleichzeitig das

839 Rumänien bezog dabei die Tagebauausrüstung nicht aus der DDR, die im RGW für diese Produktion zuständig war, sondern fertigte selbständig nach Lizenzen von Krupp Großgeräte für den Braunkohlenbergbau. Ebd., S. 30.

840 BArch, DF 9/416, Anlage 2, Analyse des wissenschaftlichen und technischen Standes (1970).

841 Reichhoff /Wegner, Institut, S. 614.

842 BArch, DF 9/416, Anlage 1, Verzeichnis der Teilnehmer an der wissenschaftlich koordinierenden Beratungen am 05. bis 08.06.1970.

843 Der Einsatz von Polystorol kann aus der ex-post-Analyse kritisch gesehen werden, da beispielsweise Styropor als einer der schädlichsten Kunststoffe gilt. Damals hoffte man allerdings, die Wasseraufnahmekapazität zu erhöhen. Zusätzlich wurde das Erholungsgebiet Pahna, an der heutigen Grenze zwischen Sachsen und Thüringen gelegen, präsentiert. Dies ordnet sich in die langsame Fokussierung auf die Erholungsnutzung der Bergbaufolgelandschaft ein. Vgl. BLHA, Rep. 803 BfT Ctb, Nr. 633, Exkursionsroute (schematisiert) (1970), Exkursion in das Braunkohlengebiet Borna-Altenburg (Route B) (1970), Exkursion in die südwest-sächsischen Haldengebiete des Steinkohlenbergbaus und Erzbergbaus (1970).

Narrativ der SDAG Wismut als „Staat im Staate" in Frage, da auch dieses Unternehmen den umweltrechtlichen Bestimmungen unterlag.[844]

In der Niederlausitz wurden vor allem die unterschiedlichen Verfahren und die damit erzielten Erfolge präsentiert.[845] Erster Anlaufpunkt war die Kippe Domsdorf, auf der das Domsdorfer Verfahren erstmals angewandt worden war. Hier wurden Aschemelioration, Aufforstungen, landwirtschaftliche Rekultivierungsversuche und der Schälicke-Pflug vorgestellt. Anschließend präsentierte man die Integration der Forschungsergebnisse in den aktiven Tagebau anhand des Tagebaus Schlabendorf. Hierzu wurde die rekultivierte Aufschlusshalde Beuchow und die Rückwärtskippe Hindenberg besichtigt und die Organisation der Wiederurbarmachung in einem Bergbaubetrieb der DDR erläutert.

Weitere internationale Symposien fanden vom 09. bis 12. Juni 1976 in Donezk, 26. Mai bis 01. Juni 1980 erneut in Katowice und 03. bis 07. September 1985 in Bukarest statt.[846] Die Fokussierung auf den RGW verstärkte sich, während gleichzeitig die internationale Vernetzung sank und Innovationen im Vergleich zu westlichen Forschungen nur noch in speziellen Einzelfragen zu erwarten waren. Dennoch blieb im Gebiet des RGW diese regelmäßige Veranstaltung das wichtigste Zusammentreffen der Wiedernutzbarmachungsforscher:innen. Seit dem zweiten Treffen bereiteten die unterschiedlichen Wissenschaftler:innen in Arbeitsgruppen die je folgende Veranstaltung vor. Besprochen wurde, welche Themen präsentiert werden sollten und was für ihre Forschung relevant war.[847]

Internationale Tagungen mit Bezug zur Wiederinwertsetzung von Bergbaufolgelandschaften fanden auch außerhalb der Symposien zu Fragen der Wiedernutzbarmachung statt. Eine Konferenz mit dem Titel „Landschaftspflege an Gewäs-

844 Loewe-Hannatzsch, Sabine: Umweltpolitik im Uranerzbergbau der SAG/SDAG Wismut in der DDR, in: Der Anschnitt. Zeitschrift für Montangeschichte 72, 2020, S. 92–98, hier S. 95.

845 BLHA, Rep. 803 BfT Ctb, Nr. 633, Exkursion in das Niederlausitzer Braunkohlenrevier (Route A) (1970).

846 StUG, 036, Nr. 99-1, Internationale Symposien über Fragen der Wiedernutzbarmachung.

847 Die Treffen begannen meist schon ein Jahr vor der Tagung. Die erste dieser Arbeitstagungen fand im Oktober 1963 in Zabrze (VR Polen) statt. Unter der Leitung von Konrad Werner nahmen Egon Brüning, der stellvertretende Leiter der Obersten Bergbehörde der DDR, Heinz-Günther Franke, Horst Walter vom BfT Leipzig und Rudolf Noack vom PKB Kohle teil. Zur Vorbereitung des dritten Symposiums in Prag 1967 trafen sich Vertreter:innen der DDR mit Forschenden der ČSSR, der VR Polen und der VR Bulgarien in Sofia. Auf deutscher Seite nahmen Brüning, Werner, Franke, Walter sowie Ernst Wagner vom WTI der VVB Braunkohle Leipzig teil. Das Symposium 1970 wurde wiederum in Sofia 1969 vorbereitet. Vgl. BArch DF 9/413, Protokoll zur 2. Arbeitstagung zum 3. Internationalen Symposium vom 25.09. bis 04.10.1966 in Sofia/Bulgarien; DF 9/416, Protokoll der wissenschaftlich-koordinierenden Beratung vom 05.-08.06.1970; DK 107/2943, Bericht über die Arbeitstagung Wiedernutzbarmachung von Kippen und Halden in Zabrze, VR Polen vom 16. bis 22.10.1963.

sern“ fand 1967 in Erfurt statt.[848] Hier stellten Werner Bauch und Harald Linke Ideen zur Gestaltung von Restlöchern der Bergbaufolgelandschaft als Erholungsgebiete vor. Auch bundesdeutsche Spezialisten auf diesem Gebiet nahmen an der Konferenz teil, so Gerhard Olschowy (1915–2002), der sich im Rheinischen Revier mit Landschaftsplanung und Nachbergbau beschäftigte und bereits in den 1950er-Jahren Kontakte zur HU Berlin und zur KMU Leipzig unterhielt.[849]

Vor dem Mauerbau erfolgte der Wissenstransfer zusätzlich durch die Partizipation ostdeutscher Wissenschaftler an westdeutschen Wissensvermittlungsformaten. Einer Einladung westdeutscher Kollegen folgend, gestaltete das Institut für Garten- und Landeskultur der HU Berlin und das Institut für Landschaftsgestaltung der KMU Leipzig 1957 einen kompletten Raum der Ausstellung „Hilfe durch Grün“ als Teil der Bundesgartenschau in Köln.[850] Wilhelm Knabe hielt in diesem Rahmen einen Vortrag, in dem er die Wiedernutzbarmachungsforschung der HU Berlin zum Lausitzer Braunkohlenrevier präsentierte.[851] Die Ausstellung demonstrierte dem Westen nicht nur die Leistungsfähigkeit der ostdeutschen Forschung in diesem Sektor, sondern es resultierten auch zahlreiche persönliche Kontakte daraus, wie der beschriebene zu Gerhard Olschowy.

Das Interesse an der Expertise aus der DDR war groß in der Bundesrepublik. Manche westdeutsche Forschende fragten bei den Instituten nach Fachliteratur aus der DDR an und bekamen diese häufig zugesandt oder den Hinweis, wie sie diese erhalten könnten.[852] Andere planten gleich einen Besuch in der DDR, um sich vor Ort von den Forschungsresultaten zu überzeugen. Hans-Joachim Berthold (geb. 1922), Forstassessor beim Siedlungsverband Ruhrkohlenbezirk, stand seit

---

848 BArch, DK 107/8320, Internationales Symposium Landschaftspflege an Gewässern 18.-22. September 1967.

849 Olschowy, einer der Naturschutzpioniere der Bundesrepublik, Mitverfasser der Charta von Mainau und ab 1964 Leiter der Bundesanstalt für Vegetationskunde, Naturschutz und Landschaftspflege, hatte trotz seiner vormaligen SS-Mitgliedschaft kein Problem in die DDR einzureisen. Gleichzeitig stand er selbst mit SED-nahen Wissenschaftlern wie Georg Pniower im engen Austausch. Allerdings sprach Olschowy bei dieser Tagung zu hochwasserbedingten Landschaftsschäden in Ostwestfalen. Vgl. HUB, UA, LGF, Nr. 28, Schreiben von Max Kroll an Gerhard Olschowy vom 05.01.1957; Olschowy, Bergbau; BArch, DK 107/8320, Internationales Symposium Landschaftspflege an Gewässern 18. bis 22. September 1967; UAL, NA Darmer, Nr. 04, Bd. 2, Schreiben von Gerhard Darmer an Gerhard Olschowy (1957).

850 HUB, UA, LGF, Nr. 29, Schreiben von Paul Münchberg an Georg Pniower vom 09.05.1959; UAL, NA Darmer, Nr. 04, Bd. 1, Schreiben von Gerhard Darmer an Gert Kragh vom 14.12.1956, Schreiben von Gert Kragh an Gerhard Darmer vom 02.05.1957.

851 Knabe, Erinnerungen, S. 139.

852 Pniower empfahl noch nach Knabes Flucht einem Kollegen dessen Dissertation, was nochmals deren Bedeutung unterstreicht. Vgl. HU UA, LGF, Nr. 29, Schreiben von Georg Pniower an Paul Münchberg vom 19.06.1959, Schreiben von Georg Pniower an G. Rohlfs vom 25.03.1959.

mindestens 1955 in Kontakt mit Pniower und Knabe.[853] Berthold erhielt von den Berlinern Bildmaterial der Aufforstungen im Lausitzer Braunkohlenrevier und Fachliteratur zu Rauchschäden aus Tharandt,[854] ein weiteres Forschungsgebiet auf dem die DDR in den 1950er-Jahren zu den führenden Nationen gehörte.[855] Teil dieses intensiven Austausches war auch der Besuch der jeweiligen Aufforstungsstandorte. Zuerst besuchten Knabe und Pniower das Ruhrgebiet, bevor ein Gegenbesuch im Jahr 1956 in Berlin und in der Lausitz erfolgte.[856] Knabe persönlich beabsichtigte den Gast, für den das Institut einen umfangreichen Besichtigungsplan erstellt hatte, durch die Lausitz zu führen.[857] Das Programm umfasste schlussendlich zwei Tage in der Lausitz, an denen neben der Besichtigung der Versuchsstationen in Schwarzkollm und Domsdorf, die Halden Illmersdorf und Nardt, die Tagebaue Friedländer, Laubusch und Klettwitz sowie der Knappensee, als erstes gestaltetes Naherholungsgebiet, besichtigt wurden.[858] Andere Besichtigungen der Wiedernutzbarmachungsergebnisse durch westdeutsche Experten lassen sich ebenfalls nachweisen.[859]

Kontakte bestanden ferner auch zu Forschenden, die in der Zeit nach der deutschen Wiedervereinigung auf die Wiedernutzbarmachung im Osten einwirkten. Wolfram Pflug (1923–2013), als Professor für Landschaftsökologie und Landschaftsgestaltung Herausgeber eines Standardwerkes zum Braunkohlenbergbau und zur Wiederurbarmachung in der Nachwendezeit,[860] fragte 1957 als Referent für Landschaftspflege im Rheinland-Pfälzischen Landwirtschaftsministerium bei Pniower eine Übersicht über die Landeskultur in der DDR an.[861]

853 Ebd., Nr. 28, Schreiben von Georg Pniower an Hans-Joachim Berthold vom 27.07.1955.

854 Titel und Autor der Veröffentlichung sind nicht überliefert, es liegt aber nahe, dass es sich um Erich Zieger handelte. Ebd., Schreiben von Hans-Joachim Berthold an Georg Pniower vom 09.01.1956.

855 Vgl. Huff, Natur, S. 79–102.

856 Bertholds Besuch erfolgte am 13. Juni 1956 nach offizieller Einladung durch die HU Berlin. Allerdings gab es bereits davor ein Zusammentreffen in Berlin, bei dem aber ein Besuch in der Lausitz nicht möglich war. Vgl. HU UA, LGF, Nr. 28, Schreiben von Georg Pniower an Hans-Joachim Berthold vom 27.07.1955, Schreiben von Hans-Joachim Berthold an Georg Bela Pniower vom 17.05.1956 und 28.05.1956.

857 Es ist unklar, ob Knabe ihn wirklich führte, da er die Wochen zuvor krank war und im Briefwechsel nur seine Absicht erklärt hatte. Vgl. ebd., Schreiben des Sekretariats des Lehrstuhls für Garten- und Landeskultur an Hans-Joachim Berthold vom 28.05.1956.

858 Ebd., Programm-Entwurf für den Besuch von Herrn Hans-Joachim Berthold vom 06.06.1956.

859 Der Besucher war leitender Angestellter des Botanischen Gartens Darmstadt. Interessanterweise organisierte Pniower eine Besichtigung des Wiederurbarmachungsgebietes südlich von Leipzig. Dies belegt eine enge Vernetzung der beiden Institute. Vgl. ebd., Schreiben von Georg Pniower an Oberinspektor Boerner vom 13.05.1957.

860 Vgl. Pflug (Hrsg.), Braunkohlentagebau.

861 HU UA, LGF, Nr. 28, Schreiben von Wolfram Pflug an Georg Pniower vom 09.01.1957.

Aus dem RGW gab es ebenso Anfragen, die auf die Expertise der DDR in diesem Feld abzielten. 1958 unternahm Knabe auf Einladung des Ungarischen Forstwirtschaftlichen Institutes eine Dienstreise in die ungarischen Bergbaugebiete.[862] Diese Studienreise war von einem gegenseitigen Erfahrungsaustausch geprägt. Bulgarien, das sich, wie beschrieben, erst relativ spät mit dem Thema der Wiedernutzbarmachung zu beschäftigen begann, fragte 1967 explizit an, ob Studierende an die Forschungseinrichtungen der Wiedernutzbarmachung entsendet werden könnten, um somit Know-how in diesem Feld zu erlangen.[863] Ob es zu diesem Wissenstransfer kam, ist nicht überliefert.

Aus der Forschung in die Praxis

Für die Bewertung der Wiedernutzbarmachungsforschung ist ihre Implementierung in die bergbauliche Praxis ein Gradmesser des Erfolges. Diese erfolgte teils zeitnah, wenn nicht sogar parallel, teils mit erheblicher Verzögerung von mehreren Jahrzehnten. Neben den Statistiken zur Wiedernutzbarmachung sind Beschwerden der Folgenutzer, die die Rekultivierung übernahmen, zu berücksichtigen. Nur so kann die Qualität der ausgeführten Arbeiten beurteilt werden.

Als Knabe seine Versuche in Schwarzkollm startete, waren im Lausitzer Braunkohlenrevier seit Beginn der Industrialisierung 22 914 ha Fläche entzogen worden (ca. 42 % der gesamten Bergbaufläche der DDR).[864] Abzüglich der zu diesem Zeitpunkt noch für den Kohlenabbau benötigten Flächen blieben 17 518 ha übrig, von denen nur 10 670 ha an einen Nachnutzer übergeben worden waren. Somit bestand am Beginn des Ausbaus der Förderkapazitäten im Lausitzer Braunkohlenrevier noch eine Fläche von 6848 ha Altkippen, die durch Überzug mit Kulturboden oder Anwendung eines Wiederurbarmachungsverfahrens technisch aufbereitet werden mussten. Der damit einhergehende ökonomische Schaden durch Verlust von forst- und landwirtschaftlicher Nutzfläche war für die kleine und zugleich autark wirtschaftende DDR volkswirtschaftlich relevant.[865] Hinzu kam die politische Komponente, wollte die DDR doch die zurückliegenden Zerstö-

---

862 Hierbei besichtigte Knabe nicht nur die Braunkohlengruben, sondern auch Bauxit- sowie Steine- und Erdenabbaugebiete. Besonders die forstliche Hangsicherung gegen Erosion und Rutschungen interessierten Knabe. BArch, DE 1/4011, Bericht über Dienstreise nach Ungarn vom 18. September bis 02. Oktober 1958 verfasst von Wilhelm Knabe.

863 Ebd., DK 107/4764, Studienwünsche der VR Bulgarien vom 22.02.1967.

864 Es waren zu 70 % vormals forstlich genutzte Flächen und zu 25 % Ackerflächen. Vgl. BArch, DE 1/4016, Denkschrift über die Wiedernutzbarmachung von Bergbauflächen im Bezirk Cottbus vom 02.12.1954.

865 Assmann/Vogler/Werner, Empfehlungen, S. 20.

rungen des Kapitalismus überwinden. Andererseits kann diese Statistik so gelesen werden: Über 60 % aller Bergbauflächen wurden in einem nutzbaren Zustand hinterlassen – trotz aller Kritik an der Qualität der Wiedernutzbarmachungen.[866]

Die skizzierte rechtliche Entwicklung im Bereich der Wiedernutzbarmachung zeigt einerseits das Bemühen um eine Verbesserung der Ergebnisse, andererseits Mängel in den Ausführungen der Anordnungen. Ein Teil der Bergbautreibenden nutzte jede Möglichkeit, um sich den lästigen Aufgaben im Nachbergbau, die ökonomische Ressourcen beanspruchten, zu entledigen. Das Braunkohlenwerk Espenhain, in der Frühphase der DDR zweifellos einer der am meisten begünstigten Betriebe der Branche, schaffte es immer wieder, sich seinen Aufgaben zu entziehen.[867] Die zuständige Bergbehörde brachte es 1957 auf dem Punkt: „Im Werk Espenhain sind seit Bestehen des Werkes bis zum heutigen Tage noch keine Rekultivierungsarbeiten in Angriff genommen worden."[868] Beliebt war es unter Bergbauunternehmen auch, eine in den Plänen ausgewiesene, aber aufwendigere landwirtschaftliche Wiedernutzbarmachung durch forstwirtschaftliche zu ersetzen.[869] Andererseits fanden in Espenhain Wiedernutzbarmachungsforschungen zur Haldenproblematik statt.[870] Allerdings gingen diese nicht von den Unternehmen aus, sondern von Wissenschaftsinstitutionen oder engagierten Kräften in der staatlichen Verwaltung. In der Lausitz stellte sich dieses Problem ebenso, auch wenn hier zumindest ab Mitte der 1950er-Jahre eine durchsetzungsfähige Bezirks-Wie-

866 Ebd.

867 Die Missstände bestanden mindestens bis 1965. So gab selbst die VVB Feste Minerale, die in dieser Zeit zuständige staatliche Verwaltung, zu, dass in Espenhain Arbeiten (inkl. der wichtigen Vorfeldgutachten) unzureichend umgesetzt und rechtliche Bestimmungen von Betriebsseite ignoriert werden. Dabei betonten die Bergbehörden stets, dass die Unternehmen dazu in der Lage seien und das im Fall von Espenhain eigentlich sehr gute Bedingungen für eine selektive Massengewinnung bestanden. Der Betrieb konnte immer wieder Material- und Personalmangel anführen, die teilweise tatsächlich bestanden. Im Zweifel hatte stets die Gewinnung Priorität gegenüber der Wiedernutzbarmachung. Ein Fall aus dem Jahr 1953 belegt dies, als der Beauftragte für Wiedernutzbarmachung beim Rat des Kreises ein politisches Einwirken auf die SAG Espenhain forderte, die Missstände aber bestehen blieben. Selbst 1971 konnte das Kombinat einen separaten Weg gehen, in dem sie die Wiederurbarmachung aus dem Betrieb ausgliederte. Vgl. BArch, DF 9/388, Verstürzung von Mutterboden vom 11.09.1957; DF 9/387, Protokoll über die Sitzung am 15.10.1953; DF 9/393, Protokoll über die 16. Tagung der Bezirkskommission am 09.11.1961; DF 9/1488, Wiederurbarmachung der Außenkippe Peres in den Tagebauen Zwenkau und Espenhain vom 30.12.1971; DK 107/2942, Stellungnahme vom 21.06.1965; Baumert, Autarkiepolitik, S. 318.

868 BArch, DF 9/388, Verstürzung von Mutterboden vom 11.09.1957.

869 SächsStA-L, 20681, Nr. 1, Schreiben von Franz Matschke (HV Braunkohle) an Karl Förster (Werksdirektor) vom 13.10.1966.

870 Schon 1951 begannen unter Gerhard Scheerer erste Bepflanzungsversuche auf der Halde Trages. Vgl. UAL, NA Darmer, Nr. 01, Bd. 2, Schreiben von Ferdinand Leiber an Gerhard Darmer vom 16.10.1952

derurbarmachungskommission bestand.[871] Eine Überprüfung des Tagebaus Plessa-Lauch durch die zuständige VVB Cottbus stellte eine unzureichende Wiedernutzbarmachung fest, die auf Personalmangel zurückgeführt wurde:

> Im Feldesteil Plessa-Lauch wird keine Wiedernutzbarmachung betrieben. Die pleistozänen Massen werden mit dem Anteil tertiärer Massen einmal durch den Schaufelradbagger und zum anderen mit dem Absetzer so gemischt, daß nur eine kulturfeindliche Kippenoberfläche zurückbleibt. [...] Die Untererfüllung der landwirtschaftlichen Fläche kam dadurch zustande, daß der anstehende Torf durch Arbeitskräftemangel teilweise auf die Spülkippe verstürzt wurde.[872]

Die Anzahl der Tagebaue, die sich nicht an die Bestimmungen hielten, nahm im Verlauf der 1950er- und frühen 1960er-Jahre ab. Die zunehmende Sensibilisierung durch TBI/TBBI und den ihnen nachfolgenden Bergbehörden für die Notwendigkeit einer Wiederurbarmachung durch den Bergbau sowie die Forderungen der staatlichen Verwaltung und Wissenschaftseinrichtungen verbesserten die Situation sukzessive. Ein wesentlicher Schritt auf dem Weg zur Durchsetzung der Wiedernutzbarmachungsanordnung war die Gründung einer zentralen Wiederurbarmachungskommission mit Pendants auf Bezirksebene bis Anfang der 1960er-Jahre.[873] Auf der Kreis- und Betriebsebene existierten Beauftragte für Wiedernutzbarmachung.[874] Deren Zusammenarbeit mit der TBBI und den Bergbautreibenden verlief nicht immer optimal.[875] Die Aufgabe der Kommissionen be-

---

871 Lehmann sah die Fehler weniger in der ersten Wiederurbarmachungsverordnung als im Verhalten der Unternehmen und der ihnen übergeordneten VVB, die Aufgaben vermeiden wollten. Vgl. BArch, DE 4 /18354, Erfolge und Mängel der Verordnung über die Wiedernutzbarmachung (verfasst von Hans Lehmann) vom 22.11.1955.

872 StUG, 036-76, Überprüfung der Wiedernutzbarmachung (13. Juli 1960 bis 28. Juli 1960).

873 Die erste Bezirkskommission bestand ab 1954 im Bezirk Cottbus, was unmittelbar auf die Erfahrungen der Aufforstungs-Kommission zurückging, die zehn Jahre vorher noch bestand. Allerdings scheint sie zwischendurch wieder aufgelöst worden zu sein, wie ihre Rekonstituierung 1963 zeigt. Für andere Bezirke lassen sie sich erst später nachweisen. Vgl. AGG, Bestand A – Knabe, Wilhelm, Nr. 84, Dienstreisebericht vom 18.-19.05.1954 verfasst von Wilhelm Knabe; BArch, DF 9/392, Protokoll über die Befahrung der Flugplatzflächen im Tagebau Böhlen durch die Bezirkskommission am 30.11.1960, Kommission für Wiedernutzbarmachung für den Bezirk Dresden vom 22.08.1960; ebd., DK 107/33622, Vorschläge zur Leitung und Planung für die Wiedernutzbarmachung von Bergbaufolgelandschaften (1977); StUG, 036-77, Konstituierende Sitzung der Bezirkskommission für Wiederurbarmachung vom 01.10.1963.

874 BArch, DK 4/2241, Arbeitsrichtlinie zur Planung, Projektierung und Durchführung der Wiederurbarmachung im Braunkohlenbergbau (1966).

875 Ob die von der TBI geäußerte Kritik an den Beauftragten für Wiedernutzbarmachung der Kreise so zutreffend ist, kann in Zweifel gezogen werden. Der Spezialist Gerhard Scheerer, der als Beauftragter tätig war, hatte mehr Sachverstand in Bezug auf die Wiedernutzbarmachung als die aus dem Bergbau stammenden Vertreter:innen der TBBI. Wahrscheinlich nahm die TBBI in den

züglich der Wiederurbarmachungspraxis war die Abnahme der Flächen bzw. die Beauflagung zur weiteren Bodenverbesserung. Obwohl die Kommissionen von ihrer Struktur her ein partizipatives Instrument waren, das die unterschiedlichen Interessen von Bergbau, Staat, Bezirk, Kreis, Umwelt- und Naturschutz sowie von Forst- und Landwirtschaft zu berücksichtigen suchte, traten sie in der Öffentlichkeit nicht in Erscheinung. Die beiden wichtigsten populärwissenschaftlichen Veröffentlichungen, „Landschaften vom Reißbrett“[876] und „Bergbau, Landschaft und Landeskultur in der Deutschen Demokratischen Republik“,[877] sparten das Thema der Organisation der Wiedernutzbarmachung komplett aus. Diese Institutionen waren weitestgehend nur den Personen bekannt, die mit ihnen aus beruflichen Gründen interagierten.

Wie genau stellte sich das System der Wiederurbarmachung, das aus den Forschungen der frühen DDR hervorging, dar? Nach einer „Arbeitsrichtlinie zur Planung, Projektierung und Durchführung der Wiederurbarmachung im Braunkohlenbergbau“ von 1966, herausgegeben durch das WTI des VVB Braunkohle Leipzig, Leitstelle für Wiederurbarmachung der Kohleindustrie,[878] lief die Wiederurbarmachung organisatorisch folgendermaßen ab: Die Planung und Projektierung übernahmen Vertreter der zuständigen Bergbehörden, der jeweiligen VVB Braunkohle (Cottbus für die Lausitz), der Beauftragten für Wiederurbarmachung des jeweiligen Braunkohlenwerkes, des BfT des betroffenen Bezirks (als Repräsentant der Bezirksplankommission), des betroffenen Bezirks- und Kreislandwirtschaftsrates, des zuständigen StFB, der WWD, Abteilung Wiederurbarmachung des Instituts für Meliorationswesen in Schöneiche und der Folgenutzer sowie bei Bedarf weiterer Aufsichtsinstitutionen wie der Gewässeraufsicht oder der kreislichen

frühen 1950er-Jahren kritische Stimmen, die für eine Einhaltung der rechtlichen Bestimmungen und für mehr Mittel zur Wiederherstellung eintraten, als unangenehme Mahner wahr und beschwerte sich entsprechend bei ihren Vorgesetzten. Vgl. BArch, DF 9/387, Wiedernutzbarmachung vom 28.09.1953, Protokoll über die Sitzung am 15.10.1953.

876 Vgl. Krummsdorf/Grümmer, Reißbrett.

877 Vgl. Barthel, Hellmuth: Bergbau, Landschaft und Landeskultur in der Deutschen Demokratischen Republik, Gotha/Leipzig 1976 (= Geographische Bausteine, Heft 18).

878 In dem Autorenkollektiv wirkten einige bekannte Forscher aus der frühen Phase der Wiedernutzbarmachungsforschung mit, u. a. Egon Brüning, Albrecht Krummsdorf, Wolfgang-Dieter Lorenz (1929–2018), Manfred Wünsche (geb. 1925). Lorenz hatte bereits in den 1950er-Jahren am Institut für Garten- und Landeskultur der HU Berlin an der Erforschung der Wiedernutzbarmachung mitgewirkt und als erster das Domsdorfer Verfahren ausführlich beschrieben. Wünsche hatte zeitgleich mit Knabe in Tharandt studiert und war ihm freundschaftlich verbunden. Später war er Abteilungsleiter des VEB Geologische Forschung und Erkundung Halle, Betriebsteil Freiberg. In dieser Position war er für die Erstellung bodengeologischer Gutachten für die Kulturbodengewinnung der Tagebaue zuständig. Vgl. BArch, DK 4/2241, Arbeitsrichtlinie zur Planung, Projektierung und Durchführung der Wiederurbarmachung im Braunkohlenbergbau (1966).

oder bezirklichen Hygieneinspektionen.[879] Teil der Projektierungsmaßnahmen war die Erstellung von zwei geologischen Gutachten. Das erste diente der Analyse des gewachsenen Bodens vor seiner Überbaggerung, um geeignete Schichten für die selektive Gewinnung von Kulturboden zu identifizieren.[880] Im Lausitzer Braunkohlenrevier wurde diese Arbeit vom VEB Geologische Forschung und Erkundung Halle, Betriebsteil Freiberg übernommen.[881] Das zweite Gutachten sollte den Zustand der geschütteten Kippe dokumentieren, wovon wiederum die notwendigen Wiederurbarmachungen abgeleitet wurden.[882] Hierfür waren die Bezirksstellen für Geologie zuständig. Aufgegriffen wurden damit Knabes Forderungen aus seiner Dissertation, solche vorausgehenden Untersuchungen der Deckgebirgsschichten und der Analyse des Bodenwertes durchzuführen.[883] Allerdings war die Qualität dieser Gutachten unterschiedlich. Besonders in den Bezirken Leipzig und Halle gab es Beschwerden über die unzureichenden geologischen Analysen.[884] Dafür bestand ein Grund: der Mangel an Bohrkapazität in der Braun-

---

879 Im Rahmen der Anpassung organisatorischer Strukturen kam es immer wieder zu Änderungen. Beispielsweise gewannen die WWD und Hygieneinspektionen ab den 1970er-Jahren aufgrund der häufigeren Restlochflutung an Bedeutung. Vgl. ebd., S. 5

880 Ausführende Stelle waren dabei die Geologischen Erkundungsbetriebe der VEB Geologische Forschung und Erkundung. Ebd., S. 27 f.

881 1958 übernahm diese Aufgabe noch der Geologische Dienst Mitte in Berlin, während die Geologischen Dienste in Freiberg und Halle für das Mitteldeutsche Revier zuständig waren. 1963 firmierte Freiberg unter der Bezeichnung VEB Geologische Erkundung Süd Freiberg und war sowohl für die Oberlausitz als auch die Niederlausitz zuständig. Vgl. AGG, Bestand A – Knabe, Wilhelm, Nr. 227, Vorschläge für die Verbesserung der Wiederurbarmachung vom 29.01.1958; BLHA, Rep. 803 BfT Ctb, Nr. 165, Bodengeologisches Gutachten über den Randstreifen nordöstlich der Ortslage Trebendorf vom 12.11.1969; Krummsdorf/Grümmer, Reißbrett, S. 34; SächsStA-F, 40068, Bergbehörde Senftenberg, Nr. 5, Niederschrift über die Befahrung im VEB Braunkohlenwerk Berzdorf am 20.09.1963.

882 BArch, DK 4/2241, Arbeitsrichtlinie zur Planung, Projektierung und Durchführung der Wiederurbarmachung im Braunkohlenbergbau (1966), S. 29 ff.

883 Knabe forderte als erster die Durchführung dieser Untersuchungen. Dabei war er sich bewusst, dass eine reine geologische Analyse nicht ausreichend sei und erweiterte diese um eine bodenkundliche, die den Bodenwert aus forst- und landwirtschaftlicher Sicht besser bestimmen konnte. Vgl. Knabe, Zur Wiederurbarmachung, S. 32–37.

884 Die von Konrad Werner vorgebrachten Kritiken an den unzureichenden Arbeiten wurden von der Verwaltung zurückgewiesen. Interessanterweise führte die Verwaltung die Forschungsarbeiten des VEB Geologische Erkundung Süd Freiberg an, die – so der Vorwurf – von der Wiederurbarmachungsforschung unbeachtet blieben. Gleichzeitig scheint aber dies den Vorwurf nicht wirklich zu entkräften, da Freiberg vor allem für die Lausitz zuständig war. Vgl. BArch, DK 107/2942, Schreiben des VVB Feste Minerale (Heger) an die Deutsche Akademie der Landwirtschaftswissenschaften vom 21.06.1965.

kohlenindustrie.[885] Ein Problem, das nicht nur die Wiederurbarmachung betraf, sondern sich auch auf die Abbauplanung negativ auswirkte und sich durch die gesamte Geschichte der DDR zog.[886]

Als wichtigster Punkt der Wiederurbarmachung galt in der Arbeitsrichtlinie die separate Gewinnung von Kulturboden und sein anschließendes Wiederauftragen. Sowohl die wissenschaftliche und populäre Literatur als auch die rechtlichen Bestimmungen forderten, diese Form als einfachste sowie nachhaltigste Wiederurbarmachungsmethode durchzuführen.[887] Allerdings gab es immer wieder einzelne Tagebaubetreiber, die sich dieser Aufgabe entzogen, wie beispielsweise der Tagebau Espenhain. Immer wieder wurde das Werk zur Einführung einer separaten Gewinnung des Kulturbodens ermahnt.[888] In der Lausitz gab es ebenso Betriebe,

885 Ebd., DK 1/11316, Bericht zur Wiedernutzbarmachung von Kippen und Halden des Braunkohlenbergbaus vom 04.12.1964, S. 5.

886 Es handelte sich um einen der strukturellen Mängel der DDR-Wirtschaft. 1951 führte in Espenhain das Einstellen der Vorfelderkundung durch Bohrung zu Fehlplanungen im Tagebau. Grund für den Mangel war vermutlich das rigorose Beschlagnahmen der Bohrgeräte als Reparationen. Auch 1965 konstatierte die Oberste Bergbehörde der DDR, zu wenige Bohrgeräte für die ihr gestellten Aufgaben zu haben. Das Fehlen der Bohrgeräte zog sich bis zum Ende der DDR. Baumert, Autarkiepolitik, S. 187; BArch DF 9/395, Aufgaben der Leitinstitution für Wiedernutzbarmachung (1965).

887 Vgl. Barthel, Bergbau, S. 13; Gesetzblatt der Deutschen Demokratischen Republik, Teil I, Nr. 146, 1951, S. 1133 f.; ebd., Teil I, Nr. 61, 1952, S. 369 f.; Knabe, Zur Wiederurbarmachung, S. 50 f.; Krummsdorf/Grümmer, Reißbrett, S. 49 und 54 f.

888 Nach 1945 ging das Werk unter dem Schutz der sowjetischen Besatzungsmacht nicht zur Kulturbodenwirtschaft über. Nach dem Übergang in die DDR 1954 änderte sich nichts, wie eine Beschwerde der Obersten Bergbehörde 1957 zeigt. Noch 1970 beschwerte sich Rolf Jähnichen (geb. 1939) – bis 1970 beim Rat des Bezirkes Leipzig in der Abteilung Landwirtschaft beschäftigt, danach als Produktionsleiter der LPG 8. Mai in Neukirchen Wyhra mit der Bewirtschaftung von Kippengelände beschäftigt – in seinem Beitrag zur 1. Landeskulturtagung des Bezirkes Leipzig darüber, dass in Espenhain immer noch Kulturboden zusammen mit kulturfeindlichem Material einfach in die Grube verstürzt werde. Dabei gab es seit 1963 einen Artikel, der explizit auf die Eignung des Espenhainer Bodens für die Wiederurbarmachung hinwies. Der Leiter der Produktionstechnischen Abteilung des Tagebaus Espenhain Ernst Tielsch (geb. 1907) führte an, dass die Einrichtung einer Kulturbodenkippe von den Verhandlungen mit der ČSR über eine 150 t-Elektrolokomotive abhängen würde. Nach erfolgreichem Abschluss der Verhandlungen sollten drei Lokomotiven geliefert werden, davon die erste noch im gleichen Jahr. BArch, DE 1/4006, Niederschrift über die Sitzung des Arbeitskreises Wiedernutzbarmachung am 15.03.1957 vom 21.03.1957, Niederschrift über die Sitzung des Arbeitskreises Wiedernutzbarmachung am 31.05.1957 vom 15.06.1957; DF 9/386, Besprechung von Gruben-Abraumkippen vom 02.11.1950; DF 9/387, Protokoll über die Sitzung am 15.10.1953; DF 9/388, Verstürzung von Mutterboden vom 11.09.1957; Baumert, Autarkiepolitik, S. 178–184 und 295–311; Jähnichen, Rolf: Schutz des Bodens und Probleme der Landschaftsgestaltung, in: Krummsdorf, Albrecht u. a. (Hrsg.): 1. Landeskultur-Tagung des Bezirkes Leipzig im Braunkohlenkombinat Regis, Meuselwitz 1970 (= Mitteilungsblatt des Bezirkstages und des Rates des Bezirkes Leipzig, Sondernummer), S. 56–58, hier S. 57; Wün-

die sich dieser – aus Sicht des Bergbaus lästigen – Aufgabe entzogen. Knapp drei Jahre nach dem Erlass der 1. Wiedernutzbarmachungsanordnung, die eigentlich zur Aushaltung des Kulturbodens und anderer geeigneter Abraumschichten verpflichtete, überlegte im Jahr 1954 der Tagebau Greifenhain eventuell eine selektive Massengewinnung einzurichten.[889] Der Tagebau Laubusch hatte 1959 keinen Vorschnitt, um Kulturboden zu gewinnen – und eine Einrichtung war auch nicht geplant.[890] Im Tagebau Bärwalde bei Boxberg redete man sich noch 1973 damit heraus, dass das Gerät im Vorschnitt eine selektive Gewinnung des Bodens nicht zulasse.[891] 1976 hatte sich daran nichts geändert, wenn auch die Argumentation des Betriebes jetzt anders klang: „Die geringfügig eingelagerten pleistozänen Schluffe können durch das Gewinnungsgerät nicht selektiv ausgehalten werden."[892] Eine Behauptung, die schon von Knabe in den 1950er-Jahren widerlegt worden war.[893] Noch Ende der 1970er-Jahren führte der Tagebau Meuro an, dass eine Gewinnung von Kulturboden nicht möglich sei, da der zweite Flözhorizont unter Altkippenstandorten gewonnen wurde.[894] Manchmal spielten aber auch die Interessen der Nachnutzer bei dem zu gewinnenden Abraum eine Rolle. So verweigerte die Nationale Volksarmee (NVA) die Verkippung von Schluff auf Kippen des Tagebaus Loh-

---

sche, Manfred/Oehme, Wolf-Dieter: Die Eignung der Deckgebirgschichten in den Vorfeldern der Braunkohlentagebaue Böhlen und Espenhain für die Wiederurbarmachung, in: Zeitschrift für angewandte Geologie 3, 1963.

889 AGG, Bestand A - Knabe, Wilhelm, Nr. 229, Gutachten Greifenhain vom 06.07.1954.

890 Da weite Teile der Flächen unter dem zukünftigen Grundwasserspiegel lagen, wurde dies nicht beachtet. Allerdings gab es eine Pflugkippe, die Kulturboden aus dem Tagebau Koschen auftrug. Kritisch ist hier anzumerken, dass auch in Laubusch Kulturboden hätte gewonnen werden können, der so an anderer Stelle fehlte. BArch, DF 9/391, Überprüfung der Wiederurbarmachungsmaßnahmen in den Betrieben der Braunkohlenindustrie im Bereich der VVB Braunkohle Cottbus vom 16.12.1959.

891 Bei dem Gerät handelte es sich um einen Eimerkettenbagger Es 1120. Aufgrund seiner Größe war er tatsächlich nicht optimal für den Vorschnitt geeignet, aber eine selektive Massengewinnung war durchaus möglich. SächsStA-F, 40068, Nr. 9, Jahrestechnologie vom 16.02.1973.

892 Ebd., Jahrestechnologie 1976 Wiederurbarmachung Bärwalde.

893 Knabe beschreibt, dass sich selbst im Förderbrückenbetrieb, bei dem normalerweise alle Abraummassen auf einem Förderband transportiert werden, eine selektive Massengewinnung einrichten ließe. Im Zugbetrieb, wie er normalerweise im Vorschnitt praktiziert wurde, ist die selektive Massengewinnung problemlos. Vgl. Fleischer, Förderbrückenbetriebe; Knabe, Zur Wiederurbarmachung, S. 44 f.

894 Die Gewinnung des zweiten Flözhorizontes in der Lausitz ab 1907 führte in Gebieten des frühen Braunkohleabbaus um Senftenberg zu einer zweiten Überbaggerung des Geländes. Der Boden war also ein bereits früher geschütteter Mischboden, allerdings ohne tertiäre vegetationsfeindliche Bestandteile. Zwar hatte der Boden eine geringe Bodenwertzahl, allerdings war eine Gewinnung dennoch sinnvoller als eine umfangreiche Aufbereitung durch ein Verfahren im Nachbergbau. Vgl. BArch, DK 107/18792, Einführung in die Exkursion am 01.09.1978.

sa, da dieses Abraummaterial die Wasseraufnahmekapazität des Bodens erhöhte, aber dadurch den Untergrund für Militärfahrzeuge schlammiger gestaltete.[895]

Ein objektives Problem bestand für die Tagebaue in der Versorgung mit der technischen Ausstattung. Der rasante Ausbau der Braunkohlenförderung in den Kohle- und Chemieausbauprogrammen der 1950er- und 1960er-Jahren führte zu Lieferengpässen bei den notwendigen Geräten.[896] Besonders bei Planierraupen bestand eine erhebliche Konkurrenz mit den Abteilungen der Abraum- und Kohlegewinnung (Abb. 53 und 54).[897] Aber auch andere Teile der Ausstattung wie Abraumwagen, Bagger, Gleise oder Lokomotiven fehlten zur ordnungsgemäßen Umsetzung der gesetzlichen Bestimmungen. Am Beispiel der Tagebaus Glückauf II (früher Werminghoff II) bei Lohsa lässt sich zeigen, in welchem Umfang derartiges für die Einführung der selektiven Gewinnung von Kulturboden benötigt wurde.[898] 1954 meldete er einen Bedarf an 3000 m Gleis, drei Weichen, einem Bagger mit 2 m^3 Schaufelinhalt, einer Planierraupe mit 120 PS, zwei Diesel-Lokomotiven, zwölf Abraumwagen und einem Kipppflug. Unter den Bedingungen des massiven Ausbaus der Kohleindustrie in den 1950er-Jahren war dies eine zusätzliche Belastung. Bei Planierraupen verfügte die DDR über keine eigene Produktion und war daher auf Importe aus dem RGW angewiesen.[899]

895 In Lohsa übernahm ein Schaufelradbagger vom Typ SRs 800 die Gewinnung des Kulturbodens, der als kleineres Großgerät ideal dafür geeignet war. SächStA-F, 40068, Nr. 9, Jahrestechnologie vom 16.02.1973.

896 Im Zeitraum 1951 bis 1955 entfielen von 12,7 Mrd. M an Gesamtinvestitionen der DDR in die Industrie 3,9 Mrd. M (ca. 31 %) auf die Kohle- und Energieindustrie. Im Zeitraum 1956 bis 1961 stieg diese Summe auf 9,9 Mrd. M bei 26,4 Mrd. M Gesamtinvestitionen, was einem Anteil von 37,6 % entsprach. Vgl. Kaschade, 1949 bis 1960, S. 122 ff., 159 und 261 f.

897 SächStA-F, 40068, Nr. 1, Abnahme von wiederurbargemachten Flächen vom 20.12.1968, Wiederurbarmachung 1968 vom 17.01.1969.

898 BArch, DE 1/4016, Denkschrift über die Wiedernutzbarmachung von Bergbauflächen im Bezirk Cottbus vom 02.12.1954.

899 Zwar spricht das Dokument nur von Planierraupen mit 120 PS, die nicht in der DDR hergestellt wurden, allerdings bestand eine eigenständige Produktion von Raupen im Ostblock vorrangig in der UdSSR und in der Sozialistischen Republik Rumänien. Einzige Ausnahme war die Produktion des VEB Brandenburger Traktorenwerke. Die KT 50 wurde auch in den Braunkohlentagebauen der DDR eingesetzt. Vgl. ebd., Denkschrift über die Wiedernutzbarmachung von Bergbauflächen im Bezirk Cottbus vom 18.04.1955.

Abb. 53 und 54: Links vermutlich eine S-80 Planierraupe im Tagebau Profen beim Planieren der Kippe Predel, 1955; rechts eine S-100 bei der Planierung einer Kippe des Tagebaus Niemtsch, 1960er-Jahre

Trotz dieser negativen Beispiele war die separate Gewinnung des Kulturbodens und sein Wiederauftrag seit Mitte der 1960er-Jahre die Norm in den ostdeutschen Tagebauen. Neben der rechtlichen Verpflichtung und den Anreizen waren es vor allem die Planvorgaben, die die Unternehmen zur Wiederurbarmachung aufforderten. Ein Bericht des Ministeriums für Land-, Forst- und Nahrungswirtschaft von 1964 kritisierte diese allerdings in Bezug auf fehlende Vorgaben bei der Rückgabe – also vor der Rekultivierung.[900] Den Unternehmen war es somit möglich, die Wiederurbarmachung hinauszuzögern. Ebenso kritisierten die Autor:innen die mangelnden ökonomischen Hebel, die eigentlich im NÖSPL eingeführt werden sollten. Schlussendlich wurde diese Kritik bei der Einführung der Bodennutzungsgebühr 1967 berücksichtigt. Dennoch waren die Planvorgaben wichtig und stellten eine Verbesserung dar, da sie durch die Wiederurbarmachungskommission überprüft wurden.[901]

Im Rahmen der Wiedernutzbarmachung von tertiären Altkippengelände legte die Arbeitsrichtlinie als nächsten möglichen Schritt die Grundmeliorationsverfahren fest.[902] War das Schwarzkollmer Verfahren ein rein experimenteller Versuch

900 An dem Dokument wird ersichtlich, wie beim Thema Wiedernutzbarmachung sich die unterschiedlichen Interessen auch in der Führung der DDR gegenüberstanden. Forderte das Ministerium für Land-, Forst- und Nahrungswirtschaft mehr Flächen für Acker und Wald, stand die Abteilung Kohle beim Volkswirtschaftsrat der DDR dem Thema reservierter gegenüber, da der Kulturbodenauftrag schlussendlich die Gestehungskosten erhöhte und somit die Wirtschaftlichkeit des Braunkohlenbergbaus verringerte. BArch, DK 1/11316, Bericht zur Wiedernutzbarmachung von Kippen und Halden des Braunkohlenbergbaus vom 04.12.1964, S. 5.

901 Vgl. ebd., DF 9/416, Die Wiedernutzbarmachung von Abbauland. Literaturstudie für das Ministerium für Landwirtschaft der UdSSR, S. 14.

902 Vgl. ebd., DK 4/2241, Arbeitsrichtlinie zur Planung, Projektierung und Durchführung der Wiederurbarmachung im Braunkohlenbergbau (1966).

und wurde nicht angeführt, gelangte das Domsdorfer Verfahren, wenn auch nicht als großflächiges Wiedernutzbarmachungsprogramm, zur Anwendung.[903] 1961 beschwerte sich der Oberforstmeister Heinz Siegel, der an der HU Berlin tätig war, auf einer Tagung in Markkleeberg, dass es „nicht länger tragbar [ist], seitens der Praxis auf die Anwendung des Domsdorfer Verfahrens zu verzichten."[904] Nachweislich wurden zwischen 1952 und 1964 nur 150 ha der Versuchsflächen aufbereitet.[905] 1967 konstatierte die Oberste Bergbehörde hingegen:

> Es liegen für bestimmte Bereiche des Bergbaus praxisreife Forschungsergebnisse vor, die z. T. im Rahmen der Wiederurbarmachung großflächig angewandt werden. Hierbei sind die Anwendung des Domsdorfer und Böhlener Meliorationsverfahrens im Lausitzer Braunkohlenbergbau besonders hervorzuheben.[906]

Da eine separate statistische Erfassung der nach einem der Verfahren aufbereiteten Flächen nicht erfolgte, kann die Entwicklung nicht vollständig nachvollzogen werden. Allerdings zeigen Einzelberichte den zunehmenden Einsatz des Domsdorfer Verfahrens. So wurden beispielsweise auf der Insel im Senftenberger See,[907] die heute aufgrund ihrer Rutschungsgefahr gesperrtes Naturschutzgebiet ist, allein zwischen Anfang der 1960er-Jahre und 1968 218 ha und 1967 im Bereich der Trebendorfer Felder 51 ha nach diesem Verfahren aufbereitet (Abb. 55).[908]

In erster Linie sollte dieses Verfahren zur Aufbereitung von 8466 ha Altkippen dienen, die 1959 im Lausitzer Braunkohlenrevier bestanden.[909] Somit hatten sich deren Fläche seit Beginn der 1950er-Jahre um 1618 ha erhöht. Bis 1965 sollten in der Lausitz 447 ha Altkippen (115 ha landwirtschaftliche und 332 ha forstwirtschaftliche Flächen) wiedernutzbargemacht werden.[910] Hierfür bestand ein Finanzbe-

---

903 Katzur und Böcker bleiben schuldig, was „nicht großflächig" konkret bedeutet. Vgl. Katzur/Böcker, Chronik, S. 180.

904 StUG, 036-91, Beratung betr. Kippenrekultivierung im Neuererzentrum Markkleeberg am 12.12.1961.

905 Ebd., 036-70, Kurzfassung zur Studie Braunkohlenaschen und andere feste Industrierückstände (1964).

906 BArch, DF 9/396, Bericht über die Wiederurbarmachung der vom Bergbau genutzten Bodenflächen vom 22.09.1967.

907 Kupfer/Sawall/Wiese, Senftenberger See, S. 63 f.

908 BLHA, Rep. 803 BfT Ctb, Nr. 635, Die Wiedernutzbarmachung von kulturfeindlichen Tertiärkippen vom 29.01.1965.

909 Spitzenreiter war dabei das Kombinat Lauchhammer mit 2947 ha Altkippen, gefolgt von Glückauf (Knappenrode) mit 2057 ha, Franz Mehring (Brieske-Senftenberg) mit 1600 ha, Meuro mit 920 ha, Sedlitz mit 727 ha und Spreetal mit 215 ha. Vgl. BArch, DF 9/391, Tabelle Flächen im Besitz des Bergbaus der Gruppenmarkscheiderei Senftenberg vom 15.12.1959.

910 Ebd., Überprüfung der Wiederurbarmachungsmaßnahmen in den Betrieben der Braunkohlenindustrie im Bereich der VVB Braunkohle Cottbus vom 16.12.1959.

darf von 7,75 Mio. M (17 338 M/ha) und gleichzeitig wurden 30 Arbeitskräfte benötigt. Da gerade in dieser Phase viele Investitionen in der Planwirtschaft nicht materiell abgesichert waren und die DDR von chronischem Arbeitskräftemangel geplagt war, muss die Realisierung dieser Arbeiten kritisch hinterfragt werden.

Abb. 55: Meliorationsarbeiten entsprechend des Domsdorfer Verfahrens im Tagebau Niemtsch mit einer T-100 Planierraupe, einem MTS-5M Traktor und einem HON 050 Radlader (beide aus der ČSSR). Der Traktor hat vermutlich Düngemittel geladen, 1960er-Jahre

Bei der Anwendung des Domsdorfer Verfahrens spielten auch die Kosten eine bedeutende Rolle. Nur bei entsprechend kurzer Entfernung zum Ascheproduzenten sollte das Verfahren angewendet werden, wie eine Berechnung für das Tagebaugebiet Trebendorfer Felder 1967 zeigte.[911] Demnach kostete ein Hektar zwischen 12 000 und 14 000 M. Andere Berechnungen kamen hingegen zu weit niedrigeren Kostenschätzungen von 6000 M/ha, die es günstiger im Vergleich zum Böhlener und Graupaer Verfahren oder dem Überzug mit Kulturboden machte.[912] Da das Domsdorfer Verfahren Mitte der 1960er-Jahre als einziges praktikables Verfahren galt, mit dem „Unland in rekultivierbares Ödland verwandelt werden kann,“[913]

911 Für das Jahr 1967 standen 120 000 M im Gebiet Trebendorfer Felder zur Verfügung. Je nach Transportart mit Bahn oder Lastwagen konnten für diese Summe 10 oder 8,6 ha nach dem Domsdorfer Verfahren melioriert werden. Beim Einsatz von Drewitzer Kalkmergel erlaubt die gleiche Summe, dass 15 ha melioriert werden. SächsStA-F, 40068, Nr. 1, Kostenvergleich Kalkmelioration – Aschemelioration vom 02.01.1967.

912 Die Kosten für das Domsdorfer Verfahren wurden hier mit 6000 M/ha, nach Heinz Siegel sogar nur mit 3500 bis 4500 M/ha, angegeben. Brünings Böhlener Verfahren sollte 9600 M/ha kosten, während für das Graupaer Verfahren 10 000 bis 15 000 M/ha angegeben wurden. Die größte finanzielle Unsicherheit bestand beim Überzug mit Kulturboden, die von Minimalkosten von 2000 bis 3000 M/ha (nach Konrad Werner) bis zu 200 000 M/ha reichten. StUG, 036-70, Kurzfassung zur Studie Braunkohlenaschen und andere feste Industrierückstände (1964).

913 BLHA, Rep. 803 BfT Ctb, Nr. 635, Die Wiedernutzbarmachung von kulturfeindlichen Tertiärkippen vom 29.01.1965.

wurde es im Bereich der Trebendorfer Felder angewandt.[914] Seit Dezember 1971 bestand eine Standardisierung des Verfahrens mit der in der DDR üblichen Technischen Norm, Gütevorschrift und Lieferbedingung (TGL) 26157/02.[915]

Das Koyne Verfahren war ab 1965 speziell zur Gewinnung „Landwirtschaftlicher Nutzflächen" (LN) einsatzfähig,[916] die Umsetzung folgte aber erst bedeutend später. Der 15 ha großen Versuchsfläche in dem Tagebau Koyne sollten 650 ha im Tagebau Spreetal, zwischen Hoyerswerda und Spremberg gelegen, und 1000 ha im Tagebau Kleinleipisch, nördlich von Lauchhammer, folgen.[917] Zumindest im Fall von Spreetal gibt es Belege für die Umsetzung, allerdings ohne die konkrete Größenordnung zu nennen.[918] 1971 bestätigte der für Rekultivierung verantwortliche Rat für Landwirtschaft und Nahrungsgüter, dass unter seiner Kontrolle mindestens 40 ha nach dem Koyne Verfahren wiederurbargemacht worden wären.[919] Die Aussagen der Vorsitzenden des Rates des Bezirkes Cottbus, Irma Uschkamp (1929–2014), wonach die Verregnung von Klärschlamm 1972 auf 3000 ha stattfand, bleiben ohne Beleg aus anderen Quellen.[920] Zumindest teilweise wurde die angestrebte landwirtschaftliche Wiedernutzbarmachung der Flächen erreicht. Auf den Kippenflächen der LPG „Grüne Aue" Grünewalde, die mit Klärschlamm aufbereitet wurden, wuchs beispielsweise doppelt so viel Grünfutter wie erwartet.[921] Somit war der Beweis der Nutzbarkeit für das Verfahren aus landwirtschaftlicher Sicht erbracht. In anderen Bereichen scheiterte hingegen die Anwendung: Aufgrund seiner potenziellen Geruchsbelästigung konnte das Koyne Verfahren allerdings nicht in geplanten Erholungsgebieten eingesetzt werden. So wurde deshalb bei der Planung des Halbendorfer Sees im Tagebaugebiet Trebendorfer Felder auf die Abwas-

---

914 Ebd., Nr. 1276, Studie für die Entwicklung der Bergbaufolgelandschaft Trebendorfer Felder im Rahmen des bergbaulichen Auslaufprogrammes vom 23.09.1969.

915 StUG, 036-103, Maßnahmenplan zur Absicherung der Standardisierungsleistungen vom 23.12.1975.

916 BLHA, Rep. 803 BfT Ctb, Nr. 635, Die Wiedernutzbarmachung von kulturfeindlichen Tertiärkippen vom 29.01.1965.

917 BArch, DK 109/594, Ermittlung der Nachhaltigkeit der Wiedernutzbarmachung von Tertiärkippen bei Verwendung phenolhaltiger Industrieabwässer vom 01.12.1968.

918 Vgl. ebd., DF 9/409, Abgrenzung von speziellen Wiedernutzbarmachungsleistungen vom 02.03.1971.

919 Ebd., Niederschrift über die Beratung über Bioschlammbehandlung vom 11.06.1971.

920 Bei der Quelle handelt es sich um das Transskript eines Interviews des „Neuen Deutschlands", weshalb die Aussage kritisch eingeordnet werden muss. Vgl. BLHA, Rep. 801 RdB Ctb, Nr. 20927, StuR/DDR vom 07.08.1972.

921 Durch die erhöhte Grünfutterproduktion konnte die Kapazität der Jungbullenaufzuchtanlage von 100 auf 200 verdoppelt werden. BLHA, Rep. 801 RdB Ctb, Nr. 5399, Ergänzung zur technisch-ökonomischen Zielstellung zur Wiedereingliederung der nach dem Koyne Verfahren wiederurbargemachten Flächen der Pflugkippe Koyne vom 08.07.1968.

serverregnung verzichtet und stattdessen auf das Domsdorfer Verfahren zurückgegriffen.[922] Auch das Koyne Verfahren wurde unter der TGL 26157/02 standardisiert.[923] Trotz der Standardisierung und der Praxistauglichkeit der Verfahren ist die Aufbereitung von Altkippengelände nicht ausreichend belegt. Ob es beispielsweise zu einer geplanten Wiederurbarmachung von 4000 ha Altkippen nach dem Domsdorfer und Koyne Verfahren im Zeitraum 1964 bis 1970 kam, ist aufgrund fehlender Belege zumindest zweifelhaft.[924]

Besonders die Ausführung des Koyne Verfahrens veränderte die Organisation der Wiedernutzbarmachung und führte zu einer zunehmenden Professionalisierung. Die Ausführenden waren dabei nicht immer die Bergbauunternehmen bzw. die Folgenutzer. Häufig wurde die Aufbereitung des Bodens durch den VEB Meliorationsbau ausgeführt.[925] 1964 gewann die VVB Braunkohle Cottbus den Betrieb als Generalunternehmer für diese Arbeiten.[926] Auf einer Fläche von 27 ha des Tagebaus Kleinleipisch war für einen Teil der Wiederurbarmachung und die gesamte Rekultivierung der VEB Meliorationsbau Cottbus verantwortlich,[927] sodass sich der Betrieb dahingehend spezialisierte und Anfang der 1980er-Jahre über eine eigene Arbeitsgruppe Rekultivierung verfügte.[928] Im Fall von Kleinleipisch kamen die Auftraggeber aus der Braunkohlenindustrie (Braunkohlenkombinat Lauchhammer) für die Wiederurbarmachung und von den Nachnutzern (StFB Hoyerswerda) für die Rekultivierung. Allerdings wurden manchmal auch wenig erfahrene Unternehmen beauftragt, wie im Fall der Obstplantagen in Plessa, deren Untergrund vom VEB Strassenbau Greifswald planiert wurde.[929] Hier war weniger die Expertise als die vorhandene Technik ausschlaggebend.

---

922 Vgl. BLHA, Rep. 803 BfT Ctb, 1276, Studie für die Entwicklung der Bergbaufolgelandschaft Trebendorfer Felder im Rahmen des bergbaulichen Auslaufprogrammes vom 23.09.1969 verfasst vom BfT Cottbus.

923 StUG, 036-103, Maßnahmenplan zur Absicherung der Standardisierungsleistungen vom 23.12.1975.

924 Ein Kollektiv unter der Leitung von Otto Rindt sollte den Ascheeinsatz planen, dabei bestanden allerdings Konkurrenzen um die Filterasche. Vgl. ebd., 036-070, Braunkohlenaschen und andere Feste Industrierückstände im Bezirk Cottbus vom 01.08.1964.

925 BArch, DK 107/10990, Gutachten zum Forschungsbericht vom 10.11.1977; BLHA, Rep. 801 RdB Ctb, Nr. 5399, Maßnahmenplan 1970 Kippe Koyne; SächsStA-F, 40069, Nr. 41, Wiederurbarmachung 1969 im Tagebaubereich Trebendorfer Felder vom 08.12.1969.

926 BArch, DK 1/11316, Bericht zur Wiedernutzbarmachung von Kippen und Halden des Braunkohlenbergbaus vom 04.12.1964.

927 BLHA, Rep. 801 RdB Ctb, Nr. 5399, Maßnahmenplan 1970 Kippe Koyne.

928 Ebd., Rep. 828 Wissenschaftlich-technisches Zentrum der Land- und Nahrungsgüterwirtschaft beim Rat des Bezirkes Cottbus (WTZ Ctb), Nr. 262, Konzeption Rekultivierung vom 02.12.1981.

929 BArch, DE 4/18354, Protokoll über die Besprechung zur Einplanierung und Wiederurbarmachung der Brückenkippe des Tagebaus Plessa 1955.

Praktisch leistete das Koyne Verfahren im NÖSPL einen Beitrag zur Abwasserentsorgung. In den Mitteldeutschen Schwelereien von Böhlen und Espenhain fielen bereits seit den 1930er-Jahren phenolhaltige Abwässer an, die in die Pleiße abgeleitet und zur starken Verschmutzung des Flusses führten.[930] Bei der Problemlösung verfolgten die Werke und der Bezirk eine dreifache Strategie: Als wichtigste Maßnahme planten und bauten die Werke Abwasseraufbereitungsanlagen, die auch zur Sekundärrohstoffgewinnung dienen sollten.[931] Diese Verfahren wurden ebenso in der Lausitz eingesetzt.[932] Zusätzlich sollten die phenolhaltigen Abwässer und Klärschlämme für das Koyne Verfahren nutzbar gemacht werden.[933] Von den Großkokereien Lauchhammer und Schwarze Pumpe wurde das Abwasser schlussendlich mit Leitungen von den Werken auf die Verrieselungsfelder der Kippen gepumpt, um das Abprodukt schneller sowie effizienter zu transportieren und gleichzeitig der großen Menge anfallenden Abwassers Herr zu werden.[934]

---

930 In der frühen DDR verstärkten sich diese Probleme noch, da aufgrund der staatlichen Autarkiepolitik die Leistung der Werke noch weiter erhöht wurde. Der betriebliche Abwasserbeauftragte des VEB Kombinat Brabag Böhlen, Karl Lorenz, wies auf den starken Anstieg ab Anfang der 1950er-Jahre hin. Die Bestrebungen, das Problem zu beheben, bestanden allerdings gleichzeitig, da Lorenz in dieser Position bereits seit 1938, zuerst bei der Brabag Böhlen, tätig war. Nach 1945 übernahm er für den gesamten Industriekomplex diese Aufgabe. Vgl. Deutsch/Pohl, Umweltgeschichte, S. 80–85; Lorenz, Karl: Abwasserprobleme der Braunkohlenchemie, Berlin 1958 (= Abhandlungen der Deutschen Akademie der Wissenschaften zu Berlin, Klasse für Chemie, Geologie und Biologie, Nr. 1), S. 3 f. und 13.

931 Lorenz beschreibt vier Verfahren zur Reinigung: 1. das Turmtropfverfahren, 2. Reinigung mit Winkler-Gasstaub (aus den Winklergeneratoren, die im Benzinherstellungsprozess der Werke eingesetzt wurden), 3. Extraktion mit Lösemitteln in einer Phenolsolvamanlage, 4. Ausdampfverfahren. Eine weitere praktizierte Lösung war die mechanische Abwasserklärung durch Absetzerbecken. Die vollständige Lösung verzögerte sich aber immer weiter. In Espenhain lässt sich der Bau einer Phenolsolvananlage für 1960 nachweisen. Besonders im NÖSPL wurde die Forderung nach einer effizienteren Abwasserklärung aufgestellt, die aber auf Grund der permanenten ökonomischen Krisenzustände in der DDR nur unzureichend umgesetzt wurde. 1970 ging man von einer Realisierung 1975 aus, allerdings unter Prämisse, dass die komplett veralteten Anlagen in Espenhain 1974 außer Betrieb gestellt werden sollten. Vgl. Lorenz, Abwasserprobleme, S. 10 ff., 19 f. und 22 ff.; SächsStA-L, 20681, Nr. 6, Absetzanlagen vom 02.11.1965; Nr. 156, Kurzbericht über Phenolsolvananlage Espenhain vom 01.04.1960; 20687, Nr. 853, Investitionskonzeption – Perspektivplan 1971–75 vom 04.08.1970.

932 Lorenz, Abwasserprobleme, S. 9.

933 SächsStA-L, 20300 Wasserwirtschaftsdirektion Saale-Werra, Oberflußmeisterei Leipzig, Nr. 59, Studie über „Optimaler Standort der Großbiologie der Kombinate Böhlen Espenhain" (Oktober 1966).

934 SächsStA-D, 11473, Nr. 7008, Druckleitung vom Abwasserpumpwerk zum Verwertungsgebiet vom 20.03.1975.

Die Standardisierung des Böhlener Verfahrens erfolgte ebenfalls durch die TGL 26157/02.[935] Der Einsatz in der Wiederaufbereitung lässt sich neben der Versuchsfläche von 37 ha[936] bis Mitte der 1960er-Jahre nur auf ca. 20 ha nachweisen.[937] Eine weitere Umsetzung ist unwahrscheinlich, da die Ergebnisse in das Domsdorfer und das Koyne Verfahren einflossen, die deutlich bessere Rekultivierungsergebnisse lieferten, auch wenn obenstehendes Zitat der Obersten Bergbehörde etwas anderes nahelegt.

Das Graupaer Verfahren hätte sicherlich neue Erkenntnisse für die Praxis bedeutet, seine Umsetzung ist allerdings ausschließlich für die einen Hektar umfassende Versuchsfläche auf der Halde Illmersdorf belegt.[938]

Ein Resultat der Wiedernutzbarmachungsforschung in der Rekultivierungspraxis lässt sich in der Baumartenwahl zur Kippenaufforstung in der Lausitz erkennen. Bereits vor 1945 bestand ein Diskurs über den Nutzen von Kippenstandorten für die Forstwirtschaft und die hierfür zu verwendenden Bäume. Die Meinungen der Kontrahenten Copien und Heuso(h)n unterschieden sich vor allem in der unterschiedlichen Wahl von Nadel- bzw. Laubhölzern. Diese Differenz ging wohl mehr auf die unterschiedlichen Substrate, auf denen sie pflanzten, als auf verschiedenartige ökonomische und ökologische Vorstellungen zurück.[939] Stattdessen können beide Positionen in der Entwicklung der Aufforstung beobachtet werden (Tab. 5).[940] War die frühe Rekultivierung – auch als sog. Birkenzeit bezeichnet – von der einfachen Pionierbaumart geprägt, diversifizierte sich die Aufforstung in der folgenden Periode, die in der Forschung sog. Roteichenzeit genannt wird.[941] Letztere spiegelt sowohl wirtschaftliche als auch landeskulturelle Aspekte

935 Ab 1980 tauchte auch das Böhlener Verfahren in dem Vorschlag zur Standardisierung auf. Eine Festlegung im Fachbereichsstandard ist erst für Oktober 1984 belegt. Brüning, Wiedernutzbarmachung, S. 90; StUG, 036-103, Aufgabenstellung für die Überarbeitung des Fachbereichsstandards 26157/02 vom 20.01.1980.

936 Brüning, Wiedernutzbarmachung, S. 87.

937 BArch, DK 1/11316, Bericht zur Wiedernutzbarmachung von Kippen und Halden des Braunkohlenbergbaus vom 04.12.1964.

938 BLHA, Rep. 801 RdB CtB, Nr. 5740, Aktenvermerk und Vereinbarung vom 20.11.1967.

939 Vgl. Schwarzer, Mondlandschaften, S. 167.

940 Preußner, Karl: Wälder und Forste auf Kippenstandorten, in: Pflug (Hrsg.), Braunkohlentagebaue, S. 600–609, hier S. 606.

941 Die Einteilungen stammen von Karl Preußner. Nach seinen Schilderungen wählte er die Bezeichnung Roteichenzeit, um diese von der vorherigen mit dominierender Birke und der Zeit nach 1975, bei der über 80 % der Bäume Kiefern waren, abzugrenzen. Dennoch war auch im Zeitraum 1960–1975 die Kiefer dominierend. Zur Birkenzeit ist zu sagen, dass diese wohl mehrheitlich durch Einwanderung anwuchsen. Dennoch gab es auch gezielte Pflanzungen. Eine von der Außenstelle für Wiedernutzbarmachung in Dölzig herausgegebene Empfehlung sprach davon, nur verschulte Birken in einer Höhe von 0,6–0,8 m anzupflanzen. Da auch ihre natürliche Besiedlung gewollt war, klingt die Einteilung in die sog. Birkenzeit plausibel. Vgl. Assmann/Vog-

der frühen DDR wider.[942] Erst der letzte Zeitabschnitt, in dem die Kiefer mit 81 % aller Anpflanzungen dominierte, lässt sich als sog. Kiefernzeit bezeichnen. Nach 1990 sollte eine ausgewogenere Pflanzenwahl dominieren.

Tab. 5: Periodisierung der forstlichen Rekultivierung des Lausitzer Braunkohlenreviers durch Baumartenwahl nach Karl Preußner

Zeitraum	Kiefer	Birke	(Rot-)Eiche	Pappel	Erle
Birkenzeit (bis 1960)	31 %	53 %	7 %	–	3 %
Roteichenzeit (1960–1974)	51 %	7 %	26 %	9 %	3 %
Kiefernzeit (1975–1990)	81 %	2 %	12 %	4 %	–
Nachwendezeit (1990–1994)	40 %	2 %	30 %	4 %	4 %

Dass sich die Wiedernutzbarmachung in der frühen DDR differenziert an den Bedürfnissen der Landwirtschaft orientieren konnte, zeigt die Rekultivierung im Gebiet des Tagebaus Plessa. Hier wurden auf einer mit Kulturboden überzogenen Brückenkippe 30 ha Gemüsebeete und über 100 ha Obstplantagen angelegt.[943] Aufgrund der permanent schlechten Versorgungslage mit diesen Gütern war dies eine an den ökonomischen Verhältnissen orientierte Maßnahme.[944]

Die Statistik zur Wiedernutzbarmachung ist ein ‚zweischneidiges Schwert' und muss kritisch hinterfragt werden. Die Zahlen, die den Dokumenten entstammen, enthalten keine Qualitätsangaben und es ist unklar, ob es sich um abgenommene oder von den Betrieben gemeldete Flächen handelt. Zumindest die in den Protokollen der Wiedernutzbarmachungskommission gemeldeten Angaben sind

---

ler/Werner, Empfehlungen, S. 16; PA Baumert, Zeitzeugengespräch mit Karl Preußner am 15.12.2022 in Cottbus, 00:42:35–00:49:45.

942 Während die Kiefer Repräsentant der wirtschaftlichen Belange war, können Roteichen, die dem Brandschutz dienten und zusätzlich den Wald ökologisch aufwerteten, sowie die schnellwachsende und Humus anreichernde Pappel den landeskulturellen Aspekten zugeordnet werden.

943 Die Obstplantage umfasste mind. 30 ha Süßkirschen, 2 ha Sauerkirschen, 10 ha Äpfel (denen in einer zweiten Periode weitere 38 ha folgen sollten) 12 ha Birnen (weitere 10 ha in einer zweiten Pflanzung) und 2 ha Beerenobst, die ebenfalls um weitere 2 ha erweitert werden sollten. Vgl. BLHA, Rep. 801 RdB Ctb, Nr. 27918, Rekultivierung der Brückenhochkippe des ehemaligen Tagebaues Plessa vom 31.05.1961, Rekultivierung der Brückenhochkippe des ehemaligen Tagebaues Plessa – Technologischer Teil (1960).

944 Vgl. Steiner, Plan, S. 76 und 217.

vermutlich von dieser auch abgenommen wurden. Interne Statistiken sind teils widersprüchlich und Daten unvollständig.

Auffällig ist ein Fokus der Arbeiten auf die Lausitz, obwohl dieser Bereich gleichzeitig die niedrigste Bodenwertzahl aufwies und die Wiederurbarmachung als ungleich aufwendiger galt als im Mitteldeutschen Revier. Ein Vergleich in den drei TBBI Borna, Halle und Senftenberg zeigt die Unterschiede (Tab. 6).[945] Dabei stand das Lausitzer Revier sowohl bei der geplanten als auch bei der durchgeführten Wiederurbarmachung an der Spitze, auch wenn es zum Stand 01. Oktober 1956 den niedrigsten Erfüllungsgrad hatte. Aus dem Dokument geht allerdings hervor, dass nur für das Gebiet der TBBI Senftenberg mit einer Planübererfüllung zu rechnen sei.

Tab. 6: Geplante und realisierte Wiederurbarmachung nach Bergamtsbezirk für das Jahr 1956

TBBI	Wiederurbarmachung Soll	Wiederurbarmachung Ist	Prozentualer Anteil
Borna	213,6 ha	115 ha	53,8 %
Halle	362,5 ha	238 ha	65,7 %
Senftenberg	736,2 ha	373,3 ha	50,7 %

Dass die Bodenwertzahlen der wiedernutzbargemachten Flächen tendenziell niedriger waren, zeigt sich an dem im Verhältnis höheren Entzug von LN bei gleichzeitig vermehrter Rückgabe von „Forstwirtschaftlichen Nutzflächen“ (FN). „Sonstige Nutzflächen“ (SN) war eine Kategorie, die auch nicht wiederurbargemachte Flächen wie geflutete Restlöcher oder Flugplätze umfassen konnte.[946] Auch diese verzerren die Statistiken, weshalb sie an dieser Stelle zum besseren Vergleich herausgerechnet wurden. Außerdem ist zu berücksichtigen, dass der Flächenentzug höher lag als die Rückgaben. Im Jahr 1966 wurden im Lausitzer Braunkohlenrevier 1599 ha, davon 538 ha LN, durch den Bergbau devastiert, zurückgegeben wurden

945 Handschriftlich wurde in dem Dokument die geplante Wiederurbarmachung im Bereich der Leipziger Bergbehörde von 423,8 auf 213,6 ha gesenkt. Bei gleichzeitig geplanter Devastierung von 551,9 ha, war dies die größte Diskrepanz zwischen zerstörter und wiederhergestellter Fläche. Hier sollten nur 38 % der Fläche wiederurbargemacht werden, von denen bis zum 01. Oktober 1956 sogar nur 20,8 % erreicht waren. In den anderen Revieren stellte sich dieses Verhältnis besser dar. In Halle konnten 362,5 ha von 446 ha wiederurbargemacht werden, was 65,7 % (53,4 % der bis zum 01. Oktober realisierten Arbeiten) entsprach. Senftenberg hatte mit geplanten 736,2 ha bei 810,2 ha überbaggerter Fläche mit 90,9 % (46,1 % bis zum 01. Oktober realisiert) das beste Ergebnis. Vgl. BArch, DE 1/4006, Bericht über die Sitzung des Arbeitskreises Wiederurbarmachung vom 13.10.1956, 10 Uhr, in Plessa vom 18.12.1956.

946 Vgl. BArch, DF 9/392, Protokoll über die Befahrung der Flugplatzflächen im Tagebau Böhlen am 30.11.1960; BLHA, Rep. 803 BfT Ctb, Nr. 1278, Protokoll über die Besprechung am 03.01.1966.

hingegen nur 1241 ha, wovon gerade einmal 152 ha LN waren (Tab. 7).[947] Auffällig ist, dass ab Mitte der 1960er-Jahre die Wiederurbarmachung deutlich zunahm. Der kurzfristige Rückgang 1958/59 hatte nach Ansicht der Hauptabteilung Perspektivplanung zwei Ursachen: die Auflösung der Wiedernutzbarmachungskommission 1958 und den chronischen Arbeitskräftemangel der DDR.[948] Da die Wiederurbarmachung ab 1960 als Planposition im jeweiligen Jahresplan der Braunkohlenwerke ausgewiesen werden musste, hatte dies einen Anstieg zur Folge.[949]

947 Vgl. BArch, DF 9/396, Bericht über die Wiederurbarmachung der vom Bergbau genutzten Bodenflächen vom 22.09.1967.

948 BArch, DK 1/3694, Schreiben von Sektorenleiter Lampe, HA Perspektivplanung, an Leiter des Sektors Kohle und Energie, Kier, vom 13.04.1959.

949 Vgl. StUG, 036-077-1, Bericht über den Stand der Wiedernutzbarmachung in der Braunkohlenindustrie der DDR, Referat von Egon Brüning, gehalten am 05.10.1961.

Tab. 7: Wiederurbarmachungsleistung der DDR nach Revier 1950 bis 1966; aufgegliedert nach Landwirtschaftlicher Nutzfläche (LN), Forstwirtschaftlicher Nutzfläche (FN) und Sonstigen Nutzflächen (SN)[950]

Jahr	Lausitzer Braunkohlenrevier			Mitteldeutsches Braunkohlenrevier			Gesamt	Gesamt ohne SN
	LN	FN	SN	LN	FN	SN		
1950	20 ha	710 ha	–	120 ha*	50 ha*	30 ha*	930 ha*	900 ha*
1951	10 ha	360 ha	–	100 ha*	390 ha*	90 ha*	950 ha*	840 ha*
1952	70 ha	740 ha	–	80 ha*	140 ha*	20 ha*	1050 ha*	1030 ha*
1953	–	370 ha	–	60 ha*	340 ha*	20 ha*	790 ha*	770 ha*
1954	–	350 ha	–	80 ha*	290 ha*	60 ha*	780 ha*	720 ha*
1955	–	530 ha	–	70 ha*	250 ha*	180 ha*	1030 ha*	850 ha*
1956	20 ha	510 ha	–	60 ha*	230 ha*	40 ha*	860 ha*	820 ha*
1957	20 ha	630 ha	–	90 ha*	100 ha*	40 ha*	880 ha*	840 ha*
1958	30 ha	410 ha	–	90 ha	170 ha	60 ha	760 ha	700 ha
1959	20 ha	360 ha	40 ha	170 ha	140 ha	210 ha	940 ha	690 ha
1960	50 ha	330 ha	80 ha	350 ha	400 ha	20 ha	1230 ha	1130 ha
1961	40 ha	240 ha	460 ha	420 ha	310 ha	–	1470 ha	1010 ha
1962	–	650 ha	60 ha	380 ha	380 ha	–	1470 ha	1410 ha
1963	10 ha	700 ha	–	350 ha	340 ha	60 ha	1460 ha	1400 ha
1964	40 ha	610 ha	10 ha	410 ha	200 ha	160 ha	1430 ha	1270 ha
1965	77 ha	280 ha	–	294 ha	185 ha	45 ha	881 ha	836 ha
1966	152 ha	1077 ha	12 ha	288 ha	235 ha	73 ha	1837 ha	1752 ha

* Daten ohne Wiederurbarmachung des VVB Leipzig

950 Statistiken für die VVB Halle und VVB Cottbus reichen bis in das Jahr 1950 zurück, fehlen aber für den VVB Leipzig, was möglicherweise an der unzureichenden Statistik der Tagebaue Böhlen und Espenhain lag. Insgesamt ist die Quellenlage kompliziert, da keine Angaben über Qualitäten erfolgten. Vgl. BArch, DF 9/396, Bericht über die Wiederurbarmachung der vom Bergbau genutzten Bodenflächen vom 22.09.1967; StUG, 036-077-2, Anlage 2 Wiederurbarmachung und Flächenentzug VVB Halle (1964), Anlage 3 Wiederurbarmachung und Flächenentzug VVB Leipzig (1964), Anlage 4 Wiederurbarmachung und Flächenentzug VVB Cottbus (1964).

Auf dem Weg zum Senftenberger See

> Die Aufgabe muß heißen: Alle Kräfte zu mobilisieren, um die sozialistische Umwelt, um die sozialistische Kulturlandschaft zu gestalten und zu entwickeln.[951]

Hochkonjunktur der staatlichen Umweltpolitik

Die erste Hälfte der 1970er-Jahre stellt zweifellos den Höhepunkt der staatlichen Umweltschutzbestrebungen in der DDR dar. Die Gründung des MUW 1972 steht hierfür exemplarisch und prominent. Ebenso strebte die Wiedernutzbarmachung, sowohl in der Praxis als auch der Theorie, ihrem Höhepunkt entgegen. Diese Entwicklung lässt sich als Folge der nach dem Mauerbau 1961 angestoßenen Reformpolitik von Walter Ulbricht (1893–1973) einordnen, die sich vor allem in der berühmten Wirtschaftsreform des NÖSPL manifestierte.[952] Im Zeitraum 1971 bis 1975 wuchs das Bruttoinlandsprodukt in den Ländern des RGW um 7,9 % und lag damit fast dreimal so hoch wie in Westeuropa.[953] Dieses ökonomische Wachstum erlaubte Investitionen im Bereich der Ökologie.[954]

Im Folgenden wird zuerst auf die Bedeutung des MUW im Kontext der Wiedernutzbarmachung eingegangen, bevor ein Blick auf deren Praxis geworfen wird. In den Blick genommen werden die einzelnen Forschungsstandorte, die sich nun in einer Transformationsphase befanden. Abschließend widmet sich das Kapitel der komplexen Wiedernutzbarmachung großflächiger Landstriche mit differenzierten Nutzungsmöglichkeiten, wie die mehr als 1500 ha großen Fläche des Senftenberger Sees und seiner unmittelbaren Umgebung. Symbolhaft steht das aus einem Tagebaurestloch geschaffene Erholungsgebiet für den kurzen Aufbruch

---

951 BLHA, Rep. 803 BfT Ctb, Nr. 1264, Vortrag Sozialistische Landeskultur und Erholungswesen im Bezirk Cottbus vom 27.01.1970.

952 Vgl. Steiner, André: Die DDR-Wirtschaftsreform der sechziger Jahre. Konflikt zwischen Effizienz und Machtkalkül, Berlin 1999, S. 57–60.

953 Das Wirtschaftswachstum in Westeuropa lag im Vergleich nur bei 2,7 %. Allerdings könnte hier kritisch das gesättigte Wachstum angeführt werden, das sich in den westeuropäischen und nordamerikanischen Volkswirtschaften seit dem Ende des Nachkriegsbooms in der zweiten Hälfte der 1960er-Jahre zeigte und bis heute anhält. Eine wirtschaftliche Aufholjagd durch die Staaten des RGW in dieser Periode lässt sich nicht leugnen. Diese ökonomische Entwicklung setzte Ressourcen für eine progressive Umweltpolitik überhaupt erst frei. Vgl. Bodie, George: Die DDR im Jahr 1973, Erfurt 2021, S. 64.

954 Vgl. Roesler, Umweltprobleme, S. 26 f.

https://doi.org/10.1515/9783111138312-004

der DDR, der vor allem mit dem Jahr 1973 verbunden ist.[955] Im Vordergrund steht, neben der erstmaligen Deklarierung einer Naturschutzfläche auf vormaligen Tagebaugebiet, die Schaffung von vielfältig nutzbaren Erholungsgebieten.

Das Ministerium für Umweltschutz und Wasserwirtschaft (MUW) und die Wiedernutzbarmachungsforschung in der DDR

Die 1970er-Jahre markieren den Höhepunkt der umweltpolitischen Aktivitäten in der DDR. Die Gründung des MUW 1972, des zweiten Umweltministeriums weltweit, gilt allgemein als prominentester Ausdruck dieser Entwicklung, auch wenn die Motive der DDR-Führung umstritten sind.[956] Seine Entstehung ordnete sich in eine allgemeine Aufbruchstimmung der DDR-Umweltpolitik ein: Angestoßen durch das NÖSPL, das die ökonomische Basis lieferte,[957] rechtlich verankert durch das Landeskulturgesetz 1970,[958] wissenschaftlich begleitet durch die Arbeitsgruppe Umweltschutz unter dem Wirtschaftshistoriker Hans Mottek (1910–1993) an der Akademie der Wissenschaften der DDR (AdW)[959] und politisch abgesichert durch die außenpolitischen Bestrebungen der SED unter Erich Honecker (1912–1994).[960]

Das Ministerium sollte durch die Blockpartei DBD geführt werden. Als Minister war Werner Titel (1931–1971) vorgesehen, der aber unmittelbar vor Amtsantritt angeblich an einer seltenen Herzkrankheit starb.[961] An seiner Stelle wurde Hans

---

955 In seiner kurzen Schrift geht Bodie auf das Jahr 1973 als Höhepunkt der Entfaltung der DDR sowohl innen- als auch außenpolitisch ein. Die Umweltpolitik mit dem gerade in eben diesem Jahr freigegeben Senftenberger See, die sich genau in dieses Narrativ einordnet, wurde von ihm allerdings nicht thematisiert. Vgl. Bodie, 1973.

956 Während für Tobias Huff vor allem außenpolitische Motive zur Gründung des MUW führten, hat Christian Möller darauf hingewiesen, dass die Entstehungsgeschichte deutlich komplexer ist und das Ministerium auch innerhalb der DDR wirken konnte, was von Huff bestritten wurde. Vgl. Huff, Natur, S. 171, 178 und 181 ff.; Möller, Herrschaft, S. 195–199.

957 Vgl. Huff, Natur, S. 134 f.; Roesler, Umweltprobleme, S. 18 f.

958 Vgl. GBl, Teil I, Nr. 12, 1970, S. 67–74.

959 Vgl. Roesler, Umweltprobleme, S. 27.

960 Vgl. Huff, Natur, S. 181.

961 Huff berichtet ohne Quellenangaben von einer seltenen Herzkrankheit. Ein 2014 veröffentlichter Artikel im „Tagesspiegel" berichtet von einer ungeklärten Todesursache, die aber mit dem psychischen Druck zusammenhängen könnte, den das MfS nach der Entdeckung der SS-Mitgliedschaft seines Vaters auf ihn ausübte. Das schließt eine Herzerkrankung allerdings nicht aus. Vgl. Huff, Natur, S. 176; Schlegel, Matthias: Erich Mielke und sein geheimes Dossier. Die brisanten Akten über Spitzengenossen, in: Tagesspiegel vom 01.10.2014. Unter: https://www.tagesspiegel.de/politik/die-brisanten-akten-uber-die-spitzengenossen-2649421.html (Eingesehen: 03.12.2022).

Reichelt (geb. 1925) schließlich Minister und blieb es bis Januar 1990.[962] Reichelts Rolle im MUW ist in der Forschung umstritten. Seine Durchsetzungsfähigkeit gegenüber der SED hatte er bereits als Minister für Land- und Forstwirtschaft (1953 und 1955 bis 1963) gezeigt.[963] Der promovierte Agrarwissenschaftler Reichelt war fachlich sowohl für den Umweltschutz als auch für die Wiedernutzbarmachung eine geeignete Wahl.[964] Erstmals nachweisbar mit der Problematik der Wiedernutzbarmachung war Reichelt 1957 in Kontakt gekommen, als er die Bodenaufbereitung im Nachbergbau als finanzierungswürdige Melioration erlaubte.[965] In seiner Zeit als Vorsitzender des Staatlichen Komitees für Meliorationen 1963 bis 1971 beschäftigte er sich dann zusätzlich mit der Wiedernutzbarmachungsforschung, die er unter dem Dach der DAL neuordnete.[966] Noch vor der berühmten dritten Hochschulreform der DDR 1968 gab es in diesem Bereich eine einschneidende Veränderung durch die Gründung der Außenstellen für Wiedernutzbarmachung in Dölzig für das Mitteldeutsche und Finsterwalde für das Lausitzer Braunkohlenrevier, die ab 1967 dem ILN in Halle zugeordnet waren.[967] Diese Entwicklung und speziell die Bedeutung des ILN für die weitere Wiedernutzbarmachungsforschung wird noch ausführlich dargestellt.

2015 kennzeichnete Tobias Huff die Rolle des MUW als „zahnlos."[968] Christian Möller differenzierte in seiner 2020 erschienenen Dissertationsschrift stärker und wies Möglichkeiten und Grenzen der Handlungsoptionen des Ministeriums nach, besonders im Bereich der Wasserwirtschaft.[969] Dieser Bereich war bereits vor der Gründung des MUW in die Wiedernutzbarmachung eingebunden. Bis 1971 bestand das Amt für Wasserwirtschaft als selbständige Organisation, die danach in das

962 Vgl. Oehler, Ellenor: Zu Funktion und Tätigkeit des Beirats für Umweltschutz beim Ministerrat, in: Behrens/Hoffmann (Hrsg.), Umweltschutz, Bd. 3, S. 1–44, hier S. 3.

963 Zur Kontrolle der von Blockparteien geführten Ministerien in den 1950er-Jahren lud das Politbüro der SED nur die der SED angehörigen Staatssekretäre dieser Ministerien ein. Reichelt setzte in seiner Zeit als Minister für Land- und Forstwirtschaft bemerkenswerter Weise seine eigene Teilnahme an diesen Sitzungen durch. Vermutlich sollte aufgrund von Reichelts Eigensinn auch ursprünglich Titel Minister werden. Vgl. Huff, Natur, S. 179.

964 Sowohl Huff als auch Oehler betonen Reichelts Eignung für dieses Amt. Als zwischenzeitlicher Vorsitzender des Komitees für Meliorationen war er seit der Frühphase über die Problematik der Wiedernutzbarmachungsverfahren informiert. Vgl. Huff, Natur, S. 179; Oehler, Ministerrat, S. 3.

965 BArch, DE 1/4010, Anordnung von Meliorationen durch den Minister für Land- und Forstwirtschaft Hans Reichelt vom 20.04.1957.

966 Der Prozess zog sich allerdings bis 1967 hin. Vgl. BArch, DK 107/2943, Schreiben von Hans Reichelt an Erwin Franz Plachy vom 03.12.1964; DK 107/4764, Stellungnahme der Sektion Landeskultur und Grünland zur Verbesserung der Rekultivierungsarbeiten vom 21.04.1965.

967 Vgl. Reichhoff/Wegner, Institut, S. 32.

968 Vgl. Huff, Natur, S. 181.

969 Vgl. Möller, Herrschaft, S. 196 f.

MUW integriert wurde. Durch den VEB Wasserwirtschaft (1958 zur WWD umgebildet) wirkte es seit 1950 umweltschützend.[970] Der administrative Schutz der Ressource Wasser war in der wasserarmen DDR von Beginn an ein wichtiges Thema.[971] Beispielsweise war der VEB Wasserwirtschaft für die Reinhaltung der Gewässer zuständig, dies stellte aufgrund der schon vor 1945 bestehenden, bis dato nicht behandelten Verunreinigungen eine herausfordernde Aufgabe dar.[972] Um die Abwasserproblematik weiter zu verringern, wurde ab Mitte der 1960er-Jahre in jedem Bezirk ein VEB Wasserversorgung und Abwasserbehandlung aufgebaut.[973] Wie sehr sich die DDR bemühte, dieser Problematik Herr zu werden, zeigt das 1963 erlassene Wassergesetz, das darauf abzielte, die Gewässerverunreinigungen zu verringern.[974] Die Wasserwirtschaft hatte also schon vor Gründung des MUW eine zentrale Bedeutung in der staatlichen Umweltpolitik der DDR.

Zwei wasserwirtschaftliche Aspekte betrafen explizit die Wiedernutzbarmachung von Braunkohlentagebauen: Erstens fielen die Auswirkungen der Grundwasserabsenkungen für den Grubenbetrieb in den Aufgabenbereich des MUW; zweitens zeichneten sich die WWD für die Flutung der Restlöcher und die Nachsorge für die entstehenden Restlochseen verantwortlich. Dementsprechend waren Vertreter:innen der Wasserwirtschaft bereits an der Gründung der ersten Wiedernutzbarmachungskommission 1950 beteiligt.[975]

Auch für die Wiedernutzbarmachungsforschung spielte die Wasserwirtschaft eine relevante Rolle: So war beispielsweise Gerhard Scheerer, ein Pionier der Haldenrekultivierung, 1954 bis 1958 beim VEB Wasserwirtschaft Weiße Elster, Betriebsstelle Leipzig als Landschaftsgestalter angestellt.[976] In die Entwicklung des Koyne Verfahrens war die Wasserwirtschaft als Teil der Bioschlammkommission ebenfalls eingebunden.[977] Eindeutig jedoch bestimmten Fragen der Flutung und Nutzung der Restlöcher die Forschungen, gleichwohl ihnen bis Anfang der 1960er-

970 Bis 1950 oblagen die Aufgaben der Wasserwirtschaft dem Eigentümer des Flussabschnittes oder den Anliegern. Behrens, Hermann: Rückblicke auf den Umweltschutz in der DDR seit 1990, in: Behrens/Hoffmann (Hrsg.), Umweltschutz, Bd. 1, S. 1–40, hier S. 15; Simon, Manfred: Zur institutionellen Entwicklung der Wasserwirtschaft bis 1990. Schwerpunkt: Aufgaben der Wasserbewirtschaftung, in: Behrens/Hoffmann (Hrsg.), Umweltschutz, Bd. 2, S. 187–214, hier S. 187 ff.

971 Vgl. Simon, Wasserwirtschaft, S. 189.

972 Vgl. Deutsch/Pohl, Umweltgeschichte, S. 75–85; Roesler, Umweltprobleme, S. 12 f. und 19.

973 Vgl. Simon, Wasserwirtschaft, S. 191.

974 Vgl. Roesler, Umweltprobleme, S. 19.

975 Vgl. BArch, DF 9/386, Besprechung von Gruben-Abraumkippen vom 02.11.1950.

976 Vgl. UAL, Bestand Rektorat, PA-A 41586, Personalbogen von Gerhard Scheerer (1955).

977 Zusammen mit dem Institut für Gartenbau in Großbeeren, der Staatlichen Kommission für Geologische Erkundung und dem Institut für Garten- und Landeskultur wirkte es bei der Entwicklung des Koyne Verfahrens mit. Vgl. AGG, Bestand A–Knabe, Wilhelm, Nr. 226, Jahresendbericht 1958.

Jahre wenig Aufmerksamkeit geschenkt wurde. Danach begannen die Forschungsvorhaben, die vor allem die wasserwirtschaftlichen Planungen der zu flutenden Restlöcher als Hochwasserrückhaltebecken und Wasserspeicher umfassten.[978] Ein Nebeneffekt war ihre häufig mögliche Doppelnutzung als Badeseen, die als Teil von Erholungsgebieten gedacht wurden. Diese Entwicklung ging Mitte der 1960er-Jahre soweit, dass das Amt für Wasserwirtschaft unter seinem Leiter Johann Rochlitzer (geb. 1904) versuchte, auf das entstehende Berggesetz der DDR einzuwirken und eine stärkere Verankerung von Verantwortlichkeiten der Wasserwirtschaft für die Wiedernutzbarmachung zu erreichen.[979] Allerdings war Rochlitzer nicht erfolgreich, da im Berggesetz vom 12. Mai 1969 keine Erwähnung der Wasserwirtschaft in Bezug auf die Wiedernutzbarmachung erfolgte und nicht einmal die Begriffe Restlochsee oder Flutung auftauchten.[980]

Im Zusammenspiel der unterschiedlichen Institutionen spielte das MUW dennoch eine nicht zu ignorierende Rolle bei der Planung der Wiedernutzbarmachung. Beispielsweise wurde die WWD Obere Elbe-Neiße bei der Auslaufplanung, besonders hinsichtlich der Einstellung der Grundwasserhaltung wie beim Tagebau Skado 1977, frühzeitig eingebunden.[981] Diese Einbindung erscheint insofern folgerichtig, da mit dem zunehmenden Auslaufen von Tagebauen in den alten Kernrevieren um Senftenberg und Lauchhammer das Monitoring des Grundwasserwiederanstieges unumgänglich wurde, das in das Aufgabengebiet der dem MUW unterstellten WWD fiel.[982]

Die institutionelle Integration in den Wiedernutzbarmachungsprozess wirft die Frage nach eigenen Impulsen, die das Ministerium in diesem Bereich der Umweltpo-

---

978 Vgl. BArch, DF 9/393, Bericht über die 16. Tagung der Bezirkskommission am 09.11.1961; DF 9/408, Protokoll über die Beratung der Kommission am 24.04.1964.

979 Rochlitzer wollte eine Verankerung der wasserwirtschaftlichen Aspekte im neuen Berggesetz. Hierzu schlug er die Einrichtung einer gemeinsamen Arbeitsgruppe vor. Anlass für Rochlitzers Schreiben war die ihm übersandte Arbeitsrichtlinie, die bereits mehrfach im Kapitel „Die Wiedernutzbarmachung in der DDR bis Mitte der 1960er-Jahre – Diagnose, Forschungen und Praktiken" referenziert wurde. Zu diesem Zeitpunkt enthielt die Arbeitsrichtlinie außer den Vorfluterregeln keinerlei wasserwirtschaftliche Bestimmungen oder gar Hinweise auf die Gestaltung und Flutung von Restlöchern. Vgl. BArch, DF 9/396, Schreiben des Leiters des Amtes für Wasserwirtschaft, Johann Rochlitzer, an den Leiter der Obersten Bergbehörde der DDR, Heinz Dörfelt, vom 23.11.1966.

980 Vgl. GBl, Teil I, Nr. 5, 1969, S. 29–33.

981 Vgl. SächsStA-D, 11473, Nr. 13876, Stellungnahme zur Auslaufgestaltung des Tagebaus Skado vom 15.07.1977.

982 Aus dem Dokument geht hervor, dass das MUW bereits im Jahr seiner Gründung eine Studie zum erwarteten Grundwasseranstieg im Raum Lauchhammer anfertigte. Vgl. SächsStA-D, 11473, Nr. 7645, Geohydrologische Modellierung der Grundwasserverhältnisse in Lauchhammer-Ost (Oktober 1980); Nr. 7646, Sanierung Altbaugebiet Lauchhammer (November 1980).

litik setzte, auf. Diese lassen sich erst Ende der 1980er-Jahren nachweisen. Die Rolle des MUW gegenüber dem Ministerium für Land-, Forst- und Nahrungsgüterwirtschaft (MLFN) sowie dem MKE ist als schwach einzuschätzen. So war es beispielsweise 1989 in Beratungen zur Wiedernutzbarmachungen und den damit bestehenden Problemen eingebunden, Vorschläge kamen aber aus den anderen beiden Ministerien.[983] Ebenso hatte das MUW an der Ausarbeitung der 3. Wiederurbarmachungsanordnung 1984 teilgenommen, stellte allerdings nur einen Vertreter, wohingegen aus anderen Ministerien mind. zwei Vertreter entsandt wurden und gleichzeitig zahlreiche weitere Personen ihrer Untergliederungen teilnahmen.[984] Aus der schwierigen finanziellen Situation der DDR geboren, unterbreitete das MUW 1989 den Vorschlag, die ostdeutsche Wiedernutzbarmachungstechnologie in die Bundesrepublik zu exportieren,[985] das Ende der DDR beendete diese Planungen. Ob dies überhaupt erfolgreich möglich gewesen wäre, erscheint angesichts der westlichen Umweltschutzbestimmungen und der vorhandenen Expertise fraglich.

Leistungsfähigkeit der Wiedernutzbarmachung

Die in der ersten Phase zwischen 1951 und dem Bau der Berliner Mauer 1961 angestoßenen Projekte der Wiedernutzbarmachung von Braunkohlenfolgelandschaften wurden bis zum Höhepunkt der DDR-Umweltpolitik Mitte der 1970er-Jahre weitergeführt. Es lässt sich entsprechend von einer spezifischen Innovativität im Bereich der Wiedernutzbarmachung sprechen. In umgekehrter Reihenfolge zum vorherigen Kapitel wird hier zunächst auf die weitere Entwicklung in der bergbaulichen Praxis eingegangen, bevor danach die Wiedernutzbarmachungsforschung und ihre beständige Ausdifferenzierung im Fokus stehen.

Die Praxis der Wiedernutzbarmachung in der DDR wurde von zwei wesentlichen Aspekten bestimmt: Erstens von der weiteren Entwicklung der rechtlichen Grundlage zur Regelung der Wiedernutzbarmachung; zweitens von der ökonomischen Grundlage zur Finanzierung der Kapazitäten der Wiederurbarmachung und Rekultivierung. Die wichtigste rechtliche Voraussetzung bildete das Berg-

---

983 Vgl. BArch, DK 5 (Ministerium für Umweltschutz und Wasserwirtschaft)/6220, Protokoll der Beratung zur Wiedernutzbarmachung von Braunkohlentagebauen vom 29.09.1989.

984 Für das MUW nahm der Wissenschaftliche Mitarbeiter Horst Schultze teil. Das MKE und das MLFN schickten je zwei Vertreter. Hinzu kamen die Vertreter ihrer eigenen Forschungseinrichtungen und der Obersten Bergbehörde und ihrer Untergliederungen. Insgesamt nahmen 28 Personen an der Besprechung teil. BArch, DF 9/972, Anwesenheitsliste für die Beratung am 28.06.1984.

985 Vermutlich stellte dies den verzweifelten Versuch dar, auch mit der Wiedernutzbarmachung Devisen zu erwirtschaften. Vgl. ebd., DK 5/6220, Erarbeitung einer Studie über Bergbaufolgelandschaften (Juni 1989).

gesetz der DDR von 1969, das in den § 13 bis § 17 die Wiedernutzbarmachung regelte.[986] In § 14 wurde die „Herstellung der vollwertigen Bodenfruchtbarkeit" gefordert, ohne durch Verweise auf einen ursprünglichen Zustand oder eine Bodenwertzahl definiert worden zu sein. Gleichzeitig wurden unter dem Terminus der Bergschäden in den § 18 bis § 25 Bestimmungen getroffen, die auch Auswirkungen auf die Bodennutzung bzw. den damit verbundenen verringerten Nutzungsmöglichkeiten enthielten.[987] So wurde beispielsweise verfügt, dass eine vollständige Wiederherstellung der Gebrauchsfähigkeit erfolgen muss oder zumindest ihr vollständiger finanzieller Ersatz. Diese Rechtsnormative wurden in Bezug auf die Wiedernutzbarmachung nicht beachtet.[988]

Am 14. Mai 1970 folgte das Landeskulturgesetz, das den Umweltschutz in der DDR rechtlich fixierte.[989] Dieses Gesetz gilt bis heute als Beleg für eine fortschrittliche Umweltpolitik der DDR, auch wenn über die zugrundeliegenden Motive gestritten wird.[990] Führende Mitglieder des institutionellen Naturschutzes aus dem ILN, das in dieser Phase auch eine zentrale Rolle in der Wiedernutzbarmachungsforschung spielte, wirkten beispielsweise durch Reden in der Volkskammer auf die politischen Vertreter ein, um eine solche Rechtsgrundlage zu schaffen.[991] Das Gesetz sprach den Bergbau nicht direkt an, wandte sich aber an die Betriebe, wenn gemäß § 7 die „Landschaft [...] sinnvoll und rationell" genutzt werden sollte.[992] § 9 Absatz 2 wiederum thematisierte konkret die Landschaftsschäden und formulierte ein Wiedernutzbarmachungsgebot, das deutlich über die wirtschaftliche Wiederherstellung hinausging:

> Durch wirtschaftlich-technische Eingriffe biologisch gestörte Landschaften sind entsprechend den gegebenen Möglichkeiten so wiederherzustellen und zu entwickeln, daß ihre

---

986 GBl, Teil I, Nr. 5, 1969, S. 31.

987 Ebd., S. 31 f.

988 Brüning, Wiedernutzbarmachung, S. 85.; Krummsdorf, Wiederurbarmachung, S. 395.

989 GBl, Teil I, Nr. 12, 1970, S. 67–74.

990 Huff weist auf die bewusstseinsbildende Wirkung des Landekulturgesetzes in Bezug auf die Umwelt hin. Roesler hingegen betont die Wirkung auf die Verringerung der Schadstoffimmission. Möller wiederum zeichnet den Weg zum Landeskulturgesetz nach, das er als eine Reaktion des Staates auf die Eingaben aus der Bevölkerung sieht. Gleichzeitig betont er den Aushandlungsprozess, der in den verschiedenen Ebenen der Administration erfolgte. Vgl. Huff, Natur, S. 181; Möller, Herrschaft, S.153 f. und 176–187; Roesler, Umweltprobleme, S. 26 und 34.

991 Die Beteiligung von Hermann Meusel und Hugo Weinitschke (1930–2009) am Gesetzgebungsprozess und am Überzeugen der Regierung, dass das Thema Natur- und Umweltschutz wichtig ist, zeigt Möglichkeiten der politischen Einflussnahme für die akademische Elite in der DDR mit oder ohne Anbindung an den Sozialismus (Meusel war vor seiner SED-Mitgliedschaft in NSDAP und SA organisiert). Möller, Herrschaft, S. 114.

992 GBl, Teil I, Nr. 12, 1970, S. 68.

> sinnvolle und rationelle gesellschaftliche Nutzung gesichert wird und diese Landschaften ihre landeskulturelle Funktion wieder erfüllen können.[993]

Zwar blieb das Landeskulturgesetz hinsichtlich einer Verpflichtung zur Wiedernutzbarmachung immer noch vage, bot zudem Möglichkeiten sich der Aufgabe zu entziehen, doch ging der Auftrag zur landeskulturellen Wiederinwertsetzung über die bisherigen Bestimmungen hinaus. Hierin spiegelt sich der Auftrag zur Landschaftsgestaltung wider, den bereits Lingner formuliert hatte: nämlich Landschaften zu schaffen, die auch für die Erholung genutzt werden können.[994] Dabei sollten, so die Ausführungen in § 13, besonders natürliche oder anderweitig wertvolle Landschaften unter Schutz gestellt werden. Dies barg einen prinzipiellen Konflikt mit dem Bergbau, der bisher großflächig – ohne Rücksicht auf Natur- oder Landschaftsschutz – Flächen als Bergbauschutzgebiete ausweisen und devastieren konnte. Besonders Moore, die bis dahin als Ödland galten und in der vorbergbaulichen Lausitz weit verbreitet gewesen waren,[995] galten nun prinzipiell als schutzwürdig. Dies beschwor einen, bis heute nachwirkenden Konflikt herauf,[996] da die großflächigen Grundwasserabsenkungen zum Austrocknen der Moorstandorte führten.[997]

Das Landeskulturgesetz markierte eine neue Ära, da es einen differenzierteren Umgang mit der Bergbaufolgelandschaft forderte, insofern erstmalig Naturschutzinteressen, die auch Belange des Bergbaus berührten, berücksichtigt wurden. Die Naturschutzgebiete der DDR entsprachen nicht den heutigen Gedanken der natürlichen Sukzession und den damit verbundenen differenzierten Biotopflächen für eine ökologische Artenvielfalt, allerdings waren sie zeitlich und inhaltlich kongruent zu den Vorstellungen im Westen.[998] Dennoch gab es Ansätze der naturschutzgerechten Biotopgestaltung ab der zweiten Hälfte der 1960er-Jahre in der DDR. In Bezug auf die Bergbaufolgelandschaft erkannte Otto Rindt beispiels-

993 Ebd., S. 68.

994 Lingner, Landschaftsgestaltung, S. 74.

995 Großer, Naturraum, S. 464.

996 Staude, Jörg: Tagebau Jänschwalde wird vorerst kein Abweichler, in: klimareporter, 22.12.2021. Unter: https://www.klimareporter.de/energiewende/tagebau-jaenschwalde-wird-vorerst-kein-abweichler (Eingesehen: 06.12.2022).

997 Zutz, Axel: Naturschutzgeschichte als Beitrag zum Projekt: „Die Niederlausitz und die südliche Lubuskie. Eine Kulturlandschaft im Zentrum Europas“ (Teil 2), in: Studienarchiv Umweltgeschichte 22, 2017, S. 101–128, hier S. 121 f.

998 Drebenstedt, Planungsgrundlagen, S. 507 f.

weise den Stellenwert der Tagebaurestlochseen für Wasservögel.[999] Entsprechend wundert es nicht, dass die von ihm geplante Insel im Senftenberger See eines der ersten Naturschutzgebiete in der Bergbaufolgelandschaft der DDR werden sollte.[1000]

Gut einen Monat vor dem Landeskulturgesetz war die zweite Wiederurbarmachungsanordnung am 10. April 1970 beschlossen worden.[1001] Nach der ersten Anordnung 1951 und ihren drei Durchführungsbestimmungen (1952, 1958 und 1964) war eine Verbesserung der Rechtsgrundlage notwendig geworden. So gab es, wie gezeigt, immer noch Bergbautreibende, die sich ihren Wiederurbarmachungsverpflichtungen entzogen. Die Bestimmungen der drei Durchführungsanordnungen wurden daher in die neue Anordnung integriert. Neu war vor allem, dass verpflichtend die Kulturwerte aller Abraumschichten separat bestimmt werden mussten.[1002] Ursprünglich war eine vierte Durchführungsbestimmung geplant, allerdings bot die komplette Überarbeitung die Möglichkeit, grundlegende Fehler aus dem Jahr 1951 zu korrigieren.[1003] Nach einer Einschätzung der Obersten Bergbehörde der DDR aus dem Jahr 1973 gelang es mit der zweiten Wiederurbarmachungsanordnung, die bisherigen Probleme zu beheben.[1004] Anträge auf Ausnahmegenehmigungen wurden seit diesem Zeitpunkt nicht mehr gestellt, die Steine- und Erdenindustrie setzte die Bestimmungen jetzt ebenfalls um und die mit der Überwachung der Wiederurbarmachung betrauten Räte der Bezirke kamen durch entsprechende Strukturen jetzt ihrer Aufgabe nach, so dass „gegenwärtig eine Überarbeitung oder Ergänzung der Wiederurbarmachungsanordnung nicht erforderlich“[1005] war. Gleichzeitig wurde allerdings vermerkt, dass das Problem der Altbergbauflächen aus der Zeit vor 1945 bestehen blieb und einer Lösung harrte.

---

999 Vgl. BLHA, Rep. 803 BfT Ctb, Nr. 1290, Restlöcher im Bezirk Cottbus als neue Erholungslandschaft (1969).

1000 Die Ausweisung als Naturschutzgebiet erfolgte auf Beschluss des Bezirkstages Cottbus zum 25. März 1981. Neben der Insel wurde auch ein Teil der umgebenden Wasserfläche unter Schutz gestellt. Ob dies wirklich die Intention von Rindt war kann zumindest kritisch gesehen werden, da seine Planungen eine touristische Nutzung vorsahen. Kupfer/Sawall/Wiese, Senftenberger See, S. 110.

1001 GBl, Teil II, Nr. 38, 1970, S. 279–283.

1002 Haubold, Wolfgang/Katzur, Joachim/Oehme, Wolf-Dietrich: Standortkundliche Grundlagen, in: Pflug (Hrsg.), Braunkohlentagebau, S. 536–558, hier S. 537.

1003 BArch, DF 9/897, Vierte Durchführungsbestimmung zur Verordnung über die Wiedernutzbarmachung (ohne Datierung).

1004 Ebd., DF 9/972, Einschätzung der Wirksamkeit der Anordnung vom 10. April 1970 vom 31.07.1973.

1005 Ebd.

In den Gesetzgebungsprozess blieben neben den betroffenen Ministerien die Bezirke und die Bergbehörden involviert.[1006] Dabei hatte das Ministerium für Grundstoffindustrie, als verantwortliches Organ der Bergbauunternehmen, die meisten Einwände gegenüber dem ursprünglichen Entwurf (bei elf von 16 Paragraphen forderte es insgesamt 15 Änderungen) und versuchte so, die Bestimmungen zur Wiederurbarmachung zu unterminieren.[1007] Demgegenüber stand der Rat für Landwirtschaftliche Produktion und Nahrungsgüterwirtschaft, der als Äquivalent zu einem Ministerium gesehen werden kann. Er stand den Interessen des Bergbaus diametral gegenüber und forderte bei sieben von 16 Paragraphen insgesamt acht Änderungen. Nur die Bergbehörde Borna, die bei acht Paragraphen insgesamt zwölf Änderungen vermerkte, war noch stärker vertreten. Als zuständige Behörde für die widerspenstigen Braunkohlenkombinate (BKK) Borna und Espenhain drängte sie auf deutlichere Verpflichtungen der Bergbautreibenden.[1008] Die Oberste Bergbehörde bestärkte, unabhängig von der verbesserten Rechtsgrundlage, die untergeordnete Institution in ihrem Konflikt mit den beiden Kombinaten.[1009] Hier zeigt sich ein Wandel zur vorherigen Phase, in der vor allem die Wissenschaft federführend für die Ausformulierung der Anordnung und ihrer Durchführungsbestimmungen gewesen war. Jetzt war es ein Konflikt zwischen zwei Ministerien, die ihren Planaufgaben nachzukommen hatten und diese für ihre untergebenen Produktionseinrichtungen zu vereinfachen suchten. Dabei lässt sich anhand des Gesetzestextes eine stärkere Berücksichtigung des Ministeriums für

1006 Ebd., DF 9/1288, Zustimmungsverfahren zum Entwurf vom 28.08.1969 der Anordnung über die Wiederurbarmachung.

1007 Der Minister für Grundstoffindustrie Klaus Siebold (1930–1995) versuchte vor allem verpflichtende Wiederurbarmachungsleistungen zu reduzieren oder sie bewusst vage umzuformulieren. Dies gelang beispielsweise in § 9, der exakt die Formulierung des Ministeriums berücksichtigte. Hierzu intervenierte er bei Heinz Dörfelt, dem Chef der Obersten Bergbehörde. Vgl. ebd., Schreiben vom Minister für Grundstoffindustrie, Klaus Siebold, an den Leiter der Obersten Bergbehörde der DDR, Heinz Dörfelt, vom 25.09.1969.

1008 Ebd., Schreiben der Bergbehörde Borna an die Oberste Bergbehörde der DDR vom 16.09.1969.

1009 Der Konflikt ging vor allem um die Verkippung von Abraum des Tagebaus Peres (BKK Borna) in den Tagebau Böhlen (BKK Espenhain). Die unzureichende Festlegung, wer für die Wiederurbarmachung verantwortlich ist, führte zu einem Konflikt mit der VVB Braunkohle in Senftenberg. Schlussendlich lenkte die VVB Braunkohle ein und wies die untergeordneten Betriebe an, die Wiederurbarmachung nach den Vorstellungen der Bergbehörde Borna vorzunehmen. Ebd., Schreiben der VVB Braunkohle Senftenberg an die Kombinatsdirektoren des VEB BKK Borna und Espenhain vom 30.11.1971, Schreiben der Bergbehörde Borna an die VVB Braunkohle Senftenberg vom 30.12.1971, Schreiben der VVB Braunkohle Senftenberg an die Oberste Bergbehörde der DDR vom 06.01.1972, Schreiben der Bergbehörde Borna an die VVB Braunkohle Senftenberg vom 10.02.1972.

Grundstoffindustrie in strittigen Fragen nachweisen.[1010] Gleichzeitig zeigt die Rolle der Bergbehörde Borna, dass zumindest Teile der Bergbauadministration eine stärker verpflichtende Rechtsgrundlage wünschten. Die wissenschaftlichen Forschungseinrichtungen, in diesem Fall die Außenstelle für Wiederurbarmachung Dölzig des ILN, das WTI Regis sowie der VEB Geologische Forschung und Erkundung, Betriebsteil Freiberg wurden erst nach der offiziellen Verabschiedung des Gesetzes am 29. April 1970 gehört, um Begrifflichkeiten zu präzisieren und teilweise zu definieren, eine Berücksichtigung im Gesetzestext erfolgte allerdings nicht.[1011]

Am 23. Februar 1971 folgte die Rekultivierungsanordnung, womit nun erstmals auch die Aufgaben und Verpflichtungen der Folgenutzer fixiert wurden.[1012] Erstmals erwähnt wurde die Rekultivierung bereits 1969 in § 14 des Berggesetzes, eine Definition der „Herstellung vollwertiger Bodenfruchtbarkeit" durch den Folgenutzer war hingegen nicht erfolgt.[1013] Mit der Anordnung wurde die Rekultivierung rechtlich definiert und von der Wiederurbarmachung abgegrenzt.[1014] Festgeschrieben wurden Aufgaben (§ 2), der Rechtsträgerwechsel (§ 3), die Finanzierung (§§ 5–7) und das ordnungsgemäße Rekultivierungsziel (§§ 8 und 9). Dass es sich um eine Normierung des bisherigen Praxis handelte, offenbart die Finanzierung der Rekultivierung, die spätestens seit 1957 von den Folgenutzern übernommen wurde.[1015] Einen Unterschied zur zweiten Wiederurbarmachungsanordnung markierte die Einbindung der unterschiedlichen Fachgremien in die Ausarbeitung der Gesetzestexte: Zwar waren die universitären Forschungseinrichtungen und die Wiedernutzbarmachungskommission wiederum nicht an der Überarbeitung der Entwürfe beteiligt, doch band man andere Forschungsinstitutionen wie das ILN und staatliche Institutionen wie das Staatliche Komitee für Meliorationen und den Rat für Landwirtschaftliche Produktion und Nahrungsgüterwirtschaft in den Prozess ein.[1016] Der Bergbau war hingegen nicht repräsentiert. Während das ILN als For-

1010 Besonders in § 9 ist dies auffällig, er wurde entsprechend den Wünschen des Ministeriums so umformuliert, dass die Verpflichtung um Ausnahmen erweitert wurde. Vgl. BArch DF 9/1288, Schreiben vom Minister für Grundstoffindustrie, Klaus Siebold, an den Leiter der Obersten Bergbehörde der DDR, Heinz Dörfelt, vom 25.09.1969; GBl, Teil II, Nr. 38, 1970, S. 281.

1011 Vgl. ebd., Protokoll über die Problemdiskussion zu den Begriffen „Mindestfruchtbarkeit" sowie „Mindestmächtigkeit" am 29.04.1970.

1012 GBl, Teil II, Nr. 30, 1971, S. 245–247.

1013 Ebd., Teil I, Nr. 5, 1969, S. 31.

1014 Katzur/Böcker, Chronik, S. 163.

1015 Vgl. BArch, DE 1/4010, Anordnung von Meliorationen durch den Minister für Land- und Forstwirtschaft Hans Reichelt vom 20.04.1957.

1016 Ebd., DF 9/897, Schreiben von Konrad Werner an Heinz Dörfelt vom 31.10.1969, Schreiben des Staatlichen Komitee für Meliorationen, Stellvertretender Vorsitzender Hoffmann, an die Oberste Bergbehörde, Stellvertretender Leiter Franke, vom 17.12.1970.

schungseinrichtung 1969 den ersten Entwurf der Anordnung ausarbeitete, wünschte das Komitee nur kleinere Änderungen. Die einzige Konstante bildete die Koordinierung durch die Oberste Bergbehörde.[1017] An dieser Konstellation wird die zunehmende Zentralisierung, die mit dem schleichenden politischen Übergang von Ulbricht zu Honecker einherging, deutlich.[1018] Die unter Ulbricht praktizierte Einbindung von Expert:innen, die sich auch kritisch äußerten, wich nun einem zunehmenden Allmachtsanspruch eines kleinen Kreises, der Expertise nur noch beratend duldete und zunehmend den Bezug zu den realen Bedingungen in der DDR verlor.

Die gesetzlichen Regelungen zur Wiedernutzbarmachung bis Mitte der 1970er-Jahre zu bewerten ist kompliziert. Auf der einen Seite zeigen die Verordnungen, Durchführungsbestimmungen, Bodennutzungsgebühr und das Berggesetz ein stetes Bemühen der Administration, die rechtliche Grundlage der das Wiedernutzbarmachung zu verbessern, Verantwortlichkeiten zu benennen und den Bergbau zur Wiederurbarmachung zu verpflichten. Auf der anderen Seite verloren bei der Vielzahl an Bestimmungen – 1975 waren Berggesetz, Landeskulturgesetz, zweite Wiederurbarmachungsanordnung, Rekultivierungsanordnung, Bodennutzungsverordnung sowie die Anordnung zur Gewährleistung der öffentlichen Sicherheit und zum Schutz der Volkswirtschaft an Halden und Restlöchern[1019] zu beachten – die Verantwortlichen den Überblick. Bezeichnenderweise beauftragte die Produktionsleitung für Land- und Nahrungsgüterwirtschaft beim Rat des Bezirkes Leipzig 1974 den Leiter der Außenstelle für Wiedernutzbarmachung in Dölzig, Konrad Werner, einen Überblick zu den rechtlichen Bestimmungen zu erarbeiten.[1020] In

1017 Auch die Verwahranordnung vom 19. Oktober 1971 zählt zu den Bestimmungen im Umgang mit dem Nachbergbau. Da sie allerdings nur in geringen Umfang für den Tagebau gilt – so erfolgte die Wasserhaltung teilweise bis in die 1970er-Jahre über abgeteufte Schachtanlagen –, sei sie an dieser Stelle nur der Vollständigkeit halber erwähnt. Vgl. BArch, DF 9/897, Schreiben des Sekretärs des Rates für Landwirtschaftliche Produktion und Nahrungsgüterwirtschaft, Hoffmeister, an Leiter der Obersten Bergbehörde der DDR, Dörfelt, vom 06.01.1971; GBl, Teil II, Nr. 73, 1971, S. 621–626.

1018 Besonders nach dem Prager Frühling lässt sich die Zentralisierung in der DDR allgemein und in der Wissenschaftslandschaft im Besonderen beobachten. Nur wenige Monate nach dem Einmarsch der Warschauer Pakt Staaten in die ČSSR erfolgte die dritte DDR-Hochschulreform. 1970 wiederum wurden die ökonomischen Freiheiten des ÖSS durch eine zunehmende administrative Kontrolle abgeschafft. Huff, Natur, S. 135 und 142.

1019 GBl, Teil II, Nr. 38, 1968, S. 225–229.

1020 Werner führte auf 91 Seiten die rechtlichen Bestimmungen aus, erklärte die Pflichten des Bergbaus gegenüber dem Folgenutzer sowie den Ablauf des Rechtsträgerwechsels und die daraus resultierenden Ansprüche an die Bergbauunternehmen zur Herstellung nutzbarer Folgelandschaften. Dies zeigt den enormen Umfang der rechtlichen Regelungen. BArch, DK 107/31239, Rechtliche Regelungen zur Wiedernutzbarmachung in der DDR, verfasst von Konrad Werner (Dezember 1974).

einem Zeitzeug:innengespräch mit drei Ingenieur:innen der Wiederurbarmachung und Landschaftsgestaltung verneinten alle drei die Frage, ob ihnen diese Gesetzestexte zur Wiedernutzbarmachung bekannt gewesen seien.[1021]

Bis zum Ende der DDR wandte man Meliorationsverfahren in der Wiederurbarmachung an. Das Wichtigste stellte weiterhin das Domsdorfer Verfahren dar, trotz Weiterentwicklungen besonders hinsichtlich einens tieferen Meliorationshorizonts.[1022] Genutzt wurde es vor allem für die Vorbereitung der forstlichen Rekultivierung auf Brückenkippen, die aufgrund der eingesetzen Abraumförderbrücken aus einem Mischsubstrat aus tertiärem und quartärem Material bestanden. An Relevanz gewann das in den 1960er-Jahren entwickelte Koyne Verfahren, was dem veränderten Fokus auf die Wiederherstellung „Landwirtschaftlicher Nutzflächen" geschuldet war. Schon in der Arbeitsrichtlinie zur Planung, Projektierung und Durchführung der Wiederurbarmachung im Braunkohlenbergbau wurde das Koyne Verfahren explizit dafür ausgewiesen.[1023] Besonders geeignet war es in den Gebieten sorptionsschwacher Sandböden der Lausitzer Urstromtäler. Voraussetzung für die Anwendung war allerdings die räumliche Nähe zu einem Produzenten phenolhaltiger Abprodukte, die nicht immer gegeben war. Das bekannteste Beispiel ist daher der Tagebau Spreetal, der mit seiner Lage im Urstromtal und aufgrund seiner Nähe zur Kokerei des VEB Gaskombinat Schwarze Pumpe diese Kriterien erfüllte.[1024]

Die separate Gewinnung von Kulturboden war in den 1970er-Jahren die Standardtechnologie und wurde von allen Tagebauen praktiziert. Allerdings bestanden dabei teilweise gravierende Qualitätsunterschiede.[1025] Wilhelm Knabes Forderung,

1021 Die gesetzliche Grundlage scheint nur auf der Leitungsebene bekannt gewesen zu sein und konnte daher nur von diesen Personen angemahnt werden. PA Baumert, Zeitzeugengespräch mit Elke Löwe, Hans-Jürgen Schmager und Anke Schwarzenberg in Hörlitz am 09.12.2022, 00:29:55-00:33:35.

1022 Karl Preußner war ab Mitte der 1970er-Jahre als Förster beim StFB Hoyerswerda beschäftigt. Ende der 1970er-Jahre übernahm er die Position des Vertreters der Forstwirtschaft in der Wiederurbarmachungskommission. Allerdings ist es möglich, dass hier auch ein anderes Verfahren gemeint ist, da er von Kalk als Meliorationsmittel sprach. Ebd., Zeitzeugengespräch mit Karl Preußner am 15.12.2022 in Cottbus, 00:37:11 – 00:40:15.

1023 BArch, DK 4/2241, Arbeitsrichtlinie zur Planung, Projektierung und Durchführung der Wiederurbarmachung im Braunkohlenbergbau, S. 41 f.

1024 Vgl. ebd., DK 107/18792, Einführung in die Exkursion am 01.09.1978.

1025 Besonders neu aufgeschlossene Tagebaue, gerade im Brückenbetrieb, betrieben teils keine saubere Trennung der Abraummassen des 1. und 2. Schnittes. Der Tagebau Nochten, Aufschluss zwischen 1968 und 1973, hatte 1971 Eimerkettenbagger des Typs Es 1120 im 1. Schnitt, die ausschließlich quartäre Massen förderten. Der Es 1600 förderte im 2. Schnitt nur tertiäre Massen. Dabei beklagte die Bergbehörde Senftenberg die unsaubere Trennung der Schichten, was eine Aufbereitung der Kippen erforderte. Allerdings benennt die Quelle das Ausmaß des Problems

geeignete Bodenschichten über die Ackerkrume hinaus zum Überzug der Kippen zu gewinnen, fand hierbei praktische Beachtung. Für den Tagebau Berzdorf ist das für den Kulturbodenüberzug geeignete Abraumvolumen für das Jahr 1979 erfasst (Tab. 8).[1026] Die 8 258 000 m³ verteilten sich dabei auf alle Baggerschnitte bis auf den vierten, in dem nur tertiäres Material anfiel. Die Erfassung zeigt, dass sich auf Grundlage eines detaillierten geologischen Gutachtens zahlreiche Schichten für die Wiederurbarmachung nutzen liessen. Selbst aus den tertiären Bereichen war immerhin der Schluff noch geeignet, der im 5. Schnitt gewonnen wurde. Eine Fokussierung nur auf den Vorschnitt zur Gewinnung der Ackerkrume hätte nicht einmal ein Viertel des Abraums erbracht. Allerdings war ein solches Vorgehen mit einem erheblichen Vorlauf verbunden. Bereits 1965 und 1976 wurden diese Schichten in Vorfeldgutachten identifiziert und die separate Gewinnung geplant. Nicht alle Lausitzer Tagebaue verfügten über ein solches geologisches Potenzial oder die geforderte rationelle Förderung erlaubte deren getrennte Gewinnung nicht.

Tab. 8: Getrennte Gewinnung von Abraummassen im Tagebau Berzdorf 1979 in den unterschiedlichen Abraumschichten

Abraumschnitt	Für Wiederurbarmachung geeignetes Material in m³
1. Schnitte (Vorschnitt)	2 009 000
2. Schnitt	2 880 000
3. Schnitt	2 283 600
4. Schnitt	–
5. Schnitt	1 085 400
Summe	8 258 000

Wie bereits erwähnt, war die Phase zwischen 1961 und Mitte der 1970er-Jahre jene, in der quantitative Höchstleistungen in der Wiedernutzbarmachung zu verzeichnen waren. Ursächlich lässt sich dies auf zwei Rahmenbedingungen zurückführen. Erstens kennzeichnete eine relative ökonomische Stabilität diesen Zeitraum. Zwar wurde das ökonomische Reformprogramm des NÖSPL bereits in der zweiten Hälfte der 1960er-Jahre abgebrochen, seine Nachwirkungen führten aber zu einer kurzen Phase verhältnismäßiger Stabilität der DDR-Wirtschaft. Der daraus entstehende ökonomische Spielraum begünstigte schlussendlich die Entscheidung für die Einheit von Wirtschafts- und Sozialpolitik, die innerhalb kürzester

nicht. Vgl. SächsStA-F, 40068, Nr. 20, Jahrestechnologie 1971 Wiederurbarmachung Tagebau Nochten.

1026 SächsStA-F, 40068, Nr. 85, Wiederurbarmachung 1979.

Zeit diese Erfolge ‚verkonsumierte'. Für die Wiedernutzbarmachung ausgekohlter Tagebaue war dies im Zeitraum zwischen 1965 und 1975 allerdings förderlich, da zum einen die Forschungsergebnisse der ersten Phase vorlagen und die ökonomischen Möglichkeiten ihre Umsetzung erlaubten. Zweitens sollten mit dem geplanten Energieträgerwechsel von der heimischen Braunkohle zu sowjetischem Erdöl Tagebaue wie Espenhain und Böhlen mit ihrer besonders problematischen karbochemischen Veredelung auslaufen.[1027] Aufgrund der langfristigen Planungen im Braunkohlenbergbau erfuhr die Wiedernutzbarmachung dementsprechend an Bedeutung, schließlich brauchte man ein Konzept zur Nachnutzung der Flächen und zur Weiterbeschäftigung der Belegschaft. Die Leistungen dieser Phase der Wiederurbarmachung im Lausitzer Revier im historischen Vergleich wird anhand von Tab. 9 deutlich.[1028] Bei dieser Statistik muss berücksichtigt werden, wie bereits weiter oben dargestellt, dass erst ab den 1920er-Jahren gezielte Wiedernutzbarmachungen erfolgten. Außerdem ist unklar auf welcher Datengrundlage die Statistik für den Zeitraum 1945 bis 1965 erstellt wurde. Während allein im Zeitraum 1965 bis 1975 über die Hälfte der forstlichen Flächen rekultiviert und insgesamt fast zwei Drittel der Gesamtfläche wiederurbargemacht wurden, zeigten sich die Erfolge der Wiederurbarmachungsforschung besonders in der Landwirtschaft. Hier wurden knapp 90 % der gesamten LN im Zeitraum 1965 bis 1975 wiederurbar gemacht. Im Fünfjahresplan 1971 bis 1975 übertraf die DDR sogar ihr eigenes Ziel von 9700 ha wiedernutzbargemachter Fläche mit insgesamt 12 000 ha.[1029] Zwischen 1976 und 1985 ging sowohl die Wiederurbarmachung als auch die Flächenrückgabe an Folgenutzer deutlich zurück (Tab. 10 und 11).[1030] Hintergrund bildete die Renaissance der Braunkohlen in Folge der Erdölkrisen der 1970er-Jahre, die eine Neujustierung der DDR-Energiepolitik erforderlich machte.[1031] Konkret rief die Heizölablösung durch Braunkohlen Anfang der 1980er-Jahre diese Entwicklung hervor, da durch den Ausbau der Tagebauleistung der Wiederurbarmachung Treibstoff und Planierraupen entzogen wurden.[1032]

1027 Baumert, Autarkiepolitik, S. 308 f.

1028 StUG, 036-71, Konzeption zur Entwicklung land- und forstwirtschaftlicher Bodenfonds im Bezirk Cottbus im Zeitraum 1976–2000 vom 08.03.1976.

1029 Auch Roesler verweist auf die Erfolge im Vergleich zu den 1960er-Jahren, kritisiert aber die gleichzeitig verbleibenden 13 300 ha aufgelassener Flächen. Allerdings handelt es sich hierbei um die Betriebsflächen und nicht um nachbergbauliches Ödland. Es muss erwähnt werden, dass die Ausweisungen von Betriebsflächen, devastierten Territorium und wiederurbargemachten Flächen und zurückgegebenen Flächen in vielen Dokumenten verwirrend ist. Vgl. Roesler, Umweltprobleme, S. 35.

1030 BArch, DN 1/21788, Flächenentwicklung Bergbau 1971–2000 (1989).

1031 Vgl. Türk, Treibstoff, S. 59 ff.

1032 Roesler, Umweltprobleme, S. 44.

Tab. 9: Wiederurbarmachung im Bezirk Cottbus zwischen 1840 und 1975; mit Fokus auf die Zeit nach 1965

Zeitraum	LN	FN	SN	Gesamtfläche
1840–1975	3670 ha	14 775 ha	3915 ha	22 360 ha
1965–1970	1242 ha	4969 ha	854 ha	7065 ha
Anteil 1965–1970	33,8 %	33,6 %	21,8 %	31,6 %
1971–1975	2022 ha	3093 ha	2085 ha	7200 ha
Anteil 1971–1975	55,1 %	20,9 %	53,3 %	32,2 %
1965–1975	3264 ha	8062 ha	2939 ha	14 265 ha
Anteil 1965–1975	88,9 %	54,6 %	75,1 %	63,8 %

Tab. 10: Zurückgegebene Land- und Forstwirtschaftliche Flächen 1971 bis 1985 in der gesamten DDR; Sonstige Flächen (Wege, Restlöcher, etc.) bleiben unberücksichtigt[1033]

Zeitraum	LN		FN		Gesamtfläche		
	Entzug	Rückgabe	Entzug	Rückgabe	Entzug	Rückgabe	Anteil Rückgabe
1971–1975	7857 ha	4425 ha	5310 ha	5537 ha	13 167 ha	9962 ha	75,7 %
1976–1980	7975 ha	3223 ha	5502 ha	5653 ha	13 477 ha	8876 ha	65,9 %
1981–1985	7847 ha	3421 ha	6158 ha	3308 ha	14 005 ha	6729 ha	48 %

Tab. 11: Wiederurbarmachungsleistung in der DDR 1971 bis 1990 nach Krummsdorf[1034]

Zeitraum	LN	FN	SN	Gesamt
Bis 1970	16 467 ha	16 511 ha	7540 ha	40 518 ha
1971–1975	4857 ha	5686 ha	2943 ha	13 486 ha
1976–1980	3645 ha	5505 ha	4603 ha	13 753 ha
1981–1985	3602 ha	3504 ha	1591 ha	8700 ha
1985–1990	6066 ha	4618 ha	3668 ha	14 353 ha

1033 Vgl. BArch, DN 1/21788, Flächenentwicklung Bergbau 1971–2000 (1989).

1034 Bei der Statistik bestehen Abweichungen zu den archivierten Dokumenten. Möglicherweise basieren sie auf den geplanten und nicht auf den ausgeführten Wiederurbarmachungen. Im Trend stimmen sie aber überein, weshalb sie hier wiedergegeben werden. Vgl. Krummsdorf, Wiederurbarmachung, S. 397.

Die Ausführung der Arbeiten unterlag den Wiederurbarmachungsbrigaden (WUM-Brigaden), die in jedem Braunkohlenwerk vorhanden und professionell organisiert waren. Die Brigaden bestanden meistens aus einem vorgesetzten Meister oder Ingenieur und untergebenen Arbeitskräften, die notfalls Rücksprache mit Spezialist:innen hielten.[1035] Zusätzlich bestand in jedem Werk ab Mitte der 1960er-Jahre ein WUM-Beauftragter, der die Koordination der Arbeiten und die Präsentation gegenüber den Wiederurbarmachungskommissionen von Kreis und Bezirk übernahm, die die Flächen abnahmen.[1036] Die WUM-Beauftragten bestanden zusätzlich auch auf Kombinatsebene.[1037] Die Bepflanzung im Zuge der Rekultivierung von Forstflächen übernahmen Pflanzbrigaden, die, wie schon unter Heuso(h)n, sich mehrheitlich aus Frauen unter der Leitung eines Försters zusammensetzten.[1038] Diese gehörten nicht zum Bergbau, sondern waren Teil der StFB – in der Lausitz meistens des StFB Hoyerswerda, der die höchste Aufforstungsleistung von Kippen in der ganzen DDR aufwies.[1039]

Als wichtigstes Gremium bestanden die Wiederurbarmachungskommissionen fort. Besonders die Bezirks-Wiederurbarmachungskommissionen entwickelten umfassende Tätigkeiten und wurden zum wichtigsten Organ zur Durchsetzung der Wiedernutzbarmachungsverordnung. Die jeweiligen Bergbehörden (Senftenberg bezirksübergreifend für die Lausitz, Borna für den Bezirk Leipzig, Halle für den Bezirk Halle und Straßfurt für den Bezirk Magdeburg) leiteten die Gremien.[1040] Dabei entschieden sie auch über Prämien für die erfolgreiche Wiederurbarmachung.[1041] Die Zusammensetzung der Kommissionen veränderte sich sowohl auf Bezirks- als auch auf zentraler Ebene. Die Forschungseinrichtungen aus der ersten Phase gehörten nicht mehr zum Kreis der regelmäßig Teilnehmenden;

1035 Mohry, Herbert: Saubere Luft und sauberes Wasser künftig aus dem Kombinat Böhlen, in: Krummsdorf u. a. (Hrsg.), 1. Landeskultur-Tagung, S. 78–82, hier S. 80.

1036 SächsStA-F, 40068, Nr. 41, Niederschrift über die Beratung mit den WUM-Verantwortlichen vom 12.06.1970.

1037 Für das BKK Senftenberg war Hans Mehl in den 1960er- und 1970er-Jahren der WUM-Beauftragte. Im BKK Regis hatte in den 1970er-Jahren Dieter Lange diesen Posten inne. Vgl. BArch, DF 9/416, Niederschrift über die Beratung am 29.09.1969; Lange, Dieter: Erfahrungen aus der Arbeitsgruppe Wiederurbarmachung im VEB BKK Regis, in: Krummsdorf u. a. (Hrsg.), 1. Landeskultur-Tagung, S. 53–56; Steinhuber, Einhundert Jahre, S. 271.

1038 Kupfer/Sawall/Wiese, Senftenberger See, S. 67 f.

1039 Vgl. BLHA, Rep. 801 RdB Ctb, Nr. 5902, Landschaftstag Senftenberger See 1975.

1040 SächsStA-F, 40067, Nr. 95, Niederschrift über die 75. Tagung der Kommission für Wiederurbarmachung am 15.05.1969 in Leipzig; 40068, Nr. 1, Schreiben des Leiters der Bergbehörde Senftenberg, Zschieschang, an den Kombinatsdirektor des VEB Braunkohlenkombinat Glückauf, Bialecki, vom 27.11.1968.

1041 StUG, 036-77, Beratung über die Bezirkskommission vom 03.12.1963.

wenn überhaupt, nahmen sie als Spezialisten an einzelnen Sitzungen teil.[1042] An ihre Stelle traten die Außenstellen für Wiedernutzbarmachung des ILN und das WTI Regis als Leitstelle Wiederurbarmachung der VVB Leipzig.[1043] Mit Egon Brüning oder Konrad Werner fanden sich Personen wieder, die bereits in der ersten Phase zur Wiedernutzbarmachung geforscht hatten. Die wichtigste neue Institution, die in der Wiederurbarmachungskommissionen tätig wurde, waren die BfT. Diese waren 1964 aus den Entwurfsbüros für Gebiets-, Stadt- und Dorfplanung hervorgegangen, die ab 1963 an Sitzungen der Wiederurbarmachungskommissionen teilnahmen.[1044]

Die Ausführung der Wiedernutzbarmachung war in der zweiten Phase weniger abhängig von Handarbeit als in der ersten. Dies hatte vor allem zwei Ursachen: Erstens war eines der Resultate der Wiedernutzbarmachungsforschung der ersten Phase die funktionale Modifikation bestehender (Spezial-)Geräte. Zweitens wirkte sich die verbesserte wirtschaftliche Situation der DDR, auch diejenige anderer RGW-Mitgliedsstaaten, positiv aus – mehr Maschinen und anderes technisches Gerät konnten zur Verfügung gestellt werden. Nachweisen lassen sich Landmaschinen aus verschiedenen sozialistischen Ländern (Abb. 56). Dabei kamen auch neueste Versionen zum Einsatz wie der Bagger T 141 des VEB Weimar Werk oder der importierte MTS 50 Super Traktor aus der UdSSR, die beide erst ab Mitte der 1960er-Jahre gefertigt wurden (Abb. 57). Im Besonderen galt das für das wichtigste Gerät der Wiederurbarmachung, die Planierraupe. Mit der DET 250 und der T-100, die ab den 1960er-Jahren in der UdSSR in Serie produziert wurden, standen leistungsfähige Geräte zur Verfügung, die spätestens in den 1970er-Jahren in der DDR zum Einsatz kamen.[1045] Jedoch kam es immer wieder vor, dass Planierraupen

1042 So stellten beispielsweise Kurt Illner und Joachim Katzur das Koyne Verfahren vor. StUG, 036-074, Illner, Kurt/Katzur, Joachim: Das Koyne-Verfahren zur Wiedernutzbarmachung von Kippen des Braunkohlentagebaues (1966).

1043 AGG, Bestand A – Knabe, Wilhelm, Nr. 84, Bericht über die Dienstreise vom 24. bis 25.02.1955 verfasst von Wilhelm Knabe; BArch, DF 6/2075, 22. Beratung der Zentralen Kommission für Wiederurbarmachung vom 16.06.1966; SächsStA-F, 40067, Niederschrift über die 72. Tagung der Kommission für Wiederurbarmachung am 07.11.1968.

1044 Als Raumplanungsinstanzen der Bezirksplankommissionen sind sie von ihrem Aufgabenprofil mit den heutigen Regionalen Planungsgemeinschaften (Brandenburg, Sachsen-Anhalt) und den Regionalen Planungsverbänden (Sachsen) vergleichbar. BArch, DF 9/408, Niederschrift über die konstituierende Sitzung vom 18.10.1963; StUG, 036-77, Konstituierende Sitzung der Bezirkskommission für Wiederurbarmachung vom 01.10.1963.

1045 Die DET 250 war eine besonders leistungsfähige Maschine mit einem bis zu 300 PS starken Motor. Die T-100 zeichnete wiederum das hydraulisch verstellbare Planierschild aus, das besonders in der Verteilung des Kulturbodens Vorteile brachte. Vgl. BLHA, Rep. 803 BfT Ctb, Nr. 1280, Auslaufsbetriebsplan (Mai 1970); SächsStA-F, 40068, Nr. 9, Jahrestechnologie 1976 Wiederurbarmachung Bärwalde.

von der Wiederurbarmachung zur Gewinnungsseite abgezogen wurden.[1046] In diesen Fällen, die eine Mindererfüllung der Planziele nach sich zogen, forderte die Bergbehörde eine schnellstmögliche Erfüllung der Wiederurbarmachungsauflagen wie beispielsweise im Tagebau Trebendorfer Felder.[1047]

Abb. 56: Ungarischer D4K-B Radtraktor mit einer polnischen U 236 Anhängerdoppelscheibenegge beim Einarbeiten von Meliorationsmaterial im Bereich des Tagebaus Niemtsch, 1960er-Jahre

Abb. 57: Ein T 174-1 des VEB Weimarer Werk (rechts) und ein MTS-50 Super Traktor aus der UdSSR (links) bei Meliorationsarbeiten im Tagebau Niemtsch, 1960er-Jahre

1046 SächsStA-F, Nr. 1, Abnahme von wiederurbargemachten Flächen vom 20.12.1968.

1047 Ebd., Schreiben des Leiters der Bergbehörde Senftenberg, Wrzeciono, an das VEB Kombinat Glückauf Knappenrode vom 17.01.1969.

Ein weiteres, wichtiges umweltpolitisches Handlungsfeld der Bergbauunternehmen blieb die Verschmutzung der Gewässer durch ihre industriellen Abprodukte. Besonders die Pleiße blieb Stein des Anstoßes. Seit Anfang der 1960er-Jahre gab es Bestrebungen, dieses Problem einzuhegen, zumindest im Fall von Espenhain.[1048] Im Programm zur ökonomischen Entwicklung des Kreises Borna wurden Böhlen, Espenhain und Rositz als Hauptverursacher bezeichnet.[1049] Daher wurden für 10,5 Mio. M bis 24,9 Mio. M Kläranlagen geplant.[1050] Bis 1970 hatte sich allerdings am Zustand der Pleiße wenig geändert,[1051] auch wenn verschiedene Maßnahmen die industriellen Belastungen reduzierten.[1052] Eine biologische Reinigung stand nicht mehr zur Debatte, da die Schwelereien des BKK Espenhain und Rositz bis 1974 auslaufen sollten.[1053] Deshalb sollten die Kosten für die Anlage eingespart bzw. erst nach 1975 realisiert werden.[1054] In diesem Zusammenhang wurde die Forderung laut, ähnlich wie in der Lausitz den Bioklärschlamm und die phenolhaltigen Abwässer auf Kippenflächen zu verregnen.[1055]

In der Lausitz stellte weniger das Abwasser ein Problem dar, auch wenn für das Synthesewerk Schwarzheide, das braunkohlenbasierte Treibstoffe produzierte, ebenfalls eine neue Kläranlage notwendig wurde.[1056] Vielmehr bestimmte das Wachstum des Grundwasserentzugstrichters die Problemlage, dieser vergrößerte sich in dieser Phase auf 650 km^2 (Tab. 1).[1057] Dies hatte Auswirkungen auf die Wie-

1048 Die geplante Anlage für 8 Mio. M sollte zwischen 1964 und 1967 errichtet werden. Die handschriftlichen Unterstreichungen und das Hinzufügen von Fragezeichen in Bezug auf den Baubeginn stellten die Realisierung in Frage. Vgl. SächsStA-L, 20300 Wasserwirtschaftsdirektion Saale – Werra, Oberflussmeisterei Leipzig, Nr. 59, Volkswirtschaftliche Aufgabenstellung vom 07.02.1962.

1049 SächsStA-L, 20687, Nr. 311, Programm zur ökonomischen Entwicklung des Wirtschaftsgebietes Borna Altenburg (Mai 1965).

1050 Ebd., 20681, Nr. 6, Besprechung bei der VVB Halle am 12.10.1964 zu Fragen des Abwassernachholebedarf; Nr. 311, Programm zur ökonomischen Entwicklung des Wirtschaftsgebietes Borna Altenburg (Mai 1965).

1051 Walter, Horst: Landeskulturelle Aufgaben im Bezirk Leipzig, in: Krummsdorf u. a. (Hrsg.), 1. Landeskultur-Tagung, S. 10–21, hier S. 15.

1052 Däbritz, Christian: Nutzung und Schutz der Gewässer im VEB BKK Regis, in: Krummsdorf u. a. (Hrsg.), 1. Landeskultur-Tagung, S. 59–61, hier S. 60.

1053 Ebd., SächsStA-L, 20687, Nr. 853, Investitionskonzeption – Perspektivplan 1971–75 vom 04.08.1970.

1054 Vgl. SächsStA-L, 20687, Nr. 853, Investitionskonzeption – Perspektivplan 1971–75 vom 04.08.1970.

1055 Vgl. Jähnichen, Schutz, S. 58.

1056 SächsStA-L, 20681, Nr. 6, Besprechung bei der VVB Halle am 12.10.1964 zu Fragen des Abwassernachholebedarf.

1057 Nach einem kriegsbedingten Rückgang des Grundwasserentzugstrichters, der auch mit dem zeitgleichen Auslaufen einiger Tagebaue zusammenhing, erreichte um 1965 der Grundwasserentzug eine neue bis dato nicht bekannte Flächenwirkung. Vgl. BLHA, Rep. 803 BfT Ctb, Nr.

dernutzbarmachung, stellte es doch zumindest das Rekultivierungsergebnis in Frage, da durch den Grundwasserentzug Aufforstungen eingehen konnten und Landwirtschaft nicht betrieben werden konnte.

Eine Lösung für das Problem des Grundwasserentzuges stellte die Bewässerung von Flächen dar. Bereits in den 1950er-Jahren wurde überlegt, die rekultivierten Flächen zu bewässern, allerdings kam Flusswasser aufgrund der Verschmutzung und das Grubenwasser wegen hoher Eisenoxidanteile nicht in Frage.[1058] Als mögliche Quellen für die Bewässerung postulierte man daher die Tagebaurestlöcher, die, zumindest im Fall des Knappensees, südlich von Hoyerswerda, als Wasserreservoir dienen sollten.[1059] Allerdings blieb die Frage offen, wer die Bewässerung übernehmen sollte. Die Bergbautreibenden selbst konnten sich auf das Berggesetz berufen, um diese Forderungen zurückzuweisen.[1060] Die versuchsweise Anwendung von Bewässerungsanlagen lässt sich ab 1961 im Tagebau Plessa nachweisen, wo sie zur Gemüsebewässerung dienten.[1061] Bis Ende der 1970er-Jahre gehörte dann die Bewässerung zur Standardtechnologie, um dem Grundwasserentzug entgegenzuwirken. So wurde beim Neuaufschluss des Tagebaus Reichwalde gleichzeitig eine Bewässerung für 1000 ha landwirtschaftliche Flächen eingerichtet.[1062] Allerdings blieb dabei das ungelöste Dilemma bestehen, dass die zunehmende Auskohlung von Tagebauen ab Ende der 1960er-Jahre einen erhöhten Wasserbedarf zur Flutung der Restlöcher schuf, wodurch Konkurrenzen um das Wasser entstanden.[1063]

1290, Wasserdargebot im Bezirk Cottbus und seine Abhängigkeit von der bergbaulichen Entwicklung, verfasst von Preißel, vom 10.11.1969.

1058 BLHA, Rep. 250 Calau/Sfbg, Nr. 445, Stellungnahme der Abt. Wasserwirtschaft vom 31.01.1951; Möglichkeiten der Behebung der Bergbauschäden, verfasst durch Kreisrat Jost (1951).

1059 Rindt, Tagebaurestlöcher, S. 63.

1060 Der VEB Gaskombinat Schwarze Pumpe, zwischen Hoyerswerda und Spremberg gelegen, berief sich auf § 12 der Durchführungsverordnung zum Berggesetz, wonach die Bewässerung nicht Aufgabe der Wiederurbarmachung sei. Vgl. BArch, DF 9/409, Stellungnahme vom 02.03.1971.

1061 BLHA, Rep. 801 RdB Ctb, Nr. 29825, Rekultivierung der Brückenhochkippe des ehem. Tagebaues Plessa – Beregnungsanlage (April 1961).

1062 Das Wasser sollte dabei zum Teil aus der Neiße und zum anderen aus der Talsperre Quitzdorf stammen, die eigentlich als Brauchwasserspeicher für die Braunkohlenindustrie dienen sollte. Vgl. SächsStA-D, 13462 Staatlicher Forstwirtschaftsbetrieb Niesky, Nr. 90, Zustimmung zum Meliorationsvorhaben Klitten-Reichwalde vom 20.02.1978.

1063 Ebd., 11473, Nr. 13876, Wasserwirtschaftliche Rahmenkonzeption für die Bergbaufolgelandschaft (Februar 1977).

Die Ausdifferenzierung der Wiedernutzbarmachungsforschung bis 1975

Die Forschungen an der Humboldt-Universität zu Berlin

Die HU Berlin blieb auch nach der Flucht Wilhelm Knabes und über die dritte DDR-Hochschulreform hinaus die wichtigste universitäre Einrichtung der Wiedernutzbarmachungsforschung. Allerdings veränderten sich die Voraussetzungen grundlegend. Nachdem Georg Pniower unerwartet im März 1960 verstorben war, wurde der Lehrstuhl für Gartenkunst und Landschaftsgestaltung geteilt. Den Bereich der Gartenkunst übernahm ein Jahr später Reinhold Lingner, ohne an sein Forschungsprojekt „Landschaftsdiagnose“ und die Schäden des Braunkohlenbergbaus anzuknüpfen.[1064] Im Bereich der Landschaftsgestaltung folgte Kurt Illner, ein Schüler Pniowers, im September 1961.[1065] Zusammen mit Joachim Katzur führten er bis Mitte der 1970er-Jahre die Forschungen über Wiederurbarmachungsverfahren fort, die sie durch die Integration neuer Ergebnisse fortlaufend verbesserten.

Der 1917 im schlesischen Małkowice/Malkwitz geborene Illner hatte 1936 bis 1938 eine Ausbildung zum Landwirt in Schlesien absolviert, dem sich 1947 bis 1950 ein Landwirtschaftsstudium an der HU Berlin anschloss. In seiner 1953 veröffentlichten Dissertation beschäftigte er sich mit Windschutzpflanzungen, dem anderen Thema, dem sich sowohl Lingners „Landschaftsdiagnose“ als auch Pniowers Institut zugewandt hatten.[1066] Nachdem er bereits von 1957 bis 1961 als Arbeitsgruppenleiter im Institut beschäftigt war, übernahm er zum September 1961 die Professur für Landschaftspflege, die aus dem Bereich Landeskultur hervorging, und habilitierte sich 1963.[1067] Nach der dritten Hochschulreform der DDR 1969 übernahm er für ein Jahr die Stelle eines Abteilungsleiters im Forschungszentrum für Bodenfruchtbarkeit in Müncheberg, bevor er von 1971 bis zu seiner Emeritierung 1982 Professor für Meliorationswesen in der Sektion Pflanzenproduktion der HU Berlin wurde.[1068] Katzur, der 1937 in Weißwasser (Oberlausitz) geboren wurde, hatte nach einer Forstausbildung 1951 bis 1953 und seiner Studiumsvorbereitung an der

1064 Die Berufung erfolgte durch das Staatssekretariat für Forschung und Technik. Eine Auswahl durch eine universitäre Berufungskommission war in der zentralistischen DDR nicht üblich. HUB, UA, PA nach 1945, L 608, Hausmitteilung der Kaderabteilung vom 07.06.1961.

1065 Ebd., I 33, Personalbogen von Kurt Illner vom 24.02.1974.

1066 Obwohl Illners Promotion auf den 08. April 1954 datierte, erfolgte die Veröffentlichung bereits 1953. Illner, Kurt: Über den Einfluß von Windschutzpflanzungen auf den Unkrautwuchs, Berlin 1953.

1067 HUB, UA, PA nach 1945, I 33, Lebenslauf (1963).

1068 Ebd., Personalbogen von Kurt Illner vom 24.02.1974; Katzur/Böcker, Chronik, S. 170.

Arbeiter- und Bauern-Fakultät Görlitz 1953 bis 1956, von 1956 bis 1960 Forstwissenschaften in Tharandt studiert.[1069] Wie auch bei Knabe folgte dem Studium keine Übernahme in das Amt eines Revierförsters, sondern ein Promotionsstudium am Lehrstuhl für Landschaftspflege an der HU Berlin, das er 1965 bei Kurt Illner abschloss.[1070] Hierbei kam er erstmals mit Fragen der Wiedernutzbarmachung in Berührung; genaugenommen schloss er die Forschungen zum Koyne Verfahren ab. Nach der dritten Hochschulreform leitete er den Bereich Freiflächen- und Landschaftsgestaltung der Sektion Pflanzenproduktion der HU Berlin.[1071] Bis 1989 blieb er an der Universität, u. a. als außerordentlicher Professor.[1072] Danach übernahm er die Außenstelle für Wiederurbarmachung in Finsterwalde, die er in der Nachwendezeit zum Forschungsinstitut für Bergbaufolgelandschaften e. V. weiterentwickelte.

Nachdem Illner und Katzur das Koyne Verfahren bis zu seiner Anwendbarkeit weiterentwickelt hatten, versuchten sie weitere Forschungsergebnisse in die Praxis einzuführen. Damit ordnet sich ihre Forschung in die Aufbruchstimmung nach dem Bau der Berliner Mauer ein, die gelegentlich als „zweite Gründung der DDR" bezeichnet wird.[1073] Hauptanliegen der Forschungen war die „Maschinisierung" des Wiederurbarmachungsprozesses zwecks Produktivitätssteigerung.[1074] So sollte beispielsweise ein Schleudergerät das Meliorationsmittel gleichmäßig in den

1069 UATUD, R VIII Prorektorat für Studienangelegenheiten, Nr. 7790 Aufnahmeantrag von Hans-Joachim Katzur vom 29.02.1956, Prüfungszeugnis von Hans-Joachim Katzur vom 10.01.1961.

1070 Katzur, Joachim: Untersuchungen über die Rekultivierung von schwefelhaltigen Tertiärkippen unter der Verwendung phenolhaltiger Kokereiabwässer, Berlin 1965.

1071 BArch, DF 9/416, Protokoll der wissenschaftlich-koordinierenden Beratung vom 05.-08. Juni 1970.

1072 Haubold-Rosar, Michael: Prof. Dr. Hans Joachim Katzur, 10.04.2014. Unter: https://www.forstpraxis.de/prof-hans-joachim-katzur/ (Eingesehen: 10.02.2021).

1073 Zwar gilt besonders die Zeit bis zum 11. Plenum des Zentralkomitees der SED, dem sogenannten Kahlschlagplenum, als liberale Periode in der DDR-Geschichte, die Idee einer zweiten Gründung geht aber über diese kurze Phase hinaus. Die Logik hinter dieser Aussage besagt, dass die Menschen durch den Mauerbau keine (unkomplizierte und weitestgehend gefahrenfreie) Möglichkeit zur Abwanderung mehr hatten und sich nun mit der DDR arrangieren mussten. Außerdem sei hier nochmals an die Auswirkungen des NÖSPL und ÖSS erinnert, die einen Zugewinn der Arbeitsproduktivität brachten. Vgl. Müller, Werner: Die DDR und der Bau der Berliner Mauer, in: Aus Politik und Zeitgeschichte 46, 1986, S. 3–18; Pörtner, Rainer: „1961 war die zweite Gründung der DDR." Interview mit dem Historiker Edgar Wolfrum, in: Stuttgarter Zeitung, 07.08.2011. Unter: https://www.stuttgarter-zeitung.de/inhalt.interview-mit-historiker-edgar-wolfrum-1961-war-die-zweite-gruendung-der-ddr.ae4b1518-d3a2-4cfb-9248-268cd0fd3ea0.html (Eingesehen am 24.01.2023); Steiner, Plan, S. 129–159.

1074 Vgl. BArch, DF 9/395, Aufgaben der Leitinstitution für Wiedernutzbarmachung (1965); Ebd., DK 107/31238, Abschlußbericht zur Forschungsleistung Wiederurbarmachung von Tertiärkippen, verfasst von Kurt Illner und Joachim Katzur (1975); Katzur/Böcker, Chronik, S. 305 ff.

durch den Pflug umgebrochenen Boden einbringen (Abb. 58).[1075] Anschließend sollte ein speziell für die Bedürfnisse des Bergbaus entwickelter Grubber quer zur Pflugrichtung den Boden nochmals zweimal bearbeiten (Abb. 59).[1076] Im Rahmen der Forschung wurden auf der Absetzerkippe 987 des Tagebaus Kleinleipisch die Geräte getestet und ein Einsatzschema erarbeitet, um die Brückenkippe einer landwirtschaftlichen Nutzung zu zuführen.[1077] Dabei wurde untersucht, inwiefern eine Erhöhung der Meliorationstiefe von 60 cm auf 100 cm einen positiven Effekt mit sich bringt.[1078] Deutlich spiegeln solche technologischen Konzepte, dass es nicht mehr um eine standortangepasste Wiederurbarmachung ging, sondern allgemeine Verfahren zur Herstellung von LN in den Fokus gerückt waren. Niederschlag fand dies auch in der Erhöhung der Meliorationstiefe – die Tiefe, in der das Meliorationsmaterial die Säure der tertiären Böden ausgleicht – auf bis zu 100 cm.[1079]

Abb. 58: Schleudergerät bei Versuchen zum Einsatz des Kleinleipischer Verfahrens, 1975

1075 Katzur/Böcker, Chronik, S. 306.

1076 Ebd., S. 307.

1077 Ebd., S. 171.

1078 Interessanterweise verwiesen Katzur und Illner in ihrem Forschungsbericht darauf, dass die kurze Versuchsdauer gar keine Aussage über die Vorteile eines höheren Meliorationshorizontes erlaubt. In populären Veröffentlichungen wie bei Krummsdorf und Grümmer 1981 wurde die Bodenbearbeitung von 100 cm als das zu erreichende Ziel benannt. Vgl. BArch, DK 107/31238, Abschlußbericht zur Forschungsleistung Wiederurbarmachung von Tertiärkippen, verfasst von Kurt Illner und Joachim Katzur (1975); Krummsdorf/Grümmer, Reißbrett, S. 90.

1079 Ein Meliorationshorizont von 100 cm bot angeblich eine Ertragssteigerung von 33 %. Vgl. BLHA, Rep. 803 BfT Ctb, Nr. 1206, Die Bedeutung der Meliorationstiefe (1980).

Abb. 59: Spezialgrubber entwickelt für den Einsatz im Kleinleipischer Verfahren durch das Forschungsteam um Illner und Katzur, 1974

Die Entwicklung von spezialisierten oder angepassten Geräten ist ein zentrales, technologisches Charakteristikum der zweiten Phase. War in der ersten Phase nur der Schälicke-Pflug entwickelt worden, konzipierten die Forschungsinstitutionen nun eine ganze Reihe spezieller Maschinen oder passten sie für die Bedürfnisse der Wiedernutzbarmachung an. Die Forschungsgruppe der HU hatte bereits mit dem Schälicke-Pflug in den 1950er-Jahren die Meliorationstiefe von 30 auf 60 cm erhöht. Jetzt konnte ein zusammen mit dem VEB BKW Lauchhammer entwickelter Pflug einen Meliorationshorizont von bis zu 100 cm erreichen (Abb. 60 und 61).[1080] Ob diese Tiefe in der Wiederurbarmachungspraxis immer erreicht wurde, erscheint fraglich.[1081]

1080 BArch, DK 107/31183, Erarbeitung eines Verfahrens und Entwicklung der entsprechenden Technologie für die Vertiefung des Meliorationshorizontes auf Tertiärkippen über 100 cm (1974), S. 78 und 80.

1081 PA Baumert, Zeitzeugengespräch mit Michael Stärke und Uwe Steinhuber in der LMBV-Zentrale in Senftenberg am 04.11.2022, 00:07:41-00:14:15; Zeitzeugengespräch mit Elke Löwe, Hans-Jürgen Schmager und Anke Schwarzenberg in Hörlitz am 09.12.2022, 00:11:17-00:12:42; Zeitzeugengespräch mit Karl Preußner in Cottbus am 15.12.2022, 00:40:15-00:42:35.

Abb. 60 und 61: Der von der Forschungsgruppe der HU Berlin um Illner und Katzur in Kooperation mit dem BKW Lauchhammer entwickelte Tiefkulturpflug für eine Meliorationstiefe von 100 cm. Oben der Größenvergleich zu einem Menschen und unten sein Einsatz mit einer T-100 Planierraupe im Tagebau Kleinleipisch, 1974

Die zweite Phase der Wiedernutzbarmachungsforschung kennzeichnete veränderte Zielsetzungen. Stand in der ersten Phase die prinzipielle Entwicklung eines praktisch anwendbaren Verfahrens im Vordergrund, so nun die technische Integration der Wiederurbarmachung in den mechanisierten Tagebaubetrieb. Die Forschung reagierte damit bedarfsgerecht und praxisnah auf die Bedürfnisse des Bergbaus. Die institutionalisierte Forschungskooperation zeigt, dass beim Bergbau durchaus Interesse an einer verbesserten Wiederurbarmachung bestand. Die verfolgte, einseitige Fokussierung auf landwirtschaftliche Nachnutzungen sah der Bergbau zwar kritisch, sie entsprach aber den staatlichen Vorgaben zur Flächennachnutzung.[1082] Die Forschungsarbeit zur Entwicklung des, besonders für die landwirtschaftliche Wiedernutzbarmachung tauglichen Kleinleipischer Verfahrens verblieb bei der HU Berlin, Auftraggeber und gleichzeitiger Kooperationspartner war jetzt allerdings das Hallenser ILN, speziell die Außenstelle Wiederurbarmachung Dölzig, auch wenn es auf Flächen eines Lausitzer Tagebaus entwickelt wurde.[1083] Dölzig und sein Leiter Werner hatten vor allem Expertise im Bereich der Wiederherstellung landwirtschaftlicher Flächen. Das Kleinleipischer Verfahren stellte den Höhepunkt in der Entwicklung von Wiederurbarmachungsverfahren dar.[1084] Ebenso wie für das Böhlener und das Domsdorfer Verfahren wurde auch hier eine TGL vergeben und die Integration in den Bergbauprozess damit begünstigt.[1085] Aufgrund der ökonomischen Krise, die ab der zweiten Hälfte der 1970er-Jahren die DDR-Umweltpolitik bestimmte,[1086] erfolgte die Anwendung des Kleinleipischer Verfahrens in geringerem Umfang als geplant, besonders in den Tagebaubereichen Kleinleipisch, Koyne und Spreetal.[1087] Allerdings wurde die beschriebene mechanisierte Umsetzung auch für die anderen Verfahren übernommen.[1088]

Die Forschungen an der HU beschränkten sich nicht auf die Entwicklung und Anwendung von Meliorationsverfahren. So spielte zum Beispiel auch die Frage der Verbesserung der selektiven Massengewinnung bei der Gewinnung des zwei-

1082 Ebd., Zeitzeugengespräch mit Elke Löwe, Hans-Jürgen Schmager und Anke Schwarzenberg in Hörlitz am 09.12.2022, 00:22:59-00:27:09.

1083 BArch, DK 107/31238, Abschlußbericht zur Forschungsleistung Wiederurbarmachung von Tertiärkippen, verfasst von Kurt Illner und Joachim Katzur (1975).

1084 Krummsdorf/Grümmer, Reißbrett, S. 88.

1085 StUG, 036-103, Aufgabenstellung für die Überarbeitung des Fachbereichsstandards 26157/02 vom 20.01.1980.

1086 Huff, Natur, S. 196; Möller, Herrschaft, S. 221–237.

1087 Katzur/Böcker, Chronik, S. 200.

1088 Krummsdorf/Grümmer, Reißbrett, S. 88–91.

ten Flözes in bereits wiederverfüllten Tagebauen eine Rolle.[1089] Dies geschah, um den Bergbauunternehmen entgegentreten zu können, die die selektive Gewinnung in diesen Bereichen ablehnten, da es sich um einen verkippten pleistozänen Mischboden handelte. Die Ergebnisse dieser Forschungen sind nicht überliefert. Auch die Übertragung der Ergebnisse der Wiederurbarmachungsforschung auf andere Bereiche spielte eine Rolle, so wandte Max Kroll (geb. 1904), Wissenschaftlicher Mitarbeiter am Institut für Landschaftspflege, diese für den Autobahnbau an.[1090]

Die wichtigste forschungsstrategische Neuausrichtung betraf die Planung und Schaffung von Erholungsgebieten in der Bergbaufolgelandschaft, auch wenn die HU Berlin hier nicht besonders hervorstach. In den Bezirken des Braunkohlenbergbaus fehlten traditionell Naherholungsgebiete,[1091] ein Mangel, der schon in der Weimarer Republik sowohl in der Lausitz als auch in Mitteldeutschland beklagt worden war.[1092] Mit dem Ausbau der Braunkohlenförderung in der DDR verstärkte sich dieses Problem zunehmend,[1093] sodass das Thema forschungsrelevant wurde, zumal die DDR-Verfassung von 1968 ein Recht auf Freizeit und Erholung in Artikel 34 festschrieb.[1094] Bereits Reinhold Lingner hatte Naherholungsgebiete in den Bergbaufolgelandschaften gefordert.[1095] Daher wurde auch an der HU Berlin zu dem Thema geforscht. Der Student Hans-Joachim Neumann erarbeitete die Planung für eine Zwischennutzung als Naherholungsgebiet für ein Gebiet des Tage-

---

1089 Hierzu wurden Flächen des Tagebaus Meuro besichtigt und Fragen mit ihrem Umgang thematisiert. Evtl. spielte die geplante Zwischennutzung als Naherholungsgebiet hierbei eine Rolle. BArch, DK 107/18792, Einführung in die Exkursion am 01.09.1978.

1090 Er zitierte auch die 1968 erschiene Dissertation von Harald Linke, der zusammen mit Werner Bauch ein Verfahren zur Böschungsbegrünung entwickelt hatte. Vgl. StUG, 036-129, Gutachten über die Möglichkeiten einer mutterbodenlosen Begrünung von Autobahnböschungen von Max Kroll vom 29.03.1968.

1091 BArch, DK 107/10990, Niveauanalytischer Vergleich (1977).

1092 Besonders im Mitteldeutschen Revier bestanden bereits seit dem Kaiserreich Spannungen zwischen räumlicher Ausdehnung der Tagebaue und dem Verlust von Erholungsgebieten. Besonders die Diskussion um den Harthwald, ein beliebtes Leipziger Naherholungsgebiet, das in den 1920er-Jahren dem Tagebau Böhlen weichen sollte, erzürnte die Gemüter. Hinzu kam, dass durch die Belastung der Gewässer durch Industrieabwässer besonders die Pleiße in Leipzig und die Schwarze Elster in Senftenberg als Standorte für Flussbäder ausfielen. BLHA, Rep. 41 Amtsbezirk Brieske, Kr. Calau, Nr. 70, Schreiben der Stadt Senftenberg an die Deichdirektion Liebenwerda vom 07.08.1922; Deutsch/Pohl, Umweltgeschichte, S. 75–85; Kretschmer, Braunkohle und Umwelt, S. 166 ff.

1093 Meyer, Senftenberger See, S. 134; Schwarzer, Mondlandschaften, S. 65.

1094 Verfassung der Deutschen Demokratischen Republik vom 08. April 1968. Unter: https://www.verfassungen.de/ddr/verf68-i.htm (Eingesehen: 24.05.2023).

1095 Lingner, Landschaftsgestaltung, S. 75.

baus Meuro unmittelbar nördlich von Senftenberg.[1096] Betreuer dieser Arbeit war Otto Rindt, auf dessen Rolle bei der Schaffung von Erholungsgebieten noch ausführlich eingegangen wird.

Forschungsperspektiven aus Mitteldeutschland

Im Mitteldeutschen Revier befand sich die Wiedernutzbarmachungsforschung ebenfalls in einer Transformation. Das Institut für Landschaftsgestaltung der KMU Leipzig verlor nach der Flucht von Gerhard Darmer an Bedeutung. Allerdings übernahm mit Albrecht Krummsdorf (Abb. 62) eine für die weitere wissenschaftliche Bearbeitung des Themas wichtige Person als Oberassistent die Leitung des Lehrstuhls, die er von Anfang Dezember 1960 bis zur Fusion mit dem Lehrstuhl für Landwirtschaftliches Bauwesen, Dorfbau und Landschaftsgestaltung im Dezember 1963 bzw. August 1964 innehatte.[1097] Ursprünglich hatte der Fakultätsrat eine Vereinigung mit dem Institut für Meliorationswesen von Joachim Seidemann im März 1962 beschlossen, die aufgrund von Seidemanns, aus politischen Gründen erfolgter Emeritierung entfiel. Das fusionierte Institut für Landwirtschaftliches Bauwesen, Dorfbau und Landschaftsgestaltung wurde bereits 1968 im Zuge der dritten Hochschulreform abgewickelt.[1098] Schlussendlich wurde das Institut der Ingenieurschule Leipzig angegliedert. Diesen Übergang sollte aber Krummsdorf nicht mehr erleben. 1966 wurde er, wie er selbst schrieb, „auf Bewährung“ in die Produktion eines Braunkohlenkombinats versetzt.[1099] Die ihm vorgeworfene Verfehlung bestand darin, seine Habilitationsschrift auf Kosten des Institutes gebunden haben zu lassen.[1100] Da die KMU das Geld nicht zurückforderte, scheint der ganze Vorgang konstruiert. Die Vorwürfe eines Mitarbeiters Krummsdorfs zielten

1096 StUG, 036-096, Erholungsgebiet „Waldparkgelände Senftenberg“ vom 14.03.1962.

1097 Während Krummsdorf vom Dezember 1963 spricht, geht aus den Akten eine Übernahme zum 31. August 1964 hervor. Vermutlich wurde die Eingliederung im Dezember 1963 beschlossen und bis zum August des folgenden Jahres ausgeführt. Vgl. Krummsdorf, Rekultivierungsforschung, S. 261; UAL, Innenrevision, IR 27, Schreiben des Institutsdirektors Manfred Berger an den Justitiar der KMU Leipzig, Träger, vom 28.05.1965; PA 3366, Lebenslauf vom 27.06.1962 und Kurzbiographie vom 17.11.1975.

1098 Uppenbrink, Martin/Gelbrich, Helmut: Von der Zukunft der Landschaftsplanung, in: Natur und Landschaft 11, 1996, S. 465–468, hier S. 465.

1099 Krummsdorf, Rekultivierungsforschung, S. 262.

1100 Von den Kosten in Höhe von 565,55 M hätte Krummsdorf 414 M für die Bindung übernehmen müssen. Die Höhe der Summe und das Fehlen von Regressansprüchen spricht für die Banalität dieser Vorwürfe. UAL, Innenrevision, IR 27, Aktennotiz vom 11.10.1965.

auch auf die Beschäftigung von Gerhard Scheerer,[1101] dessen Qualifikation abgestritten und die Höhe seiner Vergütung kritisiert wurde. Ebenso wurde Krummsdorf unterstellt „unwahrhaftig", in seinen Darstellungen „unrichtig" und nur durch „rein persönlichen Nutzen" motiviert zu sein. Diese typischen Anschuldigungen von Bereicherung und fehlender Aufrichtigkeit legen nahe, den Vorgang als eine Intrige gegen Krummsdorf aufzufassen. Als deren Initiator kommt vor allem der Direktor des Instituts für Landwirtschaftliches Bauwesen, Dorfbau und Landschaftsgestaltung, Manfred Berger (1921–2009), in Frage, der auch in den Schriftwechsel involviert war und Krummsdorf als Lügner diffamierte.[1102] Berger, der im selben Jahr, 1966, auf die Professur berufen wurde, dürfte möglicherweise in Krummsdorf einen Konkurrenten gesehen haben, zumal dieser bereits habilitiert war.

Abb. 62: Albrecht Krummsdorf als geschäftsführender Oberassistent des Institutes für Landschaftsgestaltung an der KMU Leipzig, aufgenommen für das Kolloquium „Landeskulturelle Planung und meliorative Landschaftsgestaltung", 1962

1101 In dem Schreiben fehlt der Briefkopf. Der Mitarbeiter hatte von 1961 bis 1965 am Institut gewirkt und zum Zeitpunkt der Abfassung eine neue Stelle in Groß-Lüsewitz bei Rostock übernommen. Vermutlich war er hier am Institut für Pflanzenzüchtung tätig. Die Darstellungen im Kapitel zu den Forschungen an der KMU Leipzig zeigen, dass dies aus der Luft gegriffen war. Vgl. ebd., Ohne Titel vom 16.07.1965 fol. 41.

1102 Ebd., Schreiben des Institutsdirektors Manfred Berger an den Justitiar der KMU Leipzig, Träger, vom 28.05.1965.

Krummsdorfs Delegierung in die Braunkohlenindustrie sollte ein Glücksfall für die Wiedernutzbarmachungsforschung werden. Als Wissenschaftlicher Mitarbeiter und stellvertretender Leiter der Leitstelle für Wiederurbarmachung des Ministeriums für Grundstoffindustrie, angesiedelt im WTI Regis, führte er alte Fragestellungen fort und nahm Leerstellen, besonders im Bereich der technischen Integration der Forschungsergebnisse in den Blick.[1103] Zusammen mit dem Biologen Gerhard Grümmer (1926–1995), den er erst in den 1970er-Jahren an der Wilhelm-Pieck-Universität (WPU) Rostock kennenlernte, veröffentlichte er 1981 „Landschaften vom Reißbrett“, das wohl bekannteste populärwissenschaftliche Werk zur Wiedernutzbarmachung in der DDR.[1104]

Krummsdorf, der aus Leipzig stammte, hatte nach Kriegsdienst und Kriegsgefangenschaft 1945 bis 1948 eine landwirtschaftliche Lehre absolviert, dem sich eine einjährige Zeit als Neulehrer am Rudolf Hildebrandt-Gymnasium in Markkleeberg anschloss.[1105] Zum Wintersemester 1949/50 nahm er ein Studium der Landwirtschaftswissenschaften an der KMU Leipzig auf, das er 1952 mit der Note „gut“ abschloss.[1106] Dem schloss sich ein Studium der Landschaftsgestaltung von 1952 bis 1954 an, das er als Diplom-Gärtner ebenfalls mit „gut“ abschloss.[1107] Gleichzeitig übernahm er 1952 die Stelle des Wissenschaftlichen Assistenten bei Gerhard Darmer.[1108] Zwischen 1954 und 1958 erarbeitete er seine Promotion. In dieser untersuchte Krummsdorf eine „Musterlandschaft“ rund um das Dorf Seegeritz im Nordosten von Leipzig, wobei er besonders die Bedeutung der Flurschutzpflanzungen fokussierte, die bereits in der „Landschaftsdiagnose“ eine wichtige Rolle gespielt hatten.[1109] Während seiner Leipziger Zeit war er zwar durch seinen Vorge-

1103 Ebd., PA 3366, Schreiben des VEB Braunkohlenkombinat Regis an den Wissenschaftlichen Rat der KMU Leipzig vom 26.11.1975.

1104 Mit Joachim Katzur, Konrad Werner, Hans Mehl und Manfred Seela waren weitere Wiederurbarmachungsexperten an der Entstehung durch Ratschläge beteiligt. Grümmers Expertise bestand nicht in der Wiederurbarmachung. Als Biologe hatte er sich mit anderen Problematiken wie Herbiziden beschäftigt. Da er aber erfahrener Autor populärwissenschaftlicher Bücher und Kollege von Krummsdorf an der Universität Rostock war, kam es vermutlich zu der Zusammenarbeit. Krummsdorf/Grümmer, Reißbrett.

1105 Bei seiner Tätigkeit am Rudolf-Hildebrand-Gymnasium in Markleeberg lernte er Egon Brüning kennen, der bis an sein Lebensende immer wieder seinen Weg kreuzte. Vgl. UAL, StuA 67682, Dokument Personalbogen vom 07.07.1950.

1106 Ebd., Prüf A 20244, Prüfungszeugnis vom 09.06.1952.

1107 Ebd., Diplom vom 06.07.1954.

1108 Ebd., PA 3366, Lebenslauf vom 27.06.1962.

1109 Obwohl ihm die Forschungsarbeit Lingners bekannt war, lässt sich keine Einsichtnahme der Akten durch Krummsdorf nachweisen. Vgl. IRS Erkner, C 12, K 17, Nachweisbuch über die Benutzung des Materials der Landschaftsdiagnose; Krummsdorf, Albrecht: Landschaftsuntersuchung Seegeritz. Ein Beitr. zur Methodik d. speziellen Landschaftsdiagnose f. standortgerechte Dorf- u. Landschaftsentwicklung, Leipzig 1958.

setzten Darmer und seine Kollegen Brüning, Werner und Scheerer mit der Wiedernutzbarmachungsforschung konfrontiert, beschäftigte sich selbst wissenschaftlich aber nicht mit dem Thema. Durch Lehraufträge an der HU Berlin und der Hochschule für Landwirtschaft Bernburg lernte er zudem viele andere Forschungsprojekte zur Wiedernutzbarmachung kennen.[1110]

Nach seiner Zeit in der Braunkohlenindustrie war Krummsdorf von 1976 bis zu seiner Emeritierung 1991 Professor für Landeskultur und Umweltschutz an der WPU Rostock.[1111] Das Thema der Rekultivierungsforschung beschäftigte ihn dabei über den Ruhestand hinaus, wie seine Beiträge in dem mehrbändigen Werk „Umweltschutz in der DDR“ und die Herausgeberschaft des Buches „Ökonologie in Landschaftsgestaltung, Tagebau-Rekultivierung und Landeskultur/Umweltschutz“ anlässlich seines 80. Geburtstags zeigen. Krummsdorf war von 1946 bis 1950 CDU-Mitglied und trat 1968 in die SED ein.[1112] Von 1974 bis mindestens 1987 trug er als Inoffizieller Mitarbeiter (IM) unter dem Decknamen „Barbara“ dem MfS Informationen zu.[1113] Hauptgrund für seine Anwerbung waren seine umfangreichen Westkontakte, weshalb er vor seiner Anwerbung 1973/74 in einem Operativen Vorgang überwacht wurde.[1114] Das MfS betonte seine fachlichen Fähigkeiten und seine guten Beziehungen zu den Bergbaubetrieben der DDR, während gleichzeitig sein Geltungsbedürfnis kritisiert wurde.[1115] Für Krummsdorf resultierte aus dieser Tätigkeit die Möglichkeit, in das westliche Ausland zu reisen und an Konferenzen teilzunehmen.[1116] Die Stellung als Reisekader verlor er allerdings 1985 aus unbekannten Gründen.[1117]

1110 Besonders der Rektor der Landwirtschaftlichen Hochschule, Fritz Oberdorf, unterstützte Krummsdorf und überzeugte ihn, einen Lehrbrief für Landschaftsgestaltung zu verfassen. Zusätzlich bestanden Kontakte zu Wilhelm Simon, der nach seiner Mitarbeit am Koyne Verfahren von Müncheberg nach Bernburg gewechselt war. An der HU Berlin bestanden aufgrund der Parallelen von Krummsdorfs Projekt in Seegeritz besonders Kontakt zu den Kollegen, die Pniowers Analyse im Huy-Hakel-Gebiet ausgeführt hatten. Dabei handelte es sich neben Illner um den Oberassistenten Gustav Heinrichsdorff (geb. 1898) und den Forstmeister Max Kroll. Vgl. Fibich, Huy-Hakel-Gebiet, S. 30–40; Krummsdorf, Ökonologie, S. 9; Schnurrbusch, Wirken, S. 25.

1111 Krummsdorf, Ökonologie, S. 16 f.

1112 Vgl. BArch, Ministerium für Staatssicherheit (MfS), Bezirksverwaltung (BV) Rostock, AIM152/91, Bd. 1, Vorschlag zur Werbung eines IMS vom 30.10.1974.

1113 Krummsdorf wurde noch während seiner Zeit beim BKK Regis angeworben. Ab 1984 war er der Bezirksverwaltung (BV) Rostock des MfS zugeordnet. Das letzte Dokument in seiner Akte datiert auf den Juli 1987. Vgl. ebd., Nachtrag zur Verpflichtung vom 02.11.1974, Quittung vom 10.07.1987.

1114 Ebd., Beurteilung vom 26.08.1975.

1115 Ebd., Vorschlag zur Übernahme des IMS „Barbara“ vom 27.07.1984.

1116 Ebd., Entscheidungsvorschlag zur Wiederbetätigung als NSW-Reisekader der WPU Rostock vom 28.08.1984.

1117 Ebd., Herauslösung aus dem NSA-Reisekaderstamm der WPU Rostock vom 25.01.1985.

Krummsdorf Wechsel in den VEB Braunkohlenkombinat Regis, das als eines der größten Verursacher von Umweltschäden der Braunkohlenindustrie galt, bedeutete eine Aufwertung der Institution in Bezug auf die Wiedernutzbarmachung.[1118] Hier war er beim WTI der Kohleindustrie tätig, das die Aufgabe hatte, technische Innovationen für die Industrie zu entwickeln und in die Praxis einzuführen. Krummsdorfs Aufgabe in der Leitstelle für Wiederurbarmachung war die Entwicklung und Einführung neuer technischer Geräte in diesem Bereich. Das WTI Regis unterschied sich strukturell von der Arbeitsgruppe Wiederurbarmachung des ILN mit seinen Außenstellen in Dölzig und Finsterwalde, da es selbständig Forschungsschwerpunkte benennen konnte und nicht nur als Schnittstelle zwischen Theorie und Praxis fungierte. Es handelte sich beim WTI um einen Teil der „anwendungsorientierten Industrieforschung" der DDR, die bei den Kombinaten angesiedelt war.[1119] Dies drückte sich auch in den Forschungsvorhaben aus. Zum einen konzentrierte er sich auf die Entwicklung von Maschinen wie dem Regiser Bodenfräsgerät (RBFG) und der Zweiwegearbeitsmaschine (ZWAM) und deren Integration in den Bergbauprozess,[1120] zum anderen wandte er sich bisher unbeachteten Problemen der Melioration zu wie der Wiederurbarmachung von Aschebergen.[1121] Selbst mit den Problemen des Rauschadens durch Staub, Flugasche und Schwefeldioxid setzte sich Krummsdorf auseinander, wenngleich er keine maßgeblichen neuen Impulse setzte.[1122]

1118 Regis war mit dem ebenfalls zum Kombinat gehörenden Rositz einer der ersten großindustriellen Umweltverschmutzer der Braunkohlenindustrie ab dem Ersten Weltkrieg. Hinsichtlich der Wiederurbarmachung war Regis kein Musterbetrieb. 1948 gehörte Regis zu einem von drei Großtagebauen im Bornaer Revier der keine separate Gewinnung von Kulturboden betrieb. Vgl. Deutsch/Pohl, Umweltgeschichte, S. 41; Kretschmer, Kerstin: Struktur- und Umweltprobleme des Leipziger Südraumes in der ersten Hälfte dieses Jahrhunderts, in: Sächsische Heimatblätter 5, 1997, S. 283–288, hier S. 285 f.

1119 Brunner, Detlev/Heydemann, Günther: Die Einheit und die Folgen. Eine Geschichte Deutschlands seit 1990, Bonn 2021 (= Bundeszentrale für politische Bildung: Schriftenreihe, Bd. 10811), S. 217.

1120 Seela, Manfred/Lindner, Barbara: Kooperative Rekultivierungsarbeit im Revier Borna-Altenburg, in: Krummsdorf (Hrsg.), Ökonologie, S. 119–123, hier S. 120.

1121 Aschehalden hatten eine ähnliche Problemlage wie die Halden des Steinkohlenbergbaus im Ruhrgebiet oder in den Sächsischen Revieren. Zum einen bestand eine hohe Staubbelastung, zum anderen erhitzten sich die schwarzen Halden im Sommer, was unmittelbar zur Selbstentzündung führte. Krummsdorf/Grümmer, Reißbrett, S. 120–125.

1122 Krummsdorfs Ideen sind hierbei stark von seinen Erfahrungen aus der Landschaftsuntersuchung Seegeritz geprägt, da er der Staub- und Flugaschebelastung durch Windschutzstreifen beikommen wollte; durchaus eine eigene Forschungsleistung, die den Gedanken von rauchfesten Baumsorten mit dem Gedanken des Windschutzes verband. Ansonsten empfahl er den Anbau rauchharter Baumsorten und meinte, dass aufgrund der gewählten Baumarten das Problem im Bornaer Revier nicht bestünde. Technische Lösungen wie höhere Schornsteine bzw. Entstau-

Besonders die Entwicklung von Spezialmaschinen, die die Integration des Wiederurbarmachungsprozesses in den mechanisierten Tagebaubetrieb erlaubte, war von eminenter Bedeutung für die DDR. Durch die Entwicklung von zwei Spezialmaschinen hatte Krummsdorf hieran einen großen Anteil – das RBFG und die ZWAM 90. Das RBFG sollte eine bessere Melioration erlauben (Abb. 63). Das Problem beim Pflügen bestand darin, dass das Meliorationsmaterial nicht gleichmäßig in den Boden eingebracht werden konnte. Daher war eine Fräse sinnvoll, die den Boden vollständig durchmischte. Gleichzeitig war die Tiefe der Bodenbearbeitung mit den vorhandenen Fräsen unzureichend.[1123] Sowohl Knabe als auch Brüning hatten bereits entsprechende Geräte eingesetzt, die den Bedürfnissen des Bergbaus aber nicht genügten und häufig aus westlicher Produktion stammten. Durch seine Bekanntschaft mit Brüning, der bereits 1954 größere und leistungsfähigere Bodenfräsen gefordert hatte,[1124] war Krummsdorf der Bedarf bekannt. Der genaue Zeitpunkt des Entwicklungsbeginnes lässt sich nicht feststellen. Nach Krummsdorfs Selbstdarstellung wurde sie 1972 bis 1975 in Kooperation mit den BKK Borna und Espenhain entwickelt (Abb. 64 und 65).[1125] Mit dem neuen Gerät konnten Frästiefen von bis zu 60 cm erreicht werden, ein deutlicher Fortschritt im Vergleich zu 25 cm mit den bisher eingesetzten.[1126] Weiterhin betrug die Arbeitsbreite des RBFG 230 cm, während bei den vorher eingesetzten Fräsen maximal zwischen 65 bis 90 cm in einem Arbeitsgang bearbeitet werden konnten. Die Leistung der mit 204 PS angetriebenen Bodenfräse lag bei 1380 m^2/h.[1127] Die Entwicklung erfolgte dabei durch ein „Neuerer-Kollektiv" aus den drei beteiligten BKK.[1128]

bungs- und Entschwefelungsanlagen diskutierte er nicht. Gleichzeitig waren ihm Forschungsergebnisse aus der ČSSR bekannt. Krummsdorf, Albrecht: Biotechnische Maßnahmen in Rauschadengebieten, in: ders. u. a. (Hrsg.), 1. Landeskultur-Tagung, S. 67–70.

1123 Schnurrbusch, Wirken, S. 28.

1124 UAL, Bestand Rektorat, R 142, Bd. 1, Einzelvereinbarung 1954.

1125 SAPMO, DY 30 (Protokolle des Sekretariates des ZK der SED)/38758, Aktennotiz über eine Beratung in der Kooperationsgemeinschaft „Grundmelioration der VdgB Borna" (1976).

1126 Brüning erreichte bei seinen Versuchen für das Böhlener Verfahren 25 cm, so dass eine Erhöhung um mehr als 100 % einen wesentlichen Fortschritt darstellte. Vgl. Brüning, Wiedernutzbarmachung, S. 87; Krummsdorf, Ökonologie, S. 15.

1127 Während der 204 PS starke Dieselmotor die höhenverstellbare Fräse antrieb, gab es einen zweiten Motor mit 104 PS zur Bewegung des Fahrzeuges. Die Fräsgeschwindigkeit war stufenlos einstellbar zwischen 345 und 1725 m^2/h. Die tatsächliche Stundenleistung lag bei 1380 m^2/h und die Tagesleistung im Zwei-Schicht-Betrieb (maximal zwölf Stunden Tagesleistung) entsprechend bei 16 560 m^2/h. Vgl. Krummsdorf, Albrecht: Neue Technik zur Wiederurbarmachung devastierter Böden durch Grundmelioration, in: Neue Bergbautechnik 6, 1975, S. 439–442, hier S. 441.

1128 SAPMO, DY 30/38758, Aktennotiz über eine Beratung in der Kooperationsgemeinschaft „Grundmelioration der VdgB Borna" (1976).

Abb. 63: Vorführung des Prototyps des RBFG auf der agra-Landwirtschaftsmesse in Leipzig vor einem Fachpublikum in den 1970er-Jahren. Als Fahrwerk für die Bodenfräse dient ein Ural-355M

Abb. 64: Versuche mit dem RBFG auf Kippengelände, vermutlich im Tagebau Espenhain, ca. 1972–1975

Abb. 65: Versuche mit dem RBFG auf Kippengelände, vermutlich im Tagebau Espenhain. Gut sichtbar ist die Wirkung der Bodenmelioration, ca. 1972–1975

Abb. 66: Prototyp der ZWAM 90 mit angebrachtem Pflug (links) und Scheibenegge (rechts). Gut zu erkennen sind die beiden Lenkräder und der Allradantrieb, 1970er-Jahre

Bei der ZWAM 90 handelte es sich um ein Gerät zur Bearbeitung von Böschungen und Hanglagen, die der Bergbau hinterließ (Abb. 66).[1129] Das 90 PS starke, allradgetriebene Fahrzeug diente der verbesserten Bearbeitung dieser Flächen und gleichzeitig dem Arbeitsschutz, da durch die Bewegung am Hang nach dem Prinzip eines Weberschiffchens das gefährliche Wenden in steilem Gelände vermieden wurde.[1130] Der Einsatz dieser Spezialmaschine diente vor allem dem erosionsarmen Eggen und Pflügen der Böschungen. Das Fahrzeug verfügte über zwei Lenkräder zum Steuern, zur Richtungsänderung musste nur der Sitz gedreht werden.

Allein die Umsetzung zeigte die Defizite in der Wiederurbarmachung. Nach Abschluss der Entwicklungsarbeiten und Fertigstellung der jeweiligen Prototypen durch die beteiligten Forschungspartner wollten die staatlichen Stellen das Projekt nicht weiterverfolgen. Das Forschungskollektiv um Krummsdorf reagierte mit einer Petition, die die Einführung der Geräte und deren Serienproduktion forderte.[1131] Nach ihren Darstellungen gab es einen Bedarf für beide Fahrzeuge, der mit jeweils 30–50 Fahrzeugen jährlich beziffert wurde.[1132] Nach der Präsentation des Prototyps der ZWAM 90 auf der agra-Landwirtschaftsmesse, bei dem er auf den Flächen des Tiefbauschachtes Leipzig-Dölitz vorgeführt wurde,[1133] erhöhte sich der prognostizierte Bedarf auf 65 Stück pro Jahr,[1134] ohne das Nachfragen aus der DDR-Landwirtschaft und dem RGW berücksichtigt worden wären. Ein Interesse an der Spezialmaschine ist mithin nachweisbar. Allerdings blieben die Aussagen des Generaldirektors der VVB Braunkohle Senftenberg, Hans Waldmann (geb. 1928), in den Aussprachen mit dem Forschungskollektiv über die mögliche Realisierung vage. Er unterstützte zwar die Fertigung beider Maschinen, sah in seinem Bereich aber keine Realisierungsmöglichkeiten.[1135] Die VVB Braunkohle kritisierte in einer, am 20. April 1976 geführten Aussprache über die Eingabe von Krummsdorf und seiner Mitstreiter die Leistungsfähigkeit der ZWAM 90: das Differentialgetriebe

1129 Seela/Lindner, Rekultivierungsarbeit, S. 120.

1130 Krummsdorf, Ökonologie, S. 15.

1131 SAPMO, DY 30/38758, Schreiben von Gerhard Tautenhahn an Horst Wambutt vom 19.01.1976.

1132 Ebd., Aktennotiz über eine Beratung in der Kooperationsgemeinschaft „Grundmelioration der VdgB Borna" (1976).

1133 SächsStA-L, 20314 agra-Landwirtschaftsausstellung der DDR, Markkleeberg, Nr. 5583.

1134 Die agra-Landwirtschaftsausstellung war die internationale Landwirtschaftsausstellung der DDR und fand jährlich in Markkleeberg bei Leipzig statt. Die Messe diente auch zur Kundenakquise. Im Falle des ZWAM 90 war geplant, durch die agra den Bedarf an dem Gerät zu validieren. Nach der Messe hatten sich in der DDR Interessenten für 65 ZWAM 90 gefunden, davon 10 für die Forstwirtschaft, 15 für die VEB Meliorationen, 20 für die VVB Energieversorgung und 20 für die VVB Braunkohle. Vgl. ebd., Schreiben von Hans Waldmann an ZK der SED vom 09.08.1976, Niederschrift über eine Beratung zur Entwicklung der 2-Wege-Maschine vom 02.09.1976.

1135 Ebd., Schreiben von Hans Waldmann an ZK der SED vom 09.08.1976.

sei zu schwach, statt der benötigten Pflugtiefe von 60 cm erreiche sie nur 30 cm und die Böschungsbearbeitung wäre aufgrund des hohen Schwerpunktes nur bis zu einer Hangneigung von 1:2,4 möglich, notwendig seien allerdings 1:3 bzw. 1:4.[1136] Trotz eines Zwölfgang-Antriebes galt zudem die Geschwindigkeit im Kriechgang als zu hoch. Als Resultat des Gespräches sollte bis zum 31. Oktober 1978 ein überarbeiteter Prototyp entstehen und im folgenden Jahr in Serienproduktion gehen.[1137] Eine Realisierung ist nicht bekannt, allerdings wurde mindestens ein Exemplar durch die WUM-Brigade im Tagebau Meuro nördlich von Senftenberg eingesetzt.[1138] Das RBFG sollte hingegen in einer Klein- bzw. Vorserie von 15 Stück durch den VEB Meliorationsbau Dannewalde ab 1976 gefertigt werden,[1139] die Produktion von mindestens neun Stück darf als sicher gelten.[1140] Dass auf die Kleinserie keine weitere folgte, hing mit der Produktionskapazität des Fahrzeugbaus der DDR zusammen. Gerhard Tautenhahn (1929–2018), 1976 Mitglied der Wirtschaftskommission des ZK der SED und 1986 bis 1989 Minister für Maschinen-, Landmaschinen- und Fahrzeugbau, bestätigte gegenüber der VdgB Borna, deren Kooperationsgemeinschaft Grundmelioration an der oben genannten Eingabe beteiligt war, den Bau der Kleinserie und gleichzeitig die Prüfung der Möglichkeit zum Einsatz sowjetischer Bodenfräsen, deren Verwendung allerdings fraglich ist.[1141] Ebenso fraglich bleibt, ob die von Krummsdorf genannte Möglichkeit des Einsatzes der sowjetischen ZMF-2, die mit einer Arbeitsbreite von 340 cm und einer Frästiefe von 200 cm den Bedürfnissen von 100 cm Meliorationstiefe des Kleinleipischer Verfahrens am nächsten kam,[1142] realisiert wurde.

Während die Entwicklung des RBFG und der ZWAM 90 eine spezifische Innovativität der DDR in den 1970er-Jahren belegen, zeigt die ausbleibende Integration

1136 Ebd., Niederschrift über die am 20.04.1976 in Deutzen durchgeführte Aussprache.

1137 Hierfür sollten 250 000 M aufgewendet werden. Neben 4000 Stunden für die überarbeitete Zeichnung wurden 16 000 Stunden Konstruktionsarbeit veranschlagt. Das Serienmodell sollte dann 95 000 M kosten. Der Bedarf wurde mit 200 Fahrzeugen angegeben, ohne dass dies weiter spezifiziert wurde. Ebd.

1138 In der bei Schmager verwendeten Abbildung wird das Gerät als tschechischer Bagger UN 050 bezeichnet. Allerdings handelt es sich eindeutig um ein ZWAM 90. Dass selbst Wiedernutzmachungsexperten wie Hans-Jürgen Schmager das Gerät nicht kennen, zeigt, dass eine Einführung in der DDR nicht erfolgte. Schmager, Meuro, S. 14.

1139 Ebd., Aktennotiz über eine Beratung in der Kooperationsgemeinschaft „Grundmelioration der VdgB Borna" (1976).

1140 Schnurrbusch, Wirken, S. 27.

1141 SAPMO, DY 30/38758, Schreiben von Gerhard Tautenhahn an Genosse Stolpmann (Kooperationsgemeinschaft Grundmelioration der VdgB Borna) (1976).

1142 Der Einsatz von Fräsen sowjetischer Bauart ZMF-2 in einem ostdeutschen Tagebau ist weder für die Zeit vor noch nach der Wiedervereinigung belegt. Krummsdorf/Grümmer, Reißbrett, S. 90.

der entwickelten Fahrzeuge in den Serienproduktionsprozess die ökonomischen Probleme, besonders im Bereich des Fahrzeugbaus. In der Ära Honecker überlagerten sich verschiedene Probleme, die die Einführung neuer Modelle verhinderten.

Krummsdorf beschäftigte sich nicht nur mit Fragen der Entwicklung neuer Maschinen zur Mechanisierung der Wiederurbarmachung. Aufgrund seiner Ausbildung und seines Studiums als Landwirt sowie seiner Kontakte zu Wiedernutzbarmachungsforschern wie Brüning, Illner, Katzur und Werner hatte er Einblick in die damaligen Forschungsfragen und Lösungsansätze. Zeitnah zur populärwissenschaftlichen Veröffentlichung „Landschaften vom Reißbrett" publizierte er in der „Neuen Bergbautechnik", der wichtigsten Fachzeitschrift des DDR-Bergbaus, einen Aufsatz zu Problemen der Staunässe in der Bergbaufolgelandschaft.[1143] Auch andere Veröffentlichungen zur Bodenmelioration im Nachbergbau sind überliefert.[1144] Ebenso wurde unter seiner Leitung in Regis das von Bauch und Linke entwickelte Anspritzverfahren in Kooperation mit der Landschaftsgestaltung Merseburg weiterentwickelt.[1145]

Ein wichtiges Anliegen Krummsdorfs war die Berücksichtigung der Wiedernutzbarmachung im Landeskulturgesetz von 1970. Bereits zwei Tage bevor das Landeskulturgesetz der DDR erlassen wurde, war er in seiner Position als Stellvertretender Leiter der Leitstelle für Wiederurbarmachung im BKK Regis einer der Veranstalter der 1. Landeskultur-Tagung im Bezirk Leipzig.[1146] Von den 17 gehalte-

1143 Krummsdorf, Albrecht/Menning, Peter/Bohne, Klaus: Wirkung komplexer Bodenmelioration auf stauvernäßtem Kipplehm, in: Neue Bergbautechnik 8, 1980, S. 472–475.

1144 Der Aufsatz von 1978 knüpft an die Forschungen zum Graupaer Verfahren an. Der Aufsatz von 1984 war der Beitrag der DDR zur Tagung des UNO-Kohlekomitees in Tatabanya (VR Ungarn) 1983. Krummsdorf, Albrecht: Erfahrung der Wiedernutzbarmachung devastierter Böden zur Gestaltung von Bergbaufolgelandschaften in der DDR, in: Neue Bergbautechnik 6, 1984, S. 217–221; Krummsdorf, Albrecht/Menning, Peter/Bohne, Klaus: Wirkung kombinierter Anwendung von Stadtkompost und Tieffräsen auf physikalische Eigenschaften und hydrologisches Verhalten eines Kipprohbodens, in: Archiv für Acker-, Pflanzenbau und Bodenkunde 22, 1978, S. 779–784; Krummsdorf, Albrecht/Saupe, Gottfried/Schnurrbusch, Gottfried: Möglichkeiten und Erfahrungen der meliorativen Verbesserung bodenphysikalisch schwieriger Kippmergelböden, in: Technik und Umweltschutz 18, 1977, S. 140–148.

1145 Wahrscheinlich stammte daher auch die Bezeichnung Merseburger Anspritzverfahren. Krummsdorf, Ökonologie, S. 15.

1146 Neben Krummsdorf waren weitere Veranstalter Ernst Wagner, Oberingenieur beim WTI Regis und als Leiter der Zentralen Gruppe Wiederurbarmachung unmittelbarer Vorgesetzter von Krummsdorf, Liesel Noack, Stellvertretende Vorsitzende des Kulturbundes im Bezirk Leipzig und Vorsitzende der Bezirkskommission Natur und Heimat, Horst Walter, Abteilungsleiter des BfT Leipzig und Leiter AG Landeskultur des Rates des Bezirkes Leipzig, Ernst Suhr, Bezirksvorstand des Kulturbundes der DDR im Bezirk Leipzig, und Gerhard Scholz (geb. 1925), Bund Deutscher Architekten. Krummsdorf u. a. (Hrsg.), 1. Landeskultur-Tagung.

nen Vorträgen bezogen sich 14 direkt auf die von der Braunkohlenindustrie verursachten Umweltprobleme – oder wurden von Vertretern des Wirtschaftszweiges gehalten. Diese Fokussierung war der Problemlage des Bezirkes geschuldet, dessen Umweltprobleme mehrheitlich von der Braunkohlenförderung und -veredelung bestimmt waren. Krummsdorf nutze die Zielrichtung der SED-Umweltpolitik, um seine Forschungen voranzutreiben und deren Ergebnisse praktisch umzusetzen. Die Probleme bei der Serienfertigung der von ihm mitentwickelten Spezialmaschinen zeigen jedoch deutlich die Grenzen seiner Handlungsmöglichkeiten auf.

Die Übernahme der Professur für Landeskultur und Umweltschutz an der WPU Rostock, Sektion Meliorationwesen und Pflanzenproduktion 1976 erweiterte Krummsdorfs Aufgabenfeld. Dennoch verfolgte er die Entwicklungen in der Wiedernutzbarmachungsforschung, das zeigt nicht nur seine maßgebliche Beteiligung an dem Buch „Landschaft vom Reißbrett“, sondern auch seine eigene Forschung. So beschäftigte er sich in mehreren Aufsätzen mit der Verbesserung der Melioration von Kippenböden.[1147] Wenngleich er auch Aspekte von eingestellten Forschungsprojekten aufgriff wie das Graupaer Verfahren von Herbert Günther[1148] führte dies nicht zur Entwicklung neuer, eigenständiger Wiederurbarmachungsverfahren. Ebenso betreute er Forschungsarbeiten von Nachwuchswissenschaftler:innen wie beispielsweise von Klaus Moewes (geb. 1941). Moewes Arbeit konzentrierte sich auf die Wiederurbarmachung, die Verantwortlichkeiten von Bergbau und Territorialbehörden, und die Praxis der Wiedernutzbarmachung im Kontext der ökonomischen Entwicklung in der zweiten Hälfte der 1970er- und der ersten Hälfte der 1980er-Jahre.[1149]

Das Institut für Landesforschung und Naturschutz (ILN) und seine Außenstellen

Die wichtigste Forschungseinrichtung des Natur- und Umweltschutzes, das ILN in Halle (Saale), spielte in der zweiten Phase der Wiedernutzbarmachungsforschung

1147 Krummsdorf setzte sich mit speziellen Problemen der Wiederurbarmachung auseinander, die sich meist mit besonderen Kippensubstratschüttungen und deren Melioration beschäftigte. Krummsdorf/Saupe/Schnurrbusch, Kippmergelböden, S. 140–148.

1148 Krummsdorf/Menning/Bohne, Tieffräsen.

1149 Interessanterweise war im Bezirk Leipzig das Büro für Bergbauangelegenheiten bei der Bezirksplankommission zuständig; ein wesentlicher Unterschied zum Bezirk Cottbus. Moewes, Klaus: Untersuchungen zur Wiederurbarmachung und landeskulturellen Funktion der Bergbaufolgelandschaft am Beispiel der Intensivierung des Tagebaues Schleenhain, Rostock 1985, S. 13–21 und 79–94.

weiterhin eine wichtige Rolle.[1150] Die Gründung des Forschungsinstitutes ist unmittelbar mit seiner übergeordneten Institution, der DAL, ab 1972 AdL, verbunden. Der Aufbau des ILN seit 1953 war in erster Linie mit den beiden Professoren Hans Stubbe und Hermann Meusel verbunden. Sie verfolgten das Ziel, Naturschutzforschung institutionell zu verankern und gleichzeitig die regionalen Kompetenzen nutzbar zu machen.[1151] Von Anfang an waren das ILN und seine Forschungen nicht unumstritten: Georg Bela Pniower beispielsweise störte sich, ähnlich seiner Kritik an Reinold Lingner, an der romantisierenden Forderung des „Zurück zur Natur", die er der Naturschutzforschung unterstellte.[1152] Meusel selbst konterte derartige Kritiken mit Verweis auf die historischen Leistungen der Naturschutzforschung und die gleichzeitig problematische Technikgläubigkeit.[1153] Die ILN-Forschungen zur Wiedernutzbarmachung zeigen deren institutionellen Pragmatismus, da die Bergbaufolgelandschaft wie kaum ein anderer Landschaftstyp kein romantisiertes „Zurück zur Natur" sein konnte.[1154]

Das ILN besaß neben dem zentralen Standort Halle (Saale) ein Netz aus Naturschutzstationen und Außenstellen, die jeweils spezielle Forschungsausrichtungen hatten.[1155] Mit dieser Struktur verband sich das Ziel, durch eine dezentrale Organisation lokale und regionale Wissensträger einzubinden und somit die Forschung auch auf die naturschutzpraktische Seite auszurichten – ein bemerkenswerter Ansatz in der zentralistischen DDR. Zwei dieser Außenstellen, Dölzig und Finsterwalde, beschäftigten sich maßgeblich mit der Wiedernutzbarmachung.[1156] Ihnen fiel die Aufgabe zu, als Scharnier zwischen Praxis und Theorie zu wirken, indem sie

---

1150 Die Geschichte des ILN ist, besonders durch das Engagement seiner Ehemaligen, gut erforscht, auch in Bezug auf die Wiedernutzbarmachung. Allerdings haben bisherige Darstellungen die Verflechtung des ILN in diesen Forschungskomplex nicht beachtet. Sie konzentrierten sich entweder auf die Forschungen außerhalb oder innerhalb des ILN zur Wiedernutzbarmachung.

1151 Reichhoff/Wegner, Institut, S. 28 f.

1152 Steinmetz, Anne-Kathrin: Landeskultur, Stadtökologie und Umweltschutz. Die Bedeutung von Natur und Umwelt 1970 bis 1989. Eine deutsch-deutsche Betrachtung, Berlin 2017, S. 60.

1153 Ebd., S. 61.

1154 Meyer, Torsten: Begriffe und Gesetze, in: Farrenkopf, Michael/Göschl, Regina (Hrsg.): Gras drüber… Bergbau und Umwelt im deutsch-deutschen Vergleich. Begleitband zur Sonderausstellung im Deutschen Bergbau-Museum Bochum im Jahr 2022, Berlin/Boston 2022 (= Veröffentlichungen aus dem Deutschen Bergbau-Museum Bochum, Bd. 251; = Schriften des Montanhistorischen Dokumentationszentrum, Bd. 44), S. 111–121, hier S. 112 f.

1155 Insgesamt bestanden mindestens zwölf biologische Stationen neben der Zentrale in Halle (Saale). 1990 waren 162 Personen im ILN beschäftigt, von denen 78 Wissenschaftliche Mitarbeiter:innen waren. Vgl. Behrens, Hermann: Das Institut für Landesforschung und Naturschutz (ILN) und die Biologischen Stationen, in: Behrens/Hoffmann (Hrsg.), Umweltschutz, Bd. 3, S. 69–72, hier S. 70 f.; Katzur/Böcker, Chronik, S. 484 ff.; Reichhoff/Wegner, Institut, S. 38.

1156 Huff, Natur, S. 126.

akademisches Wissen den Folgenutzern aus Forst- und Landwirtschaft zur Verfügung stellten. Gleichzeitig führten sie auch eigene Forschungsarbeiten durch.[1157]

Die Geschichte der beiden Außenstellen für Wiedernutzbarmachung des ILN lässt sich auf eine Forderung des Ministeriums für Land- und Forstwirtschaft (MLuF) gegenüber dem Wirtschaftsausschuss der Volkskammer 1957 zurückführen.[1158] Ihre Aufgabe sollte sein, „die land- und forstwirtschaftliche Nutzung dieser rekultivierten Flächen nach den neusten Erkenntnissen der Wissenschaft richtig zu lenken."[1159] Es galt mithin, die Lücke zwischen der Wiedernutzbarmachungsforschung und der Bewirtschaftung durch die Folgenutzer zu schließen. Vorgesehen war, die Aussenstellen an das MLuF anzubinden, dem die DAL und das ILN unterstanden. Im Januar 1958 forderte Wilhelm Knabe in einem Schreiben mit Verbesserungsvorschlägen für das MLuF die möglichst schnelle Umsetzung der Pläne für die beratenden Außenstellen.[1160] Knabe forderte auch, dass die Einrichtungen für den Bergbau und die Verwaltung ebenfalls als Beratungsorgan zur Verfügung stehen sollten. Doch setzte der Aufbau der Außenstellen erst im März 1960 ein, als die Abteilung Überleitung des Institutes für Meliorationswesen der KMU Leipzig auf Anregung von Joachim Seidemann gegründet wurde.[1161] Erster Leiter wurde Egon Brüning, ein Schüler Seidemanns, der aufgrund seiner Forschungen prädestiniert für die Aufgabe war.[1162] Bereits im Mai 1961 folgte ihm Konrad Werner auf dieser Position,[1163] der wie Brüning bei Seidemann in Leipzig promoviert hatte. In seiner Dissertation hatte er sich ebenfalls mit Fragen der landwirtschaftlichen Rekultivierung beschäftigt, war mithin ebenso qualifiziert.[1164] Von Anfang an oblag es Brüning, die Lausitz zu betreuen, so dass ein Umzug der Arbeitsgruppe nach Finsterwalde im Mai 1961 nur konsequent war.[1165] Die Wahl von Brüning und Werner erfolgte aufgrund ihrer fachspezifischen Qualifikationen: Brüning, der sich mit der Wiederurbarmachung tertiärer Böden beschäftigt hatte, erfüllte Krite-

1157 Katzur/Böcker, Chronik, S. 295.

1158 Joachim Seidemann berichtete im Arbeitskreis für Wiederurbarmachung von diesen Forderungen. Vgl. BArch, DF 9/399, Niederschrift über die Sitzung des Arbeitskreises Wiedernutzbarmachung am 31.05.1957.

1159 Ebd.

1160 AGG, Bestand A - Knabe, Wilhelm, Nr. 227, Vorschläge für die Verbesserung der Wiederurbarmachung verfasst von Wilhelm Knabe vom 29.01.1958.

1161 Reichhoff/Wegner, Institut, S. 515.

1162 UAL, PA-A 13279, Einstellung vom 12.03.1960.

1163 SächsStA-F, 40067, Niederschrift über die 5. Sitzung der Zentralen Kommission für Wiedernutzbarmachung am 19.05.1961.

1164 Werner, Konrad: Untersuchungen über die Bodenfeuchte frisch verschütteter Braunkohlentagebaukippen als Beitrag zur Verbesserung ihrer landwirtschaftlichen Bewirtschaftung, Leipzig 1959.

1165 Reichhoff/Wegner, Institut, S. 522.

rien, die speziell den Problemen in der Lausitz entsprachen, während Werner die Ertragssteigerung auf pleistozänen Kippenböden erforscht hatte, die sich vor allem im Mitteldeutschen Revier befanden.

Über die Organisation der Außenstellen für Wiederurbarmachung bestand Uneinigkeit. Zwar lag eine Unterordnung unter das MLuF, die DAL und in letzter Instanz des ILN nahe, der unsteten Organisation von Institutionen in der DDR folgend sollten sich die Details aber mehrfach verändern. Bei ihrer Gründung am 01. Februar 1960 waren sie Teil der KMU Leipzig und hatten ihre erste Postanschrift in Leipzig-Connewitz.[1166] Im Herbst 1960 gehörten beide Außenstellen zum Institut für Landeskultur und Standortkartierung der DAL, und sollten nunmehr ihre regionalen Zuständigkeiten wahrnehmen.[1167] 1963 erfolgte die nächste strukturelle Umgestaltung durch die Auflösung des Instituts für Landeskultur und Standortkartierung und eine Überführung in das Institut für Meliorationswesen in Schöneiche.[1168] Auch dies war nur eine Zwischenlösung: 1966 wurde in der DDR durch die Gründung des Staatlichen Komitees für Meliorationen (SKM) die Bodenaufbereitung neugeordnet.[1169] Diese Organisation unterstand dem späteren Umweltminister Reichelt und verfolgte das Ziel, die Meliorationen zu vereinheitlichen. Im Zuge dieser Umstrukturierung sollte das nun als WTZ organisierte Institut in Schöneiche aufgelöst werden, fiel mithin als Träger der Außenstellen in Dölzig und Finsterwalde aus. Die Frage der weiteren administrativen Anbindung wurde virulent. Obwohl Konrad Werner und Ludwig Bauer vom ILN eine Anbindung an die SPK oder eine andere interministerielle Ebene befürworteten, konnten sie sich nicht durchsetzen.[1170] Am 17. November 1966 teilte Stubbe Reichelt mit, dass das Präsidium der DAL bereit sei, die Abteilung Wiedernutzbarmachung dem ILN anzugliedern.[1171] Zum 01. Januar 1967 wurden die Außenstellen und die Abteilung

1166 Die erste Institutsadresse befand sich in der Koburger Str. 6, unweit der ersten Räumlichkeiten des Institutes für Landschaftsgestaltung in der Prinz-Eugen-Str. Heute handelt es sich um eine Brachfläche. Reichhoff/Wegner, Institut, S. 522; UAL, PA-A 13279, Einstellung vom 12.03.1960.

1167 StUG, 036, 77-1, Anwesenheitsliste vom 28.10.1962.

1168 Für die Zusammenlegung wurde ein eigenes Gesetz erlassen. GBl, Teil II, Nr. 41, 1963, S. 273 f.

1169 Große-Wilde, Simon: Prosopographie und Wiedernutzbarmachung. Zur Zentralisierung der Rekultivierungsforschung der DDR in den 1960er Jahren, in: Der Anschnitt. Zeitschrift für Montangeschichte 72, 2020, S. 121–125, hier S. 125.

1170 Sowohl das ILN als auch die Außenstellen sahen das als keine geeignete Lösung an. Allerdings sahen sie in der Alternative, der Anbindung an die Oberste Bergbehörde, die Gefahr, dass das Thema Wiedernutzbarmachung zu stark von den Interessen des Bergbaus beeinflusst und die Forschung sich auf ein Minimum beschränken würde. Deshalb wurde diese Lösung schlussendlich akzeptiert. Vgl. ebd., S. 125 f.

1171 BArch, DK 107/8320, Schreiben von Hans Reichelt an Hans Stubbe vom 20.12.1966.

Wiedernutzbarmachung des WTZ Schöneiche dem ILN eingegliedert,[1172] bis zum Ende der DDR änderte sich hieran nichts mehr. Allerdings blieb die Verbindung der Außenstellen zum SKM bestehen, wie beispielsweise die Vergabe von Vertragsforschungsaufträgen an die Außenstelle Dölzig Ende der 1960er-Jahre zeigt.[1173]

Die Gruppe unter Werner blieb im Mitteldeutschen Revier. 1961 bis 1967 befand sich die Außenstelle Mitteldeutschland im Stadtteil Frohe Zukunft in Halle (Saale).[1174] Danach zog sie im Juni 1967 in das Dorf Dölzig, direkt an der Grenze zwischen den Bezirken Leipzig und Halle gelegen. Hier bestanden Büros sowie Labor- und Versuchsräumlichkeiten (Abb. 67 und 68). Die Außenstelle Lausitz zog Anfang Mai 1961 nach Finsterwalde, genauer an den Markt 6/7.[1175] Da die Räumlichkeiten nicht dem Platzbedarf der Arbeitsgruppe entsprachen, erfolgte im Oktober 1967 ein Umzug in ein Gebäude am Brauhausweg, das bis heute die Nachfolgeeinrichtung nutzt.

Abb. 67: Institutsgebäude der Außenstelle für Wiederurbarmachung in Dölzig bei Leipzig, Zustand Herbst 2022

1172 Ebd., DK 107/4764, Anlage I (Übergabeprotokoll zum 01.01.1967).

1173 Ebd., DK 109/510, Standortverbessernde Maßnahmen im Rahmen der Wiedernutzbarmachung (1969).

1174 Der Stadtteil Frohe Zukunft wurde in der DDR als Neubaugebiet errichtet. Benannt wurde er nach einer Braunkohlengrube, die 1958 eingestellt worden war. Die Außenstelle befand sich in unmittelbarer Nähe der Flächen des vormaligen Braunkohlenwerkes. Unklar ist, ob ein Sanierungsbedarf bestand. Reichhoff/Wegner, Institut, S. 515; StUG, 036, 77-1, Anschriften der Mitglieder der zentralen Kommission für Wiedernutzbarmachung vom 27.09.1962.

1175 Reichhoff/Wegner, Institut, S. 522.

Abb. 68: Labor- und Versuchsräume der Außenstelle für Wiederurbarmachung in Dölzig bei Leipzig, Zustand Herbst 2022

Neben ihrer primären Aufgabe der Wissensvermittlung an die Bergbaubetriebe, verfolgten beide Außenstellen selbstständige Forschungen.[1176] Förderlich erwies sich in diesem Kontext der akademische Hintergrund der Außenstellen-Leiter Brüning und Werner sowie die Anbindung an das ILN. Allerdings unterschieden sich die Forschungen von denen universitärer Forschungseinrichtungen: Während die HU oder die KMU komplexe Meliorationsverfahren entwickelten, testeten die Außenstellen ihre praktische Anwendbarkeit unter den unterschiedlichen Standortbedingungen und reagierten gleichzeitig auf Fragestellungen, die sich aus der Praxis ergaben. So überprüften sie die Ertragsleistungen, die sich bei unterschiedlichen Meliorationstiefen ergaben, um die beste Variante zu bestimmen.[1177] Auch für das Koyne Verfahren analysierte die Außenstelle Finsterwalde die Wuchsleistungen.[1178] Die Außenstellen traten zwar als Auftraggeber für Vertragsforschungen wie im Fall der Entwicklung des Kleinleipischer Verfahrens[1179] oder

1176 Allein Reichhoff und Wegner zählen 26 Forschungsprojekte auf, ohne dass diese Aufzählung vollzählig ist. Ebd., Institut, S. 523 f.

1177 BArch, DK 109/510, Standortverbessernde Maßnahmen im Rahmen der Wiedernutzbarmachung (1969).

1178 StUG, 036-061, Untersuchungen zur Biodünnwasserverregnung auf Kippenflächen des Tagebaus Spreetal (verfasst von Gerhard Gunschera, H. Kaiser, D. Pannach) vom 04.12.1975.

1179 BArch, DK 107/31238, Wiederurbarmachung von Tertiärkippen, verfasst von Kurt Illner und Joachim Katzur vom 27.10.1975.

eines Vergleiches zwischen Böhlener und Domsdorfer Verfahren[1180] auf, waren aber vor allem Auftragnehmer für Vertragsforschung. Neben zentralen Stellen der DDR erhielten sie ihre Aufträge von den Bezirken. So brachte die Dölziger Außenstelle beispielsweise 1974 im Auftrag des Bezirkes Leipzig, Produktionsleitung der Land- und Nahrungsgüterwirtschaft einen Überblick über die rechtlichen Regelungen bezüglich der Wiederurbarmachung heraus.[1181] Schöpften die bezirklichen Aufgaben die Forschungskapazitäten nicht aus, konnten auch die Kreise Aufträge erteilen.[1182] Darüber hinaus erarbeiteten die Außenstellen Gutachten für einzelne Betriebe des Bergbaus[1183] und der Folgenutzer.[1184] Auch erhielten sie Forschungsaufträge aus anderen Industriebereichen wie z. B. vom Stahl- und Walzwerk Riesa, das bezüglich der Wiederurbarmachung einer Schuttkippe an die Außenstelle Finsterwalde herantrat.[1185]

Die Funktionen der Außenstellen entsprachen in vielfältiger Hinsicht den praktischen Aufgaben, die in der ersten Phase die universitären Forschungsinstitute wahrgenommen hatten. Sowohl Arbeitsgruppenmitglieder aus Dölzig als auch aus Finsterwalde nahmen regelmäßig an Sitzungen der bezirklichen Wiederurbarmachungskommissionen teil. Ebenso brachten sich die Außenstellen in die Weiterentwicklung der rechtlichen Voraussetzung und der Strukturen der Wie-

---

1180 Vgl. BLHA, Rep. 801 RdB Ctb, Nr. 3606, Protokoll der Besprechung über die Forschungsarbeiten zur Kippenrekultivierung in der Niederlausitz vom 11.10.1963.

1181 BArch, DK 107/31239, Rechtliche Regelungen zur Wiederurbarmachung von Dr. agr. Konrad Werner (Dezember 1974).

1182 In diesem Fall wurde die freiwerdende Kapazität eigenständig für eine Wiederurbarmachungsplanung im Kreis Calau im Zuge der Gebietsentwicklungsplanung genutzt. Vgl. UATUD, Nachlass W. Bauch, Nr. 125, Arbeitsergebnisse des Institutes für Meliorationswesen Schöneiche, Außenstelle Wiedernutzbarmachung Lausitz, unter Berücksichtigung der Bodenmeliorationsmaßnahmen auf verschiedenen Kippentypen des Niederlausitzer Braunkohlenreviers im Rahmen des „Böhlener Verfahrens“ (1963).

1183 Im Falle des Kleinleipischer Verfahren ging der Auftrag vom BKK Lauchhammer an die Außenstelle Dölzig, die ihn wiederum an die HU Berlin und Joachim Katzur weiterleitete. Vgl. BArch, DK 107/31238, Wiedernutzbarmachung von Tertiärkippen (verfasst von Joachim Katzur) vom 27.10.1975.

1184 BLHA, Rep. 801 RdB Ctb, Nr. 5399, Maßnahmeplan 1970 Kippe Meuro; Nr. 25357, Schreiben des Oberforstmeisters Ulbrich vom Staatsforstbetrieb Hoyerswerda an den Referenten für Landeskultur und Naturschutz beim Rat des Bezirkes Cottbus, Hiller, vom 07.11.1962, Bewirtschaftungsplan für die Pflugkippe VII vom 08.02.1962, Bewirtschaftungsplan für die Pflugkippe 3 vom 16.02.1962, Bewirtschaftungsplan für Kippenrestflächen vom 21.02.1962, Bewirtschaftungsplan für die Spülkippe Heide vom 22.12.1961, Bewirtschaftungsplan für die „Steinkippe“ vom 04.01.1962, Bewirtschaftungsplan für die Elster-Nordkippe vom 15.12.1961, Bewirtschaftungsplan für die Kippe Spreetal vom 28.12.1961 (alle von Willi Assmann bearbeitet).

1185 StUG, 036-074, Schreiben des Technischen Direktors Niestroy und des Leiters der Werksentwicklung Friedrich an Egon Brüning vom 18.09.1964.

dernutzbarmachung ein: Auf der Basis eines Beschlusses des Ministerrats der DDR arbeiteten beispielsweise Brüning und Werner 1966 einen Entwurf für eine Zentralstelle für Wiederurbarmachung aus.[1186] Infolge des Abbruchs des NÖSPL erfolgte allerdings keine Umsetzung.

Die Außenstellen spielten in den Gesetzgebungsprozess eine nicht zu ignorierende Rolle. Die Außenstelle Dölzig war sowohl in die Ausarbeitung als auch in die abschließende Diskussion der zweiten Wiederurbarmachungsanordnung ab 1969 eingebunden.[1187] Die Rekultivierungsanordnung von 1971 basierte auf einem Entwurf von Konrad Werner, den er für die Oberste Bergbehörde ausgearbeitet hatte.[1188] In solchen Prozessen stimmten sich die Außenstellen mit anderen wichtigen wissenschaftlichen Einrichtungen der Braunkohlenindustrie, dem WTI Regis und dem VEB Geologische Forschung und Erkundung, Betriebsteil Freiberg, ab.[1189] So diskutierte man über die Definition von „Mindestfruchtbarkeit" und „Mindestmächtigkeit" und einigte sich auf einen Kulturbodenauftrag bzw. eine Meliorationstiefe von 100 cm.

Trotz klarer regionaler Zuständigkeiten der Außenstellen kam es immer wieder zum Überschreiten dieser Grenzen. Grund hierfür war die hierarchische Beziehung der Außenstellen – Dölzig fungierte gegenüber Finsterwalde als übergeordnete Stelle.[1190] So wundert wenig, dass der Auftraggeber für die Erforschung des Kleinleipischer Verfahrens die Außenstelle Dölzig war. Andererseits blieb Brüning seinen alten Versuchsflächen in Böhlen treu,[1191] die seit 1966 der StFB Grimma betreute.[1192] Die Kontakte aufrecht zu erhalten machte Sinn. Brüning sah es als eine seiner Aufgaben an, das von ihm entwickelte Böhlener Verfahren auf die Be-

---

1186 Trotz der Übernahme des Vorschlages durch die Oberste Bergbehörde der DDR kam es nicht zur Umsetzung. Vgl. BArch, DF 9/396, Entwurf einer Vorlage (verfasst von Egon Brüning und Konrad Werner) vom 15.04.1966.

1187 Ebd., DF 9/1488, Bd. 1, Beratung vom 04. Dezember 1969 zum Entwurf der AO über die Wiederurbarmachung, Stellungnahme zur Anordnung über die Wiederurbarmachung vom 19.06.1969.

1188 Ebd., DF 9/897, Schreiben von Konrad Werner an Heinz Dörfelt vom 31.10.1969.

1189 Ebd., DF 9/1488, Bd. 2, Protokoll über die Problemdiskussion am 11.05.1970.

1190 Ebd., DK 107/4764, Schreiben von Konrad Werner an Herrn Henneberg von der Deutschen Akademie der Landwirtschaftswissenschaften vom 02.02.1967.

1191 Nicht nur blieb Brüning im Kontakt zu seinen alten Arbeitskräften, er erteilte ihnen wie im Fall von Walter Engler auch klare Arbeitsaufträge, hier zur Probeentnahme in Böhlen. Engler war bereits in Brünings Zeit an der KMU Leipzig sein Mitarbeiter in Böhlen gewesen. Ebenso besichtigte er die Flächen weiterhin. Vgl. StUG, 036-98, Schreiben von Egon Brüning an Walter Engler 17.10.1969, Schreiben von Egon Brüning an A. Buchmann, Betr.: Honorar- und Dienstleistungsvertrag vom 21.10.1969, Honorarvereinbarung zwischen dem Institut für Landesforschung und Naturschutz und Walter Engler vom 01.04.1969.

1192 Ebd., Schreiben von Egon Brüning an S. Rathey vom Staatlichen Forstwirtschaftsbetrieb Grimma vom 21.09.1966.

dürfnisse in der Lausitz anzupassen.[1193] Hierzu ließ er Versuchsfelder anlegen und griff auf die bekannten Gefäßversuche nach Mitscherlich zurück.[1194] Zumindest ein Teil der Versuche fand auf der Pflugkippe des Tagebaus Heide statt.[1195] Sein ursprüngliches Vorhaben, ein „Wiederurbarmachungsverfahren [zur] Verbesserung des Landschaftshaushaltes durch Behebung von Bergbauschäden" zu entwickeln, änderte er in „Entwicklung von Bodenmeliorations-Vorstandards zur Inkulturnahme von Bergbauflächen" ab.[1196] Dies war durchaus konsequent: Mit dem Domsdorfer und dem Koyner Verfahren bestanden schon zwei speziell für Standorte der Lausitz entwickelte Aufbereitungsmethoden, so dass eine Vereinheitlichung der Vorgehensweise die Wiederurbarmachungspraxis signifikant verbessern konnte. Die bis 1965 in der Lausitz durchgeführten Versuche erbrachten alle schlechtere Rekultivierungsergebnisse als in Böhlen. Zu Beginn der 1980er-Jahre wurden ein Fachbereichsstandard und eine TGL für das Böhlener Verfahren erteilt.[1197]

Brünings Versuche zur Einführung des Böhlener Verfahrens in der Lausitz blieben nicht ohne Widerspruch. Bereits 1962 wurde aus dem Umfeld von Pniowers Lehrstuhl deutliche Kritik an Brüning geäußert.[1198] Nicht nur wurde ihm vorgeworfen, die Einführung des Domsdorfer Verfahrens in der Lausitz aus persönlichen Interessen zu verzögern, auch soll er die Präsentation der Berliner Forschungsergebnisse von Heinz Siegel auf dem internationalen Symposium in Leipzig 1962 erst nach langen Verhandlungen und nur gekürzt erlaubt haben. Diese Einschätzung ist allerdings nicht unbedingt kongruent mit anderen Quellen. So organisierte Werner und nicht Brüning das internationale Symposium 1962 in Leipzig. Zwar ist es möglich, dass beide sich absprachen, plausibel ist das anhand der Rednerliste nicht unbedingt. So wurde die Eröffnungsrede durch den Direktor des Berliner Instituts für Landeskultur und Standortkartierung Berlin-Schöneiche,

---

1193 Reichhoff/Wegner, Institut, S. 519.

1194 StUG, 036-95, Teilauswertung der aus dem horizontalen Kippenvergleich gewonnene Ergebnisse von Egon Brüning (1965).

1195 Ebd., Unterauftrag zum Forschungsauftrag (1964).

1196 Ebd., Teilauswertung der aus dem horizontalen Kippenvergleich gewonnene Ergebnisse von Egon Brüning (1965).

1197 Ebd., 036-103, Aufgabenstellung für die Überarbeitung des Fachbereichsstandards 26157/02 vom 20.01.1980.

1198 Der Verfasser ist nicht bekannt, da er allerdings ausschließlich aus den Forschungsvorhaben der HU zitiert, muss es sich um einen ehemaligen Mitarbeiter von Wilhelm Knabe handeln. BLHA, Rep. 801 RdB Ctb, 1993, Die gegenwärtige Lage in Wissenschaft und Praxis auf dem Gebiet der Wiedernutzbarmachung von Kippen und Halden des Braunkohlenbergbaus (1961/62).

Manfred Schulz, gehalten.[1199] Von den insgesamt sechs deutschen Redebeiträgen der Tagung entfielen zwei auf Dölzig (beide von Werner), einer auf Finsterwalde (Brüning), einer auf die HU Berlin (Siegel), einer auf die KMU Leipzig (Werner Wolf) und einer auf den VEB Geologische Forschung und Erkundung Halle, Betriebsteil Freiberg (Manfred Wünsche).[1200] Somit war nur Dölzig überrepräsentiert, was aber seiner Rolle als Primus inter Pares der Außenstellen widerspiegelt. Der Vorwurf der Kürzung übersteht keiner kritischen Prüfung, da Siegel wie alle anderen 30 Minuten Vortragszeit hatte. Die Kritik an der mangelnden praktischen Arbeit der Außenstelle Finsterwalde unter Brüning wirkt zudem konstruiert, da allein für den StFB Hoyerswerda 1961/1962 sieben Gutachten zur forstlichen Rekultivierung ausgeführt wurden.[1201] Auch wurde das Domsdorfer Verfahren in den 1960er-Jahren in der Lausitz regulär angewandt, wie beispielsweise die Brückenkippe im Tagebau Niemtsch belegt.[1202] Über die Vergabe eines Fachbereichsstandard entschieden zudem nicht die Außenstellen.

Die vorrangige Aufgabe der Außenstelle war die praktische Überprüfung vorhandener Wiederurbarmachungsverfahren war. So prüfte sie das Böhlener und das Koyne Verfahren,[1203] das sich als leistungsfähiger erwies als angenommen. Derartige Ergebnisse verweisen auf die praktische Relevanz der Verfahrensevaluierung durch die Außenstellen. Sie sollten zudem bedeutsam für weitere Versuchsreihen Brünings werden, wie verschiedene Testreihen mit Tiefkulturpflügen für das Böhlener Verfahren zeigen.[1204]

1199 BArch, DK 107/2943, Begrüßungsansprache und Eröffnung des Symposiums durch den Direktor des Institutes für Landeskultur und Standortkartierung Berlin, Herrn Dr. Manfred Schulz (1962).

1200 StUG, 036-99-1, Internationales Symposium über Fragen der Wiedernutzbarmachung in Leipzig 04.-06.06.1962.

1201 Wahrscheinlich handelte es sich um insgesamt zehn Gutachten, von denen aber nur sieben überliefert sind. BLHA, Rep. 801 RdB Ctb, Nr. 25357, Bewirtschaftungsplan für die Elster-Nordkippe, Tagebau Bluno, verfasst von Willi Assmann, vom 15.12.1961; Bewirtschaftungsplan für die Spülkippe Heide, BKW Heide, verfasst von Willi Assmann, vom 22.12.1961; Bewirtschaftungsplan für die Kippe Spreetal des BKW Spreetal, verfasst von Willi Assmann, vom 28.12.1961; Bewirtschaftungsplan für die Pflugkippe VII des BKW John Schehr, verfasst von Willi Assmann, vom 08.02.1962; Bewirtschaftungsplan für die Kippe V des BKW Sedlitz, verfasst von Willi Assmann, vom 09.02.1962; Bewirtschaftungsplan für die Pflugkippe 3 des Tagebau Skado, verfasst von Willi Assmann, vom 16.02.1962; Bewirtschaftungsplan für Kippenrestflächen im Forstrevier Schadewitz, verfasst von Willi Assmann, vom 21.02.1962.

1202 Kupfer/Sawall/Wiese, Senftenberger See, S. 64.

1203 Zwar erfolgte dies erst Mitte der 1970er-Jahre, allerdings ist das auch der späteren Fertigstellung des Projektes geschuldet. StUG, 036-61, 4. Bericht über die Untersuchung zur Biodünnwasserverregnung vom 25.11.1976.

1204 StUG, 036-95, Technische Bewertung der Gefügemelioration (1966).

Die in den Außenstellen verfolgten Forschungsfragen orientierten sich an denen in Berlin oder Regis. In der zweiten Phase ging es nicht zuletzt um die Entwicklung von geeigneten Maschinen zur Mechanisierung des Wiedernutzbarmachungsprozesses, die allerdings Fragen nach einer effizienteren Bodennutzung und Forschungen zum Zusammenhang von Rohbodenform, Meliorationen und der damit verbundenen besten Fruchtfolge nachgeordnet war.[1205]

Nicht übersehen werden darf, dass die beiden Außenstellen die Rolle pragmatischer Korrektureinrichtungen der Braunkohlenindustrie einnahmen: In den „Vorschlägen zur Leitung und Planung für die Wiedernutzbarmachung von Bergbaufolgelandschaften", ausgearbeitet von Erwin Brier (1927–2019) und Lucian Müller (geb. 1946) von der Außenstelle Finsterwalde, wurde der Stand der Wiedernutzbarmachung 1977 kritisch hinterfragt.[1206] Die Auswertung von Fragebögen von am Wiedernutzbarmachungsprozess beteiligten Institutionen und Betrieben dokumentierte zahlreiche Probleme, die einer erfolgreichen Wiedernutzbarmachung der Bergbaufolgelandschaft entgegenstanden: abnehmende Qualität des Kulturbodenauftrages, unzureichende Planungs- und Leitungstätigkeiten, geologische Gutachten lagen nicht bei Beginn der Tagebauplanung vor, keine Definition der Grundmelioration im Gesetzestext und die Möglichkeit, diese als „volkswirtschaftlich nicht vertretbar" zurückzuweisen, zu wenig Bäume für Aufforstungen aufgrund fehlender langfristiger Verträge mit Baumschulen, Festlegung auf eine Folgenutzung anstatt einer Mehrfachnutzung, unzureichende Herstellung von Folgeseen (Abdichten des Bodens gegen Versickerung, Böschungsgestaltung), fehlende ökonomische Anreize bei der Rekultivierung, fehlende technische Ausstattung, fehlende Düngemittel (Bezirk Leipzig), fehlende Projektierungskapazitäten, fehlendes Planungspersonal sowie die fehlende Einbindung der Forstprojektierung (Bezirke Halle und Leipzig). Kritik an der bestehenden Praxis war nur eine Seite der Medaille, die andere die Optimierung bestehender Methoden. Die Außenstelle Finsterwalde legte beispielsweise 1981 eine detaillierte Anweisung zur Rekultivie-

1205 Andere Forschungsvorhaben der Mechanisierung stellten Versuche dar, die Kosten der Wiederurbarmachung deutlich zu senken. Beispielsweise ging es um Fragen des Einsatzes von Schwenkabsetzern beim Kulturbodenüberzug. Der Einsatz von Absetzern zum Aufbringen des Kulturbodens auf der Kippe hat finanzielle Vorteile im Vergleich zur Pflugkippe. Ebenso ist er weniger gefährlich, da ein größerer Abstand zur Böschung eingehalten werden kann. Der größte Nachteil bestand bei Bandabsetzern, da diese eine separate Versorgung mit „Mutterboden" erfordern. BArch, DE 1/4010, Verbesserungsvorschlag über die Wiedernutzbarmachung von Kippen und Halden mittels Schwenkabsetzer von Konrad Werner vom 18.05.1961; BArch, DK 107/4764, Lösung der Forschungsaufgaben und Dienstleistungen auf dem Gebiet der Wiedernutzbarmachung vom 01.03.1967.

1206 Ebd., DK 107/33622, Vorschläge zur Leitung und Planung für die Wiedernutzbarmachung von Bergbaufolgelandschaften, verfasst von Erwin Brier und Lucian Müller (1977).

rung, inkl. Fruchtfolge, Geräteeinsatz sowie Düngung für einen Zeitraum von zehn Jahren ab Übernahme der Flächen durch den Folgenutzer vor.[1207]

Seit 1975 fokussierten die Außenstellen ihre Forschung auf die landwirtschaftliche Rekultivierung, sie stellten weitestgehend forstliche Versuche ein und begannen sukzessive den ökonomischen Nutzen rekultivierter Flächen in ihren Argumentationen zu unterstreichen.[1208] Diese Entwicklung entsprach dem ‚Zeitgeist' der Ära Honecker: Die zunehmende ökonomische Belastung durch die Einheit von Wirtschafts- und Sozialpolitik führte dazu, dass auch wenig geeignete Flächen in Nutzung genommen werden mussten, um die geforderte autarke Landwirtschaftsproduktion sicherzustellen.[1209] Insofern haben aus heutiger Sicht viele der Forschungsergebnisse wenig Relevanz bzw. spielen für heutige Diskurse keine wesentliche Rolle mehr.[1210] Unter den wirtschaftlichen Zwängen der späten DDR war die Behandlung dieser Themen hingegen folgerichtig und bediente die staatlichen Rahmenvorgaben.

Auffällig ist, dass die Außenstellen jetzt das maßgebliche Organ für den internen Austausch waren. So erfolgte beispielsweise die Verteidigung von Diplomarbeiten und Promotionen vor den Mitarbeitenden beider Außenstellen.[1211] Gleichzeitig blieben die Diplomanden und Promovenden meistens den Außenstellen verbunden – ein Weg der Nachwuchsbindung. So blieb Erwin Brier nach seiner Verteidigung in der Außenstelle Lausitz in Finsterwalde und stieg schlussendlich als Nachfolger von Brüning zum Leiter der Institution von 1972 bis 1989 auf.[1212]

Von zentraler Bedeutung war, dass die Außenstellen seit ihrer Gründung weitestgehend die Vernetzung zur und Einbindung in die internationale Forschung übernahmen. Alle internationalen Kolloquien wurden unter Beteiligung der Au-

1207 BLHA, Rep. 828 WTZ Ctb, Nr. 262, Konzeption Rekultivierung vom 02.12.1981.

1208 Katzur/Böcker, Chronik, S. 220; Reichhoff/Wegner, Institut, S. 544 f. und 575 f.

1209 Schneider, Brigitte: Meliorationen im Kreis Cottbus-Land und sich daraus ergebende Aufgaben für den Naturschutz, in: Natur und Landschaft im Bezirk Cottbus 7, 1985, S. 57–63, hier S. 58.

1210 PA Baumert, Expertengespräch mit Michael Stärke und Uwe Steinhuber in der LMBV-Zentrale in Senftenberg am 04.11.2022, 00:34:34–00:36:41.

1211 So waren zur Verteidigung der Diplomarbeiten von Willi Assmann und Erwin Brier Vertreter aus Dölzig und Finsterwalde anwesend. StUG, 036-74, Protokoll Dienstbesprechung vom 09.05.1967.

1212 Forschungsinstitut für Bergbaufolgelandschaften e. V.: Zur Historie des Forschungsinstituts für Bergbaufolgelandschaften e. V. (FIB) in Finsterwalde. Unter: https://docplayer.org/123238067-Zur-historie-des-forschungsinstituts-fuer-bergbaufolgelandschaften-e-v-fib-in-finsterwalde.html (Eingesehen: 15.03.2023); Reichhoff/Wegner, Institut, S. 541.

ßenstelle Dölzig durch Konrad Werner organisiert.[1213] Für die DDR war sie sogar die zentrale Institution für die Planung der Veranstaltungen. Durch die internationalen Kontakte und den regelmäßigen Austausch gewann die Forschung der Außenstellen an Bedeutung (Abb. 69). Anfang der 1980er-Jahre urteilte die Kreisdienststelle Finsterwalde des MfS: „das Institut in Dölzig ist das Leitinstitut für die Erarbeitung von Verfahren zur Wiederurbarmachung devastierter Territorien im RGW-Bereich."[1214] Damit unterstrich das MfS die Bedeutung der Forschungen zur Wiedernutzbarmachung in der DDR sowie die Rolle der Außenstellen.

Abb. 69: Festbankett im Rahmen eines internationalen Austausches in der Außenstelle für Wiedernutzbarmachung Dölzig des ILN in Vorbereitung des VIII. Internationalen Symposium in Bukarest; stehend der Leiter der Außenstelle Konrad Werner, 1982

1213 StUG, 036-99-2, Internationales Symposium über die Rekultivierung (1967), Tagungsablauf am 06. und 07. Juni 1970, Titelübersetzung (1976), Titelübersetzung (1980), Internationales Symposium über Fragen der Rekultivierung von Kippen und Halden in Leipzig 04.-09.06.1985.

1214 Gleichzeitig sah das MfS die internationalen Verbindungen, vor allem zu den polnischen Wissenschaftlern im Zuge der Solidarność-Gründung kritisch und überwachte sowohl die Wissenschaftler:innen als auch die Veranstaltungen. Vgl. BArch, BStU, BV Cottbus, KD Senftenberg, Nr. 809, KP „Landwirt" vom 25.05.1981.

Die Außenstellen stellten in der sprunghaften und von häufigen organisatorischen Wechseln durchzogenen Geschichte der Wiedernutzbarmachung eine institutionelle Kontinuität dar. Zwar änderte sich ihre Einbindung bis 1967 mehrfach, die Gliederung der Außenstellen blieb aber unverändert. Diese Kontinuität gilt ebenfalls für das Leitungspersonal. Konrad Werner blieb bis zu seiner Invalidisierung 1982 Leiter der Außenstelle Dölzig.[1215] Gottfried Schnurrbusch (geb. 1935) folgte ihm auf dieser Position nach und behielt sie bis zur Wiedervereinigung.[1216] Schnurrbusch, der 1959 an der KMU Leipzig promoviert hatte und bis 1968 als Wissenschaftlicher Assistent und Oberassistent am Institut für Meliorationswesen arbeitete, wechselte im Zuge der dritten Hochschulreform der DDR nach Dölzig.[1217] In Finsterwalde gab es insgesamt drei Leiter bis zum Ende der DDR. Nachdem Brüning 1969 mit einer Arbeit zu den Möglichkeiten und Erträgen der landwirtschaftlichen Rekultivierung in der Lausitz an der Martin-Luther-Universität Halle habilitiert hatte,[1218] verließ er 1972 Finsterwalde.[1219] Trotz seiner Habilitation blieb Brüning eine Professur verwehrt. Stattdessen kehrte er nach Leipzig zurück – er wohnte nahe des rekultivierten Tagebaus Kulkwitz – und übernahm die Stelle als Beauftragter für sozialistische Landeskultur im VEB „Otto Grotewohl" Böhlen.[1220] Auf Brüning folgte von 1972 bis 1989 Erwin Brier.[1221] Brier war mindestens seit 1966 in Finsterwalde aktiv und hatte 1967 hier auch seine Dissertation abgeschlossen.[1222] Somit stellte er, ebenso wie Schnurrbusch, eine interne Lösung für die Neubesetzung dar. 1989 wurde schlussendlich Joachim Katzur auf die Leitung berufen.[1223] Dieser kam zwar von außerhalb, war aber als Experte für Wiedernutzbarmachung und als Auftragnehmer von Vertragsforschung mit der Außenstelle vertraut.

Die veränderten Bedingungen der Wiedernutzbarmachungsforschung in der Ära Honecker zeigten sich an der Durchsetzung mit Spitzeln des MfS. Schnurr-

1215 Reichhoff/Wegner, Institut, S. 646

1216 Ebd., S. 637.

1217 Ebd.

1218 Brüning, Egon: Untersuchungen an landwirtschaftlich rekultivierten (Kipp)-Rohbodenformen des Niederlausitzer Braunkohlenreviers zu den Voraussetzungen der Inkulturnahme und Ertragsfähigkeit. Ein Beitrag zur Produktionssteigerung auf Bergbauflächen im Bezirk Cottbus, Halle (Saale) 1969.

1219 Katzur/Böcker, Chronik, S. 172.

1220 SächsStA-L, 20300 Wasserwirtschaftsdirektion Saale-Werra, Oberflussmeisterei Leipzig, Nr. 68, Festlegungsprotokoll vom 18.06.1978.

1221 Katzur/Böcker, Chronik, S. 172.

1222 Vgl. BArch, DF 9/413, Programm der Exkursion am 27.05.1966; StUG, 036-074, Protokoll Dienstbesprechung vom 09.05.1967.

1223 Katzur/Böcker, Chronik, S. 172.

busch wirkte ab 1965 als IM unter dem Decknamen „Hempel“,[1224] Werner war von 1960 bis 1965 und erneut ab 1970 als IM „Dr. Seidler“ tätig[1225] und Brüning fungierte als IM „Egon“ und IM „Manfred Schulz“ ebenfalls zweimal als Zuträger des MfS, zuerst 1971/72 und dann nochmals ab 1983.[1226] Seine zweite Verpflichtung stand im Zusammenhang mit dem Christlichen Umweltseminar Rötha (CUR), aus dem die Aktion „Eine Mark für Espenhain“ erwuchs. Das MfS wollte in diesem Zusammenhang wissen, wie die CUR an die geheimen Umweltdaten gelangte.

Beide Außenstellen wirken bis heute nach. Für die Außenstelle Dölzig wurde nach einer Evaluierung 1991 die Übernahme in die Bundesforschungsanstalt für Naturschutz und Landschaftsökologie beschlossen.[1227] Als Außenstelle Leipzig besteht die Institution auf der Alten Messe fort.[1228] Mit Gottfried Schnurrbusch und Gottfried Saupe (geb. 1936) waren mindestens zwei Personen, die bereits in der DDR in der Außenstelle gearbeitet hatten, am Übergang beteiligt.[1229] Die Außenstelle Finsterwalde blieb ebenfalls nach einer Evaluierung durch den Wissenschaftsrat der Bundesrepublik 1992 als Mehrländerinstitution erhalten.[1230] Unter dem neuen Namen „Forschungsinstitut für Bergbaufolgelandschaft e. V.“ hat sie bis heute einen engen Bezug zur Wiedernutzbarmachungsforschung und besteht am Institutsstandort in Finsterwalde fort.[1231] Hier war es Joachim Katzur, der die Institution in die Forschungslandschaft der Bundesrepublik überführte.[1232]

Synthese aus Technik und Landschaftsgestaltung

Die Umsetzung der Forschungsergebnisse zur Wiedernutzbarmachung von Tagebauen setzt die Planung der Bergbaufolgelandschaft voraus. Selbst im westlichen Kapitalismus, in dem der Begriff der Planwirtschaft ansonsten verpönt ist, haben sich Planungsregime notwendigerweise als staatliche Steuerungsmechanismen für

---

1224 BArch, MfS, BV Leipzig, AIM, Verpflichtungserklärung vom 04.06.1965.

1225 Ebd., Nr. 1951/75, Vorschlag zur Wiederaufnahme des AGI „Dr. Seidler“ vom 22.10.1970, Verpflichtung vom 05.10.1970.

1226 Nur von Brier und Katzur existieren keine IM-Akten. Vgl. ebd., Nr. 1415/89, Bd. 1, Verpflichtung vom 10.12.1971 und 20.10.1983, Vorschlag zur Wiederaufnahme der inoffiziellen Zusammenarbeit vom 26.09.1983.

1227 Reichhoff/Wegner, Institut, S. 517 f.

1228 Bundesamt für Naturschutz: Leipzig. Unter: https://www.bfn.de/leipzig (Eingesehen: 14.03.2023).

1229 Reichhoff/Wegner, Institut, S. 634 und 637.

1230 Ebd., S. 518.

1231 Forschungsinstitut Bergbaufolgelandschaft e. V.: Wir heilen Landschaften. Unter: https://www.unserebroschuere.de/FIB-DE/WebView/ (Eingesehen: 14.03.2023).

1232 Katzur/Böcker, Chronik, S. 286.

Wirtschaft und Infrastruktur etabliert.[1233] Diese Regime sind bis in die Gegenwart für die Gestaltung der Bergbaufolgelandschaften zuständig, sie firmieren heute häufig unter dem Label Regionalplanung.

In der DDR-Planwirtschaft übernahmen die BfT diese Aufgabe. Ab 1965 wurden in den Bezirken BfT aus den vorherigen Entwurfsbüros für Gebiets-, Stadt- und Dorfplanung gebildet und der Bezirksplankommission zugeordnet,[1234] de facto handelte es sich um eine Umbenennung bei gleichzeitiger, institutioneller Aufwertung. Für Fragen der Gestaltung der Bergbaufolgelandschaften waren die Abteilungen für Gebietsplanung der BfT verantwortlich.[1235] Bereits in der Diskussion auf der Tagung zur Präsentation der „Landschaftsdiagnose" 1957 forderten Hans Lehmann, Georg Pniower und Wilhelm Knabe in Bezug auf die Wiedernutzbarmachung die Integration der damaligen Entwurfsbüros in die Planwirtschaftlichen Entscheidungsorgane, um die wirtschaftliche und die territoriale Planung zu vereinen.[1236] Dadurch sollte der Gegensatz von Ökonomie und Ökologie, der sich besonders beim Braunkohlenbergbau zeigte, überwunden werden. Die BfT bemühten sich, diese Forderung zu erfüllen. Häufig stammten die Bearbeiter aus dem Bereich Gartenbau wie beispielsweise Otto Rindt (Abteilungsleiter Gebietsplanung BfT Cottbus) oder Horst Walter (Abteilungsleiter BfT Leipzig). [1237]

Für die Wiedernutzbarmachungsforschung hatten die BfT vielfache Bedeutung: Erstens saßen ihre Vertreter in den verschiedenen Arbeitskreisen für Wiederurbarmachung.[1238] Zweitens nahmen sie an Tagungen und Veranstaltungen

1233 Vgl. Laak, Dirk van: Alles im Fluss. Die Lebensadern unserer Gesellschaft – Geschichte und Zukunft der Infrastruktur, Frankfurt (Main) 2018; ders.: Planung, Planbarkeit und Planungseuphorie, in: Docupedia-Zeitgeschichte, 16.02.2010. Unter: http://dx.doi.org/10.14765/zzf.dok.2.577.v1 (Eingesehen: 19.06.2023).

1234 Behrens, Hermann: Von der Landesplanung zur Territorialplanung. Zur Entwicklung der räumlichen Planung in der SBZ/DDR von 1945 bis Anfang der 60er Jahre, Marburg 1997 (= Forum Wissenschaft, Studien Bd. 41), S. 209.

1235 Kupfer/Sawall/Wiese, Senftenberger See, S. 39 und 113; Krummsdorf/Grümmer, Reißbrett, S. 181–188.

1236 Vgl. AGG, Bestand A – Knabe, Wilhelm, Nr. 84, Diskussionsbeitrag von Dr. W. Knabe zur Tagung der Bauakademie vom 14.12.1957.

1237 Es gab auch den umgekehrten Karriereweg aus dem Entwurfsbüro in die Wiedernutzbarmachungsforschung wie im Fall von Harald Linke, Mitarbeiter und Nachfolger von Werner Bauch in Dresden, der zuvor im Entwurfsbüro für Gebiets-, Stadt- und Dorfplanung Karl-Marx-Stadt tätig war. Vgl. HUB, UA, LGF, Nr. 28, Einladungsschreiben von Georg Pniower an Harald Linke vom 09.04.1956.

1238 Als Gast nahm Rindt 1958 schon vor seiner Tätigkeit im BfT an Sitzungen des Arbeitskreises Wiedernutzbarmachung teil. 1962 übernimmt er als Mitglied explizite Aufgaben in dem Gremium. BLHA, Rep. 803 BfT Ctb, Nr. 796, Protokoll vom 17.01.1958, Arbeitsplan Arbeitsgruppe I (1962); SächsStA-F, 40068, Nr. 41, Niederschrift über die Beratung mit dem WUM-Verantwortlichen am 16.04.1970.

teil, auf denen Forschungsergebnisse präsentiert wurden.[1239] Drittens führten sie eigene Forschungsvorhaben aus.[1240] Viertens integrierten sie die Forschungsergebnisse in die komplexe Planung der Wiedernutzbarmachung auf bezirklicher Ebene und leiteten daraus Arbeitsprogramme ab.[1241]

Zur Erfüllung ihrer Aufgaben waren die BfT auf Forschungsergebnisse angewiesen. Diese Abhängigkeit zeigte sich schon in den Vorgängerinstitutionen in Bezug auf die „Landschaftsdiagnose“: Otto Rindt war als Teilprojektleiter in Sachsen-Anhalt aktiv. Nach seinem Wechsel in die Abteilung Grünplanung im Zentralen Büro für Stadt-, Gebiets- und Dorfplanung des Ministeriums für Aufbau in Halle (Saale) nutzte er mehrfach die Unterlagen für seine Landschaftsplanungen.[1242] Auch andere Entwurfsbüros nutzten die Ergebnisse, so jene aus Weimar (Bezirk Erfurt), Schwerin, Rostock, Neubrandenburg, Magdeburg, Karl-Marx-Stadt, Frankfurt (Oder) und Dresden.[1243] Gleichzeitig forschten die Institutionen eigenständig, teilweise sogar an Querschnittsthemen der Wiedernutzbarmachung: 1964 erarbeitete eine Arbeitsgruppe des BfT Cottbus unter Otto Rindt eine Studie zur Nutzung der Braunkohlenaschen, die in den Kraftwerken des Bezirkes Cottbus anfielen.[1244] Die Untersuchung fokussierte nicht auf die Wiederurbarmachung durch das Domsdorfer Verfahren, sondern führte diese Verwertung nur als eine Möglichkeit an. Nach der Berechnung ergab sich für die Wiederurbarmachung im Zeitraum 1964 bis 1970 ein Bedarf von 846 000 t Kraftwerksfilterasche für 1209 ha Brücken-

1239 Vgl. BArch, DK 107/2942, Anwesenheitsliste vom 15.04.1965; SächsStA-F, 40068, Nr. 41, Beratung mit dem WUM-Verantwortlichen am 16.04.1970.

1240 Melcher, Wasserhaushaltes; Rindt, Tagebaurestlöcher.

1241 BArch, DH 1/22326, Programm für Wiedernutzbarmachung der durch den Bergbau devastierten Flächen 1964–1970 (Januar 1965).

1242 Rindt sah sich Materialien zu Mecklenburg am 11. und 12. April 1957 an. Sein Hallenser Kollege Brandenburger folgte am 07. August 1958. Vgl. IRS Erkner, C 12, K 17, Nachweisbuch über die Nutzung des Materials der Landschaftsdiagnose.

1243 Drei Beschäftigte des Entwurfsbüros Dresden weilten als erste vom 03.-05. April 1957 in der Bauakademie der DDR zur Einsichtnahme. Danach lieh sich das Entwurfsbüro Frankfurt (Oder) vom 30. Oktober bis 04. November 1957 vier Messtischblätter aus. Dorothea Riechen vom Entwurfsbüro Neubrandenburg folgte am 03. November 1958, um sich Material zur Gehölzentblößung in Mecklenburg auszuleihen. Die Einsichtnahme durch das Entwurfsbüro Weimar erfolgte am 28. und 29. November sowie vom 10. bis 12. Dezember 1958 durch einen Herrn Riechen. Zu welchem Zweck und was sie sich genau ansahen, ist nicht überliefert. Der Magdeburger schaute sich am 09. Dezember 1958 gezielt die Kartierungen des Kreises Straßfurt an. Ein anderer Vertreter aus Magdeburg interessierte sich bei seinem Besuch vom 03. bis 05. Dezember 1962 für das gesamte Bezirksgebiet. Der Vertreter des Entwurfsbüros Karl-Marx-Stadt konnte bei seinem Besuch am 19. September 1962 sogar das Material zum Bezirk Karl-Marx-Stadt ausleihen. Rostocker und Schweriner Kollegen folgten am 30. November 1962 sowie am 14. Februar 1963. Vgl. ebd.

1244 StUG, 036-070, Braunkohlenaschen und andere feste Industrierückstände, verfasst unter Kollektivleiter Otto Rindt, vom 01.08.1964.

kippen und weitere 2 800 000 t für 4000 ha Altkippen. Allerdings, so die Studiengruppe, stünden nur zwischen 350 000 t (ausreichend für die Melioration von ca. 700 ha) und 1 190 000 t mit einem Kalkanteil von 30–40 % zur Verfügung. Insgesamt fielen im Bezirk Cottbus 41 031 140 t Asche an, wovon 7 897 000 t wirtschaftlich verwertbar waren. Nach der Studie sollte für die Wiederurbarmachung daher nur ein kleiner Anteil von Asche zur Verfügung stehen: Im Vergleich zur Eisen- und Aluminiumgewinnung mit 6 707 000 t machte die verfügbare Aschemenge für die Meliorationsverfahren nur 15 % aus. Mit der prognostizierten Aschemenge ließen sich zwischen 1964 und 1970 mithin nur 32,6 % der geplanten 5209 ha wiederurbarmachen. Schlaglichtartig verdeutlicht diese Studie damit auch, warum so wenige Altkippenstandorte bis zum Ende der DDR wiedernutzbar gemacht wurden.

Da die Studie nur auf tertiäre Kippen fokussierte, die mithilfe von Kraftwerksasche melioriert werden sollten, existiert auch kein Widerspruch zu der zeitgleich vom BfT erarbeiteten Studie zur Wiederurbarmachung im Zeitraum 1964 bis 1970, die insgesamt 8941 ha zur Wiederherstellung vorsah.[1245] Tagebaue, die im Einklang mit der Wiederurbarmachungsanordnung arbeiteten, hinterließen durch Kulturbodenauftrag rekultivierbare Flächen. Da beide Studien vom BfT erarbeitet wurden, stehen sie durchaus im Einklang.

Mit Blick auf die Bergbaufolgelandschaft sollte allerdings die Frage nach der Gestaltung und Nutzung der Restlöcher die Aktivitäten der BfT bestimmen. Akut wurde sie ab den 1960er-Jahren, da zu diesem Zeitpunkt vor allem im Gebiet um Senftenberg erstmals mehrere Großtagebaue ausgekohlt waren und ihre Restlöcher einer Nachnutzung harrten. Wie bereits erwähnt, veröffentlichte 1962 die Bergakademie Freiberg die Ergebnisse zweier Forschungsaufträge, die dieser Thematik verpflichtet waren.[1246] Bearbeiter waren Otto Rindt vom Entwurfsbüro Cottbus und Manfred Melcher, der an der Hochschule für Bauwesen Cottbus bei Theodor Musterle (1900–1969) seine Diplomarbeit verfasste.[1247] Beide Forschungsprojekte zielten auf die möglichst gewinnbringende Nutzung der Restlöcher, einmal aus Sicht der Wasserwirtschaft (Melcher) und einmal aus Sicht der Erholungsnutzung (Rindt). Die Synthese beider Nutzungen interessierte Rindt maßgeblich, der bereits erste praktische Erfahrungen hierzu durch seine Mitarbeit an der Gestaltung des Knappensees, der nach einer hochwasserbedingten Flutung 1945 erst in den 1950er-Jahre für eine Nachnutzung gestaltet wurde,[1248] gesammelt hatte. Im

1245 BArch, DH 1/22326, Programm für Wiedernutzbarmachung der durch den Bergbau devastierten Flächen 1964–1970 (Januar 1965).

1246 Melcher, Wasserhaushaltes; Rindt, Tagebaurestlöcher.

1247 Kupfer/Sawall/Wiese, Senftenberger See, S. 37.

1248 Vgl. BLHA, Rep. 803 BfT RdB, Nr. 1290, Restlöcher im Bezirk Cottbus als neue Erholungslandschaft, verfasst von Otto Rindt (1969); SächsStA-D, 11473 WWD Obere Elbe–Spree, Nr. 20126, Kurzdokumentation Speicherbecken Knappenrode vom 15.06.1963.

Unterschied zu Knabe, Brüning und anderen Forschern leitete Rindt allerdings aus der Praxis theoretische Schlüsse ab. Seine berühmteste, aus diesem methodischen Vorgehen resultierende Veröffentlichung ist die Anleitung „Doppelter Nutzen durch gelenkte Bodenbewegung" von 1969.[1249] Hierin beschreibt Rindt seine bei der Nutzbarmachung des Tagebaurestloches Niemtsch gemachten praktischen Erfahrungen, die vor allem darin bestanden, dass er den Bergbau im Auslaufprozess dazu brachte, die notwendigen Gestaltungen der Böschungen (vor allem ihre Abflachungen) durchzuführen.[1250] Ziel war es, für die sozialistischen Industriestädte Naherholungsflächen zu schaffen, die besonders in den Braunkohlenrevieren knapp waren.[1251] Im Übrigen bestand die Diskussion im Rheinischen Revier in der Bundesrepublik ebenso.[1252] Neben der land- und forstwirtschaftlichen Wiedernutzbarmachung wies das BfT Cottbus in seinen Gutachten stets die Erholungsnutzung aus und hob die Perspektive der Restlöcher hervor.[1253] Ein wichtiger Punkt waren hierbei stabile Böschungen, ein Problem, das bis heute besteht. Die von Rindt in Freiberg erarbeiteten entsprechenden Forschungsergebnisse basierten, in Zusam-

1249 Rindt, Otto/Kunze, Helmut: Doppelter Nutzen durch gelenkte Bodenbewegung. Anleitung für die Räte der Kreise, Städte, Gemeinden und Betriebe zur Schaffung von zusätzlichen Anlagen der Erholung, des Sports und der Kultur, Senftenberg 1969.

1250 Ebd., S. 22.

1251 Der Diskurs um Erholungsflächen bestand mindestens seit den 1920er-Jahren. Dabei war den Planern bewusst, dass der Braunkohlenbergbau viele Naherholungsflächen wie Wälder oder Flussläufe zerstört. Unter den Bedingungen des Ausbaus der Braunkohlenindustrie in der DDR wurde dieses Problem noch größer. Die Ideen wurden in der DDR weitergeführt und in den frühen 1950er-Jahren von Lingner aufgegriffen und bis zum Ende der DDR weiterentwickelt. Anfangs wurden vor allem Wälder in den Blick genommen, später vor allem Gewässerflächen. Die Schaffung von Gewässern und Bädern wurde allerdings bereits in den 1920er-Jahren aufgegriffen, wie das Strandbad Kleinleipisch zeigt, das aus einer Braunkohlengrube geschaffen wurde. Forderungen zur Schaffung von Erholungsgebieten blieben stets bestehen, da durch die Weiterführung des Bergbaus das Defizit permanent reproduziert wurde. Vgl. BLHA, Rep. 41 Amtsbezirk Brieske, Nr. 70, Schreiben an die Deichdirektion Liebenwerda vom 07.08.1922; Rep. 803 BfT Ctb, Nr. 566, Konzeption für die Flächennutzung Grünewalder Lauch, verfasst von Gunter Clemens, H. J. Neumann, G. Stephan, G. Kunze, M. Stuckas, B. Zoch vom 11.02.1974; Lingner, Landschaftsgestaltung, S. 74; Thielmann, Gerda: Landeskulturelle Wechselwirkungen zwischen Kombinat und Territorium am Beispiel der Gemeinde Deutzen, in: Krummsdorf u. a. (Hrsg.), 1. Landeskultur-Tagung, S. 30–37, hier S. 35; UAL, NA Darmer, Nr. 3, Empfehlungen der Bezirkskommission (1957); Zutz, Königsgärten, S. 129–134.

1252 Vgl. UATUD, Nachlass W. Bauch, Nr. 125, Berghanggebiete aus Mitteilungen über Landesspflege Nr. 21, April 1955, S. 4.

1253 BArch, DF 9/408, Protokoll über die Beratung der Kommission am 24.04.1964; SächsStA-D, 11473, Nr. 6261, Protokoll über die Begehung am 19.12.1960; SächsStA-F, 40068, Nr. 9, Territoriale Anforderungen an das Auslaufprogramm des Tagebaus Scado, verfasst von Otto Rindt, G. Kunze, G. Stephan und M. Stuckas, vom 30.06.1974; StUG, 036-096, Erholungsgebiet „Waldparkgelände Senftenberg" vom 14.03.1962.

menspiel mit neueren Erkenntnissen zur Böschungssicherung, die Gestaltung der Tagebaurestlöcher. Vertreter des BfT Cottbus brachten die Forderung immer wieder in Besprechungen mit den Bergbauunternehmen ein.[1254]

Auffällig an den Forschungsvorhaben der BfT ist, dass sie sich besonders mit Fragen der Gestaltung der Bergbaufolgelandschaft beschäftigten, das BfT Cottbus war in dieser Hinsicht mit Abstand das aktivste in der DDR. Dies hing in doppeltem Sinn mit Otto Rindt zusammen. Rindt wurde 1906 in Apenrade/Aabenraa (Nordschleswig) geboren.[1255] Nach dem Abitur 1925 studierte er von 1932 bis 1936 Landschafts- und Gartengestaltung an der Landwirtschaftlichen Hochschule Berlin sowie der TH Berlin-Charlottenburg. Von 1936 bis 1942 war er dann als Landschaftsanwalt beim Reichsautobahnbau im Büro von Hinrich Meyer-Jungclaussen, bei dem er studiert hatte,[1256] tätig. Während dieser Zeit beschäftigte sich Rindt erstmals mit den Problemen der Wiedernutzbarmachung von Bergbaufolgelandschaften in der Lausitz und lernte auch Rudolf Heuso(h)n kennen.[1257] Das Engagement im Kreis der Landschaftsanwälte war vom Beitritt zur NSDAP (1937–1945) begleitet.[1258] 1942 wurde Rindt zur Wehrmacht eingezogen, nach seiner sowjetischen Kriegsgefangenschaft 1945 bis 1947 siedelte er sich in Sachsen-Anhalt an. Hier übernahm er zunächst von 1947 bis 1949 eine freiberufliche Stelle als Landschaftsplaner in Halle (Saale), bevor ihn 1950 Reinhold Lingner als Teilprojektleiter der „Landschaftsdiagnose" für Sachsen-Anhalt rekrutierte. 1949 bildete er das Sonderreferat Landschaftsgestaltung in der Landesregierung Sachsen-Anhalt, das sich vor allem mit Flurschutzpflanzungen im Vorharzgebiet und der Magdeburger Börde beschäftigte.[1259] Nach Abschluss der „Landschaftsdiagnose" blieb er in Halle (Saale), jetzt beim Zentralen Entwurfsbüro für Stadt-, Gebiets- und Dorfplanung des Ministeriums für Aufbau.[1260] In dieser Funktion plante er das Erholungsgebiet am Süßen See westlich von Halle (Saale), dem einzigen natürlichen See im Mitteldeutschen Braunkohlenrevier. 1952 nahm Rindt erstmals an einer Sitzung des Arbeitskreises für Wiedernutzbarmachung teil.[1261] 1957 übernahm er einen Lehrauf-

---

1254 Zumindest scheint es in diesem Fall auch durchgesetzt bzw. zumindest ins Abstimmungsprotokoll aufgenommen worden zu sein. SächsStA-F, 40068, Nr. 9, Abstimmungsprotokoll über die Jahresbetriebspläne 1980 vom 14.01.1980.

1255 BLHA, Rep. 803 BfT Ctb, Nr. 612, Lebenslauf, verfasst von Otto Rindt, vom 03.11.1950.

1256 Zutz, Rindt, S. 243.

1257 Vgl. Meyer/Zutz, Seengebiet.

1258 BLHA, Rep. 803 BfT Ctb, Nr. 612, Lebenslauf, verfasst von Otto Rindt, vom 03.11.1950.

1259 Zutz, Rindt, S. 243 ff.

1260 BLHA, Rep. 803 BfT Ctb, Nr. 612, Kurzbiographie und Beurteilung vom 04.06.1958.

1261 BArch, DF 9/399, Niederschrift über die Sitzung des Arbeitskreises Wiedernutzbarmachung am 17.06.1952.

trag an der Hochschule für Bauwesen Cottbus, blieb aber vorerst in Halle (Saale) wohnen. In den 1950er-Jahren beschäftigte er sich mit der Gebietsplanung auf Rügen.[1262] Dazu nutzte er auch die Ergebnisse der „Landschaftsdiagnose".[1263] Im Juli 1958 wechselte Rindt zum Entwurfsbüro des Bezirkes Cottbus und wurde Fachgruppenleiter für Fragen der Landschaftsgestaltung und Erholung.[1264] Hier war er, nach der Umbenennung in BfT Cottbus 1963, über das erreichte Renteneintrittsalter hinaus[1265] bis 1983 tätig.[1266] Zusätzlich wirkte er von 1960 bis 1981 als Bezirksnaturschutzbeauftragter in Cottbus.[1267]

Rindt brachte sich vielfältig in Gesetzgebungsprozesse ein, so beim Landeskulturgesetz (1970), beim Berggesetz (1969) und der Erholungsverordnung (1973),[1268] war aber eine unbequeme Person im ‚Maschinenraum der Planwirtschaft'. Seine Nachfolgerin Elke Löwe (geb. 1957) beschrieb Rindts selbstbewusstes Auftreten gegenüber den Bergbaubetrieben folgendermaßen:

> Am Anfang waren wir manchmal zusammen da [bei den Bergbauunternehmen] draußen und Otto hatte eine Idee und man hat das erzählt und dann haben sie [die Vertreter der Bergbauunternehmen] einem alle erzählt, warum das nicht geht. Und Otto Rindt hat gar nicht zugehört. Hat aus dem Fenster geguckt, hat was gemalt und dann hat er wieder von vorne angefangen. Manchmal hat er was erreicht und manchmal auch nicht.[1269]

Rindt war aus Sicht der Bergbautreibenden ein kritischer Geist, der sie in die Verantwortung nahm. Aufgrund seines Alters und seiner fachlichen Eignung gehörte

---

1262 BLHA, Rep. 803 BfT Ctb, Nr. 612, Kurzbiographie und Beurteilung vom 04.06.1958.

1263 IRS, C 12, K 17, Nachweisbuch über die Benutzung des Materials der Landschaftsdiagnose.

1264 BLHA, Rep. 803 BfT Ctb, Nr. 612, Umsetzung des Kollegen Dipl.-Gärtner Otto Rindt von Halle nach Cottbus vom 06.06.1958 und 10.07.1958.

1265 1974, mit 67 Jahren, war er immer noch mindestens 4 Tage pro Woche im Büro tätig. Vgl. ebd., Beurteilung vom 09.05.1974.

1266 Sein endgültiges Ausscheiden aus dem BfT erfolgte am 30.09.1983 mit 76 Jahren. Nachfolgerin wurde die nicht weniger prägende Landschaftsarchitektin Elke Löwe. Kupfer/Sawall/Wiese, Senftenberger See, S. 33.

1267 Meyer, Senftenberger See, S. 139.

1268 Die Angaben stammen aus einer Ausstellung, die vom 06. Januar bis zum 03. Februar 1988 im Haus der NVA in Cottbus gezeigt wurden. Es ist nicht ganz klar, welche Verordnung Rindt mit der Erholungsverordnung meint. Plausibel ist das Gesetz über die örtlichen Volksvertretungen und ihre Organe in der Deutschen Demokratischen Republik, hier speziell § 32 Körperkultur, Sport, Erholungswesen und Fremdenverkehr. Hierin ist die Verantwortlichkeit der Gemeinden und Kreise in Bezug auf die Schaffung von Erholungseinrichtungen geregelt. Vgl. BLHA, Rep. 938 Kulturbund – Bezirksleitung Cottbus (KB BV Ctb), Nr. 21, Lebensdaten (1987); GBl, Teil I, 1973, Nr. 32, S. 323.

1269 Privatarchiv (PA) Baumert, Zeitzeugengespräch mit Elke Löwe, Hans-Jürgen Schmager und Anke Schwarzenberg in Hörlitz am 09.12.2022, 00:44:12-00:44:31.

er einer Generation an, die in der DDR bereit war Konflikte auszutragen.[1270] Dieser Widerstandsgeist scheint im BfT Cottbus institutionell verankert gewesen zu sein, Rindts Vorgesetzte Gunter Clemens und Hermann Wittig (geb. 1938) verteidigten sein Vorgehen. Wittig wurde gar als „rot-grüner Wittig“ bezeichnet und stärkte auch Elke Löwe, der Nachfolgerin Rindts, gegenüber dem Bergbau den Rücken.[1271]

Das BfT Leipzig war in seinem Einfluss deutlich beschränkter. In Bezug auf die Wiedernutzbarmachung fanden sich nur zwei Belege für seine Wirkung. In den 1960er-Jahren untersuchte das BfT den Einsatz von Gülle einer Schweinemastanlage zur Düngung der Kippe als Teil der Meliorationsarbeiten.[1272] 1970 hielten der Abteilungsleiter des BfT Leipzig, Horst Walter, und die stellvertretende Direktorin, Marianne Wagner, das Eröffnungsreferat auf der 1. Landeskultur-Tagung im Bezirk Leipzig, die Albrecht Krummsdorf organisiert hatte.[1273] Bedeutender für die Wiedernutzbarmachung im Bezirk Leipzig war das Büro für Bergbauangelegenheiten (BfB). Es führte zwar keine eigenen Forschungen durch, war aber nachsorgend involviert: So kümmerte sich das BfB beispielsweise um die Verwahrung des Braunkohlentiefbaufeldes Kulkwitz.[1274] Dabei bestand eine Verbindung zum BfT durch den Leiter des BfB, Roland Holzapfel, der früher Mitarbeiter des Entwurfsbüros für Gebiets-, Stadt- und Dorfplanung Leipzig und in den 1960er-Jahren in der Wiedernutzbarmachungsforschung aktiv war.[1275] In den 1960er-Jahren hatte er in dieser Position die Wiedernutzbarmachungsplanung des Bezirks übernommen. Wie das BfT unterstand das BfB der Bezirksplankommission. Wieso diese un-

1270 Hierin können durchaus Parallelen zu Alwin Seiferts Mahnung an die Bergherren gesehen werden. Da Rindt selbst zum Kreis der Landschaftsanwälte gehörte und im Autobahnbau tätig war, kannte er Seifert.

1271 PA Baumert, Zeitzeugengespräch mit Elke Löwe, Hans-Jürgen Schmager und Anke Schwarzenberg in Hörlitz am 09.12.2022, 00:46:56-00:49:19.

1272 Interessanterweise war auch hier wieder eine Kippe des VEB Kombinat „Otto Grotewohl“ die Testfläche. Die Gülle sollte aus einem geplanten Schweinemastbetrieb mit mehr als 100 000 Schweinen kommen und ab 1972 zur Verfügung stehen. Ob es zu einer Verregnung kam ist zumindest fragwürdig. So ging die Studie von einer erhöhten Seuchengefahr aus und zum anderen war eine Überdüngung problematisch. Vgl. SächsStA-L, 22124 Büro für Territorialplanung Leipzig, Nr. 327, Protokoll über die Verteidigung der „Studie zur ganzjährigen Verwertung des Abwassers aus dem Schweinezucht- und Mastkombinat“ vom 23.07.1968.

1273 Marianne Wagner, die auch Walters Vortrag verlas, war Teil des Präsidiums der Tagung. Vgl. Krummsdorf u. a. (Hrsg.), 1. Landeskultur-Tagung, S. 9 f.

1274 SächsStA-L, 20304 Büro für Bergbauangelegenheiten, Nr. 11, Schreiben vom Leiter des BfB, Roland Holzapfel, an den Leiter der Abteilung Bergbaumaßnahmen, Liebusch, vom 25.03.1975.

1275 Holzapfel war an mindestens einem Treffen zur Auswertung des I. Internationalen Symposiums und zur Vorbereitung des II. Internationalen Symposiums beteiligt. Im Bezirk Leipzig übernahm er die Planung der Wiedernutzbarmachung. SächsStA-F, 40067, Nr. 1160, Auswertung des I. und Vorbereitung des II. Internationalen Symposiums über Fragen der Rekultivierung von Kippen und Halden vom 04.01.1963.

terschiedliche, bezirkliche Aufgabenverteilung im Feld der Wiedernutzbarmachung vorlag, ist nicht überliefert. Möglicherweise wollten die Verantwortlichen im Bezirk Leipzig Konflikte wie im Bezirk Cottbus verhindern.

Bergbaufolgelandschaft und Erholungsnutzung

Wer heutige Bergbaufolgelandschaften in ostdeutschen Braunkohlenrevieren kennt, dem kommt als erstes die Nachnutzung zur allgemeinen Erholung in den Sinn – reizvolle Seen, deren mit Schilfrohr bewachsene Ufer sich idyllisch mit dem angrenzenden Forsten verbinden. Wasservögel bevölkern mittlerweile ganzjährig diese Orte. Sandstrände, Segelboote und kleine Inseln machen das Urlaubsparadies scheinbar perfekt. Die Erschließung durch zahlreiche Wege und touristische Einrichtungen vom Strandkiosk bis zum Wellnessresort ziehen im Lausitzer und Leipziger Neuseenland mittlerweile Reisende aus nah und fern an. In den malerischen Sonnenuntergängen wird die reizvolle Umgebung in den Augen der Besuchenden zur Illusion einer natürlichen, gewachsenen Landschaft; ein Rückzugsort der Entschleunigung in unserer modernen Industriegesellschaft. Einzig ihre Entstehung weist auf die ökologischen Zerstörungen der Industriemoderne hin (Abb. 70).

Abb. 70: Naturidyll an den Ratzener Teichen im Tagebaubereich Lohsa im Sonnenuntergang, ca. 2000

Die Diskussion um die Erholung in den Braunkohlerevieren ist fast so alt wie die industrielle Gewinnung der Ressource. Nicht von ungefähr entzündeten sich die ersten Konflikte um den Tagebau an der Zerstörung von Erholungslandschaften, wie beispielweise die Diskussion in den 1920er-Jahren über den Harthwald bei Leipzig zeigt.[1276] Die Gestaltung der Landschaft nach ihrer ‚totalen' Devastierung ging einher mit der Versuchung, neue und ästhetisch anspruchsvolle Landschaften zu schaffen, die hinterlassenen Mondlandschaften übten einen gewissen Reiz aus. Schon Reinhold Lingner hatte ihre Wiederinwertsetzung als Erholungslandschaft gefordert:

> In den abgebauten Braunkohlengebieten haben wir Landschaften, die sich ausgezeichnet zu Erholungslandschaften eignen. Nehmen wir das Senftenberger Revier. Als Industrielandschaft wird es bald ausgedient haben. Eine veränderte, tote Landschaft bleibt zurück. Zur Agrarlandschaft ist sie nicht geeignet, die Böden waren schon vor der Auskohlung sehr dürftig und müssen nun erst mühsam wieder kulturfähig gemacht werden. Begrünt werden müssen sie zum Schutz gegen Erosion auf alle Fälle. Einzelne Rippen sind bereits wieder bewaldet. Wald wird in Zukunft hier ohnehin vorherrschen müssen. Gute Verkehrsverbindungen sind vorhanden. Gestalten wir sie einschließlich der Grubenseen zu einer wald- und seenreichen Erholungslandschaft, dann leisten sie in jeder Hinsicht wieder wertvolle Dienste. […] eine bessere Verwertung lässt sich nicht dafür denken.[1277]

Die DDR führte einen anderen Diskurs über Erholung als die kapitalistischen Gesellschaften: Vor 1945 war Erholung ein Privileg, das vor allem den oberen Schichten vorbehalten blieb. Seit der Weimarer Republik brachten Urlaubsregelungen Veränderungen mit sich, allerdings erlaubten die geringen Einkommen nur wenigen eine Urlaubsreise. Gleichzeitig wertete diese Entwicklung den Raum, der innerhalb weniger Stunden erreichbar war, als Naherholungsgebiet auf, das auch von unteren Einkommensschichten genutzt werden konnte. Der Nationalsozialismus brachte nicht nur eine Ausdehnung der Urlaubstage, sondern rückte mit der Unterorganisation Kraft durch Freude (KdF) der Deutschen Arbeitsfront (DAF) den Erholungsurlaub in Form des frühen Massentourismus in den Fokus der betrieblichen Fürsorge, wenn auch die Umsetzung kriegsbedingt nur in Ansätzen erfolgte. Für viele bedeutete dies dennoch die ersten Erholungsreisen. Im Sozialismus gewannen Erholung und Urlaub nach 1945 an Stellenwert. Die Gewährung von zusätzlichem bezahlten Urlaub und die Möglichkeit, diesen in Erholungsgebieten zu verbringen, waren ein Angebot an die Arbeitskräfte, das entsprechende Flächen für eine „sozialistische Erholungslandschaft" benötigte.[1278] Die wachsenden Städte hatten seit der Industrialisierung viele ihrer potentiellen Erholungsflächen dem

1276 Vgl. Kretschmer, Braunkohle und Umwelt, S. 113–124.
1277 Lingner, Landschaftsgestaltung, S. 75.
1278 Vgl. Bernhardt, Erholungslandschaft, S. 301–323.

industriellen Fortschritt geopfert. Flussbäder, eine häufige Variante der Erholungsnutzung und gleichzeitig die ersten Opfer der Braunkohlenindustrie, fanden sich als populäre Beispiele in Senftenberg[1279] und Leipzig.[1280] Der Tagebau zerstörte teilweise historisch bedeutsame Parkanlagen wie in Fürstlich Drehna in der Niederlausitz oder Störmthal im Mitteldeutschen Revier.[1281] Entsprechend galten die Bezirke Cottbus und Leipzig bergbaubedingt als besonders arm an Erholungsflächen.[1282]

Der Tagebau, so schien es den Landschaftsarchitekten, bot ein erhebliches, bereits in der Zwischenkriegszeit erkanntes Potenzial zur Landschaftsgestaltung: Kippen waren einer wirtschaftlichen Nachnutzung teilweise entzogen, so dass ihre waldbauliche Nutzung als Erholungsgebiet diskutiert wurde.[1283] Die vom Tagebau hinterlassenen Restlöcher boten die Möglichkeit, Badeseen zu schaffen, die insbesondere in der an stehenden Gewässern armen Lausitz als erstrebenswert galten. Die wahrscheinlich erste planmäßige Gestaltung eines ausgekohlten Tagebaus zu einem Badesee erfolgte in der Lausitz mit der Umgestaltung der Grube Marie-Anne der Bubiag zum Strandbad Kleinleipisch bei Lauchhammer Anfang der 1930er-Jahren.[1284] Auf einer Fläche von 1,28 ha entwarf Hinrich Meyer-Jungclaussen ein Strandbad (Abb. 71). Seine Planungen beinhalteten Sichtachsen, planmäßig angelegte Bepflanzungen im Osten, ein Sandstrand im Westen inkl. eines Gebäudes, eine Seebrücke und einen Sprungturm. Erfolg war dem See nicht beschieden: Überhandnehmender Röhrichtbewuchs und vor allem die Einleitung von Grubenwässern (Pumpenhaus auf Plan unten links), die die Wasserqualität negativ beeinflussten, führten dazu, dass der Badebetrieb nach wenigen Jahren wiedereingestellt werden musste. Heute ist der See verlandet – ein Phänomen vie-

1279 BLHA, Rep. 41 Amtsbezirk Brieske, Nr. 70, Senftenberg, den 11.11.1922; Schreiben des Landwirtes Gottlieb Jentsch an den Landrat Saling in Hoyerswerda vom 03.08.1928.

1280 Deutsch/Pohl, Umweltgeschichte, S. 66 f. und 75–85.

1281 Vgl. Berkner/Kulturstiftung Hohenmölsen (Hrsg.), Umsiedlungen, S. 214 f.; BLHA, Rep. 514 VEB Forstprojektion Potsdam, Nr. 804, Der Drehnaer Park und die Bergbauentwicklung von 1975 bis 1990 (1974).

1282 Immer wieder, selbst am Beispiel kleinerer Städte wie Borna, Lauchhammer oder Weißwasser, wurde auf den Bedarf an Erholungsflächen verwiesen. Vgl. BArch, DK 107/10990, Niveauanalytischer Vergleich (1977); BLHA, Rep. 803 BfT Ctb, Studie für die Entwicklung der Bergbaufolgelandschaft Trebendorfer Felder im Rahmen des bergbaulichen Auslaufprogrammes verfasst von Maspfuhl, vom 23.09.1969; Rindt, Tagebaurestlöcher, S. 63; Walter, Horst: Landeskulturelle Aufgaben im Bezirk Leipzig, in: Krummsdorf u. a. (Hrsg.), 1. Landeskultur-Tagung, S. 10–21, hier S. 15 f.

1283 Meyer/Zutz, Seengebiet, S. 280–290.

1284 Zutz, Königsgärten, S. 131 f.

ler früher Restseen[1285] – und an seine Bedeutung für die Praxis der Wiedernutzbarmachung wird vor Ort nicht erinnert.

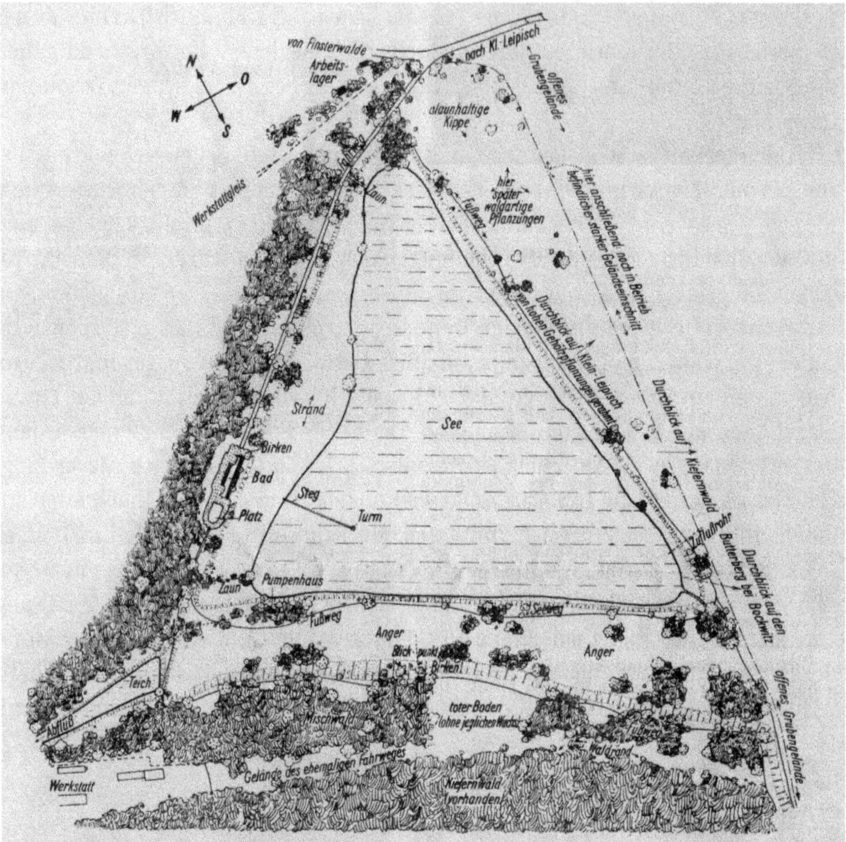

Abb. 1. Ideenentwurf zu naturhafter Landschaftsgestaltung in der Umgebung des Strandbades Klein-Leipisch (Bubiag, Mückenberg).

Abb. 71: Gestaltungsentwurf für das Strandbad Kleinleipisch von Hinrich Meyer-Jungclausen; beachtenswert ist die Integration von zwei tertiären Flächen im unteren („toter Boden") und im oberen Bereich („Alaunhaltige Kippe"), 1933

Ein interessanter Aspekt von Meyer-Jungclaussens Entwurf ist die Einbindung zweier tertiärer Flächen (Mitte unten und an der oberen Spitze des Sees) in die

---

1285 Der Ententeich im Meuselwitzer Revier südlich von Leipzig ist ein weiterer Fall. Dabei ist er aufgrund seiner geringen Tiefe und dem Eintrag von Sedimenten von der Verlandung bedroht. Köhler, Ulrich: Stand der Florenentwicklung am Restloch Rusendorf und auf der Hochhalde Heureka 1986–1988, in: Maurentiana Altenburg 12, 1990, S. 489–499, hier S. 493.

Gestaltung. Unklar ist, ob er hiermit einen Verweis auf die Geschichte des Ortes schaffen wollte oder ob er nur auf die Widrigkeiten der Flächen reagierte und sie aufgrund fehlender Aufbereitungsverfahren so beließ. Ungeachtet dessen zeigte Meyer-Jungclaussen die Möglichkeit auf, durch landschaftsgestalterische Maßnahmen die Bergbaufolgelandschaft für Erholung und Freizeit nutzbar zu machen. Ein Bezug zur nationalsozialistischen Ideologie, die Freizeit zur körperlichen oder politischen Ertüchtigung propagierte, besteht ebenso und stellt diese Entwicklung in eine Reihe mit anderen landschaftsplanerischen Projekten in der Bergbaufolgelandschaft. Beispielhaft hierfür ist der Entwurf einer Thingstätte durch Rudolf Heuso(h)n für die Kippe der Grube Victoria II der NKW bei Schipkau (Abb. 72).[1286] Auch der Bau von Sportanlagen durch die Braunkohlenindustrie war im Nationalsozialismus keine Besonderheit.[1287] In diesen Beispielen verband sich ein „pragmatische[r] Weg" des Umgangs mit den Kippen mit kreativen Spielräumen für die Landschaftsarchitektur.[1288]

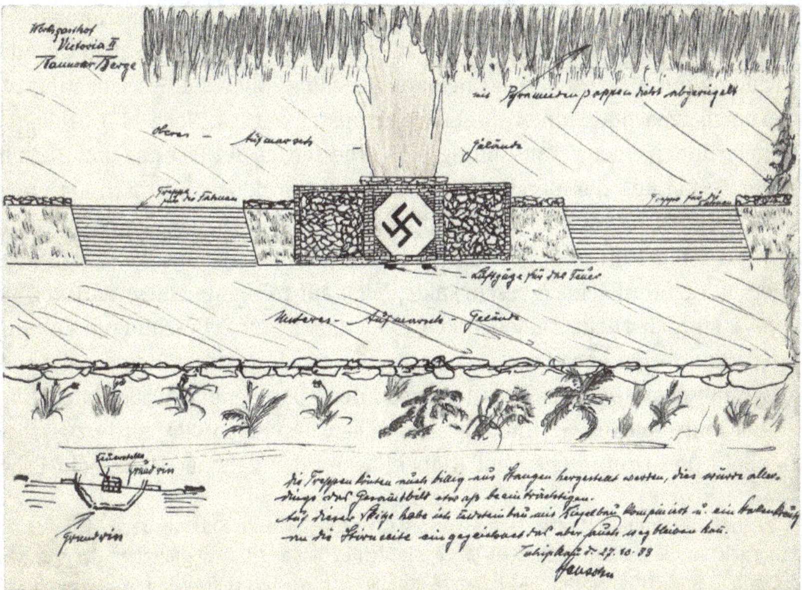

Abb. 72: Entwurf für eine nicht realisierte Thingstätte auf Victoria II der NKW durch Rudolf Heusohn. Zusätzliche Freizeitangebote im Nationalsozialismus sind untrennbar mit Ideologie und der Vereinnahmung durch Staat und Partei verbunden, 1933

1286 BLHA, Rep. 75 Niederlausitzer Kohlenwerke AG, Berlin, Nr. 65, Entwurf eines Thingplatzes auf Victoria II von Rudolf Heusohn vom 27.10.1933.

1287 Baumert, Autarkiepolitik, S. 118 f.

1288 Zutz, Königsgärten, S. 133.

Wirtschaftliche Zwänge des Krieges und der Nachkriegszeit verhinderten eine Weiterentwicklung der Konzepte. Trotz Forderungen von Lingner blieb das Thema Erholungsnutzung der Bergbaufolgelandschaft vorerst außen vor, auch wenn Knabe diese zumindest beschrieb.[1289] Mit dem Ausbau des Bezirkes Cottbus zum „Kohle- und Energiezentrum der DDR" und dem damit verbundenen Aufbau sozialistischer Städte wie Hoyerswerda[1290] wurde die Frage nach der Entwicklung von Erholungsgebieten drängender. Die auf der Naturschutztagung des Bezirkes Cottbus im Oktober 1956 formulierte Forderung, dass – neben einer gesicherten Trinkwasserversorgung, die durch die Grundwasserabsenkungen lokal problematisch war,[1291] der Klärung von Abwässern und der Rekultivierung von Tagebaukippen – die Schaffung und der Erhalt von Erholungsgebieten zu priorisieren seien, wundert daher nicht.[1292] Eine Ausnahme in dieser Zeit bildete der Knappensee, der durch zwei Hochwasserereignisse im Mai und Juni 1945 geflutet worden war. Dieser wird im folgenden Abschnitt ausführlich dargestellt.

Die Umgestaltung von Tagebaurestlöchern zu Badeseen stellte zu Beginn der DDR Neuland dar und erforderte neue Forschungsansätze und -kooperationen.[1293] Entsprechende Forderungen gingen vor allem von der Wasserwirtschaft aus, die die Erholung nur als Nebenaspekt betonte. Allerdings blieb die Gesetzgebung zur Wiedernutzbarmachung hinter diesen Bedürfnissen zurück. Noch 1977 beklagten Teilnehmer:innen einer Veranstaltung zur Verbesserung der Planung und Ausführung der Gestaltung der Bergbaufolgelandschaft, an denen Repräsentant:innen der Räte der Bezirke Cottbus, Halle und Leipzig teilnahmen, das Fehlen einer Gesetzesvorlage hinsichtlich der Erholungsnutzung.[1294] Die diskutierten Gestaltungsarbeiten an den Restlöchern beschränkten sich auf relevante wasserwirtschaftliche und Standsicherheitsproblematiken (Bodenabdichtung, Böschungsgestaltung, Flutung), ignorierten aber Fragen der touristischen Infrastruktur und der Landschaftsgestaltung, die in der Forschung seit den ausgehenden 1950er-Jahren bereits eine Rolle spielten.[1295] Umfangreiche Ideen bestanden: So wurde zwischen Senftenberg und Großräschen auf Kippenflächen der Raunoer Höhen ein Erho-

1289 Knabes im Konjunktiv verfassten Aussagen über die mögliche Nutzung der Restlöcher zur Erholung zeigten die Realität der 1950er-Jahre, die sich in den engen ökonomischen Grenzen von Wiederaufbau und Ost-West-Konflikt bewegte. Knabe, Zur Wiederurbarmachung, S. 19 und 65 f.

1290 Meyer, Senftenberger See, S. 134.

1291 BLHA, Rep. 250 Calau/Sfbg, Nr. 445, Niederschrift über die am 24. Februar 1951 in der Kreisverwaltung Senftenberg stattgefundene Sitzung.

1292 Zutz, Naturschutzgeschichte, S. 111.

1293 BArch, DF 9/393, Arbeitsplan (1961).

1294 Ebd., DF 401 (Zentralinstitut für Informationen)/38818, Vorschläge zur Leitung und Planung für die Wiedernutzbarmachung von Bergbaufolgelandschaften (1977).

1295 Ebd., DK 107/8321, Naturschutz in der Deutschen Demokratischen Republik (1959), Schreiben von Hans Reichelt an Hans Stubbe vom 24.04.1959.

lungswald konzipiert, der als Zwischenlösung dienen sollte, da ab 1980 eine Überbaggerung durch den Tagebau Meuro, der in diesem Bereich das zweite Flöz erschließen sollte, geplant war.[1296] Die Fläche sollte mit einem diversifizierten Baumbestand bestückt werden und kleine Landschaftsseen umfassen. Eine Realisierung scheint jedoch fragwürdig und lässt sich aus den gesichteten Quellen nicht belegen.

Mit der zunehmenden Auskohlung größerer Tagebauflächen änderten sich seit den 1960er-Jahren die Planungen. Nun sollten nicht mehr nur Erholungsgebiete für die lokale und regionale Bevölkerung geschaffen werden, sondern auch solche mit überregionalen und touristischen Charakter. Ursächlich war dies auf die deutlich größere Ausdehnung der Restlöcher zurückzuführen. War das Strandbad Kleinleipisch mit 1,28 ha vergleichsweise winzig, beträgt die Fläche des Knappensees bereits 255 ha, diejenige des Kulkwitzer Sees, direkt neben dem Neubaugebiet Grünau gelegen, bei Leipzig 170 ha. Die nächste Generation war noch deutlich größer, wie der Senftenberger See mit 1060 ha oder der Muldenstausee bei Bitterfeld mit 630 ha Wasserfläche zeigen. Sie dienten auch dazu, die fehlende Reisefreiheit zu kompensieren. Infolgedessen wurde auch für andere ausgekohlte Tagebaue eine überregionale Bedeutung angestrebt.[1297] Erklärtes Ziel war es, „vorrangig betriebliche bzw. gesellschaftliche Erholungseinrichtungen“[1298] zu schaffen. Entsprechend bestimmten seit den 1970er-Jahren die infrastrukturellen Anbindungen die Nachnutzungsplanungen der Bergbaufolgelandschaft wie im Fall des Erholungsgebietes Grünewalder Lauch westlich von Lauchhammer.[1299] Die neuen touristischen Seen dienten auch als Ausgleich für 60 % der Seen in der DDR, die aus verschiedenen Gründen nicht nutzbar waren.[1300]

Erholungsnutzung in der Bergbaufolgelandschaft bezog sich in der DDR nicht bloß auf einen geruhsamen Tag am Strand oder Spaziergänge durch anspruchsvolle Mischwälder. Ein differenziertes Nutzungskonzept lässt sich an vielen kleinen Entwürfen ablesen. Gerade gegen Ende der DDR entsprach die geplante Erholungslandschaft mehr und mehr den unterschiedlichen Bedürfnissen der Bevölke-

---

1296 StUG, 036-96, Erholungsgebiet „Waldparkgelände Senftenberg“ verfasst von Hans-Joachim Neumann vom 14.03.1962.

1297 Vgl., mit Bezug auf den Tagebau Skado, SächsStA-F, 40069, Nr. 9, Territoriale Anforderungen an das Auslaufprogramm des Tagebaus Skado, verfasst von Otto Rindt vom 30.06.1974.

1298 Ebd.

1299 Hier wurde die gute Anbindung durch die Autobahn hervorgehoben, die es sowohl Personen aus dem Bezirk Dresden als auch aus der Hauptstadt der DDR erlaubte, schnell dieses Gebiet zu erreichen. Vgl. BLHA, Rep. 803 BfT Ctb, Nr. 566, Konzeption für die Flächennutzung Grünewalder Lauch, verfasst von G. Stephan, G. Kunze, M. Stuckas und B. Zoch, vom 11.02.1974.

1300 Goger, Olaf: Entwicklung der Landschaftsschutz- und Erholungsgebiete im ehemaligen Bezirk Frankfurt (Oder), in: Behrens/Hofmann (Hrsg.), Umweltschutz, Bd. 2, S. 27–43, hier S. 29.

rung. Mindestens zwei Segelflugplätze wurden auf Kippengelände geschaffen – einer besonders in der Lausitz beliebten Freizeitgestaltung, wenn auch nur für eine kleine Gruppe.[1301] Das zweite Beispiel zeigt, dass die DDR nicht nur die Freizeit im Sommer im Blick hatte. Im Bereich des Tagebaus Cottbus-Ost wurde 1988 auf einer Halde ein Rodelhang geplant.[1302] Die Realisierung der Planung ist nicht überliefert. Allerdings verweist sie auf eine Idee der Nachwendezeit, bei der in Senftenberg auf einer Halde eine Indoor-Skihalle mit dem Namen „Snowtropolis" gebaut wurde.[1303]

Viele der Erholungsprojekte in der Bergbaufolgelandschaft blieben Pläne, die niemals oder erst nach 1990 realisiert wurden. Von den sieben geplanten Seen im Bezirk Cottbus, die nach der Fertigstellung des Senftenberger Sees bis zum Jahr 2000 entstehen sollten, wurde nur der Silbersee (Tagebau Glückauf/Werminghoff II) zur Zeit der DDR realisiert.[1304] Ausschlaggebend für die nicht erfolgten Realisierungen der Planungen waren teilweise wirtschaftliche Gründe, weshalb keine Gestaltung der Restlöcher zu Badeseen erfolgte wie im Fall des Harthsee bei Borna.[1305] Auch technische Gründe bzw. konkurrierende Nutzungen sprachen gegen die Umgestaltung zum Erholungsgebiet wie im Fall des Rückhaltebeckens Stöhna im Tagebaubereich Espenhain.[1306]

Zwei Seen sollten wegweisend für die weitere Entwicklung der Wiedernutzbarmachung bis in die heutige Zeit werden. Sie zeigen die Umsetzung von For-

---

1301 Auf insgesamt 231,4 ha Fläche errichtete die Gesellschaft für Sport und Technik nahe des heutigen Halbendorfer Sees, nördlich von Weißwasser im Tagebaubereich Trebendorfer Felder, einen Segelflugplatz. Knapp 10 Jahre früher wurde bereits in Böhlen, nördlich des Chemiewerkes, ein Flugplatz auf dem Kippengelände eröffnet. Heute besteht nur noch der Böhlener Flugplatz. BLHA, Rep. 803 BfT Ctb, Nr. 1278, Protokoll über die Besprechung am 03.01.1966; Nr. 1280, Tagebau Trebendorfer Felder, Flächennutzungsplan vom 23.09.1968.

1302 BLHA, Rep. 803 BfT Ctb, Nr. 1261, Konzeption zur Weiterführung, Wiederurbarmachung und Rekultivierung der Mülldeponie Cottbus Saspow vom 14.04.1988.

1303 Heinrich, Jürgen/Heinrich, Petra: Der „Asphalt-Granit" bewährt sich in Senftenberg, in: Der Märkische Bote, 02.06.2017. Unter: https://maerkischer-bote.de/unterhaltung/hoerlitzer-strasse-der-asphalt-granit-bewaehrt-sich-in-senftenberg-177456 (Eingesehen: 25.05.2023).

1304 BLHA, Rep. 803 BfT Ctb, Nr. 1258, Studie über Aufwand und Nutzen von Bergbaufolgelandschaften auf dem Gebiet der Erholung am Beispiel der Gestaltung des Senftenberger Sees, verfasst von Bärbel Kirsten (1979).

1305 Trotz einer entsprechenden Forderung aus der Bevölkerung lehnten das BKK Bitterfeld und das untergeordnete BKW Borna die Gestaltung zum Badesee aus ökonomischen Gründen ab. Vgl. BArch, MfS, BV Leipzig, Leitung, Nr. 2673, Informationen vom 15.07.1981.

1306 Das Rückhaltebecken wurde zum Hochwasserschutz genutzt. Eine Nutzung als Badesee hätte allerdings einen Dauerstau von 70 % erfordert, wodurch es nicht mehr seinen Aufgaben der Überflutungsprävention nachgekommen wäre. Vgl. SAPMO, DY 30 (Sekretariat des ZK der SED)/38758, Schreiben des Neuererkollektivs zur Nutzung des Rückhaltebeckens Stöhna an das ZK der SED vom 13.02.1978.

schungsergebnissen in eine komplexe Landschaftsgestaltung, zu der die DDR bis Mitte der 1970er-Jahre fähig war. Deshalb widmen sich die folgenden beiden Unterkapitel zuerst dem Knappensee bei Hoyerswerda und danach dem Senftenberger See, dem größten in der DDR realisierten Projekt einer vielfältig nutzbaren Bergbaufolgelandschaft.

Der Knappensee – ein zufälliges Musterprojekt

Dass sich ausgerechnet das Restloch des Tagebaus Werminghoff I, südlich von Hoyerswerda gelegen, zum ersten geplanten Naherholungsgebiet entwickelte, ist dem Zufall geschuldet – ohne den Zusammenbruch am Kriegsende und ein Hochwasserereignis im Frühjahr 1945 würde der spätere Knappensee heute nicht bestehen. Erste, als Badeseen genutzte Restlochseen, wie dem nach einem Grubenbrand durch Grundwasseraufstieg zwischen 1927 und 1932 gefluteten Olbasee[1307] nordöstlich von Bautzen oder dem durch Grundwasseranstieg ab 1943 volllaufenden Kretzschauer See bei Zeitz,[1308] entstanden ungeplant bereits in der ersten Hälfte des 20. Jahrhunderts. Der Knappensee allerdings stellte den ersten Versuch dar, einen Restlochsee für die Erholungsnutzung zu gestalten. Darüber hinaus ist seine Doppelfunktion als Badesee und Speicherbecken zu beachten. Der Knappensee war Vorbild für den Senftenberger See, weshalb hier eine eingehende Betrachtung erfolgt. Anknüpfend an die bisherigen Forschungen stehen neben den konkreten Maßnahmen die beiden „Väter“ des Sees, Otto Rindt und Hermann Mattheus (1900–1988), im Fokus.

Der Tagebau Werminghoff I wurde 1913 aufgeschlossen und bis 1945 ausgekohlt.[1309] Benannt wurden er, die Brikettfabrik und die Werkskolonie nach dem Industriellen und Gründer der Aktiengesellschaft Eintracht Braunkohlenwerke und Brikettfabriken zu Welzow, Joseph Werminghoff (1848–1914). In der DDR war der Name eines kapitalistischen Großindustriellen verpönt, so dass eine Umbenennung in Knappenrode für Brikettfabrik und Werkskolonie erfolgte und das zu diesem Zeitpunkt bereits geflutete Tagebaurestloch zwischen Koblenz, Maukendorf und Groß Särchen als Knappensee bezeichnet wurde. Zur Flutung führten zwei Ereignisse: Erstens ein Wassereinbruch inklusive Beschädigung der Spundwand zum Schwarzwasser durch Handgranatenfischen am 03. Mai 1945;[1310] zweitens ein

---

1307 Wilhelm, Matthias: Vom Radisch zur Olba. Geschichte einer Landschaft, Bautzen 1998, S. 16.

1308 Berkner u. a. (Hrsg.), Mitteldeutsche Seenlandschaft, S. 104.

1309 Schulz, Drei Jahrhunderte, S. 91 und 125.

1310 Die nördliche Oberlausitz ist ein traditionelles Fischzuchtgebiet, heute als Oberlausitzer Heide- und Teichlandschaft sogar Biosphärenschutzgebiet. Zur Überwindung der schlechten Versorgung trieben sowjetische Soldaten die Fische aus den Warthaer Teichen im Schwarzwasser

Hochwasser im Juni 1945, ausgelöst durch eine 5b-Wetterlage.[1311] Dabei brach der Damm eines verlegten Teilstücks des Schwarzwassers, der sich wieder sein altes Flussbett suchte und so den Tagebau flutete.[1312] Bereits 1946 hatte sich der Endwasserstand durch zusätzlich aufsteigendes Grundwasser eingestellt. Das zufällige Ereignis des Hochwassers zeigte, dass eine gute Wasserqualität durch Flutung mit Fremdwasser erreichbar war. Dies stand im Gegensatz zu der starken Versauerung von Restlochseen, wenn diese nur durch Grundwasseraufstieg gefüllt wurden. Diese Erkenntnis wird bis heute für die Schaffung von Bergbaufolgeseen beachtet.

Das schnelle Ansteigen des Wasserspiegels brachte aber ein weiteres Problem mit sich, das bis heute besteht: Rutschungen und Setzungsfließen, die hier erstmals in großem Maße auftraten.[1313] Trotz der von dem Restlochsee in den 1940er- und 1950er-Jahren ausgehenden Gefahren nutzten Fischereiwirtschaft und Erholungssuchende den See bereits vor seiner planmäßigen Gestaltung.[1314] Zumindest das Baden war dabei offiziell untersagt. Die Rutschungen, so problematisch und gefährlich sie waren, hatten aber auch eine positive Seite, da sie die Strandzonen abflachten und die Ufer stabilisierten.[1315] Otto Rindt konstatierte daher, dass „einige glückliche Umstände wesentlich bei dieser Entwicklung [der Mehrfachnutzung des Sees] mitgeholfen haben."[1316] Im Endeffekt waren es vor allem zwei Faktoren, die eine relativ einfache Umgestaltung zum Badesee erlaubten: erstens ein neutraler pH-Wert durch die Flutung mit Fremdwasser, zweitens ein relativ flaches Böschungsprofil, das weitere Rutschungen unwahrscheinlich machte. Diese beiden, durch Zufall gewonnenen Erkenntnisse bestimmen bis heute die Gestaltung von Bergbaufolgeseen.

Inmitten von zufälligen Ereignissen wurde der See aber auch planmäßig gestaltet. In der niederschlagsarmen Lausitz gibt es keine natürlichen Seen. Die zahl-

---

zusammen. Durch die Explosionen mit immer größeren Sprengladungen wurde die Spundwand zur Abdichtung gegenüber dem Tagebaurestloch beschädigt, wodurch es zum unkontrollierten Wassereinbruch kam. LMBV (Hrsg.): Werminghoff/Knappenrode, Berlin [2011] 2015 (= Wandlungen und Perspektiven, Nr. 17), S. 12.

1311 Durch die fehlende Wasserhaltung und die vorherige Beschädigung der Spundwand konnte das Wasser ungehindert in den Tagebau eindringen. Dabei soll der kleine Bach Schwarzwasser wasserfallartig in die Grube geflossen sein. 5b-Wetterlagen waren ebenfalls für die Hochwasserereignisse 2002 und 2013 in Sachsen verantwortlich. Kupfer/Sawall/Wiese, Senftenberger See, S. 36.

1312 SächsStA-D, 11473, Nr. 20126, Erläuterungsbericht vom 30.05.1963.

1313 LMBV (Hrsg.), Werminghoff, S. 12.

1314 Kupfer/Sawall/Wiese, Senftenberger See, S. 82.

1315 BLHA, Rep. 803 BfT Ctb, Nr. 1290, Restlöcher im Bezirk Cottbus als neue Erholungslandschaft, verfasst von Otto Rindt (1969).

1316 Ebd.

reichen Teiche in der Oberlausitzer Heide- und Teichlandschaft sind, ähnlich den Peitzer Teichen, durch Menschenhand entstanden. Gleichzeitig benötigten Kraftwerke und andere industrielle Veredelungseinrichtungen Wasser für ihre Arbeitsprozesse; hinzu kommen Hochwasserschutzflächen. Um diesen Bedarf zu decken, boten sich unweigerlich die Tagebaurestlöcher an. Für die wasserwirtschaftliche Planung zeichnete sich daher mit Hermann Mattheus ein wasserwirtschaftlicher Experte verantwortlich. Mattheus Lebenslauf unterschied sich an einigen Stellen auffällig von jenem seines Mitstreiters Rindt. 1900 in Augsburg geboren, studierte er nach dem Ersten Weltkrieg von 1919 bis 1924 Wasserbau an der TH München.[1317] Dem schloss sich eine Tätigkeit von 1926 bis 1931 beim Ruhrverband in Essen an. Hier war u. a. an der Planung des Ruhrstausees in Hengstey beteiligt. 1931 wechselte er zur Planungsstelle Schwarz-Elster-Gebiet in Bad Liebenwerda in die Niederlausitz.[1318] Diese Stelle behielt er bis zur Auflösung der Institution Ende 1952. Unterbrochen wurde die Anstellung nur von einer kurzeitigen Kriegsgefangenschaft 1945 und einer Beschäftigung als Bauarbeiter in Bad Liebenwerda.[1319] Mit der Auflösung der Länder übernahmen die WWD die Gewässeraufsicht. Mattheus wurde zum Oberflussmeister der Oberflussmeisterei Bad Liebenwerda der WWD Obere Elbe–Neiße ernannt. In dieser Funktion übernahm er die wasserwirtschaftliche Verantwortung der entstehenden Tagebauseen. Sein erstes nachweisbares Projekt war der Speicher Knappenrode, so der offizielle Name des Knappensees.[1320] Aber nicht nur Gewässergestaltung beschäftigte Mattheus, sondern auch Gewässerreinhaltung. Seine Leistungen schätzten seine Vorgesetzten folgendermaßen ein:

> Kollege Mattheus hat sich in hervorragender Weise in der Durchsetzung der operativen Gewässeraufsicht der Wasserwirtschaft gegenüber der Industrie im Niederlausitzer Braunkohlengebiet eingesetzt. Sein persönlicher Einsatz kann durch zahlreiche Gutachten und Stellungnahmen nachgewiesen werden, welche in abwassertechnischer Hinsicht stets unmißverständlich Hinweise und Auflagen erhalten.[1321]

1317 SächStA-D, 11473, Nr. 13675, Personalbogen Mattheus, Hermann vom 28.11.1951 (bis 1965 aktualisiert), Lebenslauf Hermann Mattheus vom 28.11.1951.

1318 Da seine Familie väterlicherseits aus Görlitz stammte, hatte er einen Bezug zur Region. Ebd., Fragebogen zur Durchführung des Gesetzes zur Wiederherstellung des Berufsbeamtentums vom 03.07.1933.

1319 Die Tätigkeit als Bauarbeiter war möglicherweise Sühne für seine NSDAP-Mitgliedschaft (1937–1945). Allerdings scheint Mattheus der Partei eher aus opportunistischen Gründen beigetreten zu sein, da er von 1920 bis 1926 der Demokratischen Jugend sowie von 1921 bis 1924 dem Demokratischen Studentenbund angehörte, die beide der liberalen Deutschen Demokratischen Partei nahestanden. Im Studentenbund hatte er die Stellung eines Sekretärs inne. Ebd., Lebenslauf Hermann Mattheus vom 28.11.1951.

1320 Ebd., 20126, Dokumentation des Speicherbecken Knappenrode, verfasst von Hermann Mattheus, vom 15.06.1963.

1321 Ebd., Nr. 13675, Vorschlag zur Auszeichnung vom 17.08.1962.

Seine Expertise im Bereich der Tagebaurestlöcher führte dazu, dass Mattheus Anfang der 1960er-Jahre in die Wiedernutzbarmachungskommission des Bezirkes Cottbus berufen wurde. Auch in diesem Aufgabengebiet wurden seine Leistungen positiv eingeschätzt:

> Weiterhin ist er neuerdings bei der VVB Braunkohle in Cottbus führend für die Wiedernutzbarmachung von Tagebaurestlöchern tätig, und schließlich ist er ständig im Kombinat Lauchhammer mit dabei, die schwierigen Verhältnisse der Abwasserreinigung in die richtigen Bahnen zu lenken.[1322]

Ähnlich wie Rindt hatte Mattheus seine Prägung im späten Kaiserreich und in der Zwischenkriegszeit erhalten; ebenso war er NSDAP-Mitglied gewesen und blieb DDR-Parteien fern.[1323] Hingegen zeigte seine lange und über die Transformation des Kriegsendes hinausgehende Beschäftigung in Bad Liebenwerda einen partiell anderen Lebenslauf als Otto Rindt.

Noch bevor Otto Rindt dauerhaft in der Lausitz tätig wurde, erarbeitete Mattheus ein wasserwirtschaftliches Konzept zur Nutzung des Tagebaurestlochs Werminghoff I als Speicherbecken. Aufgrund des Geländeniveaus wurde der Bau eines ca. 1500 m langen und 3,75 m hohen Absperrdamms im Nordwesten bei Maukendorf notwendig (Abb. 73).[1324] Errichtet wurde er aus pleistozänen Sanden mit Kohleletteneinschlüssen. Besonders die Kohleletten stellten sich als nachteilig für die Stabilität des Dammes heraus, da sie frühzeitig zu quellen begannen und es dadurch zu Wasseraustritten kam. Zusätzlich erfolgte die Anbindung an Fließgewässer durch zwei Einlaufbauwerke bei Groß Särchen und Koblenz und einem Auslaufbauwerk für den Staubetrieb. Der Stauinhalt des Speicherbeckens lag theoretisch bei über 6 Mio. m^3, der aber wegen Versandungsproblemen beim Ablauf nicht erreicht werden konnte.[1325] Errichtet wurden die Bauwerke zwischen 1951 und 1953, die Kosten beliefen sich auf ca. 2 Mio. Mark. Außerdem erfolgte eine Abflachung der Böschungen und ihre Bewaldung – im Süden vor allem zum Schutz gegen Wellenschlag – zur Gewährleistung der Standsicherheit.[1326] Dennoch kam es immer wieder zu Setzungsfließen und Rutschungen, wie Otto Rindt 1969, mehr als 20 Jahre nach der ersten Flutung, feststellte.[1327] Insofern wurden weitere Bepflanzungen notwendig, bis 1970 erfolgten dementsprechende Weidenanpflanzun-

1322 Ebd., Einschätzung vom 24.03.1961.

1323 Ebd., Personalbogen Mattheus, Hermann vom 28.11.1951 (bis 1965 aktualisiert).

1324 Ebd., Nr. 20126, Erläuterungsbericht vom 30.05.1963.

1325 Vgl. ebd., Erläuterungsbericht vom 30.05.1963, Zusammenstellung der technischen Daten vom 29.12.1962.

1326 Ebd., Erläuterungsbericht vom 30.05.1963.

1327 BLHA, Rep. 803 BfT Ctb, Nr. 1290, Restlöcher im Bezirk Cottbus als neue Erholungslandschaft, verfasst von Otto Rindt (1969).

gen.[1328] Ein Betretungsverbot sprach die zuständige Bergbehörde allerdings nur für die Inseln im See aus, da bei ihnen keine Böschungsgestaltung durchgeführt worden war.[1329]

Abb. 73: Karte des Knappensee mit den wasserwirtschaftlichen Bauten. Einlaufbauwerke bestehen in Groß Särchen und Koblenz, ein Abfluss wiederum südlich von Maukendorf. In diesem Bereich bestand auch der ca. 1500 m lange Absperrdamm, der nicht explizit eingezeichnet ist, 1963

Die wasserwirtschaftliche Konzeption zielte nicht nur auf eine Doppelnutzung ab, sondern auf eine dreifache: erstens hatte der Speicher eine Schutzfunktion bei Hochwasser und insbesondere Starkregenereignissen;[1330] zweitens bildete er ein Brauchwasserreservoir für Landwirtschaft und Industrie, besonders für Kraftwer-

1328 SächsStA-D, 11476, Nr. 11925, Schreiben von Abteilungsleiter Engelbrecht an Hermann Mattheus von der OFM Schwarze Elster vom 14.04.1970.

1329 Ebd., Nr. 20126, Erläuterungsbericht vom 30.05.1963.

1330 Ebd.

ke und Veredelungsanlagen der Braunkohlenindustrie; drittens erlaubte die gute Wasserqualität die Fischzucht – ein Anknüpfpunkt an die traditionelle Landnutzung in der Lausitz.[1331]

Neben der wasserwirtschaftlichen Nutzung stand die Gestaltung des Sees für das Erholungswesen im Vordergrund. Damit reagierte das Entwurfsbüro für Stadt-, Gebiets- und Dorfplanung auf die wilde Nutzung der Tagebaurestlöcher, die sich im Laufe der DDR zu einer Tradition entwickelte und mit der Schaffung von privaten Freiräumen zusammenhing.[1332] Das MfS nahm dieses Verhalten ebenfalls wahr und warnte vor den Gefahren:

> Wiederholt und erst in jüngster Zeit wurde eine größere Anzahl von Bürgern beim Baden in dafür nicht zugelassenen Restlöchern durch solche Rutschungen erheblich gefährdet. Leiter [sic!] sind infolge des Verschüttens in den Rutschungsmassen auch einzelne Todesopfer zu beklagen.[1333]

Die Gestaltung des Knappensees reagierte auf den Mangel an Erholungsgebieten im Bezirk Cottbus.[1334] Konkret ging es darum, nach der wasserwirtschaftlichen Wiedernutzbarmachung auch Freizeit- und Erholungsmöglichkeiten anzubieten. Die Arbeiten begannen Pfingsten 1958,[1335] ein Jahr später, 1959, wurde das Knappensee-Komitees unter Leitung des VEB Gaskombinat Schwarze Pumpe gegründet.[1336] Die landschaftsgestalterischen Aufgaben übernahm das Entwurfsbüro für Stadt-, Gebiets- und Dorfplanung, namentlich Otto Rindt. Neben der Badenutzung standen Angeln und Wassersport wie Bootfahren im Fokus (Abb. 74). Rindt, der die bisherige Landschaftsplanung bei Seen kritisiert hatte, konnte hier erstmals seine Ideen in die Tat umsetzen.[1337]

1331 Rindt, Tagebaurestlöcher, S. 59.

1332 Symbolhaft hierfür ist das Foto einer illegalen Badestelle im Tagebau Espenhain bei Markkleeberg, aufgenommen durch Marion Wenzel 1989. Die Gefahren von Rutschungen wurden geflissentlich ignoriert. Eine Sicherung durch staatliche Institutionen erfolgte nur unzureichend. Eine Aneignung erfolgte daher nicht erst nach der Rekultivierung, wie Schwarzer es andeutet, sondern bereits im Prozess der Wiedernutzbarmachung. Es bestand mithin ein Konflikt zwischen staatlicher Gefahrenabwehr auf der einen und der Aneignung der „Heimat" auf der anderen Seite. Vgl. Schwarzer, Mondlandschaften, S. 20 und 199; Toyka, Ralf: Bitterfeld Braunkohlenbrachen. Probleme, Chancen, Visionen, München 1993, S. 82 f.

1333 BArch, MfS, VRD (Verwaltung Rückwärtige Dienste)/1956, Anlage 2 Argumentation zur Belehrung (1981).

1334 Deutsch/Pohl, Umweltgeschichte, S. 235; Drebenstedt/Rascher, Wiedernutzbarmachung, S. 35.

1335 Steinhuber, Lausitz, S. 241.

1336 Meyer/Zutz, Seengebiet, S. 324.

1337 StUG, 036-091, Tagung der SAG Kippenrekultivierung vom 19.01.1962.

Abb. 74: Freizeitaktivitäten von Badegästen am Knappensee zu Zeiten der DDR; beachtenswert die Mickey Mouse auf dem Segel, undatiert

Aus landschaftsgestalterischer Perspektive waren die Möglichkeiten im Vergleich zu späteren Naherholungsgebieten eingeschränkt. Die Gestaltung der Böschungen durch den Bergbau erfolgte im Fall des Knappensees nicht; die wasserwirtschaftlichen Arbeiten waren bei Rindts Projektübernahme bereits abgeschlossen – dennoch trug das Naherholungsgebiet seine Handschrift. Ein wichtiges Gestaltungsmerkmal stellten die Strandabschnitte dar. Insgesamt verfügte der See nach Abschluss der Gestaltung über ca. 4 km Strandabschnitte.[1338] Nach Rindts Auffassung sollte jeder einzelne mind. 30–40 m lang sein und keine Laubbäume direkt am Wasser haben, um eine Vermoderung des Gewässers zu verhindern.[1339] Am Knappensee wurde dies weit übertroffen, wie beispielsweise der Strand in Groß Särchen mit mehreren hundert Meter Länge zeigt. Rindt erkannte, dass besonders die früheren Spülkippen im Osten des Knappensees für eine Strandnutzung geeignet waren, da sie den Vorteil eines niedrigen Gefälles hatten, was Rutschungen verhinderte und gleichzeitig eine vielfältige Nutzung der Strandabschnitte erlaubte. Der zweite gestalterische Eingriff betraf den Waldbau. Mit diesem verfolgte

1338 BLHA, Rep. 803 BfT Ctb, Nr. 1290, Restlöcher im Bezirk Cottbus als neue Erholungslandschaft, verfasst von Otto Rindt (1969).

1339 Ebd.

Rindt zwei Ziele: Erstens stand die ingenieurbiologische Sicherung der Böschungen im Vordergrund.[1340] Diese war größtenteils vor Rindts Ankunft im Bezirk durchgeführt worden und entsprach nicht dem Forschungsstand, weshalb Rindt ihren Umbau forderte. Besonders Weiden wurden schlussendlich hierfür genutzt, allerdings erst ab 1969.[1341] Zweitens kritisierte Rindt die Steilböschungen im Bereich der Hochkippe, die zwar einen schönen Blick garantierte und für Vögel Brutplätze bot, deren Begrünung allerdings schwierig sei und das Risiko einer Rutschung nicht ausgeschlossen werden konnte.[1342] Bei der medial gut dokumentierten Rutschung im Jahr 2021 war es dieser Teil der Hochkippe, der wegrutschte und eine Flutwelle auslöste.

Neben der landschaftlichen Gestaltung waren touristische Einrichtung für Unterbringung und Versorgung notwendig. Getreu des Namens „Kleine Ostsee",[1343] der auch die Steilböschungen referenzierte,[1344] bestanden vor allem Camping- und Zeltplätze. 1963 existierten vier Zeltplätze und mehrere private Bungalows.[1345] Teil der Erholungsinfrastruktur waren zudem zwei Strandgaststätten in Groß Särchen und Knappenrode. Rindt kritisierte, dass „nur sehr einfache Versorgungsbauten" errichtet worden waren.[1346] Die sonstige Nutzung, besonders die Möglichkeit zum Schwimmen, Segeln, Angeln und Bootfahren, hob er hingegen als vielfältig und gelungen hervor (Abb. 75). Auch die gute, betriebsbedingte infrastrukturelle Erschließung, die nur wenige neue Wege notwendig machte, lobte Rindt, verwies aber auf den Bedarf an Parkmöglichkeiten.

1340 Rindt kritisiert in diesem Zusammenhang die Aufforstungen, die in den frühen 1950er-Jahren erfolgt waren und nicht dem Standard der von Knabe entwickelten Vorstellungen entsprachen, dennoch begrüßte er diese. Ebd.

1341 Der Beginn des Weidenanbaus zum Waldumbau war voraussichtlich 1969, der Großteil der Arbeiten erfolgte erst 1970. Vgl. SächsStA-D, 11473, Nr. 11925, Schreiben von Abteilungsleiter Engelbrecht an Oberflussmeisterei Schwarze Elster vom 14.04.1970, Telegramm von Abteilungsleiter Engelbrecht der WWD Obere Elbe Spree an die Oberflussmeisterei Schwarze Elster vom 22.05.1970.

1342 BLHA, Rep. 803 BfT Ctb, Nr. 1290, Restlöcher im Bezirk Cottbus als neue Erholungslandschaft, verfasst von Otto Rindt (1969).

1343 MDR Sachsen: Nach Erdrutsch. Knappensee-Sanierung soll noch Jahre dauern, 07.07.2022. Unter: https://www.mdr.de/nachrichten/sachsen/bautzen/bautzen-hoyerswerda-kamenz/baden-verboten-knappensee-sanierung-dauert-jahre-lausitz-100.html (Eingesehen: 21.04.2023).

1344 Meyer/Zutz, Seengebiet, S. 324.

1345 SächsStA-D, 11473, Nr. 20126, Erläuterungsbericht vom 30.05.1963.

1346 BLHA, Rep. 803 BfT Ctb, Nr. 1290, Restlöcher im Bezirk Cottbus als neue Erholungslandschaft, verfasst von Otto Rindt (1969).

Abb. 75: Aufnahme des Knappensees von der Ostseite, wahrscheinlich nahe dem Maukendorfer Strand. Neben der Wassersportnutzung durch Segelboote und Kanus sowie dem Zeltplatz im Vordergrund ist im Hintergrund rechts das Entnahmebauwerk auf der Westseite zu erkennen, undatiert

Nicht alle Flächen des Tagebaus Werminghoff I wurden für die Naherholung umgestaltet. Das Restloch D, der heutige Graureihersee, direkt neben der Brikettfabrik Knappenrode wurde durch den VEB Binnenfischerei Peitz ausschließlich für die Fischerei und die Entenmast genutzt.[1347] Heute ist diese Fläche gesperrt und als Naturschutzgebiet ausgewiesen, das die namensgebenden Graureiher bevölkern.

Der Senftenberger See – vom Tagebaurand zum Sandstrand

Die Transformation des Restloches des Tagebaus Niemtsch in den Senftenberger See war die größte, geschlossene Wiedernutzbarmachungsleistung in der Geschichte der DDR. Insgesamt wurden über 1500 ha rekultiviert, wovon 1300 ha auf

1347 SächsStA-F, 40068, Nr. 9, Nutzung von Tagebaurestlöchern zur Durchführung der Freiwassermast von Peitzer Jungenten vom 28.02.1975.

die Seenfläche bzw. 1050 ha auf die Wasserfläche entfielen.[1348] Die Anwendung unterschiedlicher Wiedernutzbarmachungstechniken, die Fokussierung auf die Erholungsnutzung sowie die Schaffung von Naturschutzflächen zeigen die Leistungsfähigkeit der DDR in diesem umweltpolitischen Feld. Zweifelsohne stellte die Eröffnung des ersten Strandabschnittes am 01. Juni 1973 einen Höhepunkt in der DDR-Umweltgeschichte und eine wichtige Wegmarke für die Konzeption der Bergbaufolgelandschaft als „Lausitzer Seenland“ dar. Bis zur Eröffnung war es allerdings ein komplizierter Arbeitsprozess, der vom Tagebau Niemtsch zum Erholungsgebiet Senftenberger See (ESS) führte (Abb. 76).

Abb. 76: Der Wandel vom Tagebau Niemtsch zum ESS wurde medial von der DDR als besondere Leistung gewürdigt, sicherlich auch aus propagandistischen Gründen. Diese Postkarte, anlässlich des 10-jährigen Bestehens des ESS gedruckt, dokumentiert den Stolz auf die Transformation, 1983

Der Senftenberger See war das Ergebnis der Kooperation des Landschaftsarchitekten Otto Rindt mit dem Wasserwirtschaftler Hermann Mattheus, die bereits bei der Gestaltung des Knappensees zusammengearbeitet hatten. Die Mehrfachnutzung der Flächen stand im Vordergrund, wobei Aspekte des Naturschutzes ein

1348 Vgl. Meyer, Senftenberger See, S. 127–130.

neues Planungsmoment darstellten. Der Senftenberger See wurde bereits des Öfteren in wissenschaftlichen Publikationen thematisiert, allerdings spielten die Forschung zur und die Praxis der Wiedernutzbarmachung nur eine untergeordnete Rolle. Insofern wurde bislang übersehen, dass die Transformation des Tagebaus Niemtsch zum ESS eine Synthese der bis zum Ende der 1960er-Jahre gesammelten Forschungsergebnisse darstellte.

Die Geschichte des Tagebaus Niemtsch begann am 23. April 1940 mit dem Abteufen des ersten Entwässerungsschachts und endete am 15. Mai 1966 mit seiner Auskohlung.[1349] Während der Laufzeit wurden 122 Mio. t Rohbraunkohle gefördert und für ihrer Freilegung 350 Mio. m³ Abraum auf einer Fläche von 1544 ha bewegt.[1350] Der Aufschluss der Grube diente dabei der Versorgung des Synthesewerkes Schwarzheide der Brabag, das Treibstoffe für die Kriegsführung der Wehrmacht produzierte. Namensgebend war das Dorf Niemtsch, das auf einer kohlefreien Fläche südlich von Brieske lag. Für den Tagebau wurden 90 Personen, also verhältnismäßig wenige, aus Senftenberg umgesiedelt, allerdings veränderte sich das Landschaftsbild mit der Verlegung der Schwarzen Elster grundlegend (Abb. 77).[1351] Der einst landschaftsprägende Fluss, durch dessen regelmäßige Überflutungen das Urstromtal bis zur Phase des beginnenden Braunkohlenbergbaus seit 1850 dem Spreewald ähnelte, wurde 1955 bis 1957 in ein künstliches Flussbett direkt an die Stadtgrenze von Senftenberg gezwängt.[1352] Die Flutung des entstehenden Senftenberger Sees war nicht das erste Mal, dass die Grube mit Wasser gefüllt wurde: Bereits am Ende des Zweiten Weltkrieges führte der Ausfall der Wasserhaltung zum Absaufen des Tagebaus.[1353] Mehr als 4,5 Mio. m³ Wasser ließen den Pegel in der Grube zwischen dem 20. April und dem 22. Juni 1945 um 16 Meter steigen. Ab 1947 arbeite der Tagebau wieder regulär, ab 1949 sogar

1349 Vgl. Kupfer/Sawall/Wiese, Senftenberger See, S. 78; Schulz, Drei Jahrhunderte, S. 120 und 143.

1350 Meyer, Senftenberger See, S. 129.

1351 Vgl. BLHA, Rep. 901 Lausitzer Braunkohlenwerke (Laus BKW), Nr. 3621, Die Verlegung der Schwarzen Elster im Raum Kleinkoschen/Brieske-Ost (nach 1957); LMBV (Hrsg.): Niemtsch, Berlin 2013 (= Wandlungen und Perspektiven, Nr. 24), S. 8.

1352 Kupfer/Sawall/Wiese, Senftenberger See, S. 4 ff. und 19.

1353 Bei den Kampfhandlungen im Zuge der sowjetischen Offensive auf Berlin wurde eine Umformstation der Wasserhaltung von einer Granate getroffen und zerstört, wodurch es zu einem Stromausfall kam. Durch die gleichzeitige Sprengung einer Brücke, die den Kohletransport aus der Grube Hörlitz blockierte, konnten die Pumpen auch nicht wieder zum Laufen gebracht werden, so dass die Aufschlussfigur des Tagebaus bis zu 16 m unter Wasser stand. Erst im Oktober 1945 war die Grube soweit entwässert, dass eine Kohleförderung wieder aufgenommen werden konnte, allerdings vorerst nur mit primitiven Mitteln, da die Motoren der Großgeräte durch das Grubenwasser unbrauchbar geworden waren. Vgl. Kupfer/Sawall/Wiese, Senftenberger See, S. 51 f.; LMBV (Hrsg.), Niemtsch, S. 4.

mit einer Förderbrücke, die allerdings noch im gleichen Jahr einstürzte.[1354] Erst im März 1952 ging sie endgültig in Betrieb.[1355] Der Tagebau Niemtsch unterschied sich maßgeblich von anderen Tagebauen in der DDR – er war der erste, der bereits im Auslaufbetrieb maßgeblich nach den Bedürfnissen für die nachbergbauliche Nutzung ausgeformt wurde.

Abb. 77: Neugeschaffenes Flussbett der Schwarzen Elster mit moderner Stahlbetonbrücke bei Kleinkoschen. Von der für die Auenlandschaft des Urstromtals typischen Vegetation ist nichts mehr zu erkennen, es dominiert eine zweckgebundene Nutzung, ca. 1956

Die Planungen für das ESS griffen die ursprüngliche Funktion der Landschaft auf. So befand sich in der Flusslandschaft der Schwarzen Elster zwischen Niemtsch und Senftenberg ein Flussbad bis die Wasserqualität des Flusses seit den 1930er-Jahren stark abnahm.[1356] Sowohl Mattheus als auch Rindt war der Tagebau vertraut. So hatte Rindt bereits 1962 eine Planung für die Zwischennutzung des Gebiets nördlich von Senftenberg vorgelegt, die auf die Erholungsfunktion zielte.[1357] Hierbei setzte er auf einen Laubmischwald zu Erholungszwecken. Auch bei der ab den 1950er-Jahren stattfindenden Aufforstungen von Kippenflächen des Tagebaus

1354 Kriegsbedingt war die Abraumförderbrücke nicht mehr vor Kriegsende fertiggestellt worden. Am 10. März 1949 konnte sie endlich eingeweiht werden. Allerdings endete diese Phase nach nicht einmal 6 Monaten am 03. September 1949 durch ein versagendes Bauteil. Schulz, Drei Jahrhunderte, S. 129.

1355 Ebd., S. 132.

1356 BLHA, Rep. 41 Amtsbezirk Brieske, Nr. 70, Senftenberg, den 11.11.1922; Kupfer/Sawall/Wiese, Senftenberger See, S. 14 f.

1357 StUG, 036-096, Erholungsgebiet „Waldparkgelände Senftenberg“ vom 14.03.1962.

Niemtsch wurden sowohl Laub- als auch Nadelbäume eingesetzt.[1358] Mattheus hatte als leitender Angestellter bei der Elstergenossenschaft und der WWD Obere Elbe–Neiße mit der Reinhaltung des Flusses und der Verlegungsplanung 1955 bis 1957 zu tun gehabt.[1359] Für das Restloch Niemtsch sahen sie Perspektiven als Brauch- und Hochwasserspeicher, als Erholungsgebiet, als forst- und landwirtschaftliche Nutzfläche sowie als Naturschutzgebiet. Vermieden werden sollten die Probleme, die aus der frühen Flutung und mangelnden bergbaulichen Gestaltung des Knappensees resultierten. Hierfür erstellte die WWD 1961 ein wasserwirtschaftliches Nutzungskonzept,[1360] das die Verwendung als Brauchwasserspeicher für Industrie und Landwirtschaft, als Hochwasserrückhaltebecken sowie als Erholungs- und Fischereigewässer betonte. Die Idee eines Reservoirs für die Bewässerung der Landwirtschaft ging auf ein Bewässerungsprojekt der HU Berlin zurück, das zwischen 1959 und 1962 durchgeführt wurde.[1361]

Teil der wasserwirtschaftlichen Konzeption war die Nutzung des Restloches des Tagebaus Laubusch, vormals Tagebau Erika, östlich des Tagebaus Niemtsch gelegen. Dieser Tagebau, auf dessen unbegrünter Aufschlusshalde Knabe des Schwarzkollmer Verfahren entwickelt hatte, lief 1962 aus.[1362] Dem Restloch Laubusch fiel eine andere Aufgabe zu, als dem Senftenberger See: Die Schwarze Elster, die, bevor sie Senftenberg erreicht, Hoyerswerda und den VEB Gaskombinat Schwarze Pumpe entwässerte, war stark schadstoffbelastet. Vor allem Phenole aus der BHT-Kokerei von Schwarze Pumpe aber auch die Grubenwässer verschmutzten den Fluss. Deshalb regte Mattheus an, das Restloch Laubusch ohne größere nachbergbauliche Gestaltung als Flusskläranlage zu nutzen.[1363] Dieses Konzept wurde umgesetzt, um die nötige Wasserqualität der Schwarzen Elster und des Senftenberger Sees zu gewährleisten.[1364] Die Flusskläranlage Laubusch brachte erhebliche ökologische Probleme mit sich (Abb. 78), die allerdings nicht verheim-

1358 Kupfer/Sawall/Wiese, Senftenberger See, S. 112 ff.

1359 BLHA, Rep. 901 Laus BKW, Nr. 3621, Die Verlegung der Schwarzen Elster im Raum Kleinkoschen/Brieske-Ost (nach 1957); Kupfer/Sawall/Wiese, Senftenberger See, S. 19.

1360 SächsStA-D, 11473, Nr. 7614, Wasserwirtschaftliche Nutzung des Tagebaurestloches Franz-Mehring-Niemtsch, verfasst von Schneider, vom 23.03.1961.

1361 Hans Hartig führte zusammen mit der LPG Niemtsch zwischen 1959 und 1962 Beregnungsversuche im Grundwasserentzugsgebiet am Rand des Tagebaus Niemtsch durch. Dadurch wurde der Bedarf an Wasserspeichern offensichtlich. Vgl. HUB, UA, LGF, Nr. 124, Antrag zum Plan Wissenschaft und Technik durch Hans Hartig vom 27.06.1960.

1362 Schulz, Drei Jahrhunderte, S. 140.

1363 Vgl. SächsStA-D, 11473, Nr. 7614, Studie Wasserwirtschaftliche Nutzung des Tagebaurestloches Franz-Mehring-Niemtsch, verfasst von Schneider, vom 23.03.1961.

1364 Ebd., Wasserwirtschaftlicher Vorbescheid, verfasst von Hermann Mattheus, vom 15.02.1967.

licht, sondern beispielsweise 1987 in einer Dokumentation über den Braunkohlenbergbau in der Lausitz offen gezeigt und als Verbesserung dargestellt wurden.[1365] Beschrieben wurde, wie durch das Einspülen von Kraftwerksasche Eisen ausgefällt und der pH-Wert erhöht wurde. Nur dadurch konnte geeignetes Wasser für den Senftenberger See gewonnen werden. Allerdings muss die Aussage, dass das Wasser nach dem Passieren der Kläranlage „nahezu Trinkwasserqualität" hätte, kritisch gesehen werden. Bis 1970 wurde die 145 ha große Flusskläranlage durch aufsteigendes Grundwasser geflutet;[1366] nach 1990 wurde sie nicht mehr benötigt und zum Erikasee umgestaltet.

Abb. 78: Zustand der Flusskläranlage Laubusch vor der bergbaulichen Sanierung und Rekultivierung zum heutigen Erikasee. Gut erkennbar sind die ökologischen Folgen anhand der zahlreichen abgestorbenen Bäume, 1994

Nach den Vorstellungen von Rindt und Mattheus sollte die gesamte Restlochkette um Senftenberg vor allem auf die Erholungsnutzung des Senftenberger See ausgerichtet

1365 Neuseenland-Sammlung im Soziokulturellen Zentrum KuHstall e. V., Großpösna, Filmsammlung, Historienfilm (Hrsg.): Lausitzer Braunkohlenrevier, 1987, 00:08:44–00:10:35.
1366 LMBV (Hrsg.): Erika/Laubusch, Berlin [2009] 2015 (= Wandlungen und Perspektiven, Nr. 11), S. 20.

sein (Abb. 79).[1367] Neben der beschriebenen Nutzung für Laubusch sollte der 1972 auslaufende Tagebau Koschen als Ausgleichsbecken für das Restloch Niemtsch dienen, der Tagebau Bluno, dessen Ende 1975 erfolgte, als Brauchwasserspeicher für die Industrie. Nur die Restlöcher der Tagebaue Sedlitz, Auskohlung 1980, und Skado, dessen Auslaufen für Ende 1977/Anfang 1978 geplant war, hatten noch keine festgelegte Nutzung und eine Erholungsnutzung stand ebenfalls zur Diskussion.[1368]

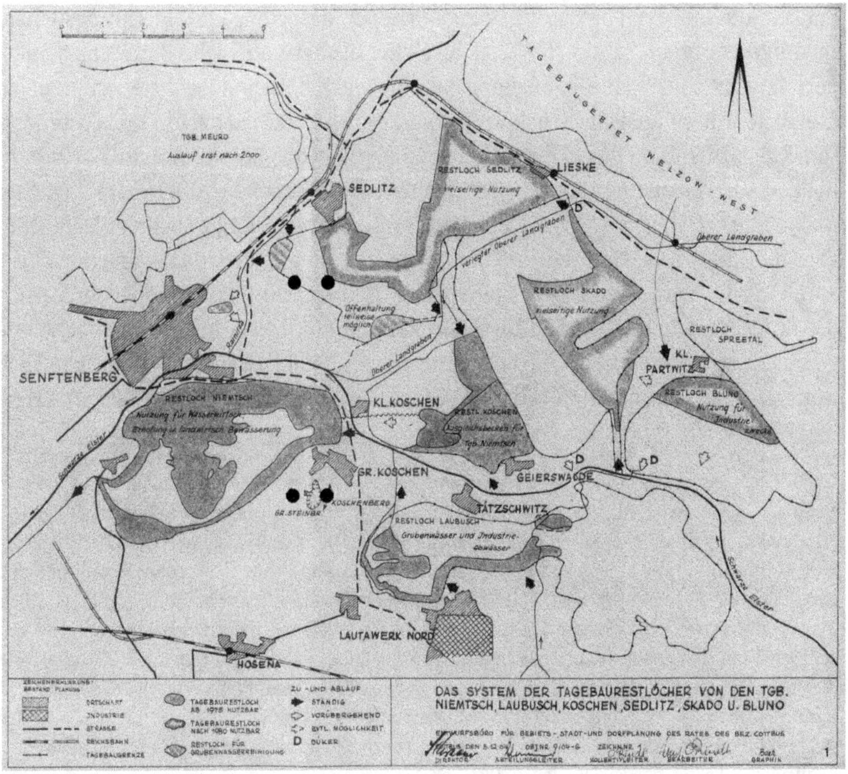

Abb. 79: Planung für die Nachnutzung ausgekohlter Tagebaue um Senftenberg, ausgeführt von Otto Rindt. Gut erkennbar sind die geplanten Nutzungen für Niemtsch und Laubusch. Während Niemtsch für Landwirtschaft, Erholung und Wasserwirtschaft genutzt werden sollte, ist für Laubusch eine Nutzung als Flusskläranlage für Gruben- und Industrieabwässer geplant. Zu- und Ableitungen von Schwarzer Elster (Norden) und Schleichgraben (Süden) für die Flusskläranlage sind gut zu erkennen, 1964

1367 BLHA, Rep. 801 RdB Ctb, 5981, Das System der Tagebaurestlöcher, verfasst von Otto Rindt, vom 05.12.1964.
1368 Ebd.

Hauptproblem bei der Gestaltung des Senftenberger Sees waren die Böschungen, die im Bergbaubetrieb deutlich steiler sind, als für die Standsicherheit eines Bergbaufolgegewässer nötig. Das Problem war bekannt. Auch im Tagebaubetrieb kam und kommt es immer wieder zu Rutschungen, mit denen sich Forschungsvorhaben an der Bergakademie Freiberg durch Hans Lehmann und Hans Matschak (1901–1979) bereits in den 1950er-Jahren beschäftigt hatten.[1369] Matschak ging auch auf den Aspekt der Standsicherheit für Kippen- und Haldenböschungen ein.[1370] Die Lehren, die aus der Forschung zu ziehen seien, besagten, „daß Böschungswinkel im aufgeschütteten Sandboden, welche steiler als der natürliche Böschungswinkel von 32°–34° sind, keine genügende Standfestigkeit mehr gewährleisten und zu plötzlichen Böschungsausbrüchen führen können".[1371] Gleichzeitig benannte Matschak das Dilemma, das zwischen Standsicherheit der Böschung und Wirtschaftlichkeit des Abbaus bestand.[1372] Jede flachere Böschung vergrößerte die Tagebaufläche und erhöhte dadurch die Betriebskosten; war allerdings nach den Erfahrungen, die Rindt und Mattheus am Knappensee gesammelt hatten, aufgrund ihrer Stabilität die Voraussetzung für eine touristische Nachnutzung. Dabei stellte sich die Frage, wie diese hergestellt werden konnte. Rindt kam auf eine einfache wie geniale Lösung: „durch Doppelnutzung von Bodenbewegungen gesellschaftlich nutzbare Einrichtungen zu schaffen, entspricht den volkswirtschaftlichen Erfor-

---

1369 Beide Forschungsprojekte setzten sich mit den Problemen des Setzungsfließens und der Rutschungen auseinander. Allerdings betraf die Perspektive vorrangig den aktiven Bergbau. Dies war durchaus sinnvoll, da die DDR in den 1950er-Jahren den Bergbau massiv ausbaute. Dabei zeigen zum Beispiel die Forschungen von Hans Matschak den Zusammenhang zwischen Korngröße und Kornform und Rutschungsverhalten. Besonders in der Lausitz ist das ein großes Problem. Allerdings verändern sich die Verhältnisse durch anstehendes Wasser grundsätzlich. Lehmann, der sich zeitgleich mit den Problemen der Wiedernutzbarmachung beschäftigte, als auch Matschak war dies bekannt, ohne dass sie sie in ihren Forschungen adressieren. Freilich waren das frühe Forschungsansätze. Die systematische Erforschung von Böschungssicherungen erfolgte erst in den 1980er-Jahren. Besonders das Setzungsfließen als spezielle Variante der Rutschung galt als absolut unzureichend erforscht, so dass der VE BKK Senftenberg einen entsprechenden Forschungsauftrag vergab. Der Auftragnehmer ist nicht benannt, vermutlich handelte es sich um die Bergakademie Freiberg. Vgl. Böcker/Katzur, Chronik, S. 280; Lehmann, Hans: Rutschungen im Braunkohlenbergbau, in: Freiberger Forschungshefte A 41, 1955, S. 71–97; Matschak, Hans: Die Böschungsausbildung der Bagger- und Absetzerstrossen der Braunkohlen-Tagebaue in Abhängigkeit von den Bodenverhältnissen auf Grundlage statistischer Forschungsmethoden, in: ebd., S. 98–124.

1370 Matschak geht dabei auf ideale Steigungen ebenso ein, wie auf das Problem durch das anstehende Grundwasser. Selbst die notwendige Nachverdichtung, ein Verfahren, das heute massiv durch die LMBV in der Bergbausanierung angewandt wird, beschreibt er. Zwar errechnet er statistisch sichere Böschungswinkel, die Verantwortung zu ihrer Gestaltung blendete er allerdings aus. Matschak, Böschungsausbildung, S. 108–118.

1371 Ebd., S. 117.

1372 Ebd.

dernissen".[1373] Was verbirgt sich hinter dieser Formulierung? Im Endeffekt war es die Forderung an den Bergbau, in den Verlaufsplanungen die Kosten für die Wiederurbarmachung zu berücksichtigen und nicht nur das eigene betriebswirtschaftliche Ergebnis. Insofern war Rindts Forderung, dass die Bagger und andere Fördergeräte die Böschungen bereits im aktiven Tagebauprozess ausformen sollten, folgerichtig, da im Zuge der Wiedernutzbarmachung dann im Vergleich zum Nachbergbau geringere Kosten für das Abflachen von Hängen anfielen. Wenngleich Rindt dieses Prinzip erst 1969 ausformulierte, wandte er es bereits bei der Gestaltung des Senftenberger Sees an. Auch Mattheus spielte in diesem Zusammenhang eine Rolle, da dem wasserwirtschaftlichen Nutzungskonzept für das Restloch Niemtsch 1960 die Forderung zum Einsatz der Großgeräte zur Böschungsgestaltung folgte, die vor allem 1965 im Auslaufbetrieb durchgeführt wurde.[1374] Besonders stolz war Rindt darauf, dass selbst die Abraumförderbrücke zur Abflachung eines 1,5 km langen Strandstückes, des Großkoschener Strandes,[1375] genutzt wurde.[1376] Rindt rechnete hierbei vor, dass die zusätzlichen Betriebskosten von 35 000 M im Regelbetrieb in der nachbergbaulichen Arbeit 1 500 000 M, also circa das 42-fache betragen hätten. Mit dieser Herangehensweise machte Rindt sich die zu diesem Zeitpunkt gültige Richtlinie zur Böschungsgestaltung zu eigen, die den ökonomischen Aufwand fokussierte.[1377] Rindt zeigte also auf, dass ein gefahrlos nutzbarer Restlochsee sich auch finanziell rechnete. 1967 forderte er dementsprechend den Einsatz der Fördergeräte im Auslaufbetrieb bei der Gestaltung des Halbendorfer Sees im Tagebaubereich Trebendorfer Felder nördlich von Weißwasser.[1378] Ab Mitte der 1970er-Jahre war die Böschungsabflachung als Teil der Wiederurbarmachungsleistungen des Bergbaus etabliert und benötigten keine weiteren Erklärungen, wie Gutachten für die Tagebaubereiche Heide und Koschen zeigen.[1379]

1373 Rindt/Kunze, Doppelter Nutzen, S. 5.

1374 Kupfer/Sawall/Wiese, Senftenberger See, S. 37 f. und 78.

1375 Ebd., S. 78.

1376 BLHA, Rep. 803 BfT Ctb, Nr. 1290, Restlöcher im Bezirk Cottbus als neue Erholungslandschaft, verfasst von Otto Rindt (1969).

1377 Erst 1966 wurde diese Priorität umgekehrt, wodurch die Abwehr von Gefahren an erster Stelle stand. Vgl. BArch DF 6/2075, Erläuterungen zur Richtlinie für die Böschungsgestaltung im Rahmen der bergbaulichen Wiederurbarmachung (1966).

1378 Nachdem Rindt dies in der Sitzung im März 1967 angekündigt hatte, konkretisierte sein Mitarbeiter Hans-Joachim Neumann im Juni des Jahres die Vorstellungen. Demnach sollten Trockenböschungen ein Gefälle von 1:2, Wasserböschungen 1:5, besser sogar 1:7, nicht überschreiten. Vgl. BLHA, Rep. 803 BfT Ctb, Nr. 1278, Protokoll der Beratung am 14.03.1967, Protokoll der Standortberatung am 23.06.1967.

1379 Mindestens im Fall von Koschen versuchte der Bergbau die Forderungen dennoch zurückzuweisen, weshalb eine Anweisung erfolgte. Vgl. SächsStA-F, 40068, Nr. 9, Verteidigung des Stand-

Am Senftenberger See bereitete vor allem die Ostböschung Probleme. Aufgrund einer nahen Kohleverbindungsbahn konnte diese nicht so abgeflacht werden, wie es notwendig gewesen wäre.[1380] Bereits die wasserwirtschaftliche Konzeption forderte eine Sicherung der Ostböschung.[1381] Hierfür griffen die Ausführenden der Wiederurbarmachung vom BKW Franz Mehring auf bereits vorhandene Expertise zurück. Die Experten saßen in Dresden: Werner Bauch und sein Nachfolger Harald Linke, die gemeinsam zur ingenieurbiologischen Böschungsbefestigung forschten, wurden für zwei Gutachten angefragt.[1382] Aus den Gutachten resultierte ein Großversuch mit Weidenstecklingen, den Linke mit 13 Studierenden der TH Dresden durchführte. Ein Herbststurm mit Wellen bis zu 3 m sollte 1972 diese Arbeit vernichten.[1383] Als Reaktion hierauf sicherte man erfolgreich die Böschung bergmännisch durch Felsbrocken und Schotter. Diese Form der Böschungssicherung diente als Musterbeispiel, sie lässt sich an wellenexponierten Standorten auch heute noch im Leipziger Neuseenland und im Lausitzer Seenland beobachten.

Die Planung des Senftenberger Sees setze bei der „Landschaftsdiagnose der DDR“ an. Bereits im Februar 1957 nahm ein Vertreter des Institutes für Wasserwirtschaft Einsicht in die Unterlagen.[1384] Die wasserwirtschaftliche Konzeption stand am Beginn der Planung des Sees. Die Speichereigenschaften sollten sich im

---

sicherheitsnachweises für das Restloch Heide VIII, verfasst von Prof.-Ing. Schubert, vom 26.10.1973 (Datum 22.07.1974), Tagebau Koschen vom 15.08.1974.

1380 Bereits 1965 wurde erkannt, dass an dieser Stelle durch Wellenerosion Probleme drohten. Gleichzeitig konnte durch die nahe Fernstraße 96 und einer Kohleverbindungsbahn, beide nur 60 m von der Abbruchkante entfernt, die Böschung nicht abgeflacht werden. Kupfer/Sawall/Wiese, Senftenberger See, S. 71.

1381 SächsStA-D, 11473, Nr. 7614, Wasserwirtschaftlicher Vorbescheid vom 15.02.1967.

1382 Noch zu Amtszeit von Bauch wurden die Dresdener 1967 durch das BKW „Franz Mehring“ gebeten, zwei Gutachten zur Böschungssicherung anzufertigen. Kupfer/Sawall/Wiese, Senftenberger See, S. 71 f.

1383 BLHA, Rep. 901 Laus BKW, Nr. 1529, Aktennotiz Rekultivierungsarbeiten Tgb. Niemtsch vom 13.11.1973.

1384 Zwei weitere Einsichtnahmen, einmal zum Textteil zu Senftenberg durch einen Vertreter der Pädagogischen Hochschule Potsdam und einmal des gesamten Materials zu Senftenberg (beide 1956), können nicht der Wiedernutzbarmachungsforschung zugeordnet werden. Rindt, der 1956 und 1957 ebenfalls viermal Material anschaute, interessierte sich zu diesem Zeitpunkt für Mecklenburg bzw. das Braunkohlenbergbaugebiet westlich von Halle (Saale). Die Einsichtnahme durch das Institut für Wasserwirtschaft wiederum kann nur mit der Gestaltung des Speicherbeckens aus dem Restloch Niemtsch zusammenhängen oder mit dem Grundwasserentzug, da die Flussverlegung zu diesem Zeitpunkt bereits abgeschlossen war. Möglicherweise stand dies im Zusammenhang mit Manfred Melchers Forschungen zur Nutzung der Tagebaurestlöcher, die er am Institut für Wasserwirtschaft durchführte. Vgl. IRS, C 12, K 17, Nachweisbuch über die Benutzung des Materials der Landschaftsdiagnose; Melcher, Wasserhaushaltes, S. 49–57.

Vergleich zum Knappensee weiter erhöhen. Mit einer Stauhöhe von 1,5 m und einem Stauvolumen von 18 Mio. m^3 wurde die theoretische Staumenge des Knappensees um das Doppelte übertroffen.[1385] Neben der Errichtung eines Ein- und Auslaufbauwerkes übernahmen die WWD Obere Elbe–Neiße und Mattheus auch die Planung der Brücken zur Insel, die für eine forstwirtschaftliche Nutzung vorgesehen war. Eine umfangreiche Böschungsabflachung war in den tieferliegenden Bereichen (ab 2 m unterhalb des Wasserspiegels) nicht nötig, da Rutschungen vor allem in Bereichen mit anstehendem Wasser auftreten.[1386] Bei den Uferböschungen mussten hingegen 17 200 m auf ein Verhältnis von 1:4 bis 1:15 abgeflacht werden.[1387] Otto Rindt regte für die Sandstrände eine nur geringe Böschungsneigung an, um diese besonders einladend zu gestalten. Gleichzeitig verhinderte er steile Böschungen, die für viele Probleme am Knappensee sorgten (und sorgen). Zur Böschungsabflachung und Strandgestaltung schlug Rindt die Spülkippen vor, die nach seinen Knappensee-Erfahrungen die beste und sicherste Variante der Strandherstellung darstellten.[1388] Rindt kombinierte also verschiedene Verfahren, um das beste Ergebnis bei moderaten Kosten zu erzielen. Allerdings erfolgte an anderen Stellen eine Abflachung mit Planierraupen wie beispielsweise auf der ehemaligen Brückenkippe, die die Insel im See bildet (Abb. 80).[1389] Der Logik, Kosten durch Rückgriff auf erprobte Techniken und deren Integration in den Bergbau- bzw. Wiedernutzbarmachungsprozess möglichst niedrig zu halten, folgte Rindt auch bei der Begrünung der ehemaligen Kippenflächen. Diese machten ca. 500 ha von den insgesamt 1544 ha Tagebaufläche aus.[1390] Auf einem Teil der tertiären Brückenkippe lässt sich beispielsweise die Anwendung des Domsdorfer Verfahrens nachweisen.[1391]

1385 Im vorherigen Kapitel wurde bereits gezeigt, dass die theoretische Füllmenge des Knappensees aus technischen Gründen nicht erreicht wurde. Kupfer/Sawall/Wiese, Senftenberger See, S. 75.

1386 Rutschungen unterhalb des Wasserspiegels treten nicht auf, wenn bis zu einem Wasserspiegel von 2 m die Böschung abgeflacht ist. Allerdings besteht hier ein Zusammenhang zu heutigen Problemen in der Lausitz, die aufgrund schwankender Wasserspiegel im Zuge von Dürren und Trockenheitsereignissen auftreten. Vgl. BLHA, Rep. 803 BfT Ctb, Nr. 1290, Restlöcher im Bezirk Cottbus als neue Erholungslandschaft, verfasst von Otto Rindt (1969); Drebenstedt, Planungsgrundlagen, S. 500 f.

1387 Kupfer/Sawall/Wiese, Senftenberger See, S. 69.

1388 StUG, 036-091, Tagung der SAG „Kippenrekultivierung" vom 19.01.1962.

1389 Kupfer/Sawall/Wiese, Senftenberger See, S. 62 ff.

1390 Die heutige Fläche ist tatsächlich geringer, da sich besonders die Insel im Senftenberger See durch Rutschungen bereits bis 1981 von 451 auf 435 ha verkleinert hatte.

1391 Auf mindestens 18 ha kam das Domsdorfer Verfahren zum Einsatz. Allerdings wurden weitere 180 ha melioriert, deren Aufbereitung sich im Vergleich zum Domsdorfer Verfahren nur in der Verwendung von Kalk unterschied. Daher kann von knapp 200 ha meliorierte Fläche nach

Abb. 80: Böschungsabflachung auf der Insel im Senftenberger See mit Hilfe zweier T-100 Planierraupen. Mit dieser Technik ließen sich ausreichend abgeflachte Böschungen herstellen, wenn auch die hier gezeigte bis heute wegen Rutschungsgefahr gesperrt ist. Für die Gestaltung von Stränden griff Rindt hingegen auf Spülkippen zurück, 1960er-Jahre

Bei der Flutung des Restloches griff Mattheus auf seine Knappensee-Erfahrungen zurück. Um eine möglichst gute Wasserqualität zu gewährleisten, sollte Fremdwasser aus Flüssen eingesetzt werden, war doch bei einer Flutung nur durch aufsteigendes Grundwasser eine Versauerung des Sees zu erwarten. Die Flutung begann am 11. November 1967, bis zu ihrem Ende im November 1972 waren 97 Mio. m^3 Wasser notwendig, von denen 75 Mio. m^3 aus der Schwarzen Elster stammten und weitere 22 Mio. m^3 aus dem Grundwasserwiederaufstieg.[1392] Aufgrund von Trockenheit während der Flutungsphase und einer Rutschung in der Nähe der Insel stellte sich anfangs nur ein niedriger pH-Wert von 3 bis 3,3 ein.[1393] Daran änderte auch das Einbringen von 300 t Kalk kurz vor der Seeeröffnung 1973 nichts. Erst die Möglichkeit während der Hochwasser 1976–1978 mehr Flusswasser einleiten zu können, erhöhte den pH-Wert auf 4,0 bis 5,1. Nach 1990 erreichte der See einen annehmbaren pH-Wert von 6,7 bis 7,2. Bereits der erste große See dokumentierte, dass für eine erfolgreiche Flutung Fremdwasser notwendig war, das bis heute in der trockenen Lausitz nur begrenzt verfügbar ist. Im Übrigen löste die Flutung besonders um die Insel zahlreiche Rutschungen aus (Abb. 81). So schrumpfte der westliche Inselteil zwischen 1973 und 2003 von 218 ha auf 194 ha, was 11 % der Flä-

---

den Erkenntnissen der Wiederurbarmachungsforschung der 1950er- und frühen 1960er-Jahre ausgegangen werden. Kupfer/Sawall/Wiese, Senftenberger See, S. 64 und 67.

1392 LMBV (Hrsg.), Niemtsch, S. 12.

1393 Kupfer/Sawall/Wiese, Senftenberger See, S. 75.

che ausmachte.[1394] Der Ostteil der Insel verkleinerte sich von 320 ha auf 257 ha, also um fast 20 %.[1395] Besonders im östlichen Bereich waren Rutschungen in den Planungen vorgesehen, sie sollten die Böschungen stabilisieren.[1396] Schlussendlich blieben diese teilweise sogar aus. Nach Angaben der LMBV ereigneten sich mindestens 400 Rutschungen jeweils mit einer Masse von mehr als 500 m^3.[1397] Dessen ungeachtet setzte die Böschungssicherung des Senftenberger See neue Maßstäbe. So wurde zur Überprüfung der Standfestigkeit der Böschungen kurz vor dem Start der ersten Badesaison eine Erschütterungssprengung zur Nachverdichtung des Untergrundes durchgeführt, um Rutschungen zu vermeiden.[1398] Heute gehört dieses Verfahren zum Standardrepertoire der Bergbausanierung der LMBV.

Abb. 81: Rutschung am 03. Oktober 1975 an der Brücke die den Zugang zur westlichen Insel bildete. Im Hintergrund befindet sich Niemtsch und der Zufluss zum See. Die Momentaufnahme dokumentiert die Gefahr für Menschen und Technik, die von Rutschungen und Setzungsfließen ausgehen

Einen neuen Weg, der allerdings an die Erfahrungen aus der Gestaltung des Knappensees anknüpfte, betrat die Erholungsnutzung. Von Anfang an plante man

1394 Ebd., S. 62 und 64.
1395 Ebd., S. 67 f.
1396 BArch, DF 9/409, Protokoll vom 01.11.1967.
1397 LMBV (Hrsg.), Niemtsch, S. 12.
1398 Kupfer/Sawall/Wiese, Senftenberger See, S. 69.

ein umfangreiches Angebot, das nicht nur Camping-Urlaube umfasste. Eingebettet waren diese Planungen in eine umfangreiche Kooperation auf kommunaler Ebene. Ihren Beginn markierte 1963 die Gründung einer sozialistischen Arbeitsgruppe, die sich 1965 in einen Kommunalen Zweckverband transformierte.[1399] Noch vor dem Auslaufprogramm des Tagebaus gab es mithin eine Steuerungsgruppe für die Realisierung der touristischen Nutzung. Einen ersten konzeptionellen Entwurf hierfür legte 1964 wiederum Otto Rindt (zusammen mit dem Direktor des BfT) vor.[1400] Die wichtigste Forderung betraf touristische Entwicklungspläne für die einzelnen Gemeinden. Gleichzeitig wurde wie schon beim Knappensee die bereits vorhandene gute Erschließung durch Straßen, Wege und Versorgungseinrichtungen betont, so dass hier keine Nachsteuerung erfolgen musste. In diesem Konzept erfolgte darüber hinaus eine Analyse des räumlichen Potenzials für Wochenendtourismus bis 1980.[1401] Das Erholungspotenzial sollte nach diesem Konzept über die Bezirksgrenzen bis nach Dresden ausstrahlen. Aus umwelttechnischer und -historischer Sicht bemerkenswert sind die Forderungen nach Installation von Elektrostaubfiltern im Kraftwerk Brieske (am Westrand des Senftenberger Sees gelegen und damit in der Hauptwindrichtung), um die lufthygienische Situation zu verbessern, und der Nutzung von Tagebaurestlöchern als Flussklärwerke. Zumindest letzteres wurde umgesetzt. Die zweite Phase der Planung, die Ende der 1960er-Jahre begann, umfasste die Strände, deren endgültige Länge 6750 m betrug,[1402] und die forstliche Rekultivierung.[1403] Rindt, der einen in den Grüngürtel der Stadt übergehenden Erholungswald vorschlug, wandte sich dabei gegen Monokulturen und Nadelhölzer. Zwar kam Rindt bei der Gehölzwahl zu dem gleichen Schluss wie Rudolf Heuso(h)n, allerdings aus anderen Gründen: Für Rindt standen die Beschattung der Uferbereiche und der höhere ästhetische Wert im Vordergrund. Rindt führte zusätzlich ein praktisches Argument für die Baumartenwahl an: den Brandschutz. Damit orientierte er sich am aktuellen Wissensstand in der DDR, der einen Zusammenhang zwischen Kiefernmonokulturen und hoher Wald-

---

1399 StUG 036-071, Potentielle Möglichkeiten der Erschließung des Senftenberger Seengebietes vom 11.02.1980.

1400 BLHA, Rep. 801 RdB Ctb, Nr. 5981, Schreiben des BfT Cottbus, Unterzeichner Otto Rindt und Direktor Schwebke, an den Rat des Bezirkes Cottbus vom 30.12.1964.

1401 Ebd., Übersichtskarte mit Einzugsgebieten (1964).

1402 Neben 5750 m Sandstrand kam dazu noch ein 1000 m FKK-Abschnitt im Südbereich, der sich durch eine naturbelassene Ufergestaltung auszeichnete. An dieser unterschiedlichen Gestaltung zeigten sich wieder die Vorstellungen von Rindt, der neben einer Diversifizierung der Nutzung auch für eine optische Differenzierung der Flächen eintrat. Die Fertigstellung der letzten Strandabschnitte erfolgte erst nach 1990. Kupfer/Sawall/Wiese, Senftenberger See, S. 70 f.

1403 BLHA, Rep. 803 BfT Ctb, Nr. 1290, Restlöcher im Bezirk Cottbus als neue Erholungslandschaft, verfasst von Otto Rindt (1969).

branddichte betonte.[1404] Kritisch sah Rindt eine landwirtschaftliche Nutzung des Planungsraumes, da diese seiner Meinung nach den Erholungswert reduzierte.[1405]

Bei der Umsetzung wäre Rindt ohne die kommunale Unterstützung allerdings gescheitert. Vor allem die Gründung des ESS aus dem Kommunalen Zweckverband war ein wichtiger Schritt. Hieran waren 30 Betriebe, Räte der Gemeinden und Städte sowie der Rat des Kreises Senftenberg beteiligt.[1406] Zum ersten Direktor wurde Günter Flack (1921–2011) ernannt, der bereits den Kommunalen Zweckverband geleitet hatte und das Amt von 1973 bis 1976 ausübte.[1407] Bis 1979 errichtete diese Gemeinschaft 300 Bungalows, 600 Strandkörbe, ein Kinderferienlager (Kapazität 1000 Kinder), acht Kioske, sechs Gaststätten, fünf Wasserrettungsstationen, ein Kino, einen Campingplatz, ein Postamt sowie eine Fahrgastschifflinie zwischen Niemtsch, Senftenberg und Großkoschen.[1408] Besonders hervorzuheben ist die Gaststätte „Seestern", die mit der Integration von Gastraum, Veranstaltungssaal mit Empore und separater Bar multifunktional war.[1409] Die geplante Seilbahnverbindung von Senftenberg über den Ostteil der Insel, auf der ein weiterer Campingplatz geplant war, nach Großkoschen konnte aufgrund der Standsicherheitsprobleme nicht realisiert werden.[1410]

Der See wurde von Anfang an gut angenommen wie die Entwicklung der Besuchendenzahlen im ESS zeigt: Von 545 000 im Jahr 1973 über 890 000 ein Jahr später, 1974, stieg die Zahl der Besuchenden bereits 1975 auf 1 700 000.[1411] Die Beliebtheit des Senftenberger See spiegeln auch die Anfragen von Institutionen zur Errichtung eigener Ferieneinrichtungen wider. Eine entsprechende Anfrage stellte beispielsweise der VEB Mansfeldkombinat, der Kali-Monopolisten der DDR, 1975, sie wurde allerdings abgelehnt.[1412] Argumentiert wurde, dass durch die Anlage das Dorfbild von Großkoschen „empfindlich gestört würde." Erfolgreicher hingegen war das MfS: Es erhielt mindestens fünf Objekte mit mindestens 69 601 m² rund

1404 Preußner, Kippenstandorte, S. 603 ff.

1405 BArch, DF 9/408, Protokoll über die Beratung der Kommission am 24.04.1964.

1406 BLHA, Rep. 803 BfT Ctb, 1258, Studie über Aufwand und Nutzen von Bergbaufolgelandschaften auf dem Gebiet der Erholung am Beispiel der Gestaltung des Senftenberger Sees, verfasst von Bärbel Kirsten (1979).

1407 Kupfer/Sawall/Wiese, Senftenberger See, S. 139.

1408 BLHA, Rep. 803 BfT Ctb, 1258, Studie über Aufwand und Nutzen von Bergbaufolgelandschaften auf dem Gebiet der Erholung am Beispiel der Gestaltung des Senftenberger Sees, verfasst von Bärbel Kirsten (1979).

1409 Kupfer/Sawall/Wiese, Senftenberger See, S. 142.

1410 Ebd., S. 67 und 128.

1411 BLHA, Rep. 803 BfT Ctb, 1258, Studie über Aufwand und Nutzen von Bergbaufolgelandschaften auf dem Gebiet der Erholung am Beispiel der Gestaltung des Senftenberger Sees, verfasst von Bärbel Kirsten (1979).

1412 Ebd., Nr. 576, Schreiben des BfT Cottbus an das VEB Mansfeldkombinat vom 10.10.1975.

um den See für Erholungszwecke der Mitarbeiter:innen, darunter ein „Ruderobjekt“ mit 32 117 m^2.[1413] Der Senftenberger See war ein solcher Erfolg, das nicht einmal ein Jahr nach seiner Eröffnung der Bezirkstag des Bezirkes Cottbus beschloss, weitere Naherholungsgebiete aus Restlöchern zu schaffen und gleichzeitig das ESS auszubauen.[1414]

Eine Besonderheit ist die Insel im Senftenberger See, die eines der ersten und mit ca. 900 ha (435 ha Land- und 465 ha Wasserfläche) größten Naturschutzgebiete in einer Bergbaufolgelandschaft der DDR darstellt. Bereits die Planungen zur Insel von 1964 sahen vor, dass diese nach der Flutung aus Standsicherheitsgründen 15 Jahre gesperrt bleiben müsse.[1415] Fünf Jahre später, 1969, plädierte Rindt erstmals für ein Naturschutzprojekt.[1416] Er griff damit Bestrebungen des BfT Cottbus und der Gemeinde Halbendorf aus dem Jahr 1967 auf.[1417] Derartige Überlegungen waren in den 1960er-Jahren auf den ersten Blick nicht neu, hier sei an Gerhard Darmer erinnert, der als Bezirksnaturschutzbeauftragter im Bezirk Leipzig tätig war. Rindt allerdings, und das ist das Neue, band den Naturschutz in sein touristisches Konzept ein. Damit betrat er auch über die DDR hinaus Neuland, da das Konzept international erst in den 1960er-Jahren formuliert wurde.[1418] In der DDR setzte die Debatte um Naturschutzgebiete in Bergbaufolgelandschaften erst Ende der 1970er-Jahre ein und führte in den 1980er-Jahren zu ersten Ausweisungen. In diesem Zusammenhang wird häufig das 216 ha große Naturschutzgebiet im ehemaligen Tagebau Zechau (Landkreis Altenburg/Thüringen) als erstes genannt.[1419] Aller-

---

1413 Die Objekte verteilten sich auf Niemtsch und Senftenberg. Dabei sollte die Einrichtung konspirativ betrieben werden, allerdings vor allem um die dort erholungssuchenden MfS-Mitarbeiter zu schützen. Aus dem Dokument geht nicht hervor, wie die Flurstücke bebaut und konkret genutzt wurden. Vgl. BArch, BStU, DOK-BVA, DOK-LV, Schlüsselnummer 061145004, Schlüsselnummer 061145002.

1414 StUG, 036-071, Beschluß-Nr. 40/74 des Bezirkstages Cottbus vom 13.03.1974.

1415 BLHA, Rep. 801 RdB Ctb, Nr. 5981, Tagebau Niemtsch (Juni 1964).

1416 Noch vor der Flutung des Sees und der Tatsache, dass die Insel aufgrund ihrer fehlenden Standsicherheit nicht nutzbar war, äußerte er diesen Gedanken. Wobei er nicht ein Totalreservat sah, sondern eine spätere Erholungsnutzung in einem Vogelreservat. Damit hätte sich der Wert für Erholung und Tourismus erhöht, da als spezielle Zielgruppe Naturtourist:innen angesprochen wurden. BLHA, Rep. 803 BfT Ctb, Nr. 1290, Restlöcher im Bezirk Cottbus als neue Erholungslandschaft, verfasst von Otto Rindt (1969).

1417 Da an der Besprechung von Seiten des BfT Cottbus Hans-Joachim Neumann, ein Untergebener von Rindt, teilnahm, ist davon auszugehen, dass die Idee insgesamt im Büro verankert war. Allerdings deutet das Dokument an, dass die Idee auf die Gemeinde zurückging. Über die Realisierung ist nichts bekannt. Ebd., Nr. 1278, Protokoll der Standortberatung am 23.06.1967.

1418 Ellenburg, Ludwig/Scholz, Marion/Beier, Birgit: Ökotourismus: Reisen zwischen Ökonomie und Ökologie, Heidelberg u. a. 1997.

1419 Krummsdorf, Ökonologie, S. 15.

dings sind Teilflächen erst 1984 als Flächennaturdenkmale ausgewiesen worden.[1420] Die Insel im Senftenberger See wurde hingegen bereits am 25. März 1981 nach Vorarbeiten des Kreises Senftenberg durch einen Bezirkstagsbeschluss unter Schutz gestellt.[1421]

Die öffentliche Würdigung des Senftenberger Sees spiegelt die erfolgreiche Wiedernutzbarmachung und den Stolz auf das Erreichte: Im September 1975 fand der Landschaftstag des Bezirkes Cottbus in Großkoschen statt, um die Erfolge öffentlich zu präsentieren.[1422] Auf der 10. Wissenschaftlichen Tagung zu Fragen des Bodens und Umweltschutzes sowie der Rekultivierung 1978 in Cottbus war der See nach den Versuchsflächen des Koyne Verfahrens im Tagebau Spreetal der zweite Halt auf der Exkursionsroute.[1423] Neben der breiten Darstellung des Senftenberger Sees in DDR-Publikationen[1424] – es gab mit der „See-Rundschau" von 1974 bis 1990 eine eigene jährliche Zeitschrift[1425] – wurde er, teils bereits in seiner Entstehungsphase, nicht nur in der westdeutschen, sondern auch der internationalen Presse thematisiert, wie das MfS kritisch beäugte.[1426]

1420 Zwar begann die Diskussion in Zechau bereits 1978 und bis Oktober 1979 lagen sowohl von Seiten des Naturschutzes (Hugo Weinitschke) als auch des Bergbaus (Otfried Wagenbreth) positive Gutachten vor, aufgrund eines Bezirkstagsbeschlusses, der ausschließlich eine intensive Naherholungsnutzung für Tagebaurestlöcher vorsah, wurde dies jedoch verhindert. Erst 1983 wurde dieser Beschluss gestrichen und auf Antrag vom 07. Dezember 1981 akzeptierte der Rat des Kreises Altenburg am 21. Februar 1982 die Ausweisung mehrerer Teilflächen von insgesamt 42 ha. Erst am 28. Januar 1987 erfolgte schlussendlich die Unterschutzstellung der gesamten Fläche von 216 ha. Vgl. Höser, Norbert: Naturschutz im Tagebau Zechau. Eine Neuheit, in: Mauritiana 12, 1990, S. 569–573, hier S. 569–572.

1421 Allerdings bemühte sich Otto Rindt schon in der Konzeption des Sees darum, ein Vogelschutzgebiet einzurichten. BLHA, Rep. 803 BfT Ctb, Nr. 1290, Restlöcher im Bezirk Cottbus als neue Erholungslandschaft, verfasst von Otto Rindt (1969); Kupfer/Sawall/Wiese, Senftenberger See, S. 120.

1422 Zutz, Naturschutzgeschichte, S. 106.

1423 BArch, DK 107/18792, Einführung in die Exkursion am 01.09.1978.

1424 Barthel, Bergbau, S. 30; Krummsdorf/Grümmer, Reißbrett, S. 154–157 und 168 f.

1425 Meyer, Torsten: Wasser – Ein Element der Zukunftshoffnungen in Tagebaurevieren? Das Beispiel des Lausitzer Braunkohlenreviers, in: Der Anschnitt. Zeitschrift für Montangeschichte 75, 2023, S. 30–39, hier S. 34 f. See-Rundschau. Strandzeitung des Erholungsgebietes Senftenberger See, Saison 1974 – Saison 1990.

1426 Bereits 1965 erschien ein Artikel in den „Böblinger Nachrichten" (Baden-Württemberg). Dem MfS erschien aufgrund der Informationen und des Sprachduktus Rindt als der vermeintliche Autor; deshalb überwachte es ihn. 1974 wurde die Überwachung eingestellt. Im Rahmen einer geführten Presseexkursion 1976 wurde der Senftenberger See 40 akkreditierten Journalist:innen im Bezirk Cottbus präsentiert. 1987 produzierte das ZDF einen Fernsehbeitrag zu Tagebau und Rekultivierung in der DDR, in dem der Senftenberger See thematisiert wurde. 1981 nahmen 101 Journalist:innen an der Exkursion teil. Auch die „Aachener Nachrichten" thematisierten in ihrer Wochenendbeilage vom 20. Juni 1987 den Senftenberger See. Hierbei stammten die Informationen

Erfolgreiches Modellprojekt oder learning by doing?

Der Senftenberger See stellt den Höhepunkt der Wiedernutzbarmachung in der DDR dar und ist zugleich ein umweltpolitischer Meilenstein. Deutlich wird dies vor allem im Vergleich mit den Planungen und der Praxis der Gestaltung anderer Restlöcher zu Bergbaufolgeseen. Um dies zu verdeutlichen, bieten sich vor allem der Kulkwitzer See bei Leipzig, der Halbendorfer See nördlich von Weißwasser sowie die beiden Folgeseen im Tagebaubereich Lohsa (Silbersee und Ratzener Teiche), ebenfalls in der Lausitz gelegen, an, die teils zeitgleich, teils erst nach dem Senftenberger See entstanden.

Der 1973 freigegebene Kulkwitzer See entstand aus dem gleichnamigen Tagebau, der ab 1937 Braunkohle für die Landkraftwerke Kulkwitz AG förderte.[1427] Auch für diesen See war schwerpunktmäßig eine Nutzung als Wasserspeicher vorgesehen. Die entsprechende Entscheidung von 1961 markierte gleichzeitig den Beginn der Wiedernutzbarmachung.[1428] Somit begann die Planung zwei Jahre vor dem Auslaufen des Tagebaus im Feld Miltitz.[1429] Im Gegensatz zu der Behauptung von Peter Bilz, Leiter des Labors für Bodenmechanik im VEB BKK Regis, auf der 1. Landeskultur Tagung des Bezirkes Leipzig, wonach keinerlei Ideen zur Umgestaltung des Tagebaus zu einem Naherholungsgebiet vorlägen,[1430] gab es sehr wohl bereits 1957 entsprechende Überlegungen am Institut für Landschaftsgestaltung der KMU Leipzig.[1431] Laut Krummsdorf, der mit Bilz in Regis zusammenarbeitete, bestand seit 1959 ein Kreistagsbeschluss zur Umgestaltung des Tagebaurestloches in

---

vom BKK Senftenberg. Vgl. BArch, BStU, BV Ctb, AP, Nr. 1172/74, Abverfügung zur Archivierung vom 22.08.1974; ebd., AKG, Nr. 1056, Tagebaue verschlingen in der Lausitz jährlich 2000 Hektar vom 20.06.1987; Nr. 1131, Information über die Verwirklichung des journalistischen Vorhabens vom 15.12.1987; Nr. 1346, Information über weitere journalistische Vorhaben vom 27.08.1988; Nr. 4048, Information über eine geplante Presseexkursion in den Bezirk Cottbus am 28.10.1976; ebd., ZAIG, Nr. 15666, Information über zusammenfassende Wertung der Aktivitäten von Journalisten des nichtsozialistischen Auslandes im Bezirk Cottbus.

1427 Dabei bestanden Tagebau und Tiefbau parallel. Während der heutige Kulkwitzer See die Hinterlassenschaft des Tagebaus bildete, ist das Naturschutzgebiet Kulkwitzer Lachen eine Folge der Senkungen des Tiefbaus. An dieser Stelle liegt der Fokus auf dem See, da die Lachen erst nach 1990 eine Umgestaltung erfuhren und davor die DDR mit der Hebung des Grundwassers Vernässungsprozessen entgegenwirkte. Berkner u. a. (Hrsg.), Mitteldeutsche Seenlandschaft, S. 198; SächStA-L, 20304, Nr. 11, Beratung zum Problem des Grundwasserwiederanstieges vom 07.12.1987.

1428 BArch DF 9/393, Bericht über die 16. Tagung der Bezirkskommission am 09.11.1961.

1429 Wagenbreth, Braunkohlenindustrie, S. 282.

1430 Bilz, Peter: Einige bodenmechanische Probleme bei der Gestaltung von Restlöchern, in: Krummsdorf u. a. (Hrsg.), 1. Landeskultur-Tagung, S. 61–64, hier S. 63.

1431 Vgl. UAL, NA Darmer, Nr. 4, Bd. 1, Schreiben von Paul Becker an Gerhard Darmer vom 08. und 27.03.1957, Schreiben von Gerhard Darmer an Paul Becker vom 02.04.1957.

ein Naherholungsgebiet.[1432] Allerdings hatte Bilz insofern Recht, als diese nicht umgesetzt wurden und auch keine Gestaltung vor der Flutung vorsahen. Daraus resultierten, wie Bilz weiterhin kritisierte, bedeutend höhere Kosten für die Wiedernutzbarmachung. Hierin bestand ein wesentlicher Unterschied zum Senftenberger See. Ein weiterer betraf die Problemkonstellation: Erstens lag das Braunkohlenflöz nicht so tief, so dass nur Schichten des Quartärs bewegt werden mussten und somit keine Versauerung des aufsteigenden Grundwassers durch Oxidation von Schwefelkies auftrat; zweitens verringern die größeren Korngrößen der Sande im Mitteldeutschen Revier die Gefahr von Rutschungen.

Die praktizierte Wiedernutzbarmachung unterschied den Kulkwitzer See maßgeblich von den von Rindt und Mattheus geschaffenen Seen in der Lausitz: Da sich keine Fließgewässer in der Nähe befanden, erfolgte zwischen 1965 und 1983 die Flutung ausschließlich durch aufsteigendes Grundwasser.[1433] Diese Flutungsvariante lässt drei Unterschiede zum Senftenberger See erkennen: Erstens, dass eine Erstbefüllung mit Grundwasser deutlich mehr Zeit in Anspruch nahm;[1434] zweitens, dass durch diese Variante ein nutzbares Gewässer entstehen kann, sofern die geologischen Umstände es zulassen; drittens, dass Rutschungen nicht notwendigerweise an steilen Böschungen auftreten müssen. Besonders die an der Südwestseite befindliche Hochkippe ragt bis zu 20 m über dem normalen Gelände und fällt steil in Richtung des Sees ab, so dass eine Gefährdung bestand.[1435] Dennoch kam und kommt es hier im Gegensatz zum Senftenberger See nicht zu gefährlichen Setzungsfließereignissen. Die Qualität des Wassers zeigt sich heutzutage in der Nutzung durch Tauchsportbegeisterte, deren Ausflüge klares Wasser sowie eine umfangreiche Unterwasserflora und -fauna belegen.[1436]

Trotz dieser Unterschiede gab es aber auch Parallelen zu den Arbeiten in der Lausitz. Die erste und wichtigste betrifft die desolate Erholungssituation im Bezirk Leipzig, die vergleichbar mit dem Bezirk Cottbus war und worauf die Schaffung

---

1432 Krummsdorf/Grümmer, Reißbrett, S. 164.

1433 Berkner u. a. (Hrsg.), Mitteldeutsche Seenlandschaft, S. 108.

1434 Zum Vergleich: Der Kulkwitzer See umfasst ca. 150 ha und ist bis zu 32 m tief. Sein Volumen beträgt ungefähr 30 Mio. m^3. Der Senftenberger See umfasst 1050 ha Wasserfläche ist bis zu 25 tief (ursprünglich bis 40 m, was sich aber durch die Rutschungen im Laufe der Zeit verringerte) und verfügt über ein heutiges Volumen von ca. 80 Mio. m^3. Während die Flutung des Kulkwitzer Sees 18 Jahre dauerte, waren es beim Senftenberger See genau fünf zwischen November 1967 und November 1972.

1435 Krummsdorf/Grümmer, Reißbrett, S. 164.

1436 Vgl. Florian, Monika: Kulkwitzer See. Unter https://www.tauchshop-florian.de/tauchbasis-kulkwitzer-see/kulkwitzer-see/ (Eingesehen: 04.05.2023); more virtual agency: Tauchen im Kulkwitzer See. Unter: https://www.seen.de/kulkwitzer-see/kulkwitzer-see-tauchen/ (Eingesehen: 04.05.2023).

des Kulkwitzer Sees reagierte.[1437] Durch die nahe, seit 1976 entstandene sozialistische Großwohnsiedlung Leipzig-Grünau (85 000 Einwohnern 1989) bestand ein unmittelbares Erholungsbedürfnis, ähnlich den Verhältnissen in Senftenberg, das 1981 32 000 Bewohner zählte. Die zweite Gemeinsamkeit, die vor allem die Parallelität der Ideen aufzeigt, betraf die Bepflanzung zur Nutzung als Naherholungsgebiet. Besonders die Hochkippe, die ab 1950 bepflanzt wurde, orientierte sich an einem Mischwald mit hohem Erholungswert.[1438] Dabei lässt sich ein Zusammenhang zu den Wiedernutzbarmachungsforschungen unter Gerhard Darmer in Leipzig und Wilhelm Knabe in Berlin erkennen. Eine dritte Parallele liegt in der Technik der Strandgestaltung. Entsprechend der Erkenntnis von Rindt erfolgte in den 1960er-Jahren auch am Kulkwitzer See eine Abflachung der Strandböschungen zur besseren Nutzbarkeit, allerdings nicht im laufenden Tagebaubetrieb, wodurch deutlich höhere Kosten entstanden.[1439] Die vierte betraf die Erholungsinfrastruktur, die kostengünstig und gleichzeitig einladend sein sollte. Hierzu wurde 1965 eine Studie erarbeitet, die den Fokus auf Bade- und Wassersportangebot legte.[1440] Neben Bungalows, einem Verleih für Wassersportgeräte und einer Freilichtbühne – diese Einrichtungen fanden sich auch am Senftenberger See – gab es sogar Ansätze zu einer modernen Eventgastronomie in Form eines alten Saalekahns der zu einer Schiffsgaststätte umgestaltet wurde.[1441] Eine Parallele, die Planung durch das BfT Leipzig, bestand hingegen nur temporär: Die überregionale Erholungsnutzung erfolgte nur in einem kurzen Zeitraum, da der See nicht die dafür notwendige Größe hatte.[1442] Der Erfolg des „Kulki“ zeichnet sich eher in der Kontinuität seiner Nutzung durch die Leipziger Stadtbevölkerung aus.

Ein ähnliches Fazit lässt sich über den Halbendorfer See nordöstlich von Weißwasser ziehen. Dieser See entstand aus dem Tagebau Trebendorfer Felder,

---

1437 Nach Planungen vom Mai 1965 wurde für das insgesamt 450 ha große Naherholungsgebiet eine tägliche Nutzung durch 20 000 Menschen vorausgesagt. Vgl. SächsStA-L, 20687, Nr. 311, Programm zur ökonomischen Entwicklung des Wirtschaftsgebietes Borna Altenburg (Mai 1965).

1438 Die genutzten Gehölzarten umfassten Traubenkirsche, Pappel, Schwarzerle, Robinie, Stieleiche, Tamariske, Liguster, Wildrose, Sanddorn sowie Berg- und Spitzahorn. Krummsdorf/Grümmer, Reißbrett, S. 164.

1439 Die Kostenentwicklung wurde im Nachgang, auch aufgrund der Erkenntnisse von Rindt in der Lausitz, durchaus kritisch gesehen. Skibba, Günter: Schlußwort, in: Krummsdorf (Hrsg.), 1. Landeskultur-Tagung, S. 83–87, hier S. 85.

1440 SächsStA-L, 20687, Nr. 311, Programm zur ökonomischen Entwicklung des Wirtschaftsgebietes Borna Altenburg (Mai 1965).

1441 Vgl. Altus, Oliver: Alter Kahn, Neue Nutzung. Die Geschichte der MS Frieda. Unter: https://amsee-leipzig.de/geschichte-ms-frieda/ (Eingesehen: 04.05.2023); Krummsdorf/Grümmer, Reißbrett, S. 164.

1442 Walter, Horst: Landeskulturelle Aufgaben im Bezirk Leipzig, in: Krummsdorf (Hrsg.), 1. Landeskultur-Tagung, S. 10–20, hier S. 16.

der von 1950 bis zu seiner Auskohlung 1969 Braunkohle förderte und dessen Auslaufen das Ende der Bergbaugeschichte im Muskauer Faltenbogen markierte.[1443] Seine zeitlich parallele Auskohlung zum Tagebau Niemtsch, seine geografische Nähe zur Bergarbeiterstadt Weißwasser, die als Wohnstadt für den Tagebau Nochten (Beginn der Aufschlussarbeiten 1968) und das Kraftwerk Boxberg (Grundsteinlegung am 03. Oktober 1968) fungierte,[1444] ließen eine Entwicklung zum Naherholungsgebiet sinnvoll erscheinen.[1445] Im Zuge des Stadtausbaus von Weißwasser sollte ebenso das Angebot an Naherholungsflächen erweitert werden, was die Idee eines Erholungs- und Badesees in der Braunkohlenbrache durch das BfT Cottbus entstehen ließ, das seit 1965 entsprechende Planungen aufnahm, also bereits nach den Planungserfahrungen des Senftenberger Sees.[1446] Wieder übernahm Rindt die Federführung, konnte seine Pläne allerdings nicht wie im Fall des Senftenberger Sees vollständig umsetzen. Da seine Studie erst zum Tagebauende abgeschlossen war, konnte eine Gestaltung der Böschungen im Arbeitsprozess nicht mehr geschehen.

Der heutige Halbendorfer See entstand aus der Mulde D, dem größten Tagebaubereich. Nach Abschluss der Flutung sollte der Restsee eine Fläche zwischen 113 und 117 ha aufweisen, die durch einen Damm in zwei Bereiche geteilt ist (Abb. 82). Die wiedernutzbargemachte Fläche umfasste insgesamt 301,5 ha, wovon 28,9 ha auf landwirtschaftliche, 41,2 ha auf forstliche und 231,4 ha auf sonstige Nutzflächen entfielen.[1447] Er kann daher eher in der Größenkategorie des Kulkwitzer See als des Senftenberger See eingeordnet werden und hatte vor allem regionale Bedeutung.

1443 LMBV (Hrsg.): Trebendorfer Felder/Nochten/Reichwalde, Berlin [2010] 2016 (= Wandlungen und Perspektiven, Nr. 14), S. 4 f.

1444 Schulz, Drei Jahrhunderte, S. 145 f.

1445 Weißwasser sollte von 17 000 Einwohner (1967) auf 30 000 Einwohner (1980) wachsen. Vgl. BLHA, Rep. 803 BfT Ctb, Nr. 1276, Studie für die Entwicklung der Bergbaufolgelandschaft Trebendorfer Felder im Rahmen des bergbaulichen Auslaufprogrammes, verfasst von Otto Rindt und Karsten Maspfuhl, vom 23.09.1969.

1446 Die Studie von 1968 referenziert eine ältere aus dem Jahr 1966. Das Gutachten der Bezirkshygieneinspektion deutet auf einen Beginn der Planung allerdings bereits vor 1965 hin. Vgl. ebd., Auftrag für ein Gutachten vom 03.06.1965, Studie für die Entwicklung der Bergbaufolgelandschaft Trebendorfer Felder im Rahmen des bergbaulichen Auslaufprogrammes, verfasst von Otto Rindt und Karsten Maspfuhl, vom 23.09.1969.

1447 Ebd., Nr. 1278, Schreiben der Kreisplankommission des Kreises Weißwasser an das VEB Braunkohlenkombinat Glückauf Knappenrode vom 23.09.1968.

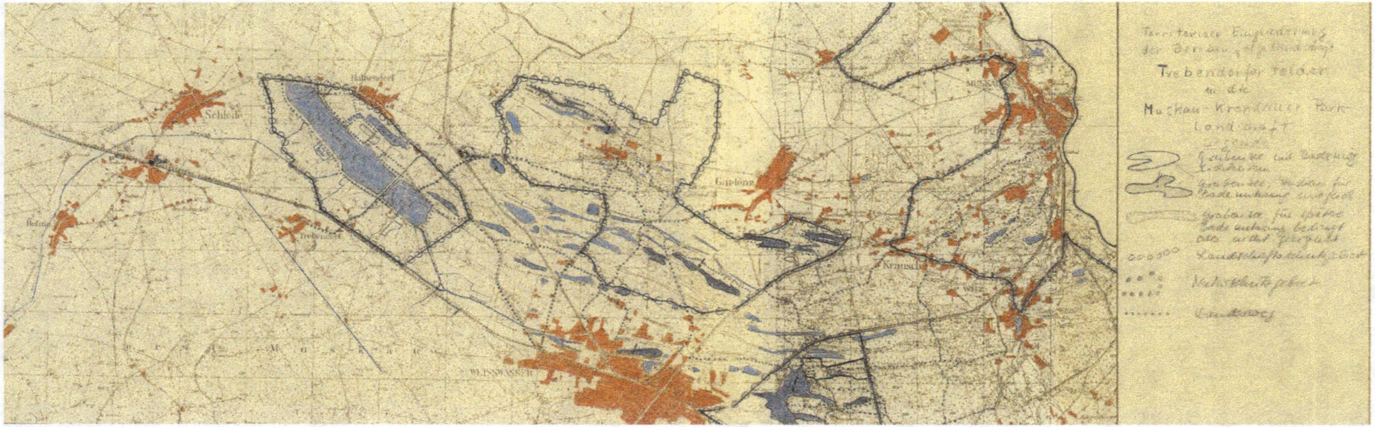

Abb. 82: Der Tagebau Trebendorfer Felder und der daraus resultierende Halbendorfer See sind im Bild zwischen Halbendorf und Trebendorf zu erkennen. Weißwasser ist die große Siedlung mittig. Die anderen Wasserflächen stellen Restlöcher früherer Braunkohlenbergwerke im Muskauer Faltenbogen dar. Die mit Kreisen gekennzeichnete Linie um den See kennzeichnet die ursprüngliche Tagebaufläche. Geteilt ist der See durch einen Damm mit Weg, weshalb heute die Wasserfläche meist mit 80 ha angegeben wird, 1969

Rindt setzte bei der Gestaltung seine bereits erwähnte Böschungsabflachung durch, die sich an den Stränden des Sees gut ablesen lässt.[1448] Ferner betonte er, dass die Bergbaufolgelandschaft im Muskauer Faltenbogen aufgrund ihrer geologischen Struktur – es handelt sich um ein gestauchtes Flöz, das oberflächennah ansteht – besonders reizvoll sei. Zusätzlich eigne sie sich besonders für die Landschaftsgestaltung, da aufgrund der geologischen Situation nur ein geringes Massedefizit bestünde. Rindt referenzierte augenscheinlich die seit der „Landschaftsdiagnose“ bestehende Forderung Lingners, wonach reizvolle Landschaften zu schaffen seien. Diese Argumentation wurde vom BfT Cottbus auch bei weiteren Planungen übernommen, z. B. Mitte der 1970er-Jahre im Bereich des Tagebaugebietes nördlich Plessa/westlich Lauchhammer bei der Gestaltung des Grünewalder Lauchs.[1449] Indem Rindt ferner die landschaftlichen Voraussetzungen für die Umsetzung seiner Planungen fokussierte, verband er die ökonomische Ressourcenschonung mit der Forderung nach anspruchsvollen Erholungsgebieten. Dies stellte eine konsequente Fortführung seiner Realisierungsvorstellungen seit dem Senftenberger See dar. Dabei ergaben sich im Fall des Halbendorfer Sees Synergieeffekte mit den nahen, weltberühmten Parkanlagen von Kromlau (Rhododendronpark Kromlau mit der Rakotzbrücke; ca. 5 km) und Bad Muskau (Fürst-Pückler-Park; ca. 10 km), die Rindt erkannte.[1450] Auch waren Bungalows für die touristische Nutzung geplant,[1451] die auf eine überregionale Funktion des Sees verweisen.

Wie beim Senftenberger See wurde auch im Zuge der Gestaltung des Halbendorfer Sees auf etablierte Wiedernutzbarmachungsverfahren zurückgegriffen, konkret wurden auf 10 ha Kippenflächen am Halbendorfer See phenolhaltige Abwässer verregnet.[1452] Da die Verregnung von Abwässern hygienische Probleme nach sich ziehen konnte, hatte bereits 1965, also am Beginn der Planungen, die Bezirkshygieneinspektion festgelegt, mindestens 200 m Abstand zu den Stränden zu wahren und im südöstlichen Bereich des Halbendorfer See auf die Verregnung zu verzichten.[1453] Dies war einer der wenigen Fälle, bei dem eine Hygieneinspektion, die nach Christian Möller zu den wesentlichen Institutionen zur Durchsetzung der

1448 Ebd., Nr. 1276, Auftrag für ein Gutachten vom 03.06.1965, Studie für die Entwicklung der Bergbaufolgelandschaft Trebendorfer Felder im Rahmen des bergbaulichen Auslaufprogrammes, verfasst von Otto Rindt und Karsten Maspfuhl, vom 23.09.1969.

1449 Ebd., Nr. 566, Konzeption für die Flächennutzung Grünewalder Lauch, verfasst von G. Stephan und G. Kunze, vom 11.02.1974.

1450 Ebd., Nr. 1278, Protokoll der Beratung am 14.03.1967.

1451 Ebd., Nr. 1276, Naherholungsgebiet „Trebendorfer Felder“, verfasst Gunter Clemens, vom 13.10.1976.

1452 Ebd., Nr. 1278, Protokoll der Standortberatung am 23.06.1967.

1453 Ebd., Nr. 1276, Auftrag für ein Gutachten vom 03.06.1965, Studie für die Entwicklung der Bergbaufolgelandschaft Trebendorfer Felder im Rahmen des bergbaulichen Auslaufprogrammes, verfasst von Otto Rindt und Karsten Maspfuhl, vom 23.09.1969.

DDR-Umweltpolitik zählte,[1454] auf die Wiedernutzbarmachung einwirkte. Die Anwendung des Koyne Verfahrens zeigt die Bereitschaft, neueste Technologien der Wiedernutzbarmachung einzusetzen, die im Falle des Senftenberger Sees noch nicht zur Verfügung standen. Gleichzeitig wurde zwischen den Interessen der Erholungsnutzung und der Wiederherstellung der Bodenqualität abgewogen, dies führte dazu, dass man die restlichen Flächen mit dem weniger belastenden Domsdorfer Verfahren meliorierte.[1455]

Rindt orientierte sich ferner an den von ihm entwickelten Logiken der Böschungsabflachung. Allerdings war die von ihm gewünschte Abflachung auf 1:7 bei Wasserböschungen durch teils geringe Abstände, wie bei der Ostböschung am Senftenberger See, nicht möglich, weshalb er 1:5 als Maßstab festlegte,[1456] und für die Strandflächen eine Steigung zwischen 1:10 und 1:20 vorsah.[1457] Neu war das Einbringen von Lehm in die Böschungskomplexe, der als Stabilisator unter dem Sandstrand diente. Da der See als geologisch stabil gilt, darf diese Methode als erfolgreich gelten.

Die Flutung des Halbendorfer Sees bis 1982 dokumentiert eine kontinuierliche, konzeptionelle Weiterentwicklung. War es beim Knappensee ein zufälliges Ereignis, das zu einer ausreichenden Wasserqualität führte, so war es beim Senftenberger See ein planmäßiges Vorgehen, allerdings ohne ausreichende Datengrundlage. Beim Halbendorfer See wurde jetzt erstmalig das genaue Verhältnis von aufsteigenden Grund- zu Fremdwasser bestimmt, es sollte 1:1,25 betragen.[1458] Zur Sicherstellung der Wasserqualität plante man, 1971 1500 t und 1972 750 t Kalk in den entstehenden See einzubringen. Zu diesem Zeitpunkt hatte der See erst einen Wasserstand von 3 m, es zeigt sich mithin, dass man aus der nahezu zeitgleichen Notlösung am Senftenberger See gelernt hatte und die neuen Erkenntnisse umgehend in die Praxis überführte.

1454 Möller arbeitete vor allem die Bedeutung der Hygieneinspektionen bei der Luftreinhaltung heraus. Gleichzeitig verweist er aber auch auf ihre Bedeutung für die Wasserqualität, ohne dass er auf die Probleme des Bergbaus in diesem Zusammenhang eingeht. Vgl. Möller, Herrschaft, S. 69–73.

1455 BLHA, Rep. 803 BfT Ctb, Nr. 1276, Studie für die Entwicklung der Bergbaufolgelandschaft Trebendorfer Felder im Rahmen des bergbaulichen Auslaufprogrammes, verfasst von Otto Rindt und Karsten Maspfuhl, vom 23.09.1969.

1456 Ebd., Nr. 1278, Protokoll der Standortberatung am 23.06.1967.

1457 Ebd., Studie für die Entwicklung der Bergbaufolgelandschaft Trebendorfer Felder im Rahmen des bergbaulichen Auslaufprogrammes, verfasst von Otto Rindt und Karsten Maspfuhl, vom 23.09.1969.

1458 Ebd., Nr. 1280, Stellungnahme zur wasserwirtschaftlichen Nutzung der Restlöcher des BKW „Frieden“, verfasst von Winkler (Bezirksplankommission Cottbus) und Brockmann (OFM Cottbus) vom 30.03.1965.

Auch wurde der See als Speicher mitgeplant, was allerdings bei einer Stauhöhe von 0,5 m gerade einmal ein Stauvolumen von 479 500 m³ bedeutete. Heute wird diese Staustufe im Winter genutzt, um den Wasserspiegel zum Verhindern von Rutschungen abzusenken. Eine weitere Neuheit der Flutungsplanung des Halbendorfer Sees war die Integration der jährlichen Verdunstung. Für den See ging das WWD Obere Elbe–Neiße von einem jährlichen Verdunstungsverlust von 767 200 m³ aus, was ca. 0,75 m entsprach und über dem Stauvolumen lag. Dieser stete Wasserverlust machte eine Anbindung an Fließgewässer, in diesem Fall der Struga, notwendig, die ca. 666 000 m³ lieferten.[1459] Durch den Grundwasserzufluss von weiteren 333 000 m³ konnte der Verlust mehr als ausgeglichen werden. Dennoch ist dies ein Hinweis darauf, dass sich die Wasserwirtschaftler:innen in der DDR bewusst waren, dass große Wasserflächen in der wasserarmen Lausitz problematisch sind. Ein, mit Blick auf die Diskussionen um die Flutung des Cottbuser Ostsees aktuelles und sich im Klimawandel verschärfendes Problem.

Die Erholungsplanung am Halbendorfer See war ebenfalls eine Fortsetzung der aus den Erfahrungen des Senftenberger Sees resultierenden Praxis. Im Vordergrund stand eine Diversifizierung der Nutzungsvarianten. Einen Aspekt stellte die Schaffung eines Segelflugplatzes der Gesellschaft für Sport und Technik (GST) mit einer 900 m langen Startbahn auf 35 ha dar.[1460] Ein weiterer war die Schaffung von schiffbaren Kanälen. Mulde B – auf der Karte der kleine See direkt am Ortsrand von Halbendorf – sollte als Bootshafen dienen und über einen kleinen Kanal mit der Mulde D, dem Halbendorfer See, verbunden sein.[1461] Ein Teil der wiedernutzbargemachten Flächen sollte als Naturschutzgebiet dienen. Für den Halbendorfer See war ein Wachstum der Naherholungskapazität von 5200 Plätzen pro Wochenende 1970 auf 16 800 Plätze 1980 vorgesehen.[1462] Ob dies erreicht wurde, erscheint fraglich, reduzierte das BfT Cottbus doch bereits 1976 die Anzahl der genehmigten Bungalows auf 300.[1463]

Zum Abschluss noch einmal ein Blick auf das Bergbaugebiet um Knappenrode: Hier wurde in den 1980er-Jahren nicht nur der dritte große See, der Silbersee/Speicherbecken Lohsa I, mit 315 ha Wasserfläche aus dem ehemaligen Tagebau

1459 Ebd., Nr. 1276, Studie für die Entwicklung der Bergbaufolgelandschaft Trebendorfer Felder im Rahmen des bergbaulichen Auslaufprogrammes, verfasst von Otto Rindt und Karsten Maspfuhl, vom 23.09.1969.

1460 Ebd., Nr. 1278, Protokoll über die Besprechung am 03.01.1966.

1461 Ebd., Protokoll der Standortberatung am 23.06.1967.

1462 Ebd., Nr. 1276, Studie für die Entwicklung der Bergbaufolgelandschaft Trebendorfer Felder im Rahmen des bergbaulichen Auslaufprogrammes, verfasst von Otto Rindt und Karsten Maspfuhl, vom 23.09.1969.

1463 Ebd., Naherholungsgebiet „Trebendorfer Felder“, verfasst von Gunter Clemens, vom 13.10.1976.

Werminghoff II/Glückauf I fertiggestellt. An diesem, seit 1971 mit Spreewasser gefluteten See war Rindt planerisch beteiligt.[1464] Der See ist zweigeteilt, während der südliche Teil der Naherholung diente, war der nördliche Teil, das Mortkaer Restloch, ausschließlich für die Fischaufzucht vorgesehen. Damit orientierte sich der See an traditionellen Gewässernutzungen in der Oberlausitzer Heide- und Teichlandschaft. Am Rand richtete Rindt 1982/83 einen Garten mit 87 Findlingen ein, der an die eiszeitliche Formung der Landschaft und die Zeit des Braunkohlenbergbaus erinnern sollte.[1465] Die Vorstellung, die nachbergbauliche Landschaft entsprechend ihrer ursprünglichen ökonomischen Bedeutung wiedernutzbar zu machen, erreichte in den 1980er-Jahren mit den Ratzener Teichen ihren Höhepunkt. Diese Fläche des ehemaligen Tagebaus Werminghoff III/Glückauf II ist 235 ha groß und beinhaltet die vier Ratzener Teiche, die ausschließlich für die Fischwirtschaft vorgesehen waren und zwischen 1976 und 1990 entstanden.[1466]

Rindt Ideen wiesen den Weg zu einer differenzierten Wiedernutzbarmachung auch der Seen, sie prägen bis heute die Bergbaufolgelandschaft auf dem Gebiet der ehemaligen DDR. Dabei entwickelten sich die Vorstellungen von Rindt und seiner Mitstreiter:innen stets weiter. Die Möglichkeiten zur Mehrfachnutzung reagierten zuerst auf den Mangel an Hoch- und Brauchwasserspeichern sowie Erholungsgebieten in der Lausitz. Ende der 1980er-Jahre, als in Teilen das Lausitzer Revier ausgekohlt war, änderten sich diese Vorstellungen dahingehend, dass eine zukünftige wirtschaftliche Nutzung der Seen relevant wurde. Die Bedeutung von Rindt in diesem Transformationsprozess wurde bereits in der DDR erkannt und ihm eine Ausstellung 1988 im Haus der NVA in Cottbus gewidmet.[1467] Kritische Einwände, die zum Beispiel seine NS-Vergangenheit oder seine Gestaltungsmethode mit Findlingen betreffen, wurden im öffentlichen Raum nur unzureichend gehört, dies sowohl in der DDR als auch im wiedervereinten Deutschland. In Senftenberg erinnert einer von Rindts geliebten Findlingen am Ufer seines „Meisterwerks" an den Schöpfer. Ebenso wurde in der Stadt Senftenberg eine Schule nach dem Landschaftsgestalter benannt. Seine Mitstreiter:innen wie Hermann Mattheus, Karsten Maspfuhl oder Elke Löwe bleiben hingegen bis heute weitestgehend unberücksichtigt in der öffentlichen Erinnerung.

1464 Ebd., Rep. 938 KB BV Ctb, Nr. 21, Lebensdaten (1988).

1465 Schulz, Drei Jahrhunderte, S. 155.

1466 Drebenstedt/Möckel, Gewässer, S. 619.

1467 Die Ausstellung fand auf 60 m^2 zwischen dem 06. Januar und dem 03. Februar 1988 statt und wurde von Sebastian Zachow und Hans-Ullrich Lehmann gestaltet. Vgl. BLHA, Rep. 938 KB BV Ctb, Nr. 21, Grobplan Ausstellung „Landschaft gestalten – aus dem Lebenswerk von Otto Rindt", verfasst von Sebastian Zachow, vom 27.07.1987.

Resümee

Die Ergebnisse der Untersuchung verdeutlichen, dass eine differenzierte Betrachtung des einleitend skizzierten umwelthistorischen Narrativs des „Ökozids“ notwendig scheint: Verwendet zur Kennzeichnung der ökologisch katastrophalen Lage in den ehemaligen RGW-Staaten, die in den 1990er-Jahren in ihrem bis dahin nicht bekannten Ausmaß sichtbar wurde, erzählt es dieses umweltpolitische Scheitern aus der historischen Rückschau, impliziert daher latent seine Systemimmanenz. Eine solche Betrachtungsweise ignoriert somit, dass am Anfang der DDR ein umweltpolitischer Aufbruch stand, der weitaus prägender mit der „Landschaftsdiagnose der DDR“ verbunden ist, denn mit dem 1954 erlassenen ersten Naturschutzgesetz.[1468] Die von diesem weltweit ersten Umweltmonitoring ausgehenden umweltpolitischen Impulse sind bislang nur hinsichtlich der Rauchschadensforschung in den geschichtswissenschaftlichen Blick geraten.[1469] Die vorliegende Studie zeigt, dass sie insbesondere auf die Herausbildung der wissenschaftlichen Forschungen zur Wiedernutzbarmachung wirkte. So standen die ersten staatlichen Forschungsaufträge in unmittelbarem Zusammenhang mit der „Landschaftsdiagnose“.[1470] Charakteristisch für die durchgeführten Forschungsvorhaben war, wie am Beispiel von Wilhelm Knabe und Egon Brüning verdeutlicht,[1471] nicht nur, dass die Forschenden einen akademischen Hintergrund besaßen, der sie von den vor 1945 in der Wiedernutzbarmachung tätigen Förstern unterschied. Die etablierte, empirische Experimentalkultur der Rekultivierung, wie sie prominent Rudolf Heuso(h)n ausformuliert hatte,[1472] wandelte sich dementsprechend in eine spezifische, wissenschaftlich basierte. Essentiell war die Zusammenarbeit unterschiedlicher Disziplinen, mithin die Emergenz „hybrider Forschungsgemeinschaften“ (Helmut Maier). Nur so ließen sich die komplexen und vielschichtigen Umweltprobleme der bergbaubedingten Landschaftseingriffe problemlösend angehen. Diese

---

1468 Vgl. Bundesministerium für Umwelt, Naturschutz, nukleare Sicherheit und Verbraucherschutz (BMUV): „Wir haben uns nicht versteckt“ – Engagement für Natur und Umwelt in der DDR, Berlin 2022, S. 4. Unter: https://www.bmuv.de/publikation/wir-haben-uns-nicht-versteckt-engagement-fuer-natur-und-umwelt-in-der-ddr (Eingesehen: 13.06.2023).

1469 Zwar thematisiert Huff die „Landschaftsdiagnose“, widmet ihr sogar ein ganzes Kapitel. Allerdings nimmt er nur die Nachwirkungen in Bezug auf die Rauchgasforschung in den Blick. Das wichtigste Thema der Landschaftsveränderung durch Bergbau wurde in der Geschichtswissenschaft bisher nicht untersucht. Vgl. Huff, Natur, S. 37–104.

1470 Vgl. die Kapitel „Die Landschaftsdiagnose der DDR“ und „Landschaftsdiagnose und Wiedernutzbarmachungsforschung“.

1471 Vgl. die Kapitel „Das Institut für Gartenkunst und Landschaftsgestaltung an der Landwirtschaftlich-Gärtnerischen Fakultät der Humboldt-Universität zu Berlin“ und „Die Institute für Landschaftsgestaltung und Meliorationswesen an der Karl-Marx-Universität Leipzig“.

1472 Vgl. das Kapitel „Wiedernutzbarmachung bis 1945“.

https://doi.org/10.1515/9783111138312-005

Form der Zusammenarbeit sollte in den kommenden Jahrzehnten dann auf institutionelle Kooperationen übertragen werden, wie exemplarisch für den Senftenberger See herausgearbeitet wurde.[1473] Ebenso zeigt sich eine kontinuierliche Weiterentwicklung der Verfahren und ihre Implementierung in den Bergbauprozess:[1474] Auf ca. 10 000 ha Fläche wurden die unterschiedlichen Verfahren angewandt.[1475] Die Bedeutung der DDR-Wiedernutzbarmachungsforschungen lässt sich zusätzlich daran ablesen, dass Wissenschaftler:innen auch in der Nachwendezeit über ihre weitere Anwendung reflektierten und forschten.[1476] Mit dem Forschungsinstitut für Bergbaufolgelandschaften in Finsterwalde besteht, unter neuem Namen, darüber hinaus eine wissenschaftliche Einrichtung aus der DDR fort.[1477]

Dass die DDR in diesem umweltpolitisch geprägten Forschungsfeld international (mit) federführend war, deutet an, dass kein direkter Weg in den „Ökozid" der 1980er-Jahre führte. Nicht hinwegtäuschen darf dies über die realhistorischen Hintergründe der forcierten Bemühungen des Aufbaues einer wissenschaftlichen Wiedernutzbarmachungsforschung: Von Beginn an basierten die energie- und industriepolitischen Planungen der DDR auf der Braunkohle als einheimischen Primärenergieträger. Dies hieß im Umkehrschluss aber auch, wie Wilhelm Knabe es in seiner Dissertation formulierte, dass „die Zukunft jener Gebiete [Bergbaufolgelandschaften] […] weithin von der erfolgreichen Lösung dieser Frage [der Wiedernutzbarmachung] abhäng[t]."[1478] Den umweltpolitischen Aufbruch der 1950er-Jahre prägten mithin stärker reale Problemlagen des Staates, denn sozialistische oder naturschützerische Aufladungen, wie sie z. B. Lingner formuliert hatte.[1479]

1473 Vgl. das Kapitel „Der Senftenberger See – vom Tagebaurand zum Sandstrand".
1474 Vgl. die Kapitel „Fokus Mondlandschaften – Ein Forschungsverbund entsteht" und „Die Forschungen an der Humboldt-Universität zu Berlin".
1475 Drebenstedt, Carsten: 30jährige Erfahrung beim Einsatz von Braunkohlenaschen zur Melioration von Kippenrohböden in der Lausitz, in: Braunkohle 7, 1994, S. 40–45, hier S. 41.
1476 Besonders in Freiberg forschten Carsten Drebenstedt (geb. 1959), Jochen Rascher (geb. 1951) und Wolfgang Haubold (1935–2017) an Möglichkeiten der weiteren Aschemelioration. Demnach hätte durch den Ascheeinsatz ca. 153 580 t Kalk substituiert werden können. Freilich kam es zu keiner Umsetzung. Der ausschlaggebende Grund war die Belastung mit Schwermetallen und anderen Schadstoffen in den Aschen. Darüber hinaus spielten auch die Transportkosten eine Rolle. Vgl. Drebenstedt, Erfahrung; Rascher, Jochen u. a.: Nutzung von Kraftwerksaschen bei der Rekultivierung anthropogen beeinflußter Böden. Bestandsaufnahme Lausitzer Revier, Freiberg 1993.
1477 Vgl. das Kapitel „Das Institut für Landesforschung und Naturschutz (ILN) und seine Außenstellen".
1478 Knabe, Zur Wiederurbarmachung, S. 1.
1479 Vgl. das Kapitel „Wiedernutzbarmachung in der Sowjetischen Besatzungszone"; Lingner, Landschaftsgestaltung, S. 61.

Die Etablierung und Institutionalisierung der Wiedernutzbarmachungsforschung deutet zudem darauf hin, dass die DDR bis in die 1970er-Jahre hinein fähig war, problemlösend, und d. h. im weitesten Sinne auch innovativ, zu agieren, zumindest für dieses spezifische Themenfeld, einen Nischenmarkt. Insofern sich mit diesem Prozess auch technische Verbesserungen und Entwicklungen in der Praxis verbanden, stellt sich die scheinbar erschöpfend ausdiskutierte und beantwortete Frage nach der Innovationsfähigkeit bzw. -schwäche zentral gelenkter Planwirtschaften. Relevant sind in diesem Kontext nicht nur, aber gerade auch, die Befunde von Reinhold Bauer.[1480] Für das Beispiel des Pkw-Baus hob er besonders das Modernisierungsprogramm der 1970er-Jahre, das in direktem Zusammenhang mit der verkündeten Einheit von Wirtschafts- und Sozialpolitik der Ära Honecker stand, hervor. Dessen Abbruch 1979 bestätigt allerdings nur auf den ersten Blick die Annahme der Innovationsschwäche, doch, wie Bauer anmerkt, greift dies zu kurz, denn:

> Zunächst ist [...] dabei auf die sich in den 1970er Jahren dramatisch verändernden außen- und damit auch gesamtwirtschaftlichen Rahmenbedingungen zu verweisen. Von entscheidender Bedeutung war hier naheliegenderweise der seit Ende 1973 drastisch steigende Weltmarktpreis für Erdöl. Angesichts der systemimmanenten Funktionsdefizite der zentralen Planwirtschaft wurde der externe Faktor Ölpreisverteuerung mittelfristig zu einer geradezu dramatischen Belastung für die DDR-Ökonomie.[1481]

Zentralplanwirtschaftliche Innovationsschwäche erscheint insofern Ausdruck eben jener, von Bauer genannten Funktionsdefizite, die in Zeiten sich beschleunigt veränderter Systemumweltbedingungen keine Innovationen mehr generieren können. Kurzum: Das etablierte institutionelle Setting der DDR-Planwirtschaft konnte den Herausforderungen der 1970er-Jahre nicht mehr standhalten.

Rückblickend erweisen sich die 1970er-Jahre für die DDR als ihre „Sattelzeit",[1482] als Zeit des Überganges in die krisenverschärfenden und schließlich staatsauflösenden 1980er-Jahre. Überdeutlich tritt dies auch in den für den sozialistischen Staat so bedeutsamen umweltpolitischen Handlungsfeld der

---

1480 Vgl. Bauer, Reinhold: Pkw-Bau in der DDR. Zur Innovationsschwäche von Zentralverwaltungswirtschaften, Frankfurt (Main) 1999.

1481 Bauer, Reinhold: Die 1970er Jahre als „Sattelzeit" im ostdeutschen Automobilbau, in: Jahrbuch für Wirtschaftsgeschichte 2010, S. 161–172, hier S. 166.

1482 Vgl. ebd. Zur zeithistorischen Diskussion über die 1970er-Jahre vgl. z. B. Doering-Manteuffel, Anselm/Raphael, Lutz: Nach dem Boom. Perspektiven auf die Zeitgeschichte seit 1970, Göttingen 2008; Jarausch, Konrad H. (Hrsg.): Das Ende der Zuversicht? Die siebziger Jahre als Geschichte, Göttingen 2008. Und in allgemeiner, übergreifender Perspektive vgl.: Sabrow, Martin: Zäsuren in der Zeitgeschichte, in: Bösch, Frank/Danyl, Jürgen (Hrsg.): Zeitgeschichte. Konzepte und Methoden, Göttingen 2012, S. 109–130.

Wiedernutzbarmachung zu Tage: So markiert das Renommeéprojekt der DDR-Wiedernutzbarmachung, der Senftenberger See, auch einen Kipppunkt. Sollte er ursprünglich Vorbildfunktion für die absehbare, in den 1970er- und 1980er-Jahren anstehende Restlochgestaltung und multifunktionale -neunutzung im Lausitzer Revier besitzen, ließ man beispielsweise die Restlöcher der Großtagebaue Burghammer, Bluno, Skado oder Spreetal brachliegen (Anlage 3). Dass sich in den 1980er-Jahren aus dem Senftenberger See nicht das projektierte Lausitzer Seenland zu entwickeln begann, lag weniger an den geschilderten technologischen Problemen (Rutschungen etc.),[1483] als an den desolaten, das Jahrzehnt prägenden ökonomischen Rahmenbedingungen der DDR.

Doch auch mit Blick auf die Flächennutzungsbilanz sollte sich in den 1980er-Jahre die Schere zwischen Entzug und Rückgabe deutlich öffnen. Dabei sank in der DDR allein zwischen 1975 und 1985 der Anteil wiedernutzbargemachter Flächen von 91,6 % auf 54,4 % (Tab. 12).[1484] Ferner nahm die Qualität der durchgeführten Rekultivierungsmaßnahmen im Lausitzer Revier erheblich ab. Bereits 1977 stellte Hermann Schwabe (geb. 1931) von der Außenstelle Finsterwalde fest, dass der Grund in der ökonomischen Fixierung auf geringe Gestehungskosten lag: „Durch die Rationalisierung der Abraumbewegung durch stärkeren Einsatz größerer Geräte steigt der Anteil von schwefelhaltigen Kipprohboden bzw. Kipprohböden sehr schlechter Qualität ständig an."[1485] Nach einer Aufstellung des Umweltbundesamtes bestanden bei einer Gesamtzahl von 40 068 ha wiedernutzbargemachter Böden im Bezirk Cottbus bei 26 068 ha Mängel (65 %), die wiederum 10 100 ha mit mangelhafter Rohbodenqualität umfassten.[1486] Die LMBV gab für alle

1483 Vgl. das Kapitel „Bodenmechanik".

1484 Die Statistik zur Wiedernutzbarmachung der DDR ist äußerst widersprüchlich. Die hier wiedergegebenen Zahlen basieren auf einer Forschungsarbeit von 1985. Bei anderen Autoren finden sich abweichende Zahlen, die aber alle einen Rückgang der Wiedernutzbarmachung zwischen 1975 und 1990 nahelegen. So sehen Schossig und Sperling einen Rückgang vor allem in den 1980er-Jahren, wobei auch sie den Höhepunkt in der ersten Hälfte der 1970er-Jahre, speziell im Zeitraum 1970–1973 sahen. Katzur und Böcker bestätigen den Trend, allerdings basieren ihre Zahlen teilweise auf nicht überprüfbaren Quellen. Die in der Tabelle wiedergegebenen Zahlen für den Zeitraum 1986 bis 1990 sind Planzahlen. Eine Nichterfüllung dieser ist wahrscheinlich. Vgl. Katzur/Böcker, Chronik, S. 158; Sperling, Dieter/Schossig, Wolfgang: Bergbau in der Lausitz. Ein Überblick, Cottbus [2007] 2017 (= Beiträge zur Geschichte des Bergbaus in der Niederlausitz, Bd. 1), S. 381; Moewes, Wiederurbarmachung, Anlage 9.

1485 BArch, DK 107/10990, Gutachten zum Forschungsbericht, verfasst von Hermann Schwabe, vom 10.11.1977.

1486 Die hier wiedergegebenen Zahlen stammen vom Umweltbundesamt. Allerdings ist die Definition, die ihnen zugrunde liegt, unklar. Nach Darstellungen bei Katzur/Böcker wurden in der Lausitz insgesamt 73 656 ha devastiert. Vgl. Bayerl, Kulturlandschaft Niederlausitz, S. 201; Katzur/Böcker, Chronik, S. 161.

ostdeutschen Reviere an, dass 1991 von den insgesamt 106 800 ha Fläche in ihrer Verwaltung 54 500 ha (51 %) über ein „Defizit an erfolgreicher Rekultivierung verfügten."[1487]

Tab. 12: Devastierung und Wiedernutzbarmachung in der DDR 1971 bis 1990 nach Klaus Moewes

Zeitraum	Devastierung	Wiedernutzbarmachung	Anteil
1971–1975	14 725 ha	13 486 ha	91,6 %
1976–1980	15 942 ha	13 753 ha	86,3 %
1981–1985	15 994 ha	8700 ha	54,4 %
1986–1990*	20 637 ha	14 353 ha	69,5 %

* Da die Studie 1985 publiziert wurde, handelt es sich um die Planzahlen.[1488]

Trotz aller Geheimhaltungsbemühungen gelang es der SED-Staatsführung in den 1980er-Jahren nicht, die ökologische Katastrophensituation zu vertuschen, war sie doch nur allzu sicht- und riechbar. Mochte von ihr kein gerader Weg zur „Friedlichen Revolution" 1989 führen, so gab diese den seit den frühen 1980er-Jahren sich formierenden, bis zum Ende der DDR in der Illegalität operierenden Umweltgruppen die Möglichkeit,[1489] ihre Forderungen in die sich formierende Öffentlichkeit zu kommunizieren. Insofern verschränkten und verstärkten sich unterschiedliche Protestanliegen im Verlauf der „Friedlichen Revolution". Auffällig ist dabei eine erhebliche Diskrepanz zwischen dem Mitteldeutschen und dem Lausitzer Revier: Während bereits am 05. Juni 1988, dem Weltumwelttag, im Leipziger Raum der erste sogenannte Pleiße Gedenkmarsch von der kirchennahen Arbeitsgruppe

1487 Unklar bleibt dabei die Definition von Defiziten der Rekultivierung. Aufgrund der großen Zahl scheinen hier sowohl nicht wiedernutzbargemachte als auch unzureichend wiedernutzbargemachte Flächen gemeint zu sein. Nach Angaben der LMBV wurden ihre Maßnahmen zur Wiedernutzbarmachung auf 88 % der Flächen bis 2020 ausgeführt. Die Diskrepanz zwischen der angegebenen Gesamtflächenzahl von 106 800 ha und der bis 1990 devastierten Fläche von 151 936 ha ergibt sich daraus, dass nicht alle Bergbauflächen von der LMBV übernommen wurden, sondern aktive Tagebaue nach Bundesberggesetz selbständig für die Wiedernutzbarmachung aufkommen müssen. Vgl. LMBV (Hrsg.): Den Boden für die Zukunft bereiten. Rekultivierung von Bergbaufolgelandschaft, Senftenberg 2020, S. 7.

1488 Moewes, Wiederurbarmachung, Anlage 9.

1489 Vgl. z. B. Beleites, Michael: Pflanzzeit. Stationen der kirchlichen Umweltbewegung in der DDR. Bilder einer Ausstellung, Wittenberg 1999; ders., Dicke Luft; Halbrock, Christian: Die unabhängigen Umweltgruppen der DDR. Forschungsstand und Überblick, in: Deutschland Archiv 45, 2012, 1, S. 24–32; Huff, Natur, S. 403–408; Jordan, Carlo/Kloth, Hans Michael (Hrsg.): Arche Nova: Opposition in der DDR. Das „Grün-ökologische Netzwerk Arche" 1988–90, Berlin 1995; Möller, Herrschaft, S. 303–336.

Umweltschutz durchgeführt worden war und sie für den 04. Juni 1989 eine Wiederholung geplant hatte,[1490] so herrschte im Kohle- und Energiezentrum der DDR noch im Herbst 1989 nur eines – Schweigen. Diese Diskrepanz wirft weiterführende Fragen auf, vor allem auch jene nach der Bedeutung des Unterschiedes zwischen Urbanität, die das Revier um Leipzig kennzeichnet, und ländlichem Raum, der die Lausitz charakterisiert. Eine Diskrepanz, die auch aktuelle ökologische Kontroversen prägt.

1490 Zwar gab es mit der „Grubenkante" aus Hoyerswerda eine explizit umweltpolitische periodische Samisdat-Schrift; öffentlicher Protest gegen Tagebaue oder industrielle Veredelungsanlagen sind für den Bezirk Cottbus hingegen nicht belegt.

Anhang

Anlagen

Anlage 1: Wiedernutzbarmachungsverfahren

	Schwarzkollmer	Böhlener	Domsdorfer	Graupaer	Koyne	Kleinleipischer
Erstbeschreibung	1957/59	1959/1962	1959	1958/1962	1965	1974
Meliorationsmittel	Braunkohlenfilterasche	Branntkalk (CaO)	Braunkohlenfilterasche	Braunkohlenfilterasche oder Mischkalk	Braunkohlenfilterasche	Braunkohlenfilterasche
Umbruchstiefe	30 cm	60 cm	50 cm	20–60 cm	20 cm	100 cm
Mechanisierung	Nein	Teilweise	Teilweise	Teilweise	Teilweise	Vollständig
Düngung je ha	800 kg Kalkammonsalpeter (N), 700 kg Superphoshat oder 600 kg Thomasphosphat (P), 600 kg Kalimagnesia (K)	400 kg Kalkammonsalpeter (N), 700 kg Thomasphosphat (P), 350 kg Kalimagnesia (K)	600 kg Kalkammonsalpeter (N), 1200 kg Thomas- oder Magnesiumphosphat (P), 400 kg Kalimagnesia (K)	500 kg Kalkammonsalpeter (N), 1100 kg Superphosphat (P)	Wie Domsdorfer Verfahren	120–200 kg N, 160 kg P, 116 kg K
Sonstiges		Kosten: 2000–9600 M/ha	Kosten: 5500–14 000 M/ha (abhängig von Entfernung zu Aschelieferant) Erstes Spezialgerät: Schälicke-Pflug	Kosten: 10 000–15 000 M/ha 1000 m^3 Rohmüll je ha	Phenolhaltige Abwässer und Bioklärschlamm zur Bodenverbesserung: erstes Jahr 700–1000 mm/ha, zweites und drittes Jahr 300 mm/ha	Kosten: 2100 M/ha zusätzliche Kosten durch tieferen Meliorationshorizont Anpassung der Düngung an Bodenart

https://doi.org/10.1515/9783111138312-006

Anlage 2: Gesetze und Verordnungen zur Wiedernutzbarmachung in der SBZ/DDR

1948 Gesetzentwurf zum Schutz des Mutterbodens [Land Sachsen]
1950 Gesetz über die Erreichung der Friedenshektar-Erträge (08.02.1950) [nicht umgesetzt]
1950 Richtlinie für die Urbarmachung der Tagebaue (07.07.1950) [in den Ländern erlassen]
1951 Gesetz zur Sicherung der Lagerstätten von Bodenschätzen gegen Bebauung (12.03.1951)
1951 Verordnung über die Wiedernutzbarmachung der für Abbau- und Kippenzwecke des Bergbaues in Anspruch genommenen Grundstücksflächen (06.12.1951)
1952 1. Durchführungsbestimmung zur Wiederurbarmachungsanordnung (10.05.1952)
1958 2. Durchführungsbestimmung zur Wiederurbarmachungsanordnung (08.02.1958)
1964 3. Durchführungsbestimmung zur Wiederurbarmachungsanordnung (24.01.1964)
1964 Bodennutzungsverordnung zum Schutz des land- und forstwirtschaftlichen Grund und Bodens (17.12.1964)
1967 Einführung einer Bodennutzungsgebühr (15.06.1967)
1954 Gesetz zur Erhaltung und Pflege der heimatlichen Natur (04.08.1954)
1962 Richtlinie zur Verhütung von Rutschungen in Braunkohlentagebauen (20.09.1962)
1968 Verfassung der DDR (06.04.1968) [§ 15 Schutz von Natur und Boden]
1968 Anordnung zur Gewährleistung der öffentlichen Sicherheit und zum Schutz der Volkswirtschaft an Halden und Restlöchern (26.04.1968)
1969 Berggesetz (12.05.1969) [§§ 13–17 Wiedernutzbarmachung]
1970 Landeskulturgesetz (14.05.1970) [§§ 7, 9, 13 Wiedernutzbarmachung]
1970 2. Wiederurbarmachungsanordnung (10.04.1970)
1971 Rekultivierungsanordnung (23.02.1971)
1971 Verwahrungsanordnung (19.10.1971)
1980 Anordnung über Halden und Restlöcher (02.10.1980)
1982 Anordnung Nr. 2 über Halden und Restlöcher (18.03.1982)
1985 3. Wiederurbarmachungsanordnung (04.11.1985)

Anlage 3: Ausgekohlte Tagebaue in der Lausitz 1945–1990

Datum/Zeitraum des Auslaufens	Tagebau/Grube	Bergbaufolgesee (Zeitraum Flutung)
März 1945	Grube Werminghoff I	Knappensee/Speicher Knappenrode (Mai 1945/ 1951–1953), planmäßige Gestaltung erst ab 1958
1948	Tagebau Ferdinand (bei Schwarzheide)	Südteich (RL 29), Ferdinand-Teich (RL 29) (Flutung durch Grundwasseranstieg ab 1948)
1949	Tagebau Hörlitz (bis 1946 Marga)	Sehr saures Restloch zwischen ehemaliger Ortslage Hörlitz und Brieske-Ost; teilweise wieder durch Tagebau Meuro überformt bzw. Restloch mit Aufschlussmasse Meuro gefüllt
1954	Tagebau Sedlitz-West („Tatkraft")	Raunoer Zwischenlandschaft (ab 1958 durch Tagebau Meuro zweite Devastierung)
1954	Tagebau Koyne	Grünhauser See, Kleinleipischer See, Heidesee (Flutung unklar, vermutlich erst nach 2000) (heute Nabu Naturschutzgebiet)
Mai 1962	Tagebau Werminghoff II	Mortkaer Restloch (Silbersee und Speicherbecken Lohsa I) 1967–1972 geflutet: Silbersee am 15. März 1971 eröffnet
1962	Tagebau Grünwalde	Restlochkette aus Birkenteichgraben, Kleiner und Großer Woobergsee, Kranichsee (vermutlich erst nach 1990 saniert)
1965	Tagebau Plessa	Grünwalder Lauch (ab 1977 Badesee)
15. Mai 1966	Tagebau Niemtsch	Senftenberger See (Flutung 15. November 1967-November 1972)
1968	Tagebau Heide	Restsee Heide V und Restloch Heide (Verspülung Rotschlamm aus Lautawerk ab 1971; Flutung mit aufsteigendem Grundwasser; angrenzendes Kippengelände 1967/68 melioriert und aufgeforstet)
31. Oktober 1972	Tagebau Koschen	Geierswalder See (Flutung mit Sümpfungswasser aus Tgb. Sedlitz 1978–1993, danach Sanierung und Flutung 2004–2014)
20. September 1973	Tagebau Burghammer	1974–1997 Verspülung von Kraftwerksasche; Sanierung ab 1996; Bernsteinsee (Flutung 1997–2009)
1975	Tagebau Bluno	Neuwiesener See (Flutung ab 25. März 2002)
Dezember 1977 oder Januar 1978	Tagebau Skado	Partwitzer See (Flutung 2004–2012)

Datum/Zeitraum des Auslaufens	Tagebau/Grube	Bergbaufolgesee (Zeitraum Flutung)
1978	Tagebau Kleinleipisch	Seeteich Senke (Flutung wahrscheinlich erst nach 2000)
24. September 1983	Tagebau Spreetal	Blunoer Südsee, Sabrodter See, Spreetaler See (Flutung 2005–2015)
1984	Tagebau Lohsa	Speicherbecken Lohsa II (Flutung 1997–2013)
März 1989	Tagebau Dreiweibern	Dreiweiberner See (Flutung 1996–2002)

Abkürzungsverzeichnis

AdL	Akademie der Landwirtschaftswissenschaften
AdW	Akademie der Wissenschaften der DDR
ASW	Aktiengesellschaft Sächsische Werke
BfB	Büro für Bergbauangelegenheiten
BfT	Büro für Territorialplanung
BHT-Koks	Braunkohlenhochtemperaturkoks
BKK	Braunkohlenkombinat
BKW	Braunkohlenwerk
Brabag	Braunkohlen-Benzin AG
CDU	Christlich-Demokratische Union Deutschlands
ČSSR	Tschechoslowakische Sozialistische Republik
CUR	Christliches Umweltseminar Rötha
DAL	Deutsche Akademie der Landwirtschaftswissenschaften
DBD	Demokratische Bauernpartei Deutschlands
DDR	Deutsche Demokratische Republik
DWK	Deutsche Wirtschaftskommission
ESS	Erholungsgebiet Senftenberger See
HU	Humboldt-Universität zu Berlin
IBA	Internationale Bauausstellung
IG Farben	Interessengemeinschaft Farben
ILN	Institut für Landesforschung und Naturschutz
IM	Inoffizieller Mitarbeiter
KMU	Karl-Marx-Universität
LDPD	Liberal-Demokratische Partei Deutschlands
LMBV	Lausitzer und Mitteldeutsche Bergbau-Verwaltungsgesellschaft mbH
LPG	Landwirtschaftliche Produktionsgenossenschaft
MFLN	Ministerium für Land-, Forst- und Nahrungsgüterwirtschaft
MfS	Ministerium für Staatssicherheit
MKE	Ministerium für Kohle und Energie
MLuF	Ministerium für Land- und Forstwirtschaft
MUW	Ministerium für Umweltschutz und Wasserwirtschaft
NKW	Niederlausitzer Kohlenwerke AG
NÖSPL	Neues Ökonomisches System der Planung und Leitung
NSDAP	Nationalsozialistische Deutsche Arbeiterpartei
NVA	Nationale Volksarmee
ÖSS	Ökonomisches System des Sozialismus
PKB	Projektions- und Konstruktionsbüro
RBFG	Regiser Bodenfräsgerät
RGW	Rat für gegenseitige Wirtschaftshilfe
SAG	Sowjetische Aktiengesellschaft
SBZ	Sowjetische Besatzungszone
SDAG	Sowjetisch-Deutsche Aktiengesellschaft
SED	Sozialistische Einheitspartei Deutschlands

https://doi.org/10.1515/9783111138312-007

SKM	Staatliches Komitee für Meliorationen
SPK	Staatliche Plankommission
StFB	Staatsforstbetrieb
TBI	Technische Bergbauinspektion
TBBI	Technische Bezirks-Bergbauinspektion
TGL	Technische Norm, Gütevorschrift und Lieferbedingung
TH	Technische Hochschule
TU	Technische Universität
UdSSR	Union der Sozialistischen Sowjetrepubliken
VdgB	Vereinigung der gegenseitigen Bauernhilfe
VEB	Volkseigener Betrieb
VR	Volksrepublik
VVB	Vereinigung Volkseigener Betriebe
VwVB	Verwaltung Volkseigener Betriebe
WPU	Wilhelm-Pieck-Universität
WTI	Wissenschaftlich-Technisches Institut
WTZ	Wissenschaftlich-Technisches Zentrum
WUM-Brigaden	Wiederurbarmachungsbrigaden
WWD	Wasserwirtschaftsdirektion
ZKSK	Zentrale Kommission für Staatliche Kontrolle
ZWAM	Zweiwegearbeitsmaschine

Archivalische Quellen

Archiv Grünes Gedächtnis (AGG)
A – Knabe, Wilhelm
Nr. 78, 84, 140, 226, 227, 228, 229, 231, 232, 234, 235, 308

Bundesarchiv Berlin-Lichterfelde (BArch)
Ministerium für Staatssicherheit (MfS)
Bezirksverwaltung (BV) Cottbus (Ctb)
Nr. 809, 1056, 1172/74, 1346, 4048, 15666
Bezirksverwaltung (BV) Rostock
AIM152/91
Bezirksverwaltung (BV) Leipzig
Nr. 1415/89, 1951/75, 2673
Verwaltung Rückwärtige Dienste (VRD)
Nr. 1956
DE 1 Staatliche Plankommission
Nr. 4006, 4010, 4011, 4016, 18992, 50425
DE 4 Volkwirtschaftsrat der DDR
Nr. 18354
DF 6 Ministerium für Geologie
Nr. 1274, 1294, 2064, 2075
DF 9 Oberste Bergbehörde der DDR
Nr. 385, 386, 387, 388, 391, 392, 393, 395, 396, 399, 400, 408, 409, 413, 414, 416, 897, 972, 1288, 1488
DF 401 Zentralinstitut für Informationen
Nr. 38818
DG 2 Ministerium für Schwerindustrie
Nr. 10100, 12564, 18739, 18769
DH 1 Ministerium für Bauwesen
Nr. 22326
DK 1 Ministerium für Land-, Forst- und Nahrungswirtschaft
Nr. 11316
DK 4 Amt für Wasserwirtschaft
Nr. 2241
DK 5 Ministerium für Umweltschutz und Wasserwirtschaft
Nr. 6220
DK 107 Akademie der Landwirtschaftswissenschaften
Nr. 2942, 2943, 4764, 4765, 8320, 8321, 8401, 10990, 18505, 18792, 22835, 26140, 29388, 31182, 31183, 31238, 31239, 33622
DK 109 VEB Ingenieurbüro für Meliorationen
Nr. 510, 594
DN 1 Ministerium der Finanzen
Nr. 21788

https://doi.org/10.1515/9783111138312-008

R 154 Reichsanstalt für Wasser- und Luftgüte
Nr. 11907

Brandenburgisches Landeshauptarchiv (BLHA)
Rep. 41 Amtsbezirk Brieske
Nr. 70
Rep. 75 Niederlausitzer Kohlenwerke AG (NKW)
Nr. 65
Rep. 250 Landratsamt Calau/Senftenberg (Calau/Sfbg)
Nr. 445
Rep. 514 VEB Forstprojektion Potsdam (Fopro Pdm)
Nr. 804
Rep. 801 Bezirkstag und Rat des Bezirkes Cottbus – Bezirksverwaltungsbehörde Cottbus (RdB Ctb)
Nr. 1993, 2995, 3606, 5399, 5740, 5902, 5981, 20927, 25357, 27918, 29285
Rep. 803 Büro für Territorialplanung des Bezirkes Cottbus (BfT Ctb)
Nr. 165, 566, 576, 612, 633, 634, 635, 1206, 1258, 1261, 1264, 1276, 1278, 1280, 1290, 2995
Rep. 828 Wissenschaftlich-technisches Zentrum der Land- und Nahrungsgüterwirtschaft beim Rat des Bezirkes Cottbus (WTZ Ctb)
Nr. 262
Rep. 901 Lausitzer Braunkohlenwerke (Laus BKW)
Nr. 1529, 3621
Rep. 938 Kulturbund – Bezirksleitung Cottbus (KB BV Ctb)
Nr. 21

Institut für Raumbezogene Sozialforschung Erkner (IRS)
C12 Nachlass Lingner
Nr. 1, 16, K 2, K8, K 17, U 6, M 3
Landschaftsdiagnose der DDR
DP 33, S 3-4

Neuseenland-Sammlung im Soziokulturellen Zentrum KuHstall e. V., Großpösna
Filmsammlung

Privatarchiv (PA) Baumert
Zeitzeugengespräch mit Elke Löwe, Hans-Jürgen Schmager und Anke Schwarzenberg in Hörlitz am 09.12.2022
Zeitzeugengespräch mit Michael Stärke und Uwe Steinhuber in der LMBV-Zentrale in Senftenberg am 04.11.2022
Zeitzeugengespräch mit Karl Preußner in Cottbus am 15.12.2022

Sächsisches Staatsarchiv, Staatsarchiv Dresden (SächsStA-D)
11473 Wasserwirtschaftsdirektion Obere Elbe–Neiße
Nr. 6261, 7008, 7614, 7645, 7646, 11925, 13675, 13876, 20126
13462 Staatlicher Forstwirtschaftsbetrieb Niesky
Nr. 90, 13876

Sächsisches Staatsarchiv, Bergarchiv Freiberg (SächsStA-F)
40067 Bergbehörde Borna
Nr. 95, 1077, 1160
40068 Bergbehörde Senftenberg
Nr. 5, 9, 20, 41, 85, 165
40069 Bergbehörde Freiberg
Nr. 9, 41

Sächsisches Staatsarchiv Leipzig (SächsStA-L)
20300 Wasserwirtschaft Saale-Werra
Nr. 59
20304 Büro für Bergbauangelegenheiten bei der Bezirksplankommission Leipzig
Nr. 11
20314 agra-Landwirtschaftsausstellung der DDR
Nr. 5583
20680 SAG Brikett Espenhain
Nr. 144
20681 VEB Braunkohlenveredelung Espenhain
Nr. 1, 6, 33, 156, 244, 444
20687 VEB Otto Grotewohl
Nr. 311, 696, 853, 1193
20640 ASW Braunkohlen- und Großkraftwerk Espenhain
Nr. 17, 36
20237 Bezirkstag und Rat des Bezirkes Leipzig
Nr. 5599
20300 Wasserwirtschaftsdirektion Saale-Werra, Oberflussmeisterei Leipzig
Nr. 68
20304 Büro für Bergbauangelegenheiten
Nr. 11
22124 Büro für Territorialplanung Leipzig
Nr. 327
22243 Betriebschutzamt Böhlen
Nr. 46

Stiftung Archiv der Parteien und Massenorganisationen der DDR im Bundesarchiv (SAPMO)
DY 30 Protokolle des Sekretariates des ZK der SED
Nr. 38758

Studienarchiv Umweltgeschichte (StUG)
036 ILN
Nr. 61, 70, 71, 74, 76, 77, 77-1, 77-2, 91, 95, 96, 98, 99-1, 99-2, 103, 117, 129

Universitätsarchiv der Humboldt-Universität zu Berlin (HUB, UA)
PA nach 1945
I 33, L 608, P 343

LGF
Nr. 25, 28, 29, 35, 119, 124

Universitätsarchiv Leipzig (UAL)
Nachlass (NA) Darmer
Nr. 01, 02, 03, 04
Phil. Fak.
G04/74
G13/001
Personalakten (PA)
Nr. 2423, 3343, 3353, 3366, 9839
Personalakten Altbestand (PA-A)
Nr. 2830, 3574, 5711, 7262, 8133, 11474, 13279, 40144, 41586
Prüfungsakten (Prüf A)
Nr. 20244
Bestand Rektorat (R)
Nr. 142, 226, 1332, 1989
Studentenakten (StuA)
Nr. 801, 67682
Landwirtschaftliche Fakultät (Lawi. Fak.)
Nr. 24, 59
Innenrevision (IR)
Nr. 27

Universitätsarchiv TU Bergakademie
Freiberg (UA TU BAF)
C Abschlussberichte
Nr. 28

Universitätsarchiv der TU Dresden (UATUD)
Rektorat R VIII
Nr. 260, 7790
Nachlass W. Bauch
Nr. 21, 120, 125, 128, 131, 143, 179
SII
Nr. 479

Literaturverzeichnis

Albrecht, Hellmuth u. a. (Hrsg.): Bergbau und Umwelt in DDR und BRD. Praktiken der Umweltpolitik und Rekultivierung, Berlin/Boston 2022 (= Veröffentlichungen aus dem Deutschen Bergbau-Museum Bochum, Bd. 253; = Schriften des Montanhistorischen Dokumentationszentrums, Bd. 46).

Assmann, Willi/Vogler, Etnar/Werner, Konrad: Empfehlungen für die Rekultivierung von Kulturbodenkippen des Braunkohlenbergbaus, Berlin 1963 (= Wissenschaftlich-technische Informationen für das Meliorationswesen, 1. Sonderheft).

Ault, Julie E.: Saving Nature under Socialism. Transnational Environmentalism in East Germany, 1968–1990, Cambridge u. a. 2021.

Barth, Holger (Hrsg.): Projekt Sozialistische Stadt. Beiträge zur Bau- und Planungsgeschichte der DDR, Berlin 1998.

Barthel, Hellmuth: Bergbau, Landschaft und Landeskultur in der Deutschen Demokratischen Republik, Gotha/Leipzig 1976 (= Geographische Bausteine, Heft 18).

Barthel, Hellmuth/Schubert, Albrecht/Wünsche, Manfred: Zur Wiederurbarmachung der Halde Espenhain, in: Wissenschaftliche Zeitschrift der Technischen Universität Dresden 3, 1965, S. 505–520.

Barthel, Hellmuth/Schubert, Albrecht/Wünsche, Manfred: Zur Begrünung der Halde Espenhain, in: Wissenschaftliche Zeitschrift der Technischen Universität Dresden 4, 1965, S. 833–842.

Baumert, Martin: „Kontinuität im Wandel." Ein diachroner Systemvergleich anhand des Braunkohlenindustriekomplexes Böhlen-Espenhain zwischen 1933 und 1965, in: Becker, Frank/Schmidt, Daniel (Hrsg.): Industrielle Arbeitswelt und Nationalsozialismus. Der Betrieb als Laboratorium der „Volksgemeinschaft" 1920–1960, Essen 2020, S. 261–274.

Baumert, Martin: Autarkiepolitik in der Braunkohlenindustrie. Ein diachroner Systemvergleich anhand des Braunkohlenindustriekomplexes Böhlen-Espenhain, 1933 bis 1965, Berlin/Boston 2022 (= Veröffentlichungen aus dem Deutschen Bergbau-Museum Bochum, Nr. 240; = Schriften des Montanhistorischen Dokumentationszentrums, Nr. 40).

Baumert, Martin/Berkner, Andreas: Ortsprofil Magdeborn, Tanzberg, Siedlung, in: Berkner, Andreas/Kulturstiftung Hohenmölsen (Hrsg.): Bergbau und Umsiedlungen im Mitteldeutschen Revier, Beucha/Markkleeberg 2022, S. 206–209.

Baumert, Martin u. a.: Umweltpolitik, Bergbau und Rekultivierung im deutsch-deutschen Vergleich. Das Lausitzer Braunkohlenrevier und das Ruhrgebiet (1949–1989/2000), in: Seibring, Anne (Hrsg.): Abschied von der Kohle. Struktur- und Kulturwandel im Ruhrgebiet und in der Lausitz, Bonn 2021 (= Bundeszentrale für politische Bildung: Schriftenreihe, Bd. 10751), S. 74–87.

Bavedamm, Dirk: 100 Jahre RWE-DEA. 1899–1999, Hamburg 1999.

Bayerl, Günter: Die Niederlausitz um 1800. Eine „ungestörte" Kulturlandschaft?, in: Bayerl, Günter/Maier, Dirk (Hrsg.): Die Niederlausitz vom 18. Jahrhundert bis heute. Eine gestörte Kulturlandschaft? Münster u. a. 2002 (= Cottbuser Studien zu Geschichte von Technik, Arbeit und Umwelt, Bd. 19). S. 39–117.

Bayerl, Günter/Maier, Dirk (Hrsg.): Die Niederlausitz vom 18. Jahrhundert bis heute. Eine gestörte Kulturlandschaft? Münster u. a. 2002 (= Cottbuser Studien zu Geschichte von Technik, Arbeit und Umwelt, Bd. 19).

Bayerl, Günter u. a.: Historisch-geographische Analyse der Kulturlandschaft Niederlausitz, Manuskriptdruck, Berlin/Cottbus 2004.

Becker, Frank/Schmidt, Daniel (Hrsg.): Industrielle Arbeitswelt und Nationalsozialismus. Der Betrieb als Laboratorium der „Volksgemeinschaft" 1920–1960, Essen 2020.

https://doi.org/10.1515/9783111138312-009

Becker-Schaum, Christoph: Die Gründergeneration der Grünen. Acht Interviews, Berlin 2018.

Behrens, Hermann: Von der Landesplanung zur Territorialplanung. Zur Entwicklung der räumlichen Planung in der SBZ/DDR von 1945 bis Anfang der 60er Jahre, Marburg 1997 (= Forum Wissenschaft, Studien Bd. 41).

Behrens, Hermann: Rückblicke auf den Umweltschutz in der DDR seit 1990, in: Behrens, Hermann/Hoffmann, Jens (Hrsg.): Umweltschutz in der DDR. Analysen und Zeitzeugenberichte, Bd. 1: Politische und umweltrechtliche Rahmenbedingungen, München 2007, S. 1–40.

Behrens, Hermann/Hoffmann, Jens (Hrsg.): Umweltschutz in der DDR. Analysen und Zeitzeugenberichte, Bd. 1: Politische und umweltrechtliche Rahmenbedingungen, München 2007.

Behrens, Hermann/Hoffmann, Jens (Hrsg.): Umweltschutz in der DDR. Analysen und Zeitzeugenberichte, Bd. 2: Mediale und sektorale Aspekte, München 2007.

Behrens, Hermann/Hoffmann, Jens (Hrsg.): Umweltschutz in der DDR. Analysen und Zeitzeugenberichte, Bd. 3: Beruflicher, ehrenamtlicher und freiwilliger Umweltschutz, München 2007.

Beleites, Michael: Die unabhängige Umweltbewegung in der DDR, in: Behrens, Hermann/Hoffmann, Jens (Hrsg.): Umweltschutz in der DDR. Analysen und Zeitzeugenberichte, Bd. 3: Beruflicher, ehrenamtlicher und freiwilliger Umweltschutz, München 2007, S. 179–224.

Beleites, Michael: Dicke Luft: Zwischen Ruß und Revolte: Die unabhängige Umweltbewegung in der DDR (= Schriftenreihe des Sächsischen Landesbeauftragten für die Stasi-Unterlagen, Bd. 16), Leipzig 2016.

Benke, Carsten/Bernhardt, Christoph/Betker, Frank: Paradigmenwechsel und Kontinuitätslinien im DDR-Städtebau. Neue Forschungen zur ostdeutschen Architektur- und Planungsgeschichte, Erkner 2010 (= REGIO transfer, Bd. 4).

Benthaus, Friedrich-Carl/Totsche, Oliver: Auswirkungen des Grundwasserwiederanstieges in den vom Braunkohlenbergbau beeinflussten Gebieten in der Lausitz und Maßnahmen zur Minderung, in: Mining Report 151, 2015, S. 522–530.

Berg, Friedrich: 150 Jahre Braunkohlenbriketts – Antrieb der Industrialisierung, Wärmequelle für die Menschen, in: bergbau. Zeitschrift für Rohstoffgewinnung, Energie, Umwelt 2, 2009, S. 61–62.

Berger, Detlef u. a.: Wachs aus Braunkohle. Die Geschichte der Gewinnung und Veredlung von Braunkohle im Oberröblinger Revier, Amsdorf 2002.

Berkner, Andreas: Halde Trages. Entwicklungen zwischen Naturrefugium und Wanderziel in einer einstigen „Mondlandschaft", in: Dachverein Mitteldeutsche Straße der Braunkohle e. V./Sächsisches Staatsministerium des Innern (Hrsg.): Veredelungsstandorte, Schachtanlagen und Halden, Leipzig 2000, S. 35–49.

Berkner, Andreas: Braunkohlenbergbau im Südraum Leipzig, Dresden 2004 (= Bergbau in Sachsen, Bd. 11).

Berkner, Andreas (Hrsg.): Auf der Straße der Braunkohle. Exkursionsführer, Leipzig [2003] 2016.

Berkner, Andreas: Ortsprofil Heuersdorf/Großhermsdorf, in: Berkner, Andreas/Kulturstiftung Hohenmölsen (Hrsg.): Bergbau und Umsiedlungen im Mitteldeutschen Revier, Beucha/Markkleeberg 2022, S. 330–333.

Berkner, Andreas u. a. (Hrsg.): Mitteldeutsche Seenlandschaft. Seenkatalog 2013–2015, Leipzig [2007] 2013.

Berkner, Andreas/Kulturstiftung Hohenmölsen (Hrsg.): Bergbau und Umsiedlungen im Mitteldeutschen Revier, Beucha/Markkleeberg 2022.

Bernhardt, Christoph: Von der „Mondlandschaft" zur sozialistischen „Erholungslandschaft"? Die Niederlausitz als Exerzierfeld der Regionalplanung in der DDR-Zeit, in: Bayerl, Günter/Maier, Dirk (Hrsg.): Die Niederlausitz vom 18. Jahrhundert bis heute. Eine gestörte Kulturlandschaft?,

Münster u. a. 2002 (= Cottbuser Studien zur Geschichte von Technik, Arbeit und Umwelt, Bd. 19), S. 301–323.

Bilz, Peter: Einige bodenmechanische Probleme bei der Gestaltung von Restlöchern, in: Krummsdorf, Albrecht u. a. (Hrsg.): 1. Landeskultur-Tagung des Bezirkes Leipzig im Braunkohlenkombinat Regis, Meuselwitz 1970 (= Mitteilungsblatt des Bezirkstages und des Rates des Bezirkes Leipzig, Sondernummer), S. 61–64.

Birkenfeld, Wolfgang: Der Synthetische Treibstoff 1933–1945. Ein Beitrag zur nationalsozialistischen Wirtschafts- und Rüstungspolitik, Göttingen/Berlin/Frankfurt (Main) 1964 (= Studien und Dokumente zur Geschichte des Zweiten Weltkrieges, Bd. 8).

Bischoff, Ursula: Der Einfluss der bergbaulichen Traditionen und großindustriellen Entwicklungen auf das soziale Gefüge und die Mobilität der Braunkohlenarbeiterschaft von Borna, Dissertation Humboldt Universität zu Berlin 2000.

Böcker, Lutz/Katzur, Joachim: Chronik der Rekultivierungsforschung und Landschaftsgestaltung bis 1990, Berlin 2010.

Bodie, George: Die DDR im Jahr 1973, Erfurt 2021.

Boldorf, Marcel: Governance in der Planwirtschaft. Industrielle Führungskräfte in der Stahl- und der Textilbranche der SBZ/DDR (1945–1958), Berlin/Boston 2015 (= Jahrbuch für Wirtschaftsgeschichte, Beiheft 18).

Bräutigam, Tatjana/Kleinstäuber, Gert: Bodenatlas des Freistaates Sachsen. Teil 2: Standortkundliche Verhältnisse und Bodennutzung, Radebeul 1996.

Brier, Erwin/Schwabe, Hermann: Zu Fragen der forstlichen Rekultivierung im Kohlenbaugebiet der Niederlausitz, in: Institut für Meliorationswesen des Landwirtschaftsrates beim Ministerrat der DDR (Hrsg.): Probleme der Wiedernutzbarmachung ehemals bergbaulich genutzter Flächen, Berlin 1963, S. 48–58.

Brüning, Egon: Untersuchungen über die Rekultivierbarkeit des Bodens roher Mittelmassenkippen des Braunkohlentagebaues im Böhlen-Bornaer Revier als Voraussetzung für ihre Wiedernutzbarmachung, Diplomarbeit KMU Leipzig 1954.

Brüning, Egon: Zur Frage der Rekultivierbarkeit tertiärer Rohbodenkippen des Braunkohlenbergbaus, in: Wissenschaftliche Zeitung der Karl-Marx-Universität Leipzig. Mathematisch-Naturwissenschaftliche Reihe 2, 1962, S. 325–359.

Brüning, Egon: Untersuchungen an landwirtschaftlich rekultivierten (Kipp)-Rohbodenformen des Niederlausitzer Braunkohlenreviers zu den Voraussetzungen der Inkulturnahme und Ertragsfähigkeit. Ein Beitrag zur Produktionssteigerung auf Bergbauflächen im Bezirk Cottbus, Halle (Saale) 1969.

Brüning, Egon: Wiedernutzbarmachung von Kippen und Halden des Braunkohlenbergbaues. Zielstellung, Ergebnisse und Erkenntnisse im Rückblick auf 1952 bis 1972, in: Krummsdorf, Albrecht (Hrsg.): Ökonologie in Landschaftsgestaltung, Tagebau-Rekultivierung und Landeskultur/Umweltschutz, Beucha 2007, S. 83–92.

Brunner, Detlev/Heydemann, Günther: Die Einheit und die Folgen. Eine Geschichte Deutschlands seit 1990, Bonn 2021 (= Bundeszentrale für politische Bildung: Schriftenreihe, Bd. 10811).

Buck, Hannsjörg F.: Umweltpolitik und Umweltbelastung. Das Ausmaß der Umweltbelastung und Umweltzerstörung beim Untergang der DDR 1989/90, in: Kuhrt, Eberhard (Hrsg.): Die wirtschaftliche und ökologische Situation der DDR in den 80er Jahren, Opladen 1996 (= Am Ende des realen Sozialismus. Beiträge zu einer Bestandsaufnahme der DDR-Wirklichkeit in den 80er Jahren, Bd. 2), S. 223–266.

Buck, Hannsjörg F.: Umweltbelastung durch Müllentsorgung und Industrieabfälle in der DDR, in: Kuhrt, Eberhard (Hrsg.): Die Endzeit der DDR-Wirtschaft. Analysen zur Wirtschafts-, Sozial- und

Umweltpolitik, Opladen 2000 (= Am Ende des realen Sozialismus. Beiträge zu einer Bestandsaufnahme der DDR-Wirklichkeit in den 80er Jahren, Bd. 4). S. 455–497.

Bundesanstalt für Geowissenschaften und Ressourcen (Hrsg.): Energierohstoffe 2009. Reserven, Ressourcen, Verfügbarkeit, Hannover 2009.

Bundesministerium für Wirtschaft und Energie (BMWi) (Hrsg.): Kommission „Wachstum, Strukturwandel und Beschäftigung". Abschlussbericht, Berlin 2019.

Copien, Joachim-Hans: Über die Nutzbarmachung der Abraumkippen auf Braunkohlenwerken und die dabei gewonnenen Erfahrungen insbesondere bei Forstkulturen in der Niederlausitz, in: Zeitschrift für Jagd- und Forstwesen 74, 1942, S. 43–77.

Däbritz, Christian: Nutzung und Schutz der Gewässer im VEB BKK Regis, in: Krummsdorf, Albrecht u. a. (Hrsg.): 1. Landeskultur-Tagung des Bezirkes Leipzig im Braunkohlenkombinat Regis, Meuselwitz 1970 (= Mitteilungsblatt des Bezirkstages und des Rates des Bezirkes Leipzig, Sondernummer), S. 59–61.

Darmer, Gerhard: Hippophae Rhamnoides auf Hiddensee. Eine ökologisch-monographische Darstellung, Greifswald 1944.

Darmer, Gerhard: Der Sanddorn als Wild- und Kulturpflanze. Eine Einführung in die Lebenserscheinungen des Sanddornstrauches und erste Anleitung zum erweiterten Anbau, Leipzig 1952.

Darmer, Gerhard: 68 Meter über der Kulturlandschaft. Hochkippen und ihre Begrünung, in: Urania-Universum. Wissenschaft, Technik, Kultur, Sport, Unterhaltung 2, 1956, S. 130–135.

Darmer, Gerhard: Landschaft und Tagebau. Band I: Ökologische Leitbilder für die Rekultivierung, Berlin/Hannover 1973.

Darmer, Gerhard: Landschaft und Tagebau. Band II: Planerische Leitbilder und Modelle zur Rekultivierung, Berlin/Hannover 1979.

Dettmar, Jörg: Rekultivierung von Bergehalden im Ruhrgebiet. Beobachtungen und Erfahrungen, in: Albrecht, Hellmuth u. a. (Hrsg.): Bergbau und Umwelt in DDR und BRD. Praktiken der Umweltpolitik und Rekultivierung, Berlin/Boston 2022 (= Veröffentlichungen aus dem Deutschen Bergbau-Museum Bochum, Bd. 253; = Schriften des Montanhistorischen Dokumentationszentrums, Bd. 46), S. 163–193.

Deutsch, Mathias/Pohl, Norman: Umweltgeschichte Sachsens. Ausgewählte Text- und Bilddokumente, Dresden/Leipzig 2013.

Diesner, Angelika: Die rollende Kirche. St. Emmaus auf dem Weg von Heuersdorf nach Borna, in: Berkner, Andreas/Kulturstiftung Hohenmölsen (Hrsg.): Bergbau und Umsiedlungen im Mitteldeutschen Revier, Beucha/Markkleeberg 2022, S. 340–341.

Drebenstedt, Carsten: 30jährige Erfahrung beim Einsatz von Braunkohlenaschen zur Melioration von Kippenrohböden in der Lausitz, in: Braunkohle 7, 1994, S. 40–45.

Drebenstedt, Carsten: Planungsrundlagen der Wiedernutzbarmachung, in: Pflug, Wolfram (Hrsg.): Braunkohlentagebau und Rekultivierung. Landschaftsökologie – Folgenutzung – Naturschutz, Berlin u. a. 1998, S. 487–512.

Drebenstedt, Carsten/Möckel, Reinhard: Gewässer in der Bergbaufolgelandschaft, in: Pflug, Wolfram (Hrsg.): Braunkohlentagebaue und Rekultivierung. Landschaftsökologie – Folgenutzung – Naturschutz, Berlin u. a. 1998, S. 610–624.

Drebenstedt, Carsten/Rascher, Jochen: Zu den geologischen Bedingungen und den bergbautechnologischen Möglichkeiten der Wiedernutzbarmachung im Lausitzer Braunkohlenrevier, in: Jahrbuch BergbauFolgeLandschaften 1998, S. 34–46.

Ebel, Herbert/Weller, Herbert (Hrsg.): Allgemeines Bergrecht (ABB) vom 24. Juni 1865 in der gegenwärtig geltenden Fassung nebst bergrechtlichen Nebengesetzen und sonstigen für den Bergbau wichtigen Bestimmungen, Berlin [1944] 1963.

Eichholtz, Dietrich (Hrsg.): Deutsche Ölpolitik im Zeitalter der Weltkriege. Studien und Dokumente, Leipzig 2010.

Eichholtz, Dietrich: Ende mit Schrecken. Deutsche Ölpolitik und Ölwirtschaft nach Stalingrad, in: Eichholtz, Dietrich (Hrsg.): Deutsche Ölpolitik im Zeitalter der Weltkriege. Studien und Dokumente, Leipzig 2010, S. 480–576.

Eisold, Norbert: Der Fürst als Gärtner. Hermann von Pückler-Muskau und seine Parks in Muskau, Babelsberg und Branitz, Rostock 2005.

Ende Gelände: We shut shit down, Hamburg 2022.

Ernst, Hartmut/Wolff, Helmut/Schulz, Sven-Uwe: Die europäischen Braunkohlenreviere, in: Stoll, Rolf Dieter u. a. (Hrsg.): Der Braunkohlentagebau. Bedeutung, Planung, Betrieb, Technik, Umwelt, Berlin/Heidelberg 2009, S. 13–33.

Eser, Uta/Müller, Albrecht (Hrsg.): Umweltkonflikte verstehen und bewerten. Ethische Urteilsbildung im Natur- und Umweltschutz, München 2006.

Farrenkopf, Michael/Göschl, Regina (Hrsg.): Gras drüber... Bergbau und Umwelt im deutsch-deutschen Vergleich. Begleitband zur Sonderausstellung im Deutschen Bergbau-Museum Bochum im Jahr 2022, Berlin/Boston 2022 (= Veröffentlichungen aus dem Deutschen Bergbau-Museum Bochum, Bd. 251; = Schriften des Montanhistorischen Dokumentationszentrum, Bd. 44).

Fibich, Peter: Huy-Hakel-Gebiet und Leipziger Nordosten – Zwei Beispiellandschaften in der frühen DDR, in: Krummsdorf, Albrecht (Hrsg.): Ökonologie in Landschaftsgestaltung, Tagebau-Rekultivierung und Landeskultur/Umweltschutz, Beucha 2007, S. 30–44.

Fleck, Rudolf: Planmäßige Umgestaltung der Landschaft im Dienste großregionaler Wirtschaftsentwicklung, in: Petermanns Geographische Mitteilungen 1, 1952, S. 32–35.

Fleischer, R.: Die Anpassung der Förderbrückenbetriebe an die Vorschriften der Wiedernutzbarmachungsverordnung, in: Bergbautechnik 4, 1954, S. 182–192.

Förster, Frank: Um Lausitzer Braunkohle. 1849–1945, Bautzen 1990.

Förster, Heinz: Raumbewertung und Kulturlandschaftswandel. Das Beispiel Nordböhmen, in: Förster, Heinz /Herzberg, Julia/Zückert, Martin (Hrsg.): Umweltgeschichte(n). Ostmitteleuropa von der Industrialisierung bis zum Postsozialismus, München 2013 (= Bad Wiesser Tagungen des Collegium Carolinum, Bd. 33), S. 83–104.

Förster, Heinz /Herzberg, Julia/Zückert, Martin (Hrsg.): Umweltgeschichte(n). Ostmitteleuropa von der Industrialisierung bis zum Postsozialismus, München 2013 (= Bad Wiesser Tagungen des Collegium Carolinum, Bd. 33).

Fox, Herbert William/Klein, Georg: Handbuch für den Deutschen Braunkohlenbergbau. Zweiter Band: Fortsetzung des Technischen Teiles: Tagebau, Förderung, Wasserhaltung, Wetterführung, Tagebaubetrieb, Halle (Saale) [1907] 1935.

Franke, Nils: Der Westwall in der Landschaft. Aktivitäten des Naturschutzes in der Zeit des Nationalsozialismus und seine Akteure, Mainz 2015.

Franz, Helmut (Hrsg.): 100 Jahre Braunkohlenbrikettierung, Halle (Saale) 1958.

Gaier, Julius: Die ersten 50 Jahre Braunkohlenbrikettierung im Spiegel der Patentschriften, in: Franz, Helmut (Hrsg.): 100 Jahre Braunkohlenbrikettierung, Halle (Saale) 1958, S. 78–110.

Gandert, Klaus-Dietrich: Die Auswirkungen der Landschaftsdiagnose auf die abschließende fachliche Arbeit und Planungsvorhaben, in: Hiller, Olaf (Hrsg.): Die Landschaftsdiagnose der DDR. Zeitgeschichte und Wirkung eines Forschungsprojektes aus der Gründungsphase der DDR, Berlin 1996 (= Materialien zur Geschichte der Gartenkunst, Bd. 6), S. 153–168.

Geißler, Rainer (Hrsg.): Sozialer Umbruch in Ostdeutschland, Opladen 1993 (= Schriftenreihe Sozialstrukturanalyse, Bd. 2).

Gelbrich, Helmut: Der Wert eines Rückblickes auf die Landschaftsdiagnose aus heutiger Sicht, in: Hiller, Olaf (Hrsg.): Die Landschaftsdiagnose der DDR. Zeitgeschichte und Wirkung eines Forschungsprojektes aus der Gründungsphase der DDR, Berlin 1996 (= Materialien zur Geschichte der Gartenkunst, Bd. 6), S. 175–200.

Gesetzblatt der Deutschen Demokratischen Republik (GBl), Jg. 1965–1971.

Goger, Olaf: Entwicklung der Landschaftsschutz- und Erholungsgebiete im ehemaligen Bezirk Frankfurt (Oder), in: Behrens, Hermann/Hofmann, Jens (Hrsg.): Umweltschutz in der DDR. Analysen und Zeitzeugenberichte, Bd. 2: Mediale und sektorale Aspekte, München 2007, S. 27–43.

Greiner, Johann: Frank Erich Carl – Mitautor der Landschaftsdiagnose, in: Hiller, Olaf (Hrsg.): Die Landschaftsdiagnose der DDR. Zeitgeschichte und Wirkung eines Forschungsprojektes aus der Gründungsphase der DDR, Berlin 1996 (= Materialien zur Geschichte der Gartenkunst, Bd. 6), S. 131–140.

Großer, Karl Heinz: Der Naturraum und seine Umgestaltung, in: Pflug, Wolfram (Hrsg.): Braunkohlentagebau und Rekultivierung. Landschaftsökologie, Folgenutzung, Naturschutz, Berlin u. a. 1998, S. 461–474.

Große-Wilde, Simon: Prosopographie und Wiedernutzbarmachung. Zur Zentralisierung der Rekultivierungsforschung der DDR in den 1960er Jahren, in: Der Anschnitt. Zeitschrift für Montangeschichte 72, 2020, S. 121–125.

Grumbrecht, Alfred: Leitfaden des Braunkohlenbergbaus, Halle (Saale) [1939] 1949.

Grünewald, Uwe: Die bergbaubeeinflusste Spree droht zu kollabieren, in: wwt Wasserwirtschaft Wassertechnik 69, 2019, S. 18–22.

Günther, Herbert: Meliorierung nährstoffarmer Braunkohlenkippen in der Niederlausitz, in: Forst und Jagd, Sonderheft Waldbodenmelioration 1958, S. 34–40.

Günther, Ruth: Der Spreewald. Landeskundliche Studie einer märkischen Flussniederung, Berlin 1945.

Haase, Günther: Über die weitere Nutzung der Landschaftsdiagnose, in: Hiller, Olaf (Hrsg.): Die Landschaftsdiagnose der DDR. Zeitgeschichte und Wirkung eines Forschungsprojektes aus der Gründungsphase der DDR, Berlin 2002 (= Materialien zur Geschichte der Gartenkunst, Bd. 6), S. 247–252.

Hartke, Wolfgang/Wilhelm, Friedrich (Hrsg.): Tagungsbericht und wissenschaftliche Abhandlungen. 23. Deutscher Geographentag, Köln, 22. bis 26. Mai 1961, Wiesbaden 1962.

Haubold-Rosar, Michael: Bodenentwicklung, in: Pflug, Wolfram (Hrsg.): Braunkohlentagebau und Rekultivierung. Landschaftsökologie, Folgenutzung, Naturschutz, Berlin u. a. 1998, S. 573–588.

Haubold, Wolfgang/Katzur, Joachim/Oehme, Wolf-Dietrich: Standortkundliche Grundlagen, in: Pflug, Wolfram (Hrsg.): Braunkohlentagebau und Rekultivierung. Landschaftsökologie, Folgenutzung, Naturschutz, Berlin u. a. 1998, S. 536–558.

Heinen, Ron-David: Vom „Kummer der Hausfrauen“ zur Landmarke. Die Bergehalden des Ruhrgebiets und der Wandel des Mensch-Umwelt-Verhältnisses nach 1945, in: Der Anschnitt. Zeitschrift für Montangeschichte 72, 2020, S. 84–91.

Heinze, Helga: Kiefernwurzeln aneinander genäht. Flechttechnik in der Muskauer Heide, in: Mitteilungen des Landesvereins Sächsischer Heimatschutz 2, 2021, S. 22–27.

Heinze, Kurt u. a.: Der Braunkohlenbergbau. Grundausbildung und allgemeine Bergbaukunde, Berlin [1956] 1958.

Heinze, Martin/Fiedler, Hans Joachim/Liebmann, Heike: Freilandversuche zur Begrünung von Kalirückstandshalden im Südharzgebiet, in: Hercynia. Beiträge zur Erforschung und Pflege der natürlichen Ressourcen 2, 1984, S. 179–189.

Heusohn, Rudolf: Praktische Kulturvorschläge für Kippen, Bruchfelder, Dünen und Ödländereien, Neudamm 1929.

Heuson, Rudolf: Die Kultivierung roher Mineralböden, Berlin 1947.

Heydemann, Günther/Paqué, Karl-Heinz (Hrsg.): Planwirtschaft – Privatisierung – Marktwirtschaft. Wirtschaftsordnung und -entwicklung in der SBZ/DDR und den neuen Bundesländern 1945–1994, Göttingen 2017 (= Schriften des Hannah-Arendt-Instituts für Totalitarismusforschung, Bd. 63).

Hiller, Olaf: Der Forschungsauftrag Landschaftsdiagnose in Kurzfassung, in: Hiller, Olaf (Hrsg.): Die Landschaftsdiagnose der DDR. Zeitgeschichte und Wirkung eines Forschungsprojektes aus der Gründungsphase der DDR, Berlin 1996 (= Materialien zur Geschichte der Gartenkunst, Bd. 6), S. 27–50.

Hiller, Olaf (Hrsg.): Die Landschaftsdiagnose der DDR. Zeitgeschichte und Wirkung eines Forschungsprojektes aus der Gründungsphase der DDR, Berlin 1996 (= Materialien zur Geschichte der Gartenkunst, Bd. 6).

Hiller, Olaf: Hermann Göritz. Eine biografische Studie als Beitrag zur Fachgeschichte der Garten- und Landschaftsarchitektur im 20. Jahrhundert, Berlin 1997 (= Materialien zur Geschichte der Gartenkunst, Bd. 1), S. 32–36.

Hoenig, Bianca/Wadle, Hannah (Hrsg.): Eden für jeden? Touristische Sehnsuchtsorte in Mittel- und Osteuropa von 1945 bis zur Gegenwart, Göttingen 2019 (= Kultur- und Sozialgeschichte Osteuropas, Bd. 12).

Hofmann, Michael/Rink, Dieter: Die Kohlearbeiter von Espenhain. Eine Studie zur Enttraditionalisierung eines Arbeitermilieus in einer alten Industrieregion, in: Geißler, Rainer (Hrsg.): Sozialer Umbruch in Ostdeutschland, Opladen 1993 (= Schriftenreihe Sozialstrukturanalyse, Bd. 2), S. 163–178.

Hoffmann, Ruth: Meine persönlichen Erfahrungen als Mitarbeiterin bei der Landschaftsdiagnose, in: Hiller, Olaf (Hrsg.): Die Landschaftsdiagnose der DDR. Zeitgeschichte und Wirkung eines Forschungsprojektes aus der Gründungsphase der DDR, Berlin 1996 (= Materialien zur Geschichte der Gartenkunst, Bd. 6), S. 121–128.

Holzberger, Rudi: Das sogenannte Waldsterben. Zur Karriere eines Klischees: Das Thema Wald im journalistischen Diskurs, Bergatreute 1995 (= Schriftenreihe der Medien-Akademie Weingarten, Bd. 1).

Hönsch, Fritz: Der Industriekomplex Böhlen. Eine ökonomisch-geographische Untersuchung unter besonderer Berücksichtigung der historisch-geographischen Entwicklung, Leipzig [1968] 2011.

Höser, Norbert: Naturschutz im Tagebau Zechau. Eine Neuheit, in: Mauritiana 12, 1990, S. 569–573.

Huff, Tobias: Natur und Industrie im Sozialismus. Eine Umweltgeschichte der DDR, Göttingen 2015 (= Umwelt und Gesellschaft, Bd. 13).

Huff, Tobias: Über die Umweltpolitik der DDR. Konzepte, Strukturen, Versagen, in: Geschichte und Gesellschaft 40, 2015, S. 523–554.

Hundhausen, Kurt: Untersuchungen zur Frage der Wiederkultivierung im Rheinischen Braunkohlenrevier, Bonn 1935.

Illner, W. D./Schmidt-Theile, Elisabeth: Die Seenplatte im Leipziger Hügelland – Hochkippe Espenhain, in: Das Magazin 10, 1954, S. 43–48.

Institut für Meliorationswesen des Landwirtschaftsrates beim Ministerrat der DDR (Hrsg.): Probleme der Wiedernutzbarmachung ehemals bergbaulich genutzter Flächen, Berlin 1963.

Institut für Wasserwirtschaft (Hrsg.): Abschlußbericht zur Aufgabe 4.3.5.1. des Planes Wissenschaft und Technik, Analyse der Umweltbelastung der Territoriums (Bezirk Cottbus) und Festlegung der Prioritäten der durchzuführenden Maßnahmen auf dem Gebiet des Umweltschutzes im Pla-

nungszeitraum 1981–1985 und bis 1990 mit Entscheidungsvorschlägen, Berlin 1979, unveröffentlicht (Vertrauliche Dienstsache).
Institut für Wasserwirtschaft (Hrsg.): Abschlußbericht zum Thema 4.3.6.1. des Planes Wissenschaft und Technik 1981. Weiterführung der Analyse der Umweltbelastung und komplexe Einschätzung des Umweltzustandes im Bezirk Cottbus unter besonderer Berücksichtigung des Gebietes Senftenberg/Lauchhammer, Berlin 1981, unveröffentlicht (Vertrauliche Verschlußsache).
Jacobs, Fabian/Nowak, Měto: Mehrwerte schaffen. Wie der Strukturwandel in der Lausitz von der sorbisch-deutschen Mehrsprachigkeit profitieren kann, in: Seibring, Anne (Hrsg.): Abschied von der Kohle. Struktur- und Kulturwandel im Ruhrgebiet und in der Lausitz, Bonn 2021 (= Bundeszentrale für politische Bildung: Schriftenreihe, Bd. 10751), S. 230–241.
Jäger, Klaus-Dieter/Mannsfeld, Karl: Prof. Dr. Günter Haase, in: Sitzungsberichte der Leibniz-Sozietät der Wissenschaften zu Berlin – Nachrufe auf verstorbene Mitglieder 105, 2010, S. 54–57.
Jähnichen, Rolf: Schutz des Bodens und Probleme der Landschaftsgestaltung, in: Krummsdorf, Albrecht u. a. (Hrsg.): 1. Landeskultur-Tagung des Bezirkes Leipzig im Braunkohlenkombinat Regis, Meuselwitz 1970 (= Mitteilungsblatt des Bezirkstages und des Rates des Bezirkes Leipzig, Sondernummer), S. 56–58.
Jordan, Carlo/Kloth, Hans Michael (Hrsg.): Arche Nova: Opposition in der DDR. Das „Grün-ökologische Netzwerk Arche" 1988–90, Berlin 1995.
Karlsch, Rainer: Allein bezahlt? Die Reparationsleistungen der SBZ/DDR 1945–1953, Berlin 1993.
Karlsch, Rainer: „Rüstungsprovinz" und Reparationsressource – Die Demontagen in Sachsen-Anhalt, in: Karlsch, Rainer/Laufer, Jochen (Hrsg.): Sowjetische Demontagen in Deutschland 1944–1949. Hintergründe, Ziele und Wirkungen, Berlin 2002 (= Zeitgeschichtliche Forschungen, Bd. 17), S. 227–273.
Karlsch, Rainer/Laufer, Jochen (Hrsg.): Sowjetische Demontagen in Deutschland 1944–1949. Hintergründe, Ziele und Wirkungen, Berlin 2002 (= Zeitgeschichtliche Forschungen, Bd. 17).
Karlsch, Rainer/Stokes, Raymond: Faktor Öl. Die Mineralölwirtschaft in Deutschland 1859–1974, München 2003.
Kaschade, Hans: Kohle- und Energiepolitik in der Sowjetisch Besetzten Zone 1945 bis 1949, Neuruppin 2015 (= Beiträge zur Kohle und Energiewirtschaft der DDR, Bd. 1).
Kaschade, Hans: Kohle- und Energiewirtschaft in der DDR 1949 bis 1960, Neuruppin 2016 (= Beiträge zur Kohle und Energiewirtschaft der DDR, Bd. 2).
Kaschade, Hans: Kohle- und Energiewirtschaft in der DDR 1960 bis 1990, Neuruppin 2018 (= Beiträge zur Kohle und Energiewirtschaft der DDR, Bd. 3).
Katzur, Joachim: Untersuchungen über die Rekultivierung von schwefelhaltigen Tertiärkippen unter der Verwendung phenolhaltiger Kokereiabwässer, Berlin 1965.
Katzur, Joachim: Melioration schwefelhaltiger Kippböden, in: Pflug, Wolfram (Hrsg.): Braunkohlentagebau und Rekultivierung. Landschaftsökologie, Folgenutzung, Naturschutz, Berlin u. a. 1998, S. 559–572.
Katzur, Joachim: Zur Gestaltung von Bergbaufolgelandschaften – kontrovers diskutiert, in: Jahrbuch BergbauFolgeLandschaft 1998, S. 69–77.
Keilhack, Konrad: Die geologischen Verhältnisse der Niederlausitz mit besonderer Berücksichtigung der alten und neuen Tagebaue der Ilse Bergbau-Actiengesellschaft, Berlin 1938.
Kessler, Gregor/Oeck, Anja: Braunkohle. Ein schmutziges Geschäft, Hamburg 2015.
Kirst, Ernst (Hrsg.): Braunkohlentagebau. Anleitung für Planung und Betrieb. Band VI: Verkippung der Abraummassen, Berlin 1952 (= Schriftenreihe des Verlags Technik, Nr. 26), S. 12–17.

Knabe, Hubertus: Umweltkonflikte im Sozialismus: Möglichkeiten und Grenzen gesellschaftlicher Problemartikulationen in sozialistischen Systemen. Eine vergleichende Analyse der Umweltdiskussionen in der DDR und Ungarn, Köln 1993 (= Bibliothek Wissenschaft und Politik, Bd. 49).

Knabe, Wilhelm: Wiederurbarmachung des Kippengeländes, in: Kirst, Ernst (Hrsg.): Braunkohlenbergbau. Anleitung für Planung und Betrieb, Berlin 1952 (= Schriftenreihe des Verlages Technik, Bd. 26), S. 60–112.

Knabe, Wilhelm: Pflanzqualität und Pflanzmethode für Kippenaufforstungen, in: Jagd und Forst 4–5, 1955, S. 1–5.

Knabe, Wilhelm: Beiträge zur Bibliographie über Wiederurbarmachung von Bergbauflächen, in: Wissenschaftliche Zeitschrift der Humboldt-Universität zu Berlin 2, 1957/58, S. 291–304.

Knabe, Wilhelm: Zur Wiederurbarmachung im Braunkohlenbergbau: Allgemeine Darstellung des Problems der Wiederurbarmachung und spezielle Untersuchungen im Lausitzer Braunkohlenbergbau, Berlin 1959.

Knabe, Wilhelm: Die Rekultivierung im Rheinischen und Lausitzer Braunkohlenrevier, in: Hartke, Wolfgang/Wilhelm, Friedrich (Hrsg.): Tagungsbericht und wissenschaftliche Abhandlungen. 23. Deutscher Geographentag, Köln, 22. bis 26. Mai 1961, Wiesbaden 1962, S. 353–374.

Knabe, Wilhelm: Rekultivierung im rheinischen Braunkohlenrevier, in: Braunkohle, Wärme und Energie 4, 1963, S. 134–143.

Knabe, Wilhelm: Methods and Results of Stripmine Reclamation in Germany, in: Ohio Journal of Science 64, 1964, S. 75–100.

Knabe, Wilhelm: Tharandt 1949. Erste studentische Umweltinitiative in Sachsen, in: Behrens, Hermann/Hoffmann, Jens (Hrsg.): Umweltschutz in der DDR. Analysen und Zeitzeugenberichte, Bd. 3: Beruflicher, ehrenamtlicher und freiwilliger Umweltschutz, München 2007, S. 329–352.

Knabe, Wilhelm: Erinnerungen. Ein deutsch-deutsches Leben, Mülheim 2019.

Knauth, Friedrich: Brikettfabriken der Lausitz. Ein Streifzug durch mehr als 100 Jahre Braunkohlenbrikettierung in der Lausitz, Hoyerswerda 1999.

Knoth, Nikola: „Ich war Bergmann, was wird nun?“ Die Niederlausitzer Braunkohlenregion aus umwelthistorischer Sicht, in: WerkstattGeschichte. Umweltgeschichte 3, 1992, S. 27–32.

Köhler, Ulrich: Stand der Florenentwicklung am Restloch Rusendorf und auf der Hochhalde Heureka 1986–1988, in: Maurentiana Altenburg 12, 1990, S. 489–499.

Kotsch, Detlev: Das Land Brandenburg zwischen Auflösung und Wiedergründung. Politik, Wirtschaft und soziale Verhältnisse in den Bezirken Potsdam, Frankfurt (Oder) und Cottbus in der DDR (1952 bis 1990), Berlin 2001 (= Bibliothek der Brandenburgischen und Preußischen Geschichte, Bd. 8).

Kraemer, Curt: Kultivierung von Abraumkippen der Braunkohlengruben in der Niederlausitz, Breslau 1935.

Kretschmer, Kerstin: Struktur- und Umweltprobleme des Leipziger Südraumes in der ersten Hälfte dieses Jahrhunderts, in: Sächsische Heimatblätter 5, 1997, S. 283–288.

Kretschmer, Kerstin: Braunkohle und Umwelt. Zur Geschichte des nordwestsächsischen Kohlereviers (1900–1945), Frankfurt (Main) 1998 (= Europäische Hochschulschriften, Reihe 3: Geschichte und ihre Hilfswissenschaften, Bd. 768).

Krummsdorf, Albrecht: Biotechnische Maßnahmen in Rauchschadengebieten, in: Krummsdorf, Albrecht u. a. (Hrsg.): 1. Landeskultur-Tagung des Bezirkes Leipzig im Braunkohlenkombinat Regis, Meuselwitz 1970, S. 67–70.

Krummsdorf, Albrecht: Neue Technik zur Wiederurbarmachung devastierter Böden durch Grundmelioration, in: Neue Bergbautechnik 6, 1975, S. 439–442.

Krummsdorf, Albrecht: Erfahrung der Wiedernutzbarmachung devastierter Böden zur Gestaltung von Bergbaufolgelandschaften in der DDR, in: Neue Bergbautechnik 6, 1984, S. 217–221.

Krummsdorf, Albrecht: Zur Methodik der speziellen Landschaftsdiagnose im Raum Leipzig-Nordost. Umgestaltung von Seegeritz zu einer „Beispiellandschaft", in: Hiller, Olaf (Hrsg.): Die Landschaftsdiagnose der DDR. Zeitgeschichte und Wirkung eines Forschungsprojektes aus der Gründungsphase der DDR, Berlin 1996 (= Materialien zur Geschichte der Gartenkunst, Bd. 6), S. 201–222.

Krummsdorf, Albrecht: Landschafts- und Rekultivierungsforschung am Institut für Landschaftsgestaltung der Karl-Marx-Universität Leipzig 1952 bis 1965, in: Behrens, Hermann/Hoffmann, Jens (Hrsg.): Umweltschutz in der DDR. Analysen und Zeitzeugenberichte, Bd. 3: Beruflicher, ehrenamtlicher und freiwilliger Umweltschutz, München 2007, S. 259–282.

Krummsdorf, Albrecht: Ökonologie in Landschaftsgestaltung, Tagebau-Rekultivierung und Landeskultur/Umweltschutz, in: Krummsdorf, Albrecht (Hrsg.): Ökonologie in Landschaftsgestaltung, Tagebau-Rekultivierung und Landeskultur/Umweltschutz, Beucha 2007, S. 6–22.

Krummsdorf, Albrecht (Hrsg.): Ökonologie in Landschaftsgestaltung, Tagebau-Rekultivierung und Landeskultur/Umweltschutz, Beucha 2007.

Krummsdorf, Albrecht: Wiederurbarmachung und Rekultivierung im Braunkohlenbergbau, in: Behrens, Hermann/Hoffmann, Jens (Hrsg.): Umweltschutz in der DDR. Analysen und Zeitzeugenberichte, Bd. 2: Mediale und sektorale Aspekte), München 2007, S. 395–413.

Krummsdorf, Albrecht: Zur Terminologie für Landeskultur und Umweltschutz, in: Behrens, Hermann/Hoffmann, Jens (Hrsg.): Umweltschutz in der DDR. Analysen und Zeitzeugenberichte, Bd. 1: Rahmenbedingungen, München 2007, S. 49–59.

Krummsdorf, Albrecht/Grümmer, Gerhard: Landschaften vom Reißbrett. Die Zukunft unserer Kippen, Halden und Restlöcher, Leipzig/Jena/Berlin 1981.

Krummsdorf, Albrecht/Menning, Peter/Bohne, Klaus: Wirkung kombinierter Anwendung von Stadtkompost und Tieffräsen auf physikalische Eigenschaften und hydrologisches Verhalten eines Kipprohbodens, in: Archiv für Acker-, Pflanzenbau und Bodenkunde 22, 1978, S. 779–784.

Krummsdorf, Albrecht/Menning, Peter/Bohne, Klaus: Wirkung komplexer Bodenmelioration auf stauvernäßtem Kipplehm, in: Neue Bergbautechnik 8, 1980, S. 472–475.

Krummsdorf, Albrecht/Saupe, Gottfried/Schnurrbusch, Gottfried: Möglichkeiten und Erfahrungen der meliorativen Verbesserung bodenphysikalisch schwieriger Kippmergelböden, in: Technik und Umweltschutz 18, 1977, S. 140–148.

Krummsdorf, Albrecht u. a. (Hrsg.): 1. Landeskultur-Tagung des Bezirkes Leipzig im Braunkohlenkombinat Regis, Meuselwitz 1970.

Küchler, Johannes: Zum historischen Kontext der Landschaftsdiagnose, in: Hiller, Olaf (Hrsg.): Die Landschaftsdiagnose der DDR. Zeitgeschichte und Wirkung eines Forschungsprojektes aus der Gründungsphase der DDR, Berlin 1996 (= Materialien zur Geschichte der Gartenkunst, Bd. 6), S. 15–26.

Kuhn, Rolf: Internationale Bauausstellung (IBA), Fürst-Pückler-Land, in: Jahrbuch BergbauFolgeLandschaft 1998, S. 99–104.

Kuhrt, Eberhard (Hrsg.): Die wirtschaftliche und ökologische Situation der DDR in den 80er Jahren, Opladen 1996 (= Am Ende des realen Sozialismus. Beiträge zu einer Bestandsaufnahme der DDR-Wirklichkeit in den 80er Jahren, Bd. 2).

Kuhrt, Eberhard (Hrsg.): Die Endzeit der DDR-Wirtschaft. Analysen zur Wirtschafts-, Sozial- und Umweltpolitik, Opladen 2000 (= Am Ende des realen Sozialismus. Beiträge zu einer Bestandsaufnahme der DDR-Wirklichkeit in den 80er Jahren, Bd. 4).

Kupfer, Rudolf/Sawall, Dieter/Wiese, Ulrich: Der Senftenberger See. Eine Chronik, Senftenberg 2003.

Kurpiel, Anna: Verwaistes Erbe. Die Lausitz und die sorbische Kultur in Polen, in: Seibring, Anne (Hrsg.): Abschied von der Kohle. Struktur- und Kulturwandel im Ruhrgebiet und in der Lausitz, Bonn 2021 (= Bundeszentrale für politische Bildung: Schriftenreihe, Bd. 10751), S. 242–253.

Kwast, Eckbert: Die Beeinflussung der Landschaft im Muskauer Faltenbogen, in: Bayerl, Günter/ Maier, Dirk (Hrsg.): Die Niederlausitz vom 18. Jahrhundert bis heute. Eine gestörte Kulturlandschaft? Münster u. a. 2002 (= Cottbuser Studien zu Geschichte von Technik, Arbeit und Umwelt, Bd. 19) S. 271–300.

Laak, Dirk van: Planung, Planbarkeit und Planungseuphorie, in: Docupedia-Zeitgeschichte, 16.02.2010. Unter: http://dx.doi.org/10.14765/zzf.dok.2.577.v1 (Eingesehen: 19.06.2023).

Laak, Dirk van: Alles im Fluss. Die Lebensadern unserer Gesellschaft – Geschichte und Zukunft der Infrastruktur, Frankfurt (Main) 2018.

Lange, Dieter: Erfahrungen aus der Arbeitsgruppe Wiederurbarmachung im VEB BKK Regis, in: Krummsdorf, Albrecht u. a. (Hrsg.): 1. Landeskultur-Tagung des Bezirkes Leipzig im Braunkohlenkombinat Regis, Meuselwitz 1970, S. 53–56.

Landeck, Ingmar u. a.: Arten und Lebensräume der Bergbaufolgelandschaften. Chancen der Braunkohlensanierung für den Naturschutz im Osten Deutschlands, Aachen 2017.

Lausitzer und Mitteldeutsche Bergbauverwaltungsgesellschaft mbH (LMBV) (Hrsg.): Braunkohlenveredelung in der Lausitz. Teil I (Brandenburg), Senftenberg 2011 (= Wandlungen und Perspektiven, Nr. 18).

LMBV (Hrsg.): Braunkohlenveredelung in der Lausitz. Teil II (Ostsachsen), Senftenberg 2011 (= Wandlungen und Perspektiven, Nr. 19).

LMBV (Hrsg.): Werminghoff/Knappenrode, Berlin [2011] 2015 (= Wandlungen und Perspektiven, Nr. 17).

LMBV (Hrsg.): Trebendorfer Felder/Nochten/Reichwalde, Senftenberg [2010] 2016 (= Wandlungen und Perspektiven, Nr. 14).

LMBV (Hrsg.): Braunkohlenveredelung in Mitteldeutschland. Teil I (Nord), Senftenberg [2011] 2019 (= Wandlungen und Perspektiven, Nr. 10).

LMBV (Hrsg.): Braunkohlenveredelung in Mitteldeutschland. Teil II (Süd), Senftenberg [2011] 2019 (= Wandlungen und Perspektiven, Nr. 11).

LMBV (Hrsg.): Sanierungsplanung Tagebau Espenhain, Senftenberg 2019 (= Wandlungen und Perspektiven, Nr. 24).

Lehmann, Hans: Die Wiederurbarmachung der Tagebaue im Rahmen des Fünfjahresplanes, in: Bergbautechnik 6, 1951, S. 257–263.

Lehmann, Hans: Rutschungen im Braunkohlenbergbau, in: Freiberger Forschungshefte A 41, 1955, S. 71–97.

Leibniz-Institut für Gewässerökologie und Binnenfischerei (Hrsg.): Sulfatbelastung der Spree. Ursachen, Wirkungen und aktuelle Erkenntnisse, Berlin 2016 (= IGB Dossier).

Liehmann, Gerhard: Die Bergbausanierung bis 1990, in: Traditionsverein Bitterfelder Bergleute e. V. (Hrsg.): Chronik des Braunkohlenbergbaus im Revier Bitterfeld, Bd. IV: Sanierung zur Bergbaufolgelandschaft, Bitterfeld 2006, S. 9–33.

Lingner, Reinhold: Landschaftsgestaltung, Berlin 1952 (= Wissenschaft und Technik verständlich dargestellt, Bd. 3).

Lingner, Reinhold/Carl, Frank Erich: Landschaftsdiagnose der DDR. Ergebnisse einer zur Ermittlung von Landschaftsschäden in den Jahren 1950 und 1952 durchgeführten Forschungsarbeit, Berlin 1957 (= Schriften des Forschungsinstitutes für Gebiets-, Stadt- und Dorfplanung).

Loewe-Hannatzsch, Sabine: Umweltpolitik im Uranerzbergbau der SAG/SDAG Wismut in der DDR, in: Der Anschnitt. Zeitschrift für Montangeschichte 72, 2020, S. 92–98.

Loewe-Hannatzsch, Sabine: Aspekte der Wiederurbarmachung und Umweltpolitik im Uranerzbergbau der SDAG Wismut, in: Albrecht, Hellmuth u. a. (Hrsg.): Bergbau und Umwelt in DDR und BRD. Praktiken der Umweltpolitik und Rekultivierung, Berlin/Boston 2022 (= Veröffentlichungen aus dem Deutschen Bergbau-Museum Bochum, Bd. 253; = Schriften des Montanhistorischen Dokumentationszentrums, Bd. 46), S. 105–133.

Lorenz, Karl: Abwasserprobleme der Braunkohlenchemie, Berlin 1958 (= Abhandlungen der Deutschen Akademie der Wissenschaften zu Berlin, Klasse für Chemie, Geologie und Biologie, Nr. 1).

Mäding, Heinrich/Strubelt, Wendelin (Hrsg.): Vom Dritten Reich zur Bundesrepublik. Beiträge einer Tagung zur Geschichte von Raumforschung und Raumplanung am 12. und 13. Juni 2008 in Leipzig, Hannover 2009.

Maier, Dirk: „...machen Sie der Niederlausitz diese Freunde! Sie ist doch schon in der Eiszeit zu kurz gekommen!" Facetten der Wahrnehmung einer Landschaft seit 1850, in: Bayerl, Günter/Maier, Dirk (Hrsg.): Die Niederlausitz vom 18. Jahrhundert bis heute: Eine gestörte Kulturlandschaft?, Münster u. a. 2002 (= Cottbuser Studien zu Geschichte von Technik, Arbeit und Umwelt, Bd. 19), S. 119–147.

Maier, Helmut: „Lauchhammer", „Döbern" und „Ragow". Imaginäre und reale Verknotung der Niederlausitzer Landschaft in die Elektrizitätswirtschaft des 20. Jahrhunderts, in: Bayerl, Günter/Maier, Dirk (Hrsg.): Die Niederlausitz vom 18. Jahrhundert bis heute. Eine gestörte Kulturlandschaft? Münster u. a. 2002 (= Cottbuser Studien zu Geschichte von Technik, Arbeit und Umwelt, Bd. 19), S. 149–195.

Manova, Dariya: „Sterbende Kohle" und „flüssiges Gold". Rohstoffnarrative der Zwischenkriegszeit, Göttingen 2021.

Marx, Karl: Das Kapital. Kritik der politischen Ökonomie. III. Band, Berlin [1894] 1983.

Matschak, Hans: Die Böschungsausbildung der Bagger- und Absetzerstrossen der Braunkohlen-Tagebaue in Abhängigkeit von den Bodenverhältnissen auf Grundlage statistischer Forschungsmethoden, in: Freiberger Forschungshefte A 41, 1955, S. 98–124.

Melcher, Manfred: Die künftige Nutzung der in den Jahren 1960 bis 1980 entstehenden Tagebaurestlöcher im Gebiet der Schwarzen Elster hinsichtlich des Wasserhaushaltes der Schwarzen Elster, in: Freiberger Forschungshefte A 223, 1961, S. 49–57.

Meyer, Torsten: Der Senftenberger See oder das Ende der „Mondlandschaft"?, in: Jahrbuch für Regionalgeschichte 23, 2005, S. 113-142.

Meyer, Torsten: 1922 – Ein „turning point" in der Geschichte der Rekultivierung von Bergbaufolgelandschaften, in: Der Anschnitt. Zeitschrift für Montangeschichte 71, 2019, S. 206–222.

Meyer, Torsten: Begriffe und Gesetze, in: Farrenkopf, Michael/Göschl, Regina (Hrsg.): Gras drüber ... Bergbau und Umwelt im deutsch-deutschen Vergleich. Begleitband zur Sonderausstellung im Deutschen Bergbau-Museum Bochum im Jahr 2022, Berlin/Boston 2022 (= Veröffentlichungen aus dem Deutschen Bergbau-Museum Bochum, Bd. 251; = Schriften des Montanhistorischen Dokumentationszentrum, Bd. 44), S. 111–121.

Meyer, Torsten: Wasser – Ein Element der Zukunftshoffnungen in Tagebaurevieren? Das Beispiel des Lausitzer Braunkohlenreviers, in: Der Anschnitt. Zeitschrift für Montangeschichte 75, 2023, S. 30–39.

Meyer, Torsten/Zutz, Axel: Auf dem Weg zum Senftenberger Seengebiet. Protagonisten und Institutionen der Rekultivierung von Braunkohlentagebauen in der Niederlausitz (1920–1960), in: Benke, Carsten/Bernhardt, Christoph/Betker, Frank: Paradigmenwechsel und Kontinuitätslinien im DDR-Städtebau. Neue Forschungen zur ostdeutschen Architektur- und Planungsgeschichte, Erkner 2010 (= REGIO transfer, Bd. 4), S. 273–328.

Moewes, Klaus: Untersuchungen zur Wiederurbarmachung und landeskulturellen Funktion der Bergbaufolgelandschaft am Beispiel der Intensivierung des Tagebaues Schleenhain, Rostock 1985.

Mohry, Herbert: Saubere Luft und sauberes Wasser künftig aus dem Kombinat Böhlen, in: Krummsdorf, Albrecht u. a. (Hrsg.): 1. Landeskultur-Tagung des Bezirkes Leipzig im Braunkohlenkombinat Regis, Meuselwitz 1970, S. 78–82.

Möller, Christian: Umwelt und Herrschaft in der DDR. Politik, Protest und die Grenzen der Partizipation in der Diktatur, Göttingen 2020 (= Kritische Studien zur Geschichtswissenschaft, Bd. 234).

Mühlfriedel, Wolfgang/Wiessner, Klaus: Die Geschichte der Industrie der DDR bis 1965, Berlin 1989 (= Forschungen zur Wirtschaftsgeschichte, Bd. 25).

Müller, Frank: Der Wandel der Kulturlandschaft im Raum Peitz infolge des mehrhundertjährigen Betriebes des dortigen Eisenhüttenwerkes (Mitte 16. bis 19. Jahrhundert), Cottbus 2017 (= Geopedology and Landscape Development Research Series, Vol. 06).

Müller, Werner: Die DDR und der Bau der Berliner Mauer, in: Aus Politik und Zeitgeschichte 46, 1986, S. 3–18.

Murawski, Hans: Geologisches Wörterbuch, Stuttgart [1937] 1983.

Nanz, Patrizia u. a. (Hrsg.): Klimaschutz. Wissen und Handeln, Bonn 2021 (= Bundeszentrale für politische Bildung: Schriftenreihe, Bd. 10672).

Niemann-Delius, Christian/Stoll, Rolf Dieter: Überblick über die kontinuierliche Tagebautechnik, in: Stoll, Rolf Dieter u. a. (Hrsg.): Der Braunkohlentagebau. Bedeutung, Planung, Betrieb, Technik, Umwelt, Berlin/Heidelberg 2009, S. 57–68.

Noack, Liesel: Die Rolle des Deutschen Kulturbundes bei der Entwicklung der sozialistischen Landeskultur, in: Krummsdorf, Albrecht u. a. (Hrsg.): 1. Landeskultur-Tagung des Bezirkes Leipzig im Braunkohlenkombinat Regis. Mitteilungsblatt des Bezirkstages und des Rates des Bezirkes Leipzig, Meuselwitz 1970, S. 37–45.

Oberkrome, Willi: „Deutsche Heimat". Nationale Konzeption und regionale Praxis von Naturschutz, Landschaftsgestaltung und Kulturpolitik in Westfalen-Lippe und Thüringen 1900 bis 1960, Paderborn 2004.

Obertreis, Julia: Von der Naturbeherrschung zum Ökozid? Aktuelle Fragen einer Umweltgeschichte Ost- und Ostmitteleuropas, in: Zeithistorische Forschungen/Studies in Contemporary History 9, 2012, S. 115–122.

Oelke, Eckhard/Kirsch, Wolfgang: Frühster Braunkohlenbergbau 1382 bei Lieskau im Saalkreis?, in: Sachsen-Anhalt. Journal für Natur und Heimatfreunde 2, 2000, S. 12–14.

Olschowy, Gerhard: Bergbau und Landschaft. Rekultivierung durch Landschaftspflege und Landschaftsplanung, Hamburg/Berlin 1993.

Orsillo, Nicholas: The Socioeconomic Factors Behind Agricultural Land Drainage's. Enviromental Impact in Communist-Era Czechia, in: Förster, Heinz/Herzberg, Julia/Zückert, Martin (Hrsg.): Umweltgeschichte(n). Ostmitteleuropa von der Industrialisierung bis zum Postsozialismus, München 2013 (= Bad Wiesser Tagungen des Collegium Carolinum, Bd. 33), S. 209–227.

Patzelt, Steffen Thomas: Waldbrandprognose und Waldbrandbekämpfung in Deutschland. Zukunftsorientierte Strategien und Konzepte unter besonderer Berücksichtigung der Brandbekämpfung aus der Luft, Mainz 2008.

Petzold, Heinz (Hrsg.): Die Wiederurbarmachung der Kippen und Halden im Senftenberger Braunkohlenrevier, Cottbus 1955.

Pflug, Wolfram (Hrsg.): Braunkohlentagebau und Rekultivierung. Landschaftsökologie, Folgenutzung, Naturschutz, Berlin u. a. 1998.

Preußner, Karl: Forstwirtschaft, in: Pflug, Wolfram (Hrsg.): Braunkohlentagebau und Rekultivierung. Landschaftsökologie, Folgenutzung, Naturschutz, Berlin u. a. 1998, S. 517–519.

Preußner, Karl: Wälder und Forste auf Kippenstandorten, in: Pflug, Wolfram (Hrsg.): Braunkohlentagebau und Rekultivierung. Landschaftsökologie, Folgenutzung, Naturschutz, Berlin u. a. 1998, S. 600–609.

Quaschning, Volker: Regenerative Energiesysteme. Technologie – Berechnung – Klimaschutz, München [1999] 2019.

Radkau, Joachim: Natur und Macht. Eine Weltgeschichte der Umwelt, München 2000.

Radkau, Joachim: Geschichte der Zukunft. Prognosen, Visionen, Irrungen in Deutschland von 1945 bis heute, München 2017.

Rascher, Jochen u. a.: Nutzung von Kraftwerksaschen bei der Rekultivierung anthropogen beeinflußter Böden. Bestandsaufnahme Lausitzer Revier, Freiberg 1993.

Reichhoff, Lutz/Wegener, Uwe: Gestaltung und Pflege der Landschaft, in: Behrens, Hermann/Hoffmann, Jens (Hrsg.): Umweltschutz in der DDR. Analysen und Zeitzeugenberichte, Bd. 2: Mediale und sektorale Aspekte, München 2007, S. 1–26.

Reichhoff, Lutz/Wegner, Uwe (Hrsg.): Institut für Landesforschung und Naturschutz Halle. Forschungsgeschichte des ersten deutschen Naturschutzinstituts, Berlin [zuerst: Friedland 2011] 2016.

Rindt, Otto: Die künftige Nutzung der in den Jahren 1960 bis 1980 entstehenden Tagebaurestlöcher im Gebiet der Schwarzen Elster für Land- und Forstwirtschaft und für die Erholung, in: Freiberger Forschungshefte A 223, 1962, S. 59–65.

Rindt, Otto/Kunze, Helmut: Doppelter Nutzen durch gelenkte Bodenbewegung. Anleitung für die Räte der Kreise, Städte, Gemeinden und Betriebe zur Schaffung von zusätzlichen Anlagen der Erholung, des Sports und der Kultur, Cottbus 1969.

Roch, Matthias: Landschaft und Gewerbe, in: Bayerl, Günter/Maier, Dirk (Hrsg.): Die Niederlausitz vom 18. Jahrhundert bis heute. Eine gestörte Kulturlandschaft? Münster u. a. 2002 (= Cottbuser Studien zu Geschichte von Technik, Arbeit und Umwelt, Bd. 19), S. 239–269.

Roesler, Jörg: Umweltprobleme und Umweltpolitik in der DDR, Erfurt 2006.

Röpke, Andrea/Speit, Andreas: Völkische Landnahme. Alte Sippen, junge Siedler, rechte Ökos, Bonn 2019 (= Bundeszentrale für politische Bildung: Schriftenreihe, Bd. 10311).

Schaal, Dirk: Rübenzuckerindustrie und regionale Industrialisierung. Der Industrialisierungsprozeß im mitteldeutschen Raum 1799–1930, Münster 2005 (= Forschungen zur Neuesten Geschichte, Bd. 4).

Schmager, Hans-Jürgen: Zur Sanierung der Abraumförderbrückenkippe im Tagebau Meuro, Senftenberg 2012.

Schneider, Jürgen: Das Modell Sowjetunion für die Transformation der Wirtschaft in der sowjetisch besetzten Zone Deutschlands (SBZ) durch die Sowjetische Militäradministration in Deutschland (SMAD) 1945 bis 1949, in: Heydemann, Günther/Paqué, Karl-Heinz (Hrsg.): Planwirtschaft – Privatisierung – Marktwirtschaft. Wirtschaftsordnung und -entwicklung in der SBZ/DDR und den neuen Bundesländern 1945–1994, Göttingen 2017 (= Schriften des Hannah-Arendt-Instituts für Totalitarismusforschung, Bd. 63), S. 43–90.

Schneidemesser, Erika von/Mar, Kathleen A./Lawrence, Mark: Klimawandel und Luftverschmutzung, in: Nanz, Patrizia u. a. (Hrsg.): Klimaschutz. Wissen und Handeln, Bonn 2021 (= Bundeszentrale für politische Bildung: Schriftenreihe, Bd. 10672), S. 119–133.

Schneider, Brigitte: Meliorationen im Kreis Cottbus-Land und sich daraus ergebende Aufgaben für den Naturschutz, in: Natur und Landschaft im Bezirk Cottbus 7, 1985, S. 57–63.

Schnurrbusch, Gottfried: Das Wirken Albrecht Krummsdorf aus Kollegensicht: in: Krummsdorf, Albrecht (Hrsg.): Ökonologie in Landschaftsgestaltung, Tagebau-Rekultivierung und Landeskultur/Umweltschutz, Beucha 2007, S. 23–29.

Schulz, Friedhelm: Drei Jahrhunderte Lausitzer Braunkohlenbergbau, Bautzen 2000.

Schwarzer, Markus: Von Mondlandschaften zur Vision eines neuen Seenlandes. Der Diskurs über die Gestaltung von Tagebaubrachen in Ostdeutschland, Wiesbaden 2014 (= RaumFragen: Stadt – Region – Landschaft).

Seela, Manfred/Lindner, Barbara: Kooperative Rekultivierungsarbeit im Revier Borna-Altenburg, in: Krummsdorf, Albrecht (Hrsg.): Ökonologie in Landschaftsgestaltung, Tagebau-Rekultivierung und Landeskultur/Umweltschutz, Beucha 2007, S. 119–123.

Seibring, Anne (Hrsg.): Abschied von der Kohle. Struktur- und Kulturwandel im Ruhrgebiet und in der Lausitz, Bonn 2021 (= Bundeszentrale für politische Bildung: Schriftenreihe, Bd. 10751).

Seidemann, Joachim: Der Einfluß des Bergbaues in Nordwestsachsen auf die landwirtschaftlichen Erträge insbesondere durch Wiederzufüllung der Tagebaue und durch Rauchschäden, Leipzig 1952.

Setton, Daniela: Energiewende und Klimaschutz als gesellschaftliche Herausforderung, in: Nanz, Patrizia u. a. (Hrsg.): Klimaschutz. Wissen und Handeln, Bonn 2021 (= Bundeszentrale für politische Bildung: Schriftenreihe, Bd. 10672), S. 43–59.

Setzer, Dieter: Das Geiseltal – Geschichte, Gegenwart und umweltadäquate Perspektiven. Anregungen für die Umwelterziehung im handlungsorientierten Geographieunterricht der Kursstufe des Gymnasiums, Greifswald 1998.

Simon, Manfred: Zur institutionellen Entwicklung der Wasserwirtschaft bis 1990. Schwerpunkt: Aufgaben der Wasserbewirtschaftung, in: Behrens, Hermann/Hoffmann, Jens (Hrsg.): Umweltschutz in der DDR. Analysen und Zeitzeugenberichte, Bd 2: Mediale und sektorale Aspekte, München 2007, S. 187–214.

Skibba, Günter: Schlußwort, in: Krummsdorf, Albrecht u. a. (Hrsg.): 1. Landeskultur-Tagung des Bezirkes Leipzig im Braunkohlenkombinat Regis, Meuselwitz 1970 (= Mitteilungsblatt des Bezirkstages und des Rates des Bezirkes Leipzig, Sondernummer), S. 83–87.

Sperling, Dieter: Exposé Notkohlenbergbau. Kommunaler Braunkohlenbergbau in der SBZ/DDR 1945–1960, Cottbus 2014 (= Beiträge zur Geschichte des Braunkohlenbergbaus in der SBZ/DDR, Bd. 2).

Sperling, Dieter/Schossig, Wolfgang: Wirtschaftsorganisation der Braunkohlenindustrie in der SBZ/DDR 1945 bis 1990, Cottbus 2015 (= Beiträge zur Geschichte des Braunkohlenbergbaus in der SBZ/DDR, Bd. 1).

Sperling, Dieter/Schossig, Wolfgang: Bergrecht der SBZ/DDR 1945–1990. Chronologische Textsammlung für den Braunkohlenbergbau, Cottbus 2015 (= Beiträge zur Geschichte des Braunkohlenbergbaus in der SBZ/DDR, Bd. 3).

Sperling, Dieter/Schossig, Wolfgang: Bergbau in der Lausitz. Ein Überblick, Cottbus [2007] 2017 (= Beiträge zur Geschichte des Bergbaus in der Niederlausitz, Bd. 1).

Stadt Braunsbebra/Stadt Mücheln (Hrsg.): 300 Jahre Braunkohlenbergbau im Geiseltal, Braunsbedra/Mücheln 1998.

Steinbach, Walter Christian: Eine Mark für Espenhain. Vom Christlichen Umweltseminar Rötha zum Leipziger Neuseenland, Leipzig 2018.

Steiner, André: Die DDR-Wirtschaftsreform der sechziger Jahre. Konflikt zwischen Effizienz und Machtkalkül, Berlin 1999.

Steiner, André: Von Plan zu Plan. Eine Wirtschaftsgeschichte der DDR, Bonn 2007 (= Bundeszentrale für politische Bildung: Schriftenreihe, Bd. 625).

Steinhuber, Uwe: Einhundert Jahre bergbauliche Rekultivierung in der Lausitz. Ein historischer Abriss der Rekultivierung, Wiederurbarmachung und Sanierung im Lausitzer Braunkohlenrevier, Dissertation Palacký Universität Olomouc 2005.

Steinmetz, Anne-Kathrin: Landeskultur, Stadtökologie und Umweltschutz. Die Bedeutung von Natur und Umwelt 1970 bis 1989. Eine deutsch-deutsche Betrachtung, Berlin 2017.
Stief, Martin: „Stellt die Bürger ruhig." Staatssicherheit und Umweltzerstörung im Chemierevier Halle-Bitterfeld, Göttingen 2019 (= Analysen und Dokumente, Bd. 55).
Stoll, Rolf Dieter u. a. (Hrsg.): Der Braunkohlentagebau. Bedeutung, Planung, Betrieb, Technik, Umwelt, Berlin/Heidelberg 2009.
Strubelt, Wendelin/Briesen, Detlev (Hrsg.): Raumplanung nach 1945. Kontinuitäten und Neuanfänge in der Bundesrepublik, Frankfurt (Main)/New York 2015.
Štýs, Stanislav (Hrsg.): Rekultivace území postižených těžbou nerostných surovin, Prag 1981.
Teubner, Willi: Die Entwicklung des Bergbaus im Geiseltal, in: Stadt Braunsbebra/Stadt Mücheln (Hrsg.): 300 Jahre Braunkohlenbergbau im Geiseltal, Braunsbedra/Mücheln 1998, S. 32–102.
Thielmann, Gerda: Landeskulturelle Wechselwirkungen zwischen Kombinat und Territorium am Beispiel der Gemeinde Deutzen, in: Krummsdorf, Albrecht u. a. (Hrsg.): 1. Landeskultur-Tagung des Bezirkes Leipzig im Braunkohlenkombinat Regis, Meuselwitz 1970, S. 30–37.
Tooze, Adam: Ökonomie der Zerstörung. Die Geschichte der Wirtschaft im Nationalsozialismus, Bonn 2007 (= Bundeszentrale für politische Bildung: Schriftenreihe, Bd. 663).
Toyka, Ralf (Hrsg.): Bitterfeld Braunkohlenbrachen. Probleme, Chancen, Visionen, München 1993.
Traditionsverein Bitterfelder Bergleute e. V. (Hrsg.): Chronik des Braunkohlenbergbaus im Revier Bitterfeld, Bd. IV: Sanierung zur Bergbaufolgelandschaft, Bitterfeld 2006.
Türk, Henning: Treibstoff der Systeme. Kohle, Erdöl und Atomkraft im geteilten Deutschland, Bonn 2022 (= Bundeszentrale für politische Bildung: Schriftenreihe, Bd. 10810).
Uekötter, Frank: Die Wahrheit ist auf dem Feld. Eine Wissensgeschichte der deutschen Landwirtschaft, Göttingen 2010 (= Umwelt und Gesellschaft, Bd. 1).
Uekötter, Frank: Deutschland in Grün. Eine zwiespältige Erfolgsgeschichte, Bonn 2015 (= Bundeszentrale für politische Bildung: Schriftenreihe, Bd. 1638).
Uppenbrink, Martin/Gelbrich, Helmut: Von der Zukunft der Landschaftsplanung, in: Natur und Landschaft 11, 1996, S. 465–468.
Urban, Thomas: Zwangsarbeit im Tagebau. Der Einsatz von Kriegsgefangenen und ausländischen Zivilarbeitern im mitteldeutschen Braunkohlenbergbau 1939 bis 1945, Essen 2006.
Vulpius, Rainer: Die Braunkohlenlagerstätten Deutschlands. Ein Überblick, Clausthal-Zellerfeld 2015.
Wagenbreth, Otfried: Braunkohlenindustrie in Mitteldeutschland. Geologie, Geschichte, Sachzeugen, Beucha/Markkleeberg 2010.
Walter, Andreas: Die Geschichte des Zugbetriebes und der Transport von Abraum und Kohle im Tagebau Olbersdorf 1910–1995, Oybin 2001.
Walter, Horst: Landeskulturelle Aufgaben im Bezirk Leipzig, in: Krummsdorf, Albrecht u. a. (Hrsg.): 1. Landeskultur-Tagung des Bezirkes Leipzig im Braunkohlenkombinat Regis, Meuselwitz 1970, S. 10–21.
Welp, Johannes: Mechanisierung in der Landwirtschaft im Südoldenburger Land, Damme 2009.
Werner, Konrad: Untersuchungen über die Bodenfeuchte frisch verschütteter Braunkohlentagebaukippen als Beitrag zur Verbesserung ihrer landwirtschaftlichen Bewirtschaftung, Leipzig 1959.
Werner, Oliver: Ein Betrieb in zwei Diktaturen. Von der Bleichert Transportanlagen GmbH zum VEB VTA Leipzig 1932 bis 1963, Stuttgart 2004 (= Beiträge zur Wirtschafts- und Sozialgeschichte, Nr. 101).
Wilhelm, Matthias: Vom Radisch zur Olba. Geschichte einer Landschaft, Bautzen 1998.
Winiwarter, Verena/Knoll, Martin: Umweltgeschichte. Eine Einführung, Köln 2007.
Wolle, Stefan: Der Traum von der Revolte. Die DDR 1968, Bonn 2008 (= Bundeszentrale für politische Bildung: Schriftenreihe, Bd. 1638).

Wronski, Rupert/Fiedler, Swantje: Gesellschaftliche Kosten der Braunkohle im Jahr 2015, Berlin 2015.

Wübbe, Irmela: Landschaftsplanung in der DDR. Aufgabenfelder, Handlungsmöglichkeiten und Restriktionen in der DDR der sechziger und siebziger Jahre, Bonn 1995.

Wünsche, Manfred/Oehme, Wolf-Dieter: Die Eignung der Deckgebirgsschichten in den Vorfeldern der Braunkohlentagebaue Böhlen und Espenhain für die Wiederurbarmachung, in: Zeitschrift für angewandte Geologie 3, 1963.

Zinser, Christine: Flächenverbrauch – Warum nicht? Vom Wollen und Sollen hinsichtlich der zunehmenden Bebauung freier Landschaft, in: Eser, Uta/Müller, Albrecht (Hrsg.): Umweltkonflikte verstehen und bewerten. Ethische Urteilsbildung im Natur- und Umweltschutz, München 2006, S. 57–80.

Zutz, Axel: „Kranke" und „gesunde" Landschaft. Anmerkungen zur Kritik des Landschaftsbegriffs bei der Landschaftsdiagnose, in: Hiller, Olaf (Hrsg.): Die Landschaftsdiagnose der DDR. Zeitgeschichte und Wirkung eines Forschungsprojektes aus der Gründungsphase der DDR, Berlin 1996 (= Materialien zur Geschichte der Gartenkunst, Bd. 6), S. 111–120.

Zutz, Axel: Vorarbeiten zur Landschaftsdiagnose in Sachsen-Anhalt und Sachsen, in: Hiller, Olaf (Hrsg.): Die Landschaftsdiagnose der DDR. Zeitgeschichte und Wirkung eines Forschungsprojektes aus der Gründungsphase der DDR, Berlin 1996 (= Materialien zur Geschichte der Gartenkunst, Bd. 6), S. 73–82.

Zutz, Axel: Zum vorhandenen Bestand der Landschaftsdiagnose, in: Hiller, Olaf (Hrsg.): Die Landschaftsdiagnose der DDR. Zeitgeschichte und Wirkung eines Forschungsprojektes aus der Gründungsphase der DDR, Berlin 1996 (= Materialien zur Geschichte der Gartenkunst, Bd. 6), S. 171–174.

Zutz, Axel: Otto Rindt. Kontinuitäten und Neuorientierung im Leben eines Landschaftsplaners nach 1945, in: Barth, Holger (Hrsg.): Projekt Sozialistische Stadt. Beiträge zur Bau- und Planungsgeschichte der DDR, Berlin 1998, S. 243–250.

Zutz, Axel: Wege grüner Moderne. Praxis und Erfahrung der Landschaftsanwälte des NS-Staates zwischen 1930 und 1960, in: Mäding, Heinrich/Strubelt, Wendelin (Hrsg.): Vom Dritten Reich zur Bundesrepublik. Beiträge einer Tagung zur Geschichte von Raumforschung und Raumplanung am 12. und 13. Juni 2008 in Leipzig, Hannover 2009, S. 107–148.

Zutz, Axel: Zur Verankerung Landschaftlicher Daseinsvorsorge zwischen 1945 und dem Beginn der 1960er Jahre, in: Strubelt, Wendelin/Briesen, Detlev (Hrsg.): Raumplanung nach 1945. Kontinuitäten und Neuanfänge in der Bundesrepublik, Frankfurt (Main)/New York 2015, S. 151–196.

Zutz, Axel: Naturschutzgeschichte als Beitrag zum Projekt: „Die Niederlausitz und die südliche Lubuskie. Eine Kulturlandschaft im Zentrum Europas" (Teil 2), in: Studienarchiv Umweltgeschichte 22, 2017, S. 101–128.

Zutz, Axel: „Königsgärten des Sozialismus." Moderner Heimatschutz und Landschaftliche Daseinsvorsorge im Erholungsgebiet Senftenberger See (ESS), in: Hoenig, Bianca/Wadle, Hannah (Hrsg.): Eden für jeden? Touristische Sehnsuchtsorte in Mittel- und Osteuropa von 1945 bis zur Gegenwart, Göttingen 2019 (= Kultur- und Sozialgeschichte Osteuropas, Bd. 12), S. 125–169.

Internetressourcen

Allé, Nicole: Flutung von Tagebauen auf dem Prüfstand, in: energiezukunft. Das Portal für Erneuerbare Energien und die bürgernahe Energiewende, 02.01.2021. Unter: https://www.energiezukunft.eu/politik/flutung-von-tagebauen-auf-dem-pruefstand/ (Eingesehen: 06.05.2021).

Allé, Nicole: Pinnower See weiterhin bedroht, in: energiezukunft. Das Portal für Erneuerbare Energien und die bürgernahe Energiewende, 04.05.2021. Unter: https://www.energiezukunft.eu/umweltschutz/pinnower-see-weiter-bedroht/ (Eingesehen: 06.05.2021).

Altus, Oliver: Alter Kahn, Neue Nutzung. Die Geschichte der MS Frieda. Unter: https://amsee-leipzig.de/geschichte-ms-frieda/ (Eingesehen: 04.05.2023).

Anker, Jens: Gefahr für die Umwelt. Sulfat und Eisenschlamm bedrohen den Spreewald, in: Berliner Morgenpost, 12.10.2018. Unter: https://www.morgenpost.de/brandenburg/article215543853/Sulfat-und-Eisenschlamm-bedrohen-den-Spreewald.html (Eingesehen: 16.04.2021).

Antenne Brandenburg: Cottbuser Gericht erlaubt Klägerin Betreten ihres rutschungsgefährdeten Grundstücks, in: rbb 24 Studio Cottbus, 21.07.2022. Unter: https://www.rbb24.de/studiocottbus/panorama/2022/07/cottbus-verwaltungsgericht-betretungsverbot-klage-rutschungsgefahr-bergbau.html (Eingesehen: 31.08.2022).

Augustin, Jan/Richter-Zippack, Torsten: Streit um Bergbau-Folge. Wie giftig ist der Lausitzer Eisenschlamm, in: Lausitzer Rundschau Online, 10.03.2019. Unter: https://www.lr-online.de/lausitz/senftenberg/streit-um-bergbau-folge-wie-giftig-ist-der-lausitzer-eisenschlamm_-38261226.html (Eingesehen: 16.04.2021).

Autonomes Medienkollektiv Berlin-Brandenburg: Widerstand gegen Lausitzer Braunkohletagebau, 26.09.2007. Unter: http://de.indymedia.org/2007/09/195301.shtml (Eingesehen: 02.06.2023).

Arnold, Ingolf/Koch, Thomas: Bergbau und Wasser. Eine jahrhundertealte Wechselbeziehung im Einflussbereich von Spree und Schwarzer Elster – bald Vergangenheit?, in: Wasser-Cluster Lausitz e. V., 15.03.2021. Unter: https://www.wasser-cluster-lausitz.de/index.php/tagungen.html?file=files/Veranstaltungen/1.%20Wasserkonferenz%20Lausitz/01_Arnold_Koch.pdf (Eingesehen: 03.05.2021).

Bergsicherung Schneeberg GmbH & Co. KG: Geschichte & Tradition, in: Bergsicherung Schneeberg seit 1957 (2016). Unter: https://www.bergsicherung.net/geschichte-tradition/ (Eingesehen: 16.10.2022).

Bundesamt für Naturschutz: Leipzig. Unter: https://www.bfn.de/leipzig (Eingesehen: 14.03.2023).

Bundesministerium für Umwelt, Naturschutz und nukleare Sicherheit: Information zur Sanierung der Altlasten des Braunkohlebergbaus in den neuen Ländern, 31.10.2012. Unter: https://www.bmu.de/fileadmin/bmu-import/files/pdfs/allgemein/application/pdf/braunkohlesanierung_2012_bf.pdf (Eingesehen: 06.05.2021).

Bundesministerium für Umwelt, Naturschutz, nukleare Sicherheit und Verbraucherschutz (BMUV) (Hrsg.): „Wir haben uns nicht versteckt" – Engagement für Natur und Umwelt in der DDR, Berlin 2022. Unter: https://www.bmuv.de/publikation/wir-haben-uns-nicht-versteckt-engagement-fuer-natur-und-umwelt-in-der-ddr (Eingesehen: 13.06.2023).

BUND Landesverband Nordrhein-Westfalen: Braunkohlenkraftwerke im Rheinland (2018). Unter: https://www.bund-nrw.de/themen/braunkohle/hintergruende-und-publikationen/braunkohlenkraftwerke/kraftwerksstandorte (Eingesehen: 22.04.2020).

Daniel, Hans-Dieter: Seidemann, Joachim, in: Professoren der Universität Leipzig 1945 bis 1993, 25.06.2017. Unter: https://research.uni-leipzig.de/agintern/CPL/PDF/Seidemann_Joachim.pdf (Eingesehen: 30.08.2022).

https://doi.org/10.1515/9783111138312-010

Dassler, Sandra: Sulfat und Eisen in der Spree. Mühe mit der braunen Brühe, in: Tagesspiegel Online, 27.03.2018. Unter: https://www.tagesspiegel.de/berlin/sulfat-und-eisen-in-der-spree-muehe-mit-der-braunen-bruehe/21111212.html (Eingesehen: 03.05.2021).

Dassler, Sandra: Wenn das Ufer rutscht, in: Potsdamer Neuste Nachrichten, 14.08.2018. Unter: https://www.pnn.de/brandenburg/wenn-das-ufer-rutscht/22916584.html (Eingesehen: 15.04.2021).

Dassler, Sandra: Rutschung am Senftenberger See. Erdrutsch durch Wildschweinrotte?, in: Potsdamer Neuste Nachrichten, 02.10.2018. Unter: https://www.pnn.de/brandenburg/rutschung-im-senftenberger-see-erdrutsch-durch-wildschweinrotte-/23137264.html (Eingesehen: 15.04.2021).

Debski, Andreas: Schnelle Sanierung der verseuchten Böden in Böhlen möglich, in: Leipziger Volkszeitung, 22.07.2015. Unter: https://www.lvz.de/Region/Mitteldeutschland/Schnelle-Sanierung-der-verseuchten-Boeden-in-Boehlen-unmoeglich (Eingesehen: 06.05.2021).

Färber, Christine: Grube Johannes: Silbersee ist in 20 Jahren verschwunden, in: Mitteldeutsche Zeitung, 18.01.2018. Unter: https://www.mz.de/lokal/bitterfeld/grube-johannes-silbersee-ist-in-20-jahren-verschwunden-3116897 (Eingesehen: 05.05.2021).

Florian, Monika: Kulkwitzer See. Unter: https://www.tauchshop-florian.de/tauchbasis-kulkwitzer-see/kulkwitzer-see/ (Eingesehen: 04.05.2023).

Forschungsinstitut Bergbaufolgelandschaft e. V.: Wir heilen Landschaften. Unter: https://www.unserebroschuere.de/FIB-DE/WebView/ (Eingesehen: 14.03.2023).

Forschungsinstitut für Bergbaufolgelandschaften e. V.: Zur Historie des Forschungsinstituts für Bergbaufolgelandschaften e. V. (FIB) in Finsterwalde. Unter: https://docplayer.org/123238067-Zur-historie-des-forschungsinstituts-fuer-bergbaufolgelandschaften-e-v-fib-in-finsterwalde.html (Eingesehen: 15.03.2023).

Gandert, Klaus-Dieter: Erinnerungen zur Arbeit des Zentralen Fachausschusses Dendrologie und Gartenarchitektur in der Gesellschaft für Natur und Umwelt im Kulturbund der DDR, in: Institut für Umweltgeschichte und Regionalentwicklung (Hrsg.): Naturschutz hat Geschichte. Unter: https://www.hs-nb.de/iugr/naturschutz-hat-geschichte/gandert/ (Eingesehen: 25.07.2022).

Gathmann, Florian: Drama in Nachterstedt. Erdrutsch stoppt Tourismus, in: Der Spiegel, 20.07.2009. Unter: https://www.spiegel.de/panorama/drama-von-nachterstedt-erdrutsch-stoppt-tourismus-projekte-a-637200.html (Eingesehen: 15.04.2021).

Gottfried Wilhelm Leibniz Universität Hannover: Institut für Landschaftspflege und Naturschutz, 10.04.2022. Unter: https://www.umwelt.uni-hannover.de/de/institut/geschichte/iln/ (Eingesehen: 17.10.2022).

Haubold-Rosar, Michael: Prof. Dr. Hans Joachim Katzur, 10.04.2014. Unter: https://www.forstpraxis.de/prof-hans-joachim-katzur/ (Eingesehen: 10.02.2021).

Heinrich, Jürgen/Heinrich, Petra: Der „Asphalt-Granit" bewährt sich in Senftenberg, in: Der Märkische Bote, 02.06.2017. Unter: https://maerkischer-bote.de/unterhaltung/hoerlitzer-strasse-der-asphalt-granit-bewaehrt-sich-in-senftenberg-177456 (Eingesehen: 25.05.2023).

Heynen, Christian: Vergessene Wracks. Schwarze Tränen der Meere, in: Arte, 01.07.2017. Unter: https://www.ardmediathek.de/video/planet-schule/vergessene-wracks-schwarze-traenen-der-meere/swr/Y3JpZDovL3BsYW5ldC1zY2h1bGUuZGUvQVJEXzEwNzc3X3ZpZGVv (Eingesehen: 03.06.2023).

Jansen-Winkeln Annette/Roelcke, Eckard: Wie gehen wir mit unserem Kulturgut um? Der Kohle geopfert: Abriss des „Immenrathener Doms", in: Fazit, 07.01.2018. Unter: https://www.deutschlandfunkkultur.de/der-kohle-geopfert-abriss-des-immerather-doms-wie-gehen-wir.1013.de.html?dram:article_id=407753 (Eingesehen: 27.05.2021).

Julke, Ralf: Kein einziges Leipziger Fließgewässer kommt über die Note 4 hinaus, in: Leipziger Zeitung, 30.04.2018. Unter: https://www.l-iz.de/politik/brennpunkt/2018/04/Kein-einziges-Leipziger-Fliessgewaesser-kommt-ueber-die-Note-4-hinaus-215519 (Eingesehen: 03.05.2021).

Julke, Ralf: Das Generationenprojekt der Schadstoffminimierung am Raffineriestandort Böhlen, in: Leipziger Zeitung, 27.12.2019. Unter: https://www.l-iz.de/politik/region/2019/12/Das-Generationenprojekt-der-Schadstoffminimierung-am-alten-Raffineriestandort-Boehlen-310152 (Eingesehen: 06.05.2021).

Kloppmann, Secilia: Für immer vergiftet. DDR Chemie verseucht Region Bitterfeld, in: MDR Investigativ – Hinter der Recherche, 10.09.2021. Unter: https://www.mdr.de/nachrichten/podcast/mdr-investigativ/podcast-investigativ-bitterfeld-102.html (Eingesehen: 10.11.2021).

Klusmann, Steffen: Die Kinder von Espenhain, in: Spiegel TV Magazin, 08.02.2010. Unter: https://www.spiegel.de/video/vor-20-jahren-die-kinder-von-espenhain-video-1036864.html (Eingesehen: 27.05.2021).

Kolodziej, Mirko: Der Tag, als die Erde wegfloss, in: SÄCHSISCHE.DE, 13.10.2020. Unter: https://www.saechsische.de/hoyerswerda/lokales/der-tag-als-die-erde-wegfloss-bergen-5293867-plus.html (Eingesehen: 15.04.2021).

Lazar, Silvia: Abtrag, Lagerung und Einbau von Bodenmaterial, in: Bundesverband Boden e. V. (Hrsg.): Bodenwelten. Unter: https://www.bodenwelten.de/content/abtrag-lagerung-und-einbau-von-bodenmaterial (Eingesehen: 07.09.2022).

LMBV: Antworten auf häufig gestellte Fragen zu Sofortmaßnahmen gegen Vernässung. Unter: https://www.lmbv.de/index.php/antworten.html (Eingesehen: 04.05.2021).

Lindner, Nadine: Angst vor dem bösen Wolf, in: Deutschlandfunk, 24.01.2014. Unter: https://www.deutschlandfunk.de/sachsen-angst-vor-dem-boesen-wolf-100.html (Eingesehen: 19.02.2022).

Löhle, Claudia: Gesundheit. Unter: https://www.kohleausstieg-berlin.de/hintergruende/125-gesundheit (Eingesehen: 05.05.2021).

Mack, Emma: Nachterstedt in Sachsen-Anhalt. Zehn Jahre nach dem Erdrutsch, in: ZDF Nachrichten, 18.07.2019. Unter: https://www.zdf.de/nachrichten/heute/nachterstedt-in-sachsen-anhalt-zehn-jahre-nach-dem-erdrutsch-100.html (Eingesehen: 15.04.2021).

Mattner, Sandra: Tagebauwasser lässt Spree nicht austrocknen, in: Niederlausitz aktuell, 13.08.2015. Unter: https://www.niederlausitz-aktuell.de/brandenburg/53347/tagebauwasser-laesst-spree-nicht-austrocknen.html (Eingesehen: 03.05.2021).

MDR Sachsen-Anhalt: Nachterstedt wird zu den Akten gelegt, in: MDR Sachsen-Anhalt, 23.02.2016. Unter: http://www.mdr.de/sachsen-anhalt/magdeburg/ermittlungsverfahren-zum-erdrutsch-in-nachterstedt-eingestellt100.html (Eingesehen: 15.04.2021).

MDR Sachsen: Naturschutzbund BUND fordert Umdenken bei Tagebaurestseen in der Lausitz, in: MDR Sachsen, 23.10.2020. Unter: https://www.mdr.de/nachrichten/sachsen/bautzen/bund-wasserknappheit-lausitz-elbe-ueberleiter-100.html (Eingesehen: 06.05.2021).

MDR Sachsen: Uferbereich am Knappensee abgerutscht, in: MDR Sachsen, 21.03.2021. Unter: https://www.mdr.de/nachrichten/sachsen/bautzen/bautzen-hoyerswerda-kamenz/rutschung-knappensee-100.html (Eingesehen: 15.04.2021).

MDR Sachsen: Landkreis Leipzig sperrt Markkleeberger und Störmthaler See, in: MDR Sachsen, 26.03.2021. Unter: https://www.mdr.de/nachrichten/sachsen/leipzig/leipzig-leipzig-land/markkleeberger-und-stoermthaler-see-gesperrt-100.html (Eingesehen: 15.04.2021).

MDR Sachsen: Weitere Rutschungen am Knappensee nicht ausgeschlossen, 05.04.2021. Unter: https://www.mdr.de/nachrichten/sachsen/leipzig/leipzig-leipzig-land/sperrung-stoermthaler-markkleeberger-see-100.html (Eingesehen: 05.04.2021).

MDR Sachsen: Weitere Rutschungen am Knappensee nicht ausgeschlossen, 20.04.2021. Unter: https://www.mdr.de/nachrichten/sachsen/bautzen/bautzen-hoyerswerda-kamenz/knappensee-rutschungen-gehen-weiter-100.html (Eingesehen: 21.04.2021).

MDR Sachsen: nach Erdrutsch. Knappensee-Sanierung soll noch Jahre dauern, 07.07.2022. Unter: https://www.mdr.de/nachrichten/sachsen/bautzen/bautzen-hoyerswerda-kamenz/baden-verboten-knappensee-sanierung-dauert-jahre-lausitz-100.html (Eingesehen: 21.04.2023).

more virtual agency: Tauchen im Kulkwitzer See. Unter: https://www.seen.de/kulkwitzer-see/kulkwitzer-see-tauchen/ (Eingesehen: 04.05.2023).

Norddeutscher Rundfunk: Französisches Parlament: „Ökozid" soll Straftat werden, in: NDR Info, 18.04.2021. Unter: https://www.tagesschau.de/ausland/europa/frankreich-oekozid-101.html (Eingesehen: 26.04.2021).

Oelke, Eckhard: Der Braunkohlenbergbau bei Lieskau, 07.09.2012. Unter: http://www.ig-waldheil.de/630-jahre-braunkohle-in-deutschland/vortrag-prof-oelke (Eingesehen: 15.02.2021).

Parth, Christian: „Das ist die Mitte der Gesellschaft", in: ZEIT ONLINE, 06.10.2018. Unter: https://www.zeit.de/gesellschaft/2018-10/hambacher-forst-demonstration-rodung-rwe-armin-laschet (Eingesehen: 22.05.2023).

Passek, Mechthild: Brikettfabrik LOUISE. 109 Jahre unter Dampf. Unter: https://www.brikettfabrik-louise.de/ (Stand: 15.02.2021).

Pörtner, Rainer: „1961 war die zweite Gründung der DDR." Interview mit dem Historiker Edgar Wolfrum, in: Stuttgarter Zeitung, 07.08.2011. Unter: https://www.stuttgarter-zeitung.de/inhalt.interview-mit-historiker-edgar-wolfrum-1961-war-die-zweite-gruendung-der-ddr.ae4b1518-d3a2-4cfb-9248-268cd0fd3ea0.html (Eingesehen: 24.01.2023).

Putz, Manuela/Schattenberg, Susanne: Stalinismus, in: Informationen zur politischen Bildung (izpb), 05.08.2014. Unter: https://www.bpb.de/shop/zeitschriften/izpb/189565/stalinismus/ (Eingesehen: 04.05.2022).

Reimer, Nick: Die Nebenwirkungen der Braunkohle für unsere Gesundheit, in: piqd Kultur und Wandel, 23.08.2016. Unter: https://www.piqd.de/klimawandel/die-nebenwirkung-der-kohle-fur-unsere-gesundheit (Eingesehen: 05.05.2021).

Richter-Zippack, Torsten: Grüner Kohlefilter wird jetzt getestet, in: Lausitzer Rundschau Online, 10.03.2019. Unter: https://www.lr-online.de/lausitz/senftenberg/umweltschutz-in-der-lausitz-gruener-kohlefilter-wird-jetzt-getestet-38134870.html (Eingesehen: 03.05.2021).

Robin Wood: Zeittafel der Ereignisse in und um das Dorf Lacoma und die angrenzende Teichlandschaft, Februar 2007. Unter: https://web.archive.org/web/20160304092400/http://www.robinwood.de/german/energie/braunkohle/Zeittafel%20Lacoma.pdf (Eingesehen: 02.06.2023).

Rundfunk Berlin-Brandenburg: Minister sieht keine Alternative an Ostsee: „Auf Gedeih und Verderb auf Flutung angewiesen", in: rbb24 Studio Cottbus, 15.02.2021. Unter: https://www.rbb24.de/studiocottbus/panorama/2021/02/flutung-cottbuser-ostsee-ohne-alternative.html (Eingesehen: 06.05.2021).

Rühle, Alex: ARD-Fernsehdrama „Ökozid". Versagen ohne Ende, in: Süddeutsche Zeitung, 18.11.2020. Unter: https://www.sueddeutsche.de/medien/ard-das-erste-filmmittwoch-oekozid-klimakrise-klimakatastrophe-1.5118485 (Eingesehen: 26.04.2021).

SÄCHSISCHE.DE: Flutung von Cottbuser Ostsee gestoppt, in: Sächsische, 26.04.2021. Unter: https://www.saechsische.de/flutung-von-cottbuser-ostsee-gestoppt-5064146.html (Eingesehen: 06.05.2021).

Schlegel, Matthias: Erich Mielke und sein geheimes Dossier. Die brisanten Akten über Spitzengenossen, in: Tagesspiegel, 01.10.2014. Unter: https://www.tagesspiegel.de/politik/die-brisanten-akten-uber-die-spitzengenossen-2649421.html (Eingesehen: 03.12.2022).

Schmidt, Thomas: Die Abraumförderbrücke Espenhain 1938–1945 (1997). Unter: http://www.tagebau-espenhain.de/Die-Foerderbruecke/ (Eingesehen: 14.04.2020).

Schulz, Uwe: Große Risse und Monster-Sperrung, in: SÄCHSISCHE.DE, 30.12.2020. Unter: https://www.saechsische.de/hoyerswerda/lokales/grosse-risse-und-monster-sperrung-b97-spreetal-5348302-plus.html (Eingesehen: 16.04.2021).

Staude, Jörg: Tagebau Jänschwalde wird vorerst kein Abweichler, in: klimareporter, 22.12.2021. Unter: https://www.klimareporter.de/energiewende/tagebau-jaenschwalde-wird-vorerst-kein-abweichler (Eingesehen: 06.12.2022).

Strasse der Braunkohle: Braunkohlenförderung in Lieskau – Frühester Abbaunachweis in Mitteldeutschland (2013). Unter http://www.ortschaft-lieskau.de/media/artikel/5000207-stele-braunkohle/stele_ansicht0.pdf am (Eingesehen: 15.04.2020).

Spiegel TV: Die Kinder von Espenhain (2010). Unter: https://www.spiegel.de/video/vor-20-jahren-die-kinder-von-espenhain-video-1036864.html (Eingesehen: 26.11.2021).

Taubert, Christian: Sterben Lausitzer Flüsse ohne Grubenwasser? Spree wird in großen Teilen daraus gespeist, in: Lausitzer Rundschau Online, 28.08.2019. Unter: https://www.lr-online.de/nachrichten/spree-wird-zu-grossen-teilen-daraus-gespeist-sterben-lausitzer-fluesse-ohne-grubenwasser_-38323750.html (Eingesehen: 03.05.2021).

Tebert, Christian: Stickstoffoxid-Emission aus Kohlekraftwerken. Minderungspotenzial auf Basis von Messdaten der Jahre 2016 und 2017, 12.10.2018. Unter: https://www.bund.net/fileadmin/user_upload_bund/publikationen/kohle/kohle_stickoxid_emissionen_gutachten.pdf (Eingesehen: 05.05.2021).

Verfassung der Deutschen Demokratischen Republik vom 08. April 1968. Unter: https://www.verfassungen.de/ddr/verf68-i.htm (Eingesehen: 24.05.2023).

Vogt, Sven: Geschichte der Lausitz, Abschnitt Naturraum. Unter: https://www.lausitzer-museenland.de/service/geschichte-der-lausitz/ (Eingesehen: 03.12.2021).

Würz, Catrin: Landrat macht Druck für Altbergbauopfer, in: Lausitzer Rundschau, 18.12.2018. Unter: https://www.lr-online.de/lausitz/senftenberg/umsiedlung-in-lauchhammer-landrat-macht-druck-fuer-altbergbau-opfer-41605263.html (Eingesehen: 05.05.2021).

ZEIT ONLINE: Kommt mit dem Kohleausstieg ein Wasserproblem?, in: ZEIT ONLINE, 11.03.2021. Unter: https://www.zeit.de/news/2021-03/11/kommt-mit-dem-kohleausstieg-ein-wasserproblem (Eingesehen: 03.05.2021).

Verzeichnis der Tabellen

Tab. 1: Entwicklung des Grundwassersenkungstrichters im Lausitzer Braunkohlenbergbaurevier bis 1965

Tab. 2: Flächenentzug und Rekultivierung Landwirtschaftlicher Nutzflächen im Braunkohlenbergbau 1880 bis 1945 auf dem Gebiet der SBZ/DDR

Tab. 3: Wiedernutzbarmachung im Jahresdurchschnitt 1945 bis 1951

Tab. 4: Anwachserfolge nach den unterschiedlichen Bodenmeliorationen auf der Halde III bei Schwarzkollm

Tab. 5: Periodisierung der forstlichen Rekultivierung des Lausitzer Braunkohlenreviers durch Baumartenwahl nach Karl Preußner

Tab. 6: Geplante und realisierte Wiederurbarmachung nach Bergamtsbezirk für das Jahr 1956

Tab. 7: Wiederurbarmachungsleistung der DDR nach Revier 1950 bis 1966; aufgegliedert nach Landwirtschaftlicher Nutzfläche (LN), Forstwirtschaftlicher Nutzfläche (FN) und Sonstigen Nutzflächen (SN)

Tab. 8: Getrennte Gewinnung von Abraummassen im Tagebau Berzdorf 1979 in den unterschiedlichen Abraumschichten

Tab. 9: Wiederurbarmachung im Bezirk Cottbus zwischen 1840 und 1975; mit einem Fokus auf die Zeit nach 1965

Tab. 10: Zurückgegebene Land- und Forstwirtschaftliche Flächen 1971 bis 1985 in der gesamten DDR; Sonstige Flächen (Wege, Restlöcher, etc.) bleiben unberücksichtigt

Tab. 11: Wiederurbarmachungsleistung in der DDR 1971 bis 1990 nach Krummsdorf

Tab. 12: Devastierung und Wiedernutzbarmachung in der DDR 1971 bis 1990 nach Klaus Moewes

https://doi.org/10.1515/9783111138312-011

Bildnachweis

Abb. 1: Privatarchiv Wilhelm Knabe, FILM III_57, Fotograf: Wilhelm Knabe
Abb. 2: Neuseenland-Sammlung im Soziokulturellenzentrum KuHstall e. V. Großpösna, Fotosammlung, Fotograf: unbekannt
Abb. 3: Wikipedia, *ComQuat – Eigenes Werk, CC BY-SA 3.0,* https://commons.wikimedia.org/w/index.php?curid=22721712, Fotograf: unbekannt
Abb. 4: Sächsisches Industriemuseum, Energiefabrik Knappenrode, Fotograf: unbekannt
Abb. 5: Sächsisches Staatsarchiv, Staatsarchiv Dresden, 11473, Zeichner: unbekannt
Abb. 6: Albrecht Krummsdorf/Gerhard Grümmer, Landschaft vom Reißbrett
Abb. 7: Archiv Grünes Gedächtnis, Bestand A–Knabe, Wilhelm, Nr. 227, Zeichner: Manfred Wünsche/Forstmann
Abb. 8: Wilhelm Knabe: Die Rekultivierung im Rheinischen und Lausitzer Braunkohlenrevier, Zeichner: Wilhelm Knabe
Abb. 9: Montanhistorisches Dokumentationszentrum (montan.dok) beim Deutschen Bergbau-Museums Bochum, Inventarnummer: 037001110013, Zeichner: Hanns Anker
Abb. 10: Museum der Stadt Borna, Fotograf: unbekannt
Abb. 11: Neuseenland-Sammlung im Soziokulturellen Zentrum KuHstall e. V. Großpösna, Fotosammlung, Fotograf: unbekannt
Abb. 12: Neuseenland-Sammlung im Soziokulturellen Zentrum KuHstall e. V. Großpösna, Fotosammlung, Fotograf: unbekannt
Abb. 13: Brandenburgisches Landeshauptarchiv, Rep. 75 Eintracht, Nr. 787, Fotograf: unbekannt
Abb. 14: Rudolf Heusohn: Praktische Kulturvorschläge für Kippen, Bruchfelder, Dünen und Ödländereien
Abb. 15: Bundesarchiv-Lichterfelde, DE 4/18354, Zeichner: unbekannt
Abb. 16: Institut für Raumbezogene Sozialforschung Erkner, C 12, U 6, Fotograf: unbekannt
Abb. 17: Institut für Raumbezogene Sozialforschung Erkner, C 12, Nr. 1, Fotograf: Martin Baumert
Abb. 18: Institut für Raumbezogene Sozialforschung Erkner, C 12, U 6, Fotograf: unbekannt
Abb. 19: Institut für Raumbezogene Sozialforschung Erkner, C 12, U 6, Fotograf: unbekannt, bearbeitet durch Diana Tillmann
Abb. 20: Institut für Raumbezogene Sozialforschung Erkner, DP 32, Kartograf: unbekannt
Abb. 21: Institut für Raumbezogene Sozialforschung Erkner, DP 33, Kartograf: unbekannt, bearbeitet durch Diana Tillmann
Abb. 22: Institut für Raumbezogene Sozialforschung Erkner, C 12, U 6, Fotograf: unbekannt
Abb. 23: Institut für Raumbezogene Sozialforschung Erkner, C 12, U 6, Fotograf: unbekannt
Abb. 24: Institut für Raumbezogene Sozialforschung Erkner, C 12, U 6, Fotograf: unbekannt
Abb. 25: Universitätsarchiv der Humboldt-Universität zu Berlin, PA nach 1945, P 343, Fotograf: unbekannt
Abb. 26: Privatarchiv Wilhelm Knabe, FILM K1 51, Fotograf: Wilhelm Knabe
Abb. 27: Privatarchiv Wilhelm Knabe, FILM K1 51, Fotograf: Wilhelm Knabe
Abb. 28: Privatarchiv Wilhelm Knabe, FILM G V 52, Fotograf: Wilhelm Knabe
Abb. 29: Privatarchiv Wilhelm Knabe, FILM K3 53, Fotograf: Wilhelm Knabe
Abb. 30: Privatarchiv Wilhelm Knabe, FILM I 57, Fotograf: Wilhelm Knabe, bearbeitet durch Diana Tillmann
Abb. 31: Privatarchiv Wilhelm Knabe, FILM VII 57, Fotograf: Wilhelm Knabe
Abb. 32: Privatarchiv Karl Preußner, Fotograf: unbekannt

https://doi.org/10.1515/9783111138312-012

Abb. 33: Privatarchiv Karl Preußner, Fotograf: unbekannt
Abb. 34: Privatarchiv Karl Preußner, Fotograf: unbekannt
Abb. 35: Neuseenland-Sammlung im Soziokulturellen Zentrum KuHstall e. V. Großpösna, Fotosammlung, Fotograf: unbekannt
Abb. 36: Das Magazin, 10, 1954, Fotograf: unbekannt
Abb. 37: Das Magazin, 10, 1954, Fotograf: unbekannt
Abb. 38: Egon Brüning, Wissenschaftliche Zeitung der Karl-Marx-Universität Leipzig. Mathematisch-Naturwissenschaftliche Reihe 2, 1962
Abb. 39: Sächsisches Staatsarchiv, Staatsarchiv Leipzig, 20687, Zeichner: unbekannt
Abb. 40: Sächsisches Staatsarchiv, Staatsarchiv Leipzig, 20687, Fotograf: Egon Brüning
Abb. 41: Sächsisches Staatsarchiv, Staatsarchiv Leipzig, 20687, Fotograf: Egon Brüning, bearbeitet durch Diana Tillmann
Abb. 42: Sächsisches Staatsarchiv, Staatsarchiv Leipzig, 20687, Fotograf: Egon Brüning
Abb. 43: Sächsisches Staatsarchiv, Staatsarchiv Leipzig, 20687, Fotograf: Egon Brüning
Abb. 44: Universitätsarchiv der Technischen Universität Dresden, Fotograf: unbekannt
Abb. 45: Privatarchiv Wilhelm Knabe, FILM K3 53, Fotograf: Wilhelm Knabe
Abb. 46: Sächsisches Industriemuseum, Energiefabrik Knappenrode, Fotograf: unbekannt
Abb. 47: Sächsisches Industriemuseum, Energiefabrik Knappenrode, Fotograf: unbekannt
Abb. 48: Das Magazin, 10, 1954, Fotograf: unbekannt
Abb. 49: Montanhistorisches Dokumentationszentrum (montan.dok) beim Deutschen Bergbau-Museums Bochum, Fotograf: Rodion Lischnewski
Abb. 50: Privatarchiv Familie Knabe, Fotograf: unbekannt
Abb. 51: Universitätsarchiv Leipzig, LaWi Fak 24, Fotograf: unbekannt
Abb. 52: Studienarchiv Umweltgeschichte, 036-99-1, Fotograf: unbekannt
Abb. 53: Bundesarchiv, DE 4/18354, Fotograf: unbekannt
Abb. 54: Rudolf Kupfer/Dieter Sawall/Ulrich Wiese: Der Senftenberger See. Eine Chronik, Fotograf: unbekannt
Abb. 55: Rudolf Kupfer/Dieter Sawall/Ulrich Wiese: Der Senftenberger See. Eine Chronik, Fotograf: unbekannt
Abb. 56: Rudolf Kupfer/Dieter Sawall/Ulrich Wiese: Der Senftenberger See. Eine Chronik, Fotograf: unbekannt
Abb. 57: Rudolf Kupfer/Dieter Sawall/Ulrich Wiese: Der Senftenberger See. Eine Chronik, Fotograf: unbekannt
Abb. 58: Joachim Katzur/Lutz Böcker: Chronik der Rekultivierungsforschung und Landschaftsgestaltung im Lausitzer Braunkohlenrevier, Fotograf: unbekannt
Abb. 59: Bundesarchiv, DK 107/31183, Fotograf: unbekannt
Abb. 60: Bundesarchiv, DK 107/31183, Fotograf: unbekannt
Abb. 61: Bundesarchiv, DK 107/31183, Fotograf: unbekannt
Abb. 62: Universitätsarchiv Leipzig, LaWi Fak 24, Fotograf: unbekannt
Abb. 63: Sächsisches Staatsarchiv, Staatsarchiv Leipzig, 20314, Fotograf: unbekannt
Abb. 64: Sächsisches Staatsarchiv, Staatsarchiv Leipzig, 20314, Fotograf: unbekannt
Abb. 65: Sächsisches Staatsarchiv, Staatsarchiv Leipzig, 20314, Fotograf: unbekannt
Abb. 66: Albrecht Krummsdorf/Gerhard Grümmer: Landschaft vom Reißbrett, Fotograf: unbekannt
Abb. 67: © Isabell Schmock-Wieczorek
Abb. 68: © Isabell Schmock-Wieczorek
Abb. 69: Studienarchiv Umweltgeschichte, 036-134, Fotograf: unbekannt

Abb. 70: Sächsisches Industriemuseum, Energiefabrik Knappenrode, Fotograf: unbekannt
Abb. 71: Hinrich Meyer-Jungclaussen: Landschaftliche Gestaltungsfragen im Braunkohlenberg-baugelände. Gedanken über Waldbau und Landschaftsbild, Zeichner: Hinrich Meyer-Jungclaussen
Abb. 72: Brandenburgisches Landeshauptarchiv, Rep. 75 NKW, Nr. 65, Zeichner: Rudolf Heusohn
Abb. 73: Sächsisches Staatsarchiv, Staatsarchiv Dresden, 11473, Zeichner: unbekannt
Abb. 74: Sächsisches Industriemuseum, Energiefabrik Knappenrode, Fotograf: unbekannt
Abb. 75: Institut für Raumbezogene Sozialforschung Erkner,C 12, Nr. 15, Fotograf: unbekannt
Abb. 76: Erholungsgebiet Senftenberger See, Fotograf: unbekannt
Abb. 77: Brandenburgisches Landeshauptarchiv, Rep. 901, Nr. 3621, Fotograf: unbekannt
Abb. 78: Sächsisches Industriemuseum, Energiefabrik Knappenrode, Fotograf: unbekannt
Abb. 79: Brandenburgisches Landeshauptarchiv, Rep. 801, Nr. 5981, Zeichner: Otto Rindt
Abb. 80: Rudolf Kupfer/Dieter Sawall/Ulrich Wiese: Der Senftenberger See. Eine Chronik, Fotograf: unbekannt
Abb. 81: Rudolf Kupfer/Dieter Sawall/Ulrich Wiese: Der Senftenberger See. Eine Chronik, Fotograf: unbekannt
Abb. 82: Brandenburgisches Landeshauptarchiv, Rep. 803, Nr.1276, Zeichner: unbekannt

Personenregister

Assmann, Willi 256
Ballaschk, Willy 124, 127, 164
Bauch, Werner 91 f., 96, 103, 118, 145–152, 164 f., 171, 178 f., 185, 233, 244, 260, 292
Bauer, Ludwig 145, 183, 248
Beleites, Michael 16, 171
Berger, Manfred 235
Berthold, Hans-Joachim 177, 185 f.
Bilkenroth, Georg 73, 158
Bilz, Peter 300 f.
Birthler, Richard 146
Brier, Erwin 156 f., 255 f., 258
Brüning, Egon 134–144, 154 f., 164, 170 f., 173, 175, 180, 182–184, 190, 197, 201, 223, 236 f., 239, 244, 247, 250, 252–254, 256, 258 f., 263, 309
Carl, Frank Erich 89, 91–93, 95, 97, 99, 103, 108, 145, 160, 166
Clemens, Gunter 266
Copien, Joachim-Hans 58, 65–67, 71, 111 f., 166, 201
Darmer, Gerhard 128–134, 139, 144, 164 f., 168, 170–173, 234, 236 f., 298, 302
Däßler, Hans-Günther 31, 180
de la Sauce, Wilhelm 62
Dörfelt, Heinz 215
Ehlers, Martin 91 f., 96, 103
Engler, Walter 144, 252
Exter, Karl 49
Flack, Günter 297
Franke, Heinz-Günther 182–184
Gabelmann, Hugo 63 f.
Gandert, Klaus-Dietrich 104 f.
Göritz, Hermann 91 f., 104, 165, 170
Goschütz, Richard 168
Grotewohl, Otto 41, 95 f.
Grumbrecht, Alfred 109
Grümmer, Gerhard 229, 236
Günther, Herbert 153–155, 160, 165 f., 245
Günther, Ruth 92, 95–97, 104, 177
Haase, Günther 104
Hankte, Wilhelm 167
Hartig, Hans 287
Heinisch, Ottokar 173
Heinrichsdorff, Gustav 108, 237
Heuso(h)n, Rudolf 14, 62–70, 93, 111 f., 124, 128, 132, 166, 201, 222, 264, 271, 296, 309
Holzapfel, Roland 266
Honecker, Erich 207, 217
Hübotter, Wilhelm 178
Hundhausen, Kurt 65, 105, 109
Illner, Kurt 123, 150, 170, 182, 223, 227–231, 237, 244
Janert, Heinz 164
Katzur, Joachim 104, 120, 123, 183, 223, 227–231, 236, 244, 251, 258 f.
Kertscher, Florus 160
Kirst, Ernst 109, 115–117
Knabe, Wilhelm 3 f., 104, 107–127, 134 f., 137, 140, 142–145, 148, 153–155, 161 f., 164–170, 172, 174–177, 180 f., 185–187, 190 f., 193, 218 f., 227 f., 239, 247, 253, 260, 263, 272, 282, 287, 302, 309 f.
Koch, Jurij 39
Kohtz, Jürgen 16
Kopp, Dietrich 145, 156
Kopp, Erwin 172, 175
Kraemer, Curt 65, 105, 166
Kroll, Max 106, 125, 233, 237
Krummsdorf, Albrecht 134, 145, 152 f., 157, 164, 173, 178, 190, 229, 234–245, 266, 300
Kuhn, Rolf 55
Lange, Dieter 222
Lehmann, Hans 87, 112, 120, 160 f., 164, 167, 189, 260, 290
Lehmann, Hans-Ullrich 308
Leuthier, Herbert 164
Lichey, Helmut 165
Lingner, Reinhold 31, 82, 89–95, 97 f., 103–107, 145 f., 160, 166, 170 f., 213, 227, 233, 236, 246, 263 f., 268, 272, 305, 310
Linke, Harald 147 f., 150–152, 185, 233, 244, 260, 292
Lorenz, Karl 200
Lorenz, Wolfgang-Dieter 190
Löwe, Elke 265 f., 308
Lüttge, Gustav 178
Marx, Karl 80, 93

https://doi.org/10.1515/9783111138312-013

Maspfuhl, Karsten 308
Matschak, Hans 290
Mattern, Hermann 146
Mattheus, Hermann 275, 277 f., 284, 286–288, 290 f., 293 f., 301, 308
Mehl, Hans 222, 236
Melcher, Manfred 158, 262, 292
Meusel, Hermann 129, 145, 212, 246
Meyer, Georg 130
Meyer-Jungclaussen, Hinrich 166, 264, 269–271
Mitscherlich, Eilhard Alfred 113, 253
Mitzinger, Wolfgang 168
Moewes, Klaus 245
Mottek, Hans 207
Müller, Lucian 255
Musterle, Theodor 262
Mutschmann, Martin 65
Neef, Ernst 145
Neumann, Hans-Joachim 233, 291, 298
Noack, Liesel 244
Oberdorf, Fritz 157, 237
Opitz, Herbert 144
Pflug, Wolfram 186
Piatscheck, Konrad 62
Plinius der Ältere 58
Pniower, Georg Bela 95, 98, 105–108, 111, 113, 124, 139, 153, 155, 164 f., 168, 170, 177 f., 180, 185 f., 227, 237, 246, 253, 260
Quellmann, Bruno 171
Rammler, Erich 73
Reichelt, Hans 207 f., 248
Riechen, Dorothea 261
Rindt, Otto 92, 96, 103, 158, 162, 199, 213 f., 234, 260–266, 275–278, 280–282, 284, 286, 288–294, 296–299, 301–306, 308
Rochlitzer, Johann 210
Saupe, Gottfried 259
Schälicke, Willi 124, 127
Scharoun, Hans 90 f., 107
Scheerer, Gerhard 130–133, 135, 165, 170, 178 f., 188 f., 209, 235, 237
Schmager, Hans-Jürgen 29, 243
Schnurrbusch, Gottfried 258 f.
Scholz, Gerhard 244
Schulz, Manfred 254
Schwabe, Hermann 312
Schüttauf, Hermann 165
Sedlaczek, Herbert 146
Seela, Manfred 236
Seidemann, Joachim 128–130, 134, 138 f., 160, 164 f., 168, 175, 234, 247
Seifert, Alwin 92, 107, 146 f., 266
Siebold, Klaus 215
Siegel, Heinz 125, 156, 180, 196 f., 253 f.
Simon, Wilhelm 157, 237
Sobottka, Gustav 160
Stabenow, Dieter 127
Steinhilp, Günter 100
Stöckhardt, Julius Adolph 31
Stubbe, Hans 158, 246, 248
Štýs, Stanislav 179 f.
Suhr, Ernst 244
Tautenhahn, Gerhard 243
Tielsch, Ernst 192
Titel, Werner 207 f.
Trénel, Max 164
Ulbricht, Walter 75, 206, 217
Ungewitter, Rudolf 92, 96, 103, 160
Uschkamp, Irma 198
Von Pückler-Muskau, Hermann 15
Wagenbreth, Otfried 299
Wagner, Ernst 184, 244
Wagner, Marianne 266
Waldmann, Hans 242
Walter, Horst 184, 244, 260, 266
Weinitschke, Hugo 212, 299
Werminghoff, Joseph 275
Werner, Konrad 180, 182–185, 191, 197, 217, 223, 232, 236 f., 244, 247–250, 252–254, 257–259
Wiedemann, Kurt 98
Wiepking-Jürgensmann, Heinrich 92
Wislicenus, Hans 31
Wittig, Hermann 266
Wolf, Werner 180, 254
Wünsche, Manfred 190, 254
Wunschik, Alfons Josef 87, 107, 160, 165, 178 f.
Zachow, Sebastian 308
Zieger, Erich 31, 186

Institutionenregister

agra-Landwirtschaftsausstellung 170, 178, 240, 242
Akademie der Wissenschaften der DDR (AdW) 207
Amt für Wasserwirtschaft 208, 210
Arbeitskreis Wiedernutzbarmachung 120, 153, 166, 247, 260
Aufforstungs-Kommission 64, 67, 70, 166, 189
Außenstelle für Wiedernutzbarmachung Dölzig 44, 201, 208, 216 f., 232, 238, 246-252, 254, 256–259
Außenstelle für Wiedernutzbarmachung Finsterwalde 43, 157, 208, 228, 238, 246–252, 254–259, 312
Bauakademie der DDR 96, 103 f., 129, 261
Baumschule Späth 91
Bergakademie Freiberg 44, 73, 146, 157 f., 171, 262, 290
Bergbehörde Borna, bis 1960 Technische Bezirksbergbauinspektion (TBBI) Zeitz 85, 203, 215 f.
Bergbehörde, bis 1960 TBBI Halle 203
Bergbehörde, bis 1960 TBBI Senftenberg 43, 203, 218
Braunkohlenkombinat (BKK) Borna 215, 239
BKK Espenhain 76, 215, 225
BKK Lauchhammer 199, 251
BKK Regis 222, 237 f., 244, 300
BKK Senftenberg 79, 222, 290, 299 f.
Bodenkulturamt Cottbus 87, 107
Bundesforschungsanstalt für Naturschutz und Landschaftsökologie 259
Büro für Bergbauangelegenheiten (BfB) Leipzig 245, 266 f.
Büro für Territorialplanung (BfT) Cottbus 103, 260–266, 296, 298, 303, 305, 307
BfT Leipzig 181, 184, 244, 260, 266, 302
Christlich-Demokratische Union Deutschlands (CDU) 85, 108, 170, 237
Christliches Umweltseminar Rötha (CUR) 259
Demokratische Bauernpartei Deutschlands (DBD) 144, 170, 207
Deutsche Akademie der Landwirtschaftswissenschaften (DAL), ab 1972 Akademie der Landwirtschaftswissenschaften (AdL) 117, 138, 208, 246–248
Forschungsinstitut für Bergbaufolgelandschaften e.V. Finsterwalde 228, 259, 310
Forschungszentrum für Bodenfruchtbarkeit, Müncheberg 227
Forsthochschule Eberswalde 44, 145, 156 f.
Forsthochschule Tharandt 31, 44, 108, 145, 153, 155 f., 186, 190, 228
Hauptverwaltung Braunkohle/Kohle 44, 78, 87, 112, 160
Hochschule für Bauwesen Cottbus 262, 265
Hochschule für Landwirtschaft Bernburg 44, 145 f., 157, 237
Liberal-Demokratische Partei Deutschlands (LDPD) 130 f., 170
Landwirtschaftliche Produktionsgenossenschaft (LPG) „Grüne Aue“ 123, 198
Martin-Luther-Universität Halle 258
Ministerium für Aufbau 261
Ministerium für Grundstoffindustrie 215, 236
Ministerium für Kohle und Energie (MKE) 44, 161, 166, 168, 211
Ministerium für Land- und Forstwirtschaft der DDR, 1969–1972 Rat für Landwirtschaftliche Produktion und Nahrungsgüterwirtschaft, ab 1972 Ministerium für Land-, Forst und Nahrungsgüterwirtschaft (MLFN) 84, 160, 195, 198, 211, 215 f., 247 f.
Ministerium für Schwerindustrie 117
Ministerium für Staatssicherheit (MfS) 95, 103, 106, 146, 177, 207, 237, 257–259, 280, 297–299
Ministerium für Umweltschutz und Wasserwirtschaft (MUW) 3, 7, 44, 206–211
Nationale Volksarmee (NVA) 193
Oberste Bergbehörde der DDR, bis 1960 Technische Bergbauinspektion (TBI) 161, 165, 189, 192, 196, 215, 217, 252
Projektions- und Konstruktionsbüro (PKB) Kohle 78, 109, 115–117, 167 f., 184
Rat für gegenseitige Wirtschaftshilfe (RGW) 71, 76, 172, 178, 182–184, 187, 194, 206, 223, 242, 257, 309

https://doi.org/10.1515/9783111138312-014

Reichsanstalt für Wasser- und Luftgüte 34
Sowjetisch-Deutsche Aktiengesellschaft (SDAG) Wismut 156, 171 f., 183 f.
Staatliche Forschungsanstalt für Gartenbau Pillnitz 138, 147, 165
Staatliche Geologische Kommission 117
Staatliches Komitee für Meliorationen (SKM) 248 f.
Staatsforstbetrieb (StFB) Grimma 252
StFB Hoyerswerda 199, 218, 222, 254
Technische Hochschule (TH), ab 1961 Technische Universität (TU) Dresden 44, 103, 146–148, 292
Universität Hannover 173, 178
VEB Bodenbearbeitungsgeräte Leipzig 125
VEB Braunkohlenkombinat Glückauf 82, 196
VEB Gaskombinat Schwarze Pumpe 32, 34 f., 57, 74, 76, 79, 123, 200, 218, 226, 280, 287
VEB Geologische Forschung und Erkundung Halle, Betriebsteil Freiberg 190 f., 216, 252, 254
VEB Kombinat „Otto Grotewohl“ Böhlen 141, 258
VEB Meliorationsbau Cottbus 199
VEB Strassenbau Greifswald 199
VEB Wasserversorgung und Abwasserbehandlung (WAB) 209
VEB Weimar Werk 223 f.
VEB Wasserwirtschaft Weiße Elster 131, 209
Vereinigung der gegenseitigen Bauernhilfe (VdgB) 160, 171, 243
VVB Braunkohle Cottbus 79, 189 f., 199, 205, 278
VVB Braunkohle Halle 205
VVB Braunkohle Leipzig 184, 190, 205, 223
VVB Braunkohle Senftenberg 79, 215, 242
VVB Feste Minerale 188
Wasserwirtschaftsdirektion (WWD) Obere Elbe-Neiße 43, 210, 277, 287, 293, 307
Wiedernutzbarmachungskommission 103, 124, 139, 166 f., 202, 204, 209, 216, 278
Wilhelm-Pieck-Universität (WPU) Rostock 236 f., 245
Wissenschaftlich- Technisches Institut (WTI) Regis 44, 184, 190, 216, 223, 236, 238, 244, 252
Wissenschaftlich Technisches Zentrum (WTZ) Schöneiche 44, 248 f.
Zentralamt für Forschung und Technik 116

Ortsregister

Altenburg 45, 51, 61, 84, 165, 183
Altpoderschau 51
Amsdorf 108
Aue 183
Augsburg 277
Auschwitz 92, 146 f.
Bad Dürrenberg 49
Bad Liebenwerda 277 f.
Bad Muskau 15, 45, 51, 59, 124, 305
Bärenbrücker Höhe 53
Bärwalde 193
Bautzen 41, 275
Bergener See 17
Berzdorf 40, 167, 219
Beskiden 92, 147
Beuchow 184
Bitterfeld 16, 28, 33 f., 57, 59 f., 71, 77, 79, 273 f.
Böhlen 9, 28, 33, 35, 38, 44, 56 f., 71, 74, 85, 99–100, 134–137, 139–144, 180, 200, 205, 215, 220, 225, 233, 252, 258, 274
Borna 37, 52, 61, 65, 76, 82, 86, 99 f., 203, 222, 225, 239, 269
Boxberg 76, 193, 303
Brieske 196, 285, 296, 319
Brieskow-Finkenheerd 40
Brühl 50
Buchholzer Höhe 53
Buchwalde 116
Bukarest 178, 184, 257
Bulgarien 182, 184, 187
Calau 59, 251
Chemnitz 147
Concordiasee 19
Cottbus 8–9, 29, 31, 33, 38, 41–43, 51, 73, 103, 107, 167, 189–190, 198–199, 214, 221, 245, 261 f., 265, 267, 269, 272, 274, 278, 280, 298–299, 301, 308, 312, 314
Cottbuser Ostsee 23, 26 f., 307
Dänemark 182
Deutzen 52, 85
Dippoldiswalde 40
Domsdorf 50, 116, 120–121, 125, 127, 156, 184, 186
Donezk 178, 184
Dresden 9, 31, 40, 44, 52, 98, 103, 108, 145–148, 150, 158, 165, 167, 260 f., 273, 292, 296
Eberswalde 115, 156–157
Eisleben 45
Elsterwerda 41
Erzgebirge 40, 58
Espenhain 7, 9, 28, 33, 36 f., 41, 44, 55, 57, 67, 71, 74, 76 f., 85, 87 f., 99 f., 131 f., 135, 143 f., 176, 180, 188, 192, 200, 205, 215, 220, 225, 239–241, 259, 274, 280
Essen 34, 177, 277
Finsterwalde 157, 208, 228, 238, 246–252, 254–259, 310, 312
Frankfurt (Oder) 40, 261
Franzenbad 147
Freienhufen 57
Freital 33, 52, 171
Friedrichsthal 102
Fürstlich Drehna 269
Geiseltal 24, 45, 56, 68, 85, 180
Goltsteinkuppe 53
Görlitz 40 f., 51, 167, 228, 277
Graupa 44, 145, 153–156, 158
Greifswald 128, 144, 164
Groß Särchen 18, 275, 278 f., 281 f.
Groß-Lüsewitz 235
Großsedlitz 147
Grünewalder Lauch 263, 273, 305
Halbendorf 298, 304, 307
Halbendorfer See 300, 302–307
Halle (Saale) 45, 49, 183, 245 f., 249, 258, 264, 292
Hambacher Forst 1, 38
Hamburg 104, 130, 173
Harthwald 38, 233, 268
Harzer Seenland 19
Helmstedt 51
Hengstey 277
Heuersdorf 37 f.
Hindenberg 184
Hirschfelde 41, 57
Hörlitz 9, 62, 93, 285, 319
Hoyerswerda 18, 28, 33, 35, 41, 59, 74, 162, 198, 226, 272, 275, 287, 314

https://doi.org/10.1515/9783111138312-015

Huy-Hakel-Gebiet 95, 106, 170, 237
Immenrath 37
Jachymov 147
Jänschwalde 32, 76
Jena 58, 128, 160
Johanngeorgenstadt 183
Jößnitz 147
Kamenz 50
Karl-Marx-Stadt 261
Katowice 178, 181, 184
Kiel 128
Kleinkoschen 285 f.
Klettwitz 89, 95–97, 100–102, 104 f., 186
Klitten-Reichwalde 226
Klobikau 53
Knappenrode 64, 196, 275, 277, 282–283, 319
Knappensee 18, 186, 272, 275, 279–281, 290, 293 f., 296, 306, 319
Koblenz 275, 278–279
Köln 49, 185
Kortizmühlenkippe 153, 155
Kostebrau 102
Kretzschauer See 275
Kromlau 305
Lakoma 38
Laubusch 110, 118, 138, 153, 155, 186, 193, 287–289
Lauchhammer 28, 33-35, 57, 74, 79, 102,123, 196, 198-200, 210, 230 f., 251, 269, 273, 278, 305
Lauta 57
Leuna 33, 45, 56, 71, 74
Lohsa 194, 267, 300, 307, 319 f.
Luban/Lauban 50
Lübbenau 75
Ludwigslust-Parchim 40
Magdeborn 37, 76
Magdeburg 18, 31, 56, 71, 222, 261
Magdeburger Börde 46, 264
Małkowice/Malkwitz 227
Malliß 40
Markkleeberg 19, 134, 166, 170, 178, 196, 236, 242, 280
Markkleeberger See 19
Maukendorf 275, 278 f., 283
Meuro 29, 193, 196, 233 f., 243, 273, 319
Mücheln 45
Mulde 28
Mumsdorf 76
Müncheberg 138, 227, 237
Nachterstedt 18, 51
Namibia 12 f.
Nardt 186
Neubrandenburg 261
Niemtsch 71, 86, 117, 180 f., 195, 197, 224, 254, 263, 283–287, 289, 291 f., 295, 297, 303, 319
Nochten 218, 303
Oberschlema 147
Oder 41, 71
Olbasee 275
Olszyna/Langenöls 50
Partwitzer See 17, 319
Peitzer Teiche 20 f., 277
Powalice/Petershagen 134
Plauen 146 f.
Pleiße 28 f., 34, 200, 225, 233, 313
Plessa 55, 57, 82, 113 f., 116, 124, 156, 180, 189, 199, 202, 226, 305, 319
Polen 31, 40, 178, 181 f., 184
Prag 178, 181 f., 184
Quitzdorf 226
Raunoer Höhen 272, 319
Reichwalde 226
Reinbek 173
Rhön 40
Riesa 57, 251
Rositz 56, 75, 85, 225, 238
Rostock 235–237, 245, 261
Rumänien 178, 183, 194
Schipkau 82, 105, 124, 271
Schkopau 33, 57
Schlabendorf 42, 184
Schneeberg 171 f., 183
Schönefließ 40
Schwarze Elster 21, 23, 28, 233, 287, 289
Schwarze Schöps 21
Schwarzheide 28, 33, 35, 56, 71, 75, 225, 285, 319
Schwarzkollm 116, 118–120, 124 f., 127, 138, 153 f., 181, 186 f.
Schweden 150, 182
Schweinfurt 140
Schwerin 40, 103, 261
Sedlitz 116, 196, 289, 319
Sedlitzer See 17
Seegeritz 178, 236, 238

Seese 37
Senftenberg 9, 25, 28, 42 f., 50, 52, 60, 65, 67, 71, 79, 82, 86, 89, 104, 113, 116–117, 193, 196, 203, 210, 215, 218, 222, 233, 243, 262, 268 f., 272, 274, 285–290, 292, 297–299, 302, 308
Senftenberger See 18 f., 196, 207, 214, 273, 276, 283–285, 287 f., 290–303, 305 f., 310, 312, 319
Skaska 50
Sophienhöhe 53
Spree 21, 23, 26–29
Spreetal 17, 19, 196, 198, 218, 232, 254, 299, 312, 320
Spreewald 21, 29, 41, 75, 95, 285
Spremberg 33, 59, 198, 226
Stöhna 274
Störmthal 269
Störmthaler See 19
Straßfurt 222, 261
Swakoptal 12 f.
Tatabanya 244
Teplice 179
Thierbach 76
Torgau 157
Trages 53, 67, 99, 131–133, 144, 149, 168, 176, 180, 183, 188
Trattendorf 57
Trebendorf 304
Trebendorfer Felder 42, 196–198, 224, 274, 291, 302, 304
Troyanovo 182
Tschechoslowakische Sozialistische Republik (ČSSR) 40, 178–182, 184, 197, 217, 239
Turów 41
Ungarn 179–180, 182, 244
Union der Sozialistischen Sowjetrepubliken (UdSSR) 180, 182, 194, 223 f.
Vetschau 75
Vockerode 31, 57
Weimar 261
Weißwasser 26, 34, 41, 45, 47, 59, 227, 269, 274, 291, 300, 302–304
Welzow 79, 275
Wittichenau 50
Witznitz 65, 82, 99
Wormlage 124
Zauckerode 52
Zeitz 56, 71, 74, 85, 275
Zittau 40 f., 46, 167
Zschornewitz 57, 59
Zwenkau 134 f., 140

www.ingramcontent.com/pod-product-compliance
Lightning Source LLC
LaVergne TN
LVHW010645300926
849161LV00005B/1038